吉林九三学社史志丛书

# 长春九三学社70年志

九三学社长春市委员会 编
冷向阳 黄晓音 主编

学苑出版社

图书在版编目（CIP）数据

长春九三学社 70 年志 / 九三学社长春市委员会编；冷向阳，黄晓音主编． -- 北京：学苑出版社，2024.11
（吉林九三学社史志丛书）
ISBN 978-7-5077-6940-1

Ⅰ．①长… Ⅱ．①九… ②黄… ③冷… Ⅲ．①九三学社－概况－长春 Ⅳ．① D665.7

中国国家版本馆 CIP 数据核字（2024）第 075473 号

出　版　人：洪文雄
责 任 编 辑：徐志琴
出 版 发 行：学苑出版社
社　　　址：北京市丰台区南方庄 2 号院 1 号楼
邮 政 编 码：100079
网　　　址：www.book001.com
电 子 邮 箱：xueyuanpress@163.com
联 系 电 话：010-67601101（营销部）、010-67603091（总编室）
印　刷　厂：三河市灵山芝兰印刷有限公司
开 本 尺 寸：787 mm×1092 mm　　1/16
印　　　张：35.5
彩　　　插：80 页
字　　　数：670 千字
版　　　次：2024 年 11 月第 1 版
印　　　次：2024 年 11 月第 1 次印刷
定　　　价：168.00 元

## 《长春九三学社70年志》编委会

主　任：冷向阳

副主任：李　铭　金　鑫　刘冰冰　田元生　葛鹏飞
　　　　孙　宏　白　娥　顾红艳

委　员：闫钰锋　李　玮　欧阳晓兵　孟繁峥
　　　　姜怀志　袁笠恒　裘学辉

## 《长春九三学社70年志》编撰组

主　编：冷向阳　黄晓音

副主编：李　铭　金　鑫

编　辑：赵　彤　孙亚楠

审　稿：石浩男　高玉秋

领导关怀

长春九三学社创始人吴学周（四排左五）参加 1959 年第二届全国人民代表大会第一次会议时与毛泽东主席等党和国家领导人合影。

1984 年，社中央副主席孙承佩（前排左五）与九三学社长春市委员会委员合影。

1999年，社中央副主席王文元（前排中）到社市委机关指导工作并与机关干部合影。

2003年，社省委主委李慧珍（左排左三）、社市委主委马驷良（左排左四）到"非典"一线慰问长春市九三学社中的医卫社员。

2004年，社中央副主席陈抗甫（前排中）到社市委机关指导工作并与机关同志合影。

2004年，社中央主席韩启德（后排右三）与社市委部分老社员合影。

领导关怀

2011年，中共长春市委副书记郑文芝（前排左）到社市委机关指导工作。

2011年，中共长春市委统战部部长刘德生（前排右）到社市委机关看望全体同志。

2011年，九三学社长春市委员会被评为"各民主党派工商联无党派人士为全面建设小康社会作贡献先进集体"，社中央主席韩启德（右）接见社市委驻会副主委王进（左）。

2013年，长春市政协主席崔杰（右排右二）到社市委机关指导工作。

2013年，中共长春市委书记高广滨（右一）到社市委机关指导工作。

领导关怀

2015年，社中央主席韩启德（前排右四）在吉林省调研，到社市委机关走访慰问。

2015年7月29日，吉林省政协主席黄燕明（前排左一）拜会来长春参加"九三学社首届全国青年论坛"的全国政协副主席、社中央主席韩启德（前排左二）一行。

2015年7月30—31日，"九三学社首届全国青年论坛"在长春举行，社中央主席韩启德、常务副主席邵鸿，中共吉林省委常委、组织部部长齐玉出席会议并讲话，社中央组织部部长杨玲，中共吉林省委统战部常务副部长刘青春、副部长徐崇恩，社省委主委支建华出席会议。

2017年，九三学社全国副省级城市第十一次工作联席会议在长春举办，社中央常务副主席邵鸿出席会议并讲话。

2017年，九三学社全国副省级城市第十一次工作联席会议在长春举办，吉林省政协副主席、社省委主委支建华出席会议。

领导关怀

2017年1月，社中央常务副主席邵鸿（前排中），社省委副主委、社市委副主委冷向阳（前排右三）出席由九三学社中央青年工作委员会主办、九三学社吉林省委青年工作委员会及九三学社长春市直属新区委员会联合承办的"中·俄·蒙古·美·巴基斯坦五国绿色·健康·发展国际论坛"。

2019年，社中央常务副主席邵鸿参加九三学社东北师范大学委员会"不忘合作初心，继续携手前进——为好老师画肖像"主题实践活动。

2019年，社中央主席武维华（前排中）到社员企业长春浪潮云计算有限公司开展实地调研。社市委副主委田元生（前排右一）陪同讲解。

2019年，中共长春市委书记王凯（前排中）到社市委机关走访，长春市政协副主席、社市委主委张红星（前排左一）陪同讲解。

2020年，社中央副主席丛斌受邀到长春中医药大学作科普讲座。

2020年2月15日，社市委副主委冷向阳（前排右）率领第四批国家中医医疗队驰援武汉抗疫一线，中共吉林省委书记巴音朝鲁（前排左）向领队冷向阳授旗。

2021年，中共长春市委常委、统战部部长孙弘（前排中）到社市委机关走访。

2021年，中共长春市委书记张志军（右排中）到社市委机关走访并与各民主党派主委进行座谈。

荣誉表彰

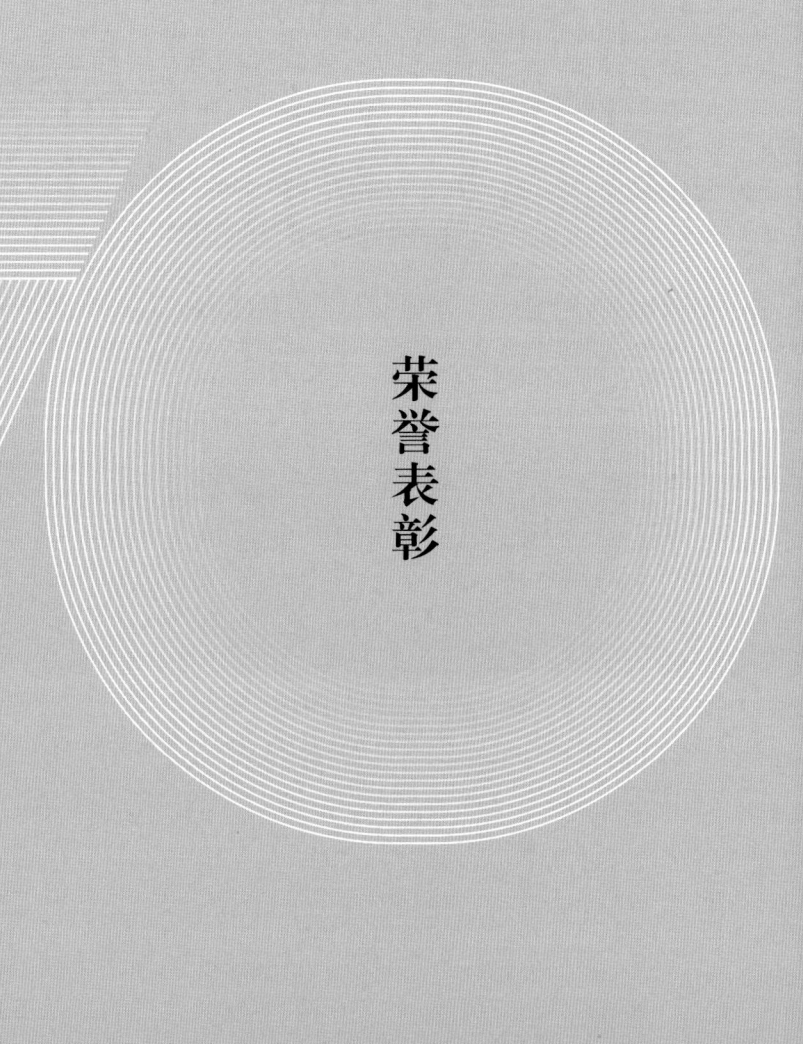

1994—2001年，社市委在科技支农、智力支农工作中多次获得表彰。

2000—2001年，社市委连续两年被中共长春市委统战部评为"四比一创"活动先进单位和招商引资工作先进单位。

2000年，社市委在长春市政协九届二次全会上提出的《关于举办长春市设治200周年庆典的建议》，获长春市人民政府颁发的最佳创意奖。

2003年，社市委在长春市政协组织的"我为长春率先在全省实现全面小康献一计出一策"征文活动中，被评为优秀组织单位。

2005—2006年，社市委连续两年被社中央授予国际科学与和平周特别贡献奖。

2006年，社市委被社中央评为社会服务工作先进集体。

荣誉表彰

2006年，社市委被评为"各民主党派工商联无党派人士为全面建设小康社会作贡献先进集体"。

2008年，社市委被社中央评为九三学社抗震救灾先进集体。

2010年，社市委被社中央评为全国社会服务工作先进集体。

2010年，社市委被社省委评为2009年度宣传工作先进单位。

2011年，社市委两支代表队参加社省委纪念建党90周年"同心行"知识竞赛，荣获二、三等奖。

2011年，社市委被评为"各民主党派工商联无党派人士为全面建设小康社会作贡献先进集体"。

2020年，社市委被社中央评为九三学社抗击新冠肺炎疫情先进集体。

2020年，社市委被社中央评为九三学社全国宣传思想工作先进单位。

2021年，社市委被社中央评为2018—2020年参政议政先进集体。

2021年，社市委被社中央评为九三学社全国机关建设先进集体。

2022年，社市委被社中央评为九三学社组织工作先进集体。

2022年，社市委被社中央评为2021—2022年社会服务先进集体。

2023年，社市委被社中央评为2021—2022年参政议政先进集体。

组织建设

1987年9月7日，社市委在公主岭市吉林省农科院礼堂举办基层组织骨干培训班，与会人员合影。

1987年，九三学社东北三省社务工作经验交流会在吉林市召开，与会人员游览松花湖水库。

1988年，社市委召开工作会议。会后，社市委委员与机关同志合影。

1993年6月12日，九三学社长春市卫生联合支社部分社员合影。

2004年5月，社中央组织部到社市委进行基层组织工作调研，15位基层组织负责人到会进行了座谈。

2004年,社市委在重阳节宴请德高望重的老社员。

2005年9月28日,20世纪50年代入社的老社员(左起)王继少、赵恩武、李振泉接受社中央颁发的荣誉证书。

2007年1月7日，社市委新老领导班子成员到长春市司法局参观学习。

2009年，九三学社长春市第十二届委员会领导班子成员进行届中述职。

2012年5月27日，九三学社社员吕秀英（左）、徐震（右）主持社市委青年委员会和企业家委员会联谊会。

2014年3月19日，社市委举办新社员培训班。

2014年5月16日,九三学社长春书画摄影社召开会议,决定更名为"九三学社长春书画院"。

2015年2月4日,中共长春市委统战部部长刘德生(中)前往长春市人大常委会原副主任、社市委原主委马骊良(右)家中,代表中共长春市委送上慰问和新春祝福。社市委驻会副主委王进(左)陪同。

2015年3月4日，社市委组织女社员到长春市雕塑公园参观，庆祝即将到来的"三八"国际妇女节。

2016年4月15日，社市委向社员之家捐赠活动器材。

2015年11月23日，社市委在重庆西南大学开展为期6天的骨干成员培训活动，与会社员合影。

2017年1月,社中央常务副主席邵鸿(左三)出席由九三学社中央青年工作委员会秘书处、九三学社长春市直属新区委员会联合承办的"中·俄·蒙古·美·巴基斯坦五国专家来阿义诊活动"。

2017年12月,长春市九三学社社员代表冷向阳(后排左二)、高玉秋(前排左四)、高峰(后排右五)、石浩男(前排右五)在京西宾馆参加九三学社第十一次全国代表大会。

2019年3月5日，九三学社长春市委员会、民盟长春市委员会在长春市民主党派大楼一楼多功能厅联合举办"天地万物之精华——宝石"专题讲座，庆祝"三八"国际妇女节。

2019年8月29日，社中央机关建设检查组莅临社市委机关检查指导工作。

组织建设

2019年10月，九三学社全国组织工作会议在湖北省黄石市召开，社市委专职副主委李铭（四排左四）参加会议。

2020年，在重阳节到来之际，社市委召开机关退休老干部座谈会。

2021年6月，社市委专职副主委李铭（右二）带队参加九三学社全国副省级城市第十五次工作联席会议，同社中央常务副主席邵鸿（右三）合影。

2021年11月4日，九三学社长春市第十五届委员会部分常委合影。

2021年11月4日，九三学社长春市第十五届委员会部分委员合影。

组织建设

2021年11月4日，九三学社长春市第十五次代表大会全体代表合影。

2021年12月1日，为进一步加强省、市两级机关规范化建设，社省委专职副主委孙立忠（左排中）带领社省委机关处室负责人及机关干部莅临社市委机关指导工作。

2021年11月18日，九三学社四平市委员会参政议政调研组一行19人在王进馥主委的带领下，来到社市委机关开展调研座谈活动。

29

2022年2月10日，社市委机关在长春市民主党派大楼二楼会议室举行元宵节灯谜竞猜活动。

2022年6月24日，2021年度九三学社长春市委员会领导班子民主生活会在长春市民主党派大楼二楼会议室召开。

2022年6月24日，九三学社长春市第十五届委员会内部监督委员会2022年度工作会议在长春市民主党派大楼二楼会议室召开。

组织建设

2022 年 8 月 19—22 日，为深入贯彻落实"矢志不渝跟党走、携手奋进新时代"政治交接主题教育精神及长春市统一战线"2022 同心发展行动"工作安排，社市委组织骨干社员赴吉林杨靖宇干部学院进行培训。

2023 年 3 月 30 日，九三学社长春市第十五届委员会内部监督委员会召开第三次会议。

2023年9月，九三学社全国副省级城市第十七次工作联席会议在哈尔滨召开。社省委专职副主委、社市委专职副主委李铭（右一）带领机关干部参会。会后，与全国政协副主席、社中央常务副主席邵鸿（右二）合影。

2023年12月30日，九三学社长春市第十五届委员会第四次全体委员会议在长春市民主党派大楼召开，会议选举金鑫（右三）为副主任委员。

思想建设

1990 年 12 月 13 日，社市委召开第四次统战理论研讨会，学习中共中央 14 号文件。

2003 年，九三创新艺术团自创团歌《九三社员之歌》在中共北京市委统战部开展的"风雨同心"歌曲征集活动中获奖。

思想建设

2008年4月26日，社省委、社市委联合举办纪念"五一口号"发布60周年文艺演出。

2009年8月，九三创新艺术团在吉林省老龄委举办的"夕阳欢歌颂祖国"大型歌会上演出。

2009年9月24日，在社市委举办的"庆祝新中国成立60周年"大会上，九三学社吉林大学委员会演唱《歌唱祖国》。

35

2019年12月26日,九三学社吉林财经大学委员会以"同心聚力 践行使命"为主题召开2020年迎新座谈会。

2020年4月3日,社市委专职副主委李铭(前排左二)参加全市统战系统宣传信息工作会议。

思想建设

2021年6月，九三学社长春大学支社组织骨干社员开展"不忘合作初心，继续携手前进"主题教育活动。

2021年6月19日，为庆祝中国共产党成立100周年，九三学社吉林大学委员会举办学习"五史"主题教育活动。

2021年6月28日，"翰墨丹青·同心百年——长春市各民主党派庆祝中国共产党成立100周年书画展"在长春市群众艺术馆举行。社市委组织书画院提供参展作品23幅。

43

2021年6月29日，为隆重庆祝中国共产党成立100周年，落实中共长春市委统战部"三个共同"主题教育实践活动精神，社市委在中日友好会馆举办庆祝中国共产党成立100周年暨第二届"不忘合作初心，继续携手前进"主题知识竞赛。

2022年8月29日，社市委在长春市民主党派大楼二楼会议室组织机关干部集体学习中央统战工作会议精神及《中国共产党政治协商工作条例》。

2022年10月9日，社市委在长春市民主党派大楼二楼会议室召开十五届七次主委会议。会议学习了《人民日报社论：坚定不移推进中华民族伟大复兴历史进程——热烈庆祝中华人民共和国成立七十三周年》。

2022年12月6日，社市委组织全体机关干部在长春市民主党派大楼一楼多功能厅开展"学习宣传贯彻中共二十大精神"知识竞赛。

2023年5月13日，为深入学习贯彻中共二十大精神，纪念中共中央发布"五一口号"75周年，重温光辉历史，弘扬优良传统，社市委在伪满皇宫博物院薰南书画院举办纪念"五一口号"发布75周年书画雅集。

思想建设

2023年6月12日,社市委在长春市民主党派大楼召开"凝心铸魂强根基、团结奋进新征程"主题教育动员会,部署推动主题教育工作。

2023年6月12日,社市委在长春市民主党派大楼召开九三学社长春市委会"凝心铸魂强根基、团结奋进新征程"主题教育专题讲座暨理论学习中心组(扩大)学习会议。

2023年10月18日晚，由社省委、吉林艺术学院主办，社市委和吉林艺术学院党委统战部、教务处、科研产业处、戏曲学院、马克思主义学院以及九三学社吉林艺术学院支社承办的"凝心铸魂强根基、团结奋进新征程"主题教育红色经典剧目展演暨吉林艺术学院戏曲课程思政教学成果汇报演出在吉林艺术学院现代剧场上演。

70

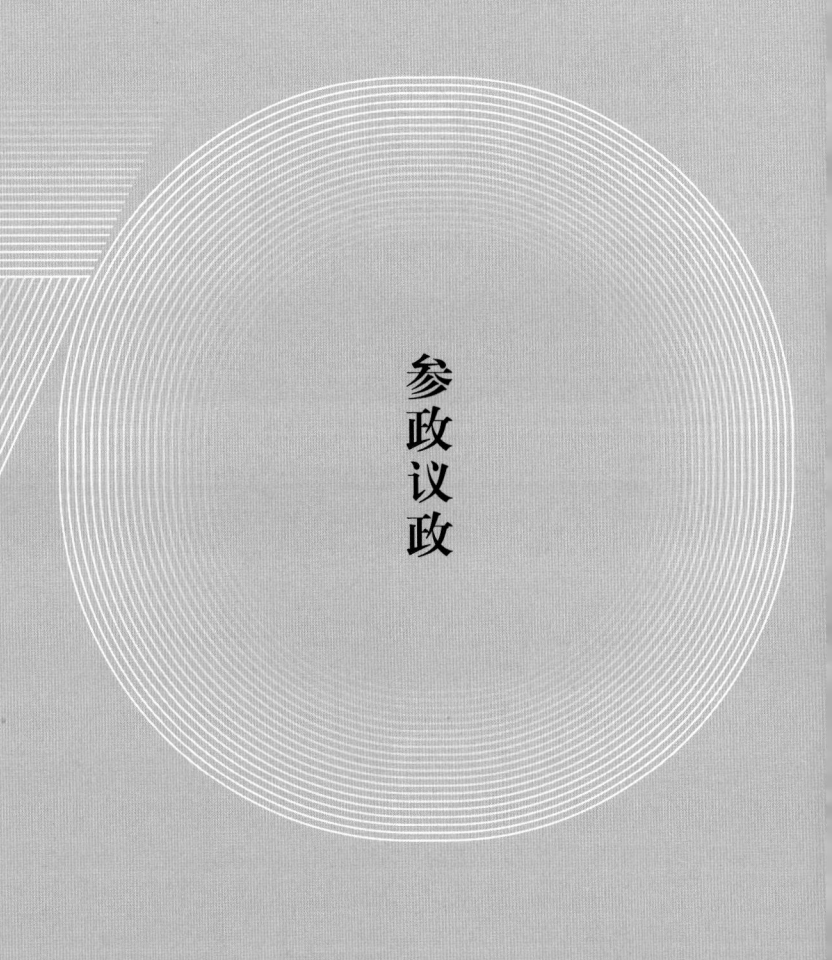

参政议政

1989年，社市委参政议政调研小组成员就水质问题到长春二龙湖水库进行调研。

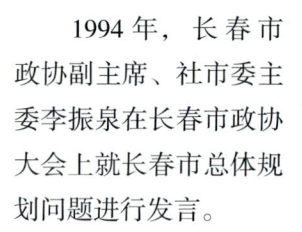

1994年，长春市政协副主席、社市委主委李振泉在长春市政协大会上就长春市总体规划问题进行发言。

2008年，社市委举办院士论坛，长春市政协副主席、社市委主委张红星主持会议。

参政议政

2010年5月11日，社省委在社市委机关召开参政议政工作长春市现场会。

2010年，九三学社界别的长春市政协委员付兴奎在长春市政协十一届十四次常委会上作题为《数字长春建设的总体构想》的报告。

2010年12月20日，九三学社界别的长春市政协委员翁连海在长春市政协民主评议全市食品安全工作会议上建言。

2014年9月5日,社市委在机关会议室举行长春市中小企业发展状况及相关扶持政策研讨会。

2014年10月23—25日,社市委参加社省委"关于开展民族历史文化保护与新型城镇化建设"的调研会。

2015年1月9日，社市委驻会副主委王进（左一）到九台卡伦经济开发区的九台大学生创业园，考察社市委经济科技委员会高校科研孵化基地的筹备工作。

2016年4月21日，社市委驻会副主委王进（前排右）陪同中共长春市委统战部副部长张守刚（前排中）参加九三学社宽城区委员会在宽城区人民检察院警示教育基地举办的参观调研活动。

2016年6月2日，在社市委机关会议室，社市委秘书长顾红艳（右排左一）代表社市委接受长春市发改委提案面复。

2016年8月4日，九三学社长春市直属法律综合委员会在长春市人民检察院组织开展"走进检察机关　加强民主监督"活动。

参政议政

2016年9月23日，九三学社长春市朝阳区委员会在社市委机关组织召开了参政议政专题培训会，邀请吉林省政府参事、社省委专职副主委蔡鹏飞（左排左四）作参政议政专题讲座。

2018年11月初，在庆祝改革开放40周年之际，长春市政协副主席、社市委主委张红星（正面一排右）和社市委驻会副主委王进（正面一排左）率相关专委会主任及部分骨干成员前往深圳市、珠海市开展调研。

2020年6月，社市委专职副主委李铭（右二）到社员企业就优化营商环境开展调研。

2020年6月，社市委专职副主委李铭（左二）一行到吉林省德邦汽车电子有限公司开展调研。

2020年6月，社市委专职副主委李铭（左三）一行到易事特集团吉林分公司走访调研。

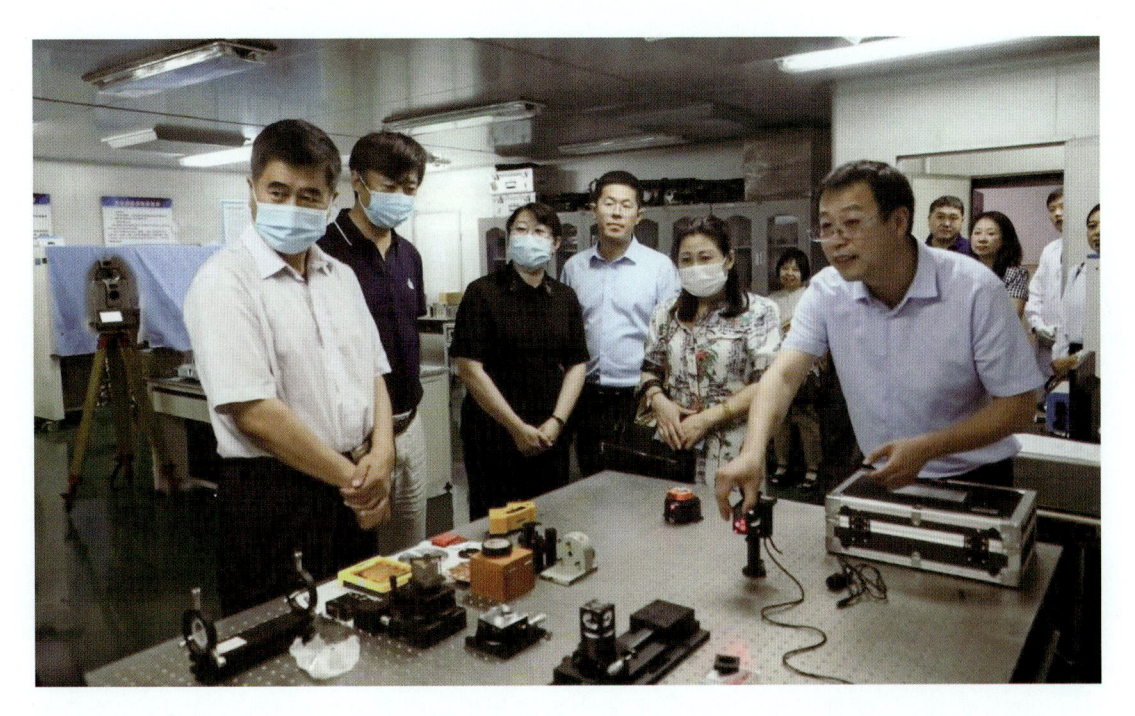

2020年7月7日，社省委专职副主委孙立忠（左一）、社市委专职副主委李铭（左二）一行到长春理工大学开展调研并参观光电工程学院实验室。

2021年4月10日,九三学社长春市绿园区委员会联合一汽集团委员会到东北亚先进制造产业园实地调研。

2021年10月27日,九三学社第七届全国青年论坛在北京以视频形式举行,长春市九三学社青年社员任佳仪提出的《加强政务新媒体建设 提高数字政府建设水平》被选为十佳优秀建议。图为任佳仪在"我建言"环节作展示发言。

2021年11月30日，社省委专职副主委孙立忠（中间）、组织处处长金鑫（左二）携中共中央统战部写给长春市九三学社社员陶进的贺信，在社市委专职副主委李铭（左五）陪同下，来到吉林中粮生化有限公司，看望荣获2020年度国家科学技术进步奖二等奖的陶进（右五），并开展调研座谈。

2022年7月31日，社市委主委冷向阳（左一）率队赴贵州省铜仁市就提高基层中医院社会公共健康服务水平开展调研。

2023年5月23—26日，社市委主委冷向阳（右二）带队赴广州、珠海就"大健康"产业发展开展调研。图为调查组一行在珠海市粤澳合作中医药科技产业园调研。

2023年5月24日，长春市政协与横琴粤澳深度合作区执委会联合召开"推进高水平开放及大健康产业发展"座谈会，社市委主委冷向阳（右三）在会上发言。

# 70

社会服务

1988—1991年的"六一"儿童节，社市委组织社内儿科专家在长春市儿童公园进行义诊。图为1991年义诊场景。

2001年5月，九三学社吉林农业大学委员会被中共长春市委统战部评为"智力支农先进集体"。

2001年，社市委与九台市其塔木镇人民政府签订为期3年的《科教兴农协议》。

2003年9月，九三学社南关区委员会到蛟河红叶谷开展郊游活动，社市委驻会副主委陈济生（一排左四）及部分机关干部参加活动。

2004年5月17日，九三学社吉林农业大学委员会组织农业专家到敦化支农点指导农民种植木耳。

2007年10月20日，为宣传第十九届中国"国际科学与和平周"的主题"科学发展　共建和谐"，社省委、社市委联合在长春市南湖公园举行大型健康医疗义诊活动。

2007年，在长春举办的亚冬会招聘志愿者活动中，"九三学社英语班"有10余人被选为志愿者，主讲教师李尚仁（前排左四）是本次冬运会年龄最长的志愿者（77岁）。

社会服务

2009年11月22日,"全国双钢筋技术开发推广协作网"代表大会在社市委机关召开,社市委驻会副主委陈济生(右排中)出席会议。

2012年8月19日,社市委在长春市九台区石头口门村开展"专家进乡村入学堂"活动。

2022年9月29日，社市委来到长春市南关区全安街道天利南社区东天小区开展"杏林进社区"活动，为辖区近100名居民提供卫生健康宣讲、义诊和送药服务。

2022年全市抗疫期间，社市委专职副主委李铭（右）与工人一起搬运捐赠的物资。

2023年3月30日，九三学社吉林财经大学委员会联合九三学社绿园区委员会开展第七届"同心助学"活动，捐赠仪式在长春市第七十八中学举行。

2023年5月10日，社省委主委、社市委主委冷向阳（左三）带领社内医疗专家团队前往长春市朝阳区湖西街道长久社区开展"杏林进社区"、九三学社界别政协委员"走进社区医疗义诊"活动。中共长春市委统战部副部长蒋鹏飞（右三）出席活动。

2023年5月30日，由社中央主办，社市委、九三学社东北师范大学委员会协办的"九三学社中央院士专家科普行"走进东北师范大学。

2023年5月31日，九三学社长春市宽城区委员会应邀参加宽城区泽葵幼儿园举办的"亲子齐运动 快乐共成长"庆"六一"主题亲子运动会，并向泽葵幼儿园捐赠了价值5000元的桌椅和玩具。

2023年8月23日，为落实社市委"杏林进社区"活动安排，九三学社长春中医药大学委员会联合九三学社绿园区委员会在绿园区普阳街道升阳社区开展义诊活动。

# 序

在新中国成立75周年，中国新型政党制度确立75周年，也是九三学社长春地方组织成立70周年之际，看到九三学社长春市委员会组织编撰的《长春九三学社70年志》顺利完成，我由衷地感到高兴和欣慰。

长春是我国东北地区中心城市之一和重要的工业基地，新中国汽车工业、光电子技术、生物技术、应用化学的摇篮，科教兴盛，人才荟萃。作为新中国成立后九三学社建立的第一批地方组织之一，长春九三学社在全社地方组织中具有重要地位，其创建和发展历程是九三学社市级地方组织发展史上极具代表性的缩影。本书所呈现的九三学社在长春发展壮大和践行多党合作的生动实践，不仅为我们提供了一个全面了解地方组织发展历史的窗口，更为我们回顾过去、总结经验、展望未来提供了重要的参考和依据。

通过本书，我们能清晰地看到长春九三学社70年来的发展脉络。新中国成立之初，长春成为国家重点建设地区之一，一度被划为中央直辖市。随着国家的重视和一系列政策支持，长春建立起了多所大学和科研院所，各方人才资源也纷纷汇聚而来，为长春九三学社的创建奠定了重要前提和基础。吴学周、杨振声、刘恩兰、业治铮等一批九三先贤正是在这一时期响应国家号召，来到了这片热土。1952年春，九三学社在长春建立直属小组，两年后正式成立长春分社，从此开启了长春九三学社的历史篇章。在这一时期，长春九三学社积极参加中国共产党领导的民主改革，积极参加社会主义改造运动，为巩固新生的人民政权、恢复和发展国民经济、推进社会主义革命和建设，特别是为地区科学技术、高等教育和医药卫生等事业的发展作出重要贡献。改革开放以后，广大社员积蓄于内心的力量喷薄而出，他们通过多种方式来表达自己的政治热情，担负起对国家社会发展应尽的责任和义务，为社组织赢得了良好的社会声誉。这一时期，九三学社长春市委员会的组织规模迅速扩大，很多基层组织由支社提升为基层委员会。特别是中共十八大以来，长春九三学社坚持把思想政治建设放在首位，深入开展学习教育活动，紧紧围绕中共长春市委、长春市政府中心工作，积极履行参政党职责，先后就长春水源地污染、农村污染、城市闲置土地治理、支柱及优势产业链规划、大数据产业发展等课题进行深度调研，通过举办院士论坛、高层论坛和特聘专家课题组招标等方式集智聚力，提出的很多意见、建议都得到市委、市政府和有关部门的高度重视和采纳。在自身建设和履行职能方面，取得了优异的成绩，先后获评"全国各民主党派工商联无党派人士为全面建设小康社会作贡献先进集体""九三学社全国宣传思想工作先进单位""九三学社抗击新冠肺炎疫情先进集体"。社组织从最初1个中央直属小组、3名社员发展到现在的117个基层组织、3000多名社员，很多社员在中国特色社会主义事业发展的各个领域中都取得了突出成绩。这段历程所折射出的，是一代代九三人的接续奋斗、砥砺前行，是中国共产党领导的多党合作和政治协商制度的不断发展和进步，是坚定不移走中国特色社会主义政治发展道路的光明前景。从这一点看，本书的编撰和出版，是一项很有价值的工作。这也是对九三学社长春市委多年来辛勤付出的一种肯定、对广大社员的一种激励。

作为一本地方社史志，我认为本书特色至少有三。首先是"全"。编者通过大量档案资料的收集，以志为主、传记为辅、表录为补，使70年来长春九三学社的大致情况得到较为全面和细致的反映，对九三学社的社史研究甚至更高层面的史学研究都是很重要的补充和丰富。我也是在阅读这部书稿时，才比较清楚地了解到新中国成立初期长春九三学社的许多事情，以及长春九三学社与九三学社吉林省委员会的渊源等。书稿在这方面的努力，应该给予充分肯定。其次是"实"。编者在充分考虑自身能力和资料收集可能性的客观基础上，对书稿凡例进行界定，采用规范的语体文、记述体，以实事求是的态度对长春九三学社的历史和成绩做尽可能客观的叙述，质朴平实、述而不论，这一点值得肯定。再者是"严"。编者在史料考订方面较为审慎，对档案资料的获取来源和内容都进行了认真筛选、甄别，纠正了一些以往著述中的错误，并邀请了相关人士审阅纠错，一定程度保障了其史料价值。当然，该书也存在一些不足之处。比如，作为一部市级组织的历史记录，对历史细节的挖掘还有欠缺，各时期的叙述缺少与时代发展相呼应的精准概括，未免有窥一斑而难知全貌的遗憾。但在较短时间内能编撰成书，并具有相当价值，实属不易。我要向为九三学社长春市委员会地方志编写工作付出辛勤努力的同志们表达我的感谢。

知所从来，思所将往。回望漫漫来时路，九三学社作为中国共产党的亲密友党和好参谋、好帮手、好同事，作为同中国共产党通力合作的中国特色社会主义参政党，始终与中国共产党同心同德，共同致力于国家富强、民族复兴和人民幸福。当前，世界百年变局加速演进，我国正处在实现中华民族伟大复兴的关键时期。新时代新征程，九三学社各级组织必须进一步深入贯彻落实习近平总书记关于坚持好发展好完善好中国新型政党制度的重要论述，为助力强国建设、民族复兴伟业凝心聚力、团结奋斗。希望本书的出版，能够让更多的人了解九三学社在地方层面的发展历程和贡献，进一步增进对九三学社的认识和理解。也期望这部地方志能够激励长春九三学社在未来的工作中继续发扬优良传统，加快建设高水平高素质中国特色社会主义参政党地方组织步伐，为全力推动长春全面振兴率先实现新突破贡献更多智慧和力量，谱写出新时代多党合作事业的长春九三新篇章。

是为序。

邵鸣

2024年7月于北京

# 长春九三学社历届主任委员

## 吴学周
1902—1983

江西省萍乡市人。物理化学家。中国科学院学部委员（院士）。1924年毕业于南京东南大学。1928年赴美留学，入加州理工学院攻读物理化学，1931年毕业并获博士学位。次年赴德国达姆斯塔特高等工业学校，从事光谱学研究。1933年回国，曾任中央研究院化学研究所研究员、所长。中华人民共和国成立后，先后任中国科学院物理化学研究所所长，中国科学院长春应用化学研究所所长、名誉所长。1979年兼任中国科学院环境化学研究所所长。1980年任中国科学院环境科学委员会副主任、全国自然科学联合委员会委员，同年又当选吉林省科协主席。长期从事研究及科研领导工作，在结构化学、电化学、分子光谱及均相反应动力学等研究方面取得了成果；为国家培养光谱人才和创建光谱学研究基地作出了重要贡献。

1951年加入九三学社，1983年加入中国共产党。第二、三、五、六届全国人大代表，政协第二、三届全国委员会委员，九三学社第三届中央委员会委员，第四、五、六届中央常务委员会委员。第五、六届吉林省人大常委会副主任，政协吉林省第二、三、四届委员会副主席，九三学社吉林省筹备委员会委员。政协长春市第一届委员会副主席，九三学社长春分社第一至六届委员会主任委员。

## 陈秉聪
1921—2008

山东省黄县人。拖拉机和地面力学专家。中国工程院院士。1943年毕业于西北工业学院机械系。1945年考取赴美留学资格，获得"航空飞行工程师"称号及硕士学位。1955—1982年，历任吉林工业大学（现吉林大学）副教授、教授、博士生导师，农业机械工程系主任。1983—1987年任吉林工业大学副校长。1998年任青岛大学教授，同时兼任吉林大学农机研究院名誉院长。1980年以来，在国内外著名刊物上发表论文250余篇，出版专著3部。他发明的"机械式步行轮"，1987年获加拿大蒙特利尔国际发明博览会金奖。他开辟了"地面机械仿生技术"跨学科的新研究方向，取得了重大理论与技术创新，在国内外农机工程地面车辆系统领域享有很高的声望。1990年获批享受国务院政府特殊津贴（首批）。

1956年加入九三学社。第六、七届全国人大代表，九三学社第七、八、九届中央委员会委员。政协吉林省第七届委员会副主席，九三学社吉林省第三届委员会主任委员。政协长春市第五届委员会副主席，九三学社长春市第七、八届委员会主任委员。

# 李振泉

1925—2008

天津市蓟县人。经济地理学家，教授。1949年毕业于北京师范大学地理系，毕业后到长春东北师范大学地理系工作。先后承担人文地理、经济地理、区域地理等课程教学工作共计50年，并兼任研究室主任等领导工作。培养了众多专业人才。作为主要设计者之一，创建了我国师范类院校的第一个经济地理学专业。在科研领域，发表了一批区域经济地理专著和人地关系论等方面有价值的论文，从地理学的视角为三峡工程、南水北调、三北防护林的建设等国家重大工程提出了许多建设性意见。参与了国家和省区的农业区划、国土规划等专题科研项目，受到奖励并享受国家特殊贡献专家待遇。曾任长春市土地局、规划局顾问，长春市民政局、环保局咨询专家。

1956年加入九三学社。九三学社吉林省第三届委员会副主任委员。政协长春市第七届委员会副秘书长及文教卫主任，政协长春市第八届委员会副主席，九三学社长春市第七届委员会秘书长，九三学社长春市第八届委员会副主任委员，九三学社长春市第九届委员会主任委员。

# 李惟

1939年9月出生于辽宁省锦州市。生物化学家，肽类药物科学家。吉林大学生命科学学院教授，博士生导师。享受国务院政府特殊津贴专家。1962年毕业于吉林大学化学专业。1983年8月获得日本京都大学药学博士学位。1985—2009年，历任吉林大学副教授、教授，博士生导师，生物学系主任。曾先后在日本京都大学、澳大利亚昆士兰大学、日本神户学院大学分别做为期两年的访问教授。从1965年开始，一直从事生物化学教学、蛋白质、肽类基础科学和肽类新药开发研究，其中包括新的肽类药物筛选、多肽合成和纯化技术研究。吉林大学学位委员会委员、《吉林大学自然科学学报》副主任委员、两届国家自然科学基金评审专家、国家自然科学奖励委员会专家、国家药品审评中心评审专家。兼任长春百克生物科技股份公司、长春百益制药股份有限责任公司首席科学家。

1985年加入九三学社。九三学社第十届中央委员会委员。九三学社吉林省第四届委员会副主任委员。政协长春市第九届委员会副主席，九三学社长春市第十届委员会主任委员。

## 马驷良
1944—2017

吉林省四平市人。计算数学与应用软件专家。曾任吉林大学数学学院教授，博士生导师。1967年毕业于吉林大学。早年从事微分方程数值解法研究，在差分法稳定性理论研究方面有突出贡献，20世纪90年代两度被美国数学会收入《世界数学家名录》。1988年后从事模式识别与计算机图形学方面的研究，取得了众多具有理论意义和应用价值的研究成果。先后发表学术论文50余篇，出版著作和教材13部，主持和承担省部级以上科研项目15项，获省部级以上奖励6项。

1985年加入九三学社。九三学社第十一届中央委员会委员。政协吉林省第六届委员会委员，政协吉林省第七、八届委员会常委，九三学社吉林省第五届委员会副主任委员。第九届长春市人大常委会副主任，政协长春市第七届委员会委员，九三学社长春市第十一届委员会主任委员。

## 张红星

1963年8月出生于黑龙江省双城市。现为吉林大学唐敖庆特聘教授，博士生导师。1982年毕业于黑龙江大学化学系，获理学学士学位；首批吉林省"长白山学者"。1987年毕业于吉林大学理论化学研究所，获理学博士学位；1991—1993年在美国亚利桑那州立大学化学系从事博士后研究；1996—1998年在香港大学化学系做访问教授。长期从事理论化学方面的研究工作，在国际上较早进行分子体系的激发态量子化学和相对论量子化学精确理论计算工作，该项研究被誉为优秀的全面的（excellent and comprehensive）研究。在国际权威学术刊物上发表研究论文400余篇，被国内外学者引用10000余次。先后承担国家973计划项目、国家科技支撑计划项目、自然科学基金项目及省部级项目等近20项。曾获得香港裘氏基金、吉林省科学技术进步奖一等奖和教育部自然科学奖一等奖等学术奖励和吉林省高级专家、吉林省拔尖创新人才等荣誉称号。治学严谨、为人师表，先后指导了10多名博士后、40多名博士和50多名硕士研究生。

2000年加入九三学社。九三学社第十二、十三届中央委员会委员。第十届吉林省人大代表，政协吉林省第十一、十二届委员会委员，九三学社吉林省第六、七、八届委员会副主任委员。政协长春市第十一、十二、十三届委员会副主席，九三学社长春市第十二、十三、十四届委员会主任委员。

# 冷向阳

1966年5月出生于吉林省大安市。一级教授，主任医师，博士生导师，中医药传承与创新"百千万"人才工程岐黄学者，全国五一劳动奖章获得者。1990年毕业于长春中医药大学。2004年至2007年就读于吉林大学，获医学博士学位。现任长春中医药大学校长，享受国务院政府特殊津贴专家。从事中医骨伤医疗、教学、科研工作30余年，在中医骨伤学科理论传承、机制探讨、技术创新等方面取得系列学术成果。主持国家重点研发计划项目、国家自然科学基金区域创新发展联合基金重点支持项目等科研项目20余项，发表学术论文100余篇，编写规划教材15部。国家科技奖励评审专家、科技部重大新药创制专项和国家重点研发计划项目评审专家、国家自然科学基金项目终审专家、国家药品监督管理局药品审评专家等。

所带领团队曾被评为全国抗击新冠肺炎疫情先进集体、全国先进基层党组织，个人荣获九三学社抗击新冠肺炎疫情湖北抗疫一线优秀社员、"吉林好人·战疫先锋"、吉林省舒兰市新型冠状病毒肺炎疫情防控工作杰出贡献奖等荣誉。

2000年加入九三学社。政协第十四届全国委员会委员，九三学社第十五届中央常务委员会委员。政协吉林省第十三届委员会常委，九三学社吉林省第九届委员会主任委员。政协长春市第十四届委员会常委，九三学社长春市第十五届委员会主任委员。

# 凡 例

**一、内容范围**

本志以长春市九三学社所属市委会、基层组织及社员为记述对象，坚持历史唯物主义的观点，广泛收集资料，遵循实事求是的原则，多方求证，去伪存真，整理编纂。

**二、体裁结构**

本志以类系事，横排纵写，采用述、志、传、记、表、录等体裁，以志为主、传记为辅、表录为补，包括序、凡例、概述、7章34节、10个附录以及约180幅照片等。

**三、时间断限**

按1954年6月20日九三学社长春分社正式成立日计算，2024年是九三学社长春市委员会建社70周年。为详尽记述长春九三学社的沿革，并考虑资料收集的可能性，本志上限为1952年春天，下限为2023年12月31日。

**四、行文规范**

本志采用规范的语体文、记述体，使用第三人称。其中，九三学社长春分社简称"分社"，九三学社长春市委员会简称"社市委"，主任委员简称"主委"，副主任委员简称"副主委"，九三学社吉林省委员会简称"社省委"，中国共产党长春市委员会简称"中共长春市委"，等等，上述简称为约定俗成，志中频繁使用。

### 五、资料来源

资料主要来源于九三学社长春市委员会的档案、文献，辅之以九三学社吉林省委员会、中共长春市委统战部、长春市人大、长春市政协、长春市其他民主党派等单位的有关资料。

# 目　录

概　述 / 001

## 第一章　组织建设 / 007

第一节　九三学社长春分社成立 / 009

第二节　历次社员大会及社员代表大会 / 010

　一、九三学社长春分社第一次社员大会 / 010

　二、九三学社长春分社第二次社员大会 / 011

　三、九三学社长春分社第三次社员大会 / 012

　四、九三学社长春分社第四次社员大会 / 013

　五、九三学社长春分社第五次社员大会 / 014

　六、九三学社长春分社第六次社员大会 / 016

　七、九三学社长春分社第七次社员大会 / 017

　八、九三学社长春市第八次代表大会 / 018

　九、九三学社长春市第九次代表大会 / 020

　十、九三学社长春市第十次代表大会 / 021

　十一、九三学社长春市第十一次代表大会 / 022

　十二、九三学社长春市第十二次代表大会 / 024

　十三、九三学社长春市第十三次代表大会 / 025

　十四、九三学社长春市第十四次代表大会 / 027

　十五、九三学社长春市第十五次代表大会 / 028

第三节　组织发展 / 031

　　一、九三学社长春分社筹备委员会时期（1952年—1954年6月20日） / 031

　　二、九三学社长春分社委员会时期（1954年6月20日—1984年3月） / 032

　　三、九三学社长春市委员会时期（1984年3月—2000年12月） / 034

　　四、九三学社长春市委员会时期（2000年12月—2023年12月） / 035

第四节　基层组织建设 / 037

　　一、基层组织沿革 / 037

　　二、基层组织建设 / 062

　　三、先进表彰 / 069

第五节　专门工作委员会 / 080

第六节　社内监督委员会 / 086

第七节　各级领导关怀 / 087

# 第二章　思想建设 / 089

第一节　参加各项政治运动和自我教育活动 / 091

　　一、反对美蒋签订条约，积极参加肃反运动 / 091

　　二、整风、反右斗争和一般整风与交心运动 / 091

　　三、"神仙会" / 093

　　四、"双革"运动 / 094

　　五、进行"三个主义"思想教育 / 095

　　六、经受了"文化大革命"的严峻考验 / 097

第二节　政治理论学习 / 098

　　一、学习马克思列宁主义、毛泽东思想 / 098

　　二、学习党的方针、政策和时事政治 / 098

第三节　开展统战理论学习、研究和实践 / 114

第四节　开展形式多样的思想教育和宣传工作 / 121

　　一、开展丰富多彩的自我教育活动 / 121

二、学习宣传社内外先进人物事迹 / 131

　　三、开展征文活动 / 132

　　四、九三学社长春市委员会网站、微信公众平台和机关刊物工作 / 136

第五节　九三创新艺术团 / 138

第六节　九三学社长春书画院 / 140

## 第三章　机关建设 / 143

第一节　坚持政治业务学习，提高干部综合素质能力 / 146

第二节　建立健全规章制度，加强警示教育 / 149

第三节　改进作风，全心全意为社员服务 / 151

第四节　机关干部参加九三学社全国副省级城市工作联席会议 / 152

## 第四章　参政议政 / 153

第一节　参加各级人大、人民政府及政协工作 / 155

　　一、参加人大工作 / 155

　　二、参加各级人民政府等部门工作 / 157

　　三、参加政协工作 / 159

第二节　通过长春市政协、中共长春市委专题议政会积极献计献策 / 164

第三节　各级人大代表、政协委员发挥参政议政作用 / 178

第四节　建立参政议政长效机制，履行参政党职能 / 182

　　一、常委会领导参政议政工作机制 / 182

　　二、参政议政特聘专家机制 / 183

　　三、举办"九三长春高层（院士）论坛" / 185

　　四、开展"献一策"活动 / 187

　　五、广泛开展专题调研 / 190

　　六、完善制度，充实队伍，不断提升参政议政水平 / 194

第五节　对口联系工作 / 196

第六节　民主监督及特邀员工作 / 197

第七节　信息工作 / 199

# 第五章　为社会主义现代化建设服务 / 201

第一节　咨询服务 / 203

　　一、科技咨询 / 205

　　二、义务医疗服务 / 217

第二节　办学办班 / 235

　　一、吉林省环保科技大学 / 235

　　二、各类培训班及专题讲座 / 235

第三节　科技支农 / 239

　　一、在伊通满族自治县的科技支农工作 / 239

　　二、在九台市莽卡满族乡的定点科技兴农工作 / 241

　　三、在九台市其塔木镇的定点科教兴农工作 / 243

　　四、在长春市双阳区九三村的定点科技支农和双阳区扶贫攻坚民主监督工作 / 244

　　五、在祖国老少边穷地区开展科技支农工作 / 247

第四节　抗击"非典" / 248

第五节　抗震救灾，支援我国西藏、新疆，援助科威特 / 251

第六节　扶贫济困　捐资助学 / 255

第七节　法律界社员助力长春发展 / 260

第八节　招商引资 / 262

第九节　建立九三学社长春市委员会"一五三"社员服务体系 / 263

第十节　抗击新型冠状病毒肺炎疫情 / 265

## 第六章　大事记 / 275

## 第七章　人物传略 / 373

　　吴学周 / 375

　　刘恩兰 / 386

　　业治铮 / 395

　　陈秉聪 / 399

　　冯守华 / 403

　　李振泉 / 407

　　李　惟 / 412

　　马驷良 / 416

　　张红星 / 419

　　冷向阳 / 423

　　陆坤元 / 429

　　迟宝荣 / 433

　　刘冰冰 / 438

　　尹爱青 / 441

## 附　录 / 445

一、1953—2023年九三学社长春市委员会历届领导机构设置表 / 447

二、1953—2023年九三学社长春市委员会工作机构设置表 / 451

三、长春市九三学社社员在九三学社中央任职名单 / 455

四、长春市九三学社社员担任历届九三学社吉林省委委员名单 / 456

五、长春市九三学社历年社员总数一览表 / 458

六、九三学社长春市第十五届委员会委员简介 / 461

七、长春市九三学社社员2000年以来担任各区人大代表、政协委员名单 / 495

八、2000年以来九三学社长春市委员会及社员在统战系统荣获嘉奖情况 / 497

九、2000年以来社员岗位工作受嘉奖情况 / 509

十、2020—2022年参加抗击新冠肺炎疫情防控工作社员及机关工作人员名单 / 544

后　记 / 547

# 概　述

本志记述的是九三学社长春地方组织1952—2023年的历史发展情况。

九三学社是以科学技术界高、中级知识分子为主的具有政治联盟特点的政党，是接受中国共产党领导、同中国共产党通力合作的亲密友党，是进步性与广泛性相统一、致力于中国特色社会主义事业的参政党。九三学社的前身为抗日战争后期一批进步学者为了发扬五四运动反帝反封建的爱国精神，以民主、科学为宗旨，在重庆组织的"民主科学座谈会"。后为纪念1945年9月3日抗日战争和世界反法西斯战争的伟大胜利，改建为"九三学社"。九三学社中央历任主席为许德珩、周培源、吴阶平、韩启德，现任主席为武维华。

九三学社长春市委员会是九三学社的市级地方组织，它是在九三学社长春分社基础上建立、发展的。1952年春，九三学社为了在吉林省和长春市开展工作，建立了长春直属小组，小组成员共3人：吴学周、刘恩兰、杨振声。由中国科学院物理化学研究所所长吴学周任组长。1953年2月，九三学社长春分社筹备委员会成立。1954年6月20日，九三学社长春分社召开第一次社员大会，宣告九三学社长春分社正式成立。"文化大革命"期间，长春九三学社机构解散，活动停止。1978年2月，长春九三学社正式恢复活动。1984年3月19日，九三学社长春分社根据九三学社中央指示，正式更名为九三学社长春市委员会。长春九三学社历任主任委员为吴学周、陈秉聪、李振泉、李惟、马驷良、张红星，现任主任委员为冷向阳。

长春九三学社成立70年来，以马克思列宁主义、毛泽东思想、邓小平理论、"三个代表"重要思想、科学发展观、习近平新时代中国特色社会主义思想为指导，高举爱国主义和社会主义旗帜，坚持中国共产党领导的多党合作和政治协商制度，坚持中国特色社会主义道路、理论体系、制度和文化，在九三学社中央、九三学社吉林省委和中共长春市委的领导下，团结和带领全市社员，继承九三学社爱国、民主、科学的优良传统，坚持以思想建设为核心，以组织建设为基础，以作风建设为抓手，以制度建设为保障，自身建设不断得到巩固和发展，认真履行参政议政、民主监督、参加中国共产党领导的政治协商的基本职能，为推进长春市经济社会各项事业发展作出了应有的贡献。

1989年《中共中央关于坚持和完善中国共产党领导的多党合作和政治协商制度的意见》的颁布，标志着中国共产党领导的多党合作逐步走向制度化、规范化。随着党领导的多党合作事业的发展，特别是党的十八大以来，以习近平同志为核心的党中央高度重视巩固和发展最广泛的爱国统一战线，先后颁布了《中国共产党统一战线工作条例》《中国共产党政治协商工作条例》等一系列法规文件，为广大民主党派成员发挥作用提供了制度保障。

九三学社长春市委员会把努力建设新时代高素质参政党作为奋斗目标，思想建设以内容丰富、形式多样的自我教育为主体，坚持学习党的路线、方针和政策，坚持开展统一战线理论的学习、研究和实践，发挥社员专业特长，不断创新活动载体，把凝心聚力工作落到实处，在社内形成了比学赶帮、奋发有为的良好氛围；组织建设以"人才强社"为主导，以社市委历次换届大会为契机，适时选拔一批又一批政治坚定、德才兼备又具有代表性的中青年进入社市委领导班子，以做好政治交接为重点，完成了新老交替的历史任务；参政议政以提案议案工作为主线，充分发挥社内各级人大代表、政协委员的作用，提交的集体提案和个人议案提案言之有物、论之有理、策之可行，大量建议得到了各级政府有关部门的高度重视和采纳，很好地履行了参政党的职能；社会服务以老少边穷地区为主攻地区，调动科技、医疗和教育界别社员的积极性，主动参与到科技咨询、智力支农、医疗义诊、扶贫济困、抗疫救灾等活动中，以无私忘我的奉献精神赢得了社会的广泛赞誉。

截至2023年12月，九三学社长春市委员会有基层组织117个，社员总数3046名。其中，科学技术界589人，占比19.3%；高等教育界878人，占比28.8%；医药卫生界744人，占比24.4%；高级职称1526人，占比50.0%；博硕士1155人，占比37.9%；女社员1472人，占比48.3%；40岁以下青年社员471人，占比15.4%。先后有56名社员在各级司法机关、政府机关、人大、政协、企事业单位担任处级以上领导职务。

自20世纪90年代以来，九三学社长春市委员会及基层组织的工作多次受到九三学社中央，中共吉林省委、吉林省政府，中共长春市委、长春市政府的表彰：

1994年，九三学社长春市委员会被中共吉林省委、吉林省政府评为吉林省民族团结进步先进集体；

1994年，九三学社长春市委员会被中共长春市委、长春市政府评为长春市民族团结进步先进集体；

2000年，九三学社长春市委员会被长春市人民政府评为长春市民族团结进步先进集体；

2001年，九三学社东北师范大学委员会被九三学社中央评为先进基层组织；

2002年，九三学社长春市委员会被九三学社中央评为科技服务、支边扶贫先进集体；

2004年，九三学社长春市委员会被九三学社中央评为参政议政工作先进集体、科技服务工作先进集体；

2004年，九三学社吉林大学委员会被九三学社中央评为先进基层组织；

2005年，九三学社长春市委员会荣获"第十六届国际科学与和平周特别贡献奖"；

2005年，九三学社吉林大学委员会、九三学社长春市南关区委员会被九三学社中央评为先进基层组织；

2006年，九三学社长春市委员会被中共中央统战部、各民主党派中央、全国工商联评为"各民主党派工商联无党派人士为全面建设小康社会作贡献先进集体"；

2006年，九三学社长春市委员会被九三学社中央评为思想调研先进单位、社会服务工作先进集体，荣获"第十七届国际科学与和平周特别贡献奖"；

2008年，九三学社长春市委员会被九三学社中央评为九三学社抗震救灾先进集体；

2010年，九三学社长春市委员会被九三学社中央评为全国社会服务工作先进集体。

2010年，九三学社吉林大学委员会被九三学社中央评为先进基层组织；

2011年，九三学社长春市委员会作为全国九三学社三个获奖的地方组织之一，再次被中共中央统战部、人社部、各民主党派中央、全国工商联评为"各民主党派工商联无党派人士为全面建设小康社会作贡献先进集体"；

2015年，九三学社长春市委员会被九三学社中央评为2011—2015年社会服务先进集体；

2017年，九三学社长春市宽城区委员会被九三学社中央评为"坚持和发展中国特色社会主义"学习实践活动先进集体；

2018年，九三学社东北师范大学委员会被九三学社中央评为九三学社全国参政议政工作先进集体；

2020年，九三学社长春市委员会被九三学社中央评为九三学社抗击新冠肺炎疫情先进集体；

2020年，九三学社长春市委员会被九三学社中央评为九三学社全国宣传思想工作先进单位；

2020年，九三学社东北师范大学委员会、九三学社长春中医药大学委员会被九三学社中央评为九三学社全国优秀基层组织；

2020年，九三学社长春市双阳区委员会被九三学社中央评为九三学社全国社会服务先进集体；

2021年，九三学社长春市委员会被九三学社中央评为2018—2020年参政议政先进集体、九三学社全国组织信息系统数据维护工作先进集体、九三学社全国机关建设先进集体；

2021年，九三学社长春中医药大学委员会被九三学社中央评为九三学社"五史"知识竞赛优秀组织奖；

2022年，九三学社长春市委员会被九三学社中央评为九三学社组织工作先进集体、九三学社全国宣传思想工作先进单位、2021—2022年社会服务先进集体；

2022年，九三学社长春市中医药大学委员会被九三学社中央评为全国宣传思想工作先进单位；

2022年，九三学社吉林农业大学委员会、九三学社长春中医药大学委员会被九三学社中央评为2021—2022年社会服务先进基层组织；

2023年，九三学社长春市委员会被九三学社中央评为2021—2022年参政议政先进集体。

# 第一章
# 组织建设

## 第一节　九三学社长春分社成立

九三学社长春市委员会是在九三学社中央长春直属小组基础上（经过九三学社长春分社筹备委员会、九三学社长春分社）组建和发展起来的。

1952年春天，九三学社在长春建立了直属小组。小组成员共3人：吴学周、刘恩兰、杨振声。组长为吴学周。

1952年暑期，全国高等学校进行院系调整。同年冬，中国科学院物理化学研究所从上海迁到长春。一些高校教师和科技人员中的九三学社社员调转到长春，使在长春的九三学社社员由原来的3人陆续增加到11人。随着人数的增加，组织机构也须相应地扩大，建立九三学社的地方组织已成为客观需要。为此，九三学社中央于同年10月21日向九三学社中央长春直属小组发来指示，决定成立九三学社长春分社筹备委员会，并指定吴学周、刘恩兰、杨振声3人负责筹备工作，由吴学周任筹委会主任委员。以后又经筹委会研究并请示社中央批准，增补业治铮为筹委会委员。吴学周等4人按照社中央指示，经过4个多月的积极准备，于1953年2月8日召开了九三学社长春分社筹备委员会座谈会，宣告筹备委员会正式成立。11名社员全部出席会议。应邀参加会议的有中共长春市委统战部、长春市各科研机构和各大专院校的领导，各民主党派负责人和文教、科研、医务工作者，共50余人。筹委会主任委员吴学周作了题为《九三学社的简史、性质、方针和任务》的报告。报告发出号召：在祖国伟大建设开始的时候，九三学社社员要在中国共产党的领导下，进一步团结并教育广大文教、科学工作者，为完成任务而奋斗。到会文教、科研和医务界的领导相继发言，对筹委会的建立表示祝贺。中共长春市委统战部部长赵东黎作了综合性的发言。

1954年6月20日，九三学社长春分社正式成立。分社的组织架构一直保持到1984年。

1984年3月15—17日，九三学社长春分社召开第七次社员大会。会后，根据社中央的指示，"九三学社长春分社"正式更名为"九三学社长春市委员会"。

# 第二节　历次社员大会及社员代表大会

## 一、九三学社长春分社第一次社员大会

九三学社长春分社第一次社员大会于 1954 年 6 月 20 日在长春召开。22 名社员中除 3 人出差外，其余 19 名全部出席了大会。中共长春市委统战部部长赵东黎、副部长杨超作了重要讲话，各民主党派负责人分别宣读了贺词。长春市各界人民代表会议协商委员会副主席张德馨出席了大会，部分联系群众（社员培养对象）也应邀出席了大会。会议的主要任务是：1. 听取筹备委员会的工作报告；2. 选举长春分社第一届委员会；3. 听取中共长春市委的指示。

筹委会委员杨振声主持会议并致开幕词。筹委会主任委员吴学周向大会作了《九三学社长春分社筹备委员会工作报告》。报告对筹委会一年多来的工作作了全面回顾：在中共长春市委和社中央的领导下，经过全体社员的共同努力，认真贯彻执行了"发展与巩固相结合，质量并重"的组织发展工作方针和"以文教科学工作者中的上层分子为主要发展对象"的组织路线，社的组织有了相当的发展。经过学习过渡时期总路线，学习马克思列宁主义，学习苏联先进经验和参加各种政治运动，社员的政治思想相比过去有所提高；大多数社员在文教建设中表现积极，成绩显著，受到了领导和群众的好评。报告在指出工作中还存在一些缺点和不足之后，提出了今后的努力方向：1. 必须认真地接受中国共产党的领导；2. 加强分社委员会的集体领导；3. 加强对社员的思想政治教育工作；4. 加强社员与群众之间的联系，扩大社的影响。报告最后向全体社员发出号召：要积极钻研业务，提高政治思想觉悟，为实现国家过渡时期的总路线而奋斗。

大会经过充分酝酿，选举了分社委员，组成了九三学社长春分社第一届委员会。委员有吴学周、业治铮、陈光明、赵际昌、杨振声、刘恩兰。

大会最后由新选出的分社委员业治铮致闭幕词。

九三学社长春分社于同日下午召开一届一次全委会议，会议推选吴学周为主任委员，业治铮为副主任委员。

## 二、九三学社长春分社第二次社员大会

九三学社长春分社第二次社员大会于1956年9月23日在中国民主同盟吉林省委员会会议室（西安大路西南胡同24号）召开。出席大会的社员共49名。中共长春市委统战部部长赵东黎作了重要讲话，长春市各民主党派负责人及部分社员也在大会上作了发言。部分联系群众也应邀出席了大会。这次大会的主要任务是：1.总结检查过去两年多的工作；2.调整和充实新的领导机构；3.在"一切为了社会主义"和"长期共存，互相监督""百花齐放，百家争鸣"的方针指导下，明确今后的工作任务；4.进一步动员全体社员在国家的社会主义建设和社会主义改造中，不断提高觉悟，充分贡献力量，使社务工作切实地适应国家社会主义革命高潮的需要，为社会主义服务。会议的主要议程是：1.听取上届委员会的工作报告；2.选举九三学社长春分社第二届委员会。

业治铮主持会议并致开幕词。吴学周代表上届委员会作了题为《关于分社两年工作情况的总结》的报告。报告着重总结了两年来的组织建设工作：1.组织并推动社员结合岗位工作和政治学习，加强思想改造；2.帮助各基层组织学习贯彻党中央和社中央的各项政策、指示和号召；3.注意了解基层情况，解决一些基层组织生活中存在的问题。报告在指出分社存在领导不力、对基层组织集体领导较少、联系群众较差以及组织还不够健全等缺点之后，提出了今后工作的方向：1.密切联系群众，加强团结，发挥组织作用，认真贯彻执行"长期共存，互相监督"和"百花齐放，百家争鸣"的方针；2.推动社员和所联系的群众提高社会主义觉悟，做好岗位工作，积极为社会主义服务；3.加强组织领导，进一步发展和巩固组织，充实组织生活内容。

大会讨论并通过了《关于九三学社长春分社社务工作报告的决议》《关于拥护周恩来总理关于苏伊士运河报告的决议》。

大会选举产生了九三学社长春分社第二届委员会。委员有王喜天、业治铮、刘禹昌、孙景斌、关实之、吴学周、吴立民、陈光明、陈琪、李光辉、肖蔚、赵际昌、张寿常、黄叔培。

陈光明作了会议总结。

同日，九三学社长春分社召开二届一次全委会议，会议推选吴学周为主任委员，陈光明、赵际昌为副主任委员。会议讨论并批准了各职能机构及负责人：1.组织委员会：委员业治铮、孙景斌、李光辉，主任委员业治铮；2.宣传委员会：委员关实之、刘禹昌、肖蔚，主任委员关实之；3.文教委员会：委员吴立民、王喜天、陈琪、张寿常、黄叔培，主任委员吴立民；4.秘书处：秘书长肖蔚，秘书处主任张玮。

## 三、九三学社长春分社第三次社员大会

九三学社长春分社第三次社员大会于1958年10月26日在长春召开。出席大会的社员共64名。中共长春市委统战部部长杨超在会上作了重要发言。大会的主要任务是：1.总结两年来的工作，特别是整风运动的工作，肯定成绩，吸取经验教训，明确今后工作的方向；2.向社员提出自我改造要求，推动社员开展评比、制定规划、参加竞赛，踊跃投身自我改造运动。会议的主要议程是：1.听取上届委员会的工作报告；2.选举九三学社长春分社第三届委员会；3.选举出席九三学社全国社员代表大会代表；4.听取部分社员在"大跃进"中的先进事迹汇报。

陈光明主持会议并致开幕词。吴学周作了题为《九三学社长春分社两年工作总结》的报告。报告指出，在中国共产党的领导下，经过反右斗争、整风运动和交心运动的锻炼和考验，现在分社已振作起来，"整顿了队伍，纯洁了组织，扭转了局面，出现了新气象"。在交心运动、教学改革、上山下乡、劳动锻炼、文化革命和技术革命中，很多社员表现积极，获得了"先进工作者"荣誉称号。报告对今后工作提出了4点要求：1.社内不仅要在理论上和原则上接受党的领导，在思想上和行动上也要坚决服从党的"绝对领导"；2.社的各级

组织都要建立以左派为核心的领导；3.分社的工作重点要放到基层；4.分社委员要深入基层、深入实际，联系群众，做好思想工作。报告提出："我们正处于伟大的技术革命、文化革命和共产主义萌芽的人民公社的时代。要完成党交给我们光荣而艰巨的工作，必须首先改造好我们的思想。希望九三学社长春分社在党的领导下，认真地进行社员的思想改造和组织改造工作，使我们社尽早地改造成为真正的为社会主义服务的政治力量。"

肖蔚秘书长传达了九三学社中央召开的技术革命和文化革命经验交流会的精神。在自由发言中，有些社员谈了个人在思想改造、劳动锻炼和教学改革中的体会。

大会选举产生了九三学社长春分社第三届委员会。委员有王喜天、王海滨、业治铮、刘禹昌、孙景斌、李宗海、吴学周、吴立民、陈光明、陈琪、肖蔚、卢士谦、赵际昌、黄叔培、杨钟秀。大会还选出了出席九三学社全国社员代表大会的代表：陈光明、李宗海、肖蔚。

大会一致通过了《关于九三学社长春分社两年工作总结的决议》《关于拥护中华人民共和国再告台湾同胞书的决议》。

陈光明作了会议总结。

1958年10月28日，九三学社长春分社召开三届二次全委会议（此前召开的第一次会议内容是研究开展技术革命和文化革命活动和向全国社员代表大会献礼的问题），推选出常务委员会委员，正、副主任委员和秘书长。常务委员有吴学周、陈光明、李宗海、肖蔚、孙景斌。吴学周任主任委员，陈光明、李宗海任副主任委员，肖蔚任秘书长。

## 四、九三学社长春分社第四次社员大会

九三学社长春分社第四次社员大会于1961年7月8日在吉林省政协礼堂召开。到会社员90名。大会的主要议程是：1.听取和审议上届委员会的工作报告；2.选举九三学社长春分社第四届委员会。

吴学周代表上届委员会作了《九三学社长春分社第三届委员会工作报告》。

报告肯定了社员为社会主义服务和加强思想改造的成绩，认为社员在从资产阶级知识分子向工人阶级知识分子转变过程中，九三学社从资产阶级性质的政党向真正为社会主义服务的政治力量转变过程中，都"向前跨了一大步"，但同时又指出，自我改造是一个长期过程，在某个时期或某种情况下，会有摇摆和反复，因此必须采取坚决的态度，加强世界观的改造。报告对今后工作提出了5点意见：1.加强形势教育，帮助社员及所联系的群众认清大好形势，坚定对"三面红旗"（总路线、"大跃进"、人民公社）的信心；2.组织社员认真学习毛主席的著作，加强世界观的改造；3.推动社员积极参加社会实践，把参加社会实践和改造世界观结合起来；4.继续运用"神仙会"（"神仙会"是通过和风细雨的自由交谈、讨论和辩论来提高认识、统一思想的一种会议方式）的方法，帮助社员巩固思想改造成果，进一步调动社员为社会主义服务的积极性；5.提高分社委员会的思想水平，改进工作方法，提高工作效率。

大会选举产生了九三学社长春分社第四届委员会。委员有吴学周、陈光明、孙景斌、业治铮、杨钟秀、吴立民、赵际昌、王喜天、卢士谦、刘禹昌、陈琪、孙纯一、王海滨、李云谙、朱汝涣、刘德生、肖蔚。

同日下午，九三学社长春分社召开四届一次全委会议。会议推选吴学周为主任委员，陈光明、业治铮、杨钟秀为副主任委员；肖蔚为秘书长。同时选举李云谙为组织部长，朱汝涣为副部长；吴立民为宣传部长，刘德生为副部长。任命史贝蒂为秘书处主任。

## 五、九三学社长春分社第五次社员大会

九三学社长春分社第五次社员大会于1963年7月31日在长春召开，会期3天。中共长春市委书记处书记李一平亲临会议并作了题为《关于国际形势问题》的报告。大会的主要任务是：继续深入学习贯彻中共八届十中全会精神和认真进行爱国主义、国际主义和社会主义教育；总结工作，明确方向，交流为社会主义服务和思想改造的经验。会议的主要议程是：1.听取上届委员会的工作报告；2.选举九三学社长春分社第五届委员会；3.大会发言，总结与回顾两

年来在为社会主义服务与思想改造方面所取得的成绩和存在的问题；4.听取和讨论中共长春市委领导的报告。

大会由吴学周主持，业治铮致开幕词。陈光明代表上届委员会作了《九三学社长春分社第四届委员会工作报告》。报告总结了分社委员会和各基层组织两年来所做的主要工作：1.开展了形势政策教育和理论学习；2.开展了爱国主义、国际主义和社会主义教育；3.推动社员积极为社会主义服务；4.组织专职干部深入基层调查研究，帮助基层开展工作；5.加强了分社委员会的工作。取得的成绩有：1.对错综复杂的国际斗争形势的认识有了提高；2.认识到党的领导和党的方针政策是革命事业必胜的保证；3.更加积极自觉地进行自我思想改造，走又红又专的道路；4.大多数社员愿意发挥自己的专长，为社会主义建设贡献知识和技能。大会讨论并通过了《九三学社长春分社第五届社员大会决议》。

大会选举产生了九三学社长春分社第五届委员会。委员有王海滨、王喜天、卢士谦、业治铮、朱汝涣、关实之、刘禹昌、刘德生、孙纯一、肖蔚、吴立民、吴学周、李云谙、赵际昌、陈琪、陈光明、杨钟秀。

8月2日，九三学社长春分社召开五届一次全委会议，会议推选业治铮、肖蔚、吴立民、吴学周、李云谙、陈光明、杨钟秀为常务委员；吴学周为主任委员，陈光明、业治铮、杨钟秀为副主任委员；肖蔚为秘书长。大会还选出了各职能机构及其负责人：1.组织部：部长李云谙，副部长朱汝涣。2.宣传部：部长吴立民，副部长刘德生。3.秘书处：主任史贝蒂。

1965年8月3—8日，九三学社长春分社第五届委员会召开第二次社员大会。81名社员出席了会议。会议传达了中共长春市委第二书记李都在长春市政协四届三次会议上所作的政治报告、政协常委会工作报告及李承锟副市长在长春市人代会五届四次会议上所作的政府工作报告，并讨论了越南形势。

1966年5月，中共中央政治局通过了由毛泽东主席主持制定的中共中央通知（《五一六通知》），"文化大革命"全面展开。10月，长春市政协及中共长春市委统战部造反派组织查封了各民主党派机关，九三学社长春分社被迫停止了活动。直到1978年2月，长春九三学社组织才正式恢复组织活动，并成立了九三学社长春分社临时领导小组。小组成员有吴学周、卢士谦、肖蔚、刘德生、孙敏慧，吴学周任组长。

## 六、九三学社长春分社第六次社员大会

九三学社长春分社第六次社员大会于1980年1月6日在长春市吉林省宾馆召开，93名社员出席了大会。中共长春市委统战部副部长孙景荣到会祝贺并发表了讲话。大会的中心任务是：1.贯彻落实中共十一届三中全会、四中全会和五届全国人大、全国政协五届二次会议精神，传达贯彻九三学社第三次全国社员代表大会精神；2.总结九三学社长春分社成立以来的工作，研究确定将社的工作重点转移到四化建设轨道上来；3.选举新的领导机构；4.团结和动员分社全体成员及所联系的群众，为四化建设和实现祖国统一大业贡献力量。

开幕式由卢士谦主持，杨钟秀致开幕词并作了题为《解放思想，增强团结，奋发图强，献身四化》的工作报告。报告回顾了长春分社建社26年来所走过的艰辛路程，着重总结了1978年恢复活动以来的工作。根据九三学社第三次全国社员代表大会精神，提出了今后工作的主要任务：1.推动社员和所联系的知识分子做好岗位工作，为四化建设贡献力量；2.积极参加国家的政治生活，发扬社会主义民主，健全社会主义法制，维护安定团结的政治局面，充分发挥民主党派的助手作用；3.协助中共贯彻落实知识分子政策，加强社内外的团结；4.努力学习，解放思想，不断进步，努力改造世界观。

大会审议并通过了杨钟秀所作的工作报告和《九三学社长春分社第六届社员大会决议》。

大会选举产生了九三学社长春分社第六届委员会。委员有王海滨、卢士谦、李云谐、朱汝涣、朱志龙、朱廷相、关实之、刘德生、吴立民、吴正淮、吴学周、杨钟秀、陈琪、陈秉聪、肖蔚、季鸣时、张烨、张国华、张继有、郭石山、赵东甫、赵际昌、赵焕章。

1月9日下午，九三学社长春分社召开六届一次全委会议。会议推选吴学周为主任委员，卢士谦、杨钟秀、关实之、肖蔚、王海滨为副主任委员；肖蔚兼秘书长，朱廷相为副秘书长。会议还确定了各职能机构及其负责人：1.秘书处：处长孙春蔚，副处长李少伯。2.组织部：部长张国华（兼），副部长朱汝涣（兼）、李武成。3.宣传部：部长吴立民（兼），副部长刘德生（兼）、李彦山。

卢士谦致闭幕词。

1984年2月27—29日，经中共吉林省委同意、九三学社中央批准，九三学社吉林省筹备委员会在长春市南湖宾馆召开成立大会。省筹委会委员有卢士谦、陈秉聪、周俊杰、曹楚南、肖蔚、赵恩武、吴立民、张继有、陈琪、季鸣时、胡仁超、赵东甫、洪绂曾、赵焕章、潘金声。卢士谦任主任委员，陈秉聪、周俊杰、曹楚南、肖蔚任副主任委员；赵恩武任秘书长。从此，九三学社吉林省和长春市两级地方组织正式分开（早在1957年九三学社吉林省工作委员会就已正式成立，但从未与长春分社正式分开），九三学社长春分社成为省筹委会及后来的九三学社吉林省委下属的市级组织之一。在长春的九三学社基层组织，凡所在单位党委由中共吉林省委领导的，划归九三学社吉林省委领导；凡属中共长春市委领导的，划归九三学社长春分社领导。

## 七、九三学社长春分社第七次社员大会

九三学社长春分社第七次社员大会于1984年3月15—17日在长春市新华宾馆召开。应出席代表86名，实到71名。中共长春市委副书记范业本同志到会祝贺并作了重要讲话。这次大会的主要任务是：认真贯彻中共十二大、九三学社第四次全国代表大会及九三学社吉林省筹委会成立大会精神，研究开创九三学社长春市工作新局面的措施，确定今后工作任务和工作重点，动员全市九三学社社员在中国共产党的领导下，团结一致，振奋精神，努力工作，开拓进取，为把我国建设成为高度文明、高度民主的社会主义国家而努力奋斗。会议的主要议程是：1.听取和审议九三学社长春分社第六届委员会的工作报告；2.传达九三学社第四次全国代表大会精神；3.选举九三学社长春分社第七届委员会。

陈秉聪主持开幕式，卢士谦致开幕词。肖蔚代表上届委员会作了题为《团结一致、艰苦奋斗，为社会主义现代化建设作出新贡献》的工作报告。报告总结和回顾了九三学社长春分社第六届委员会4年来所做的工作，并提出了今后的工作任务：1.推动社员认真学习《邓小平文选》和中共十二届二中全会

文件，加强思想政治工作，抑制和消除精神污染，促进社会主义精神文明建设；2. 推动社员做好本职工作，开展献计献策、智力开发、科技咨询服务等项活动，在国家政治生活和四化建设中发挥积极作用，并作出新贡献；3. 继续协助党和政府落实知识分子政策，充分发挥知识分子的作用；4. 推动有海外关系的社员利用自己的条件和涉外机会，为祖国的和平统一作出贡献；5. 加强组织建设，做好巩固组织工作，充实领导力量，健全组织生活，加强社市委机关的工作。

大会传达和学习了九三学社第四次全国代表大会文件和九三学社吉林省筹委会成立大会文件，审议并通过了肖蔚代表第六届委员会所作的工作报告。

1984年3月17日上午，大会选举产生了由陈秉聪、王允孚、杨钟秀、王海滨、张国华、李振泉、王世让、王维兴、朱汝涣、孙六爻、刘德生、迟莹、余丹、吴正淮、吴锡生、周开金、金庭菊、宓超群、郭石山、秦维谦、韩有库共21名委员组成的第七届委员会。同日下午，九三学社长春分社第七届委员会召开第一次全委会议。会议推选陈秉聪为主任委员，王允孚、杨钟秀、王海滨为副主任委员。根据第六届委员会的建议，推举许金钊为顾问。任命李振泉为秘书长，朱汝涣为副秘书长。会议还确定了各工作机构及其负责人：1. 组织部：部长张国华，副部长王维兴。2. 宣传部：部长刘德生，副部长周开金。3. 科教部：部长吴正淮，副部长王世让、孙六爻。4. 秘书处：处长朱汝涣（兼）。

根据九三学社中央指示，"九三学社长春分社"于1984年3月19日正式更名为"九三学社长春市委员会"。

## 八、九三学社长春市第八次代表大会

九三学社长春市第八次代表大会于1987年12月12—13日在长春市清华宾馆召开。出席代表85名（包括特邀代表15名）。中共长春市委副书记杜学芳代表长春市委向大会表示祝贺并作了重要讲话。九三学社吉林省委员会主任委员卢士谦出席了大会。这次大会的主要任务是：1. 以中共十三大精神为指针，正确估计4年来的工作,充分肯定成绩,认真总结经验,明确今后的工作方向,坚持社会主义初级阶段党的基本路线;2.加强自身建设,提高社员的思想水平;3.振奋精神,努力工作,为把社的工作提高到一个新的水平而奋斗。会议的主要议程是:1.听取和审议第七届委员会的工作报告,确定今后的工作任务;2.讨论通过《关于学习贯彻中共十三大精神的决议》;3.选举九三学社长春市第八届委员会。

大会由李振泉主持,王允孚致开幕词。陈秉聪代表上届委员会作了题为《加强自身建设,继续开拓前进》的工作报告。报告全面地总结了第七届委员会成立以来的工作,并对今后工作提出了4项任务:1.在思想建设方面,要认真学习贯彻中共十三大精神,深入进行坚持四项基本原则和坚持改革开放的教育;加强社会主义精神文明教育、统战理论教育和社章社史教育。2.在组织建设方面,要按照社中央的指标,做好引进新人和配备好领导班子工作;加强机关建设,充分发挥其服务、协调、参谋、执行等各项职能作用。认真总结交流基层工作经验,采取各种措施,活跃组织生活。3.在咨询服务方面,要进一步提高对咨询服务工作重要意义的认识。以积极慎重、开拓前进为指导思想,以老少边穷地区为服务重点,进一步提高服务质量,不断开创服务工作的新局面。4.在海外统战工作方面,要认识到"政治稳定和经济繁荣是实现祖国统一的关键和基础",为此要"坚持搞好改革和建设"。要认真学习、宣传和严格执行海外统战工作特别是对台工作的方针和政策。要群策群力,多渠道、多形式、多层次地开展对台湾同胞、港澳同胞和海外侨胞的工作。

大会审议并通过了陈秉聪的工作报告和《关于学习贯彻党的十三大精神的决议》。

大会选举产生了由27人组成的第八届委员会。委员有于荣筠、马驷良、王允孚、王世让、王维兴、孙六爻、刘介夫、李玉珍、李向高、李振泉、束仁贵、吴正淮、吴锡生、杨志范、闵建周、陈秉聪、迟莹、张美荣、周开金、范垂凡、金庭菊、宓超群、高士贤、秦维谦、阎则新、韩有库、欧阳玺。

1987年12月13日下午,九三学社长春市第八届委员会召开第一次全委会议。会议推选陈秉聪为主任委员,王允孚、李振泉、王维兴、阎则新为副主任委员。根据第七届委员会的提议,推举杨钟秀、张国华为顾问,任命于荣筠为副秘书长。会议还推选出各工作机构及其负责人：1.组织部：部长刘介夫，副部长闵建周、李玉珍。2.宣传部：部长周开金，副部长束仁贵、马驷良。3.科教部：部长吴正淮，副部长王世让、孙六爻。

1988年12月9日，九三学社长春市委员会召开八届五次委员会议，讨论通过了成立九三学社长春市第八届常务委员会的决定，常务委员有陈秉聪、王允孚、李振泉、王维兴、阎则新、于荣筠、刘介夫、周开金、吴正淮9人，后来又增补王世让1人，人数增加到10人。

在九三学社吉林省第二次代表大会上，选举王允孚、李振泉、夏洪生、韩宇为出席九三学社第五次全国代表大会代表。

## 九、九三学社长春市第九次代表大会

九三学社长春市第九次代表大会于1992年3月12—14日在长春市南湖宾馆召开。出席代表120名。中共长春市委副书记邢志代表中共长春市委向大会表示祝贺并作了重要讲话。中共长春市委、长春市政府、长春市政协、长春市科委、长春市城建局、九三学社吉林省委、中共长春市委统战部及长春市各民主党派、工商联、台联、侨联的领导到会祝贺。这次大会的主要议程是：1.继续学习贯彻中共中央《关于坚持和完善中国共产党领导的多党合作和政治协商制度的意见》及中共十三届七中全会、八中全会精神，江泽民同志的"七一"讲话和九三学社八届四中全会精神。2.听取和审议第八届委员会的工作报告，确定今后的工作任务。3.选举九三学社长春市第九届委员会。4.选举出席九三学社吉林省第三次代表大会代表。

陈秉聪致开幕词。王允孚代表上届委员会作了题为《发挥参政党职能，加强自身建设，为振兴长春做贡献》的工作报告。报告全面地总结了4年来的工作，并对今后的工作提出了3项任务：1.进一步发挥参政党作用；认真搞好同长春市城建局、科委的对口协商；进一步健全参政议政机制。2.进一步加强自身建设，提高全体社员的政治素质，增强社组织的凝聚力。3.进一步发挥我社科技优势，积极开展科技服务活动，为振兴长春多作贡献。

大会选举产生了由 30 人组成的第九届委员会。委员有马驷良、王允孚、王世让、王维兴、王源、刘介夫、刘汝义、孙六爻、宋庆复、闵建周、李凤岐、李玉珍、李向高、李振泉、杨志范、束仁贵、吴智泉、吴锡生、陈宝生、迟莹、张美荣、欧阳玺、金庭菊、范垂凡、赵东甫、栾玉振、高士贤、秦维谦、贾易荣、阎则新。

大会选举产生了出席九三学社吉林省第三次代表大会代表，共 24 人：于荣筠、于洪选、马丽珍、王在、王松心、王维兴、王继少、邓枫、李凤岐、李振泉、宋庆复、陈宝生、邹增君、闵建周、杨志范、宓超群、欧阳玺、赵贵文、赵东甫、段文博、姚国相、高士贤、黄献民、常健生。

1992 年 3 月 12 日下午，九三学社长春市第九届委员会召开第一次全委会议。会议选举李振泉为主任委员，王允孚、王维兴、阎则新、吴智泉（驻会）、欧阳玺为副主任委员。选举九三学社长春市第九届常务委员会委员，共 8 人：王允孚、王世让、王维兴、刘介夫、李振泉、吴智泉、欧阳玺、阎则新。

1992 年 3 月 26 日，九三学社长春市第九届委员会召开第一次主委办公会议，任命刘永吉、王在为副秘书长。

在九三学社吉林省第三次代表大会上，选举李振泉、陈秉聪、夏洪生、王允孚、吴智泉为出席九三学社第六次全国代表大会代表。

## 十、九三学社长春市第十次代表大会

九三学社长春市第十次代表大会于 1996 年 12 月 16—18 日在长春市天都宾馆举行。出席代表 116 名。中共长春市委副书记张绪明代表中共长春市委向大会表示祝贺并作了重要讲话。长春市民革主委赵企东代表各民主党派、工商联致贺词。中共长春市委、长春市政府、长春市政协、长春市科委、长春市城建局、九三学社吉林省委、中共长春市委统战部及长春市各民主党派、工商联、台联、侨联的领导到会祝贺。

王维兴致开幕词。李振泉代表上届委员会作了题为《加强自身建设，搞好参政议政，为实现跨世纪的宏伟纲领而奋斗》的工作报告。报告对近 5 年的社务工作作了全面总结，其经验和体会是：1.坚持发扬九三学社的光荣传统，是搞好九三学社社务工作的思想基础；2.努力提高参政议政水平，是发扬九三学社参政党功能的基本要求；3.认真搞好自身建设，是发挥参政党作用的根本保证；4.积极参与社会服务，扩大九三学社的社会影响。

大会选举产生了由31人组成的第十届委员会。委员有于宝安、马驷良、王在、王源、王静芬、韦澍一、卢金火、刘汝义、刘宏泉、闫吉昌、李惟、李玉良、李玉珍、李振华、杨世忠、宋庆复、张仁舜、张为远、张兴洲、张美荣、陈宝生、金庭菊、赵振波、姜雪鹰、贾易荣、栾玉振、高淑清、黄河、董震、蔡鹏飞、戴文跃。

大会选举产生了出席九三学社吉林省第四次代表大会代表，共23人：马丽珍、王在、王进、王维兴、王静芬、韦澍一、刘汝义、刘宏泉、李玉良、李振华、宋庆复、杨世忠、杨志范、陈宝生、张为远、张兴洲、张仁舜、赵贵文、姜雪鹰、栾玉振、贾易荣、黄河、蔡鹏飞。

1996年12月18日下午，九三学社长春市第十届委员会召开第一次全委会议。会议选举李惟为主任委员，贾易荣、韦澍一（女，驻会）、李振华、张为远、黄河为副主任委员；王在为秘书长。选举九三学社长春市第十届常务委员会委员，共11人：王在、韦澍一（女）、李惟、李振华、张为远、张兴洲、杨世忠、姜雪鹰、栾玉振、贾易荣、黄河。

在九三学社吉林省第四次代表大会上，选举韦澍一、李惟、胡平、贾易荣为出席九三学社第七次全国代表大会代表。

## 十一、九三学社长春市第十一次代表大会

九三学社长春市第十一次代表大会于2002年1月5—7日在长春市中日友好会馆举行。121名代表出席了大会。中共长春市委副书记战月昌代表中共长春市委致贺词；吉林省政协副主席、九三学社吉林省委员会主委李慧珍和中共长春市委统战部副部长杨海涛作了重要讲话；长春市民革主委宛祝平代表长春市各民主党派、工商联致贺词。吉林省、长春市领导杜立哲、陈晓光、李惟、

刘化文出席了会议。应邀出席开幕式的还有长春市各民主党派、工商联、台联、侨联和长春市社会主义学院的负责同志。会议的主要议程是：1.学习中共中央总书记江泽民同志"七一"讲话及中共中央十五届五中、六中全会精神；2.听取并审议九三学社长春市第十届委员会工作报告；3.选举九三学社长春市第十一届委员会；4.选举出席九三学社吉林省第五次代表大会代表。

李惟代表上届委员会向大会作了题为《同心同德，开拓进取，谱写发展新篇章》的工作报告，报告全面回顾了5年来的工作，对今后的工作提出了建议。报告指出，面对新世纪、新形势、新任务，九三学社长春市委员会要大力加强自身建设；围绕中共长春市委、长春市政府关注和影响全局的重大问题，开展参政议政工作；在"科教兴市"的战略中继续发展九三学社社员的智力优势，为长春市的经济和社会发展作出新贡献。

大会选举产生了由于明、马丽珍、马驷良、王在、王源、付兴奎、田吉昌、刘宏泉、孙洪凯、闫吉昌、何英、张为远、张仁舜、张玉伟、张兴洲、李振华、杨世忠、杨德权、沈颂东、陈济生、姜雪鹰、赵永成、赵玉谦、赵振波、郗书元、高淑清、康慧、阎光明、程培英、黄河、蔡鹏飞31位委员组成的九三学社长春市第十一届委员会。

大会选举产生了出席九三学社吉林省第五次代表大会代表，共37人：于明、马丽珍、王在、王时彪、付兴奎、田吉昌、刘介夫、刘宏泉、孙洪凯、朱益麟、闫吉昌、张为远、张仁舜、张玉伟、张兴洲、李玉良、李振华、李滦宁、杨世忠、杨志范、杨德权、沈颂东、迟宝荣、陈济生、姜雪鹰、赵永成、赵玉谦、赵建军、徐彦夫、郗书元、高淑清、康慧、阎光明、程培英、黄河、靳学辉、蔡鹏飞。

2002年1月7日下午，九三学社长春市第十一届委员会召开第一次全委会议。会议选举马驷良为主任委员，陈济生（驻会）、李振华、张为远、黄河、张兴洲为副主任委员；任命王在为秘书长。选举九三学社长春市第十一届常务委员会委员，共13人：马驷良、陈济生、李振华、张为远、黄河、张兴洲、杨世忠、姜雪鹰、张仁舜、闫吉昌、程培英（女）、王源、王在。

在九三学社吉林省第五次代表大会上，选举于明、马驷良、陈济生、张兴洲、胡平、董震为出席九三学社第八次全国代表大会代表。

## 十二、九三学社长春市第十二次代表大会

九三学社长春市第十二次代表大会于 2006 年 11 月 25—27 日在长春宾馆召开。115 名代表出席了大会。中共长春市委副书记李树国代表中共长春市委致贺词；吉林省政协副主席、九三学社吉林省委员会主委李慧珍和中共长春市委统战部部长安莉作了重要讲话；长春市政协副主席、长春市工商业联合会会长宋勇代表长春市各民主党派、工商联致贺词。吉林省、长春市领导崔杰、闫成立、吴振昌出席了大会。应邀出席开幕式的还有长春市各民主党派、工商联、台联、侨联和长春市社会主义学院的负责同志。会议的主要议程是：1.学习贯彻《中共中央关于进一步加强中国共产党领导的多党合作和政治协商制度建设的意见》；2.听取和审议九三学社长春市第十一届委员会工作报告；3.选举产生九三学社长春市第十二届委员会；4.选举出席九三学社吉林省第六次代表大会代表。

马驷良代表上届委员会作了题为《认真履行参政党职能，为长春经济社会快速发展做贡献》的工作报告。报告回顾了近 5 年来九三学社长春市委员会在中共长春市委的领导下，以邓小平理论和"三个代表"重要思想为指导，以科学发展观为统领，扎扎实实开展了各项社务工作：1.以加强机制建设为重点，不断提高参政议政能力。2.以思想建设为核心，加大基层组织思想建设工作力度。3.坚持"人才强社"战略，基层组织得到进一步巩固和发展。4.以科技人才为依托，开展定点扶贫和招商引资工作。几年富有成效的社务工作和活动，为长春市的政治稳定、经济建设和社会发展作出了应有的贡献。报告对今后的工作提出建议：1.注重理论学习，增强参政党责任意识，加强领导班子建设。2.围绕中共长春市委的中心任务，增强参政议政和民主监督力度，不断提高整体参政议政水平。3.继承和发扬九三学社的光荣传统，开拓创新，全面加强自身建设。4.发挥九三学社科技优势，积极拓宽社会服务工作的领域。

大会选举产生了由于明、马丽珍、王在、王进、王杨、王源、王丽颖、付兴奎、刘志宏、刘宏泉、刘曙野、何英、李铭、宋玉祥、佟晓红、张红星、张兴洲、张家治、陈镂、陈济生、陈黎明、杨世忠、沈颂东、赵玉谦、赵永成、赵振波、郗书元、姜雪鹰、高淑清、康慧、程培英 31 位委员组成的九三学社

长春市第十二届委员会。

大会选举产生了出席九三学社吉林省第六次代表大会代表，共39人：马驷良、马丽珍、王在、王进、王杨、王源、王颖、王江滨、王丽颖、叶绿、冯守华、付兴奎、闫吉昌、刘志宏、刘曙野、何英、孙洪凯、李铭、李振华、张仁舜、张红星、张兴洲、陈镠、陈济生、陈黎明、宋玉祥、佟晓红、沈颂东、迟宝荣、杨世忠、杨志范、范常山、赵玉谦、郗书元、姜作相、姜雪鹰、程培英、靳学辉、魏铁军。

2006年11月17日下午，九三学社长春市第十二届委员会召开第一次全委会议。会议选举张红星为主任委员，王进（驻会）、陈济生、张兴洲、宋玉祥、王丽颖（女）为副主任委员；任命王在为秘书长。选举九三学社长春市第十二届常务委员会委员，共13人：张红星、王进、陈济生、张兴洲、宋玉祥、王丽颖（女）、杨世忠、姜雪鹰、程培英（女）、王源、李铭、陈镠（女）、王在。

在九三学社吉林省第六次代表大会上，选举王进、王颖、王江滨、冯守华、宋玉祥、张红星为出席九三学社第九次全国代表大会代表。

## 十三、九三学社长春市第十三次代表大会

九三学社长春市第十三次代表大会于2011年12月13—15日在长春中日友好会馆召开。130名代表出席了大会。中共长春市委副书记郑文芝代表中共长春市委致贺词；九三学社吉林省委员会副主委蔡鹏飞、中共长春市委统战部副部长赵安武作了重要讲话；长春市政协副主席、农工党主委侯治富代表长春市各民主党派、工商联致贺词。长春市领导方曙光、苏志芳、王占石出席了大会。应邀出席开幕式的还有长春市各民主党派、工商联、台联、侨联和长春市社会主义学院的负责同志。会议的主要议程是：1.听取和审议九三学社长春市第十二届委员会工作报告；2.选举产生九三学社长春市第十三届委员会；3.选举出席九三学社吉林省第七次代表大会代表。

张红星代表上届委员会作了题为《同心同德求发展，认真履职促和谐，为实现长春市经济社会全面发展做贡献》的工作报告。大会全面总结了九三学社

长春市第十二届委员会5年来团结带领全市九三学社社员，深入学习贯彻科学发展观，不断加强自身建设，认真履行参政议政、民主监督职能，不断开拓创新各项社务工作，大幅提升了九三学社的社会影响力。会议提出，九三学社长春市第十三届委员会要继续开展社会主义核心价值体系学习实践活动，全面加强自身建设，不断增强参政党责任意识，围绕长春市"十二五"规划，深入开展重点课题调研，提交高质量的集体提案；充分调动全体社员的积极性，积极撰写提案议案，反映社情民意，为各级政府决策的科学化、民主化提供依据。要进一步发挥九三学社智力密集和联系广泛的优势，积极探索开展社会服务工作新的方法和途径，拓宽科技咨询的内容和领域，为加快长春市国家创新型城市建设多作贡献。

大会选举产生了由王进、王杨、王颖、王丽颖、王秋利、田义新、由平均、包大海、曲则文、乔迁、朱黛、刘志宏、刘晓娟、刘曙野、许伟志、孙桂娟、贡济宇、李铭、李志鹏、吴迪、何英、佟时、佟晓红、沈颂东、张文祥、张红星、张家治、陈济生、赵玉谦、赵学良、赵晓晖、翁连海、顾红艳、高玉秋、续颜、裴智梅、欧阳晓兵37位委员组成的九三学社长春市第十三届委员会。

大会选举产生了出席九三学社吉林省第七次代表大会代表，共39人：马驷良、王进、王杨、王源、王颖、王丽颖、王秋利、田义新、付兴奎、曲则文、吕秀英、乔迁、朱黛、刘晓娟、刘曙野、许伟志、贡济宇、李铭、吴迪、何英、佟时、佟晓红、沈颂东、宋玉祥、迟宝荣、张哲、张文祥、张兴洲、张红星、张家治、陈济生、赵学良、郗书元、姜雪鹰、顾红艳、翁连海、高玉秋、葛莘、裴智梅。

2011年12月15日，九三学社长春市第十三届委员会召开第一次全委会议。会议选举张红星为主任委员，王进（驻会）、陈济生、王丽颖（女）、李铭、王秋利（女）、张文祥为副主任委员；任命顾红艳（女）为秘书长。选举九三学社长春市第十三届常务委员会委员，共15人：张红星、王进、陈济生、王丽颖（女）、李铭、王秋利（女）、张文祥、田义新、刘曙野、吴迪、何英（女）、佟晓红（女）、沈颂东、张家治、高玉秋（女）。

在九三学社吉林省第七次代表大会上，选举王进、王江滨、冯守华、张红星为出席九三学社第十次全国代表大会代表。

## 十四、九三学社长春市第十四次代表大会

九三学社长春市第十四次代表大会于2016年11月15—17日在长春市南湖宾馆召开。135名代表出席会议。九三学社吉林省委员会副主委蔡鹏飞代表九三学社吉林省委员会致辞；民进长春市委员会主委杜婕代表长春市各民主党派、工商联致辞。长春市领导张静安、闻弘、刘德生、崔国光出席了大会。应邀出席开幕式的还有长春市各民主党派、工商联、台联、侨联和长春市社会主义学院的负责同志。会议的主要议程是：1.听取和审议九三学社长春市第十三届委员会工作报告；2.选举产生九三学社长春市第十四届委员会；3.选举出席九三学社吉林省第八次代表大会代表。

张红星代表上届委员会作了题为《适应新时代发展要求，为建设高素质参政党努力奋斗》的工作报告。在过去的5年，九三学社长春市第十三届委员会在九三学社吉林省委员会和中共长春市委的领导下，团结带领广大社员，认真学习中共十八大及十八届历次全会精神和习近平总书记系列重要讲话精神，坚定理想信念，坚持中国特色社会主义理论，以高度的政治热情和责任感，积极投身到长春市的改革开放、社会发展和经济建设之中。以加强自身建设为统领，以提高履职能力为重点，建立健全参政议政工作机制，通过完善特聘专家制度、创办高层论坛，搭建建言献策平台，团结带领广大九三学社社员紧紧围绕长春市委、市政府的中心工作，积极履行参政议政、民主监督职能。同时发挥界别优势，认真开展社会服务工作，带领广大社员通过定点扶贫、科技支农、科普讲座、医疗义诊和法律援助等活动，助力民生改善，为社会和谐稳定作出了贡献。

大会选举产生了由王进、王庆丰、田义新、田元生、刘冰冰、刘晓娟、安璀颖、孙桂娟、李威、李铭、李小霞、吴迪、冷向阳、张卓、张哲、张烨、张红星、张红梅、张晓颖、张普一、陈华、欧阳晓兵、郑敏、单莹莹、宗凤杰、赵琪、赵学良、侯冠森、袁笠恒、顾红艳、翁连海、高峰、高玉秋、高新宇、续颜、董伟东、裴智梅、颜力楷38位委员组成的九三学社长春市第十四届委员会。

大会选举产生了出席九三学社吉林省第八次代表大会代表，共42人：王

进、田义新、田元生、刘冰冰、刘晓娟、安瑾颖、孙桂娟、杨青山、贡济宇、李威、李铭、李小霞、吴迪、吴秀丽、冷向阳、张卓、张哲、张烨、张红梅、张晓颖、张家治、张普一、陈华、欧阳晓兵、郑敏、单莹莹、宗凤杰、赵琪、赵永成、赵学良、侯冠森、姜怀志、袁笠恒、顾红艳、翁连海、高峰、高玉秋、高硕徽、高新宇、续颜、董伟东、裴智梅。

2016年11月18日，九三学社长春市第十四届委员会召开第一次全委会议。会议选举张红星为主任委员，王进（驻会）、李铭、高玉秋（女）、冷向阳、续颜（女）、高峰为副主任委员；任命顾红艳（女）为秘书长。选举九三学社长春市第十四届常务委员会委员，共15人：张红星、王进、李铭、高玉秋（女）、冷向阳、续颜（女）、高峰、田义新、刘冰冰（女）、刘晓娟（女）、吴迪、张哲（女）、袁笠恒、顾红艳（女）、高新宇。

在九三学社吉林省第八次代表大会上，选举张红星、高玉秋、冷向阳、石浩男为出席九三学社第十一次全国代表大会代表。

## 十五、九三学社长春市第十五次代表大会

九三学社长春市第十五次代表大会于2021年11月3—5日在长春市南湖宾馆召开。117名代表出席了大会。中共长春市委常委、统战部部长孙弘代表中共长春市委致贺词，吉林省政协副主席、九三学社吉林省委员会主委支建华到会祝贺，九三学社吉林省委员会副主委孙立忠到会祝贺并讲话，农工党长春市委员会主委刘林林代表长春市各民主党派、工商联致贺词。长春市领导赵辉、周贺、郝肖峰出席了开幕式。应邀出席开幕式的还有长春市各民主党派、工商联、台联、侨联和长春市社会主义学院的负责同志。大会的主要议程是：1.听取和审议九三学社长春市第十四届委员会工作报告；2.选举产生九三学社长春市第十五届委员会；3.选举出席九三学社吉林省第九次代表大会代表。

张红星代表上届委员会作了题为《弘扬传统，开拓创新，为建设新时代高素质参政党努力奋斗》的工作报告。报告全面回顾了过去的5年，在中共长春市委和九三学社吉林省委的正确领导下，在中共长春市委统战部的指导帮助

下，九三学社长春市第十四届委员会高举中国特色社会主义伟大旗帜，以习近平新时代中国特色社会主义思想为指导，深入学习中共十九大和十九届二中、三中、四中、五中全会精神，始终将思想建设放在首位，在全市社员中深入实施理想信念引领，在主题教育活动中创新形式，通过开展"不忘合作初心，继续携手前进"主题知识竞赛，打造民主党派思想政治教育的新载体。实施人才强社战略，社员素质不断提高，一批优秀社员先后获得各类国家级、省部级奖项，在本职工作岗位上展现出九三学社的风采。积极履行参政党职能，就长春市新型产业规划、农业现代化发展、大数据产业发展以及实施创新驱动战略等方面建言献策。积极发挥自身科技优势，通过承办"科普中国——科学大咖面对面""九三学社中央院士专家科普行"，邀请九三学社界别的院士来到长春开展高质量的科普活动。在抗击新冠肺炎疫情中，一批批九三学社社员战斗在抗疫一线，以实际行动诠释了"不忘合作初心，继续携手前进"的使命内涵，充分展示了长春市九三学社的良好社会形象。

大会选举产生了由田元生、白娥、吕康银、庄军、刘冰冰、闫钰锋、安璀颖、孙宏、孙建春、孙彩堂、李玮、李威、李铭、李小霞、李长翠、李春久、吴巍、冷向阳、张卓、张键、张晓颖、张普一、欧阳晓兵、郑澈、单莹莹、宗凤杰、孟繁峥、姜怀志、娄冬梅、袁卓、袁笠恒、贾馨鑫、顾红艳、高硕徽、葛莘、葛鹏飞、裘学辉、颜力楷38位委员组成的九三学社长春市第十五届委员会。

大会选举产生了出席九三学社吉林省第九次代表大会代表，共42人：马连龙、王志铁、云宏峰、尹志刚、田元生、代桂霞、白娥、吕康银、庄军、刘冰冰、闫钰锋、关茹月、安璀颖、孙宏、李玮、李威、李铭、李小霞、李长翠、李春久、吴巍、冷向阳、张卓、张键、张小飞、张晓颖、张普一、欧阳晓兵、郑澈、单莹莹、孟繁峥、姜怀志、姜金兰、娄冬梅、袁卓、袁笠恒、贾馨鑫、顾红艳、高硕徽、葛莘、葛鹏飞、裘学辉。

2021年11月5日，九三学社长春市第十五届委员会召开第一次全委会议。会议选举冷向阳为主任委员，李铭（专职）、刘冰冰（女）、田元生、葛鹏飞、孙宏、白娥（女）为副主任委员；任命顾红艳（女）为秘书长。选举九三学社长春市第十五届常务委员会委员，共15人：田元生、白娥（女）、刘冰冰

（女）、闫钰锋、孙宏、李玮、李铭、冷向阳、欧阳晓兵、孟繁峥、姜怀志、袁笠恒、顾红艳（女）、葛鹏飞、裘学辉（女）。

在九三学社吉林省第九次代表大会上，选举冷向阳、赵辉、刘冰冰、白娥为出席九三学社第十二次全国代表大会代表。

九三学社长春分社社员大会及分社委员会和后来的九三学社长春市社员代表大会及市委员会，"文化大革命"前任期为2年（第三届为3年），"文化大革命"后按《九三学社章程》规定为5年。后者任期与九三学社全国社员代表大会和吉林省、长春市人民代表大会和人民政治协商会议任期相同，为了在这些会议之前推选出合适的人选，作为九三学社的地方组织，长春市社员代表大会及所产生的市委员会任期均不足5年。但这并不与社章相违背，因为社章同时规定社员代表大会"必要时可以提前或延期举行"，市委员会任期"相应改变"。九三学社长春分社委员会和九三学社长春市委员会由同级社员大会或社员代表大会民主选举产生。选举方式为等额选举，投票方式为无记名投票。代表候选人的提名做到了充分发扬民主、认真审核和酝酿协商，并征求上级组织的意见。其中主任委员、副主任委员和秘书长、副秘书长候选人的提名，都是在与中共长春市委反复协商后确定的，充分体现了接受中国共产党领导的自觉性。

九三学社长春分社时期，分社委员会驻会领导只有秘书长1人；九三学社长春市委员会时期，从1984年3月到1992年3月，除1988年2—7月由吴建新担任5个月驻会副秘书长外，其余时期均无驻会领导，这给社市委工作带来诸多不便。从1992年4月到1996年12月，吴智泉在担任第九届委员会驻会副主委期间，负责社市委的日常工作，但工作关系没有调入社市委机关。从1996年年底开始，九三学社长春市委员会才有了专职副主委，其职责是协助主委开展全面工作，主持社市委的日常工作。其工作关系在社市委机关。

## 第三节　组织发展

### 一、九三学社长春分社筹备委员会时期（1952年—1954年6月20日）

1952年春，长春有3名九三学社社员。同年，由于大专院校进行院系调整和中国科学院物理化学研究所从上海迁到长春，使在长春的九三学社社员增加到11人，直属社中央领导。10月，九三学社中央决定在长春设立分社筹备委员会，并指定吴学周、杨振声、刘恩兰3名同志负责筹备，吴学周兼召集人。1953年2月8日，九三学社长春分社筹备委员会正式成立。后经请示社中央同意，又增加业治铮同志为筹委会委员。筹委会的活动受到九三学社中央和中共长春市委的关怀和支持，在中共长春市委统战部的协助下，按照"发展与巩固相结合，质量并重"的方针和"以中上层为对象，积极分子为骨干"的原则，进行了组织发展工作。在一年多的时间里，筹委会在长春市科技界、文教界、卫生界中发展了16名社员，这些人都是在社会上有影响力、有一定学术水平的中上层人士。到1954年6月，长春市已有九三学社社员22名，建立了东北应用化学研究所、长春地质学院、东北人民大学（吉林大学前身）、东北师范大学4个直属小组及长春市医院"散在小组"。

组织巩固工作主要是不断加强和充实组织生活，开展批评与自我批评，提高社员政治思想水平，推动社员做好岗位工作，进行社员思想改造。在分社成立前，主要任务是推动小组建立正常组织生活制度，并通过组织生活，领导社员参加各种社会政治运动和进行一些时事政策与社务的学习讨论。

## 二、九三学社长春分社委员会时期（1954年6月20日—1984年3月）

1954年6月20日，九三学社长春分社在第一次社员大会上宣告成立。当时共有社员22人。分社成立后，在各项工作中注意做好联系群众的工作，经2年多时间的努力，分社便在群众中产生了较好的影响，组织工作得到了很大的发展和巩固。1955年，发展了4人，年底社员总数达到26人，组建了九三学社长春市医院小组。1956年，发展了68人，年底社员总数达到96人，成立了东北应用化学研究所、东北师范大学、长春市医院3个支社，新建了长春汽车拖拉机学院小组。1957年，发展了33人，年底社员总数达到130人，新建了吉林省医院、吉林省中医进修学校2个小组。分社的基层组织发展到9个。1957年5月初，全国范围的整风运动开始。6月28日，社中央常务委员会第16次扩大会议决定社内开始整风。在整风、反右斗争中，九三学社长春分社许多社员受到波及，有20名社员被错划为"右派分子"，其中的16人被开除社籍。1959年10月底，社员总数减少到117人：高教界61人，占总人数的52.1%；科学研究界18人，占总人数的15.4%；医务界37人，占总人数的31.6%；其他1人，占总人数的0.9%。1959年成立了分社机关联合小组。从1960年到1966年"文化大革命"开始，即长春市九三学社停止活动为止的6年间，仅发展社员2人。1966年10月，长春市各民主党派机关停止活动，九三学社长春分社的工作全部陷入停顿。"文化大革命"前夕，分社有社员117人，基层组织12个。

1978年2月21日，九三学社长春分社临时领导小组成立，2月25日恢复组织活动。经过"文化大革命"的冲击，分社的基层组织和社员状况发生了很大变化，因死亡、调出和退休返乡，社员人数由"文化大革命"前的117人减少到89人。针对社员顾虑多、余悸重，对分社开展的活动持犹豫观望态度的情况，分社领导通过学习座谈、个别谈心、登门家访等，进行了大量的思想政治工作，使一些社员解除了疑虑，基本消除了余悸，增强了内部的团结，为全面恢复组织活动做了思想上、组织上的准备。根据中共中央关于"把民主党派工作活跃起来"的指示精神和中共长春市委关于恢复民主党派基层组织的要求，分社所属的6个支社和3个小组从1979年6月上旬到9月末，相继恢复了组织活动。在恢复组织活动时，分社基层组织所在单位的党委都召开了庆祝大会，广泛宣传统一战线和民主党派的性质、任务，扩大了政治影响。各基层组织恢复活动后，在所在单位党委的领导下，配合各自单位的中心工作开展了一系列活动。在反右斗争中被错划为"右派"而受开除社籍或留社察看处分的社员也都得到了改正（其中有6人已死亡）。1979年4月，分社有社员96人，其中，吉林市3人，延边州1人，长春市92人。1980年，按照"坚持发展为了工作，通过工作发展"，"在文教、科技、医药卫生单位老年知识分子的业务骨干中，有步骤有计划地发展一部分新社员"的组织发展原则，发展了12名社员，他们大都是学有专长的专家，当年年底有社员106人。

1981年，分社认真抓了组织发展工作，一年共发展新社员37人，到年底共有社员141人，新建长春中医学院、吉林大学、吉林工业大学3个支社和吉林省中医中药研究所、长春市南关区医院2个直属小组，并对一些支社和小组的领导成员进行了调整充实。经过调整和新建立的基层组织都能够围绕单位的中心工作和分社的部署开展活动，工作比较积极。为了及时指导基层组织的工作，分社还召开了基层工作经验交流会，通过交流，推动了基层工作的开展。1982—1984年，九三学社吉林省、长春市地方组织分设前，分社把组织发展的重点放到中年人方面，每年都吸收一大批政治素质好、岗位工作成就突出、在群众中有一定威望的中年高、中级知识分子入社。1982年，发展社员163人，年底长春市九三学社社员总数为302人，吉林财贸学院、吉林省中医中药研究所、长春光机所、长春市南关区医院、吉林省人民医院、吉林省中医中药研究所分别建立了支社。1983年，发展社员202人（其中包括吉林市34人，吉林省农业科学院4人），新建长春市妇产医院、长春物理所、长春分社宽城区、长春第一汽车制造厂、吉林省农业科学院5个支社和长春分社朝阳区、长春市中医院2个小组。大批优秀的年轻高、中级知识分子入社，改变了长春市九三学社社员的年龄结构，为分社组织增添了活力，为新老交替打下了基础。1983年年底，分社共有社员408人，18个支社和7个直属小组。

## 三、九三学社长春市委员会时期（1984年3月—2000年12月）

1984年2月27日，九三学社吉林省筹委会成立，原九三学社长春分社社员凡所在单位的中共党组织隶属关系属于中共吉林省委的，其九三学社的隶属关系都划归九三学社吉林省委员会。1984年3月，九三学社长春分社委员会改称为九三学社长春市委员会。当时有社员309人，其中高教界125人，科技界47人，医务界120人，其他17人。九三学社长春市委员会成立后，按照"通过工作发展，发展为了工作，成熟一个，发展一个"的原则和"巩固与发展相结合，着重做好巩固工作"的精神，遵照以科学技术界为重点、医药卫生界中上层知识分子为主的规定，长春市九三学社的组织发展工作进入了稳定、正常发展阶段。1984年年底，有社员322人，新建长春市城建环保局系统、长春市郊区、长春市二道河子区、白求恩医科大学4个支社。1985年，发展38名新社员，年底社员总数为356人，新建长春市第二医院、长春纺织厂、长春邮电学院3个直属小组。1986年，发展70名新社员，年底社员总数为421人，新建长春煤矿设计院、吉林工学院2个支社和长春气象仪器研究所、水电部松辽委2个小组。1987年，发展27名新社员，社员总数为466人，新建长春市电子工业局、长春邮电学院、长春市儿童医院3个支社和中国市政工程东北设计院、国营吉林柴油机厂2个小组。1988年，发展127名新社员，社员总数为580人，新建长春光机学院、吉林职业师范学院2个支社和东北电力设计院、吉林省农业机械研究所2个小组。1989年，发展95名新社员，社员总数为661人，新建长春第一汽车制造厂、吉林农业大学2个委员会，长春市卫生联合、长春气象仪器研究所、水电部松辽委3个支社和长春市机械工业研究所小组。1990年，发展6名新社员，社员总数为657人。1991年，发展18名新社员，社员总数为660人，新建长春黄金设计院支社。1992年，发展35名新社员，社员总数为680人，新建长春市朝阳区支社。1993年，发展52名新社员，社员总数为718人，新建长春大学、长春市第二医院2个支社。1994年，发展71名新社员，社员总数为783人，新建长春市试验机研究所支社。1995年，发展50名新社员，社员总数为825人，新建长春宇光电子工厂支社。1996年，发展26名新社员，社员总数为863人，新建长春中医学院委员会（下设3个支社）。1997年，发展41名新社员，社员总数为890人，新建长春市双阳区支社。1998年，发展57名新社员，社员总数为942人。1999年，发展43名新社员，社员总数为984人，新建长春市南关区委员会（下设3个支社）、社市委直属委员会（下设5个支社）、长春市朝阳区委员会（下设3个支社）。2000年，发展58名新社员，社员总数为1027人。截至2000年年底，社市委共有基层组织36个，其中基层委员会6个、支社27个、小组3个。

## 四、九三学社长春市委员会时期（2000年12月—2023年12月）

进入21世纪，九三学社长春市委员会认真贯彻《关于民主党派组织发展若干问题座谈会纪要》提出的"坚持发展是为了工作和在工作中发展"原则，实施"人才强社"战略，除重点做好在科学研究界、高教界、医务界的发展外，发展范围有所扩大，注意吸收经济、金融、法律、管理和企业家等各界优秀代表人才入社。社员的平均年龄逐步降低，增强了基层组织的活力。进一步改善了社员的专业结构和知识结构，为参政议政、社会服务等工作提供了更加丰富的人才资源。2019年，社市委按照《九三学社中央关于加强新时代组织发展工作的意见》的要求，在组织发展工作中坚持"三个为主"的基本方针，坚持发展与巩固相结合，坚持质量优先，坚持体现界别特色，严格执行发展社员的标准条件、工作程序和要求，不断完善组织发展的工作机制，新社员的质量进一步提高，为建设高素质的中国特色社会主义参政党地方组织提供了坚实的组织保障。

2001年，发展新社员47人，社员总数为1068人，新建吉林大学委员会（下设5个支社）。2002年，发展新社员62人，社员总数为1126人，新建东北师范大学委员会（下设3个支社）。2003年，发展新社员55人，社员总数为1181人。2004年，发展新社员59人，社员总数为1236人。2005年，发展新社员68人，社员总数为1294人。2006年，发展新社员54人，社员总数为1343人，新建长春市宽城区委员会（下设3个支社）。2007年，发展新社员61人，社员总数为1395人。2008年，发展新社员93人，社员总数为1482

人。2009年，发展新社员78人，社员总数为1554人。2010年，发展新社员119人，社员总数为1676人，新建长春师范学院、吉林建筑工程学院2个支社。2011年，发展新社员90人，社员总数为1756人，新建长春市双阳区委员会（下设3个支社）。2012年，发展新社员105人，社员总数为1846人，新建吉林工商学院支社、长春工业大学委员会（下设3个支社）。2013年，发展新社员110人，社员总数为1956人。2014年，发展新社员121人，社员总数为2077人，新建吉林艺术学院支社。2015年，发展新社员120人，社员总数为2230人，新建长春市九台区支社、吉林省农业机械研究院支社、吉林财经大学委员会（下设3个支社）、长春市二道区委员会（下设4个支社）。2016年，发展新社员57人，社员总数为2268人，新建长春职业技术学院支社、长春汽车高等专科学校支社、吉林动画学院支社、长春市高新开发区委员会。2017年，发展新社员303人，社员总数为2562人，新建吉林中医肝胆医院支社、长春市绿园区委员会（下设3个支社）、社市委直属榆树市委员会（下设4个支社）、长春市净月高新技术产业开发区委员会（下设3个支社）、长春市直属新区委员会。2018年，发展新社员129人，社员总数为2681人，新建长春市中医院支社、长春市中心医院委员会。2019年，发展新社员81人，社员总数为2763人。2020年，发展新社员68人，社员总数为2801人，新建长春工程学院支社、长春理工大学委员会（下设3个支社）。2021年，发展新社员118人，社员总数为2912人，新建长春新区委员会（下设4个支社）、长春经济技术开发区委员会（下设4个支社）。2022年，发展新社员89人，社员总数为2997人。2023年，发展新社员87人，社员总数为3046人。

## 第四节　基层组织建设

根据《九三学社章程》的规定，九三学社的基层组织有直属小组、支社和委员会。基层组织的领导成员每届任期5年（原为3年）。基层组织按社员所在单位、系统或地区建立。在同一单位、系统或地区有社员3人以上，可建立直属小组；有社员7人以上，可建立支社；在社员人数较多的单位、系统或省辖市的区，有3个支社以上时，可设立委员会。九三学社长春市委员会通过基层组织换届改选、表彰先进、开展横向联合活动、成立"社员之家"、建立骨干社员信息库、持续加强领导班子五种能力建设，举办骨干社员和新社员培训班，帮助基层组织领导班子成员及广大社员提高政治素质和社务工作能力。

### 一、基层组织沿革

截至2023年12月，九三学社长春市委员会共有基层组织117个，包括24个基层委员会、93个支社。

长春市九三学社基层组织沿革如下。

#### （一）基层委员会

1. 九三学社吉林大学委员会。2001年9月3日，组建九三学社吉林大学委员会，主任委员张兴洲，副主任委员马驷良，委员有许金刚、迟宝荣、沈颂东、李滦宁、赵玉谦、董震、廖公夫。2008年11月12日，换届改选，主任委员张兴洲，副主任委员沈颂东、张文祥，科技委员会主任冯守华，科技委员会副主任马於光、王丽颖，科技委员迟宝荣、赵晓晖、刘志宏，组织委员王庆成、续颜（兼秘书），宣传委员赵玉谦，生活委员李滦宁。委员会下属5个支社。2014年10月17日，九三学社吉林大学委员会由5个支社增加到8个支社。2015年6月28日，换届改选，主任委员续颜，副主任委员张文祥、沈秀丽，科技委员会主任冯守华，科技委员会副主任王丽颖，科技委员赵晓晖、刘志宏、吴迪、孙凯、王庆祥，组织委员赵学良、黄洋、曲兴田、李洋，宣传委员韩向东、田国胜、孙彩堂。2016年4月28日，增补刘冰冰、王庆丰为九三学社吉林大学委员会副主任委员，葛鹏飞为医大一院支社副主任委员。2021年4月24日，换届改选，主任委员刘冰冰，副主任委员张文祥、沈秀丽、王庆丰、葛鹏飞、高硕徽、孙彩堂，监督委员李洋，组织委员孙凯、李伟民，宣传委员胡志清，科技咨询委员田国胜、张伟，参政议政委员张小飞、张云峰，联络委员孟繁峥，妇女委员孙淑芬。九三学社吉林大学委员会下设9个支社[1]，现有社员397人。

九三学社吉林大学委员会前卫校区支社（吉林大学前卫校区的前身是始建于1946年的东北行政学院，1950年更名为东北人民大学，1958年更名为吉林大学。2000年6月，与吉林工业大学、白求恩医科大学、长春科技大学、长春邮电学院合并，称为吉林大学前卫校区）。1953年，组建九三学社东北人民大学小组。1981年，改建吉林大学支社，主任委员郭石山，副主任委员肖善因，组织委员宓超群。1987年7月13日，换届改选，主任委员宓超群，副主任委员吴智泉、王宝芳，组织委员马驷良，宣传委员李惟。1991年4月22日，换届改选，主任委员宓超群，副主任委员吴智泉、王宝芳，组织委员马驷良，宣传委员高国荣。1993年6月5日，增补马驷良为支社副主任委员，王庆成为支社组织委员。1994年6月17日，换届改选，主任委员宓超群，副主任委员马驷良、王宝芳，组织委员王庆成，宣传委员高国荣。1995年12月30日，换届改选，主任委员马驷良，副主任委员宓超群、王庆成，组织委员高国荣，宣传委员王清燕。1999年11月26日，换届改选，主任委员马驷良，副主任委员王庆成、刘海波，组织委员高国荣，宣传委员王清燕。2008年11月12日，九三学社吉林大学委员会换届改选，前卫校区支社主任委员王庆成，副主任委员韩

---

[1] 考虑到合校后吉林大学各专业深度融合，为了弱化校区概念，在2021年4月九三学社吉林大学委员会换届工作会议上，经讨论决定将支社名称前的"校区"二字去掉。

向东、胡晓华，委员魏益华、夏宝辉。2015年6月28日，九三学社吉林大学委员会换届改选，前卫校区支社主任委员韩向东，副主任委员刘宝新、夏宝辉，委员谢伟、顾洪梅。2021年4月24日，九三学社吉林大学委员换届改选，前卫支社主任委员张伟，副主任委员刘宝新、王宁。

  九三学社吉林大学委员会朝阳校区支社（吉林大学朝阳校区的前身是创建于1951年的长春地质专科学校。1952年，院系调整时成立东北地质学院。1958年，改名为长春地质学院。1997年，改名为长春科技大学。2000年6月，与吉林大学、吉林工业大学、白求恩医科大学、长春邮电学院合并，称为吉林大学朝阳校区）。1953年，组建九三学社东北地质学院小组。1982年11月3日，改建为九三学社长春地质学院支社，主任委员赵东甫，组织委员田斌，宣传委员吴锡生。1990年12月20日，领导班子成员调整，主任委员赵东甫，副主任委员吴锡生，组织委员谢靖，宣传委员李滦宁，科技咨询委员马福生。1993年2月24日，换届改选，主任委员赵东甫，副主任委员吴锡生，组织委员谢靖，宣传委员李滦宁，科技咨询委员常建平。1998年2月10日，换届改选，主任委员张兴洲，副主任委员李滦宁，组织委员常建平，宣传委员张梅生，科技咨询委员王清。2008年11月12日，九三学社吉林大学委员会换届改选，朝阳校区支社主任委员刘志宏，副主任委员李滦宁，组织委员孙彩堂，宣传委员张梅生，科技委员张凤君，秘书王晔。2015年6月28日，九三学社吉林大学委员会换届改选，朝阳校区支社主任委员刘志宏，副主任委员孙彩堂、周逢道，组织委员孙淑琴，宣传委员王晔，科技委员张凤君。2021年4月24日，九三学社吉林大学委员会换届改选，朝阳支社主任委员李伟民，副主任委员孙淑琴、董双石。

  九三学社吉林大学委员会南湖校区支社（吉林大学南湖校区原为长春邮电学院，2000年6月，与吉林大学、吉林工业大学、白求恩医科大学、长春科技大学合并，称为吉林大学南湖校区）。1985年9月19日，组建长春邮电学院直属小组，组长李钧。1986年7月7日，增补黄献民为副组长。1987年2月21日，改建九三学社长春邮电学院支社，主任委员李钧，组织委员黄献民，宣传委员贾易荣。1990年3月15日，换届改选，主任委员李钧，副主任委员黄献民，组织委员邱天富，宣传委员宋永仁，科技咨询委员邹晶。1992年6月

5日，换届改选，主任委员黄献民，副主任委员贾易荣，组织委员邱天富，宣传委员宋永仁，科技咨询委员邹晶。1995年10月12日，换届改选，主任委员贾易荣，副主任委员李秉彦，组织委员邹晶，宣传委员沈颂东，科技咨询委员毕双艳。1998年9月28日，换届改选，主任委员沈颂东，副主任委员李秉彦，组织委员毕双艳，宣传委员尤琴，科技咨询委员赵国昌。2001年6月15日，增补赵晓辉为支社委员。2008年11月12日，九三学社吉林大学委员会换届改选，南湖校区支社主任委员赵晓辉，副主任委员兼科技委员李志刚，组织委员刘宇清，宣传委员邱丽敏。2015年6月28日，九三学社吉林大学委员会换届改选，南湖校区支社主任委员赵晓晖，副主任委员李月，组织委员刘宇清，宣传委员邱丽敏。2021年4月24日，九三学社吉林大学委员会换届改选，南湖支社主任委员田国胜，副主任委员夏烨。

九三学社吉林大学委员会南岭校区支社（吉林大学南岭校区的前身是始建于1954年的长春汽车拖拉机学院。1958年，更名为吉林工业大学。2000年6月，与吉林大学、白求恩医科大学、长春科技大学、长春邮电学院合并，称为吉林大学南岭校区）。1957年，组建九三学社长春汽车拖拉机学院小组。1981年4月25日，组建九三学社吉林工业大学支社，主任委员张烨，副主任委员许金钊，组织委员陈秉聪，宣传委员赵恩武。1988年4月19日，换届改选，主任委员常健生，副主任委员夏卿，组织委员刘述学，宣传委员李待平。1991年1月28日，换届改选，主任委员常健生，副主任委员何树治，组织委员杨有培，宣传委员许金钊。1994年4月25日，换届改选，主任委员何树治，副主任委员赵熹华、胡平，组织委员杨有培，宣传委员许金钊。1996年12月2日，换届改选，主任委员戴文跃，副主任委员许金钊、曹颖，组织委员高一平，宣传委员赵玉谦。2007年12月29日，领导班子成员调整，王桂琴担任支社副主任委员。2008年11月12日，九三学社吉林大学委员会换届改选，南岭校区支社主任委员赵玉谦，副主任委员曲兴田、王淑琴。2015年6月28日，九三学社吉林大学委员会换届改选，南岭校区支社主任委员曲兴田，副主任委员孙光明、胡志清，组织委员张成春，宣传委员周淑红，科技委员胡志新。2021年4月24日，九三学社吉林大学委员会换届改选，南岭支社主任委员胡志清，副主任委员商晶、胡云峰。

九三学社吉林大学委员会新民校区支社（吉林大学新民校区原为白求恩医科大学，其前身是创建于1939年的晋察冀军区白求恩卫生学校和第十八集团军卫生学校。1951年，更名为解放军第一军医大学。1959年，更名为吉林医科大学。1978年，更名为白求恩医科大学。2000年6月，与吉林大学、吉林工业大学、长春科技大学、长春邮电学院合并，称为吉林大学新民校区）。1984年12月，组建九三学社白求恩医科大学支社，主任委员王维兴，组织委员邹元植，宣传委员孙云章。1990年9月10日，换届改选，主任委员王维兴，副主任委员兼组织委员高方，宣传委员董震，科技咨询委员张凤荣。1996年4月22日，增补孔红为支社宣传委员。1997年6月10日，换届改选，主任委员迟宝荣，副主任委员董震，组织委员张为远，宣传委员孔红，科技咨询委员孙同。1999年11月4日，领导班子成员调整，朱丹任支社宣传委员。2002年8月23日，增补黄洋为宣传委员。2008年11月12日，九三学社吉林大学委员会换届改选，主任委员迟宝荣，副主任委员沈秀丽、赵学良，组织委员王杨，宣传委员黄洋，科技咨询委员王丽，生活委员万敏。2014年10月17日，九三学社吉林大学新民校区支社分设4个支社——新民一院支社、新民药学院支社、新民口腔医院支社、新民中日联谊医院支社。2015年6月28日，九三学社吉林大学委员会换届改选：新民一院支社，主任委员李洋，副主任委员孟宪瑛、葛鹏飞，委员孙晓峰；新民药学院支社，主任委员孙凯，副主任委员贺强，委员张秀敏；新民口腔医院支社，主任委员黄洋，副主任委员李祥伟，委员李秋实；新民中日联谊医院支社，主任委员赵学良，副主任委员张小飞，委员刘松岩。2021年4月24日，九三学社吉林大学委员会换届改选，九三学社吉林大学委员会新民支社分设出5个支社：一院支社，主任委员孟繁峥，副主任委员孟宪瑛、张岩；二院支社，主任委员张云峰，副主任委员李容杭、王尧；药学院支社，主任委员孙凯，副主任委员贺强、闫东梅；口腔医院支社，主任委员孙淑芬，副主任委员李秋实、郝新青；中日联谊医院支社，主任委员张小飞，副主任委员马丕勇。

2. 九三学社东北师范大学委员会。1953年，成立九三学社东北师范大学小组。1956年，组建九三学社东北师范大学支社。1988年4月19日，换届改选，主任委员王继少，副主任委员兼组织委员束仁贵，副主任委员兼宣传委员张美荣。1991年5月27日，换届改选，主任委员王继少（兼负责科技咨询工作），副主任委员束仁贵（兼组织委员）、张美荣（兼宣传委员），学习委员韦澍一，生活委员马为。1993年10月11日，增补宫秀华为支社委员。1994年12月30日，换届改选，主任委员闫吉昌，副主任委员束仁贵、张美荣，组织委员韦澍一，宣传委员宫秀华。1997年12月16日，换届改选，主任委员闫吉昌，副主任委员赵元慧、陈玉宝，组织委员束仁贵，宣传委员于明。2001年10月30日，增补宫秀华为支社副主任委员。2002年12月1日，组建九三学社东北师范大学委员会，主任委员闫吉昌，副主任委员宫秀华、徐冰，宣传委员于明、张力，组织委员李刚、李佐峰。2005年4月12日，增补于明为副主任委员，智利疆为委员。2008年11月8日，换届改选，主任委员宫秀华，副主任委员高玉秋、智利疆，组织委员张力、吕康银，宣传委员李佐峰、刘思东。2013年9月13日，增补颜力楷为副主任委员。2013年11月20日，换届改选，主任委员高玉秋，副主任委员颜力楷、杨青山、肖洪兴，委员刘思东（负责委员会管理工作）、吕康银（负责组织科技工作）、姬蕾（负责宣传、学习工作）。2021年9月9日，换届改选，主任委员白娥，副主任委员颜力楷、吕康银（兼参政议政委员）、姬蕾、朱遂一，组织委员杨光，宣传委员齐望之、褚丽东，监督委员朱海峰。委员会下设3个支社：一支社，主任委员颜力楷，宣传委员吕康银；二支社，主任委员齐望之，组织委员朱遂一，宣传委员褚丽东；三支社，主任委员姬蕾，组织委员朱海峰，宣传委员杨光。委员会现有社员93人。

3. 九三学社吉林农业大学委员会。1982年4月7日，组建九三学社吉林农业大学支社，主任委员韩有库，组织委员杨福振，宣传委员王松心。1986年12月23日，换届改选，主任委员韩有库，副主任委员王松心，组织委员杨福振，宣传委员张玉，学习委员李树殿。1989年11月2日，改建为九三学社吉林农业大学委员会，主任委员韩有库，副主任委员王松心，组织委员李树殿，宣传委员张玉，科技咨询委员刘墨祥。1991年5月17日，领导班子成员调整，王松心任主任委员，增补栾玉振为委员（负责参政议政工作）。1992年12月8日，换届改选，主任委员王松心，副主任委员张玉，组织委员伊伯仁，宣传委员黄桂琴，参政议政委员栾玉振，科技委员刘墨祥，妇女委员李惠淑。1995

年12月10日,换届改选,主任委员栾玉振,副主任委员关天颖、付兴奎,组织委员伊伯仁,宣传委员姜俊叶,妇女委员黄桂琴,科技委员石峰。2005年12月27日,换届改选,主任委员程培英,副主任委员侯季理、田义新,组织委员姜怀志,宣传委员乔宏宇,科技委员高洁,文体委员赵云蛟。2009年12月2日,换届改选,主任委员(代理)田义新,副主任委员高洁、姜怀志,组织委员张莉,宣传委员乔宏宇,科技委员杨世海,文体委员赵云蛟,工作秘书王艳秋。2010年5月4日,换届改选,主任委员田义新,副主任委员高洁、姜怀志,组织委员张莉,宣传委员乔宏宇,科技咨询委员杨世海,文体委员赵云蛟,妇女委员刘莲顺,离退休委员王秋艳。2015年11月20日,换届改选,主任委员田义新,副主任委员高洁、姜怀志,组织委员张莉,宣传委员乔宏宇,科技咨询委员杨世海,文教委员赵云蛟,妇女委员刘莲顺,离退休委员王艳秋。2020年11月30日,换届改选,主任委员姜怀志,副主任委员郭立泉、宫鹤,组织委员朱岩,宣传委员王雪峰,科技咨询委员赵岩,参政议政委员付永平,监督委员施继红,文体委员兼妇女委员官丽莉。委员会下设4个支社:第一支社,主委付永平,组织委员施继红,宣传委员朱岩;第二支社,主委单晓枫,组织委员王雪峰,宣传委员官丽莉;第三支社,主委赵岩,组织委员宫鹤,宣传委员许顺;第四支社,主委张树梅,宣传委员刘庆福。委员会现有社员104人。

4. 九三学社长春中医药大学委员会。1981年4月6日,组建九三学社长春中医学院(现为长春中医药大学)支社,主任委员王海滨,副主任委员阎洪臣,组织委员朱永厚,宣传委员高士贤,学习委员夏洪生。1991年10月17日,换届改选,主任委员高士贤,副主任委员常兆生、衣先荣,组织委员王增济,宣传委员荆国民,学习委员孟然,妇女委员云正华。1994年7月25日,换届改选,主任委员常兆生,副主任委员王增济,组织委员云正华,宣传委员邢思安,科技咨询委员赵玉春。1995年11月16日,增补许丽星为支社委员。1996年9月13日,组建九三学社长春中医学院基层委员会,主任委员兼老干部委员常兆生,副主任委员兼科技医疗咨询委员杨世忠,副主任委员兼妇女委员云正华,组织委员赵玉春,宣传委员许丽星。1999年12月15日,换届改选,主任委员杨世忠,副主任委员云正华、贡济宇,组织委员赵玉春,宣传委员许丽星，生活委员赵建军，文体委员赵力维。2005年12月29日，领导班子成员调整，主任委员杨世忠，副主任委员贡济宇、周世民，组织委员赵世庆，宣传委员杨玉洁，科技委员赵建军，文体委员赵力维。2009年6月24日，换届改选，主任委员赵建军，副主任委员贡济宇、周世民、冷向阳、刘明军，组织委员杨玉洁，宣传委员周春凤。2016年1月13日，换届改选，主任委员冷向阳，副主任委员贡济宇（常务）、吴秋成、刘鹏，组织委员南红梅，宣传委员刘飞，文体委员程远，科技委员矫俊东。2020年12月28日，换届改选，主任委员吴巍，副主任委员刘鹏、南红梅、幺宝金，组织委员矫俊东，宣传委员王威，监督委员程远，参政议政委员包扬，科技咨询委员王旭凯。委员会下设3个支社：一支社，主委幺宝金，组织委员王旭凯，宣传委员赵天倚；二支社，主委南红梅，组织委员矫俊东，宣传委员王威；三支社，主委刘鹏，组织委员程远，宣传委员包扬。委员会现有社员84人。

5. 九三学社吉林财经大学委员会。吉林财经大学的前身是始建于1946年的东北银行总行干部培训班。1950年，更名为东北银行专门学校。1953年，更名为长春银行学校。1958年，更名为吉林财贸学院。1972年，更名为吉林省财贸学校。1978年，恢复吉林财贸学院。1992年，更名为长春税务学院。2010年，更名为吉林财经大学。

1958年，组建九三学社吉林财贸学院小组，组长王允孚。1982年11月27日，改建为九三学社吉林财贸学院支社，主任委员朱汝涣，组织委员刘介夫，宣传委员李绵权。1991年5月27日，换届改选，主任委员刘介夫，组织委员郭燕庆，宣传委员王琨，科技咨询委员田中雨。1994年6月17日，换届改选，主任委员刘介夫，副主任委员田中雨，组织委员李振华，宣传委员王北星，科技咨询委员刘曙野。1997年7月8日，换届改选，主任委员刘介夫，副主任委员田中雨，组织委员滕玉芝，宣传委员王北星，科技咨询委员刘曙野。2002年6月26日，换届改选，主任委员刘介夫，副主任委员刘曙野，组织委员滕玉芝，宣传委员王北星，科技咨询委员张立。2007年6月27日，换届改选，主任委员刘介夫，副主任委员刘曙野，组织委员王北星，宣传委员王晖，科技咨询委员张立。2009年10月14日，领导班子成员调整，主任委员刘曙野，副主任委员张立，组织委员王北星，宣传委员王晖，科技咨询委员侯苏光。2015年

7月15日，改建为九三学社吉林财经大学委员会，主任委员郑美群，副主任委员代桂霞，组织委员姜建华，宣传委员王晖，科技咨询委员侯苏光。2020年12月9日，换届改选，主任委员代桂霞，副主任委员王晖，组织委员姜建华，宣传委员赵宇飞，参政议政委员张洁妍，科技咨询委员李晓新，监督委员李成柱。委员会下设3个支社：一支社，主委赵宇飞，组织委员陈坚，宣传委员王海菲；二支社，主委张洁妍，组织委员曹阳，宣传委员邵鲁；三支社，主委李成柱，组织委员侯苏光，宣传委员朱永刚。委员会现有社员53人。

6. 九三学社长春工业大学委员会。长春工业大学的前身是长春汽车技术学校，1958年更名为长春工业专科学校。1961年，更名为吉林理工学院。1962年，吉林矿冶学院并入。1963年，更名为吉林工学院。2002年，更名为长春工业大学。

1986年4月15日，组建九三学社吉林工学院直属小组，组长杨志范，副组长王殿栋。1986年12月1日，改建为九三学社吉林工学院支社，主任委员杨志范，组织委员王殿栋，宣传委员姜培武。1987年7月6日，增选王殿栋为副主任，增补毕玉莲为组织委员。1990年11月12日，换届改选，主任委员杨志范，副主任委员王殿栋，组织委员毕玉莲，宣传委员姜培武。1994年8月11日，换届改选，主任委员杨志范，副主任委员王殿栋，组织委员姜培武，宣传委员乔迁，科技咨询委员吴臣。1997年12月16日，换届改选，主任委员杨志范，副主任委员乔迁，组织委员尹静波，宣传委员丁春黎，科技委员吴臣。2002年12月25日，换届改选，主任委员杨志范，副主任委员乔迁，组织委员王明时，宣传委员丁春黎，科技咨询委员吴臣。2008年3月6日，换届改选，主任委员杨志范，副主任委员王明时，组织委员程腊梅，宣传委员关玉杰，科技咨询委员吴臣。2011年3月31日，换届改选，主任委员乔迁，副主任委员王明时、陈华，组织委员程腊梅，宣传委员关玉杰，科技咨询委员陈华（兼）。名誉主委：杨志范。2012年10月27日，改建为九三学社长春工业大学委员会，主任委员乔迁，副主任委员王明时、陈华，委员程腊梅、关玉杰、范猛、李艳。2016年7月15日，换届改选，主任委员陈华，副主任委员程腊梅、范猛，组织委员李艳，宣传委员胡佳。2020年11月18日，换届改选，主任委员陈华，副主任委员范猛、胡佳，组织委员王虹力，宣传委员温岩，监督委员王世伟，参政议政委员林喆。委员会下设3个支社：第一支社，主委范猛，副主委温岩，宣传委员王虹力；第二支社，主委林喆，副主委王世伟，宣传委员盖方圆；第三支社，主委陈华，副主委程腊梅，宣传委员周沛。委员会现有社员52人。

7.九三学社长春理工大学委员会。长春理工大学的前身是创建于1958年的长春光学精密机械学院。2002年，更名为长春理工大学。

1988年4月19日，组建九三学社长春光机学院支社，主任委员郎柏林，组织委员赵贵文，宣传委员徐金良。1990年5月26日，换届改选，主任委员赵贵文，组织委员廖新力，宣传委员徐金良。1993年10月11日，换届改选，主任委员赵贵文，组织委员徐金良，宣传委员黄庐进。1996年12月2日，换届改选，主任委员赵贵文，组织委员赵永成，宣传委员郑建平。1999年11月4日，换届改选，主任委员赵永成，组织委员郑建平，宣传委员朱立欣。2002年11月5日，领导班子成员调整，梁睿任宣传委员。2020年12月16日，换届改选，改建为九三学社长春理工大学委员会，主任委员闫钰锋，副主任委员兼监督委员董洪志，副主任委员兼参政议政委员庞亚青，组织委员倪小龙，宣传委员任姣姣。委员会下设3个支社：一支社，主委牟达；二支社，主委赵猛；三支社，主委符晓。委员会现有社员32人。

8.九三学社长春市中心医院委员会。1955年，组建九三学社长春市医院小组，组长周文举。1956年，改建为九三学社长春市医院支社，主任委员周文举。1989年4月12日，换届改选，主任委员张国华，副主任委员于荣筠，组织委员郭永禄，宣传委员张仁舜，科技咨询委员李洁珍。1992年12月30日，换届改选，主任委员于荣筠，副主任委员张仁舜，组织委员郭永禄，宣传委员邱祯禧，科技咨询委员李洁珍。1996年3月25日，换届改选，主任委员张仁舜，副主任委员范丽环、王丽颖，组织委员赵艳，宣传委员朱二亮。1998年12月28日，增补祖仁生为宣传委员。2004年2月18日，换届改选，主任委员魏铁军，副主任委员范丽环、王丽颖、赵艳，组织委员马俐儒，宣传委员祖仁生。2011年3月4日，换届改选，主任委员裴智梅，副主任委员赵艳，组织委员马俐儒，宣传委员闫晓东，科技咨询委员杨波。2016年1月27日，换届改选，主任委员裴智梅，副主任委员赵艳，组织委员马俐儒，宣传委员闫晓东，科技咨询委员杨波。2018年9月29日，改建为九三学社长春市中心医院委员会，主任委员裴智梅，副主任委员娄冬梅，组织委员杨波，宣传委员闫晓东，生活委员陆林。2020年11月27日，换届改选，主任委员娄冬梅，副主任委员张伟，组织委员杨波，宣传委员张晓琳，参政议政委员兼监督委员郝永胜。委员会下设4个支社：第一支社（内科支社），主委闫晓冬，组织委员张晓琳，宣传委员李唐；第二支社（外科支社），主委杨波，组织委员陆林，宣传委员吕宁；第三支社（医技后勤支社），主委李昕华，组织委员张心怡，宣传委员贺永斌；第四支社（离退休支社），主委贾丽君，组织委员赵艳，宣传委员马俐儒。委员会现有社员58人。

9.九三学社中国第一汽车集团有限公司委员会。中国第一汽车集团有限公司的前身是长春第一汽车制造厂。1983年11月17日，组建九三学社长春第一汽车制造厂支社，主任委员陆坤元，组织委员李荣辉，宣传委员周开金。1988年7月28日，换届改选，主任委员周开金，组织委员朱益麟，宣传委员杨伟，科技委员俞庆严，联络委员欧阳玺。1989年8月15日，改建为九三学社长春第一汽车制造厂委员会，主任委员周开金，副主任委员欧阳玺，组织委员朱益麟，宣传委员杨伟，科技咨询委员俞庆严，委员张温林、安岩。1992年9月15日，换届改选，主任委员欧阳玺，副主任委员王曙辉、朱益麟，组织委员朱益麟（兼），宣传委员张温林、杨伟，科技咨询委员俞庆严、安岩。1995年12月30日，换届改选，主任委员王曙辉，副主任委员黄河、朱益麟，组织委员欧阳玺、战迪娜，宣传委员张温林、滕立新，科技委员李大治、全邦兴。1997年1月27日，领导班子成员调整，黄河为主任委员，王曙辉为副主任委员。1998年11月30日，换届改选，主任委员黄河，副主任委员于杰、滕立新、朱益麟，组织委员滕立新（兼），宣传委员张温林、彭纪光，文体委员战迪娜，委员全邦兴、欧阳玺。2006年8月9日，领导班子成员调整，陈镠为主任委员，王秋利、付蓉为副主任委员，李玮为委员。2009年4月28日，领导班子成员调整，王秋利为主任委员，王志铁、王慧勇为副主任委员。2010年8月12日，换届改选，主任委员王秋利，副主任委员张哲、滕立新、王志铁，组织委员王志铁（兼），宣传委员王慧勇、丁立祥，科技咨询委员李玮，离退休委员王裕、彭继光。2015年8月15日，换届改选，主任委员张哲，副主任委员王志铁、顾宏伟、李玮、王慧勇，组织委员袁立国、田仁军，宣传委员李禹志、金钟哲、王云成，妇女委员陈丽阳、胡丽君，老龄委员王秋利、王裕、温希平。委员会下设5个支社：技术中心支社，负责人王志铁；大众支社，负责人王慧勇；职工医院支社，负责人王云成；解放及其他支社，负责人金钟哲；离退支社，负责人王秋利、王裕、温希平。2020年12月27日，换届改选，主任委员李玮，副主任委员王志铁、顾宏伟、王慧勇、陈丽阳，组织委员袁立国、李禹志，宣传委员王兴佳、张枫，监督委员顾宏伟（兼），参政议政委员王兴佳（兼），科技委员姜大力、丁淼，文艺委员李晓峰、陈苏。委员会下设5个支社：一汽职能部支社，主委李晓峰；一汽研发总院支社，主委姜大力；一汽解放支社，主委丁淼；一汽-大众支社，主委陈苏；一汽离退休支社，主委陈丽阳。委员会现有社员181人。

10.九三学社长春市直属委员会。1959年，组建九三学社长春市分社直属联合小组。1979年，九三学社长春分社直属联合小组改建为长春分社直属机关支社。1984年，改称为九三学社长春市委直属支社。1987年3月5日，换届改选，主任委员李凤岐，副主任委员李景惠，组织委员许凤远，宣传委员江松。1988年10月5日，增补江松为副主任委员，王玉升为宣传委员，顾元章为咨询委员。1991年9月16日，换届改选，主任委员李凤岐，副主任委员李聪，组织委员马丽珍，宣传委员吕秀英，生活委员齐秀荣，科技咨询委员齐学彦。1995年8月21日，换届改选，主任委员李玉良，副主任委员李聪、齐学彦，组织委员马丽珍，宣传委员吕秀英，科技咨询委员齐秀荣，委员何英。1997年6月10日，增补徐彦夫为支社副主任委员。1998年12月8日，换届改选，主任委员李玉良，副主任委员徐彦夫、何英、李聪，组织委员马丽珍，宣传委员吕秀英，科技咨询委员刘献革，离退休委员齐秀荣。1999年10月22日，组建九三学社长春市直属委员会，主任委员李玉良，副主任委员徐彦夫、何英、李聪，组织委员马丽珍，宣传委员吕秀英，科技咨询委员刘献革，离退休委员齐秀荣。委员会下设5个支社。2002年12月18日，领导班子成员调整，何英任主任委员，李玉良、刘献革、李铭任副主任委员。2004年12月22日，换届改选，主任委员何英，副主任委员李玉良、徐彦夫、李聪、刘献革、李铭、姜孟一、张占海，组织委员马丽珍，宣传委员吕秀英，离退休委员齐秀荣。委员会下设5个支社：一支社，主任委员刘献革，组织委员左宏，宣传委员曲永霞；二支社，主任委员张占海，副主任委员范德成、张红梅，组织委员董丽娜，宣传委员余云波；三支社，主任委员李聪，副主任委员李玉良、何叔仲、包大海，组织委员张平，宣传委员王松；四支社，主任委员姜孟一，副主任委员张晓丽、汪丽艳，组织委员孙树勇、孟美青，宣传委员宋伟宏、李艳秋；五支社，主任委员江松，组织委员季若思，宣传委员李任生。2011年1月21日，增补张平、孟美青、袁笠恒、高新宇、王克、宋伟宏、贾馨鑫7人为委员会委员。2013年7月5日，增补徐震、欧阳晓兵、葛莘、张红梅、刘继承、马朝东、王呈琛、金美辰、隋明璐、包大海、汪丽艳、陈勇、曹慕萍、田慧、田卫家、侯佳辰、张昕泽、崔宇为委员，增补张红梅为组织委员。时任主任委员何英，副主任委员李铭、张占海、张平、孟美青，委员袁笠恒、贾馨鑫、吕秀英、高新宇、宋伟宏、王克、徐震、欧阳晓兵、葛莘、张红梅、刘继承、马朝东、王呈琛、金美辰、隋明璐、包大海、汪丽艳、陈勇、曹慕萍、田慧、田卫家、侯佳辰、张昕泽、崔宇。委员会下设14个支社：直属支社，主任委员袁笠恒；高新开发区支社，主任委员张占海；净月开发区支社，主任委员葛莘；榆树支社，主任委员张普一；石油化工设计院支社，主任委员邹庆锋；长春职业技术学院支社，主任委员翁连海；长春市轨道客车支社，主任委员王克；建筑规划支社，主任委员王利忠；教育支社，主任委员王春利；医疗支社，主任委员高强；金融支社，主任委员孟美青；综合支社，主任委员赵琪；艺术学院支社，主任委员张烨；九台支社，负责人单莹莹。2015年12月4日，成立九三学社长春市直属法律综合委员会，主任委员宗凤杰，副主任委员佟玉吉，组织委员张洁，宣传委员宗野，青年委员于洪伟，妇女委员程玉艳。2016年5月17日，换届改选，九三学社长春市直属委员会换届重组为四个委员会，即：九三学社长春市直属第一委员会，主任委员高新宇，副主任委员王利忠、曹慕萍、殷丽辉；九三学社长春市直属第二委员会，主任委员张卓，副主任委员孟美青、邹庆丰、王克；九三学社长春市直属第三委员会，主任委员赵琪，副主任委员高强、马春杰、田卫家；九三学社长春市直属第四委员会，主任委员袁笠恒，副主任委员贾馨鑫、葛莘、赵烜焮。2021年8月13日，换届改选，对原有的九三学社长春市直属委员会即市直第一、二、三、四和法律综合委员会的人员，按照行业界别进行了调整，重新成立5个市直属委员会：第一委员会以金融行业界别社员为主，主任委员高新宇，副主任委员殷丽辉、芦春跃、刘迪，组织委员兼监督委员赵贯一，宣传委员兼参政议政委员范胜楠；第二委员会以数字相关企业社员为主，主任委员张卓，副主任委员马连龙、邹庆峰、金东升、赵亮，组织委员郭敏，宣传委员祁欣，参政议政委员李宝双，监督委员孙孝丹；第三委员会以民营科技企业社员为主，主任委员郑澈，副主任委员马春杰、高强、陈景梅、代宝、刘佳禄，组织委员刘佳禄（兼），宣传委员梁伟钢，参政议政委员杨磊，监督委员邬洪亮；第四委员会以政府部门机关社员和律师为主，主任委员李长翠，副主任委员刘波、关茹月，组织委员兼宣传委员朱鹏程，参政议政委员兼监督委员张佳玲；第五委员会以市直机关各部门离退休社员为主，主任委员袁笠恒，副主任委员王燕、姜一鹏、秦绪忠，组织委员王瀚征，宣传委员刘学，参政议政委员姜一鹏（兼），监督委员于哲。九三学社长春市直属委员会现有社员645人。

11.九三学社长春市南关区委员会。1982年11月30日，组建九三学社长春市南关区医院支社，主任委员李汉卿，副主任委员吴向春，组织委员杨文蔚，宣传委员齐学仁。1983年11月16日，改称为九三学社长春市南关区支社。1988年12月6日，换届改选，主任委员杨文蔚，副主任委员齐学仁、陈宝生，组织委员潘桂芬，宣传委员王文亚。1991年7月23日，换届改选，主任委员陈宝生，副主任委员兼学习委员王文亚，副主任委员兼组织委员潘桂芬，宣传委员张桂珠，科技咨询委员肖君模。1994年7月12日，换届改选，主任委员陈宝生，副主任委员王文亚、潘桂芬，组织委员许九君，宣传委员张桂珠。1997年9月22日，换届改选，主任委员陈宝生，副主任委员许九君、孙洪凯（兼组织委员），宣传委员姜义，科技咨询委员郭玉良。1999年3月29日，领导班子成员调整，孙洪凯任主任委员，陈宝生任副主任委员，增补戚战林为委员。1999年10月21日，改建为九三学社长春市南关区委员会，主任委员孙洪凯，副主任委员戚战林，组织委员王建新，宣传委员张家治，科技咨询委员郭玉良，妇女委员姜义，离退休委员张坚石。2001年，增补侯冠森、张家治为副主任委员。2005年12月27日，换届改选，主任委员孙洪凯，副主任委员张家治、侯冠森，组织委员王建新，宣传委员胡艳筠，科技委员郭玉良，经济委员殷维康，妇女委员姜义，离退休委员张坚石。2009年6月2日，增补殷维康、苏秀文、彭亮担任九三学社南关区委员会主委助理。2010年12月13日，换届改选，主任委员孙洪凯，副主任委员张家治、侯冠森、殷维康、苏秀文、彭亮，组织委员宗凤杰，宣传委员栾岚，科技咨询委员殷国光，妇女委员张丽，离退休委员肖圣盈，青年委员蔡波。2015年11月5日，换届改选，主任委员侯冠森，副主任委员张家治、苏秀文、彭亮、宗凤杰、殷国光、蔡波、栾岚，秘书长夏国富，组织委员张晔，宣传委员王大勇，科技咨询委员陈宇光，青年委员于洪伟，妇女委员张丽，离退休委员肖圣盈。2022年8月16日，九三学社长春市中医院支社变为九三学社长春市南关区委员会下属支社，所属社员同时划入。2022年12月29日，换届改选，主任委员庄军，副主任委员夏国富、王洪波、林森、刘怀志、刘博、赵鹏、梁冬，组织委员闫俊仁，宣传委员王大勇，科技委员于洪伟，妇女委员李昕泽，离退休委员王爽，参政议政委员夏光宇，监督委员兼青年委员张宇。委员会下设6个支社：一支社，主委刘怀志，副主委赵忠良，组织委员于潮，宣传委员沈红；二支社，主委刘博，副主委王志良，组织委员江悦，宣传委员宫志伟；三支社，主委王洪波，副主委王珍，组织委员孙莹；四支社，主委夏国富，副主委王大勇，组织委员张晔，宣传委员张宇；五支社，主委闫俊仁，副主委李昕泽，组织委员马迪，宣传委员闫俊仁；六支社，主委林森，副主委王立茹，宣传委员张辉。委员会现有社员169人。

12.九三学社长春市朝阳区委员会。1983年6月28日，组建九三学社长春分社朝阳区直属小组，组长耿瑀潺。1992年12月8日，改建为九三学社长春市朝阳区支社，主任委员蔡鹏飞，副主任委员兼组织委员张乃荣，宣传委员牛淑卿。1994年12月16日，领导班子成员调整，主任委员蔡鹏飞，副主任委员乔书森，组织委员王义生，宣传委员李彭，科技咨询委员牛淑卿。1996年3月25日，换届改选，主任委员蔡鹏飞，副主任委员乔书森，组织委员王义生，宣传委员李彭，科技咨询委员牛淑卿。1998年9月28日，领导班子成员调整，李彭任组织委员，孙长杰任宣传委员，牛治学任科技咨询委员。1999年11月10日，改建为九三学社长春市朝阳区委员会，主任委员蔡鹏飞，副主任委员乔书森、李彭，组织委员孙长杰，宣传委员崔发明，科技咨询委员梁忠然，文体委员牛治学。2005年4月12日，换届改选，主任委员蔡鹏飞，副主任委员崔发明、乔树森、李志鹏，组织委员郭丽，宣传委员广洋，经济工作委员李彭。2005年12月27日，增补许伟志、陈黎明为委员。2006年4月25日，领导班子成员调整，陈黎明任主任委员。2011年1月9日，换届改选，主任委员许伟志，副主任委员崔发明、李志鹏、广洋、刘尚红、许辉，组织委员刘建辉，宣传委员李小霞，经济工作委员陈宏。2016年1月21日，换届改选，主任委员李小霞，副主任委员陈宏、刘尚红、刘建辉、赵红、董陆驷、任星雨、曲艺平、刘春雨，组织委员赵岳，宣传委员孟广喆。2020年12月24日，换届改选，主任委员李小霞，副主任委员刘建辉、董陆驷、赵岳、王甫国、孙科、李思洋，组织委员傅瑜，宣传委员朱梅黎，参政议政委员李巍巍，监督委员陈柳羲。委员会下设4个支社：一支社，主委王甫国；二支社，主委赵岳；三支社，主委刘建辉；四支社，主委孙科。委员会现有社员148人。

13. 九三学社长春市宽城区委员会。1983年，组建九三学社长春分社宽城区支社。主任委员马青芳，副主任委员赫德富，组织委员沈碧珊，宣传委员陈学斌。1988年12月6日，换届改选，主任委员于洪选，副主任委员陈学斌，组织委员关宗琪，宣传委员王双印。1992年4月8日，换届改选，主任委员于洪选，副主任委员兼宣传委员陈学斌，组织委员关宗琪。1995年11月8日，换届改选，主任委员姜雪鹰，副主任委员陈学斌，组织委员郭福洲，宣传委员孔令起。1997年9月22日，增补郭福洲为副主任委员。1999年6月7日，增补孔令起为副主任委员。2001年8月8日，增补叶绿为副主任委员。2002年11月5日，换届改选，主任委员叶绿，副主任委员郭福洲，组织委员于海燕，宣传委员许凌宇。2006年8月22日，组建九三学社长春市宽城区委员会，主任委员叶绿，副主任委员郭福洲、许凌宇、郑文超、刘晓娟，组织委员于海燕，宣传委员李沙，科技委员张瑞忠。2011年8月9日，领导班子成员调整，任命顾红艳为九三学社长春市宽城区委员会代主委（兼）。2012年4月11日，换届改选，主任委员刘晓娟，副主任委员郑文超、张鸣雁、孙明光、王力量、吕丽、张涛、史育松、班云峰、云宏峰，委员孙武文、刘科、马秀娟、陈阳、江波、孙琦、张治、张艳秋。2013年12月21日，增补云宏峰为副主委，马丹为秘书长。2015年10月19日，换届改选，主任委员刘晓娟，副主任委员班云峰、张鸣雁、史育松、张涛、孙明光、郑文超、云宏峰、孙琦、孙向南、刘兴伟，生活委员任长超、李军，文艺委员陈阳、刘宝珍，财经委员张治、姜敏丽，组织委员才天颖，秘书长马丹。2020年12月28日，换届改选，主任委员刘晓娟，副主任委员史育松、孙琦、云宏峰、李晓光、才天颖，组织委员黄克禹，宣传委员许峰，科技咨询委员唐丰，参政议政委员徐林鑫，监督委员董速。委员会下设3个支社：一支社，主委才天颖，副主委王明波；二支社，主委李晓光，副主委许峰；三支社，主委云宏峰，副主委黄克禹。委员会现有社员112人。

14.九三学社长春市二道区委员会。1984年5月14日，组建九三学社长春市二道河子区支社，主任委员余丹，组织委员闵建周，宣传委员邹增君。1986年5月30日，领导班子成员调整，主任委员邹增君，组织委员闵建周，宣传委员张英杰。1989年8月14日，换届改选，主任委员邹增君，组织委员迟莹，宣传委员张英杰。1995年12月8日，换届改选，主任委员王静芬，副主任委员邹增君、于明道，组织委员陈玉珍，宣传委员李超。1999年4月5日，换届改选，主任委员李超，副主任委员王静芬、吴学军，组织委员陈玉珍，宣传委员姚琴。2001年7月24日，领导班子成员调整，杨德权担任主任委员。2005年5月27日，换届改选，主任委员王杨，副主任委员赵宇辉、吴学军，组织委员陈玉珍，宣传委员姚琴，科技咨询委员柳杨春，参政议政兼咨询委员滕文革。2011年6月13日，换届改选，主任委员王杨，副主任委员鲁明（常务）、杨立民、白莉，组织委员王日波，宣传委员张竭，科技咨询委员柳杨春。2015年12月17日，改建为九三学社长春市二道区委员会，主任委员董伟东，副主任委员鲁明、白莉、张键，组织委员姜娜，宣传委员郭爽，科技咨询委员刘丽莉。2020年10月16日，换届改选，主任委员张键，副主任委员鲁明、姜娜、刘丽莉、王志强，组织委员许兰东，宣传委员周柏航，监督委员张馨月，科技咨询委员闫东卓，联络委员韩维林，参政议政委员刘子健。委员会下设4个支社：科技支社，主委刘丽莉，组织委员彭向明，宣传委员闫东卓；文教卫生支社，主委姜娜，组织委员徐柏雁，宣传委员胡靖涛；企业支社，主委王志强，组织委员李俊霖，宣传委员周柏航；离退休支社，主委鲁明，组织委员王杨，宣传委员滕文革。委员会现有社员97人。

15.九三学社长春市绿园区委员会。1984年3月29日，组建九三学社长春市郊区支社，主任委员郜长孝，副主任委员李玉珍，组织委员张秀，宣传委员李文成。1987年3月18日，换届改选，主任委员段文博，副主任委员李玉珍，组织委员史祥祯，宣传委员李文成。1991年4月22日，增补刘宏泉为咨询委员。1993年7月14日，换届改选，主任委员刘宏泉，副主任委员兼组织委员段文博，宣传委员肖柯。1996年10月15日，换届改选，主任委员兼组织委员刘宏泉，副主任委员曲则文，宣传委员周虹。1999年11月26日，换届改选，主任委员刘宏泉，副主任委员曲则文，组织委员周虹，宣传委员王文悦。2001年3月6日，增补柴景春为副主任委员。2004年2月6日，领导班子成员调整，增补王文悦为副主任委员，马卉为宣传委员。2009年6月18日，换届改选，主任委员曲则文，副主任委员王文悦、周虹，组织委员马卉，宣传委员崔红梅。2015年10月23日，换届改选，主任委员安璀颖，副主任委员马卉、曹阳，组织委员崔红梅，宣传委员邹海军。2017年4月19日，改建为九三学社长春市绿园区委员会，主任委员安璀颖，副主任委员马卉、曹阳、唐艳东、刘齐，组织委员崔红梅，宣传委员郭帅。2021年7月31日，换届改选，主任委员安璀颖，副主任委员唐艳东、刘齐、郭帅、赵海波、张天宇、周瑞雪，组织委员马卉，宣传委员安舜禹，参政议政委员唐凯强，监督委员罗鹂。委员会下设3个支社：一支社，主委赵海波，副主委周瑞雪；二支社，主委张天宇，副主委王倩；三支社，主委唐艳东，副主委李世强。委员会现有社员78人。

16.九三学社长春市双阳区委员会。1997年4月16日，组建九三学社长春市双阳区支社，主任委员陈济生，组织委员姜作相，宣传委员佟时。2002年11月5日，换届改选，主任委员姜作相，副主任委员兼宣传委员佟时，组织委员韩淑华，科技咨询委员郭云霞。2006年8月18日，换届改选，主任委员姜作相，副主任委员佟时，组织委员韩淑华，科技咨询委员郭云霞。2008年1月9日，换届改选，主任委员姜作相，常务副主任委员佟时，副主任委员韩淑华、佟玉吉，组织委员郭云霞，宣传委员王冰，科技咨询委员林子渊。2011年8月15日，改建为九三学社长春市双阳区委员会，主任委员佟时，副主任委员韩淑华、佟玉吉、张君，组织委员王冰，宣传委员杜毅，生活委员邓晓艳。2015年12月8日，换届改选，主任委员李威，副主任委员韩淑华、张君、杜毅，组织委员米丽群，宣传委员刘雅利，科技委员杨景峰。2020年12月17日，换届改选，主任委员李威，副主任委员张君、杜毅、米丽群、刘雅利，组织委员张秀丽，宣传委员桑瀚旭，科技委员李大成，监督委员蔡欣艳，生活委员袁洪雨，参政议政委员王克凤。委员会下设4个支社：第一支社，主委张君，组织委员袁洪雨，宣传委员李大成；第二支社，主委杜毅，组织委员刘雅利，宣传委员刘建春；第三支社，主委李威，组织委员米丽群，宣传委员蔡欣艳；第四支社，主委桑瀚旭，组织委员张秀丽，宣传委员王克凤。委员会现有社员48人。

17.九三学社长春市净月高新技术产业开发区委员会。2017年12月1日，组建九三学社长春市净月高新技术产业开发区委员会，主任委员葛莘，副主任委员金美辰、隋明璐、许文巍、裴德文，组织委员张宇飞，宣传委员张佳硕，社会服务委员陈香玲，文化工作委员李琪、孙秉男。2021年3月30日，换届改选，主任委员葛莘，副主任委员金美辰、许文巍、隋明璐、裴德文、张宇飞，组织委员王思铭，宣传委员葛藤泽，文化工作委员张雪巍，参政议政委员张睿，监督委员李琪，科技创新委员吴楠，社会服务委员王耀伟。委员会下设3个支社：一支社，主委隋明璐，组织委员王思铭，宣传委员葛藤泽；二支社，主委金美辰，组织委员宋伟宏，宣传委员常健；三支社，主委许文巍，组织委员陈焘，宣传委员张雪巍。委员会现有社员56人。

18.九三学社长春新区委员会。2016年7月，组建九三学社长春高新开发区委员会，主任委员张占海。2017年4月，组建九三学社长春市直属新区委员会，下设高新、常德、空港、北湖4个支社，主任委员石浩男，副主任委员张占海。2021年7月30日，组建九三学社长春新区委员会，主任委员李春久，副主任委员张占海、高清华、张宏、朱新庆，组织委员陶航，宣传委员张栩鸣，科技委员吴思，参政议政委员王心田，监督委员张占海（兼）。委员会下设3个支社：高新支社，主委张占海；北湖支社，主委朱新庆；空港支社，主委高清华。委员会现有社员67人。

19.九三学社长春经济技术开发区委员会。2021年8月10日，组建九三学社长春经济技术开发区委员会，主任委员贾馨鑫，副主任委员曲冬、宋丹丹，组织委员许兰东，宣传委员刘卓，参政议政委员张莉，监督委员陈虹。2022年8月16日，九三学社吉林中医肝胆医院支社变为九三学社长春经济技术开发区委员会下属支社，所属社员同时划入。2023年7月17日，增补单晓春为九三学社长春经济技术开发区委员会副主任委员。委员会下设4个支社：一支社（卫生支社），主委曲冬，组织委员赵永志，宣传委员王爱冰；二支社（教育支社），主委许兰东，组织委员许佰雁，宣传委员吴凤玲；三支社（机关支社），主委张莉，组织委员宋飞，宣传委员戴红梅；四支社（吉林中医肝胆医院支社），主委单晓春，组织委员于丹，宣传委员冯骥骁。委员会现有社员54人。

20. 九三学社长春市直属榆树市委员会。2013年12月，组建九三学社长春市直属榆树市支社，主任委员张普一，组织委员赵久春，宣传委员潘坚。2017年6月19日，改建为九三学社长春市直属榆树市委员会，主任委员张普一，副主任委员赵久春、潘坚，组织委员孙宝新，宣传委员孟繁丽。2021年3月23日，换届改选，主任委员张普一，副主任委员潘坚、赵久春，组织委员孟繁丽，宣传委员刘男，参政议政委员张丛峰，监督委员孙宝新，科技咨询委员张红梅，生活委员汪曼玲。委员会下设5个支社：榆树市人民医院支社，主委汪曼玲，组织委员安继梅，宣传委员张信；榆树市中医院支社，主委孙宝新，组织委员宋黎明，宣传委员李春利；榆树市保健院支社，主委张丛峰，组织委员张彦东，宣传委员王海东；榆树市实验高级中学支社，主委孟繁丽，组织委员刘平，宣传委员刘忠；榆树市综合支社，主委张红梅，组织委员李艳辉，宣传委员张占启。委员会现有社员43人。

## （二）支社

1. 九三学社长春大学支社。长春大学的前身是始建于1949年的东北工业部创办的长春工业会计统计专门学校。1954年，更名为长春工业计划经济学校。1958年，更名为长春冶金专科学校。1960年，更名为吉林矿冶学院。1983年，更名为吉林机电专科学校。1987年，吉林科技大学、吉林机电专科学校、长春外国语专科学校和长春职业大学四校合并组成长春大学。

1993年5月4日，组建九三学社长春大学支社，主任委员郝凤岭，副主任委员兼组织委员靳学辉，宣传委员金美兰。1993年10月22日，增补刘晓杰为宣传委员。1996年6月18日，换届改选，主任委员靳学辉，副主任委员兼组织委员王颖，宣传委员刘晓杰。1999年9月20日，换届改选，主任委员靳学辉，副主任委员兼组织委员王颖，宣传委员刘晓杰。2004年12月15日，换届改选，主任委员靳学辉，副主任委员王颖，组织委员乔梅，宣传委员孙力，科技咨询委员刘晓杰。2011年3月30日，换届改选，主任委员王颖，副主任委员张晓颖、洪颖，组织委员金红艳，宣传委员孙莉。2015年12月9日，换届改选，主任委员张晓颖，副主任委员洪颖、靳学辉，组织委员金红艳，宣传委员艾民。2020年11月18日，换届改选，主任委员张晓颖，组织委员艾民，宣传委员张蕾蕾，监督委员赵亚男，参政议政委员石磊。支社现有社员32人。

2.九三学社吉林工程技术师范学院支社。吉林工程技术师范学院的前身是创建于1979年的吉林技工师范学院。1983年，更名为吉林职业师范学院。2000年，吉林省经济贸易学校并入。2002年，更名为吉林工程技术师范学院。

1988年7月14日，组建九三学社吉林职业师范学院支社，主任委员张承志，副主任委员刘斌。1993年7月15日，换届改选，主任委员张承志，副主任委员刘斌，委员王福芳。1997年12月16日，换届改选，主任委员王时彪，副主任委员王福芳，委员陈如娜。2002年11月5日，换届改选，主任委员王时彪，副主任委员兼组织委员王福芳，宣传委员彭玉琨。2008年12月9日，换届改选，主任委员王时彪，副主任委员兼组织委员王福芳，宣传委员彭玉琨。2015年7月15日，换届改选，主任委员刘君玲，组织委员温博，宣传委员彭玉琨。2020年12月23日，换届改选，主任委员刘君玲，副主任委员韩波，组织委员兼参政议政委员王宇飞，宣传委员兼监督委员韩波。支社现有社员35人。

3.九三学社长春师范大学支社。长春师范大学的前身是始建于1958年的长春师范专科学校（由长春市教师进修学校和长春师范学校合并而成）。1963年，更名为长春师范学校。1981年，更名为长春师范学院。2013年，更名为长春师范大学。

2010年4月15日，组建九三学社长春师范学院支社，主任委员李文国，组织委员孙建春，宣传委员刘利凤。2014年5月15日，换届改选，主任委员孙建春，组织委员陶娥，宣传委员刘利凤。2015年6月25日，换届改选，主任委员孙建春，副主任委员陶娥、孙晨，组织委员刘利凤，宣传委员于景宇。2020年11月25日，换届改选，主任委员孙建春，副主任委员兼监督委员孙晨，副主任委员兼参政议政委员闫广华，组织委员刘利凤，宣传委员于景宇。支社现有社员20人。

4. 九三学社吉林建筑大学（原吉林建筑工程学院）支社。2010年9月28日，组建九三学社吉林建筑工程学院支社，主任委员杨福，组织委员孙超，宣传委员李冬萍。2016年1月13日，换届改选，主任委员孙超，组织委员韩阳，宣传委员常鹏。2020年12月11日，换届改选，主任委员孙超，组织委员兼参政议政委员韩阳，宣传委员兼监督委员常鹏。支社现有社员21人。

5. 九三学社吉林工商学院支社。2012年11月6日，组建九三学社吉林工商学院支社，主任委员孙桂娟，副主任委员郭立泉，组织委员刘明广，宣传委员马春静。2021年4月15日，换届改选，主任委员孙桂娟，组织委员兼监督委员刘佳鑫，宣传委员兼参政议政委员韩雪冰。2023年7月17日，九三学社吉林工商学院支社届中调整，孙桂娟因退休辞去支社主任委员职务，韩雪冰任主任委员，其他分工不变。支社现有社员14人。

6. 九三学社吉林艺术学院支社。2014年5月15日，组建九三学社吉林艺术学院支社，主任委员张晔，组织委员赵丹丹，宣传委员高璐。2022年9月30日，换届改选，主任委员李瑞娜，副主任委员兼组织委员王蕾，副主任委员兼宣传委员吴轶博，参政议政委员闫垒垒，监督委员高璐。支社现有社员27人。

7. 九三学社长春汽车高等专科学校支社。2016年7月9日，组建九三学社长春汽车高等专科学校支社，主任委员周传颂，组织委员赵诗若，宣传委员李光志。2020年12月3日，换届改选，主任委员周传颂，组织委员兼监督委员赵诗若，宣传委员兼参政议政委员胡正乙。支社现有社员13人。

8. 九三学社吉林动画学院支社。2016年6月20日，组建九三学社吉林动画学院支社，主任委员王春利，组织委员李晶，宣传委员董健。2020年12月10日，换届改选，主任委员王春利，组织委员董健，宣传委员李晶，参政议政委员刘畅，监督委员冯长宝。支社现有社员12人。

9. 九三学社长春工程学院支社。2020年9月28日，组建九三学社长春工程学院支社，主任委员尹志刚，组织委员兼监督委员张素莉，宣传委员兼参政议政委员顾晓禹。2021年12月8日，领导班子成员调整，主任委员张素莉，组织委员兼监督委员顾晓禹，宣传委员兼参政议政委员李淼。支社现有社员21人。

10. 九三学社长春职业技术学院支社。2016年5月11日，组建九三学社长春职业技术学院支社，主任委员翁连海，组织委员柴成，宣传委员徐志成。2020年11月24日，换届改选，主任委员杨建毅，副主任委员刘黎红，组织委员柴成，宣传委员徐志成，参政议政委员兼监督委员金山。支社现有社员17人。

11. 九三学社长春市妇产医院支社。1983年3月16日，组建九三学社长春市妇产医院支社，主任委员李万镒，组织委员金庭菊，宣传委员张玉盈。1986年11月1日，领导班子成员调整，主任委员于志强，组织委员金庭菊，宣传委员张玉盈。1992年12月30日，换届改选，主任委员金庭菊，组织委员张玉盈，宣传委员刘凤珠，科技咨询委员阎光明。1995年10月12日，换届改选，主任委员金庭菊，组织委员佟晓红，宣传委员刘凤珠，科技咨询委员阎光明。1998年9月28日，换届改选，主任委员阎光明，副主任委员夏炤，组织委员姚彬，宣传委员于景萍，科技咨询委员韩昌。2004年12月23日，换届改选，主任委员佟晓红，副主任委员夏炤，组织委员姚彬，宣传委员于景萍，科技咨询委员韩昌。2010年1月20日，增补贾蕊为委员。2015年5月20日，换届改选，主任委员郑敏，副主任委员肖春英、袁卓，组织委员韩昌，宣传委员贾蕊，妇女委员徐亚香，老龄委员卓娅。2021年6月24日，换届改选，主任委员袁卓，副主任委员郑敏，组织委员鲍宏宇，宣传委员贾蕊，科技咨询委员林桂花，参政议政委员于雪飞，监督委员石利男。支社现有社员62人。

12. 九三学社长春市儿童医院支社。1987年11月11日，组建九三学社长春市儿童医院支社，主任委员姚国相，副主任委员李新成，组织委员李慧娟，宣传委员刘秉恩。1990年11月28日，换届改选，主任委员姚国相，副主任委员李慧娟，组织委员莫劲秋，宣传委员刘秉恩。1993年10月11日，换届改选，主任委员姚国相，副主任委员李慧娟，组织委员莫劲秋，宣传委员刘秉恩。1996年7月5日，换届改选，主任委员高淑清，副主任委员姚国相，组织委员刘秉恩，宣传委员陈东莉。1999年11月4日，换届改选，主任委员高淑清，副主任委员陈东莉，组织委员翟成琦，宣传委员周丽杰。2004年12月

6日，换届改选，主任委员张仁舜，副主任委员高淑清、陈东莉，组织委员朱黛，宣传委员杨林，离退休委员翟成琦。2011年3月16日，换届改选，主任委员朱黛，副主任委员陈东莉、汪河，组织委员赵芳兴，宣传委员杨林，科技咨询委员吴秀丽。2011年7月14日，增补张丽艳为委员。2016年3月4日，换届改选，主任委员吴秀丽，副主任委员王丽雪、邢丽辉，组织委员赵芳兴，宣传委员杨林，生活委员张丽艳，科技委员金铎。2020年12月1日，换届改选，主任委员吴秀丽，副主任委员兼参政议政委员王华龙，副主任委员兼监督委员邢丽辉，组织委员赵芳兴，宣传委员李彩凤，生活委员杨文彬，科技委员金铎。支社现有社员67人。

13. 九三学社长春市卫生健康委员会联合支社。1989年7月13日，组建九三学社长春市卫生联合支社，主任委员孙希和，组织委员王大威，宣传委员张殿光，科技咨询委员付心诚。1992年10月9日，换届改选，主任委员付心诚，组织委员王大威，宣传委员张殿光。1995年12月5日，换届改选，主任委员付心诚，组织委员王大威，宣传委员郗书元。1998年12月31日，换届改选，主任委员付心诚，副主任委员兼组织委员郗书元，宣传委员王志坤。2006年8月28日，换届改选，主任委员郗书元，副主任委员王志坤，组织委员赵虹，宣传委员尤寒松。2010年12月8日，换届改选，主任委员郗书元，副主任委员赵虹，组织委员裘学辉，宣传委员杜欣。2016年，支社改选，主任委员赵虹，副主任委员裘学辉，组织委员杜欣，宣传委员巩春玲，科技委员李晨光，妇女委员吴波，老龄委员徐大桐。2021年4月1日，九三学社长春市卫生联合支社更名为九三学社长春市卫生健康委员会联合支社，同时进行换届改选，主任委员裘学辉，副主任委员吴波，组织委员李晨光，宣传委员王琦，科技咨询委员刘晓杰，参政议政委员翟前前，监督委员李猛，妇女委员乔洪，老龄委员李迎丽。支社现有社员37人。

14. 九三学社长春市第二医院支社。1985年9月10日，组建九三学社长春市第二医院直属小组，组长王克理。1990年，换届改选，组长徐遵义。1993年12月10日，改建为九三学社长春市第二医院支社，主任委员徐遵义，组织委员史秀环，宣传委员陈丽。1997年11月13日，换届改选，主任委员陈丽，组织委员范志兰，宣传委员郭忠和。2005年12月29日，换届改选，主任委员孙晓天，组织委员陆俊平，宣传委员崔斌。2016年7月15日，换届改选，主任委员周晓密，副主任委员陆俊平、张进，组织委员陈春良，宣传委员王维。2021年4月9日，换届改选，主任委员周晓密，副主任委员张进，副主任委员兼参政议政委员王维，组织委员兼监督委员刘宁宁，宣传委员赵卫东。支社现有社员30人。

15.九三学社长春市中医院支社。1983年，成立九三学社长春市中医院小组，组长董德。1999年，南关区委员会成立，九三学社长春市中医院小组合并到九三学社南关区委员会第三支社，所属社员同时划入。2018年3月13日，恢复九三学社长春市中医院支社，主任委员庄军，副主任委员兼科技委员李佳明，组织委员苗永刚，宣传委员梁冬。2020年9月17日，换届改选，主任委员兼参政议政委员庄军，副主任委员兼科技咨询委员李佳明，组织委员苗永刚，宣传委员梁冬，监督委员王美晶。2022年8月16日，九三学社长春市委员会对基层组织进行调整，九三学社长春市中医院支社成为九三学社长春市南关区委员会下属支社，所属社员同时划入。

16.九三学社吉林中医肝胆医院支社。2017年7月13日，组建九三学社吉林中医肝胆医院支社，主任委员单晓春，副主任委员许伟志，组织委员于丹，宣传委员石岩。2021年4月15日，换届改选，主任委员单晓春，组织委员兼监督委员于丹，宣传委员兼参政议政委员冯骥骁。2022年8月16日，九三学社长春市委员会对基层组织进行调整，九三学社吉林中医肝胆医院支社成为九三学社长春市经济开发区委员会下属支社，所属社员同时划入。

17.九三学社长春市九台区支社。2014年10月22日，九台市撤市设区，更名为长春市九台区。

2011年10月，九三学社长春市委员会在九台市发展3名社员。2014年1月，成立九三学社九台市支社筹备小组，组长单莹莹，副组长沈洪刚、高燕。2014年12月，九三学社长春市委员会正式向九台区发函，筹备成立九三学社长春市九台区支社。2015年1月24日，组建九三学社长春市九台区支社，主任委员单莹莹，副主任委员沈洪刚、高燕。2020年12月4日，换届改选，主任委员单莹莹，副主任委员沈洪刚、崔烨，组织委员李畅，宣传委员赵丽，参政议政委员冯美娜，监督委员李笑楠。支社现有社员17人。

18. 九三学社东北电力设计院支社。1988年3月23日，组建九三学社东北电力设计院小组，组长邓枫，副组长韩昭信。1988年12月6日，改建为九三学社东北电力设计院支社，主任委员邓枫，副主任委员兼组织委员韩昭信，宣传委员刘汝义。1992年4月8日，换届改选，主任委员邓枫，副主任委员兼组织委员刘汝义，宣传委员张玉秋。1996年6月18日，换届改选，主任委员刘汝义，副主任委员兼组织委员康慧，宣传委员胡洁。1999年9月7日，换届改选，主任委员康慧，组织委员于善一，宣传委员罗娟。2004年12月30日，换届改选，主任委员康慧，组织委员郭毓春，宣传委员罗娟。2008年3月25日，领导班子成员调整，主任委员罗娟，组织委员郭毓春，宣传委员孙志刚。2016年5月26日，换届改选，主任委员孔繁武，组织委员吕国彦，宣传委员孙志刚。2021年6月23日，换届改选，主任委员蔡世超，组织委员兼监督委员孔繁武，宣传委员兼参政议政委员任军。支社现有社员36人。

19. 九三学社吉林省农业机械研究院支社。吉林省农业机械研究院原为吉林省农业机械研究所。2000年12月，更名为吉林省农业机械研究院。

1988年3月23日，组建九三学社吉林省农业机械研究所直属小组，组长韩荣春。1991年12月3日，换届改选，组长韩荣春。2015年5月25日，组建九三学社吉林省农业机械研究院支社，主任委员李明森，组织委员许光明，宣传委员刘思言。2021年3月19日，换届改选，主任委员李明森，组织委员许光明，宣传委员刘思言，参政议政委员孙明哲，监督委员史云天。支社现有社员13人。

## 二、基层组织建设

九三学社基层组织接受九三学社长春市委员会和所在单位中共党组织的领导，根据社市委的决议和指示精神，在中共党组织的领导下，结合本单位、本地区的中心任务开展各项社务工作。组织社员结合实际学习党的路线、方针和政策，不断提高社员素质。组织生活大都做到了制度化、经常化和多样化；领导班子贯彻民主集中制原则，实行集体领导，分工负责。社市委根据不同时期的中心任务，召开基层工作会议，研究工作，交流经验，推动工作。

基层组织生活内容主要是：1.组织社员学习马克思列宁主义、毛泽东思想、邓小平理论、"三个代表"重要思想、科学发展观和习近平新时代中国特色社会主义思想，学习时事政治、社的章程和社的历史。2.发挥基层组织的特点和优势，在推动社员做好本职工作的同时，注重调查研究，围绕国家大政方针、社会重大问题开展议政活动，并按社的组织系统反映意见、建议。3.配合各个历史时期党的中心任务和中心工作，联系社员思想和工作实际，发扬自我教育的优良传统，开展批评与自我批评，不断提高思想认识和政策水平。4.推动社员做好岗位工作，组织参加面向社会的智力服务活动。5.传达、学习、贯彻上级社组织的决议、决定，讨论巩固发展社的组织等问题。6.举行多种形式和内容的会议，组织参观，开展走访谈心，帮助社员开阔眼界，增长见闻，交流思想，增进了解和友谊。7.关心社员的工作、学习和生活，发现、培养并向上级组织推荐优秀人才。8.开展丰富多彩的主题活动，突出九三学社界别特点，凝聚人心，汇聚力量，扩大九三学社的影响。

新时期以来，九三学社长春市委员会加强对基层组织工作的指导和检查，通过多次开展基层组织调研，不断加强基层领导班子建设、调整薄弱基层组织社员结构、推动横向联合，成立"社员之家"，打造"一五三"社员服务体系，表彰先进，调动了基层组织社员参与社务工作的积极性和主动性，社务活动有发展、有创新，增强了基层组织工作的凝聚力和向心力。广大社员关心所在单位及区级组织的建设和发展。在中共党委及所在单位统战部门的支持和帮助下，基层工作取得了新的进展。高教界基层组织积极参与学校民主管理，围绕学校的中心工作建言献策，九三学社基层组织受到学校党委与统战部的重视和好评，许多社员的合理化建议被采纳并取得很好的效果。区级九三学社基层组织参政议政工作得到加强，活动丰富多彩，受到所在区党委的肯定。医药卫生界基层组织发挥优势，积极开展义务医疗、送医送药下乡活动，不仅受到群众的欢迎，而且受到所在单位党委的赞扬。

九三学社长春市委员会以基层班子建设为重点，不断提升基层组织的凝聚力。重视基层班子成员的配备，一方面，考虑基层班子成员的年龄结构、专业结构和性别比例等因素，选拔有较高政治素质、热心社务工作、有较强的组织领导能力及人格魅力的同志担任主任委员；根据有关规定，基层委员会还配备了副主任委员和若干名委员，一批相对年轻、素质高、热心社务的优秀社员充实到基层班子中来，大家各司其职，团结协作，成为基层班子的强有力支撑。另一方面，以历次基层组织换届为契机，对基层主任委员委以重任，70%的基层主任委员被吸纳为社市委委员，并向各级政协、人大重点推荐，区级基层组织的主委全部被推荐为所属区级人大常委会委员或政协的常委，创造各种条件助其发挥作用。这些做法提升了基层组织的凝聚力，为基层组织工作的顺利开展奠定了坚实的基础。在基层组织换届工作中，通过下发《九三学社长春市委员会关于基层班子建设的意见》，确定基层组织换届工作的指导思想、基本原则和政策界限，以选配好"一把手"为重点，建立团结稳定、新老合作交替的基层工作班子。按照要求，各基层组织积极取得中共基层党委的支持，坚持标准，发扬民主，均按期完成了历次换届改选工作。一大批年轻社员进入基层领导班子，为社市委的换届改选提供了组织保障。

1997年以来，九三学社长春市委员会为促进社员间的沟通和交流，提升基层组织的凝聚力、影响力和活力，一直坚持在基层组织中开展横向联合活动。委员会、支社、小组交叉联谊，主题有参政议政、联合开展调研、相互介绍社务工作经验、相互了解所在基层组织岗位情况、相互联谊郊游沟通等。例如，1999年，九三学社一汽集团委员会、九三学社吉林农业大学委员会、九三学社长春科技大学支社联合开展活动，不局限于社务活动交流和座谈，还根据各支社社员本职工作的特点和优势，把科研课题相互挂钩，在"产、学、研"一体化方面发挥各自优势，联合进行科研探讨。随着横向联合活动的深入开展，基层组织更加注重活动主题的设计，力求突出各基层组织的特点，从专业的角度探讨所面临的社会热点问题，参加活动的社员每一次都有收获和启发，基层组织丰富多彩的主题活动，受到了所在单位党委统战部的全力支持。在横向联合活动中，九三学社长春市双阳区委员会发挥了很好的作用，利用双阳区域特点，先后和九三学社吉林大学委员会、九三学社长春市南关区委员会、九三学社长春工业大学委员会等基层组织开展了横向联合活动，取得了较好的效果。2012年，九三学社吉林农业大学委员会和九三学社长春工业大学委员会联合举办的"基层组织建设工作座谈会"，很有特点和借鉴价值，两个基层组织的委员分别对各自组织建设的经验进行了介绍,并对社员发展存在的问题进行了分析,对组织建设的关键点即增强社员的影响力达成共识。此类联谊活动,不仅能拉近基层组织社员之间的距离,增进社员间的感情,而且能够针对基层组织建设存在的问题进行深层次的交流。

自2012年开始,九三学社长春市委员会根据基层组织社员特点,在所在基层党委的大力支持下,社务活动出现新气象。参政议政成为基层组织活动新的活力源泉。基层组织的参政议政活动在实践中创造了间接的参政议政形式,即基层组织以"议政日""一支社一提案""一支社一调研"等形式,发动社员开展调查研究,收集社情民意,撰写信息。基层组织还结合本单位的中心任务开展活动,组织、推荐社员参与上级组织调研或其他参政议政活动,了解社员对国家大政方针和地方重要事务的意见和建议,积极向上级组织和有关方面反映;发动社员撰写关于九三学社自身建设、参政议政工作等方面的理论文章或切身体会。随着党领导的多党合作事业的发展,社市委对基层组织的参政议政工作提出了更高的要求,明确规定了各基层组织上报社情民意和参政议政调研报告的数量,通过量化考核评比,极大地调动了基层组织领导班子成员及广大社员参政议政的积极性和主动性,社员参加社务活动更加广泛和务实。

2013年以来,为适应中国特色社会主义新时代发展要求,九三学社长春市委员会认真贯彻落实上级指示精神,在基层开展"携手绘制同心圆,合力共筑长春梦"活动。随着九三学社长春市委员会基层组织建设年活动的开展,在基层组织换届过程中,一批德才兼备、年富力强、踏实肯干、富有创新意识和奉献精神的社员走上了基层组织领导岗位,在抓好、抓牢、抓实基层工作中,他们不断探索工作的新思路和新方法,在九三学社长春市委员会的大力支持下,在所在单位党委的关怀和帮助下,开创了一种新的社务工作方式——成立"九三社员之家"。2013年6月29日,九三学社宽城区委员会成立了首个"九三社员之家"。之后,九三学社长春市直属第二委员会、九三学社长春市直属第三委员会、九三学社长春市直属法律综合委员会、九三学社长春市书画院相继成立"九三社员之家"。

基层活动是各项社务工作的活力源泉。2017年,九三学社长春市委员会在打造"同心圆"品牌工程中,重心下移,围绕基层下功夫,九三学社长春市委员会对"九三社员之家"的建设给予高度关注和支持，社市委给每个"九三社员之家"制作了旗帜，送去了开展户外活动的扩音器材、健身体育器材和学习资料，督促各个"九三社员之家"根据自己的特点开展建章建制工作，每个"九三社员之家"都做到社务活动有章可循，活动富有新意和吸引力。在思想建设方面加强时事政策教育，把社员的本职工作和全市发展大局紧密联系在一起，不断提高社员的整体素质和个人素质；在参政议政方面多渠道、多层次组织社员参加各类学习培训，不断提高社员的履职意识和能力，着力将分布在各领域的社员的智力优势和专业特长，有效地转化为建言献策能力；在组织建设方面"坚持标准、保质保量"，把好社员入口关；在制度建设方面，制定社员行为准则，坚守道德底线和社规。九三学社东北师范大学委员会还向"九三社员之家"捐赠了6架钢琴。"九三社员之家"的建设及工作的开展，提高了基层组织社员的政治思想素质、参政议政能力和社会服务热情，增强了基层组织的凝聚力、向心力和影响力，强化了基层组织社员的归属感和责任感，开创了九三学社长春市委员会基层组织工作的新模式，受到时任九三学社中央主席韩启德的肯定。

2021年以来，九三学社长春市委员会以基层组织换届和社市委换届工作为契机，按照社中央、社省委关于加强组织建设的有关要求，积极探索与新时代、新形势、新任务相适应的新思路、新途径、新方法，以领导班子五种能力建设为重点，用习近平新时代中国特色社会主义思想凝聚思想共识，进一步增强"四个意识"，坚定"四个自信"，拥护"两个确立"，做到"两个维护"，使各级领导班子成员在思想上、政治上、行动上同以习近平同志为核心的中共中央保持高度一致。通过不断坚定政治信念，巩固团结思想共识；做到紧跟核心，坚持中共全面领导；贯彻民主集中制，强化集体领导，从设计层面建立并完善兼职副主委、常委联系基层组织和专委会制度，确保发挥好兼职副主委和常委的引领作用。在领导班子建设、骨干队伍建设、基层组织建设等方面推出了一些新举措，如建立骨干社员信息库，按计划、分类别、分层次做好社员培训工作，为社员的成长创造条件；巩固基层基础，一线用好人才，在抗疫期间及时作出政策指导，推动建立临时社组织，火线发展社员；通过"一五三"社员服务体系加大"高精尖缺"和基础研究人才引进培养力度；加大对骨干社员的培训力度，社市委先后在上海市，浙江省杭州市，吉林省延吉市、珲春市、通化市举办骨干社员培训班，依托中共一大会址、嘉兴南湖革命纪念馆等中共中央爱国主义教育基地，对骨干社员共计110余人次进行爱国主义、统一战线、九三学社历史等方面的特色教育。上述措施提高了领导班子的政治把握能力、参政议政能力、组织领导能力、合作共事能力、解决自身问题能力，开创了社市委组织工作的新局面。

在基层组织建设中，九三学社长春市委员会部分基层组织开展的特色活动在社内外产生了较大的反响。2017年九三学社吉林大学委员会开展的向黄大年同志学习活动受到全社会的关注。黄大年同志毕业于长春地质学院（现为吉林大学朝阳校区）应用地球物理系，1996年毕业于英国利兹大学地球科学学院，获博士学位。后担任剑桥大学研究员。2009年12月，由国家"千人计划"（第二批）引进回国，组建并担任吉林大学暨吉林省"移动平台探测技术中心"重点实验室主任，从事海洋和航空移动平台探测技术研究工作。2017年1月8日，黄大年同志因病医治无效，在长春逝世，享年58岁。黄大年同志一生淡泊名利、甘于奉献，坚持科技报国理想，把为祖国富强、民族振兴、人民幸福贡献力量作为毕生追求，为我国教育科研事业作出了突出贡献，他的先进事迹感人肺腑。2017年5月，中共中央总书记、国家主席、中央军委主席习近平对黄大年同志先进事迹作出重要指示。中共长春市委统战部下发了《关于深入开展"学习黄大年同志先进事迹做优秀党外人士"主题实践活动的方案》。为配合学习活动的开展，九三学社吉林大学委员会制作了黄大年同志先进事迹展板在长春市民主党派大楼进行宣传；主委续颜作为黄大年生前的同事，深入机关、工厂、学校，举办了多场黄大年先进事迹报告会，大力宣传黄大年同志心有大我、志诚报国的爱国情怀，教书育人、敢为人先的敬业精神，淡泊名利、甘于奉献的高尚情操。宣讲活动激励了每一位听众，在社内外产生了极大的反响，大家表示要以黄大年同志为榜样，为建设美丽长春贡献更多的智慧和力量。

2017年，九三学社长春中医药大学委员会积极参加由九三学社中央副主席丛斌带队开展的"一带一路助推新疆医疗、高等教育发展情况调研及社会服务活动"，先后赴新疆大学、新疆师范大学、石河子大学参加"新疆特色优势资源科学与技术"研讨会，调研"一带一路"核心区高等教育师资队伍建设，在新疆生产建设兵团总医院、第六师医院、五家渠医院开展示教、查房、授课、学术交流等活动，并考察了五家渠医院新院建设情况。调研期间，共举办座谈会9场，学术交流及研讨会16场，开展手术示教9例，查房教学活动81人次，义诊患者600余人次。

2018年，九三学社东北师范大学委员会在高玉秋主委的带领下开展的"不忘合作初心，继续携手前进——为好老师画肖像"主题实践活动富有创意，活动第一阶段是调研全校有代表性院系的学生对本科教学的评价、对他们心目中理想教师的评价，这为学校本科教学服务、为教师自我塑造提供了思路和基本依据，也为学校、教师教育进一步优化提供了依据。2019年，这项主题实践活动继续推进，通过请有资历、有影响、有成就的老中青教师跟学生交流座谈的方式，塑造优秀教师的形象，既树立了新时代优秀教师的标杆，也在九三学社社员中形成爱岗敬业的优良风尚，取得了"提升思想观念，把牢政治方向，增强责任意识，贡献社会力量"的实效。这项活动得到九三学社中央常务副主席邵鸿的高度赞誉，《吉林日报》、全国高校思想政治工作网、九三学社中央网站都给予了报道。

2006年，九三学社长春市委员会根据九三学社中央对社员信息进行微机化管理的要求，对全体社员进行了信息采集和微机录入工作。2010年，为进一步规范基层组织工作，使基层组织的工作更加严谨，社市委为每一个基层组织建立档案，档案中详细记录基层组织领导班子的分工，基层组织一年的活动大事记，年初制订的计划和年末工作总结，基层组织及本组织社员获表彰奖励的情况等，填补了基层组织档案的空白。2012年，按照九三学社中央、九三学社吉林省委的要求，结合各基层反馈的信息，对所有在籍社员的各方面情况的变化一一进行核实，确保社员信息准确，完成了九三学社组织与社员信息管理系统的信息录入，实现了基层信息的动态管理。

1984—2023年，九三学社长春市委员会历年都举办基层骨干和新社员培训班，推荐社务工作骨干参加社中央、社省委、中共吉林省委统战部、中共长春市委统战部举办的各类培训，历届新任的社市委领导班子成员、基层组织领导班子成员、骨干社员和新社员都及时得到了培训。

## 三、先进表彰

进入改革开放和社会主义现代化建设新时期,党的工作重点转移到了经济建设方面,社市委随之围绕四个现代化建设开展社务工作。这是进入新的历史时期后,长春市九三学社工作发生的一个根本性变化。社市委在组织工作中把调动社员的积极性,推动他们及所联系的知识分子为四化建设作贡献作为新时期的根本任务。

为了推动社员学先进,赶先进,比贡献,取长补短,共同提高,1980年8月15—16日,九三学社长春分社召开了社员为四化服务经验交流会。在深入基层调查社员工作成果的基础上,通过评比,选出有代表性的8名社员在大会上作典型发言,他们是吴正淮、季鸣时、张庆余、刘德生、李振泉、张国华、朱志龙、李万镒。他们共同的体会是:只有树立强烈的革命事业心,发扬艰苦奋斗的革命精神,坚持党的领导和争取群众的帮助,坚持用辩证唯物主义的观点作指导,才能攀登科学高峰,才能为四化建设作出更多的贡献。

1981年9月29日,九三学社长春分社召开全委会,讨论通过了《关于召开为四化服务先进社员表彰大会的方案》(以下简称《方案》)。《方案》规定,凡是积极拥护党的十一届三中全会以来的路线、方针、政策,坚持四项基本原则,具备下列条件之一者,均可评为先进社员:1.在教学、科研、医卫、工程及其他方面工作中取得显著成绩者;2.在领导和组织教学、科研、医卫、工程及其他工作中做出优异成绩者;3.在进行社务工作,特别是进行思想政治工作中做出显著成绩者;4.离退休成员积极为四化建设服务做出显著成绩者。

分社在调查社员岗位工作和社务工作成果的基础上,于1982年3月12—13日在长春宾馆召开了为四化服务表彰大会,表彰并奖励了45名在四化建设和社务工作中做出显著成绩的社员。会上,分社副主委卢士谦作了工作报告,中共长春市委统战部副部长王岫天作了讲话。有8人发言介绍了一部分在工作中取得突出成绩的社员的先进思想和先进事迹。杨钟秀副主委在闭幕词中归纳为如下四点,给予高度赞扬:1.紧紧依靠党的领导,自觉当好党的助手;2.热爱党、热爱祖国、热爱社会主义,全心全意为人民;3.树雄心,立壮志,为实现四化、振兴中华而奋斗;4.勇于克服困难,不畏艰险,攀登科学高峰。杨钟秀在闭幕词中希望被表彰的社员继续努力学习马克思列宁主义、毛泽东思想，学习党的十一届三中全会以来的路线、方针、政策，认真总结经验，谦虚谨慎，戒骄戒躁，发扬成绩，克服缺点，再接再厉，争取更大的胜利；号召社的各级组织和全体社员，认真向先进同志学习，振奋革命精神，团结一致，同心同德，在四化建设中作出更大的贡献。为表彰社员在岗位工作和社务工作中取得的成绩，加强社的自身建设，推动社务工作的开展，九三学社长春市委员会从1985年起，对在岗位工作、社务工作中取得优异成绩的基层组织和社员进行表彰。

1986年1月，九三学社长春市委员会下发〔86〕1号文件，对1985年度的先进集体、社务活动积极分子予以表彰，号召全体社员向他们学习，同时衷心希望在新的一年里全体九三学社社员能更加发奋工作，团结奋斗，再展宏图，为不断巩固和发展新时期的爱国统一战线、开创社的新局面作出更大的贡献。先进集体（7个）：九三学社吉林农业大学支社、九三学社吉林大学支社、九三学社长春市城建局支社、九三学社长春第一汽车制造厂支社、九三学社吉林财贸学院支社、九三学社白求恩医科大学支社、九三学社抗洪救灾医疗服务团。社务活动积极分子（54名）：孟然、高士贤、应树屏、滕维良、赵东甫、李金龙、孙天纵、陆坤元、朱益麟、王我昌、张玉盈、金庭菊、杨道、赵玉玢、赵振业、吴立民、张美荣、王宝芳、郭石山、宓超群、郝德富、陈学斌、黎世和、王学达、王泽义、李新成、李德全、李玉珍、段文博、王昭绂、江松、王乃愚、李景惠、李培元、代惠敏、王松心、夏卿、刘国荫、秦维谦、李书华、徐遵义、靳慧兰、余丹、邢德刚、黄献民、马俊英、于荣筠、周文举、胡永盛、杨文蔚、啜焕章、孙正士、王维兴、姚国相。

1987年1月23日，九三学社长春市委员会召开全市社员大会，总结1986年工作，布置安排1987年工作，表彰先进基层组织。王维兴副主委代表社市委宣读了关于表彰先进基层组织的决定，并向8个先进支社颁发了奖状。受表彰的先进集体是：九三学社吉林农业大学支社、九三学社吉林大学支社、九三学社长春第一汽车制造厂支社、九三学社吉林工业大学支社、九三学社长春市南关区支社、九三学社东北师范大学支社、九三学社白求恩医科大学支社、九三学社长春地质学院支社。

1989年2月1日，九三学社长春市委员会在白求恩医科大学二院电教室召开全体社员大会。会上，李振泉副主委传达了九三学社第五次全国代表大会精神。王维兴副主委宣读了1988年度先进基层组织和社务活动积极分子名单。先进基层组织（12个）：九三学社长春第一汽车制造厂支社、九三学社吉林农业大学支社、九三学社吉林大学支社、九三学社东北师范大学支社、九三学社长春邮电学院支社、九三学社吉林财贸学院支社、九三学社吉林工业大学支社、九三学社长春市直属支社、九三学社长春市医院支社、九三学社长春市儿童医院支社、九三学社长春市二道区支社、九三学社长春市气象小组。社务活动积极分子（51名）：黄献民、那玉兰、李学忠、陈学斌、王曙辉、傅立中、聂芝兰、常兆生、张运祺、李慧娟、杨光宇、王玉升、肖凤山、宓超群、刘介夫、李高升、张施济、王淑玉、韦澍一、张玉、李洁珍、闵建周、胡永盛、杨志范、顾元章、吴汉民、王我昌、吴智泉、王琨、宋模侃、韩昭信、陈宝生、应树屏、李尚仁、郭永禄、刘凤珠、高士贤、韩荣春、江松、于洪选、林德辉、马驷良、吴正淮、李金龙、常建生、王文亚、王松心、邢德刚、李德全、阎光明、柏栋枢。

1990年1月17日，九三学社长春市委员会召开八届十一次全委扩大会议。会上通过无记名投票的方式评选出1989年度14个先进基层组织。它们是九三学社吉林农业大学委员会、九三学社长春第一汽车制造厂委员会、九三学社吉林财贸学院支社、九三学社吉林工业大学支社、九三学社东北师范大学支社、九三学社长春市医院支社、九三学社吉林大学支社、九三学社白求恩医科大学支社、九三学社长春邮电学院支社、九三学社长春市直属支社、九三学社长春市儿童医院支社、九三学社长春气象仪器研究所支社、九三学社长春市宽城区支社、九三学社长春市政工程小组。

1993年3月23日，九三学社长春市委员会对1992年度在社务工作中取得突出成绩的10个先进集体、5个参政议政先进集体、73名优秀社员予以表彰。先进集体：九三学社长春第一汽车制造厂委员会、九三学社吉林农业大学委员会、九三学社吉林工业大学支社、九三学社长春地质学院支社、九三学社东北电力设计院支社、九三学社长春黄金设计院支社、九三学社长春市郊区支社、九三学社长春市直属支社、九三学社吉林省农业机械研究所直属小组、九三学社中国市政工程东北设计院直属小组。参政议政先进集体：九三学社东北师范大学支社、九三学社吉林大学支社、九三学社长春税务学院支社、九三学社长春市南关区支社、九三学社吉林工学院支社。优秀社员：王松心、张玉、周清桂、刘润铮、王庆成、刘汝义、杨志范、王殿栋、韩荣春、邱祯禧、于荣筠、李洁珍、欧阳玺、陆坤元、张温林、李大治、张桂芝、王大威、付心诚、宓超群、王宝芳、高国荣、王继少、张美荣、宫秀华、于洪选、关宗琪、李滦宁、孟昭洪、常建平、金庭菊、刘凤珠、乔文义、王文亚、陈宝生、张丽君、邢思安、云正华、孟然、田中雨、郭燕庆、王淑玉、王若芳、吴正淮、徐遵义、范常山、董震、何树治、李待平、王源、邱天富、党延华、于宝安、李聪、李玉良、卢吉丰、李壬生、张懋维、赵捷、张敏、姜雪鹰、赵材建、董德、闵建周、邹增君、蔡鹏飞、刘宏泉、铁友、李慧娟、刘秉恩、曲贤卿、付永德、李国安。

1998年3月13日，九三学社长春市委员会对1997年度先进集体和优秀社员予以表彰。先进集体（12个）：九三学社一汽集团委员会、九三学社吉林农业大学委员会、九三学社长春市直属支社、九三学社长春科技大学支社、九三学社东北师范大学支社、九三学社吉林大学支社、九三学社吉林工学院支社、九三学社长春市中心医院支社、九三学社长春市儿童医院支社、九三学社长春市绿园区支社、九三学社长春市宽城区支社、九三学社长春市朝阳区支社。优秀社员（72名）：全邦兴、张宝贵、麦春、王风、方洪亮、卢金火、吴秀丽、侯季理、付兴奎、徐伟、王松心、许丽星、赵玉春、贡济宇、姜义、许九君、陈宝生、王冬梅、李淑芬、王义生、乔书森、曲则文、白丽华、吴景福、陈济生、宓超群、王庆成、王清燕、张力、王继少、胡平、赵恩武、戴文跃、王清、张凤君、孟昭宏、孔红、孙同、滕玉芝、王琨、杨志范、王殿栋、赵永成、沈颂东、靳学辉、王时彪、王淑玉、罗娟、康慧、范常山、廉成章、史国珍、王丽颖、管永平、郭永禄、金庭菊、阎光明、李淑润、关仲杰、付心诚、陈莉、王齐曜、韩荣春、张坚石、高华、刘献革、李凤岐、范德成、何叔仲、齐秀荣、马丽珍、韩东云。

1999年12月10日，九三学社长春市委员会对1998—1999年度先进集体和优秀个人予以表彰。先进集体（12个）：九三学社一汽集团委员会、九三学社长春中医学院委员会、九三学社吉林农业大学委员会、九三学社长春市朝阳区委员会、九三学社长春市南关区委员会、九三学社东北师范大学支社、九三学社吉林工业大学支社、九三学社长春市妇产医院支社、九三学社长春税务学院支社、九三学社吉林大学支社、九三学社长春市直属支社、九三学社长春科技大学支社。优秀社务干部（33名）：朱益麟、宓超群、闫吉昌、许金刚、张兴洲、李滦宁、董震、刘介夫、靳学辉、许丽星、尤勤、杨志范、王时彪、罗娟、范垂凡、郗书元、张仁舜、阎光明、高淑清、马丽珍、戚占林、刘宏泉、陈济生、陈玉珍、付兴奎、廉成章、张玉伟、陈莉、乔书森、郑建平、刘献革、孔令起、孙洪凯。优秀社员（86名）：方洪亮、毛亚蓉、麦春、李文革、沈彤、许春燕、陈元龙、廖公夫、孙晓春、胡小华、于明、陈宝生、高玉秋、夏卿、孙连杰、高一平、续颜、刘志宏、梁宏伟、王颖、魏秀德、刘明军、赵玉春、滕玉芝、綦战朝、尹静波、乔迁、赵国昌、徐涧峡、孙同、朱丹、迟莱茹、徐朝晖、彭玉琨、赵艳、裴智梅、魏铁军、于景萍、夏炤、刘彦君、莫劲秋、郭毓春、刘涛、范常山、李高升、曲永霞、张晓丽、赵捷、范德成、何书仲、李凤岐、齐秀荣、左宏、王进、徐义纲、张懋维、张乃荣、胡艳筠、陈宝生、姜义、张家治、曲则文、白丽华、孙晓甦、韩淑华、卢滨玫、李宝仲、张军、王蕴波、李耀瑄、李尚仁、程培英、栾玉振、吴学军、张冀鑫、田吉昌、红遵义、王秀娴、王源、何英、徐彦夫、崔发明、范丽环、范志兰、叶绿、关宗琪。

2002年4月26日，九三学社长春市委员会对2000—2001年度先进集体和优秀个人予以表彰。先进集体（18个）：九三学社吉林大学委员会、九三学社长春中医学院委员会、九三学社吉林农业大学委员会、九三学社一汽集团委员会、九三学社长春市南关区委员会、九三学社长春市朝阳区委员会、九三学社长春市直属委员会、九三学社东北师范大学支社、九三学社长春税务学院支社、九三学社吉林工学院支社、九三学社长春大学支社、九三学社长春市中心医院支社、九三学社长春市妇产医院支社、九三学社长春市儿童医院支社、九三学社卫生联合支社、九三学社长春市双阳区支社、九三学社长春市绿园区支社、九三学社长春市宽城区支社。优秀社务干部（38名）：张兴洲、王庆成、赵玉谦、李滦宁、黄洋、赵晓晖、程培英、侯季里、许丽星、杨玉洁、闫吉昌、刘介夫、杨志范、王颖、赵永成、王时彪、朱益麟、张温林、全邦兴、张玉伟、田吉昌、罗娟、何英、徐彦夫、刘献革、张仁舜、阎光明、陈东莉、郭忠河、郗书元、孙洪凯、张家治、蔡鹏飞、崔发明、曲则文、佟时、叶绿、陈玉珍。优秀社员（87名）：常建业、彭纪光、王凤、许春燕、滕立新、徐国辉、胡春生、麦春、孙长杰、广洋、吴宏志、李彭、胡艳筠、侯冠森、郭玉良、姜义、王文悦、柴景春、张梅生、赵淑杰、王洪肖、王清燕、刘海波、孙晓春、曲兴田、许金钊、高一平、毕双艳、赵国昌、那万里、王杨、沈秀丽、王松心、付兴奎、张军、张树梅、赵建军、赵力维、魏秀德、张立、綦战朝、乔迁、冯秀娟、杨丽贤、梁睿、刘岩、程宇、付立中、高韵馥、党延华、王秀娴、郭毓春、周玉芬、孙毅民、姜长久、裘学辉、裴智梅、魏铁军、王志坤、孙晓甦、费艳秋、矫英范、夏炤、韩昌、崔斌、郭云霞、袁守善、高华、李贵忠、刘建平、姚琴、于海燕、孙秀英、陈玉宝、宫秀华、于明、李玉良、吕秀英、范德成、曲永霞、张晓丽、李明、齐秀荣、李凤岐、范常山、郭雅贤、宋庆复。

2004年8月30日，九三学社长春市委员会对2002—2003年度先进集体和优秀个人予以表彰。先进集体（15个）：九三学社吉林大学委员会、九三学社东北师范大学委员会、九三学社吉林农业大学委员会、九三学社长春中医学院委员会、九三学社一汽集团委员会、九三学社长春市南关区委员会、九三学社长春市朝阳区委员会、九三学社长春市直属委员会、九三学社长春大学支社、九三学社长春税务学院支社、九三学社长春工业大学支社、九三学社长春市妇产医院支社、九三学社长春市中心医院支社、九三学社长春市双阳区支社、九三学社长春市宽城区支社。优秀社务干部（40名）：张兴洲、李溁宁、赵玉谦、王庆成、闫吉昌、宫秀华、程培英、侯季理、贡济宇、许丽星、杨志范、王北星、靳学辉、赵永成、王时彪、朱益麟、张温林、田吉昌、付立中、罗娟、宋庆复、张家治、侯冠森、乔树森、崔发明、许凌宇、陈玉珍、佟时、王文悦、张仁舜、范丽环、付心诚、阎光明、陆俊平、何英、刘介夫、孙洪凯、范常山、李聪、付文秀。优秀社员（100名）：孙晓春、张红星、胡晓华、孙连杰、许金钊、王金国、黄洋、王丽颖、赵学良、沈秀丽、张凤君、续颜、王洪肖、王松心、王玉兰、田义新、付兴奎、张彩、刘思东、李佐峰、于明、张力、郭燕庆、刘兆发、王明时、冯秀娟、丁宁、金红艳、侯茗、曲世华、周春凤、程宇、李慧玉、李文革、陈元龙、王裕、方洪亮、麦春、王辉、林德辉、孙毅民、党延华、赵玉兰、高韵馥、王秀娴、王淑玉、郭毓春、马俐儒、庆疆、裘学辉、姚彬、于景萍、韩昌、吴秀丽、杨林、孙晓天、王志坤、张文超、于永洪、杜成荣、郭玉良、胡艳筠、殷维康、王建新、宛绵秀、姜秀珍、广洋、郭莉、赵红、刘晓娟、张瑞忠、姚琴、张东伟、李华林、王越、马卉、郭云霞、徐荫华、李惠芳、刘献革、曲永霞、李凤岐、齐秀荣、张占海、吕秀英、范德成、孟美青、崔宇、王松、李玉良、朱天罡、赵捷、徐朝晖、褚剑峰、云正华、韩晓杰、李志刚、毕双艳、高心、姜凡。

2009年9月24日，九三学社长春市委员会对2006—2008年度先进集体和优秀个人予以表彰。先进集体（16个）：九三学社吉林大学委员会、九三学社东北师范大学委员会、九三学社吉林农业大学委员会、九三学社长春中医药大学委员会、九三学社长春市直属委员会、九三学社一汽集团委员会、九三学社长春市南关区委员会、九三学社长春市朝阳区委员会、九三学社长春市宽城区委员会、九三学社长春税务学院支社、九三学社长春大学支社、九三学社长春工业大学支社、九三学社长春市妇产医院支社、九三学社长春市儿童医院支社、九三学社长春市双阳区支社、九三学社长春市第二医院支社。优秀社务干部（16名）：李滦宁、宫秀华、程培英、贡济宇、何英、陈镠、孙洪凯、陈黎明、姜作相、刘介夫、靳学辉、杨志范、佟晓红、高淑清、叶绿、孙晓天。优秀社员（155名）：王庆成、韩向东、胡晓华、王晓琳、吴玉华、赵玉谦、曲兴田、王桂琴、周淑红、孙光明、刘志宏、常建平、王洪肖、郝福江、綦战朝、迟宝荣、王丽颖、沈秀丽、赵学良、沈颂东、李志刚、赵晓晖、刘宇清、李秀敏、李佐峰、于明、刘思东、张云峰、智利疆、付兴奎、田义新、王艳秋、张莉、赵云蛟、姜怀志、王松心、王北星、张立、张月、赵建军、杨玉洁、刘明军、周世民、周春凤、郭久柱、程腊梅、张晓艳、王明时、孙莉、金红艳、洪颖、徐朝晖、梁睿、王时彪、程羽、付蓉、王秋利、丁立祥、陈敏、王慧勇、顾宏伟、林德辉、朱益麟、欧阳玺、王裕、郭岩、田吉昌、范常山、王海生、李聪、张平、包大海、张占海、孟美青、刘献革、王克、张丽、李铭、汪丽艳、吕秀英、金美辰、葛莘、宋伟宏、范德成、李艳秋、张晓丽、蔡绿波、孙树勇、张丹辉、陈勇、徐志成、陈济生、田元生、张昕泽、郭伟芳、刘冬梅、于景萍、韩昌、郑敏、姚彬、杨林、张丽艳、陈东莉、金跃双、朱黛、郗书元、赵虹、王自崑、裘学辉、王玉梅、陈春良、费显让、彭亮、苏秀文、栾岚、殷维康、关树森、蔡波、胡艳筠、侯冠森、张家治、李玉华、许伟志、广洋、郭莉、赵红、李志鹏、陈宏、李沙、许凌宇、于海燕、张研、曲则文、王文悦、刘宏泉、杨立民、王杨、柳杨春、白丽、张红梅、佟时、杜毅、裴智梅、刘晶翠、刘俊新、马俐儒、赵艳、王瑛、罗娟、孙志刚、郭毓春、郭雅贤、李明森、吴展、党翠颐。

2013年1月11日，九三学社长春市委员会对2010—2012年度先进集体和优秀社员予以表彰。先进集体（18个）：九三学社吉林大学委员会、九三学社东北师范大学委员会、九三学社一汽集团委员会、九三学社长春市直属委员会、九三学社吉林农业大学委员会、九三学社长春中医药大学委员会、九三学社长春市南关区委员会、九三学社长春市朝阳区委员会、九三学社长春市宽城区委员会、九三学社长春市双阳区委员会、九三学社长春工业大学委员会、九三学社吉林财经大学支社、九三学社长春大学支社、九三学社长春市二道区支社、九三学社长春市中心医院支社、九三学社长春市妇产医院支社、九三学社长春市儿童医院支社、九三学社长春市第二医院支社。优秀社员（114名）：王庆成、赵玉谦、沈秀丽、付文智、顾洪梅、韩向东、梁宏伟、刘宇清、牟冬梅、陶景梅、夏宝辉、张成春、张兴洲、张秀敏、赵晓晖、李志刚、智利疆、刘思东、颜力楷、齐望之、李玮、滕立新、王秋利、王裕、王志铁、张哲、王慧勇、吕秀英、孟美青、袁笠恒、贾馨鑫、曹慕萍、张平、汪丽艳、葛莘、宋伟宏、隋明璐、金美辰、王克、张占海、包大海、翁连海、陈勇、田元生、欧阳晓兵、田卫家、徐震、李蒙、刘鹤、田义新、姜怀志、张莉、赵云蛟、王艳秋、冷向阳、贡济宇、赵建军、史育松、孙琦、张晔、云宏峰、孙明光、班云峰、宗凤杰、张丽、彭亮、张晔、于洪伟、曹锡武、朱英山、夏国富、张洁、许辉、刘建辉、李小霞、刘尚红、冯建、王建民、孟广喆、崔发明、张君、杜毅、程腊梅、范猛、王明时、鲁明、白丽、张竭、王北星、王晖、姚彬、于景萍、贾蕊、于世勇、孙建春、闫晓东、杨波、张伟、赵艳、张进、王清林、王时彪、彭玉琨、朱黛、陈东莉、杨林、周虹、崔红梅、赵虹、杜欣、孙桂娟、张晓颖、由平均、孙超。

2013年12月27日，九三学社长春市委员会对2013年度先进基层组织予以表彰。先进基层组织（21个）：九三学社吉林大学委员会、九三学社东北师范大学委员会、九三学社长春市直属委员会、九三学社一汽集团委员会、九三学社吉林农业大学委员会、九三学社长春中医药大学委员会、九三学社长春市南关区委员会、九三学社长春市宽城区委员会、九三学社长春市朝阳区委员会、九三学社长春市双阳区委员会、九三学社长春工业大学委员会、九三学社吉林财经大学支社、九三学社长春师范大学支社、九三学社长春市绿园区支社、九三学社长春市二道区支社、九三学社长春市中心医院支社、九三学社长春市第二医院支社、九三学社长春市儿童医院支社、九三学社长春市妇产医院支社、九三学社长春市卫生联合支社、九三学社吉林工商学院支社。

2015年12月27日，九三学社长春市委员会对91名积极从事社务工作，在参政议政、建言献策、社会服务和自身建设等社务工作中做出突出成绩的社员进行表彰。先进个人：姬蕾、吕康银、赵岩、孙昊、张俊姝、尹家美、杜毅、关英敏、罗光浩、高新宇、张宏韬、司振兴、赵久春、许文巍、李艳、范猛、葛晨霞、刘莲顺、刘晓龙、王艳秋、张莉、才天颖、史育松、张冶、马丹、张洪军、刘兴伟、陈阳、栾岚、蔡波、陈宇光、王爽、殷国光、于洪伟、肖圣盈、张晔、林森、陈坚、李海华、姜建华、张小飞、孙彩堂、陶景梅、王庆丰、王晔、孙光明、李秋实、赵红、于忠平、孙海樱、王亚南、冯剑、李之鹏、常鹏、赵建军、刘飞、刘利凤、金钟哲、田仁军、李高华、倪畅、张键、白丽、宗凤杰、张杰、杨林、吴秀丽、刘思言、沈洪刚、杨波、陆林、金红艳、温博、肖春英、石利男、贾蕊、袁卓、裘学辉、郭立泉、杨雷、曹阳、张哲、王志铁、董伟东、杨东雨、闫向阳、续颜、胡雁、王呈琛、高清华、张佳玲。

2020年4月29日，九三学社长春市委员会对2019年度先进基层组织、优秀社员和优秀社务干部进行表彰。先进基层组织（17个）：九三学社吉林大学委员会、九三学社东北师范大学委员会、九三学社吉林农业大学委员会、九三学社长春中医药大学委员会、九三学社吉林财经大学委员会、九三学社长春工业大学委员会、九三学社长春市中心医院委员会、九三学社长春市儿童医院支社、九三学社长春市妇产医院支社、九三学社长春市朝阳区委员会、九三学社长春市双阳区委员会、九三学社长春市二道区委员会、九三学社一汽集团委员会、九三学社长春市宽城区委员会、九三学社长春市绿园区委员会、九三学社法律综合委员会、九三学社长春市卫生联合支社。优秀社员（117名）：官丽莉、张莉、王雪峰、王艳秋、林喆、温岩、王虹力、姜建华、代桂霞、侯苏光、韩雪冰、孟繁丽、孙宝新、张丛峰、温博、王庆丰、沈秀丽、张小飞、蔡靖、李容杭、李祥伟、孙凯、曲兴田、李洋、刘宝新、王宁、颜力楷、褚丽东、姬蕾、刘思东、闫钰锋、毛峰、殷远策、王志铁、王慧勇、陈苏、陈丽阳、袁立国、龚淑玲、李玮、洪喜、贾伟华、任佳仪、宋丹丹、谭雯波、周波、周建军、李昕华、李唐、娄冬梅、张晓琳、贡济宇、吴秋成、吴巍、赵诗若、韩阳、孟广喆、傅瑜、李思洋、孙科、赵岳、蔡世超、刘佳禄、马春杰、郑澈、高强、宫俊岭、陈洪岩、尹职、单翼龙、李大成、刘雅利、赵学良、姜娜、张馨月、张键、周柏杭、张晓颖、吴轶博、孙建春、高新宇、芦春跃、殷丽辉、李宝双、张卓、曹元、李小霞、赵亮、李忻泽、孙莹、赵忠良、姜悦、蔡波、夏国富、刘思言、唐明哲、郭帅、刘齐、江珊、裘学辉、于丹、杨建毅、陶航、李春久、程惠丽、林桂花、隋明璐、王耀伟、张雪巍、欧阳晓兵、杜毅、王晖、王兴佳、龚春玲、白宇、谷晓琳、孙彩堂。优秀社务干部（17名）：田义新、郑美群、陈华、翁连海、裴智梅、吴秀丽、郑敏、赵虹、庄军、宗凤杰、李小霞、刘晓娟、李威、安璀颖、董伟东、张普一、张哲。

2021年10月27日，在庆祝中国共产党成立100周年之际，九三学社长春市第十四届委员会对5年来在社务工作中作出贡献的先进基层组织、优秀社员及优秀社务工作者予以表彰。先进基层组织（21个）：九三学社长春市绿园区委员会、九三学社吉林农业大学委员会、九三学社长春市朝阳区委员会、九三学社吉林财经大学委员会、九三学社吉林大学委员会、九三学社长春市双阳区委员会、九三学社长春中医药大学委员会、九三学社长春市宽城区委员会、九三学社东北师范大学委员会、九三学社长春市二道区委员会、九三学社长春市卫生健康委员会联合支社、九三学社长春市妇产医院支社、九三学社长春市直属榆树市委员会、九三学社长春市净月高新技术产业开发区委员会、九三学社长春市中心医院委员会、九三学社一汽集团委员会、九三学社长春市中医院支社、九三学社长春市儿童医院支社、九三学社长春理工大学委员会、九三学社长春工业大学委员会、九三学社长春市南关区委员会。优秀社员（205名）：韩方雷、葛鹏飞、孟繁峥、陈可欣、李容杭、郑爽、张云峰、张春鹏、马丕勇、李洋、郑雪冰、方华、张小飞、孙凯、崔巍巍、曲兴田、胡志清、刘爽、商晶、刘志宏、张文卿、孙淑琴、王晔、黄洋、刘宝新、王庆丰、沈秀丽、王宁、夏烨、张昇、颜力楷、杨青山、姬蕾、张俊姝、齐望之、刘思东、官丽莉、施继红、王雪峰、杜昕、郭立泉、刘小龙、宫鹤、乔宏宇、矫俊东、贡济宇、刘鹏、南红梅、幺宝金、王旭凯、王晖、赵宇飞、李晓新、陈坚、盖方圆、周丽娟、林喆、温岩、符晓、庞亚青、倪小龙、艾民、张蕾蕾、刘君玲、韩波、王宇飞、孙晨、陈晨、张俊强、韩雪冰、孙桂娟、闫垒垒、张素莉、尹志刚、杨建毅、郝永胜、陆林、张伟、张晓琳、贾蕊、鲍宏宇、于雪飞、袁卓、于泽占、李彩凤、王华龙、邢丽辉、杨文彬、赵芳兴、吴波、王琦、翟前前、赵卫东、周晓密、梁冬、冯骥骁、顾宏伟、王志铁、陈丽阳、陈苏、丁淼、姜大力、李晓峰、李禹志、王兴佳、袁立国、张枫、毕胜、刘迪、范胜楠、赵贯一、郭敏、李宝双、马连龙、孙孝丹、祁欣、赵亮、陈景梅、刘佳绿、马春杰、郑澈、高强、郑蕊、李长翠、吕欣洋、郑策、朱鹏程、任佳仪、李辛、王拓、王燕、姜一鹏、秦绪忠、王瀚征、刘学、曹元、洪喜、贾伟华、侯佳辰、于哲、兰庆庆、夏国富、闫俊仁、苏秀文、赵忠良、李欣泽、孙莹、于潮、党贵玲、姜悦、林森、蔡波、董陆驷、李思洋、刘建辉、孙科、王甫国、王洋、刘宪成、石俊孟、张金亮、赵岳、尹职、云宏峰、刘根洋、任长超、孙琦、许峰、李晓光、王明波、张馨月、许兰东、韩维林、姜娜、许佰雁、闫东卓、周柏杭、罗鸥、张天宇、李世强、于杰、杨丽华、王克凤、桑瀚旭、张秀丽、吴楠、张宇飞、许文巍、李春久、张宏、朱新庆、殷远策、金莎、曲冬、贾馨鑫、宋丹丹、刘男、孟繁丽、张丛峰、崔烨、单莹莹、任鹏、蔡世超、许光明、刘思言。优秀社务工作者（40名）：安璀颖、田义新、姜怀志、李小霞、郑美群、代桂霞、孙彩堂、李威、吴巍、刘晓娟、肖洪兴、董伟东、张键、赵虹、裘学辉、郑敏、张普一、赵久春、葛莘、裴智梅、娄冬梅、张哲、李玮、庄军、吴秀丽、赵永成、闫钰锋、陈华、侯冠森、于丹、张占海、袁笠恒、张晓颖、孙建春、王春利、高新宇、张卓、孙超、翁连海、韩文华。

## 第五节  专门工作委员会

九三学社长春市委员会为促进参政议政、科技服务、科技咨询工作的开展及有利于社员活动的组织，决定在社市委常委会下设立专门工作委员会（以下简称专委会）。专委会设主任一人、副主任及委员若干人。其人选经常委会通过任命，各基层单位的社员都可自愿选择参加一个或几个专委会。专委会的任务是全面负责与本委员会有关的参政议政活动、科技服务、科技咨询工作及组织参加本委员会的社员的集体活动。社市委机关设专职联络员，负责沟通与协调各专委会与社市委及各专委会相互之间的关系。专委会这一工作形式拓展了社务工作领域，体现出专业性、研究性、咨询性的特点，在凝聚集体智慧、提高参政议政水平等方面具有积极的推动和补充作用，并具有培养发现、联络和组织人才的功能。

九三学社长春市委员会专委会设立于1992年，九届二次常委会通过《九三学社长春市委员会专门委员会组织通则》，决定成立"经济科技""社科文教""医药卫生""妇女工作"及"祖国统一与海外联谊"5个专委会。随着形势的发展和社务工作的需要，九三学社长春市委员会对专委会进行了多次整合和调整。

2003年，为适应参政议政工作的新任务和新要求，更好地发挥专委会的作用，九三学社长春市委员会根据专委会特点，选配在相关专业学科领域具有一定影响力的学术带头人或社务工作经验丰富者担任主任或副主任，经过十一届三次常委会研究决定，对部分专门委员会的领导班子作充实和调整。调整后的各专委会主任、副主任名单如下：

1. 经济科技委员会。主任：李振华；副主任：刘汝义、刘海波、赵材建、李铭、徐彦夫、何英、郭福洲。

2. 社科文教委员会。主任：贾易荣；副主任：闫吉昌、王源、靳学辉、滕玉芝、陈宝生、沈颂东、王庆成。

3.医药卫生委员会。主任：张为远；副主任：杨世忠、蔡鹏飞、刘宏泉、费显让、张仁舜、范丽环。

4.妇女工作委员会。主任：宫秀华；副主任：王清燕、云正华、李滦宁、何英、于明、吕秀英、王颖、顾红艳。

5.祖国统一与海外联谊委员会。主任：阎光明；副主任：常健业、徐冰、杨世忠、佟晓红、康慧、宋伟宏、黄晓音。

6.离退休委员会。主任：李凤岐；副主任：栾玉振、王松心、范常山、陈宝生、马丽珍。

7.青年委员会。主任：张红星；副主任：李铭、吕秀英、包大海、续颜、李士梅、汪丽艳。

2007年，十二届一次常委会通过了新一届委员会各专委会主任、副主任名单：

1.经济科技委员会。主任：何英；副主任：张兴洲、刘献革、郭福洲、姜孟一、姜雪鹰、李铭、张占海、王进。

2.社科文教委员会。主任：沈颂东；副主任：宋玉祥、王源、于明、靳学辉、孙晖、王庆成、程培英、刘志军、尹爱青、田义新、王北星、李恩久。

3.医药卫生委员会。主任：郗书元；副主任：王丽颖、李志鹏、侯冠森、张仁舜、范丽环、叶绿、徐伟志、黄洋、赵艳、王杨、佟晓红、魏铁军、赵建军、裴学辉、王在。

4.妇女工作委员会。主任：宫秀华；副主任：于明、何英、吕秀英、李滦宁、高洁、孟美青、马俐儒、于杰、高心、张晓丽、广洋、沈秀丽、顾红艳。

5.祖国统一与海外联谊委员会。主任：阎光明；副主任：李彭、许凌宇、宋伟宏、黄晓音。

6.离退休委员会。主任：孙洪凯；副主任：王进、李凤岐、王松心、靳学辉、范常山、侯季理、刘宏泉、马丽珍。

7.青年委员会。主任：李铭；副主任：吕秀英、包大海、续颜、李士梅、汪丽艳、赵学良、吴迪、张平、张弘、刘长志、张红梅、李艳秋、孙彤、闫石。

8.参政议政委员会。主任：付兴奎；副主任：宋玉祥、丁四保、张立、贡济宇、刘兆发、李诚固、郭毓春、张月、王志明、翁连海、佟时、刘永吉。

9.科技工作者委员会。主任：王源；副主任：陈济生、孔令起、姜雪鹰、杜逸飞、王颖、刘玉珠、闫石。

2012年，为进一步加强各专委会的力量，促进社市委各项工作的开展，经十三届二次常委会研究决定，对专委会的领导班子作充实和调整。各专委会主任、副主任、联络员名单如下：

1.参政议政委员会。主任：沈颂东；副主任：宋玉祥、杨青山、李士梅、翁连海、佟时、魏益华、徐秀英、汪丽艳、吕秀英、张立、顾洪梅、王北星；联络员：李恩久。

2.经济科技委员会。主任：田义新；副主任：姜怀志、葛莘、乔迁、续颜、张平、由平均、佟玉吉、王时彪、李志刚、郭立泉、单莹莹；联络员：闫石。

3.社科文教委员会。主任：高玉秋；副主任：王颖、王庆成、刘志宏、孙桂娟、赵玉谦、张晓颖、胡大敏、张冬颖、吕康银、姬蕾；联络员：于帼荣。

4.医药卫生委员会。主任：佟晓红；副主任：赵学良、赵建军、王杨、刘晓娟、黄洋、裴智梅、许伟志、朱黛、许辉、苏秀文、曲则文；联络员：赵彤。

5.青年委员会。主任：吴迪；副主任：包大海、田元生、袁笠恒、贾馨鑫、高艳、孙宏、鲁明、金美辰、张红梅、孟宪瑛、王丹；联络员：田慧。

6.妇女工作委员会。主任：何英；副主任：沈秀丽、李滦宁、曹慕萍、孟美青、张哲；联络员：张红梅。

7.企业家委员会。主任：欧阳晓兵；副主任：马朝东、李志鹏、侯冠森、张占海、单晓春、史育松、姜鲁明、徐震、肖圣盈、田卫家、张晔、徐国新、张君；联络员：田慧。

8.祖国统一与海外联谊委员会。主任：张家治；副主任：宋伟宏、于明、许凌宇、李彭；联络员：黄晓音。

9.离退休委员会。主任：刘曙野；副主任：姜作相、孙洪凯、刘宏泉；联络员：闫石。

10.参政议政特聘专家组。主任：付兴奎。

2023年，九三学社长春市委员会根据新时代振兴东北工作的要求，经社市委十五届五次常委会研究决定，对专委会的设置和人员再次进行调整。各专委会主任、副主任、委员名单如下：

1.科技专门委员会。主任：冯守华；副主任：刘冰冰、葛鹏飞、白娥；委员：张伟、韩永昊、田原、徐海峰、刘鸣筝、顾洪梅、胡云峰、裴瑾、牟冬梅、张秀敏、崔巍巍、闫东梅、丛彦龙、杨润军、孟繁峥、王权、孙晓峰、房绍宽、徐松柏、伊焕发、张云峰、赵昕、姜金兰、高硕徽、郭立泉、姜怀志、付永平、赵雨、李香艳、闫明、吕康银、颜力楷、张昕、盖方圆。

2.教育文化专门委员会。主任：吕康银；副主任：张晓颖、李伟民、张素莉、王晖、任姣姣、孙彩堂；委员：范猛、孙建春、周传颂、王春利、杨建毅、孙超、刘君玲、韩雪冰。

3.医药卫生专门委员会。主任：吴巍；副主任：闫明、娄冬梅、张小飞、庄军、袁卓、张普一；委员：南红梅、王甫国、王云成、王丽娜、周长玉、王旭凯、矫俊东、包扬、程远、赵鹏、王洪波、刘怀志、张伟、刘艳华、梁红、王颜、张晓琳、单晓春、杨立民、董海司、邹丽红、杨红梅、赵久春、张丛峰、安继梅、崔红梅、马卉、石利男、马丕勇、焦健、王健锋、贾传阳。

4.经济专门委员会。主任：欧阳晓兵；副主任：李长翠、张卓、张博、郑澈、曹元、李世强、王志强、王兵；委员：张涛、卢程程、鲁晓辉、李盛男、毛靖宇、马丹、马勇、张海兵、周波、林森、张丽、刘博、张永辉、唐艳东、李国东、安舜禹、刘伟光、刘齐、郭帅、王福青、彭天博、孙迪。

5.农业专门委员会。主任：姜怀志；副主任：郭立泉、付永平、李明森、安璀颖；委员：王英平、艾军、宫鹤、王雪峰、官丽莉、赵岩、乔宏宇、刘晓龙、于振华、郑永鑫。

6.青年工作委员会。主任：高硕徽；副主任：陶进、幺宝金、王兴佳、李春久、李思洋、许兰东、王天琳、张洁妍；委员：王拓、侯坤、胡松婉、王一然、任佳仪、姜大力、刘宪成、杨晴、李一峰、袁月、张天赋、韩维林、吴泽宇、张宇、闫俊仁、桑翰旭、张雪、陶一坤、姜晶书、张博。

7.妇女工作委员会。主任：李瑞娜；副主任：赵宇飞、王蕾、关茹月、白宇、姜娜、孙云鹏；委员：生璐璐、王影、张晓琳、倪畅、聂婧姝、沈丽颖、吴波、谷晓林、鲁晓辉、孟繁丽。

2000年以来，专委会在参政议政工作中发挥了显著作用。一是参与九三学社长春市委员会重点专题工作。专委会许多同志直接参与了社市委重点专题的调研工作，为完成重点专题作出了贡献。从第十届委员会以来，经济科技委员会、社科文教委员会、青年委员会、企业家委员会围绕"民营企业参与国有企业改革""房地产企业发展""我市科技市场发展""高校体制改革"等专题分别组织了专门的调查研究，为专题报告提供了重要支持。二是完成九三学社长春市委员会交办的重大课题任务。2004年和2006年，社市委向长春市政府分别申请了"我市国家重点实验室研究"和"长春市三农问题研究"两个社会发展软课题。经济科技委员会和社科文教委员会联合组成调研组，对长春市的国家重点实验室和长春市"三农"问题进行了调查研究，较好地完成了两个调研报告，受到有关部门的高度评价。2005年，社市委把围绕长春市制定"十一五"规划献计献策作为当年的重大课题，以经济科技委员会为主，包括各个专委会以及社市委机关的同志等参加，提交了200多份建议材料，很多建议受到有关部门的采纳，因此，九三学社长春市委员会受到长春市政协的表彰。三是开展应急研究工作。专委会在社省委、社市委参政议政应急研究工作中发挥了重要作用。社市委受社省委的委托，组织专委会承担社中央的"关于农村政策性金融存在问题与改革的建议"课题项目，为九三学社中央参与高层协商准备的《对我国农村金融问题几点分析和建议》受到了高度重视。每年各专委会直接参加社省委的参政议政工作，虽然这些参政议政工作都没列入社市委当年的调研课题，但他们都积极做好配合工作，直接深入第一线，提供了许多很好的建议，多次受到九三学社吉林省委员会的表扬，发挥了在经济、科技、医疗卫生领域的骨干社员的作用。四是反映社情民意。各专委会广泛发动委员，为社市委反映了大量社情民意。各专委会就科技成果转化、文化体制改革、文化资源利用、社区文化建设、旅游产业发展等方面积极反映社情民意，全社社情民意工作成绩显著，受到了长春市政协的肯定和表彰，这些成绩的取得与专委会的重视和支持是分不开的。五是发挥专委会的特色和优势，结合自身特点开展活动。参政议政委员会在社市委参政议政工作中发挥了主力军作用；青年委员会组织的"振兴东北的学术研讨会"，受到九三学社吉林省委员会和社会的好评；科技工作者委员会开展的"我市科技市场存在的问题及对策"受到长春市科技局的好评；社科文教委员会开展的"高校改革系列研讨"受到所在大学领导的高度重视，获得高度评价；医药卫生委员会多次组织专家在社会服务中发挥重要作用；经济科技委员会组织委员在长春市长江路科技城开展调研，提出的建议得到长春市技术市场办的采纳；企业家委员会参与的九三高层论坛，产生了广泛的社会影响；妇女工作委员会在每年"三八"国际妇女节组织女社员开展的丰富多彩的活动，受到女社员的积极响应和欢迎；离退休委员会、祖国统一与海外联谊委员会每年都组织社员开展中秋节座谈会，畅谈祖国发展的大好形势，都收到很好的效果。各专委会虽然专业领域不同，但都能结合自身特点，发挥各自优势，通过各种方式认真履行参政议政职责，调动委员的主动性和积极性，将委员的能力和智慧转化为参政议政的研究成果，为全社参政议政工作作出了显著贡献。

## 第六节　社内监督委员会

2021年，按照九三学社中央和九三学社吉林省委员会的文件精神，参照社中央《九三学社社内监督工作条例》，九三学社长春市委员会起草了《九三学社长春市委员会监督委员会工作条例》（以下简称《条例》）及《九三学社长春市委员会监督委员会组成人员名单》，在社市委十四届十五次常委会议上审议并通过。《条例》共分四章十二条，规定了监督委员的职责、构成和工作机构。社市委监督委员会由7名社员组成，专职副主委担任委员会主任。基层组织领导班子成员中设立监督委员，负责反映基层社员的违章违纪情况和社员对社市委的意见和建议。社市委社内监督委员会成立后，围绕贯彻落实《条例》，在强化政治引领、增强责任担当、加强制度建设、提高规范化水平、落实监督职责、提高监督实效、加强对领导班子的民主评议和监督、加强社市委和基层组织社务工作开展等方面积极开展工作。

九三学社长春市第十五届委员会内部监督委员会
主　　任：李铭
副主任：顾红艳（女）、李长翠（女）
委　　员：王志铁、张馨月（女）、温岩（女）、朱鹏程

## 第七节　各级领导关怀

从 2002 年开始，九三学社长春市委员会领导和机关同志每年春节前夕坚持走访慰问社内 80 岁以上的老社员及老领导和机关离退休老同志，向他们致以新春问候，祝愿他们健康长寿，老社员衷心感谢社组织的关怀。

2006 年 6 月，王选夫人陈堃銶教授按照王选的遗愿，捐出 100 万元成立了九三学社王选关怀基金，为社内离退休老同志中经济困难的重病患者提供一定的医疗补助。

2007 年 9 月 29 日，长春市政协副主席、九三学社长春市委员会主委张红星，九三学社长春市委员会驻会副主委王进来到社员王玉池家中看望慰问，转交了九三学社中央主席韩启德的慰问信和九三学社王选关怀基金资助款 1.5 万元。

2009 年 1 月 7 日，吉林省政协副主席、九三学社吉林省委员会主委支建华，长春市政协副主席、九三学社长春市委员会主委张红星，九三学社长春市委员会驻会副主委王进，来到吉林大学向社员李滦宁转交九三学社王选关怀基金资助款 2 万元，并当场宣读了九三学社中央主席、九三学社王选关怀基金会理事长韩启德的慰问信，并鼓励她树立信心，克服困难，战胜疾病，继续关心和支持九三学社的社务工作。

2009 年 12 月 22 日，吉林省政协副主席、九三学社吉林省委员会主委支建华和九三学社长春市委员会驻会副主委王进，带着九三学社王选关怀基金资助款，来到长春市肿瘤医院看望张晓丽同志，向她转交资助款 2 万元，并当场宣读了九三学社中央主席、九三学社王选关怀基金会理事长韩启德的慰问信，代表社组织向她表示亲切的慰问，并祝她早日康复。由于及时得到九三学社中央和九三学社王选关怀基金的资助款，张晓丽的生活困难得到了很大的缓解。

2011 年 1 月 5 日，九三学社吉林省委员会副主委蔡鹏飞，长春市政协副主席、九三学社长春市委员会主委张红星，九三学社长春市委员会驻会副主委王进带着九三学社王选关怀基金资助款，来到东北师范大学，在学校校部会议室举行了九三学社王选关怀基金发放仪式，向冯君实教授家属转交资助款，代表社组织向冯君实教授表示亲切的慰问，并祝他早日康复。同时，社省委秘书长金国庆当场转交并宣读了九三学社中央主席、九三学社王选关怀基金会理事长韩启德的慰问信。

2013年2月4日，在九三学社长春市委员会机关，九三学社吉林省委员会副主委金国庆、九三学社长春市委员会驻会副主委王进将九三学社王选关怀基金资助款3万元和九三学社中央主席、九三学社王选关怀基金会理事长韩启德的慰问信转交给社员马丽珍，代表社组织向她表示亲切的慰问，并祝她早日康复。

2014年1月28日，九三学社吉林省委员会副主委金国庆、九三学社长春市委员会驻会副主委王进来到吉林省人民医院，将九三学社王选关怀基金资助款3万元和九三学社中央主席、九三学社王选关怀基金会理事长韩启德的慰问信转交给社员刘介夫，代表社组织向他表示亲切的慰问，鼓励他战胜疾病，早日康复。

2017年7月20日，由九三学社中央青年工作委员会秘书处、九三学社长春市直属新区委员会联合主办的"2017全国'爱握手'——3D打印圆梦兴安盟肢体残缺儿童与青少年义肢捐赠仪式"在内蒙古自治区兴安盟阿尔山市举行。九三学社内蒙古自治区委员会主委于仁杰（时任兴安盟副盟长）、九三学社吉林省委员会副主委金国庆出席捐赠仪式。

2023年1月10日，九三学社吉林省委员会"九三学社王选关怀基金"发放仪式在长春举行，社市委机关干部受社省委主委冷向阳的委托，向长春市九三学社社员魏苏丹转交了九三学社王选关怀基金资助款3万元。同日，社市委工作人员到魏苏丹家中，向她转交了九三学社王选关怀基金会理事长韩启德的慰问信，转达了九三学社吉林省委员会主委冷向阳、副主委孙立忠对社员魏苏丹的问候，鼓励她继续树立信心，与疾病做斗争，并祝她早日康复。

第二章
思想建设

# 第一节　参加各项政治运动和自我教育活动

## 一、反对美蒋签订条约，积极参加肃反运动

　　1954年12月，美国和蒋介石集团签订《美台共同防御条约》。九三学社积极组织社员进行讨论，分析条约的实质和目的。全体社员认为美蒋签订《美台共同防御条约》，破坏了中国领土主权，是干涉中国内政的侵略性条约。全体社员对周恩来总理《关于〈美台共同防御条约〉的声明》和中国人民政治协商会议第二届委员会第一次全体会议宣言表示完全拥护和支持。九三学社长春分社还动员全体社员积极参加反对《美台共同防御条约》和反对使用原子武器签名运动。社员通过这场运动对国际形势和中国人民的任务有了较清醒的认识，批判了不关心时事的麻痹思想，决心提高政治警惕性，以实际行动支持"解放台湾"的斗争。

　　1955年，社中央常委（扩大）会议在讨论下半年工作要点时指出，当前全国人民的重大政治任务是肃清"胡风反革命集团"和一些暗藏的反革命分子，坚决反对国内外一切敌人。九三学社长春分社根据社中央的要求，召开了声讨"胡风反革命集团"大会，推动社员积极参加肃反斗争。在声讨"胡风反革命集团"及肃反斗争中，社员们打消顾虑、放下包袱大胆地进行检举揭发。

## 二、整风、反右斗争和一般整风与交心运动

　　1957年2月，九三学社长春分社组织社员认真学习了中共中央主席毛泽东《关于正确处理人民内部矛盾的问题》等学习材料。4月27日，中共中央发出《关于整风运动的指示》。5月2日，《人民日报》发表题为《为什么要整风？》

的社论，整风运动开始。5—6月，九三学社长春分社按照社中央和中共长春市委统战部的指示，开展了帮助党整风的运动。6月8日，《人民日报》发表了题为《这是为什么？》的社论后，国内政治形势发生剧变，反右斗争开始。同日，九三学社长春分社成立了分社整风工作委员会：吴学周任主任，陈光明任副主任；委员有肖蔚、孙景斌；肖蔚担任整风办公室主任。根据分社下属的基层组织情况，分设了7个基层整风工作小组。6月28日，九三学社中央下发了社中央常委会第十六次扩大会议的文件，决定社内立即开始整风。九三学社长春分社的反右斗争（社内整风），从1957年6月下旬开始，到当年年底基本结束。在反右斗争（社内整风）基本结束后，还在一段时间内对右派进行了批判和斗争，并进行了组织处理。131名社员中有20名被定为右派分子，其中16人被开除社籍，4人留社察看。这些受处分的社员，在当时"左"的思想影响下，身心遭到了严重的迫害，失去了从事教学和科学研究的机会。

九三学社长春分社在反右斗争基本结束后，即开始了社内的一般整风，并制订了社内一般整风计划，主要是开展"破资本主义立场，立社会主义立场"的教育，推动社员联系反右斗争实际，进行检查，开展分析批判，进行"脱胎换骨"的改造。社内一般整风以领导层为重点，各基层组织要与所在单位取得联系，在一切工作上必须经常向党委请示和汇报。在社内进行一般整风运动的同时，全国开展了社会主义"大跃进"运动，知识分子也掀起了政治思想上的社会主义"大跃进"。九三学社长春分社为了响应党的号召，响应社中央提出的开展社会主义竞赛的号召，向各基层组织下发了《社会主义竞赛大跃进纲要》，号召社员发扬勤俭建国、勤俭办学、勤俭办科学的精神，推动文教科学事业的"大跃进"；通过社内整风，严格检查社的政治路线和组织路线，彻底地进行本质改造，使九三学社早日成为一支为社会主义服务的政治力量。

在"双反"运动（"反浪费、反保守"运动。1958年3月3日，中共中央发布《关于开展反浪费反保守运动的指示》，从此"双反"运动开始广泛展开）高潮的推动和新形势的影响下，九三学社长春分社根据社中央下发的有关向党交心的指示，向全体社员布置了向党交心活动。各基层组织积极响应，有的基层组织提出，要自愿写出自己各种真实的思想活动及言行表现，要向党交真心，说实话。在这种情况下，九三学社长春分社决定开展"向党交心日"

活动，分社全体社员在自觉自愿的基础上开启了自我改造整风新的跃进起点。1958年4月20日，九三学社长春分社召开"向党交心"大会。会上要求社员在向党交心中把自己的心理活动都讲出来，参加交心大会的社员共100名（社员总数113人）。在交心大会后，各基层组织又继续深入进行了为期两周的交心运动，交心内容涉及政治思想、业务工作、国际形势、历史与现实等各个方面。

## 三、"神仙会"

1957年反右派斗争的严重扩大化，使各民主党派都受到了冲击，不少成员被划为右派分子，民主党派也被扣上了"资产阶级政党"的帽子。广大社员无不感到惶惑和苦闷。为了缓和这种日益紧张的关系，中共中央采取了一些措施，其中之一是推动各民主党派召开"神仙会"，即用和风细雨的方式营造宽松的气氛，鼓励各民主党派成员自己提出问题、自己分析问题、自己解决问题（"三自"），不抓辫子、不扣帽子、不打棍子（"三不"），从而自觉改造思想，提高为社会主义建设服务的积极性。根据社五届三中全会（扩大）会议精神，长春分社从1960年10月28日开始，以分社委员会（扩大）会议的形式，召开了历时3个月的"神仙会"，至1961年1月会议才结束。会议采取上下结合的方式，分社委员集中几次，一般社员主要在基层参加。分社每周召开两三次扩大会议，采用和风细雨的方式，展开了广泛的群众性的自我教育。针对国际国内形势、知识分子问题、民主党派的任务和作用等问题进行了广泛的讨论。

会议期间，中共吉林省委、省政协的领导十分重视，都亲自到会作形势报告。会议始终坚持"三自""三不"的方针，既可提出问题，又能解决问题，会议气氛热烈，与会人员思想认识得到很大提高。与以往会议相比，这次会议时间最长，出席率最高，是九三学社长春分社成立以来召开的会议中情况最好的一次。与会人员感到心情非常舒畅。会议出现了"三多"现象：愿意学习，要求学习的人多；批评与自我批评的人多；要求积极参与社务活动的人多。这次会议给社员留下了极为深刻的印象。通过这一阶段的会议,社员认为对知识分子采用"神仙会"的形式,贯彻"三自""三不"的方针,用和风细雨的方式进行自我改造,解决思想问题,最符合当时知识分子思想改造的需要,创造性地运用了马克思列宁主义。大家认为在过去两次运动的基础上,在"大有进步"和"还有问题"的情况下,"神仙会"是改造思想最好的形式,体现了党对知识分子思想改造的重视和关怀,使全体社员都感到党对知识分子的信任与殷切的期望,他们表示一定要加强自我改造,"不辜负党和人民对我们的期望"。

在"神仙会"上,有的社员对一些重大的方针政策提出了不同看法,如:认为"大跃进"是浮夸,怀疑"大跃进"的成就;认为人民公社优越性不大,工农业比例失调,物价在上涨,工资水平实际在下降,货币在贬值。他们主张放慢建设速度,主张借外债,主张物质刺激,鼓励开辟自由市场,等等。也有人认为运动太多不利于总结经验,也不利于经济建设,甚至会出现浮夸现象,会严重地浪费人力、物力、财力。

## 四、"双革"运动

1962年2月,长春市轰轰烈烈地展开了技术革新、技术革命这一群众性运动("双革"运动),其口号是"向五化进军"("五化"即机械化、半机械化、自动化、半自动化、连续化)。九三学社长春分社的多数社员积极投入到这场运动中,并取得了一定的成绩。医务界的社员(如长春市儿童医院吕清河)研究出新的医疗法,如:用少量合霉素口服疗法治疗腹痛、痢疾,效果很好,提高了治愈率;用溶血青霉素治疗呼吸道感染症、溶血链霉素治疗百日咳等,一年可节约人民币239290元;创造性地用磺胺加氨茶碱治疗中毒性肺炎心力衰弱;用大量合霉素疗法治疗化脓性脑膜炎,治愈率达100%。此外,还推广了用苏式"检尿法"区别小儿惊厥。大专院校的社员在"一主、二从、三结合"的方针指导下,发挥了共产主义大协作的精神,在校厂结合方面取得了一些成绩,如:吉林工业大学陈珍念为汽车厂试制成功了一条自动线,并设计了吊车遥控设备；为长春第一食品厂试制成功两台包糖机器，减轻了工人的劳动强度，工作效率提高了七八倍，结束了手工包糖的历史。

## 五、进行"三个主义"思想教育

为了进一步深入学习贯彻中共八届十中全会精神和中共中央《关于进行一次爱国主义、国际主义、社会主义教育，开展增产节约运动的通知》精神，根据九三学社五届四中全会"在全社范围内系统地、深入地进行一次爱国主义、国际主义和社会主义的教育，帮助社员达到提高认识、增强信心、增强团结、加强改造和积极服务的目的"的指示，在中共长春市委的领导下，九三学社长春分社开展了"三个主义"的教育运动和"反对现代修正主义"的斗争。这场运动从1963年初开始，至1964年底结束，历时近两年。九三学社长春分社于1963年2月14日制定并下发了《关于组织和推动全体社员深入学习中共八届十中全会精神，进行爱国主义、国际主义和社会主义思想教育的计划》（以下简称《计划》）。《计划》强调指出："为了贯彻社五届四中全会精神，组织社员深入学习中共八届十中全会公报，分社委员会决定在全社认真地进行一次爱国主义、国际主义和社会主义教育。要求全体社员通过学习，深入讨论国际国内形势、过渡时期阶级斗争以及我国发展国民经济的方针等问题；提高认识，推动服务，加强自我改造，更加紧密地团结在中国共产党的周围，在争取我国国民经济的新发展和社会主义事业的新胜利的斗争中，在反对帝国主义和保卫世界和平的斗争中，积极贡献自己的力量。"

在"三个主义"思想教育运动中，分社坚持两周一次的学习制度，重点学习了《再论陶里亚蒂同志同我们的分歧》等文章。为了加强对基层组织学习的领导，分社还注意了解和研究了基层组织在学习中存在的问题，先后召开了两次基层宣传干部会议，研究和交流了学习情况和经验。分社所属各基层组织，遵照分社的学习计划，在各单位党组织的具体领导下，也都相继制订了学习计划，全面展开了学习。分社以《关于国际共产主义运动总路线的建议》为重点文件，结合开展增产节约运动及社员反映的问题深入地进行学习。

1963年6月11日，九三学社长春分社第十一次常委会议，号召全体社员响应党的八届十中全会公报关于"努力增产节约"的号召精神，投身到增产节约运动中去，通过运动，提高认识，接受一次更为深刻的社会主义教育；要求社员以自觉的态度和积极的精神参加运动，并在运动中为国家建设事业的新发展贡献力量。

1964年初，九三学社长春分社根据三届全国人大四次会议、全国政协三届四次会议和九三学社五届中常委（扩大）会议决议以及九三学社长春分社社员的政治思想状况，确定了九三学社长春分社1964年的中心任务：为了深入进行"三个主义"教育运动，应以阶级斗争为纲，以学习毛主席关于阶级、阶级矛盾和阶级斗争的思想以及反对现代修正主义为中心。为保证学习效果，制定了相应的措施和具体计划：1.以阶级、阶级矛盾和阶级斗争为主，着重学习《中共中央关于目前农村工作中若干问题的决定（草案）》、《中共中央关于农村社会主义教育运动中一些具体政策的规定（修正草案）》（即"双十条"）以及毛主席有关阶级斗争方面的理论。2.以反对现代修正主义为主，着重学习中共中央《关于国际共产主义运动总路线的建议》，并以此为纲，深入学习《人民日报》、《红旗》杂志有关文章和毛主席有关著作。

从1964年1月开始，由于形势的发展变化，九三学社长春分社的"三个主义"教育运动转入了以学习"双十条"为主的新阶段。从1964年3月至年底，从学习"七评"至"九评"、《赫鲁晓夫是怎样下台的》等文章，逐步转入以国内形势的学习为主，以"双十条"为重点，并结合社会主义教育运动的实际。在这期间，九三学社长春分社的几个基层组织利用所在单位进行阶级教育的有利时机，以自觉革命和自我检查为中心，用分散学习与集中学习相结合的形式，认真、积极地开展了"三个主义"教育运动。

九三学社长春分社为了推动社员进行"自我革命"，也曾先后分期分批组织社员参加郊区城西人民公社四季青大队、"四清"最后阶段的"对敌斗争会"；参观了农安县的阶级斗争展览馆、辽源煤矿的阶级教育展览馆，凭吊死难矿工墓；还多次参加长春市政协和长春市各民主党派联合组织的苦大仇深的工人和农民的家史报告会。进一步推动社员联系思想实际，进行自我检查和自我革命。在"三个主义"教育运动中，九三学社长春分社为了更好地推动基层组织社员进行自我革命，不定期地举行委员（扩大）会议，着重分析研究基层组织、社员在运动中的思想动态和存在的问题，帮助基层组织解决实际问题、总结经验教训，组织社员进行了经验交流，了解社员的思想情况，解除社员的思想顾虑，做好思想政治工作，促进社员自觉积极地参加运动。

## 六、经受了"文化大革命"的严峻考验

1966年10月，九三学社长春分社被当作"反党社团"，分社的活动被诬为"特务活动"和"反革命活动"。分社有许多社员被扣上了"牛鬼蛇神""特务""臭老九""反动学术权威"等帽子，还有的社员被抄家批斗、关押受审，身心健康受到了不同程度的损害，"文化大革命"造成了九三学社长春分社组织上和社员思想上的混乱。

"文化大革命"期间，九三学社长春分社的117名社员中有81人被批斗、受审查和蒙受不白之冤，甚至有的被迫害致残致死。这些遭受迫害的社员均在1978年底得到平反昭雪。根据中共中央〔1978〕55号文件精神，九三学社长春分社临时领导小组协助有关部门和单位落实"右派"摘帽和错划"右派"的改正工作，查阅了整风时的"鸣放"材料和记录，并将有关情况提供给各有关方面，最后被划为右派的20名长春社员中，予以改正的15人（其中有7人死亡），定性准确不予改正的3人（其中1人死亡），下落不明的2人。九三学社长春分社为被错划为"右派"的这15名社员恢复了社籍并撤销了留社察看的决定。

经过一段时间的工作，在"文化大革命"和反右中被错误处理的长春社员均已平反昭雪。有35名社员恢复了反右前或"文化大革命"前所担任的职务，被分配了相应的工作，有3名社员还得到了升职。补发了"文化大革命"中被扣发的工资，发还抄家物资，原物遗失的作价赔偿。对致死致残的社员进行了抚恤慰问，并妥善安排了生活。对受牵连的子女、亲友，通过组织都消除了影响。

# 第二节 政治理论学习

马克思列宁主义、毛泽东思想、邓小平理论、"三个代表"重要思想、科学发展观、习近平新时代中国特色社会主义理论，中国共产党全国代表大会及历次全会精神，党的统一战线的方针、政策和文件，每年各级召开的人大、政协两会精神，各级统战工作会议精神，九三学社各级代表大会和历次全会精神，是长春市九三学社加强思想建设、组织广大社员开展学习的主要内容。

## 一、学习马克思列宁主义、毛泽东思想

九三学社长春分社自成立以来，就把组织推动社员积极学习马克思列宁主义、毛泽东思想和党的方针、政策作为分社的首要任务，把分析研究社员学习情况和存在的问题列为学习日程的重要事项，把学习马克思列宁主义、毛泽东思想定为基层组织生活的重要内容。要求把学习与政治立场及世界观的改造密切结合起来，与社员的业务工作实践密切结合起来，把"用"字贯彻到岗位工作的行动中去。分社为配合学习给社员购置了毛泽东著作，印发了多种学习辅导材料，召开了学习汇报会、座谈会、心得体会交流会，还树立了学习毛泽东著作典型基层和典型人物，以推动社员学习。

## 二、学习党的方针、政策和时事政治

1978年九三学社长春分社恢复组织活动初期，由于林彪、江青反革命集团造成的恶劣影响，一部分社员余悸犹存，对恢复社的组织活动持观望犹疑态

度，极少数社员存在消极抵触情绪。九三学社长春分社临时领导小组在中共长春市委的支持下，派机关干部深入基层，宣传党的路线、方针和政策，不间断地做艰苦细致的思想工作。在此期间，正逢五届全国人大、吉林省人大、吉林省政协会议相继召开，分社组织部分社员参加长春市政协召开的学习座谈会，学习有关会议的文件、社论、文章。又先后学习毛泽东同志1962年《在扩大的中央工作会议上的讲话》、1978年《人民日报》"十一"社论、党的十一届三中全会公报和《告台湾同胞书》等，对社员进行新时期民主党派的性质、地位、作用及恢复组织的重要性和必要性的教育，激发广大社员为社会主义现代化建设贡献力量的热情和干劲。

1979年6—7月间，九三学社长春分社多次召开部分社员会议，学习座谈五届人大二次会议上的《政府工作报告》和邓小平副主席在政协五届二次会议上的开幕词，请全国人大代表吴学周同志传达大会盛况和个人体会。通过学习和听取报告，广大社员为国家进入以实现四个现代化为中心任务的新的历史时期而振奋，为党领导的多党合作事业进入新的历史阶段而鼓舞。会上，社员就民主党派在新的历史阶段的性质和任务，以及加强社会主义民主和社会主义法制等问题，进行了讨论。

1979年10月6日，九三学社长春分社临时领导小组成员和部分社员举行座谈会，学习和讨论中共十一届四中全会公报和叶剑英同志在庆祝中华人民共和国成立30周年大会上的讲话，经过讨论，表示要把九三学社的工作切实转到为四个现代化服务的轨道上来。

1979年11月21日，九三学社长春分社临时领导小组召开领导小组扩大会议，传达学习九三学社第三次全国社员代表大会精神，邓小平副主席在全国政协、统战部宴请民主党派与工商联代表的招待会上的讲话，中共中央统战部部长乌兰夫在各民主党派领导人座谈会上的讲话。

九三学社长春分社恢复组织活动的初期，积极组织部分社员参加长春市政协组织的学习和去吉林市、哈尔滨市、大庆市等地的参观活动，以交流思想、联络感情，在叙旧议新中提高社员对粉碎"江青反革命集团"后大好形势的认识，放眼未来，增强信心。

1980年1月6日，九三学社长春分社副主委杨钟秀在第六次社员代表大会上作工作报告，提出努力学习、解放思想、不断进步、继续改造世界观的号召。组织和推动社员学习马克思列宁主义、毛泽东思想，学习时事政治。继续认真学习叶剑英同志的国庆讲话，把社的思想统一到三中全会"解放思想、实事求是，团结一致向前看"的方针上来，站在理论的高度来认识我国历史性的大转变。在学习中，敞开思想，畅所欲言，实行"三自""三不"方针。通过学习达到解放思想、增强团结、共同进步、献身四化的目的。

1980年9月20日，九三学社长春分社与长春市民盟联合举办了"出访"报告会，会上请九三学社社员袁秀顺、胡振亚，民盟成员王锟等同志分别介绍美、法、日等工业国家的科学技术发展状况，谈个人参观感受，以开阔与会社员的眼界，增强与会社员奋发图强的精神，鼓舞与会社员大干"四化"的斗志。与会社员表示，一些发展较快的国家能够很快地赶上或超过先进国家，都是从利用世界最新科学成就，引进国外先进技术开始的。我们也要学人之长，补己之短，彻底冲破故步自封、夜郎自大的思想牢笼，努力吸取世界人民已经创造的成就，结合我国的经济实践，走自己的道路，加快四化建设的步伐。

1980年10月7日，九三学社长春分社召开全体社员大会，传达五届全国人大三次会议精神。之后，分社又召开了六届三次委员会，委员们对吴学周主委传达的报告进行了讨论。与会人员一致认为五届全国人大会议充满了民主和改革的精神，使大家看到了前途和希望。

1981年3月15—18日，九三学社长春分社召开全体社员大会。会议由分社主委吴学周主持。这次会议，学习了中共中央〔1981〕1号、2号、4号、7号、9号文件，传达了社中央会议精神；学习了胡耀邦同志在全军政治工作会议上的讲话，听取了姚依林副总理的录音讲话，学习了中共中央统战部部长乌兰夫和副部长刘澜涛、平杰三的讲话；听取了中共长春市委书记处书记李一平同志的报告。这次会议做到了：提高了社员对当前政治经济形势的认识，增强了社员的信心；提高了社员对在经济上实行进一步调整，政治上执行进一步安定团结方针的重要意义的认识，明确了任务；提高了社员对加强思想政治工作重要性的认识；讨论新形势下社的作用、任务。通过这次大会，社员表示：必须在思想和行动上同党中央保持政治上的一致，和全国人民一道同心同德干四化。

1981年6月17日，九三学社长春分社召集全体在长春的九三学社社员并邀请长春市科协有关学会负责同志，举办报告会，由分社主委吴学周传达中国科学院学部委员大会精神。九三学社社员怀着"团结起来，发展科学，振兴中华"的雄心壮志，齐聚一堂。吴学周在报告中指出九三学社社员大部分在学术界工作，约占出席学部委员大会人数（90人）的四分之一，这说明我们保持了九三学社的历史特点，也说明我们九三学社在新时期所肩负的历史重任。他号召九三学社社员努力工作，不辜负党和人民的殷切期望，为发展科学事业，促进祖国的社会主义现代化建设作出更大贡献。他还在报告中谈到在科研工作中必须做到两个坚持：一是坚持实事求是，不说空话；二是坚持独立思考，勇于创新。这样，在选择科研项目时才能选得准，才能保持科研的连续性和稳定性。吴学周祝愿大家以科学院第四届学部委员大会为新起点，奋勇攀登科学高峰，为发展科学振兴中华，齐心协力作出新贡献。

1981年下半年，九三学社长春分社按照社中央的布置，要求各支社、小组的广大社员认真学习党的十一届六中全会通过的《关于建国以来党的若干历史问题的决议》（以下简称《决议》）。学习以《决议》为主，结合学习六中全会公报和胡耀邦同志在庆祝党成立60周年大会上的重要讲话，以及报刊上陆续发表的重要文章。学习的两个重要内容：一是充分认识毛泽东同志和毛泽东思想在革命中的历史地位；二是实事求是地评价中华人民共和国成立以来的是非功过。通过学习《决议》，社员们普遍地提高了认识，明确了前进的目标和建设的道路，从而增强了实现新时期历史任务的信心和决心。

1982年4月7日，九三学社长春分社召开第六届委员会第十六次（扩大）会议，学习中共中央〔1982〕12号文件精神和胡耀邦同志在全国统战工作会议上的讲话精神；传达社中央3月在杭州召开的地方组织秘书长会议及长春市政协常委会议的精神。与会同志认为，学习全国统战工作会议精神，提高了自己对统战工作的重要性和必要性的认识，明确了统一战线在新的历史时期的任务和作用，增强了自己搞好统战工作的信心，鼓舞了自己搞好本职工作、为四化建设作贡献的干劲。

1982年5月19日，九三学社长春分社召开委员（扩大）会议，讨论《中华人民共和国宪法（修改草案）》。关实之副主委主持了这次会议。会上，大家各抒己见，畅所欲言，进行了热烈的讨论。与会者一致认为，《中华人民共和国宪法（修改草案）》的公布及交付全民讨论，是我国人民政治生活中的一件大事。九三学社社员一定要立即行动起来，积极投入讨论《中华人民共和国宪法（修改草案）》的工作中。

1982年9月，党的十二大胜利召开。九三学社长春分社于9月25日召开第二十二次委员（扩大）会议，布置学习党的十二大文件的任务，分社下属各支社、小组纷纷举行座谈会，在座谈会上，与会社员认为，胡耀邦同志在报告中指出的"要继续坚持'长期共存、互相监督、肝胆相照、荣辱与共'的方针，加强同各民主党派的合作"，充分体现了中国共产党对民主党派的重视和信任，并表示决心在中国共产党的领导下，在国家的政治生活和四化建设中发挥积极作用。

1982年12月1日，九三学社长春分社召开第二十四次委员（扩大）会议，学习座谈五届人大五次会议通过的新宪法。肖蔚副主委表示，新宪法充分肯定了包括各民主党派在内的爱国统一战线的重要历史作用，并指出在国家政治生活中要进一步发挥它的重要作用，这对我们民主党派成员是莫大的鼓舞。我们一定要在党的领导下，自尊、自强、自治，把党派工作活跃起来，为新宪法的实施和经济振兴贡献力量。会议一致认为，要认真组织好全体社员学习、宣传新宪法，维护宪法的尊严，保证宪法的实施，为社会主义法制建设贡献力量。

1983年7月9日，许德珩主席在社中央学习会上提出九三学社社员要认真学习《邓小平文选》，通过学习端正方向，坚定信念，在祖国四化建设的各项工作中贡献自己的聪明才智。他要求九三学社社员特别要学好文选中关于知识和知识分子问题、教育问题以及思想战线各方面工作的重要论述，把它作为强大的思想武器，增强团结，在党的领导下，推进各项事业。分社发出通知，要求各基层组织在所在单位党政领导下，积极配合，组织全体社员认真学习《邓小平文选》。

1983年10月15日，九三学社长春分社召开委员和基层组织负责人座谈会，学习《中共中央关于整党的决定》。与会同志坚决拥护整党的决定，并表示要以"肝胆相照、荣辱与共"的亲密关系关心整党，进一步同党中央保持一致。大家充满信心地说："通过整党，党会更坚强，更纯洁，更富有战斗力，更好地担负起把我国建设成为现代化的高度文明、高度民主的社会主义国家的历史重任。"

1984年3月15—17日，九三学社长春分社召开第七次社员大会。大会议程之一是传达九三学社第四次全国社员代表大会精神，并提出今后宣传工作方面的任务：认真学习《邓小平文选》和党的十二届二中全会文件，加强思想政治工作，抵制和清除精神污染，促进社会主义精神文明建设。

1984年9月13日，九三学社吉林省筹委会、九三学社长春市委员会联合召开庆祝中华人民共和国成立35周年座谈会。会议由陈秉聪主委主持，中共吉林省委统战部党派处高文善同志到会并作了讲话。座谈会上，与会同志纷纷赞颂这35年我国在科研、高教、医卫、工程技术等方面的发展和成就，特别是粉碎江青反革命集团后的大好形势，认为这些成就足以证明唯有中国共产党才能救中国，坚持党的领导，走社会主义道路，是取得伟大成就的根本保证，在新技术革命迅猛发展的时代，要抓住时机，发挥科技优势，为争取早日赶上世界先进水平作出贡献。也有同志提出，目前知识老化加速，需要不断更新知识，以适应新时期、新技术的要求。

1985年12月3日，九三学社长春市委员会召开基层工作会议。总结了思想建设方面取得的主要经验：1.明确思想政治工作的重要意义，把提高社员的思想觉悟和政治素质放在各项工作的首位。在新的历史时期，特别是在改革开放的新形势下，思想政治工作非但不能削弱，而且必须大力加强。2.加强思想建设，必须理论联系实际。在开展思想教育的过程中，注意有的放矢，针对社员的思想实际开展学习活动。3.坚持思想政治工作必须讲求实效，不能走过场，不做表面文章。思想工作必须"务实"，不能"务虚"。4.思想工作的形式必须多样化，这样才能既有利于社员的岗位工作，又坚持思想政治工作的经常性。

1986年6月2—3日，为了贯彻党的全国代表大会精神，加强社的自身建设，发扬自我教育的优良传统，九三学社长春市委员会在吉林农业大学召开了首届思想政治工作会议。会上学习了1981年以来中央领导同志关于社会主义精神文明建设的一系列论述、中共中央统战部部长阎明复1986年1月4日在九三学社全国工作会议上的讲话以及中共中央统战部关于民主党派加强自身建设的有关文件，对今后如何进一步加强社的思想政治工作提出了要求。

1986年下半年，九三学社长春市委员会组织社员学习中国共产党第十二届六中全会决议，重点学习《关于社会主义精神文明建设指导方针的决议》。社市委下发了学习通知，培训了学习骨干。通过学习讨论，各级组织都认识到，积极投身社会主义精神文明建设是九三学社广大社员的光荣任务。社员表示在进行理想道德教育，普及和发展教育科学文化，培养有理想、有文化、有纪律的社会主义建设人才方面，九三学社社员要作出应有的贡献。

1987年1月14日，九三学社长春市委员会邀请高教界部分社员就反对资产阶级自由化问题进行了座谈。大家认为，反对资产阶级自由化是一场严肃的斗争，关系到党的命运、社会主义的前途及全面改革和对外开放的成效。我们一定要认清这场斗争的重要性和必要性，坚定执行党的十一届三中全会的路线、方针、政策，和党中央在政治上、思想上保持高度一致。与会社员还用马克思主义的观点对"民主问题"进行了分析。

1988年6月8—9日，九三学社长春市委员会在吉林省社会主义学院举办党的十三大文件学习班。学习班分4个专题进行了学习座谈讨论：1.党的十三大报告的基本精神、党的十三大的历史地位；2.社会主义初级阶段党的基本路线；3.在改革开放中推进经济建设；4.关于政治体制改革和建设有中国特色的社会主义。与会社员观看了袁木等人关于党的十三大报告中某些内容的解说录像，并就工资、物价、教育、党风4个问题展开了热烈的讨论。与会社员坚持解放思想、实事求是的思想路线和理论联系实际的学风，在学习中认真思考、敞开思想，畅所欲言。通过学习，与会社员加深了对党的十三大报告的基本精神和社会主义初级阶段基本理论与基本路线的理解，明确了今后的工作方针和主要任务。

1988年9月14日，九三学社长春市委员会召开由各高校基层组织负责同志参加的教育问题研讨会。与会社员对我国已颁布的《中华人民共和国义务教育法》落实情况不理想感到担忧，认为必须制定一个统管整个教育系统的《普通教育法》，以确保社会主义教育方针正确贯彻执行。会上，大家就解决教育经费短缺问题进行了探讨，提出几项比较可行的办法：1.继续坚持勤工俭学。2.增加税收。3.奖励集资办学。

1989年7月1日,九三学社长春市委员会召开八届三次全委(扩大)会议,学习邓小平同志的讲话,传达十三届四中全会精神,与会成员认为十三届四中全会开得非常及时,表示坚决拥护全会作出的各项决定。会上,还学习了江泽民总书记在中共中央召开的党外人士座谈会上的重要讲话。

1989年10月18日,九三学社长春市委员会召开八届四次全委(扩大)会议,会上着重学习了江泽民同志在中华人民共和国成立40周年庆祝大会上的讲话,传达了中共中央统战部〔89〕2号文件、九三学社中央召开的"组织宣传工作会议"文件和"市各民主党派组织工作座谈会纪要"精神。陈秉聪主委指出,在学习中,要结合社内思想实际,特别是要围绕坚持四项基本原则,彻底反对资产阶级自由化、坚持中国共产党领导的多党合作和政治协商制度等问题进行学习和讨论。与会者认为,江泽民同志的讲话对统一全国人民的思想和提高认识,起到了重要作用。江泽民同志的讲话,总结了40年来我国在社会主义建设事业中所取得的成就和存在的不足,回答了全国人民关心的大事,同时也说出了我们的心里话。大家认为〔89〕2号文件使各民主党派成员消除了顾虑,坚定了对党领导的多党合作的信心,有利于进一步完善党领导的多党合作制度,加速民主与法制建设的进程。

1990年1月9日,九三学社长春市委员会召开形势报告会,深入学习和领会中共中央十三届五中全会精神,正确认识东欧形势。会议邀请吉林大学教授、苏联及东欧经济学专家穆中魂作了辅导报告。报告指出,五中全会中提出的治理、整顿并不意味着改革将停止,而是为了使改革顺利进行,清除改革道路上的障碍。同时要认识到改革的艰巨性和长期性,要结合我国的实际,把我国的经济建设继续推向前进。对待东欧一些社会主义国家近期发生的突变事件,广大社员要保持清醒的头脑,要结合我国的历史和现实来分析为什么我国的社会主义建设事业必须由中国共产党来领导。民主党派接受中国共产党的领导是历史的必然。会上要求与会者要学一点哲学,用辩证的观点去观察、思考和分析问题,要坚定不移地同中国共产党保持一致,发扬九三学社民主与科学的光荣传统,协助中国共产党渡过难关。

1990年3月初,九三学社长春市委员会召开八届十三次全委会议,学习贯彻《中共中央关于坚持和完善中国共产党领导的多党合作和政治协商制度的意见》（中发〔1989〕14号文件）。中旬，召开基层组织负责人会议，交流学习情况。4月下旬，社市委召开八届十四次全委会议，讨论并通过了《九三学社长春市委关于学习贯彻14号文件的规划》和《学习14号文件专题轮训班计划》。按照计划，社市委从5月上旬开始，到7月中旬为止，共举办3期学习14号文件专题轮训班，22个基层组织的145名社员接受了培训。通过学习，社员们对14号文件的精神实质和主要内容有了较深入的理解，明确认识到：加强和改善中国共产党的领导和发扬社会主义民主是贯彻14号文件的主线；坚持四项基本原则是多党合作的政治基础。从而提高了认识，统一了思想。

1990年，九三学社长春市委员会为提高社员坚持四项基本原则和反对资产阶级自由化的自觉性，协助党和政府进一步做好治理整顿和深化改革工作，对社员进行了国际国内形势政策教育。1月9日，请吉林大学穆中魂教授向吉林农业大学等5个基层组织的社员作了关于学习中共十三届五中全会文件和如何认识苏联及东欧局势急剧变化的辅导报告。2月6日、3月22日和12月27日，又分别组织各基层组织负责人听取了杨继笑、谷长春、邢志等省市委领导同志关于苏东形势、世界战略格局、海湾战争等问题的报告。这些学习活动，促使广大社员从反渗透、反颠覆和反"和平演变"的角度去观察、分析国际国内形势，深入思考在反"和平演变"过程中如何经受锻炼和考验等问题。广大社员深感建设社会主义不搞改革开放不行，搞改革开放不坚持四项基本原则不行。我们必须坚决贯彻党的基本路线，不断增强走有中国特色的社会主义道路的信心和勇气。

1992年7月25日，九三学社长春市委员会召开九届三次全委（扩大）会议，传达学习中共长春市委七届十次常委（扩大）会议精神，讨论了《中共长春市委长春市人民政府关于深化改革　扩大开放　促进经济更快更好地上新台阶的决定》。经过学习，与会同志深受鼓舞，一致认为，中共长春市委、长春市政府的这一决定是长春市深入贯彻落实邓小平同志南方谈话精神，中共中央〔1992〕2号、4号文件精神和中共吉林省委工作会议精神以及中共长春市委七届十次常委（扩大）会议精神的决定，是长春市经济建设和改革开放开始进入一个新时期的标志。会议对全体社员提出以下要求：1.要进一步学习邓小平同志的重要讲话，提高贯彻党的"一个中心，两个基本点"的基本路线的自觉性。2.提高参政议政水平,充分发挥参政议政的整体功能。3.调动社员的积极性,努力做好本职岗位工作。

1993年,九三学社长春市委员会建立了每季一次组宣工作例会制并持续到1994年,工作例会上主要讨论怎样认识社会主义市场经济、如何理解知识分子下海和反腐倡廉等热门话题,这一制度加强了社市委和基层的联系。

1994—1998年是全面学习邓小平同志建设有中国特色社会主义理论,深入贯彻中共中央全会精神的5年。九三学社长春市委员会于1994年4月初举办了《邓小平文选》学习班,培训了部分基层组织负责人及理论骨干;8月,组织学习了《邓小平文选》和《九三学社章程》,并开展了百题竞赛,平均成绩达88.17分,有3位社员得满分。1998年,九三学社长春市委员会开展了"学社史,继传统,展风采"活动,对广大社员进行传统教育。

1999年7月,九三学社长春市委员会在北戴河举办了基层组织宣传委员学习班,探讨了新时期民主党派思想政治工作的特点和方法,交流了基层的经验,并进行了统战理论研讨。

2000年3月29日,九三学社长春市委员会组织社员参加报告会,听取长春市人大常委会主任张明远、长春市政协主席张绪明向长春市各民主党派、工商联、台联、侨联、民族宗教界人士代表传达了九届全国人大三次会议和全国政协九届三次会议精神。两位市级领导向与会人员介绍了两会概况,传达了两会关于国企改革脱困、加强农业基础地位、西部大开发、加入世贸组织、依法治国等方面的精神以及他们参加两会的体会。

2001年,江泽民同志《在庆祝中国共产党成立八十周年大会上的讲话》发表后,九三学社长春市委员会组织基层社员和机关干部召开多次座谈会,认真学习讲话精神,深入领会"三个代表"重要思想的内涵,学习讲话中提出的怎样看待非公经济人士、如何理解新时期党的先进性和工人阶级的先进性,以及党的基层组织建设等方面的新观点。在讨论中,社员提出要向中国共产党学习,解放思想,开拓思路,找到一条适合民主党派发展的新路子,使社市委的各项工作符合时代发展的要求,更好地发挥参政党的职能,为长春市的经济社会发展作出新的贡献。

2002年5月31日,江泽民同志在中央党校省部级干部进修班毕业典礼上发表了重要讲话，为党的十六大的召开做重要的政治、思想和理论准备。为推动广大社员深入学习和理解"5·31"讲话精神，九三学社长春市委员会组织社员专题学习了中共中央党校周锡荣教授的辅导报告，重点学习"5·31"讲话的12个要点。党的十六大闭幕后，社市委立即下发了学习通知，在全社掀起了学习党的十六大会议精神的高潮。12月27日，社市委组织基层组织负责人和新社员培训班成员60余人参加了中共长春市委统战部举办的全市统战系统学习党的十六大精神报告会，聆听党的十六大代表的切身体会，真切感受到党制定的新世纪、新阶段宏伟目标代表了最广大人民的根本利益，进一步坚定了接受中国共产党的领导、走有中国特色社会主义道路的决心和信心。各基层组织纷纷召开座谈会，畅谈学习体会，抒发喜悦之情，表达坚定信心。

2003年，九三学社长春市委员会领导和基层骨干社员带头学习，先后参加了省、市举办的各种培训班，通过学习，进一步提高了领导班子成员的政治素质。在此基础上，根据九三学社中央的精神，社市委先后下发了《关于认真学习贯彻胡锦涛同志在"三个代表"重要思想理论研讨会上重要讲话的通知》《关于认真学习中共十六届三中全会精神的通知》，以基层组织为单位广泛开展学习，达到了增强全体社员的参政党意识，提高全体社员的参政议政能力的目的。

2004年，九三学社长春市委员会通过各种会议，有计划地组织和引导全体社员认真学习"三个代表"重要思想、党的十六大精神和中共十六届四中全会精神，帮助社员深入理解党的基本理论、基本路线及各项方针、政策，了解当代世界经济、科技、法制等方面的发展趋势，理解和掌握党领导的多党合作理论。针对社员结构的变化，社市委加强对中青年社员开展九三学社优良传统教育、形势和政策教育，先后组织他们听取了长春市人大常委会主任李述同志传达十届全国人大二次会议精神报告会、九三学社中央常务副主席陈抗甫在长春作的《加强自身建设、努力提高参政议政能力和水平》专题报告、中共长春市委统战部和长春市社会主义学院联合举办的经济形势报告会、九三学社吉林省委李慧珍主委为长春市参政议政骨干和青年委员会作的《学习科学发展观，搞好参政议政工作》专题讲座。促进社员以参政党一员的身份关心国家大政方针，增强坚持中国共产党领导的多党合作和政治协商制度的自觉性，激发社员的责任感、使命感和参政议政的积极性。

2005年，《中共中央关于进一步加强中国共产党领导的多党合作和政治协商制度建设的意见》（中发〔2005〕5号文件）颁发后，九三学社长春市委员会以主委会、常委会、理论学习中心组、党外后备干部培训班、骨干成员培训班、新社员培训班、基层组织活动、社刊、网站等多种形式和载体，组织领导班子和广大社员深入学习，领会精神，贯彻落实。

2006年，九三学社长春市委员会组织社员学习中发〔2006〕5号文件精神，下发了《关于学习〈中共中央关于加强人民政协工作的意见〉的通知》。基层组织在社务活动中组织专题学习。社内政协委员参加了社省委召开的委员学习座谈会。社市委在全社组织社员学习中共十六届六中全会精神，号召广大社员为构建社会主义和谐社会建言献策，献计出力。

2007年，党的十七大召开后，九三学社长春市委员会机关干部和基层组织社员收听收看了胡锦涛同志所作的工作报告，听取了吉林省社会科学院院长邴正所作的学习党的十七大精神报告、长春欧亚商都董事长曹和平同志所作的学习党的十七大精神辅导报告。基层组织也分别召开了学习座谈会。社员一致表示要把学习党的十七大精神同做好社务工作和岗位工作联系起来，以实际行动贯彻好党的十七大精神。《长春日报》介绍了九三学社长春市委员会的学习情况和取得的成果。

2008年，九三学社长春市委员会组织社员深入学习贯彻党的十七大会议精神，在开展的政治交接学习教育活动过程中紧密结合党的十七大及两会精神，各项社务工作取得了新的进展。

2009年，九三学社长春市委员会开展学习实践科学发展观活动。科学发展观是包括民主党派广大成员在内的全国人民的最大共识，是巩固发展统一战线的行动指南和共同的思想政治基础。社市委精心组织，周密安排，在全社范围内开展了学习实践科学发展观活动，其中以社市委机关为重点，开展了多种形式、内容丰富的学习实践活动。在这次科学发展观学习实践活动中，做到了理论联系实际，理论指导实践，社员和专职干部通过学习提高了思想素质，拓宽了工作思路，增强了改革创新意识，提高了为加快发展服务的水平。

2010—2012年，九三学社长春市委员会开展为期3年的树立和践行社会主义核心价值体系学习教育活动。教育活动坚持以邓小平理论、"三个代表"重要思想和科学发展观为指导，结合学习贯彻"同心"思想，深化共识教育，打造"同心"品牌，把"同心"实践活动融入社市委的社务工作中，推动了社市委各项工作再上新台阶。

2012年11月8—14日，中国共产党第十八次全国代表大会胜利召开。8月15日，长春市政协副主席、九三学社长春市委员会主委张红星参加了由中共长春市委统战部召开的长春市各民主党派负责人学习党的十八大会议精神座谈会并作了发言。同时，九三学社长春市委员会组织部分基层组织负责人参加了中共吉林省委统战部组织的全省民主党派基层组织负责人学习党的十八大会议精神辅导报告会，听取了吉林省社科院党组书记马克同志作的党的十八大精神的辅导报告。社市委向各基层组织下发了《关于学习贯彻党的十八大会议精神的通知》，要求基层组织广大社员认真研读党的十八大报告，领会精神实质，紧密联系思想实际和工作实际，把全体社员的思想认识统一到党的十八大精神上来，把智慧和力量凝聚到更好地促进和服务科学发展、全面建成小康社会上来，努力做好参政议政工作，为完善和发展社会主义协商民主作出应有贡献。

2013—2015年，九三学社长春市委员会结合党的十八大，中共十八届三中、四中、五中全会精神，习近平总书记的系列重要讲话精神及中央统战工作会议的学习，在全市各基层组织和全体社员中开展"坚持和发展中国特色社会主义"学习实践活动。社市委在实践活动中通过开展学习九三学社先进人物、加强基层组织建设、开展建社纪念活动、举办社史专题报告会、培训骨干社员等形式多样的实践活动，凝聚思想共识，传承政治薪火，继承优良传统，巩固党领导的多党合作共同思想基础。学习实践活动使广大社员特别是领导班子和骨干社员对中国特色社会主义的认识普遍提高，道路、理论和制度自信进一步增强；对多党合作制度优越性的认识普遍提高，坚持中国共产党领导的自觉性和坚定性进一步增强；对九三学社作为中国特色社会主义参政党的性质、地位和历史使命的认识普遍提高，履行参政党职能的能力进一步增强；对爱国、民主、科学核心价值理念的认同感普遍提高，九三学社组织的向心力、凝聚力进一步增强。

2016年，九三学社长春市委员会深化学习教育，组织基层社员认真学习中共中央重大决策部署,加强对广大社员的思想引导,提高社员的整体素质。为做好换届工作,社市委重点加强领导班子成员的政治理论学习,组织社市委常委多次集中学习习近平总书记系列重要讲话精神、党的十八大及历次全会精神、中央统战会议精神、《中国共产党统一战线工作条例》,研讨政党协商在继承中发展的有关问题。通过学习,提高了常委会成员的政治把握能力,明确了今后参政议政工作的任务和努力方向。

2017年,九三学社长春市委员会学习贯彻中共十八届六中全会精神、习近平总书记在省部级主要领导干部研讨班上的重要讲话,特别是党的十九大召开后,社市委把学习贯彻党的十九大精神和"不忘合作初心,继续携手前进"专题教育相结合,以多种形式组织全体社员认真学习贯彻党的十九大精神,牢固树立"四个意识",坚定"四个自信",坚决维护以习近平同志为核心的党中央的权威,在政治上、思想上、行动上与中共中央保持高度一致。

2018年,九三学社长春市委员会组织基层广大社员深入学习贯彻习近平新时代中国特色社会主义思想和党的十九大精神。年初,社市委向基层组织下发了党的十九大报告等系列辅导学习读本,要求基层组织社员将报告原文和辅导学习读本有机结合,开展系统学习。结合九三学社吉林省委员会开展的文化读书月活动,要求社员撰写心得体会,牢固树立"四个意识",坚定"四个自信",做到"两个坚决维护",认真履行参政议政的职责使命,在思想上、政治上、行动上同以习近平同志为核心的党中央保持高度一致,不断夯实团结奋斗的共同思想政治基础。全国两会闭幕后,社市委立即组织社员学习全国两会精神,邀请吉林省委党校袁中树副教授为基层组织负责人和全体机关干部作了全国两会精神辅导报告。

2019年,九三学社长春市委员会组织全体社员深入学习贯彻习近平新时代中国特色社会主义思想、中国共产党十九届四中全会精神、全国两会精神。社市委组织社员重点学习习近平总书记在纪念五四运动100周年大会上的重要讲话精神,不断加深全市社员对习近平新时代中国特色社会主义思想的领会和把握,对爱国、民主、科学优良传统的认识和传承,对中国特色社会主义参政党建设目标的思考。全国两会召开后,社市委立即下发通知,要求基层组织认真做好全国两会的收看、两会精神的学习和贯彻落实。

2020年，九三学社长春市委员会结合疫情防控大力做好宣传工作，统一思想，共克时艰。社市委要求基层组织负责人及全体机关干部认真学习习近平总书记关于疫情防控工作的系列重要讲话精神、学习中央应对新型冠状病毒感染肺炎疫情工作领导小组会议精神。要求各基层组织负责人及全体机关干部在思想上与中央保持高度一致，按照科学的方法认真做好疫情防控，不听信、不散播不实消息。疫情防控阻击战取得初步胜利后，社市委立即召开主委会、常委会，全体班子成员深入学习习近平总书记关于疫情防控工作的系列讲话精神，深刻把握后疫情时代推动经济社会发展的现实挑战。同年，社市委为贯彻落实中共长春市委统战部开展的"大学习"活动，有针对性地组织全体机关干部及部分骨干社员300人次参加由社中央、社省委、中共长春市委统战部组织的各类线上线下学习活动，学习习近平新时代中国特色社会主义思想及统一战线相关政策理论等，特别是习近平总书记在吉林考察时的重要讲话精神及中共十九届五中全会精神。

2021年，九三学社长春市委员会以召开专题常委会议，组织报告会、座谈会，微信公众号、网站推送学习专栏等多种形式，组织全市社员认真学习中共十九届五中、六中全会精神，习近平总书记重要讲话重要指示精神，习近平总书记在庆祝中国共产党成立100周年大会上的讲话精神以及《中国共产党统一战线工作条例》《九三学社章程》《九三学社纪律处分办法》等重要文件。指导并引领社员坚持用习近平新时代中国特色社会主义思想武装头脑，强化社员作为中国特色社会主义亲历者、实践者、捍卫者的责任担当，使社员自觉把中国特色社会主义作为共同理想信念、共同前进方向、共同奋斗目标。

2022年，九三学社长春市委员会以多种形式组织全市社员认真学习中共十九届六中全会精神、党的二十大精神、习近平总书记重要讲话重要指示精神、中央统战工作会议精神和《中国共产党政治协商工作条例》。组织全市社员通过网络观看党的二十大开幕实况和介绍解读党的二十大报告的新闻发布会。在社员中开展征文活动，社市委主委、副主委及基层组织负责人共提交学习心得46篇。组织开展党的二十大精神学习报告会，市委会委员、基层组织负责人及部分骨干社员共70余人通过网络视频参加了学习。为了将学习活动不断引向深入，还创新形式，围绕学习贯彻党的二十大精神在全市社员中开展网络知识竞赛，1518名社员参与了网上答题。

2023年，九三学社长春市委员会按照社省委要求开展"凝心铸魂强根基、团结奋进新征程"主题教育活动，6月12日，社市委举办主题教育专题讲座暨理论学习中心组（扩大）学习会议，社市委领导班子成员及50余名骨干社员参加了学习。通过组织参加各类线上线下培训、以微信公众号及第十五届基层组织主委工作群推送学习内容、下发学习资料等多种形式，组织领导班子成员及全市社员认真学习习近平总书记重要讲话重要指示精神。组织社市委委员、基层组织负责人及部分骨干社员通过"社员之家"App参加九三学社中央举办的专题政治辅导"网络课堂"4次。多次组织基层组织负责人、骨干社员和机关干部参加省、市统战系统理论学习报告会。

## 第三节　开展统战理论学习、研究和实践

1985年8月15—17日，九三学社长春市委员会在九台县土门岭镇召开首次统战理论讨论会，来自17个基层组织的35名社员参加了会议。这次会议的主要任务是学习、研究并掌握统一战线的基本理论，特别是新时期统一战线理论，提高贯彻执行党的统战方针和政策的自觉性，更好地完成党赋予民主党派的各项统战任务。会议着重讨论了4个问题：1.统一战线的基本理论；2.统一战线与四化建设；3.民主党派在四化建设中的地位和作用；4.关于知识分子问题。其中统一战线与四化建设问题为中心议题。会议共收到13篇论文和5篇比较详细的发言提纲。与会社员的主要收获有：1.对马克思主义经典著作中所阐述的统一战线的基本理论进行了较为深入的学习和探讨。2.进一步肃清统战工作中"左"的思想影响。3.认识到加强统战理论学习对民主党派的自身建设有着极其重要的作用。4.提出学习统战理论应遵循理论联系实际的原则，不"唯书"、不"唯上"，注意面向实际。

1986年11月7—8日，九三学社长春市委员会在机关会议室召开第二次统战理论讨论会。参加会议的有社市委领导陈秉聪、王允孚、王维兴、于荣筠，九三学社吉林省委员会副主委肖蔚，中共长春市委统战部部长李友三和调研处处长白玉明，各基层组织的主要负责人，论文作者，共53人。肖蔚和李友三在会上作了讲话。会议共收到23篇论文，宣读了18篇。会议充分发扬学术民主，就"一国两制"的有关问题，展开了热烈讨论。

1988年10月19日，九三学社长春市委员会召开第三次统战理论讨论会。22个基层组织的31名社员参加了会议。11名社员在会上宣读了论文。他们结合新时期统一战线的特点和任务，从理论和实践两个方面提出自己的见解和观点。之后，与会社员对5个专题进行了讨论：1.认清形势，统一思想，与党同心同德共渡难关；2.统一战线要为发展生产力服务；3.完善中国共产党领导

的多党合作和政治协商制度；4.增强民主意识和政党意识，提高参政议政能力；5.增强九三学社组织活力和凝聚力。研讨会开得生动活泼，达成了预期的目标。

1990年12月13日，九三学社长春市委员会召开第四次统战理论讨论会。参加会议的基层组织负责人和论文作者共40余人。会上共宣读论文16篇，分别讨论了5个问题：1.中国共产党领导的多党合作是中国政治制度的特点和优点；2.加强民主党派的自身建设；3.增强民主党派的政党意识；4.执政党与参政党的监督关系；5."一国两制"与海外统战工作。会议着重对民主党派如何充分发挥参政党作用和进一步加强自身建设这两个问题进行了讨论，并就许多问题达成了一致意见。

1993年8月10日，九三学社长春市委员会召开第五次统战理论讨论会。基层组织负责人和论文作者共30余人出席会议。会上，8名社员宣读了论文。会议的中心议题是：民主党派在当前我国加快改革开放和现代化建设步伐的新形势下如何更好地发挥参政党的作用。与会社员就建设有中国特色的社会主义与统一战线、民主党派如何服务社会主义市场经济、发扬传统搞好参政议政、人民政协的民主监督、大力加强法制确保社会治安等问题进行了探讨。

1995年11月22日，九三学社长春市委员会召开第六次统战理论研讨会。基层组织负责人及论文作者共35人出席会议。会议共收到论文11篇，其中心议题是：围绕统战工作的新形势、新特点，民主党派如何在建设社会主义市场经济过程中发挥民主党派优势，如何提高参政水平等。本次统战理论研讨会对提高广大社员参政议政的政治热情和统战理论水平起到了推动作用。

1997年11月25日，九三学社长春市委员会召开第七次统战理论研讨会。基层组织的40余名社员参加了会议。会议共收到论文25篇，其主题为统一战线与社会主义精神文明建设。会上，8名社员作了大会发言，他们围绕中国共产党领导的多党合作、民主党派参政议政、民主党派的凝聚力和向心力、民主党派机关建设、民主党派在社会主义精神文明建设中的作用等问题进行了论述。

2002年8月，中共长春市委组织部、统战部联合在长春宾馆举办了新时期统一战线理论学习专题报告会，中共中央统战部副部长朱维群作了题为《统一战线与中国特色社会主义》的报告，报告联系改革开放和现代化建设的实际，站在新世纪统一战线工作的全局高度，阐述了新时期统一战线的现实意义、根本任务和成功的关键。与会社员进一步了解和掌握了党的统战工作方面的有关方针政策，为开展社务工作奠定了思想理论基础。同年，基层组织在九三学社长春市委员会的统一部署和指导下，通过基层组织负责人的精心组织，以多种形式把理论学习融入社务活动中，充分发挥理论在思想政治工作中的基础性作用。社市委有4篇理论成果上报中共长春市委统战部，论文密切结合民主党派工作实践探讨参政党自身建设中的一些具体问题，对社市委的工作开展很有启迪。

2004年，九三学社长春市委员会在北戴河举办了首次异地参政议政、统战理论培训班，系统学习了《九三学社中央关于加强参政议政工作的若干意见》，学习讨论了《大国崛起的历史经验与中国的选择》等理论文献，同时，与会者就新时期统战理论进行了学习和交流，并有3位社员提交了书面论文。通过这次办班，与会者了解了当今我国所处的政治经济形势及社会环境，明确了新时期民主党派工作的目标和任务，明确了九三学社中央关于参政议政工作的十项具体要求。大家一致表示这样的培训针对性强，效果明显，感受到了肩负的责任和组织的期望。

2005年，在深入领会《中共中央关于进一步加强中国共产党领导的多党合作和政治协商制度建设的意见》（中发〔2005〕5号）的基础上，九三学社长春市委员会在基层组织中开展了"参政党能力建设"大讨论活动。各基层组织围绕社市委下发的30个参考题目展开学习研讨，并提交了14篇理论文章，其中有6篇论文在中共长春市委统战部召开的参政党能力大讨论总结研讨会上进行了交流。在参政党理论建设方面做了初步的探索。同年，社市委对近几年的参政议政工作进行了回顾，总结了工作中的成功经验和不足，明确了今后工作努力的方向，并在2005年6月九三学社吉林省社务工作会议上作了大会发言。同时，社市委组织社内理论骨干对参政党职能的发挥和自身建设发展在理论上进行了研讨，并撰写了3篇论文，推动了社市委的理论建设工作。

2007年5—7月，九三学社长春市委员会为提高骨干社员的思想政治素质和统战理论修养，有计划地对35名理论骨干进行系统学习培训。学习的重点是：全面深刻理解中国特色政党制度，明确参政党的性质、任务，从理论上进行一次系统全面的学习。通过学习，建立了一支比较年轻、思想比较活跃的理论骨干队伍。

2008年1月8日，为检验全省政治交接学习教育活动的情况，把九三学社老一辈领导人坚持走中国特色社会主义政治发展道路的传统、信心和决心传承下去，保证中国共产党领导的多党合作和政治协商制度得到更好的坚持和发展，九三学社吉林省委员会举办了统战理论知识竞赛，九三学社长春市南关区委员会代表社市委参加了比赛。经过激烈的竞赛，由九三学社长春市南关区委员会主委孙洪凯带队，栾岚、陈宇光、马迪三位社员组成的代表队荣获一等奖。

2010年，九三学社长春市委员会参与九三学社中央举办的"九三学社树立和践行社会主义核心价值体系研讨会"论文征集活动，报送九三学社吉林省委员会3篇理论文章，其中1篇论文在九三学社中央召开的全国理论研讨会上进行了交流。

2011年6月17日，九三学社吉林省委员会在长春市团结大厦13楼举办庆祝建党90周年"同心行"知识竞赛。本次竞赛试题共100题，基本涵盖了中国共产党90年的历史，并力求突出党的历史发展的主题和主线、主流和本质，全面反映党的不懈奋斗史、理论创新史和自身建设史，内容涉及政治、经济、文化、社会、军事、外交等领域。参加比赛的共10支代表队，九三学社长春市委员会派出由栾岚做领队，由高艳、贾馨鑫、袁笠恒组成的代表一队和由王宁、闫俊仁、胥丹组成的代表二队。现场比赛包括必答题、抢答题、共答题三部分，经过激烈的角逐，社市委两个代表队分别获得一等奖和优秀奖。

2011年，九三学社长春市委员会参加九三学社全国副省级城市第五次工作联席会，会议以"树立和践行社会主义核心价值体系"为主题进行了交流和研讨，社市委在会上提交了题为《关于树立和践行社会主义核心价值体系》的论文并在会上作了书面交流。同年，完成中共长春市委统战部统战理论项目"基于长春市城市凝聚力的统一战线工作研究"。

2012年，九三学社长春市委员会在九三学社中央理论课题招标中中标，高质量地完成了中标课题"深入探讨民主党派政治交接性质、内涵、重点和意义，积极探索建立民主党派政治交接长效机制"，此课题成果被选入九三学社中央出版的理论专集中。同年，社市委按照九三学社中央的通知精神，以九三学社的成立与发展、指导思想、自身建设、爱国民主科学精神等与马克思主义的关系为选题，组织社内有理论研究经验的社员撰写理论文章，报送社省委参加九三学社中央思想建设研究中心组织的研讨会，共提交论文6篇；在年内九三学社全国副省级城市工作联席会议上，社市委提交了题为《关于民主党派和谐机关建设的点滴思考》的论文，并在会上作了书面交流。

2014年，九三学社长春市委员会在"九三学社中央坚持和发展中国特色社会主义论坛"论文征集活动中，提交了题为《微博要塞战术》的论文，经社省委报送九三学社中央。

2015年，九三学社长春市委员会在中共长春市委统战部论文征集活动中，提交了2篇论文，分别为《新形势下统战宣传工作的内容与任务、方式与载体以及未来五年工作思路》《新形势下民主党派如何加强在公共管理中的作用》。同年，社市委按照"九三吉省发〔2015〕4号文件"精神，在全社开展了"树立和提高参政党意识大讨论"活动，并就这一主题开展了征文活动，共征集论文17篇。

2017年10月17—18日，九三学社长春市委员会承办了九三学社全国副省级城市第十一次工作联席会议。哈尔滨、长春、沈阳、大连、济南、青岛、成都、西安、武汉、南京、杭州、宁波、厦门、广州、深圳的九三学社地方组织共80余人参加了会议。现任全国政协副主席、九三学社中央常务副主席邵鸿出席会议并作了重要讲话，吉林省政协副主席、九三学社吉林省委员会主委支建华，中共长春市委常委、统战部部长刘德生莅临会议指导。本次联席会议以"新形势下如何加强民主党派民主监督职能"为主题，与会代表紧紧围绕会议主题作了大会交流。会议得到与会代表的一致高度评价，各个方面都得到了充分的肯定和称赞。

2018年，九三学社吉林省委常委、九三学社长春市直属新区委员会主委石浩男在《中央社会主义学院学报》发表《民主党派参政议政创新与国家治理现代化》；2019年11月，石浩男在《光明日报》发表署名文章《充分发挥民主党派在政治协商中的作用》，被求是网、中工网、团结网、九三学社中央网站、九三学社吉林省委网站转载。

2019年，九三学社中央在全社开展了"五四运动精神与新时代九三学社发展研讨会论文"征集活动，九三学社东北师范大学委员会高玉秋、九三学社长春市绿园区委员会安璀颖、九三学社长春市朝阳区委员会李小霞提交了论文。九三学社长春市委员会和长春市社会主义学院联合申报了中共长春市委统战部统一战线理论政策研究课题，撰写了题为《新型政党制度在基层落实有效途径的研究——以长春市为例》的论文。

2020年，九三学社长春市委员会为了更好地掌握社员的思想状况，更有针对性地开展宣传工作，通过微信、电话等形式采集社员当前关注的热点问题，对新冠肺炎疫情暴发以来中央、吉林省和长春市采取的一系列防控措施体现出的治理能力和治理水平的反映和看法，对今后突发公共卫生事件的意见和建议，在摸排整体思想状况的同时，引领社员深入思索"从疫情防控中感受到什么，从中外比较中领悟到什么"等关键性问题，形成《九三学社长春市委员会社员思想态势分析》报送社省委。

2020年，九三学社长春市直属新区委员会主委石浩男撰写的32万字独著《新时代中国特色社会主义制度下民主党派参政议政问题研究》（ISBN：978-7-5035-6641-7）由中共中央党校出版社出版发行，该书得到全国政协副主席、九三学社中央常务副主席邵鸿的肯定性批示。全国人大常委会委员、宪法和法律委员会副主任委员、九三学社中央副主席、中国工程院院士丛斌为该书作序；全国政协副秘书长、常委、提案委员会副主任及九三学社中央副主席赖明，全国政协常委、北京市政协副主席、九三学社中央副主席、九三学社北京市委主委刘忠范为该书撰写书评。《团结报》、团结网、九三学社中央网站、九三学社之声以《九三学社社员专著为中国共产党99周年华诞献礼》为题，对该书进行报道。同年，石浩男在《民主与科学》期刊发表《浅析民主党派参政议政与公共政策评估——以九三学社北京市委"文化北京专项行动"为例》。

2021年，根据九三学社中央、九三学社吉林省委员会的工作部署，九三学社长春市委员会组织社内专家学者开展参政党理论研究并撰写论文，完成了《九三学社长春市委2020年网络问卷分析报告》。该文结合社中央前期开展的社员思想动态网络调查问卷，从多维度对全国社员的思想状况进行分析并提出了未来加强社员思想建设的意见和建议，在九三学社中央开展的2021年社中央思想建设调研成果评选中荣获一等奖。

2023年，九三学社长春市委员会积极组织社内专家学者开展参政党理论研究，申报社中央2023年度参政党理论课题2项——"中国式现代化视角下九三学社思想政治教育基本问题研究"和"'两个结合'与九三学社爱国、民主、科学精神的内在联系研究"，完成长春市政协理论研究课题"学习贯彻党的二十大精神　做好人民政协工作研究：群体智慧的功能发挥"。

九三学社长春市委员会在统战理论研究中逐步形成了一支人才队伍，王松心、李凤岐、王进、宓超群、刘永吉、欧阳玺、邢德刚、刘介夫、陈宝生、赫宝祺、江松、张玉、贾易荣、张美荣、王寅、王继少、吴锡生、李滦宁、靳学辉、王晖、高玉秋、智利疆、赵学良、隋明璐、韩淑华、刘兆发、王明时、程腊梅、宋伟宏、曹剑菲、石浩男、翁连海、付兴奎、赵彤、安璀颖、李小霞、孙诺、齐望之、吕康银、黄晓音、孙桂娟、马春杰、殷国光、赵淑蕾、史冬丽、蔡波、侯冠森、殷国光、郭宇红、孙莹、彭亮、王宁、张晓颖、颜力楷、白宇在统战理论研究方面做了大量的工作，是九三学社长春市委员会理论研究的骨干力量。

# 第四节　开展形式多样的思想教育和宣传工作

## 一、开展丰富多彩的自我教育活动

2001年，九三学社长春市委员会组织社员开展庆祝中国共产党建党80周年纪念活动，组织宣传骨干20余人听取了清华大学历史系主任、史学家、博士生导师朱育和教授作的题为《曲折中前进的中国共产党》的专题报告，与会者受到一次深刻的革命历史传统教育及爱国主义、社会主义教育，更加坚信没有共产党就没有新中国，更加坚信在新的历史征程中中国共产党的坚强领导是中华民族崛起的根本保证。同年，为纪念九三学社成立56周年，社市委在吉林大学南岭校区体育馆召开纪念大会，同时举办九三学社长春市委员会室内趣味运动会。

2002年9月，九三学社长春市委员会组织社员参加九三学社吉林省委员会召开的纪念九三学社成立57周年报告会，听取九三学社中央理论研究室刁培德主任作的题为《继承传统、履行职能、开拓创新》的报告。报告回顾了九三学社半个多世纪以来坚持爱国主义、社会主义，坚持接受中国共产党领导、同中国共产党亲密合作，坚持自我教育、不断进步的优良传统；介绍了九三学社杰出代表人士为追求真理、富国强民贡献一生的感人事迹。面向新世纪，报告提出九三学社社员要认真学习"三个代表"重要思想，与时俱进，全面提高自身素质，完善工作机制，加强自身建设，充分发挥智力优势，在社会主义民主政治建设和科学兴国等方面履行好参政议政职能，发挥出九三学社的作用。九三学社长春市委员会各基层组织负责人及骨干社员100余人出席了报告会。

2003年，九三学社长春市委员会积极参加九三学社中央开展的"三增强""四热爱"主题教育活动。结合抗击"非典"斗争，通过学习教育，不断提高社员思想政治素质，增强其对中国共产党"三个代表"重要思想的认识、对社会主义优越性的认识、对中华民族凝聚力的认识，进一步夯实其自觉接受中国共产党领导的信念，热爱中国共产党、热爱祖国、热爱社会主义、热爱人民。

2004年，以长春市九三学社建立50周年为契机，九三学社长春市委员会举行了系列庆祝活动，在社员中开展广泛深入的九三学社优良传统教育。8月7日，基层组织的150余名社员参加了九三学社吉林省委员会召开的九三学社吉林省组织成立50周年纪念大会和座谈会，听取了九三学社中央主席韩启德的重要讲话，听取了社省委主委李慧珍作的"50年光辉历史回顾"报告。在座谈会上，韩启德主席与基层组织负责人进行了亲切的交谈，共议九三学社发展大计，韩启德主席高屋建瓴的讲话和平易近人的作风，给与会社员们留下了深刻的印象，大家深受鼓舞和教育，一致表示要继承和发扬九三学社的光荣传统，加强学习，努力工作，为振兴长春再立新功。9月初，社市委召开大会，隆重纪念邓小平同志诞辰100周年，庆祝九三学社建立59周年及长春地方组织成立50周年。会上，社市委对2002—2003年度在社务活动中做出突出成绩的15个先进集体、40名优秀社务干部和100名优秀社员进行了表彰。

2005年，九三学社长春市委员会根据新时期民主党派工作的特点，提出要把思想建设的任务落实到基层，制定了《九三学社长春市委关于加强思想建设工作的意见》，提出了思想建设的根本任务、目标和内容，完善了思想建设的工作方式和方法。各基层组织按照社市委的要求，积极开展了富有成效的各项活动，深入学习贯彻中发〔2005〕5号文件，在全体社员中开展"参政党能力建设"大讨论活动。为纪念中国人民抗日战争暨世界反法西斯战争胜利60周年，开展爱国主义教育，8月25日，社市委组织社员到吉林省博物院参观"铁血抗战十四年""铁证如山"图片实物展，长春电视台、《协商新报》对此进行了报道。通过参观，广大社员深切感受到中国共产党的领导是历史的选择、人民的选择，深切地感受到在中国共产党领导下的中华民族是不可战胜的。为庆祝九三学社建社60周年，开展优良传统教育，社市委积极组织社员参加九三学社中央开展的系列纪念活动，机关干部与基层社员共同参加"统战理论和社史知识百题竞赛"活动，报送征文20篇，《九三中央社讯·社庆征文专刊》采用4篇；报送书法作品8幅，全部在九三学社中央举办的纪念建社60周年书画暨图片展中展出。在上述活动中，广大社员既是参与者，又是受教育者，系列活动取得了较好的教育成效。

2006年，九三学社长春市委员会在全社开展了深入持久的学习王选同志先进事迹的活动，向基层组织下发了王选先进事迹材料，号召广大社员开展学习。在全社开展向长春市二道区东站街道十委社区党委书记、居委会主任谭竹青同志学习活动，社市委组织基层组织负责人和骨干社员听取谭竹青同志事迹报告团报告会；在全社开展以"八荣八耻"为主要内容的社会主义荣辱观教育，社市委领导参加九三学社吉林省委召开的中心理论组学习，座谈学习体会。

2007年10月开始，九三学社长春市委员会根据上级组织的要求，在广大社员中开展以"坚持走中国特色社会主义政治发展道路"为主题的政治交接学习教育活动。社市委制定了《学习教育活动实施方案》，通过调查摸底、动员布置、文件学习和培训，活动分阶段有序进行；开展爱国主义和九三学社优良传统教育。社市委转发了《九三学社中央关于进一步加强和改进思想建设的若干意见》，刻录了《王选同志先进事迹报告会》光盘下发到基层组织。《长春社讯》刊登了闵乃本同志优秀事迹，组织广大社员开展学习。基层组织反馈的信息表明：王选、闵乃本同志的先进事迹和高尚品格，让广大社员感到由衷的敬佩和自豪，宣传教育活动达到了预期效果。9月24日，社市委在长春国际会展中心大酒店举行盛大联欢会，来自全社50多个基层组织的300余名社员欢聚一堂，隆重庆祝中华人民共和国成立58周年，纪念九三学社建社62周年。会议号召广大社员在新时期新阶段要继承和发扬九三学社的优良传统，不断增强责任感和使命感，认真履行参政议政、民主监督职责，做好自身建设和社会服务等工作，为构建社会主义和谐社会，为全面建设小康社会而不懈努力。

2008年，九三学社长春市委员会深入开展政治交接学习教育活动。政治交接学习教育活动是九三学社中央为确保换届后各级组织和广大社员实现组织上和政治上的顺利交接，努力提高四种能力采取的重大举措；是九三学社长春市委员会加强自身建设的一项重要政治任务。社市委采取各项有力措施开展政治交接学习教育活动：1.加强领导，确保学习教育活动取得实效。按照九三学社中央的指示精神，根据社省委和中共长春市委统战部的具体部署，成立了由社市委领导组成的政治交接学习教育活动领导小组，对基层组织、广大社员和机关工作人员提出具体要求，引导社员充分认识学习教育活动的重大意义和目的，激发广大社员的参与热情，促使社员积极主动地参与学习教育活动。2.扩大交流，学习和推广好的经验和做法。在学习教育活动开展过程中，社市委领导参加了九三学社中央主办的全国副省级城市政治交接学习教育活动经验交流会，学习先进做法；以九三学社长春市委员会网站和《长春社讯》为平台，开辟政治交接学习教育专栏，指导基层有步骤、有计划地开展学习与交流活动；组织专题研讨会，探索推进政治交接学习教育活动的新途径。3.策划多样载体，结合重大活动推动学习活动。向基层组织下发政治交接学习参考资料；召开由基层组织负责人及骨干社员参加的专题辅导报告会；组织开展统战知识竞赛；开展"以思想解放推动长春经济社会大发展"讨论活动；组织成员开展抗震救灾捐款、向农村书屋捐书等活动；结合学习党的十七大及两会精神，纪念改革开放30周年，在全社开展征文活动；与社省委联合举办以"盛世中华、永结同心"为主题的大型文艺演出，纪念"五一口号"发布60周年。4.社市委在学习教育活动中，以学习推动工作，通过扎实社务工作，学习教育活动取得成效，社员的凝聚力和向心力得到进一步加强，社务工作出现了新局面。

2009年，是中华人民共和国成立60周年，人民政协成立和中国共产党领导的多党合作和政治协商制度确立60周年，九三学社长春地方组织建立55周年。结合庆祝"三个60周年"和建社55周年，九三学社长春市委员会在全社范围内以"共产党好、社会主义好、改革开放好、伟大祖国好"为主题，开展系列活动，对社员进行爱国主义和社章社史教育：1.在广泛开展学习实践科学发展观活动的基础上，在全社开展征文活动。2.发挥九三学社长春市委员会网站和《长春社讯》的舆论宣传作用，设立纪念专栏，随时上传纪念文章，加载九三学社长春市委员会举行的各项庆祝活动报道，进一步加大对外宣传力度。3.组织社员积极参加九三学社吉林省委员会举办的庆祝中华人民共和国成立60周年暨人民政协成立60周年书画影展。长春市九三学社社员以精美的美术作品描绘祖国巨变，抒发爱党情怀，坚定特色之路。在此次书画影展中共有12幅作品入选参展并全部被收录到由吉林文史出版社出版的作品集中，作者分别为田刚、王同亮、贾力、姜也、鞠红梅、朱益麟、姜敏、赫大龄、高士贤、刘玉春、韩宇、姜雪鹰。4.举行全社大型集会，纪念中华人民共和国成立60周年和长春市九三学社建立55周年。通过社员喜庆热烈的演出，共话祖国新貌、共唱祖国赞歌、共享国庆喜悦。通过社市委55年的历史回顾，教育广大社员传承九三学社爱国、民主、科学的优良传统，深刻认识自觉接受中国共产党的领导、坚定不移地走中国特色社会主义道路是九三学社健康发展的根本保证。会上，社市委对16个先进集体、16名优秀社务干部和155名先进社员予以了表彰。九三学社吉林大学委员会、九三学社东北师范大学委员会、九三学社长春大学支社、九三创新艺术团的社员联合为大会演出了精彩的节目。

2010年，九三学社长春市委员会开展树立和践行社会主义核心价值体系学习教育活动。社市委采取了以下措施：1.加强领导。社市委召开常委会专题会议，班子成员集中学习社会主义核心价值体系相关内容，研究部署开展此次学习教育活动的步骤和安排，制订九三学社长春市委员会开展社会主义核心价值体系学习教育活动的实施方案。2.组织学习，开展培训。一是社市委每次常委会都把学习社会主义核心价值体系相关内容作为会议的主要内容，并安排一位常委进行主题发言，常委会成员的思想认识有了较大提高。二是组织基层社员和机关干部积极参加上级组织开展的各项辅导报告、中心理论组学习、专题辅导报告，加深社员对树立和践行社会主义核心价值体系的认识。三是结合纪念九三学社成立65周年，长春市九三学社成立56周年开展社史教育。3.及时对学习实践活动进行检查，提高学习效果。

2011年是开展社会主义核心价值体系学习教育活动的第二年，九三学社长春市委员会在全体社员中开展中国特色社会主义共同理想、社会主义荣辱观教育。一是各基层组织按照社市委的要求，在基层组织中开展"学习身边的榜样"活动，组织社员观看由中共中央统战部录制的《树立和践行社会主义核心价值体系先进人物事迹报告会》，通过学习先进人物爱国、为民、敬业、奉献的先进事迹，广大社员深受鼓舞，进一步增进政治共识，切实提升促进中国共产党领导的多党合作事业发展的能力和水平。进一步提高了广大社员坚持中国共产党领导、坚定走中国特色社会主义政治发展道路的信念，牢固树立中国特色社会主义共同理想，做到思想上同心同德、目标上同心同向、行动上同心同行。二是社市委结合纪念中国共产党成立90周年、辛亥革命100周年开展系列活动，组织社员参加九三学社吉林省委员会举办的中共党史知识竞赛，参赛社员分别获得二等奖和三等奖。参加九三学社中央举办的"纪念中国共产党成立90周年辛亥革命100周年暨社章社史知识竞赛"活动，400余份答题卡寄至社中央。三是社市委召开九三学社长春市委纪念建党90周年红歌会，社市委委员及基层组织负责人40余人参加了演唱。四是组织基层社员参加中共长春市委统战部举办的"风雨路同行"图片展，提交社务工作图片50余幅，被中共长春市委统战部选用14幅。社市委通过上述系列活动，引导广大社员重温中国共产党领导的多党合作的光辉历程，继承九三学社的优良传统，坚持中国特色社会主义政治发展道路，提高对中国共产党先进性的认识，增强接受中国共产党领导的自觉性，增强合作共事的信心，共同建设中国特色社会主义事业。

2012—2013年，九三学社长春市委员会把深入树立和践行社会主义核心价值体系作为加强思想建设的重要内容，开展内容丰富的活动，加深社员对社会主义核心价值体系内容的认识和把握。一是开展向社内先进人物的宣传学习活动。通过社刊、网站，大力宣传杨佳、刘瑞玉等九三学社优秀人物的典型事迹，引导广大社员树立正确的世界观、人生观、荣辱观，自觉把个人事业与祖国前途、民族命运紧密联系起来，在坚持道路、同舟共济、参政为民、传承进步四个方面达成思想认同。二是开展摄影、书法、绘画征集活动。组织社内女社员参加第二届中华女性书画摄影大赛，其中孟美青的作品进入投票程序；组织社员参加九三学社吉林省委员会祝贺党的十八大胜利召开书画笔会，共征集作品27幅。广大社员通过美术作品抒发了对伟大的祖国和党的热爱。三是召开纪念九三学社成立67周年座谈会。以"弘扬九三学社优良传统，树立和践行社会主义核心价值体系"为主题，新老社员共同回顾九三学社的发展历史，畅谈九三学社的优良传统和老一辈的高尚风范，从而不断激励广大社员爱国爱社的情怀，在各自岗位上建功立业，以实际行动诠释社会主义核心价值体系的内涵，树立九三学社社员的良好形象。

2014—2017年，九三学社长春市委员会按照社中央、社省委的要求，开展"坚持和发展中国特色社会主义"学习实践活动。社市委认真学习领会贯彻党的十八大和中共十八届三中、四中、五中全会精神，重点把握党的十八大提出的关于统一战线的新思想、新要求，用以武装头脑、指导工作、推动实践。引导广大社员深刻理解中国特色社会主义理论体系的科学内涵，坚决拥护中国共产党的方针政策、执政理念和治国方略。深刻认识中共中央、中共吉林省委和中共长春市委作出全面深化改革的战略部署，学习习近平总书记在全国宣传思想工作会议上的重要讲话，深入理解中国特色社会主义亲历者、实践者、维护者、捍卫者的深刻内涵。在学习实践活动期间，社市委先后开展回顾九三学社光荣历史学习教育活动，组织骨干社员到重庆参观民主党派历史陈列馆、王选事迹陈列馆；召开纪念九三学社长春市地方组织成立60周年大会及座谈会，邀请九三学社吉林省委员会、中共长春市委统战部和长春市各民主党派、工商联、台联、侨联及长春市社会主义学院的领导出席大会；编撰出版了《长春九三学社六十年志》《九三学社长春市委员会参政议政文集》；结合纪念中国人民抗日战争胜利70周年暨世界反法西斯战争胜利70周年、九三学社创建70周年活动，与下属基层组织共同编纂了画册，九三学社中央主席韩启德为画册题写了书名——《长春九三印迹》（该书内容涵盖基层组织沿革、社务工作概述、基层社务活动三部分，画册通过翔实的历史资料和照片生动地展现了长春市九三学社基层组织的发展历程，以及在不同历史时期九三学社社员为长春市的经济社会发展所作出的贡献）；开展"知史爱党、知史爱国、知史爱社"宣讲活动，邀请社内外专家学者就意识形态领域的热点问题、科技前沿专题，围绕如何认识中国特色社会主义科学内涵和实践要求，如何看待中国特色社会主义客观规律性、历史必然性与弘扬九三学社爱国、民主、科学优良传统的关系，举办了多场专题报告会；开展主题文化读书月活动，结合学习"三史"，向社员推荐阅读书目，以征文的方式交流读书心得。通过上述系列活动，追忆九三学社接受中国共产党领导、与党亲密合作的发展历史，缅怀九三学社先辈的不凡业绩，继承九三学社爱国、民主、科学的优良传统，深刻认识作为中国特色社会主义事业亲历者和实践者的丰富内涵，铭记九三学社老一辈领导人的优秀品质和高尚风范，传承政治薪火，增强广大社员的荣誉感、使命感和责任感，更加坚定了广大社员坚持和发展中国特色社会主义的信心和决心。

2017年1月，由九三学社中央青年工作委员会主办，九三学社吉林省委青年工作委员会、九三学社长春市直属新区委员会、阿尔山市人民政府联合承办的"绿色·健康·发展国际论坛"在内蒙古自治区兴安盟阿尔山市举行。论坛邀请到联合国开发计划署驻华代表处副主任何佩德以及来自中、俄、蒙古、美、巴基斯坦五国共56位知名医学专家出席。中国代表团团长由现任全国政协副主席、九三学社中央常务副主席邵鸿担任，内蒙古自治区副主席、九三学社内蒙古自治区委员会主委刘新乐，现任九三学社吉林省委员会主委、九三学社长春市委员会主委、长春中医药大学校长、一级教授冷向阳出席论坛并致辞，首届九三学社中央青年工作委员会秘书长、阿尔山市人民政府副市长石浩男主持会议。

2018—2021年，九三学社长春市委员会按照社中央、社省委的要求，开展"不忘合作初心，继续携手前进"主题教育活动。在开展主题教育活动期间，社市委以"五一口号"发布70周年、纪念改革开放40年为契机，重温多党合作历史，弘扬优良传统，打造民主党派思想政治建设的新载体。社市委组织社员参加中共长春市委统战部组织的纪念"五一口号"发布70周年文艺演出大会演出，为《长春统战》纪念专刊撰写稿件，组织长春市九三学社书画院10余名社员参加社省委纪念"五一口号"发布70周年书画展，组织4名社员参加九三学社宁波市委员会举办的首届九三学社全国副省级城市书画精品作品展。组织社员参加社中央开展的"改革开放40年征文和摄影作品征集活动"，上报征文32篇。在社中央设立的征文特别奖、优秀奖、入围奖和参与奖中，九三学社吉林大学委员会孙凯、九三学社一汽集团委员会王兴佳荣获优秀奖；九三学社东北师范大学委员会姬蕾、九三学社一汽集团委员会龚淑玲和甘天宇、九三学社长春市卫生联合支社巩春玲、九三学社吉林工商学院支社韩雪冰荣获入围奖；还有24名社员荣获参与奖。在摄影作品评选中，九三学社长春工业大学委员会林喆荣获入围奖。社市委出版了《纪念改革开放四十周年征文专辑》，并在社市委网站开辟了征文专栏。这些活动陶冶了社员的情操，激发了社员不忘初心、继续携手前进的坚定信念。在全面深入开展"不忘合作初心，继续携手前进"主题教育活动中，社市委和基层组织注重创新工作形式，社市委加强对新媒体的利用，结合庆祝中国共产党建党99周年制作了微视频，既充分展示了社市委近年来在思想建设、组织建设、参政议政、社会服务方面取得的成绩，同时也体现了全市社员对中国共产党和中国特色社会主义发展道路的政治认同、思想认同、理论认同、情感认同。九三学社东北师范大学委员会开展"不忘合作初心，继续携手前进——为好老师画肖像"主题实践活动，社中央常务副主席邵鸿参加了此次活动并给予高度评价。

2019年4月30日，九三学社吉林省委青年工作委员会与九三学社长春市直属新区委员会走进中共中央党校，举办"同心同行七十年·坚定不移跟党走"——纪念五四运动100周年主题教育活动。社员们在五四运动100周年，同时也是中华人民共和国成立70周年这一具有特殊意义的历史时刻，走进中共中央党校，通过参观、学习、座谈的方式，深刻认识五四运动的历史意义，发扬以爱国、进步、民主、科学为主要内容的五四精神。

2019年9月3日，为庆祝中华人民共和国成立70周年、中国共产党领导的多党合作和政治协商制度确立70周年及九三学社建社74周年，九三学社长春市委员会举办"不忘合作初心，继续携手前进"主题活动知识竞赛。社内9个城区基层委员会的27名社员参加了本次知识竞赛，经过必答题、抢答题和风险题3个环节，九三学社长春市朝阳区委员会代表队荣获一等奖，九三学社长春市净月高新技术产业开发区委员会代表队、九三学社长春市双阳区委员会代表队荣获二等奖，九三学社长春市高新区委员会代表队、九三学社长春市绿园区委员会代表队、九三学社长春市二道区委员会代表队荣获三等奖，九三学社长春市宽城区委员会代表队、九三学社长春市九台区委员会代表队、九三学社长春市南关区委员会代表队荣获优秀奖。

2021年6月29日，为庆祝中国共产党成立100周年，九三学社长春市委员会举办庆祝中国共产党成立100周年暨第二届"不忘合作初心，继续携手前进"知识竞赛。参赛社员仍为社内9支城区基层组织代表队。竞赛结果为九三学社长春市南关区委员会代表队夺得桂冠，九三学社长春市朝阳区委员会代表队、九三学社长春市九台区委员会代表队荣获二等奖，九三学社长春市绿园区委员会代表队、九三学社长春市高新区委员会代表队、九三学社长春市双阳区委员会代表队荣获三等奖，九三学社长春市宽城区委员会代表队、九三学社长春市二道区委员会代表队、九三学社长春市净月高新技术产业开发区委员会代表队荣获优秀奖。通过知识竞赛，教育社员要做到学史明理、学史增信、学史崇德、学史力行。同年，九三学社长春市委员会积极组织全市社员参加社中央

"网络课堂"专题政治辅导和"五史"知识竞赛，九三学社长春中医药大学委员会荣获九三学社"五史"知识竞赛优秀组织奖，九三学社吉林建筑大学委员会慕晓飞荣获九三学社"五史"知识竞赛优胜个人二等奖，九三学社吉林省农业机械研究院支社郑永鑫荣获九三学社"五史"知识竞赛优胜个人三等奖。

2022年，按照社中央、社省委的要求，九三学社长春市委员会在全社开展"矢志不渝跟党走、携手奋进新时代"政治交接主题教育，通过组织参加各类线上培训、微信公众号及网站推送学习专栏、下发学习资料等多种形式，组织全市社员认真学习习近平总书记重要讲话重要指示精神及《中国新型政党制度》《中国共产党统一战线工作条例》《中国共产党政治协商工作条例》等文件精神。组织全体机关干部参加吉林省第十二次党代会精神学习培训活动；组织基层社员参加九三学社中央开展的第11期专题政治辅导"网络课堂"。12月9—16日，社市委在线上举办为期7天的学习宣传贯彻党的二十大精神暨第三届"不忘合作初心，继续携手前进"主题知识竞赛活动，43个基层组织的1686名社员参加了线上答题。社市委对本次竞赛活动进行了表彰。

2023年，九三学社长春市委员会开展"凝心铸魂强根基、团结奋进新征程"主题教育活动，举办主题教育专题讲座暨理论学习中心组（扩大）学习会议，社市委领导班子成员及50余名骨干社员参加了学习。为拓展主题教育载体，创新主题教育形式，社市委积极进行探索，承办了由社省委、吉林艺术学院主办的"凝心铸魂强根基、团结奋进新征程"主题教育红色经典剧目展演暨吉林艺术学院戏曲课程思政教学成果汇报演出，该演出在社会上引发热烈反响，被学习强国、团结网等多家中央、省、市级媒体报道。举办了九三学社长春市书画院"翰墨书华章 丹青绘宏图"书画雅集等系列活动。为落实社中央关于开展社员思想状况调研工作的要求，社市委在全市社员中开展了两次社员思想状态调查问卷。社市委牢固树立"大宣传"理念，充分运用社员之家App及社市委微信公众号拓展宣传途径。全年通过社市委微信公众号发送宣传报道68篇，开展视频展播1期，其中1篇报道被国家级媒体采用，2篇被省级媒体采用，10篇被市级媒体采用。社市委努力克服离退休社员比重较大的困难，在全市范围内大力推广"社员之家"App，目前激活账号数达到981个，其中2名社员星光值排名进入全国前50名。

## 二、学习宣传社内外先进人物事迹

2002年,九三学社长春市委员会开展向王选、黄昆同志学习活动。九三学社社员王选、黄昆两位院士荣获2001年国家最高科学技术奖,这是我国科技界的一大盛事,也是九三学社的光荣和骄傲。他们高尚的道德情操、为祖国科学事业顽强拼搏的精神和赤诚的爱国情怀是九三学社社员学习的楷模。社市委按照社中央和社省委的要求,在社内开展了向王选、黄昆两位院士学习的活动,及时下发了王选、黄昆的先进事迹资料和王选的录音报告。基层组织通过召开座谈会和报告会,学习他们的先进事迹。广大社员都为九三学社有这样杰出的科学家而感到十分自豪,同时又感到这样的模范人物可亲可敬,他们身上体现出来的时代感、使命感和创新意识,使广大社员,特别是年轻一代社员产生了共鸣。通过学习,全体社员受到了一次深刻的爱国主义、社会主义和九三学社优良传统教育,激励广大社员更加努力刻苦钻研,为实施科教兴国战略、提高科技创新能力发挥聪明才智。

2006年,九三学社长春市委员会再次掀起向王选同志学习的热潮,进一步号召基层组织向王选同志学习。通过学习,广大社员纷纷表示要以王选同志为榜样,为长春市的科技发展贡献力量。

2007年,九三学社长春市委员会进一步开展向王选、闵乃本同志学习活动。闵乃本在2007年凭借"介电体超晶格材料的设计、制备、性能和应用",荣获国家自然科学奖一等奖,实现了这一奖项连续两年空缺的突破,这是中国科技自主创新的一项重大成就。广大社员在学习中纷纷表示:要立足本职岗位,刻苦钻研,向先进人物学习,多出科研成果,为长春科技立市作出贡献。

2011—2012年,九三学社长春市委员会开展向杨佳、刘瑞玉同志学习活动。杨佳、刘瑞玉的事迹体现了九三学社爱国、民主、科学的光荣传统,集中体现了九三学社的价值追求和精神品质。社市委向基层组织发放杨佳同志的先进事迹光盘、刘瑞玉同志的先进事迹材料。社市委在开展向先进人物学习活动中以基层组织为重点,在广泛学习的基础上,以征文活动为载体,吸引了广大社员不断地学习、不断地思考、不断地收获,调动了广大社员的积极性和主动性,激发了广大社员的责任感和使命感,使广大社员实现了自我教育。

2017年，九三学社长春市委员会开展向黄大年同志学习活动，组织骨干社员到机关观看由九三学社吉林大学委员会提供的黄大年先进事迹展览，多个基层组织也组织社员观看了这个展览。社市委还组织基层组织骨干社员听取了黄大年事迹报告会和"归来黄大年"主题音乐诗会。黄大年事迹系列学习活动，激发了广大社员爱国爱岗的热情和力量，社员表示要从自己做起，从本职岗位做起，为长春的发展作出自己的贡献。

2020年，九三学社长春市委员会大力宣传奔赴武汉抗疫一线社员的先进事迹，将赴武汉社员的"抗疫日记"制作成宣传展板在社市委展出，并制作疫情防控专刊下发给各基层组织，将真实可见的抗疫精神沉淀、内化为长春九三学社的共同精神财富，在宣传他们的感人事迹的同时，带领全市社员自觉继承优良传统、理解时代责任、增强道路自信。

## 三、开展征文活动

2001年，九三学社长春市委员会在社内开展纪念中国共产党成立80周年征文活动，社员通过回顾中国共产党不平凡的发展历程，充分认识到党的领导地位和核心作用是历史赋予的，是中国人民的共同选择。只有中国共产党才能领导人民取得民族独立、人民解放和社会主义胜利，才能开创建设有中国特色的社会主义道路，才能在全面建设小康社会的新的历史征程中实现民族的振兴、国家的富强和人民的幸福，把几代中国人民的梦想变成现实。

2003年，九三学社长春市委员会积极参加社中央开展的"三增强""四热爱"主题教育活动。在这次活动中共收到基层组织和社市委机关干部的征文21篇。作品抒发了社员对中国共产党、对祖国、对人民的热爱，表达了广大社员对"三个代表"重要思想、社会主义优越性的深刻认识。姜凡的应征作品——《博战SARS》《向"非典"宣战》被九三学社中央网站采用并在《九三中央社讯》发表。

2004年，为纪念中国人民政治协商会议成立55周年，全国政协文史委在全国政协委员中开展征文活动，并编辑出版《人民政协纪事》一书。全国政协委员迟宝荣撰写的《在政府与群众之间起好桥梁作用》一文被采用。为庆祝长春市九三学社成立50周年，九三学社长春市委员会在全社范围内开展征文活动，共收到征文23篇，编辑出版了《长春九三学社五十周年纪念专刊》。专刊起到了自我教育，启迪他人的宣传效果。

2005年，为纪念中国人民抗日战争暨世界反法西斯战争胜利60周年，九三学社长春市委员会在社员中开展了"抗日民族统一战线与抗战胜利"征文活动。社员郭燕庆作为东北抗联烈士的后代，他所撰写的《南满"三角地带"人民的抗日斗争及日寇的七次"大讨伐"》具有很高的史料价值，此文被收录于国务院发展研究中心出版的《爱国功臣大典》一书中。同年，为庆祝九三学社建社60周年，九三学社中央在全体社员中开展了"社庆征文活动"。社市委报送征文20篇，其中有4篇被《九三中央社讯·社庆征文专刊》采用，有15篇被《吉林社讯·60周年纪念专刊》采用。

2006年，九三学社长春市委员会在社员中开展学习胡锦涛同志关于社会主义荣辱观的讲话征文活动，畅谈学习心得。社市委经验交流材料《健全机制、履行职能、做好参政议政工作》被《九三中央社讯》刊发，在全国扩大了长春市九三学社的影响。

2008年，在政治交接学习教育征文活动中，九三学社长春市委员会共有20篇征文报送九三学社吉林省委员会。在社史收集整理过程中，九三学社长春税务学院支社完成了长春市九三学社第一部基层组织简史，并被长春税务学院校史馆、档案馆收藏。

2009年，九三学社长春市委员会在广泛开展学习实践科学发展观活动的基础上，以"共产党好、社会主义好、改革开放好、伟大祖国好"为主题在全社开展征文活动。基层组织社员踊跃投稿，他们用诗歌、散文、论文等不同文体，抒发在中国共产党的坚强领导下祖国发生的日新月异的变化和取得的巨大成就，表示坚持中国共产党的领导，始终与共产党同心同德、肝胆相照、为建设中国特色社会主义而共同奋斗。社市委共收到征文18篇，分别报送九三学社中央、九三学社吉林省委员会、中共长春市委统战部、长春市政协、长春市直机关工委等部门参加征文评选。王松心撰写的征文被《九三中央社讯》采用，并在社中央征文评选中荣获一等奖；《吉林社讯》特刊采用14篇，《长春统战》采用1篇。多篇征文在社省委获奖。在中共长春市委统战部"祖国颂"优秀征文评选中有2篇被评为三等奖，有1篇被评为优秀奖。

2011年，为纪念中国共产党成立90周年，九三学社长春市委员会组织社员参加社省委开展的"同心颂歌"征文活动和中共长春市委统战部开展的征文活动，广大社员踊跃参加，收到征文26篇。在社省委征文评比中，朱益麟荣获一等奖；曹剑菲荣获二等奖；李沙荣获三等奖；孟美青、张丽荣获优秀奖；九三学社长春市委员会荣获优秀组织奖。在中共长春市委统战部组织的征文评比中，九三学社长春市委员会荣获二等奖1篇，三等奖3篇，优秀奖8篇。

2012年，九三学社长春市委员会开展向杨佳同志学习征文活动。共收到征文20篇，社员续颜、曹剑菲、邢秀丽撰写的征文被九三学社中央出版的《心灵之光：向杨佳同志学习活动征文选集》收录。

2013—2020年，九三学社长春市委员会组织社员积极参加社省委开展的"文化读书月"活动，按时提交社员的读书心得，共计120余篇征文被收录到九三学社吉林省委员会出刊的征文集中。

2014年，九三学社长春市委员会组织社员参加社省委开展的"我的九三情缘"主题征文活动。在征文评比中，长春市九三学社社员高玉秋、王松心荣获一等奖，孟美青荣获二等奖，曹剑菲、王晖荣获三等奖。

2019年，九三学社长春市委员会开展庆祝中华人民共和国成立70周年暨纪念多党合作制度确立70周年征文活动，社员白宇、谷晓林、郭帅撰写的征文被九三学社中央出版的《同心同行70年：九三学社庆祝中华人民共和国成立70周年暨纪念多党合作制度确立70周年征文作品选集》收录。

2020年，九三学社长春市委员会组织社员参加社中央开展的庆祝九三学社创建75周年征文活动，共征集10篇征文，其中社市委副主委、九三学社东北师范大学委员会主委高玉秋撰写的《论新时代九三学社对五四精神的继承和发扬》荣获二等奖。

2022年，九三学社长春市委员会开展"非凡十年"主题征文活动，共征集17篇征文；开展第十二届文化读书月活动，共征集读书心得25篇；开展庆祝九三学社成立77周年征文活动，共征集14篇征文。

2023年，九三学社长春市委员会组织社员参加社中央开展的九三学社"两个结合"主题论坛征文活动，社员张晓颖撰写的《新时代弘扬爱国、民主、科学精神的实践路径》，荣获"两个结合"优秀征文三等奖；社市委开展"凝心铸魂强根基、团结奋进新征程"主题教育征文活动，共征集文章53篇。

在九三学社长春市委员会历次征文活动中，社员吴立民、李振泉、高玉秋、姜凡、智利疆、李天膺、高士贤、王松心、李凤岐、迟宝荣、刘永吉、刘介夫、沈颂东、赵学良、李滦宁、王进、续颜、赵玉谦、韩向东、孙彩堂、王晔、朱益麟、刘文君、张温林、林德辉、阎军、全邦兴、杨伟、高红卫、王晖、郭燕庆、刘兆发、王颖、靳学辉、李铭、田义新、史学增、赵云蛟、付兴奎、宋伟宏、隋明璐、孟美青、张丽、王明时、程腊梅、佟时、韩淑华、裴智梅、佟晓红、孙桂娟、杨林、李沙、曹剑菲、曹锡武、孙洪凯、董艳、董健、杜毅、葛帅、姬蕾、齐望之、吕康银、颜力楷、代桂霞、李者、刘晓娟、康慧、范常山、乔书森、广洋、吴学军、李彭、陈飞虹、刘疆昕、栾岚、苏秀文、殷国光、王洪波、邢秀丽、崔红梅、侯冠森、王志良、殷国光、王革、王宁、刘长志、蔡波、彭亮、宋凯、郭宇红、史冬丽、孙莹、顾洪梅、赵淑蕾、马春杰、翁连海、安璀颖、李小霞、李思洋、白宇、鲍宏宇、符晓、龚淑玲、巩春玲、韩雪冰、贾蕊、李柳、李玉莲、林喆、尹家美、周红、刘忠、宋凯、王兴佳、王颜、殷丽辉、于雪飞、张馨月、张占海、张哲、赵芳兴、赵明远、赵宇辉、周柏航、孙晨、汪宁宁、胥丹、尹家美、周红、曹阳、石利男、邓峰、郭伟、孙凯、郭帅、柳又琳、王虹力、甘天宇、郑拓、郑言、高新宇、谷微微、谷晓林、王恰丹、李懿、冷向阳、刘冰冰、田元生、葛鹏飞、孙宏、白娥、张晓颖、娄冬梅、庄军、张进、刘鸣峥、王明希、赵宇飞、郭峰、刘岩、刘波、强杨、赵鹏、梁冬、刘珩、刘逸、袁月、张莉、史勇、于景宇、王天舒、王蕾、刘畅、韩波、徐秀平、王琦、李恩久、顾红艳、黄晓音、闫石、张红梅、许辉、田慧、赵彤、于帼荣、孙亚楠、韩雪娇、孙诺、赵梓超、刘沛然积极踊跃投稿，为社市委的宣传工作作出了贡献。

## 四、九三学社长春市委员会网站、微信公众平台和机关刊物工作

九三学社长春市委员会根据长春市九三学社社员的特点和机关工作现代化的要求，利用网络与现代信息技术，开辟社务工作新局面。2003年，九三学社长春市委员会经过机关同志和有关技术人员的共同努力，克服了"非典"时期的诸多不便，于5月20日完成建立网站任务并上网开通。九三学社长春市委员会网站最初设有九三学社介绍、参政议政、人物风采、科技之窗、文苑集萃、社务活动、社市委信箱等栏目和若干个子栏目，全面反映社市委工作，同时开通信箱，使基层信息迅速快捷地被反馈上来，为社市委工作提供依据。2005年以来，随着九三学社长春市委员会工作的不断丰富，网站的内容也随之不断扩展，同时和九三学社中央等外省市20余个九三学社组织网站链接。网站共制作并上传文字稿件1760篇，图片稿件860篇。社市委网站的开通，使九三学社长春市委员会的宣传工作上了一个新的台阶，同时扩大了长春市九三学社在社会中的影响，拉近了社市委与基层广大社员间的距离，提高了工作效率。社市委网站在指导基层工作，传递社内外信息等方面发挥了重要作用。

2015年10月，为做好新形势下民主党派思想宣传工作，九三学社长春市委员会开通了微信公众号，打造"社讯+网站+微信公众号"全方位宣传矩阵。微信公众号关注用户近1500人，发布信息570条，累计阅读量近10万次。"九三学社长春市委员会"微信公众号作为社市委舆论宣传阵地，及时全面展示了社市委重大活动、亮点工作及社员先进事迹等，向全社会发出九三学社的声音，树立了良好的社会形象。

《创新》是九三学社长春市委员会于1985年创刊的机关刊物，铅印季刊。主要任务是：向全体社员宣传马克思列宁主义、毛泽东思想，宣传党的路线、方针和政策，宣传新时期党的统战理论和政策，宣传九三学社的精神和历史使命；交流各基层组织的经验；报道广大社员在四化建设中所作的贡献；反映他们的意见、建议、愿望和要求。共开辟22个专栏。基本栏目有"统战理论""重要时事""人物专访""经验交流""出国见闻""献计献策""政论""社务消息""科普园地""科技成果"等等。以发表政论性文章和学习统战理论的心得体会为主，同时也适当发表一些散文、杂感、诗歌、小品等文艺

性作品，增加刊物的指导性和可读性。1985—1997年，共出刊52期。每期4.5万字左右，共约234万字。

《长春社讯》于1979年9月12日创刊。当时为不定期机关刊物。主要任务是：1.沟通上下组织工作情况，交流工作经验。2.报道社员科研成果和基层组织活动情况。3.交流社员为四化建设服务的经验。后改为月刊。1979—1984年，共出刊55期，平均每期8页半，累计35万字左右。1985年被《创新》替代。

由于各方面原因，《创新》决定从1997年第二季度停刊。为做好九三学社长春市委员会的宣传工作，社市委十届一次常委会研究决定集中力量办好《长春社讯》，社讯作为社市委机关刊物，力求突出"讯"的特点和优势，以简明扼要的语言及时、准确、快速地传递社务信息，沟通社内情况，做到上情下达、下情上传。双月出刊，每期16开纸4版，5000余字。2003年，九三学社长春市委员会网站建立，社务工作信息的传递有了新的载体。《长春社讯》作为九三学社长春市委员会机关刊物，又改为季刊，承担的一个重要任务就是文字记载社务各项工作，每期4万字左右，作为内部资料与全国20多个九三学社地方组织进行学习交流。在重大历史事件或纪念日到来时，《长春社讯》都以特刊或专辑的形式配合各项活动的开展。2002年，社市委开展了向王选、黄昆学习的征文活动，其中7篇征文被《长春社讯》采用。2003年，《长春社讯》以"同舟共济、抗击非典"为主题出刊专辑，向社内战斗在抗击"非典"一线的医务工作者致敬，并号召九三学社社员向他们学习。九三学社社员、东北师范大学美术学院姜凡教授为专刊设计了宣传画《搏战SARS》《向"非典"宣战》。在庆祝中国共产党成立80周年、90周年时，《长春社讯》出版了纪念专刊，社员以诗歌、书法、绘画、摄影、作曲、纪念文章等多种形式表达对中国共产党的热爱和歌颂。九三学社长春市委员会召开第十二、十三、十四、十五次代表大会后，《长春社讯》及时出刊了换届大会专辑。

2000年以来，九三学社长春市委员会的对外宣传工作更加主动，积极向省市电视台、报纸及社中央、社省委、统战刊物投稿，宣传社务信息、人物专访、经验总结及理论文章，被社内外新闻媒体采用稿件共计404篇。

## 第五节　九三创新艺术团

1997年4月26日，长春市九三艺术团在长春市防疫站会议室举行成立大会。长春市九三艺术团以歌颂党、歌颂祖国、歌颂党领导的多党合作、宣传九三学社为宗旨。艺术团下设合唱队、舞蹈队、时装队、民乐队、京剧队。九三学社长春市委员会名誉主委李振泉担任团长，妇委会主任张美荣和离退休委员会副主任范常山担任副团长。5年间，长春市九三学社艺术团坚持开展活动，并不断吸纳社会力量增强艺术团力量，在社市委举办的各类大型活动上进行演出，并深入工厂、社区进行义务表演共计18场。艺术团丰富了广大社员的文化生活，拓宽了社员的视野，增进了社员间的感情，展现了九三学社社员的风采和面貌，扩大了长春市九三学社的影响。

2002年7月26日，九三创新艺术团成立，它是在长春市九三艺术团的基础上，经九三学社吉林省委员会和九三学社长春市委员会长期酝酿、达成共识，并经长春市九三艺术团报请九三学社吉林省委员会审批后，诞生的一个业余文艺团体。团长范常山，副团长李尚仁、金国庆。同年，艺术团共进行了5场大型演出，受到社市委领导和广大社员的好评，吉林电视台《人间晚情》栏目、《长春晚报》等新闻媒体为艺术团作了专题报道。九三创新艺术团为丰富社员的业余文化生活、增强九三学社的凝聚力、扩大九三学社的影响、树立九三人形象作出了应有的贡献。九三创新艺术团自创的团歌《九三社员之歌》参加了由中共北京市委统战部与北京人民广播电台、北京电视台、《北京青年报》等媒体联合开展的北京市统一战线"风雨同心"歌曲征集活动。这是中华人民共和国成立以来北京市第一次以"大团结、大联合"为主题、以征歌的形式举行统一战线宣传教育活动，这项活动受到广泛关注。2003年1月6日，九三学社长春市委员会收到中共北京市委统战部邮寄的6本主题歌曲获奖作品集《风雨同心》，其中收录了由九三学社长春市委员会推荐的荣获优秀奖的作品《九三社员之歌》。2003年，九三创新艺术团在中共吉林省委统战部主办的"七月放歌"音乐会上的精彩演出获得一致好评。2004年3月，九三创新艺术团合唱团被中国合唱协会批准为集体会员；7月，参加由文化部、中央音乐学院主办的"首届声乐器乐舞蹈大赛"，获得3项一等奖、4项二等奖和2项三等奖，并全部获得进京参赛的资格。2008年，九三创新艺术团在长春市举办的"为奥运喝彩，唱美好未来"大型庆典活动中获得首枚纪念杯。2009年，九三创新艺术团在社内外进行了多场演出，歌颂祖国，宣传党领导的多党合作，扩大九三学社的影响；8月在吉林省老龄委举办的"夕阳欢歌颂祖国"大型歌会上的演出，荣获吉林省第十一个老人节大型歌会纪念杯。多年来，九三创新艺术团活动达百余次，深入学校、社区进行演出，宣传党的统战方针政策，宣传爱国、民主与科学精神，演出受到欢迎和好评，并得到新闻单位的支持。同时，九三创新艺术团的活动丰富了社员的生活，增强了九三学社的凝聚力和社员的向心力。

## 第六节　九三学社长春书画院

2013年，随着长春市九三学社社员中从事文化艺术专业的人员不断增多，为扩大长春市九三学社的社会影响，促进社内文化艺术专业成员相互学习和交流，提高社员的政治素质和艺术水平，九三学社长春市委员会成立了书画摄影社，2014年更名为"九三学社长春书画院"，院长由吉林省美术家协会会员、长春市美术家协会常务理事、长春书画院特聘画家、吉林省国画学会会员刘玉春担任，秘书长由孟美青担任。2017年，由伪满皇宫薰南书画院常务院长、中国博物馆协会博物馆图文典籍与金石拓片专业委员会副秘书长、吉林省艺术设计协会常务理事裴德文接任院长。

九三学社长春书画院成立以来，充分发挥社员的专业特长，每年春节前夕，在社市委机关或基层组织开展写春联、送祝福活动；不定期开展专家讲座，普及书法鉴赏收藏知识；开展送书画下基层活动，深入部队、社区、敬老院进行慰问；积极参加社内各级组织举办的各类书画印摄影展览。

在九三学社长春市委员会组织的历次书法绘画篆刻摄影作品征集活动中，社员刘玉春、裴德文、孟美青、赫大龄、刘涤、安然、李凤岐、姜凡、黄薇、姜敏、高士贤、韩宇、陈自习、陈红、薛进生、菅艳刚、于景宇、姜雪鹰、李海华、徐梦泽、董健、孙鹏、孙妍、孙影、李岗、赵小可、周赤兵、王瀛、王同亮、王立林、王丽莹、常鹏、房家庆、胡佳、张野、赵岩踊跃参展，精美的作品分别被收录到《纪念抗日战争胜利七十周年暨九三学社成立七十周年——华夏梦·九三情——九三学社中央书画艺术展览作品集》《庆祝中华人民共和国成立60周年暨人民政协成立60周年——九三学社吉林省书画影展作品集》《庆祝中华人民共和国成立七十周年暨中国人民政治协商会议成立七十周年——不忘初心　同心奋进——九三学社吉林省诗书印展览作品集》等专刊专集中，扩大了长春市九三学社在吉林省内外的影响。

2018年7月，在全社上下围绕纪念"五一口号"发布70周年开展各项活动之际，"九三学社吉林省委青年工作委员会&九三学社长春市直属新区委员会书画院揭牌仪式暨九三先贤肖像展"在长春新区北湖国家湿地公园举行。现任九三学社吉林省委员会主委、九三学社长春市委员会主委、长春中医药大学校长冷向阳，现任九三学社吉林省委员会专职副主委孙立忠，现任九三学社吉林省委员会副主委李启云，九三学社吉林省委员会原副主委鲁建春，九三学社长春市委员会原驻会副主委王进，以及吉林省内各界领导及党政机关代表、高校代表、九三学社吉林省委青工委委员、九三学社长春市直属新区委员会全体社员、书画家代表、企业家代表、新闻媒体记者共计300人出席了活动。九三学社吉林省委员会常委、九三学社吉林省委青年工作委员会主委、九三学社长春市直属新区委员会主委石浩男代表社省委青工委及九三学社长春市直属新区委员会致辞。

第三章

机关建设

九三学社长春市委员会机关具有服务、联系、参谋、执行、协调等多种职能，处于承上启下、联系内外的枢纽地位。九三学社长春市委员会历来重视机关建设，注重发挥机关的作用。从1954年开始设立机关专职干部，当时机关编制为2人，1956年增加到7人。"文化大革命"前，机关编制为9人，设有组织部、宣传部、秘书处3个工作机构。1978年恢复组织活动时期，机关设立宣传处、秘书处2个工作机构。1979年8月，机关行政编制为9人。1988年定编为13人。2007年增设1名工勤事业编，机关编制为14人。1983年前，九三学社长春市委员会机关设有组织处、宣传处、秘书处（又称办公室）3个工作机构，1983年增设科教处。2013年，宣传处加挂"调研处"的牌子，并增加副处级领导职位1个，机关设立办公室、组织处、宣传处、科教处、调研处5个工作机构。

# 第一节　坚持政治业务学习，提高干部综合素质能力

为提高机关工作人员的政治、业务素质，九三学社长春市委员会机关自1978年恢复组织活动后，在每年的工作要点或计划中，都把提高机关工作人员的思想政治水平列为一项重要的工作内容。每周安排一定的学习时间，学习的内容主要是：政治理论，时事政治，党的路线、方针和政策，统一战线理论；中共中央、中共吉林省委、中共长春市委所下发文件及《人民日报》重要社论；社中央、社省委和中共长春市委统战部布置的学习内容以及日常工作所必备的业务知识。社市委还轮流安排机关干部到长春市行政学院、吉林省社会主义学院、长春市社会主义学院参加培训，深入学习党在新时期的统战理论、方针、政策及专业知识。九三学社长春市委员会机关干部基本上都得到了培训，担任部门领导职务的同志每年至少参加过一次培训班的学习。自2006年机关工作人员纳入国家公务员考核管理系列以来，九三学社长春市委员会机关干部以建设有中国特色社会主义理论和党的基本路线为指导，在争做合格统战干部和建设团结、务实、高效机关的目标引领下，做到了严格自律，办事效率和服务质量都大幅提高。1997—2002年，九三学社长春市委员会根据统战系统党委的要求，全面开展了"四比一创"活动：围绕进一步开创统战工作新局面，比学习，看机关干部的理论、业务水平是否提高；比管理，看机关面貌是否改进；比作风，看机关干部形象是否树立；比贡献，看机关工作业绩是否突出。每个月初，机关都要召开处级干部会议，研究、讨论本月的任务，制订完成任务的详细计划和方案，通过处级干部会议研究、确定、批准，做到精心策划，严密组织，有条不紊，不出纰漏，保证各项任务顺利完成。机关办公、办文、办事实现规范化、制度化。机关纪律、作风有明显进步。1999—2000年，九三学社长春市委员会机关连续两次被评为统战系统"四比一创"活动先进单位。2000年以来，九三学社长春市委员会机关更加注重对机关干部的培养，充

分利用"书香长春学习网""腾讯视频课堂""世界读书日""文化读书月"等线上培训和活动,强化机关干部的学习;结合长春市人事局举办的公务员培训班、干部任职培训班和各级社会主义学院举办的学习班,加强对机关干部的培训。2019年以来,网络培训成为主要培训形式,机关干部每年定期参加吉林省公务员网络培训学习。2020年,在中共长春市委统战部开展的"大学习、大走访、大练兵、大落实、大提升"主题实践活动中,九三学社长春市委员会全体机关干部参加由社中央、社省委、市委统战部组织的各类线上线下学习活动,学习习近平新时代中国特色社会主义思想及统一战线相关政策,特别是习近平总书记在吉林考察时的重要讲话精神。2022年10月,中国共产党第二十次全国代表大会召开后,机关干部带领所分管的基层组织开展了深入的学习。通过持之以恒的学习,机关干部不断夯实团结奋斗的共同思想政治基础,在政治上、思想上、行动上同以习近平同志为核心的党中央始终保持高度一致。

2013年,九三学社长春市委员会机关以"民主、团结、创新、敬业"为主题,加强机关文化建设。在机关中倡导营造团结平等的民主环境,营造开拓进取、创先争优的敬业氛围,引导机关干部相互团结,严谨自律,爱岗敬业,不断提高参政党机关干部的道德风貌和职业素质,创建和谐机关。2014年,在社省委召开的全省机关建设工作会议上,九三学社长春市委员会作了经验介绍,并得到社省委主委支建华的充分肯定。2017年,按照社中央关于推进民主党派机关正规化建设,打造"六型"先进机关的要求,九三学社长春市委员会对机关办公环境进行改造,制作文化墙,全面展示社章、社史及社内优秀代表人物,重新整理完善各项规章制度,制作各处室工作职责并进行张贴公示,规范公文行文。2019年,在社中央开展的机关正规化建设交叉检查中,九三学社长春市委员会在全国九三学社69个市级地方组织中荣获总成绩第二名,被评为机关建设规范先进单位。2020年6月,为提高机关干部的综合业务能力,拓宽机关干部的视野,发挥机关干部的优势,提高机关干部的才干,机关处级干部进行了全员轮岗。经过几年的工作实践,每一名处长在新的岗位上都不同程度地得到了锻炼和提高。2022年3—5月,吉林省长春市成为新型冠状病毒肺炎疫情重灾区,机关全体干部在中共长春市委统战部的统一领导下,除少数人员维持机关正常运转外,绝大部分机关干部都深入社区抗疫一线或直接进入援长医疗队服务保障专班工作,不分昼夜尽全力做好志愿者服务,为长春市取得抗疫战斗阶段性的胜利作出了应有的贡献。2023年,为进一步加强机关建设,弘扬九三学社爱国、民主、科学的优良传统,扩大九三学社的影响力,九三学社长春市委员会在社市委机关更新升级文化墙。文化墙上设立以下九个板块:九三学社简介,九三学社历届中央主席,九三学社"两弹一星"元勋,九三学社长春市委员会简介,九三学社长春市委员会历届主委,九三学社长春市第十五届委员会主委、副主委及秘书长,九三学社长春市委员会社务工作照片,各级领导对社市委及社员的关怀,九三学社长春市委员会获得的荣誉。文化墙多维度展示和宣传了社务工作。

## 第二节　建立健全规章制度，加强警示教育

　　1982年，九三学社长春市委员会制定了《机关各部门职责范围试行草案》。草案明确了秘书处、科教处、组织处、宣传处的总任务及其具体职责。1984年，制定了《机关工作人员岗位责任制》，规定了科教处处长、组织处处长、宣传处处长、各处室干事、文书、打字员、会计、出纳、备品和办公用品保管人员、汽车司机的岗位责任。同时还制定了考勤、学习、会议、文书档案管理、财务管理、安全防火、卫生、汽车管理使用维修保养8项制度。学习制度中规定每周三下午为政治学习时间，按机关党委、中共长春市委统战部总支布置，认真组织学习。会议制度中规定机关每周召开工作研究会一次，由社市委正、副秘书长主持，研究总结工作及安排一周工作；机关每月召开一次总结会及组织生活会。上述规章制度的制定，使九三学社长春市委员会机关的工作逐步走上规范化的道路。1992年4月，九三学社长春市委员会进一步建立健全各项制度，对会议制度，文书档案管理制度，机关文书、会计档案借阅制度，安全保密制度，汽车管理使用维修保养制度，印信管理制度，考勤制度，图书报刊管理制度，物品管理制度，卫生制度，治安防火制度，财务管理制度，机关岗位责任制度作了明确的规定。2009年，九三学社长春市委员会结合社务工作的实际需求，重新对机关的各项工作制度进行了审定修改，并打印汇编成册分发给机关工作人员。要求同志们按章办事，以工作制度化、规范化保障社市委各项工作的正常有序开展。宣传工作、参政议政工作方面，建立了通讯员三级网络制度，机关宣传处、调研处和基层共计25名同志被聘为九三学社吉林省三级宣传、参政议政网络特邀通讯员。组织工作方面，下发了《九三学社长春市委基层组织工作细则》，九三学社长春市委员会基层组织发展和组织建设更加规范化和制度化。九三学社长春市委员会建立了社务工作信息平台，定期向社市委委员发布社务工作动态，便于社市委了解情况、指导工作。九三学

社长春市委员会努力创建学习型、服务型、创新型、和谐型党派机关，促进机关工作协调统一、规范有序、灵活高效运转，为履行职能、开展工作提供有力保障。

2019年6月1日修订的《中华人民共和国公务员法》颁布后，九三学社长春市委员会机关及时组织全体干部进行学习。2021年，随着机关干部队伍逐渐年轻化，社市委利用周一机关工作例会，组织全体同志集中一个月时间，学习了新修订的《中华人民共和国公务员法》，要求每位机关干部按照《中华人民共和国公务员法》履职尽责、勤政务实，做到清正廉洁，为广大社员做好服务。从全党开展"不忘初心、牢记使命"主题教育开始，按照中共长春市委统战部的要求，九三学社长春市委员会机关同时开展了警示教育，每年定期组织社市委领导班子成员和机关干部到吉林省廉政教育基地接受警示教育，坚定理想信念，严守党纪国法，做到警钟长鸣。2022年7月，为进一步加强九三学社长春市委员会机关工作的制度化和规范化，按照《中华人民共和国公务员法》等有关法律、法规和文件的有关规定，经九三学社长春市第十五届二次常委会通过，机关开始实施《九三学社长春市委员会机关工作人员考勤与请休假管理暂行规定》。

## 第三节　改进作风，全心全意为社员服务

　　九三学社长春市委员会机关的宗旨是在九三学社长春市委员会领导下，遵照社中央、社省委的各项指示，结合党政部门的中心工作开展社务活动，全心全意为社员服务。1978年恢复组织活动后，机关干部立即树立深入基层、调查研究的良好工作作风，提高工作效率，端正服务态度，并建立了机关干部和各基层组织分工联系制度，以做好联络和服务工作。其主要内容是：分发学习材料，参加基层组织活动，了解基层组织和社员的情况，传达九三学社长春市委员会的意见，反映基层组织和社员个人的建议和要求。回到机关后，他们要把上述有关情况记录在专设的基层情况记事簿上，并在秘书长领导下，对社员反映的情况进行研究、分析，再按机关各处的工作职责归口处理。分工联系制度加强了机关和基层组织、广大社员的联系，增强了社员工作的主动性。要求机关人员对来机关开会、办事的社员要热情接待，礼貌周到；对社员在工作和生活中遇到的问题和困难，只要合情合理就尽可能帮助社员排忧解难。这些已经成为九三学社长春市委员会机关的传统。每到春节前夕，社市委领导和机关干部都要分成几个组，分别到离退休老社员家中探访、慰问。对于这些老社员提出的困难和要求，社市委能够解决的就解决，社市委不能解决的则立即与有关方面联系解决；实在解决不了的，也要作出解释和说明。对生病住院的社员，社市委也尽量派机关干部前往探视。社员病故后，机关都会以社市委的名义送去挽幛、花圈并派机关干部前往吊唁，参加社员的遗体告别仪式或追悼会。

# 第四节　机关干部参加九三学社全国副省级城市工作联席会议

　　2007—2021 年，九三学社全国副省级城市工作联席会议先后在沈阳、杭州、厦门、哈尔滨、武汉、成都、济南、南京、大连、深圳、长春、宁波、西安、广州、青岛共计召开 15 次。历次工作联席会议都围绕社务工作中的一个主题开展研讨和经验交流，邀请社中央主席或副主席出席会议并作重要讲话，九三学社各副省级城市的主委、专职副主委、秘书长及机关相关处室干部参加会议。会议主要议程是社中央领导讲话、各市委会代表作大会发言，与会人员集体座谈研讨交流。历次会议主办市委会都将大会发言材料集结成册，促进各市委会之间的交流学习。2017 年，九三学社长春市委员会承办了第十一次工作联席会议，经机关全体同志的共同努力，会议获得与会人员一致好评。从 2022 年开始，全国副省级城市工作联席会议再次依次召开，截至 2023 年，武汉、哈尔滨分别承办了第十六、十七次工作联席会议。

# 第四章
# 参政议政

# 第一节　参加各级人大、人民政府及政协工作

## 一、参加人大工作

### （一）全国人大代表

第二届人大（1959年4月—1964年12月）：吴学周

第三届人大（1964年12月—1975年1月）：吴学周、陶慰孙（女）

第五届人大（1978年3月—1983年6月）：吴学周

第六届人大（1983年6月—1988年4月）：吴学周、陈秉聪

第七届人大（1988年4月—1993年3月）：陈秉聪

第十一届人大（2008年3月—2013年3月）：王江滨（女）

第十三届人大（2018年3月—2023年3月）：王江滨（女）

### （二）吉林省人大代表

第一届人大（1954年8月—1958年7月）：陈光明、高国经、杨振声

第二届人大（1958年7月—1963年12月）：陈光明、高国经、杨钟秀

第三届人大（1963年12月—1968年3月）：陈光明、王喜天、吴正淮、张寿常、涂碧波（女）、高国经、钟焕邦、赵焕章

第四届人大（1968年3月—1980年3月）：刘德生、赵焕章、吴正淮

第五届人大（1980年3月—1983年4月）：吴学周（副主任）、刘德生、赵焕章、吴正淮

第六届人大（1983年4月—1988年1月）：吴学周（副主任）、刘德生、赵焕章、王允孚、吴正淮

第七届人大（1988年1月—1993年1月）：王允孚（常委）、秦维谦、吴锡生

第八届人大（1993年1月—1998年1月）：关天颖（女）、朱家永

第九届人大（1998年1月—2003年1月）：杨志范（常委）、李玉良、张为远

第十届人大（2003年1月—2008年1月）：张为远、王清（女）、张红星

第十一届人大（2008年1月—2013年1月）：王江滨（女）、王清（女）

第十二届人大（2013年1月—2018年1月）：尹爱青（女，常委）、冯守华、王江滨（女）

第十三届人大（2018年1月—2023年1月）：冷向阳（常委）

第十四届人大（2023年1月至今）：白娥（女，常委）

（三）长春市人大代表

第一届人大（1954年8月—1956年3月）：刘恩兰（女）、陶慰孙（女）、李光辉、陈光明、张继有、张毓藩、赵际昌、沈青囊、业治铮

第二届人大（1956年11月—1957年12月）：陶慰荪（女）、张毓藩、李宗海、李万镒、沈青囊、温乃即、张继有、业治铮、孙纯一、李光辉

第三届人大（1958年6月—1960年6月）：李云谙、王金香（女）、杨福振、宋荫谷、陈琪（女）、业治铮

第四届人大（1961年5月—1962年8月）：业治铮、杨福振、高福善、孙纯一、李云谙、陈琪（女）、钟焕邦、宋荫谷

第五届人大（1963年11月—1965年6月）：孙纯一、陈琪（女）、杨福振、李云谙、业治铮、宋荫谷、朱晋昌、高福善

第七届人大（1978年12月—1983年4月）：宋荫谷、陈裕生、涂碧波（女）、陈琪（女）、朱学俊、杨福振

第八届人大（1983年4月—1988年1月）：陈琪（女）、张庆余、涂碧波（女）、陈裕生、宋荫谷、秦维谦、杨福振、李玉珍（女）、李钧、潘金声、孙六爻（女）

第九届人大（1988年1月—1993年2月）：王维兴（常委）、黄献民（女）、徐遵义、佟国英

第十届人大（1993年3月—1998年1月）：吴智泉（常委）、李振泉、王

玉池、云正华（女）、吴锡生、贾易荣、廖公夫、徐遵义、顾元章

第十一届人大（1998年1月—2002年12月）：韦澍一（女，常委）、赵艳（女，常委）、张坚石、云正华（女）、杨世忠、贾易荣

第十二届人大（2002年12月—2007年12月）：马驷良（副主任）、赵艳（女，常委）、许凌宇（女）、沈娟（女）、杨世忠、张坚石

第十三届人大（2007年12月—2013年1月）：王进（常委）、赵艳（女，常委）、马驷良、许凌宇（女）、沈娟（女）

第十四届人大（2013年1月—2017年1月）：王进（常委）、刘晓娟（女）、沈娟（女）、许凌宇（女）、孙武文、沈颂东

第十五届人大（2017年1月—2022年2月）：王进（常委）、刘晓娟（女）、史育松、沈娟（女）、单莹莹（女）

第十六届人大（2022年2月至今）：赵辉（女，副主任）、李铭（常委）、刘鸣筝（女）、孙武文

## 二、参加各级人民政府等部门工作

陈光明在吉林省一届人大二次和二届人大一次会议上当选为吉林省人民委员会委员，同时出任吉林省卫生厅副厅长。在此期间，王喜天也出任吉林省卫生厅副厅长。

业治铮、陶慰孙、李光辉、孙纯一、陈琪5人曾出任长春市人民委员会委员。孙纯一曾出任长春市卫生局副局长。

根据《中共中央关于中国共产党领导的多党合作和政治协商制度的意见》（1989年）、《中共中央关于进一步加强中国共产党领导的多党合作和政治协商制度建设的意见》（2005年）等文件中关于举荐民主党派人士担任政府和司法机关领导职务的规定，九三学社长春市委员会不断加强后备干部队伍建设，经过严格考核，1990—2023年，长春市九三学社有以下社员在各级人民政府等部门担任处级以上领导职务：

阎则新　长春市城建局副局长（1990年11月—1997年）

| | |
|---|---|
| 刘宏泉 | 长春市绿园区卫生局副局长（1991年1月—2009年） |
| 许九君 | 长春市南关区副区长（1992年12月—1998年） |
| 支建华 | 长春市质量技术监督局副局长（1995年12月—2000年） |
| 王　源 | 长春市体委副主任（1997年11月—2000年） |
| | 长春市科协副主席（2000年8月—2012年） |
| 曲则文 | 长春市绿园区卫生局副局长（1997年11月—2009年） |
| 孔令起 | 长春市质量技术监督局副局长（2000年12月—2018年） |
| 徐彦夫 | 长春市南关区副区长（2000年10月—2004年） |
| | 吉林省审计厅副厅长（2004年11月—2018年3月） |
| 李　铭 | 长春市技术市场管理办公室主任（2001年12月—2015年6月） |
| 蔡鹏飞 | 长春市朝阳区副区长（2002年1月—2006年） |
| 陈黎明 | 长春市朝阳区统计局副局长（2002年8月—2016年7月） |
| 陈济生 | 长春市住房保障和房地产管理局副局长（2005年10月—2015年10月） |
| 李振华 | 吉林省检察院副检察长（2006年5月—2018年3月） |
| 郝书元 | 长春市卫生局副局长（2006年6月—2016年2月） |
| 孙　宏 | 长春市人大常委会办公厅副主任（2020年8月至今） |
| 葛　莘 | 长春市净月高新技术产业开发区应急管理局局长（2018年6月—2023年5月） |
| 裘学辉 | 长春市卫健委保健处处长（2018年3月至今） |
| 李　威 | 长春市双阳经济开发区副主任（2018年9月—2020年10月） |
| | 长春市双阳区政协农业农村委主任（2020年10月至今） |
| 单莹莹 | 长春市九台区波泥河街道办事处主任（2019年9月—2021年8月） |
| | 长春市九台区人大常委会法治工作委员会主任、人事代表工作委员会主任（2021年9月至今） |
| 李长翠 | 长春市市场监督管理局知识产权保护处处长（2020年12月至今） |
| 赵　辉 | 长春市人大常委会副主任（2021年8月至今） |

## 三、参加政协工作

### （一）全国政协委员

第二届政协（1954年12月—1959年4月）：吴学周

第三届政协（1959年4月—1965年1月）：吴学周、刘恩兰（女）、黄叔培

第四届政协（1965年1月—1978年3月）：刘恩兰（女）

第五届政协（1978年3月—1983年6月）：刘恩兰（女）、陶慰孙（女）

第六届政协（1983年6月—1988年4月）：卢士谦

第九届政协（1998年3月—2003年3月）：李向高、迟宝荣（女）

第十届政协（2003年3月—2008年3月）：李向高、迟宝荣（女）

第十一届政协（2008年3月—2013年3月）：迟宝荣（女）

第十二届政协（2013年3月—2018年3月）：冯守华

第十三届政协（2018年3月—2023年3月）：冯守华

第十四届政协（2023年3月至今）：冷向阳

### （二）吉林省政协委员

第一届政协（1955年2月—1959年6月）：赵际昌（常委）、关实之（常委）、黄叔培（常委）、何春馥（女，常委）、季鸣时、张寿常、陈广仁、王喜天、陶慰孙（女）、刘福田

第二届政协（1959年6月—1963年12月）：吴学周（副主席）、卢士谦（常委）、赵际昌（常委）、王喜天（常委）、孙纯一（常委）、陶慰孙（女，常委）、赵西陆、关实之、季鸣时、李彤惠、张寿常

第三届政协（1963年12月—1977年12月）：吴学周（副主席）、卢士谦（常委）、孙纯一（常委）、赵际昌（常委）、关实之、沈青囊、李彤惠、季鸣时、陈秉聪、洪超明、张烨、赵西陆

第四届政协（1977年12月—1983年4月）：吴学周（副主席）、卢士谦（常委）、王海滨（常委）、赵际昌（常委）、陈秉聪、关实之、赵西陆、张烨、肖蔚、季鸣时、沈青囊、陈广仁、洪超明、袁秀顺（女）

第五届政协（1983年4月—1988年1月）：于省吾（常委）、王海滨（常委）、何春馥（女，常委）、卢士谦（常委）、陈秉聪（常委）、关实之、张烨、洪超明、陈玉峰、阎洪臣、王允孚、郭日贞（女）、肖蔚、马青芳、赵西陆、季鸣时、袁秀顺（女）、沈青囊、张继有、陈广仁

第六届政协（1988年1月—1993年1月）：陈秉聪（常委）、何春馥（女，常委）、马驷良、常健生、李向高、刘介夫

第七届政协（1993年1月—1998年1月）：陈秉聪（副主席）、马驷良（常委）、韦澍一（女）、杨志范、常健生、王曙辉、欧阳玺、韩东云、李向高、刘介夫、赵振昌、李振华

第八届政协（1998年1月—2003年1月）：马驷良（常委）、李振华（常委）、逄增玉、宋玉祥、卢金火、许九君、胡平、闫吉昌、董震、戴文跃、刘曙野

第九届政协（2003年1月—2008年1月）：王江滨（常委）、王源（常委）、胡平（常委）、李振华（常委）、冯守华、孔令起、宋玉祥、尹爱青（女）、丁四保、王颖（女）、王瑛（女）、徐冰、闫吉昌、张梅生、董震、黄河、姜雪鹰、蔡鹏飞

第十届政协（2008年1月—2013年1月）：冯守华（常委）、王源（常委）、张红星、王丽颖（女）、宋玉祥、姜雪鹰、王瑛（女）、王颖（女）、孔令起、张家治、张梅生、尹爱青（女）、赵建军、刘曙野

第十一届政协（2013年1月—2018年1月）：张红星、张家治、徐冰、王丽颖（女）、张梅生、刘曙野、吴迪、李志鹏、冷向阳、王瑛（女）、王杨（女）、赵平

第十二届政协（2018年1月—2023年1月）：张红星、田元生、吴迪、葛鹏飞、冯加纯、赵平（女）

第十三届政协（2023年1月至今）：冷向阳（常委）、赵辉（女，常委）、赵平（女，常委）、刘冰冰（女）、李铭、田元生、高玉秋（女）、吕康银（女）、王晖（女）、李明森、刘鸣筝（女）

### (三) 长春市政协委员

第一届政协（1955年6月—1959年5月）：吴学周（副主席）、卢士谦（常委）、董翼章（常委）、吴立民

第二届政协（1959年5月—1961年5月）：黄叔培（副主席）、肖蔚（副秘书长）、沈青囊（常委）、吴立民（常委）、张国华（常委）、董翼章（常委）、王海滨、史庆久、刘禹昌、洪超明、曲秉诚、朱志龙、张烨（特邀）

第三届政协（1961年5月—1963年11月）：黄叔培（副主席）、肖蔚（副秘书长）、沈青囊（常委）、吴立民（常委）、张国华（常委）、董翼章（常委）、王海滨、史庆久、刘禹昌、张润田、洪超明、曲秉诚、张烨、杨纯福、朱志龙、吕清河（特邀）、温乃即（特邀）

第四届政协（1963年11月—1978年12月）：陈光明（副主席）、肖蔚（副秘书长）、吴立民（常委）、张国华（常委）、董翼章（常委）、王海滨、史庆久、刘禹昌、张润田、余柏年、曲秉诚、杨纯福、朱志龙、孙鸿钧（特邀）、吕清河（特邀）、赵泰伯（特邀，满）、温乃即（特邀）

第五届政协（1978年12月—1983年4月）：卢士谦（副主席）、朱志龙（常委）、吴立民（常委）、肖蔚（常委）、张国华（常委）、史庆久、刘禹昌、满颖之（女，满族）、李斌才、郭守田、陈珍念、赵东甫、杨纯福、孙鸿钧、李万镒、吕清河、曲秉诚（特邀）、温乃即（特邀）

第六届政协（1983年4月—1988年1月）：卢士谦（副主席）、肖蔚（副秘书长）、马青芳（常委）、王守中（常委）、王金香（女，常委）、许金钊（常委）、吴立民（常委）、张国华（常委）、胡永盛（常委）、郝德富（常委）、韩有库（常委）、朱汝涣、宓超群、董万堂、陆坤元、郭石山、郭守田、王继少、陈珍念、罗继祖、赵东甫、赵恩武、杨纯福、刘宗汉、李万镒、张毓藩、范懿梅（女）

第七届政协（1988年1月—1993年2月）：陈秉聪（副主席）、李振泉（副秘书长）、王金香（女，常委）、孙天纵（常委）、吴智泉（常委）、张国华（常委）、周开金（常委）、高士贤（常委）、马驷良、王汉城、范垂凡、高方（女）、傅立中、阎则新、林开华、刘斌、杨志范、汪永真（女）、沈兆俐（女）、宋永仁、欧阳玺、王士博（满族）、王继少、李惟、赵东甫、赵恩武、

王文亚、王克理、刘宗汉、许志安、张跃文、曹荣海、董德、李大治（蒙古族）、宓超群（特邀）

第八届政协（1993年2月—1998年1月）：李振泉（副主席）、李滦宁（女）、何树治、范丽环（女）、范垂范、阎则新、高方（女）、董德、付立中、刘斌、沈兆俐（女）、宋永仁、姜培武、常兆生、逄增玉、田中雨、李惟、王大威、王文亚、许志安、高士贤、李大治、许九君（特约）

第九届政协（1998年1月—2002年12月）：李惟（副主席）、王在、李滦宁（女）、何英（女）、范丽环（女）、姜雪鹰、徐彦夫、黄河、付兴奎、蔡鹏飞、刘福禄、顾元章、范德成、田吉昌、沈颂东、宋庆复、张兴洲、黄耀阁、丁四保、田中雨、王源、赵玉谦

第十届政协（2002年12月—2007年12月）：王庆祥（常委）、陈济生（常委）、张兴洲（常委）、刘林茂（常委）、刘曙野（常委）、马俐儒（女）、王在、田吉昌、付兴奎、吕秀英（女）、李铭、张红星、何英（女）、乔迁、刘献革、杨德权、李滦宁（女）、赵玉谦、程培英（女）、张立（女）、沈颂东、赵永成、赵晓晖、冷向阳、侯冠森、辛晓红（女）

第十一届政协（2007年12月—2012年12月）：张红星（副主席）、陈济生（常委）、张兴洲（常委）、付兴奎（常委）、杨青山（常委）、李诚固（常委）、马俐儒（女）、王在、李铭、李士梅（女）、杜戈飞、何英（女）、苏俊芝（女）、王明时、张立（女）、翁连海、程培英（女）、王世祥、田义新、吕秀英（女）、冷向阳、叶绿（女）、侯冠森、刘林茂、马东阁、孙会新、佟晓红（女）、徐秀英（女）、邢东侠（女）、沈颂东、汪澈（女）、徐一非、任军

第十二届政协（2012年12月—2017年1月）：张红星（副主席）、杨青山（常委）、顾红艳（女，常委）、马东阁、王晓刚、田义新、李铭、李士梅（女）、李诚固、张哲（女）、张文祥、陈济生、赵学良、姜怀志、高玉秋（女）、崔峰铭、曹雪（女）、王明时、汪澈（女）、乔迁、张晓颖（女）、郑美群（女）、翁连海、续颜（女）、戴明、袁笠恒、王力量、李秀敏（女）、许辉（女）、侯冠森、班云峰、周长玉（女）

第十三届政协（2017年1月—2022年2月）：张红星（副主席）、高玉秋（女，常委）、刘冰冰（女，常委）、顾红艳（女，常委）、张晓颖（女，常委）、

裴瑾（女，常委）、王庆丰、王晓刚、张哲（女）、张普一、代桂霞（女）、欧阳晓兵、郑敏（女）、赵学良、姜怀志、袁笠恒、续颜（女）、董伟东、颜力楷（女）、田义新、吴秀丽（女）、李宏斌、高硕徽、裘学辉（女）、陈华（女）、翁连海

第十四届政协（2022年2月至今）：冷向阳（常委）、刘冰冰（女，常委）、顾红艳（女，常委）、吕康银（女，常委）、吴巍（女）、姜怀志、娄冬梅（女）、李长翠（女）、欧阳晓兵、裴德文、庄军、代桂霞（女）、闫钰锋、李玮、张涛、周长玉、孟繁峥、裘学辉（女）、颜力楷（女）、付永平（女）、许凌宇（女）、王蕾（女）、彭沛、董伟东、张晓颖（女）、裴瑾（女）、刘丽莉（女）、孙硕（女）、王英平、刘建春、张普一、侯冠森、袁卓、高硕徽、陈冬梅（女）、徐亮

# 第二节　通过长春市政协、中共长春市委专题议政会积极献计献策

1985年，在长春市政协六届三次会议上，社员宓超群就落实党的知识分子政策问题作了大会发言。其中主要对长春市人才外流原因，从五个方面进行了剖析，并提出了具体应对措施：第一，要进一步落实党的知识分子政策，解决知识分子在工作和生活中的实际困难，以便安定人心；第二，与知识分子广交朋友，给知识分子以充分信任，把知识分子团结到党的事业中来；第三，关心四化建设的大计与关心知识分子的专业并与个人前途结合起来，不但要在对知识分子充分信任的基础上发挥其特长，同时要把知识分子的科研项目与国家的四化建设项目结合起来；第四，在充分发挥并利用知识分子专长的基础上建立起一种良好的提升制度和培训制度，对有贡献有能力的知识分子给予及时的奖励和提升，使知识分子感到党的温暖和报国有门，产生向心力；第五，要多注意关心和团结知识分子，使长春市知识分子的状况有所改善。至少可以缓和目前长春市知识分子"人心思动"和"北雁南飞"的局面，有利于长春市的经济体制改革和四化建设。会上，社员许金钊还就教育改革的问题提出了意见，特别是就如何多渠道办学，提出了许多有价值的建议，引起了与会者的强烈反响。

1986年，在长春市政协六届四次会议上，九三学社长春市委员会秘书长李振泉作了题为《执行城市总体规划，把长春市建设好》的大会发言。他从六个方面向大会提出建议。一是发挥科研文教优势搞好城市建设。在城市的发展与建设上，既要搞好科技文教区内居住、交通、文化、商业、饮食等方面的建设，又要鼓励与支持科研、教学人员与生产单位直接挂钩，开展技术协作，形成一个重视科学、重视人才，易于发挥作用的环境与条件。二是严格控制城市规模，按长春市"总体规划"要求，发展中小卫星城市和长春地区城镇体系，

加快旧城区改造，到 2000 年，城区人口规模控制在 160 万人左右，用地规模控制在 120 平方千米左右。三是按照把原来的以人民广场为中心的同心圆式内向城市结构变为多中心的集团式的城市结构的设想，搞好城市结构与布局。四是解决今后供水问题，既要开源，又要节流。在主要考虑"引松入长"方案的同时，更要加大节水建设投资，通过提高工业用水复用率、节约民用水、治理管线渗漏，达到开源的目的。五是搞好城市经济体制改革，发展经济，夯实城建的基础。六是加强城市建设中的法制观念。城市的合理布局，必须有一个科学的统一的具有法律性质的总体规划。必须严格执行城市总体规划，克服建设上各自为政的混乱状态。对不按城市规划办事、破坏城市规划布局的单位负责人和违章个人，规划部门有权进行严肃处理。各级领导要正确理解城市规划在城市发展建设中的地位和作用，牢固树立按规划办事的观念。

1987 年，在长春市政协六届五次会议上，社员宓超群、周开金分别就加强对青年的思想政治教育是当前的迫切任务、要建立具有长春特色的对外经济体系等问题作了大会发言，并提出了很好的建议。

1988 年，九三学社长春市委员会主委陈秉聪在长春市政协七届一次会议中发言，提出要把推进科技进步放在首要位置。为此，他提出四点建议。一是要真正树立"科学技术是生产力"的观点，通过经济杠杆、政策倾斜，进一步增强企业依靠技术进步提高经济效益的压力和动力。二是进一步营造"尊重知识，尊重人才"的社会环境。为知识分子营造一个能施展才华的宽松的政治环境和工作环境，对他们的知识及科研成果给予正确的评价与确认。三是加强高等学校、科研机构与企业之间的联合。创造条件，尽快促使高等学校及科研单位进入企业集团，或落实高校和科研单位定地区、包行业、包新产品开发的技术承包责任制。四是发动全市科技人员，分行业、分地区进行调查，对全市的工业、农业制定振兴规划，提出依靠人才振兴经济的具体意见，也可以依靠各专业学会来进行此项工作。

1988 年，社员周开金在长春市政协七届一次会议上发言，提出要大力发展汽车配套产业，振兴长春经济。为适应一汽发展的需要，长春市应对一些企业有重点、分层次地进行企业改造和建设，并相应地集中财力和技术力量进行支援，组织好，上水平，上能力，不失时机地引导企业向专业化生产过渡。为此，他建议从四个方面做好准备：第一，相关的工业企业应尽量为汽车工业做好配套服务，逐步作出新的部署；第二，抓紧专业技术人才的储备；第三，着手进行交通运输的规划和建设；第四，做好城市的科学规划。

1989年2月，在长春市政协七届二次会议上，社员宓超群代表九三学社长春市委员会作了题为《强化多党合作，充分发挥民主党派的作用》的大会发言，就如何加强多党合作、充分发挥民主党派的作用和进行廉政建设等问题，有的放矢地提出了意见和建议。

1990年2月，在长春市政协七届三次会议上，社员周开金代表九三学社长春市委员会作了题为《廉政建设必须注重实效》的大会发言，引起了良好反响。社内其他政协委员还提出了很多建议和提案，如《提高高等院校师生公费医疗费》《妥善解决师范院校助学金的来源》等。在吉林省政协召开的六届三次全委会上，社员常健生同志作了有关"科技立省"的大会发言，对吉林省科技管理工作提出了改进意见，受到了省政府有关部门领导的重视。社内各级人大代表和政协委员还积极参加了人大和政协组织的各项调研、视察活动，并都较好地发挥了政治协商和民主监督作用。

1991年3月，在长春市政协七届四次会议上，九三学社长春市委员会副主委阎则新代表社市委在大会上作了题为《积极发展城市建设，促进我市经济振兴》的大会发言，就城市建设提出四点具体意见和建议，发言引起有关部门的重视。5月8日，在中共长春市委召开的首次民主党派专题议政会上，有3位九三学社长春市委员会代表发言，其中社市委副主委李振泉提出的题为《对加强长春市国土工作的意见》的建议受到重视并被采纳。

1992年2月，在长春市政协七届十八次常委会上，九三学社长春市委员会主委李振泉作了题为《对我市建立市场经济体制的几点认识》的大会发言。3月18日，在中共长春市委召开的第二次民主党派专题议政会上，社市委作了题为《依靠科技进步促进长春经济发展》的发言。

1993年3月，在长春市政协八届一次会议上，九三学社长春市委员会作了题为《对长春市发展旅游业问题的思考》的大会发言。社员范垂凡在会上作了题为《对我市股份制工作的几点看法和建议》的大会发言。九三学社长春市委员会还向长春市政协提交了关于长春市政府搬迁选地的建议等提案，《关于市政府搬迁问题》刊登在《吉林日报》内参上。同年，在中共长春市委召开的第三次民主党派专题议政会上，九三学社长春市委员会作了题为《超前发展通讯，加速长春现代化国际性城市建设步伐》的发言。

1994年3月，在长春市政协八届二次会议上，李振泉主委代表九三学社长春市委员会作了题为《对长春市城市总体规划的几点思考》的大会发言，他从城市的性质、布局的重要改变，结合城市风貌特点，对把长春建设成现代化国际性城市的规划，提出一系列建议，受到了中共长春市委、长春市政府的高度重视，并被聘请担任制定研讨长春市规划的顾问。在本次会议上，九三学社长春市委员会还提交了《对建设现代化国际城市战略思想的几点看法》《对长春市农村地域持续发展与城镇化的初步探索》《农村医疗卫生事业发展中存在的问题及对策》3份集体提案。

1995年2月，九三学社长春市委员会加强了对参政议政工作的领导，发挥各专委会作用，群策群力，由经济科技委员会代表九三学社长春市委员会在长春市政协八届三次会议上作了题为《促进民营科技企业发展的建议》的大会发言，提出要充分发挥政府的协调、指导功能，为促进民营科技企业发展创造条件；要积极探索民营科技企业产权的有效实现形式和现有企业的改造途径，重点放在改造和组建股份合作经营的民营科技企业上。大会发言得到中共长春市委领导的重视。同年，在中共长春市委召开的第五次民主党派专题议政会上，九三学社长春市委员会作了题为《做好城市总体规划，促进文明城市建设》的发言。

1996年2月，九三学社长春市委员会围绕中共长春市委、长春市政府中心工作中的重点和难点问题积极参政议政。在长春市政协八届四次会议上，九三学社长春市委员会提交的《关于促进我市私营经济稳定健康发展的几点建议》，被吉林省领导批转给吉林省政府各部门参照执行；《对长春市城市总体规划的几点思考》《贯彻可持续发展战略，编好长春市九五计划和2010年远景目标规划的几点意见》等提案受到长春市有关部门的重视，长春市政府有关部门多次邀请社内专家座谈研究落实建议内容。在本次会议上，九三学社长春市委员会提交集体提案7件、个人提案40余件。

1997年1月，九三学社长春市委员会为发挥整体作用，建立了提案库，加强参政议政工作。在长春市政协常委专题议政会上,九三学社长春市委员会驻会副主委韦澍一作了题为《以家庭文明教育为重点,推动我市文明社区建设的几点思考》的大会发言。在长春市政协八届五次会议上,李惟主委代表九三学社长春市委员会作了题为《关于加强我市家庭伦理道德建设的几点建议》的大会发言,获得与会领导和委员的好评。在本次会议上,九三学社长春市委员会提交集体提案2件、个人提案34件。同年,在中共长春市委召开的第六次民主党派专题议政会上,九三学社长春市委员会李振华副主委作了题为《对我市精神文明建设以人为本的管理思想的对策性建议》的发言。

1998年1月,在长春市政协九届一次会议上,李惟主委代表九三学社长春市委员会作了题为《关于进一步推进我市股份合作制的建议与对策》的大会发言,受到了长春市人民政府的高度重视,认为问题抓得准,分析透彻,建议操作性强。长春市政协张绪明主席还在会议期间特意约见作者,当面倾听建议。在此基础上形成的《关于我市企业改革要有突破性进展的建议》,被列为长春市政协建议案,提交给长春市人民政府,并被评为长春市政协优秀提案。同年,在中共长春市委召开的第七次民主党派专题议政会上,九三学社长春市委员会提交的《组织下岗职工到农村择业的建议》,被认为具有开创性,是解决下岗职工就业的新途径。

1999年1月,在长春市政协九届二次会议上,15位在大会上发言的政协委员中,长春市九三学社社员就有5名,占发言总人数的三分之一。《建立现代化天敌昆虫工厂和产品的推广》《促进农村体育事业发展》《长春人用长春车》《创建都市农业加速农业转型升级的建议》《关于举办长春市设治200周年庆典的建议》的发言,因质量好、水平高,产生了较大影响。九三学社长春市委员会提交的5件集体提案,《长春日报》全部给予摘要刊发。其中《关于举办长春市设治200周年庆典的建议》被列为长春市政协建议案,并被评为优秀提案,此提案被提交给长春市人民政府,并被长春市电视台《政协委员论坛》制作成专题节目。同年,在中共长春市委召开的第八次民主党派专题议政会上,九三学社长春市委员会的发言《关于社区服务工作的建议》,受到中共长春市委领导和长春市人民政府的肯定,认为可以对加强长春市的社区建设起到推动作用,有些建议将逐步得到落实。

2000年1月，在长春市政协九届三次会议上，九三学社长春市委员会作了题为《完善和加快发展长春品牌农业的建议》的大会发言，对深化长春市农业经济体制改革，加速推进农业产业化经营，加速实现长春市的农业经济增长方式的根本转变有较强的指导意义，此提案被列为长春市政协建议案。《关于放开搞活我市中小企业的建议》的发言和提案受到了中共长春市委、长春市政府的重视，中共长春市委、长春市政府表示要认真研究，加快落实建议。

2000年8月31日，在中共长春市委召开的第九次民主党派专题议政会上，九三学社长春市委员会就农业经济结构调整方面的问题提出建议。12月，在长春市政协九届四次会议上，九三学社长春市委员会提交了题为《关于进一步开发亚泰大街功能，建立现代化商务大街的建议》的集体提案。在此次会议上，长春市政协对九届三次会议以来的14件优秀提案进行表彰。九三学社长春市委员会提交的《关于放开搞活我市中小企业的建议》《完善和加快发展长春市品牌农业的建议》被评为优秀提案并获得荣誉证书。

2001年，在中共长春市委召开的第十次民主党派专题议政会上，长春市政协委员、吉林农业大学教授付兴奎代表九三学社长春市委员会作了题为《关于长春农业发展与科技兴农的建议》的发言。

2002年1月，在长春市政协九届五次会议上，九三学社长春市委员会及长春市九三学社社员中的政协委员共提交提案21件。其中，九三学社长春市委员会提交了4件集体提案，分别是《关于积极稳妥地发展农村合作经济组织的建议》（大会发言）、《关于加快长春市信息化发展的几点建议》、《关于长春从农业大市向强市跨越建议》、《我市农村经济组织的现状问题与政策建议》。在这次会议上，九三学社长春市委员会在长春市政协九届四次会议上提交的《关于进一步开发亚泰大街功能，建立现代化商务大街的建议》荣获长春市政协优秀提案一等奖；《关于加快长春市信息化发展的几点建议》，在10月份被长春市政协评为优秀提案。

2002年12月，在长春市政协十届一次会议上，九三学社长春市委员会在会上作了题为《关于树立经营城市理念，加快我市建设的建议》的大会发言，并提交了题为《农民增收的制约因素与对策建议》的集体提案。长春市九三学社社员中的政协委员共提交个人提案36件。2002年，长春市人大常委会副主任、九三学社长春市委员会主委马驷良参加中共长春市委、长春市政府、长春市政协、中共长春市委统战部召开的征求意见会、情况通报会、专题议政会、民主协商会、座谈研讨会等20余次。会上，社市委领导对长春市的大政方针，中共长春市委、长春市政府的中心工作和人民群众普遍关心的热点、难点问题，直抒己见，坦诚直言。九三学社长春市委员会在9月召开的中共长春市委征求民主党派意见会上提交的《关于大力发展我市软件产业的建议》和《关于开展药用鹿、肉食鹿科研开发的建议》，引起与会领导的关注，他们认为这两份建议确实符合长春经济发展的实际，中共长春市委、长春市政府将会认真加以考虑，并责成有关部门进行论证。同年，在中共长春市委第十一次民主党派专题议政会上，九三学社长春市委员会提交的《积极应对入世挑战，加快转变政府职能和管理方式，实现管理体制创新》，得到李述市长的好评。

2003年11月，在中共长春市委召开的第十二次民主党派专题议政会上，九三学社长春市委员会驻会副主委陈济生出席会议并在会上作了题为《发展中药业，形成我市经济真正支柱》的发言，受到中共长春市委领导的重视和好评。

2004年1月，在长春市政协十届二次会议上，九三学社长春市委员会提交了3件集体提案，分别为《关于长春市民营经济发展的几点思考与建议》《关于长春市农产品实施"走出去"战略的建议》《关于大力发展农业经济　促进农业可持续发展》，对长春市的经济发展，尤其对中药业成为支柱产业的建议起到了前瞻性的作用，其中《关于长春市民营经济发展的几点思考与建议》作为大会发言受到有关部门的重视。在此次会议上，九三学社长春市委员会在长春市政协十届一次会议上提交的《关于树立经营城市理念，加快我市建设的建议》被评为优秀提案。长春市九三学社社员中的政协委员共提交个人提案40件。3月16日，中共长春市委召开第十三次民主党派专题议政会。九三学社长春市委员会主委马驷良、驻会副主委陈济生出席会议，就会议的中心议题本着科学求实的态度，在充分调研的基础上坦诚直言，许多意见得到重视和肯定。

2005年1月，在长春市政协十届三次会议上，九三学社长春市委员会在会上作了题为《关于调整产业政策大力扶持劳动密集型产业的建议》的发言，同时提交了题为《关于长春市发展循环农业的建议》的集体提案。在本次会议上，九三学社长春市委员会在长春市政协十届二次会议上提交的《关于长春市民营经济发展的几点思考与建议》被长春市政协评为优秀提案并受到奖励。长春市九三学社社员中的政协委员共提交个人提案28件。2005年，中共长春市委书记王儒林给各民主党派分别提出了调研课题，社市委针对课题对长春市科技成果转化问题进行深入调研，广泛征求有关方面的意见和建议，在多次论证和推敲的基础上，由主委马驷良主笔撰写出《关于我市科技优势转化的建议》，并在中共长春市委召开的第十四次民主党派专题议政会上作了发言，受到中共长春市委领导及有关部门的重视和好评。

2006年1月，在长春市政协十届四次会议上，九三学社长春市委员会在会上作了题为《关于长春市农业集聚式发展的建议》的发言（被评为优秀提案），提交了题为《关于长春信用体系建设的几点建议》的集体提案。长春市九三学社社员中的政协委员共提交个人提案24件。

2007年3月，在长春市政协十届五次会议上，九三学社长春市委员会提交集体提案3件，其中《关于充分开拓第一资源推动长春经济又好又快发展的建议》为大会发言（被评为优秀提案）。其他2件集体提案为《关于我市饮用水水源保护的思考和建议》《关于构建和谐社会，要高度重视农民权利问题的建议》。长春市九三学社社员中的政协委员共提交35件个人提案。2007年，中共长春市委共召开了3次高层次、小范围座谈会，这几次座谈会作为本年度的专题议政会。在召开座谈会前，九三学社长春市委员会组织参政议政专家组进行认真准备。在3次座谈会上，长春市政协副主席、九三学社长春市委员会主委张红星代表社市委分别提交了《关于长春市建立农业产品质量安全溯源机制的建议》《对长春市强化农村科技服务水平，促进新农村建设的建议》《科学布局保证长春又好又快发展》《抓好新农村建设中农村公共事业的建议》。这些建议都受到中共长春市委、长春市政府的重视，其中《关于长春市建立农业产品质量安全溯源机制的建议》被《长春日报》全文刊登。

2007年12月，在长春市政协十一届一次会议上，九三学社长春市委员会提交了3件集体提案，其中题为《关于长春市农村政策性金融存在的问题与改革的建议》的集体提案作为大会发言。其他2件集体提案为《关于建立完善科技创新、基础条件及交易平台的建议》《关于发展长春市新农村公共事业应注意问题的建议》。长春市九三学社社员中的政协委员共提交个人提案26件。12月4日，中共长春市委召开民主党派民生恳谈会，九三学社长春市委员会在会上作了题为《建立住房保障体系解决群众生活难题》的发言。

2008年12月，在长春市政协十一届二次会议上，九三学社长春市委员会提交了题为《关于进一步解决与改善好百姓住房的建议》（大会发言）、《关于加强长春市农村公路建设与管理的建议》、《关于长春市种植业结构优化升级的思路及对策建议》的集体提案。长春市九三学社社员中的政协委员共提交个人提案30件。在本次大会上，九三学社长春市委员会在长春市政协十一届一次会议上提交的《关于长春市农村政策性金融存在的问题与改革的建议》被长春市政协评为优秀提案。就此提案，长春市政协在长春电视台举办的《政协委员论坛》栏目中，对付兴奎委员作了专题访谈。

2010年1月，在长春市政协十一届三次会议上，九三学社长春市委员会提交了题为《关于整治违法违章建筑，建设美好、整洁、宜居长春的建议》（大会发言）、《关于长春市各城区之间招商恶性竞争的问题和建议》、《关于长春市畜牧业创新的几点建议》、《关于加强对我市施工占道管理的建议》的集体提案。长春市九三学社社员中的政协委员共提交个人提案28件。在本次大会上，九三学社长春市委员会在长春市政协十一届二次会议上提交的《关于加强长春市农村公路建设与管理的建议》被长春市政协评为优秀提案。同年，在中共长春市委召开的第十九次民主党派专题议政会上，九三学社长春市委员会作了题为《将建设农业特区写入长春"十二五"规划的建议》的发言。

2011年1月，在长春市政协十一届四次会议上，九三学社长春市委员会提交了2件集体提案，分别是《关于长春市培育和发展战略性新兴产业的建议》（大会发言）、《关于提高村镇住宅抗洪灾能力的建议》。长春市九三学社社员中的政协委员共提交个人提案26件。

2011年12月，在长春市政协十一届五次会议上，九三学社长春市委员会提交了题为《关于长春市食品加工小作坊与食品摊贩管理问题的建议》（大会发言）、《关于长春市文化产业突破性发展的建议》、《关于在农业生产环节解决食品安全问题的建议》的集体提案，九三学社长春市委员会在长春市政协十一届四次会议上提交的《关于长春市培育和发展战略性新兴产业的建议》被长春市政协评为优秀提案。长春市九三学社社员中的政协委员共提交个人提案31件。同年，在中共长春市委召开的第二十次民主党派专题议政会上，九三学社长春市委员会作了题为《关于长春承接产业转移的建议》的发言。

2012年12月，在长春市政协十二届一次会议上，九三学社长春市委员会提交了题为《关于推进我市公交优先战略的建议》（大会发言）、《关于发展长春市现代服务业支持政策的建议》、《关于长春市科技企业孵化器建设的建议》的集体提案，其中《关于发展长春市现代服务业支持政策的建议》得到长春市市长姜治莹的签批。九三学社长春市委员会在长春市政协十一届五次会议上提交的《关于长春市文化产业突破性发展的建议》被长春市政协评为优秀提案。长春市九三学社社员中的政协委员共提交个人提案31件。同年，在中共长春市委召开的第二十一次民主党派专题议政会上，九三学社长春市委员会作了题为《关于加快发展现代化服务的对策研究》的发言。

2013年12月，在长春市政协十二届二次会议上，九三学社长春市委员会提交了《关于编制我市支柱及优势产业链规划，破解我市工业结构性产能过剩问题的建议》、《关于系统推进长春大健康产业整体发展的建议》、《关于长春地区"家庭牧场"状况及发展对策的建议》、《关于大力发展长春市养殖业的建议》（大会发言）、《关于提高公民科学素养，加强科普教育的建议》、《关于合理利用长春市闲置土地的建议》共6件集体提案。九三学社长春市委员会在长春市政协十二届一次会议上提交的《关于推进我市公交优先战略的建议》被长春市政协评为优秀提案。长春市九三学社社员中的政协委员共提交个人提案22件。

2014年，九三学社长春市委员会在中共长春市委第二十三次民主党派专题议政会上作了题为《关于长春市发展农业产业集群，提升农产品区域品牌竞争力的建议》《关于发挥长春市产学研优势搭建全民创新创业体系的建议》《关于大力发展电子商务优化产业结构带动产业升级的建议》的发言。

2015年1月，在长春市政协十二届三次会议上，九三学社长春市委员会提交了4件集体提案，分别是《关于构建我市全民创业体系促进我市经济结构转型升级的建议》、《关于整合我省玉米全产业链优质资源，建设以长春为中心的玉米全产业链经济带的建议》、《关于大力发展长春市农产品电子商务的建议》、

《关于大力开展冰雪景观建设的建议》(大会发言)。九三学社长春市委员会在长春市政协十二届二次会议上提交的《关于编制我市支柱及优势产业链规划，破解我市工业结构性产能过剩问题的建议》被长春市政协评为优秀提案。长春市九三学社社员中的政协委员共提交个人提案28件。在长春市政协十二届十四次常委会议上，社员杨青山、李诚固、李秀敏分别以《关于长春市实施创新驱动战略的建议》《长春市十三五城市规划建设的战略思考》《十三五期间长春市现代服务业发展对策研究》为题作发言，社员姜怀志、田义新分别以《关于长春地区加快发展节粮型畜牧业》《关于完善农产品生产、销售信息采集与公布技术体系的建议》为题作发言。九三学社长春市委员会参政议政专家组组长付兴奎提交的题为《借助长吉图开发开放先导区的政策优势，实现长春市跑向增值的新跨越的建议》的提案，得到肖万民副市长亲自督办。在长春市政协十二届二十五次常委会上，九三学社长春市委员会作了题为《关于加强长春地区农村垃圾处理问题的建议》的发言；在长春市政协召开的以"促进城市公共交通优先发展"为主题的专题议政会上，九三学社长春市委员会作了题为《关于加强公交站务设施建设管理的建议》的发言。同年，在中共长春市委召开的第二十四次民主党派专题议政会上，九三学社长春市委员会提交了《关于将"六化"建设定位为长春新农村目标的建议》。

2016年2月，在长春市政协十二届四次会议上，九三学社长春市委员会提交集体提案4件，分别是《关于借鉴城市社区功能优势促进我市农村社会管理服务体系建设的建议》(大会发言)、《关于扶持创客空间 激活创业资源 促进我市大众创业、万众创新发展的建议》、《关于将"六化"建设定位为长春新农村建设目标的建议》、《关于加强我市采暖费调整工作的几点建议》。九三学社长春市委员会在长春市政协十二届三次会议上提交的《关于大力开展冰雪景观建设的建议》被长春市政协评为优秀提案。长春市九三学社社员中的政协委员共提交个人提案26件。

2017年1月，在长春市政协十三届一次会议上，九三学社长春市委员会提交集体提案5件，分别是《关于促进我市大数据发展的建议》(大会发言)、《关于搭建实体零售行业大数据平台，推进长春市实体零售行业创新转型升级的建议》、《关于对失信人处罚及提高公民维权意识的建议》、《关于逐步扩大长春市公办幼儿园比例的建议》、《关于建立"农（业）谷"的建议》。九三学社长春市委员会在长春市政协十二届四次会议上提交的《关于借鉴城市社区功能优势促进我市农村社会管理服务体系建设的建议》被长春市政协评为优秀提案。长春市九三学社社员中的政协委员共提交个人提案30余件。

2018年1月，在长春市政协十三届二次会议上，九三学社长春市委员会提交集体提案4件，分别是《关于广泛使用生态有机覆盖物有效减少扬尘污染因素的建议》（大会发言）、《关于加强我市历史文化街区的保护利用　促进城市建设与旅游开发的建议》、《加强长春智库建设　强化城市发展顶层设计　助力长春市东北亚区域中心城市建设的建议》、《围绕长春智能制造　打造我国领先的工业互联网服务平台的建议》。九三学社长春市委员会在长春市政协十三届一次会议上提交的《关于搭建实体零售行业大数据平台，推进长春市实体零售行业创新转型升级的建议》《关于建立"农（业）谷"的建议》被长春市政协评为优秀提案。长春市九三学社社员中的政协委员共提交个人提案30余件。同年，在中共长春市委召开的第二十六次民主党派、工商联和无党派人士专题议政会上，九三学社长春市委员会提交了《关于建设长春大数据中心，提高城市精细化管理水平的建议》。

2019年1月，在长春市政协十三届三次会议上，九三学社长春市委员会提交集体提案4件，分别是《关于建设长春大数据中心　提高城市精细化管理水平的建议》（大会发言）、《关于引导中小微企业加快数字化改造　促进我市中小微企业转型升级的建议》、《关于拓展品牌资源　提升我市旅游产业发展水平的建议》、《深化农村金融改革　助力乡村振兴发展》。九三学社长春市委员会在长春市政协十三届二次会议上提交的《加强长春智库建设　强化城市发展顶层设计　助力长春市东北亚区域中心城市建设的建议》被长春市政协评为优秀提案。长春市九三学社社员中的政协委员共提交个人提案30余件。同年，在中共长春市委召开的第二十七次民主党派、工商联和无党派人士专题议政会上，九三学社长春市委员会提交了《关于聚焦新一代信息技术，助推长春数字产业发展的建议》。

2020年1月，在长春市政协十三届四次会议上，九三学社长春市委员会提交集体提案4件，分别是《关于发展长春田园综合体建设的建议》（大会发言》、《关于深入推进国资国企改革　更好发挥一汽国有企业吉林全面振兴主力军作用》、《关于长春市建设"养老村"　低成本解决城乡养老难题的建议》、《加强传统村落文化遗产保护利用　促进乡村振兴发展》。九三学社长春市委员会在长春市政协十三届三次会议上提交的《关于建设长春大数据中心　提高城市精细化管理水平的建议》被长春市政协评为优秀提案。长春市九三学社社员中的政协委员共提交个人提案30余件。同年，在中共长春市委召开的第二十八次民主党派、工商联和无党派人士专题议政会上，九三学社长春市委员会提交了《关于聚焦汽车和创新两大板块，形成项目建设闭环，助推我市经济快速发展的建议》。

2021年1月，在长春市政协十三届五次会议上，九三学社长春市委员会提交集体提案4件，分别是《关于促进我市高端装备产业发展的建议》、《关于"加强智能化城市基础设施与平台建设　助推我市经济社会发展转型升级"的建议》（大会发言）、《关于推进我市产学研深度融合　加快科研成果转化的建议》、《关于推进长春国家区域创新中心率先突破的建议》。九三学社长春市委员会在长春市政协十三届四次会议上提交的《关于发展长春田园综合体建设的建议》被长春市政协评为优秀提案。长春市九三学社社员中的政协委员共提交个人提案30余件。同年，在中共长春市委召开的第二十九次民主党派、工商联和无党派人士专题议政会上，九三学社长春市委员会提交了《关于围绕"六城联动"保障国家粮食安全　推进我市县域实现农业农村现代化的建议》。

2022年2月，在长春市政协十四届一次会议上，九三学社长春市委员会提交集体提案5件，分别是《关于"整合长春市中医药诊疗资源　加快建设长春市社区中医馆"的建议》、《关于不断提高重视程度　加强我市社区全科医生发展建设工作建议》、《关于强化科技体制改革创新　助力长春科技创新城建设的建议》、《关于围绕"六城联动"保障国家粮食安全　推进我市县域实现农业农村现代化的建议》、《关于长春国际汽车城打造"净零排放"先行区的建议》（大会发言）。九三学社长春市委员会在长春市政协十三届五次会议上提交的《关于推进我市产学研深度融合　加快科研成果转化的建议》被长春市政协评为优秀提案。《关于长春市培育和发展战略性新兴产业的建议》（社市委于2011年在长春市政协十一届四次会议上提交的集体提案）被评为长春市政协成立70

年来有影响力的重要提案。长春市九三学社社员中的政协委员共提交个人提案30余件。同年，在中共长春市委召开的第三十次民主党派、工商联和无党派人士专题议政会上，九三学社长春市委员会提交了《关于大力培育肉牛产业技术人才　促进我市畜牧业发展的建议》。

2023年1月，在长春市政协十四届二次会议上，九三学社长春市委员会提交集体提案5件，分别是《关于搭建全产业链数字化全域消费交易平台，促进新兴消费城可持续发展的建议》《关于大力发展普惠金融，助推县城城镇化发展的建议》《关于加快推进我市农业机械化发展进程的建议》《关于突出品牌特色，助力"新兴消费城"建设的建议》（大会发言）《关于突出特色　壮大影视动漫产业规模促进长春文化创意城创新发展的建议》。长春市九三学社社员中的政协委员共提交个人提案30余件。九三学社长春市委员会于2022年提交的《关于大力培育肉牛产业技术人才　促进我市畜牧业发展的建议》《关于继续做好疫情防控和复工复产工作的建议》《使用长春智慧社区管理服务平台　打造千秒惠民服务模式　形成平战结合管理保障消费能力》先后获时任中共吉林省委常委、长春市委书记张志军，吉林省政协副主席吴靖平，中共长春市委常委、统战部部长孙弘等领导签批。同年，在中共长春市委召开的第三十一次民主党派、工商联和无党派人士专题议政会上，九三学社长春市委员会主委冷向阳代表社市委提交了《关于助力长春市新能源智能汽车产业高质量发展的建议》。

## 第三节　各级人大代表、政协委员发挥参政议政作用

进入新时期以来，长春市九三学社社员中的各级人大代表、政协委员充分发挥作用，认真履行参政议政、民主监督职能，积极参加人大、政协组织的视察、调研及各项活动，履职尽责，就社会热点、难点问题提出了许多有分量、有见地的意见和建议，很好地履行了参政议政、民主监督的职责，在社会中扩大了长春市九三学社的影响。

全国人大代表、吉林大学中日联谊医院消化内科主任、教授、博士生导师王江滨积极发挥个人的专业优势，为我国卫生事业的改革与发展积极建言献策，在2008年至2011年全国人大历次代表会议期间，两次被吉林省人大指定在与温家宝总理共同审议政府工作报告时进行大会发言，许多建议得到了政府相关部门的积极回应和进一步的实施解决。针对我国乙肝病毒的严峻问题、我国不同经济发展状况地区儿童在享受乙肝预防上存在的待遇上的差异、为数较多的慢性活动性乙肝患者承担不起昂贵的治疗费用的现状以及乙肝感染者在升学、就业、婚姻等方面承受巨大的困扰和心理压力的现状等问题，王江滨通过多渠道、多种方式向政府提出建议和意见，均受到重视和采纳，并出台多项措施加以解决。

吉林大学第一医院消化内科教授、博士生导师迟宝荣连续三届当选全国政协委员，15年间深入群众、深入老少边穷地区了解实情，反映百姓的要求和呼声，共提交提案100多份，内容涉及教育改革、人才培养、医疗体制改革等众多领域，许多提案被政府相关部门采纳，成为政策制定的参考。2012年3月4日，胡锦涛总书记与政协委员共商国是，会上，迟宝荣作了题为《大力加强医学教育的宏观管理，为医改可持续发展提供坚实人才保障》的发言。迟宝荣作为医生提出的一系列提案，如关于医疗体制改革，解决群众看病难、看病贵问题，培养农村卫生人才、确保新农村建设，加强慢性非传染性疾病防治，加强

产前检查、降低新生儿出生缺陷，新农合基金的有效监管，新农合财务制度，等等，均受到了国家卫生部的高度重视，许多建议被采纳。

全国政协委员、长春中医药大学校长、九三学社吉林省委主委、九三学社长春市委主委冷向阳在全国政协十四届一次会议上提交个人提案4件，分别是《关于坚持守正创新　加强中药资源保护与利用》《关于进一步规范生物育种产业　助力农业高质量发展》《关于防治东北黑土区土壤侵蚀问题》《关于进一步加强中小学心理卫生健康教育的提案》；联名提案1件，即《关于优化地方高校财政投入机制　促进区域经济社会均衡发展》；并在分组讨论会上小组及联组发言3次；"两会"期间，冷向阳主委接受《人民政协报》采访3次，同时还接受了中国新闻网、《团结报》、《中国中医报》、《吉林日报》的采访。会议期间，他提交的题为《关于进一步加强中小学生心理卫生健康教育的提案》被《人民政协报》全文转载并引起有关部门的高度重视。冷向阳主委认为作为一名教育工作者，基础教育阶段的心理健康和精神卫生健康教育方面存在的问题要引起全社会的重视，应从构建中小学生心理卫生健康教育网络、将心理卫生健康教育纳入中小学教育体系、加强专业教师队伍建设、建立心理危机预防与干预机制、由政府出资建设中小学数字化心理讲课辅导平台等方面着手补齐短板。冷向阳主委在接受中新网记者的采访时就中医药如何致远发展提出，必须从根本上回答中医药"是什么"和"为什么有效"的问题。在采访中，他重点谈了对中药资源的保护、开发与利用的思考和建议，提出应该加强长白山道地药材资源的开发利用，重点开展道地药材生态种植、资源保护、质量标准及追溯体系建设，形成道地中药材定价标准，带动地方绿色经济发展和农民致富。

中共吉林省委书记王云坤同志在吉林省第八次党代会上提出全面实施"科教兴省、开放带动、县域突破、人才兴业"战略，其中的"人才兴业"，就是在广泛听取民主党派人士的意见的基础上制定的。吉林省人大常委会委员、长春工业大学教授杨志范就此问题在吉林省人大召开的会议上曾多次提及，并提交了题为《千方百计地吸引人才、留住人才，关键是用好人才是实现我省经济跨越发展的关键》的建议；吉林省人大代表、吉林省交通规划设计院高级工程师李玉良提交的《为确保实施"关注森林百万亩荒漠变绿洲"行动的建议》，在吉林省九届人大五次全会上被列为建议案。

吉林省政协委员、吉林财经大学教授李振华4次在有洪虎省长、王国发副书记等省主要领导出席的会议上作专题发言，就吉林省政务公开、政法队伍建设、入世对策等问题提出建议，均受到省领导的高度重视，许多建议被采纳并得到实施。吉林省政协委员、吉林省华欣数字科技股份有限公司董事兼总经理田元生在吉林省政协十二届三次会议上提交的《关于建设共享经济产业园推动现代服务业提档升级，促进吉林省财税收入快速增长的建议》，得到中共吉林省委主要领导签批；在吉林省政协十二届四次会议上提交的《关于利用区块链技术推动吉林"链上自贸"试点建设，扩大国际合作，促进吉林双循环的建议》得到吉林省副省长李伟签批；在吉林省政协十二届五次会议上提交的《关于利用校外培训机构监管契机，落实政府指导价管理和依法增加财税收入的建议》，得到吉林省副省长吴靖平签批。

2008—2021年，长春市政协副主席、九三学社长春市委员会主委张红星积极参加政协组织的各种考察、视察和调研活动，代表九三学社长春市委员会多次参加中共长春市委、长春市政府、长春市政协召开的政治协商会和专题议政会，直接建言献策。在长春市人民政府召开的民生问题恳谈会上，张红星主委对长春市住房保障计划提出建议，受到中共长春市委领导的重视。

长春市第十三、十四、十五届人民代表大会常务委员会委员，九三学社长春市委员会驻会副主委王进参与100余项长春市地方法律的制定、审议、检查。王进对长春市的经济建设、环境保护、文化旅游、市内交通提出了很多意见和建议，受到有关部门的重视和采纳，特别是改善市内交通的建议受到社会各界的称赞。王进曾多次接受媒体的采访。

九三学社长春市委员会专职副主委李铭在担任长春市第十、十一、十二届政协委员期间，共有19项提案被长春市政协立案并得到答复，其中2016年提交的《关于加大知识产权投入力度促进地方经济创新发展的建议》（第216号提案）作为主席督办提案受到高度重视。同年，李铭副主委被评为政协长春市委员会2016年度优秀委员。

长春市政协委员、吉林农业大学教授付兴奎参加九三学社中央组织的关于农村经营机制的调查，撰写了《关于加快实施信息入乡入村工程的建议》，受到九三学社中央的肯定。付兴奎在担任长春市政协委员和九三学社长春市委员会参政议政委员会主任期间，就"三农问题"提出大量有参考价值的提案，许多建议受到各级领导和政府有关部门重视及采纳。

长春市政协委员、政协长春市第十四届委员会特聘专家、长春职业技术学院教授翁连海作为九三学社长春市委员会参政议政委员会主任，多年承担九三学社长春市委员会集体提案的调研撰写任务和参政议政信息员的培训任务，由他执笔或修改的九三学社长春市委员会集体提案连续多年被长春市政协评为优秀提案。

长春市绿园区政协委员、长春市绿园区残联办公室主任安璀颖在长春市绿园区政协会议上提出的多项提案被各级有关部门采纳实施。其中，《关于残疾人、老年人免费乘坐地铁、轻轨、郊线车的建议》被长春市人民政府采纳实施，受益群众达16万人；《关于办理残疾证免费评定的建议》，得到长春市人民政府采纳实施，对全市建档立卡的8000余名残疾人员免费评定；《关于完善残疾人公益岗聘用管理的建议》《关于加快统一全国"健康码"尽快健全机制的建议》被吉林省政协采用；《关于加强绿园区农村交通安全管理的建议》《关于我市部分停车严重路段进行整顿的建议》被长春市政协采用；《关于部分道路路段维护修缮的建议》被长春市绿园区人民政府采纳实施。

# 第四节　建立参政议政长效机制，履行参政党职能

参政议政、民主监督是参政党实现价值的重要渠道。2000年以来，九三学社长春市委员会始终把参政议政工作放在社务工作的首位，不断探索工作规律，建立参政议政长效机制。相继建立了常委会领导工作机制、参政议政特聘专家机制，举办了长春九三高层（院士）论坛，主动申报软课题，开展了"献一策"活动、议政调研专题活动，以机制建设不断提高参政议政的水平。

## 一、常委会领导参政议政工作机制

九三学社长春市第十一届委员会成立后，常委们一致认为：参政议政工作应作为常委会首要工作内容常抓不懈，常委们应承担重大的课题调研任务，激励和带动全体社员共同做好参政议政工作。为此，九三学社长春市委员会决定以常委会成员组成参政议政领导小组，负责确定年度选题，统筹安排专家调研，审议讨论提案建议，接收提案答复反馈，使每年的参政议政工作都能有领导、有计划、有步骤地顺利开展。常委会的领导，有效地调集了全社的人力、物力和财力，保障了调研工作高效开展，保证了提案建议的数量和质量。特别是社市委领导发挥表率作用，主动参与调研，带头撰写提案建议，以身作则做好参政议政工作。2000年以来，九三学社长春市委员会的主要领导积极参加中共长春市委、长春市政府召开的专题议政会、座谈会、协商会、通报会和长春市人大常委会、长春市政协召开的有关会议，就事关长春市经济社会发展中的重大决策发表意见和建议。2005年，由常委们共同完成的《关于我市科技优势转化的建议》，在议政会上受到中共长春市委领导及有关部门的重视和好评。2007年，九三学社长春市委员会完成了九三学社中央、九三学社吉林省委调研

课题《关于吉林省农村政策性金融存在问题与改革的建议》，在 2008 年一季度中共中央召开的党外人士座谈会征求对金融工作的意见和建议时，该建议为韩启德主席代表九三学社中央的建言提供了依据。

## 二、参政议政特聘专家机制

2003 年，九三学社长春市委员会为适应新形势、新任务发展的客观要求，注重发挥社内参政议政人才的作用，建立九三学社长春市委员会参政议政特聘专家机制，加强对社内参政议政人才的重视、培养和任用，并形成梯队建设。这一年，九三学社长春市委员会首批聘请了李振华、付兴奎、宫秀华、杨照远、孙晓春 5 位在社会科学和自然科学领域内有造诣、有参政议政热情和能力的优秀骨干社员担任"特聘专家"，组成专题调研课题组，负责承接中共长春市委调研室和长春市政协的参政议政课题，同时规定对取得成绩的专家给予奖励。

2004 年，九三学社长春市委员会继续完善参政议政特聘专家机制，以骨干社员带动全社工作，参政议政人才队伍建设逐步走上制度化、规范化的轨道。以几位特聘专家为组长，成立三个课题小组，分别承担中共长春市委下发的调研课题，以李振华副主委带领的调研组所作的《坚持科学发展观、提高我市政府社会管理和公共服务能力的对策和建议》、由付兴奎教授主笔的《关于农村行政执法和依法行政与保证政治稳定的建议》、由孙晓春教授负责的《关于我市就业问题的建议》，作为社市委的参政议政材料被提交到有关部门。

2005 年，九三学社长春市委员会继续做好特聘专家聘任制工作，起用人才推动参政议政。在"发现人才、重视人才、用好人才"方针的指导下，组织青年骨干社员积极提供参政议政课题和信息，并初步形成了一个由 10 余人组成的参政议政调研专家小组。

2007 年，九三学社长春市委员会特聘专家完成了有关长春市经济发展、人才资源利用、新农村建设、食品安全、市政建设等 7 个方面的调研课题。

2008 年，中共长春市委统战部在下达调研课题时采取了招标的方式，九三学社长春市委员会发挥参政议政特聘专家的作用，成功中标3项课题并高质量完成，分别是《参政党与民生问题研究》《当前长春市政府公共服务与社会管理职能存在的问题及对策》《长春市住房情况现状分析及建议》，中共长春市委统战部把上述社市委的建议收录到《长春市各民主党派、工商联议政材料》一书中，并提交到中共长春市委、长春市政府。

2009年之后，九三学社长春市委员会进一步扩大了特聘专家的队伍，并不断聘请年轻有为的长春市政协委员和参政议政骨干，沈颂东、杨青山、陈济生、翁连海、袁笠恒、张家治、高玉秋、姜怀志为九三学社长春市委员会的参政议政特聘专家，社市委每年要求特聘专家结合他们各自熟悉的领域，自选一至两个课题提交到九三学社长春市委员会，作为社市委提交参政议政材料的备案，这一机制为九三学社长春市委员会参政议政工作打下了坚实的基础。

仅2011年，九三学社长春市参政议政特聘专家提交到社市委的调研课题就有11篇。九三学社长春市委员会参政议政领导小组从中遴选出重点课题，以执笔人为调研小组组长进行深入调研，完成年内的参政议政工作任务。

2014年，九三学社长春市委员会在长春市政协常委会上作了题为《关于尽快解决石头口门水库水源地面源污染问题的建议》的发言。在中共长春市委第二十三次民主党派专题议政会上，作了题为《关于长春市发展农业产业集群，提升农产品区域品牌竞争力的建议》《关于发挥长春市产学研优势搭建全民创新创业体系的建议》《关于大力发展电子商务优化产业结构带动产业升级的建议》的发言。

2015年，九三学社长春市委员会在中共长春市委第二十四次民主党派专题议政会上作了题为《关于将"六化"建设定位为长春新农村目标的建议》的发言。

2019年，九三学社长春市委员会根据经济形势和社会需求的变化，提交了《关于聚焦优化营商环境，激发微观主体活力的建议》等多项专题调研报告，分别在社中央调研活动、季谈会、专题议政会上发声，为促进长春市经济发展出谋划策，其中《关于聚焦新一代信息技术，助推长春数字产业发展的建议》作为社市委在中共长春市委民主党派专题议政会上的发言材料，获得王海英副市长签批，转交长春市工信局、长春市科技局办理。

2022年，九三学社吉林农业大学委员会主委姜怀志在长春市政协专题协商会上就"培育肉牛产业技术人才"进行专题发言，得到长春市政协及与会各部门的高度重视。

## 三、举办"九三长春高层（院士）论坛"

九三学社长春市第十二届委员会领导班子成员在工作中深刻认识到：在新的历史条件下，发挥社员的特点和优势，促进长春市经济社会全面协调发展成为衡量九三学社长春市委员会参政议政能力的重要标准。在履行职能的过程中，从形式到内容都要有所创新和突破。根据长春市九三学社人才荟萃、专家学者聚集的特点，九三学社长春市委员会从2008年开始决定举办系列高层（院士）论坛，发挥社员的学术专长，突出特色，为长春经济社会的发展献计献策。截至2014年，"九三长春高层（院士）论坛"已经连续举办了6次，达到了预期的效果，在长春市的政治生活中发挥了更为积极的作用，在社内外产生了一定的影响，受到省、市领导的重视，成为九三学社长春市委员会参政议政的品牌项目之一。历次论坛都引起了社会各界的广泛关注，省内多家新闻媒体都对此做了及时报道。

2008年10月30日，第一届"九三长春高层（院士）论坛"由九三学社长春市委员会主办、吉林大学商学院协办，在长春宾馆举行，主题为"振兴东北　振兴长春"。会上，中国工程院院士、大连理工大学科学与技术研究中心主任王众托作了题为《元决策——促进决策科学化、民主化，是科学发展的有利手段》的报告，吉林省政协副主席林炎志作了题为《从金融危机探讨我国未来发展道路》的报告。此次论坛的召开，从增强对宏观经济环境的认识、加强决策的科学化和民主化的角度为中共长春市委、长春市政府提供了参考意见。

2009年11月27日，第二届"九三长春高层论坛"在长春市民主党派大楼会议室举办。论坛的主题为"聚九三智慧　谋长春发展"。九三学社长春市委员会宋玉祥、沈颂东、付兴奎3位专家分别作了题为《长春综合发展比较分析》《提升内陆中心城市的战略地位，加快现代产业体系的建设》《优化农村消费结构、发展农业循环经济，促进长春经济发展》的报告，报告准确把握长春市经济、社会发展的脉络，就振兴长春提出了很好的建议。此次论坛受到社内外的广泛关注和好评。

2010年12月2日，第三届"九三长春高层论坛"在东北师范大学举办。论坛的主题是"聚九三智慧 谋长春发展"。长春市九三学社社员丁四保、杨青山两位教授分别作了题为《感知长春、品味长春》《长吉一体化概念设计与推进情况》的报告，为加快经济发展方式转变、调整经济结构，促进长春经济又好又快发展出谋划策。

2012年5月27日，第四届"九三长春高层论坛"在吉林省自然村举办。论坛的主题是"研讨新形势下吉林省房地产业的发展前景"，旨在发挥九三学社参政议政、服务社会的职能，搭建民主党派成员、省内各房地产企业高管及房地产企业相互交流的平台，整合资源信息，从法律、项目推介和科技指导等层面为企业出谋划策、提供支持。会上，吉林大学商学院副院长、教授、博士生导师沈颂东作了题为《基于产业链变革的房地产业发展与创新》的发言。沈颂东教授从产业链的角度看中国房地产产业的运行模式，具体分析产业链的形成、发展及几十年来的运行特点。针对当前国家房地产政策及房地产业发展现状，提出当前房地产政策调整的关键不仅仅是调整房价，而是要在产业链上进行重新分工这一创新观点。北京盈科（上海）律师事务所高级合伙人、上海市青年创业基金会副秘书长、中国高级经营师特聘高级讲师张士举律师在会上作了题为《银根紧缩期投融资新方法及风险防范》的发言。张士举律师从房地产企业发展的核心问题资金流入手，通过各种翔实的数据与生动的案例，为与会人员透彻地分析了中国房地产市场的环境与现状，以及在现今复杂的经济形势下房地产企业如何进行投融资及风险防范、用好国家的政策支持、规避风险、利用新的融资方式和方法，为企业奠定雄厚的发展基础。长春市房地产业的部分高管应邀出席了会议，与会人员听取了两位专家的讲座，反响热烈，他们共同表示通过听取讲座受益匪浅，学到了许多前沿知识，开阔了眼界，拓宽了思路，为谋划本企业今后的发展提供了很大的帮助和指导。

2013年8月4日，第五届"九三长春高层论坛"在长春市中日友好会馆举行。本次论坛以"促进民营经济发展，建设幸福长春"为主题，邀请3位专家学者与长春市民营企业家共同探讨如何以中共长春市委、长春市政府提出的《关于突出发展民营经济的意见》为契机，推动长春市民营经济实现大发展、快发展。论坛上，扬州东方集团董事长、广东易事特电源股份有限公司董事长兼总经理何思模，长春吉大天元化学技术股份有限公司总经理、吉林大学组合化学和创新药物研究中心主任柏旭，中国技术经济研究会高级会员、吉林省管理学会副会长、吉林大学商学院原副院长沈颂东，分别围绕打造民营企业百年品牌、长春民营企业发展存在的问题、提升民营企业家素质等方面，从不同角度分析了民营企业在内外部环境中面临的各种问题，并结合自身企业特点提出了民营企业发展的创新思路。九三学社长春市企业家委员会全体成员和长春市民营企业人士共计100余人参加了论坛。

2014年9月5日，第六届"九三长春高层论坛"在九三学社长春市委员会机关会议室举行。本次论坛以"长春市中小企业发展状况及相关扶持政策"为主题，邀请吉林大学行政学院电子政务系主任、副教授于君博，吉林大学硕士张伟迪，德国图宾根大学汉学与韩学研究所、大中华研究中心主任舒耕德，德国图宾根大学博士、挪威奥斯陆大学文化研究与东方语言系副教授李安娜，德国杜伊斯堡大学博士、弗赖堡大学中国问题研究所研究员 René Trappel 等人参加了此次论坛。本次论坛以座谈、一对一提问的形式对长春市中小企业发展状况及相关扶持政策进行了研讨和交流。会上，各位专家就如何处理好政府和市场之间的关系，使市场在资源配置中起决定性作用，如何有效发挥政府作用，更好地发挥参政党的社会服务作用等问题进行了探讨。与会人员还就长春市中小型企业的现状、存在的问题、给予具体扶持政策办法等方面的做法和经验进行了交流探索。九三学社长春市委员会通过此次论坛广泛深入地了解了长春市中小企业发展状况及相关扶持政策，为完成本年度参政议政的课题提供了参考。

## 四、开展"献一策"活动

开展"献一策"活动是民主党派发挥成员整体作用的一种有效的方式。

2001年，九三学社长春市委员会在中共长春市委统战部与各民主党派开展的以"我为长春发展献良策"为主题的"献策月"活动中，共提交建议49条，其中城建、环保方面37条，社情民意5条，农业方面1条，医疗中草药方面2条，其他方面4条。

2003年，九三学社长春市委员会根据中共长春市委十届二次全会提出率先在全省实现全面小康的目标，配合长春市政协在社内开展了"我为长春率先在全省实现全面小康献一计出一策"征文活动，共收到基层组织社员和机关干部撰写的征文32篇。征文就长春市的经济、政治、文化等涉及全面建设小康社会过程中急需解决的问题，提出了很多很好的意见和建议。其中，社员苏俊芝提交的《建立以企业和公共服务为主要目标的电子政府的建议》荣获二等奖；九三学社长春市委员会在这次活动中被评为优秀组织单位。九三学社长春市委员会在中共长春市委统战部的议政月活动中提出了10条议政建议，为有关部门决策提供了参考。

2005年，在为长春市"十一五"规划编制献计献策活动中，九三学社长春市委员会组织社员撰写出百余份意见和建议。9月5日，长春市政协召开"坚持科学发展观，促进'十一五'规划编制献计献策活动"新闻发布会，会上对参加这项活动的先进单位和优秀个人给予表彰。九三学社长春市委员会荣获优秀组织奖。社员杨青山提交的《关于长春市空间开发秩序的几点建议》荣获一等奖；社员李诚固提交的《关于长春大都市空间的调控对策的建议》、社市委提交的《关于长春城市的道路规划和建设》荣获二等奖；社员张月提交的《关于加强长春市生态环境建设的建议》荣获三等奖；社员张成春提交的《关于"十一五"期间以"产学研"联合促进传统产业改造的构想的建议》、社员靳学辉提交的《关于推进城市创新体系建设的建议》、社员翁连海提交的《关于建立长春市农产品加工产业教育培训中心的建议》、社员姜凡提交的《关于长春市城市CIS形象识别系统整体策划与设计的建议》荣获纪念奖。

2009年，为进一步发挥广大民主党派成员的智慧和力量，有效应对经济危机影响，服务长春市"保民生、保增长、保稳定"，九三学社长春市委员会开展"我为长春发展献一策"活动。九三学社长春市委员会动员领导班子成员、社市委委员、参政议政骨干社员和机关全体同志结合自身实际，深入开展调查研究，撰写意见和建议，共收到建议90篇，质量较高的有50篇，向中共长春市委统战部上报15篇，其中有6篇建议被收录到中共长春市委统战部出刊的《我为长春发展献一策文集汇编》中。

2010年，为进一步发挥基层广大社员的智慧和力量，助力长春经济社会保持平稳较快发展，九三学社长春市委员会组织社员开展"我为长春发展献一策"活动和"我为'十二五'规划提建议"活动。社市委专门成立领导小组，要求全社社员积极参与，保证质量。机关多次召开会议，按照机关干部联系基层组织分工，深入基层组织进行动员，共收到建议100余篇。报长春市政协57篇，其中3篇被长春市政协列为重点建议，并在长春市政协召开的为"十二五"规划献言献策专题协商会上作了发言。

2015年是长春市"十三五"规划的起草年，结合长春市政协发布的有关通知，九三学社长春市委员会组织全社开展"为编制'十三五'规划建言献策"活动，向长春市政协上报67篇征文，在长春市政协组织的评选中，九三学社长春市委员会荣获优秀组织单位奖。社员杨青山提交的《关于我市实施创新驱动战略的建议》、社员李秀敏提交的《"十三五"期间长春市现代化服务业发展对策研究》、社员李诚固提交的《长春市"十三五"城市规划的战略思考》、社员付兴奎提交的《关于长春谋定"十三五"规划期经济发展主要指南的建议》荣获一等奖；社员姜怀志、顾红艳提交的《关于完善长春地区畜牧业小区建设的建议》荣获三等奖。

2017年，九三学社长春市委员会围绕中共长春市委、长春市政府《2017年建设幸福长春行动计划》，组织动员各基层组织积极建言献策，收到建议30余篇，其中《关于提高公益性岗位待遇，增加工资稳定性的建议》在长春市政协十三届四次常委会上被作为大会发言。

2020年，九三学社长春市委员会积极调动全市社员开展"为编制'十四五'规划建言献策"征文活动，共收到19篇征文转交市政协。九三学社长春市委员会荣获"为长春编制'十四五'规划建言献策活动"优秀组织单位奖。社员翁连海提交的《关于长春市"十四五"期间建设东北亚区域性创新中心的建议》荣获一等奖；社员王兴佳提交的《关于长春市"十四五"期间开展新能源汽车充电桩建设规划的建议》、社员代桂霞提交的《关于长春市"十四五"期间深化我市农村金融改革助力乡村振兴发展的建议》荣获二等奖；社员董伟东提交的《关于将我市支持第三代半导体产业发展列入长春市"十四五"工业信息化发展规划的建议》、社员付兴奎提交的《关于长春市"十四五"期间发展我市农业产业数字化的建议》荣获三等奖。长春社员积极参加社中央青年论坛征文活动：2020年，社员李思洋提交了题为《新型桌游社交对青年健康影响及对策》的征文；2021年，社员任佳仪提交了题为《加强政务新媒体建设 提高数字政府建设水平》的征文；2022年，社员朱鹏程提交了题为《关于以新经济推动城市创新发展的报告》的征文。

## 五、广泛开展专题调研

申报中共长春市委、长春市政府的软课题是九三学社长春市委员会通过科研立项进行参政议政的一种新尝试。2001年，九三学社长春市委员会向中共长春市委、长春市政府申请科研项目并承担长春市科委课题"在长国家重点实验室研究"。课题组通过对在长春的7个国家实验室走访调研，召开了20多次座谈会，发放了100多份调查表，形成了3个报告：《在长国家重点实验室调查报告》《在长国家重点实验室工作报告》《在长国家重点实验室研究综合报告》。3个报告印刷成册后，上报长春市人民政府有关部门，于2001年完成在长春市科委软课题立项验收。

2002年，九三学社长春市委员会完成了中共长春市委调研室提出的3项调研课题。

2004年，围绕"三农"问题，九三学社长春市委员会在开展科技扶贫的实践中，注意发现和研究具有普遍性的问题，向长春市科委申报，承担长春市经济、科技发展软课题。申报的《2004年长春"三农"若干重大问题的回顾与研究》，主要内容为系统回顾2004年长春农业一些重大问题及热点问题的进展情况，并对2005年农村形势的走向进行预测和展望。此课题被长春市科委正式立项并通过公示。

2005年4月，长春市副市长刘实到九三学社长春市委员会就长江路电脑科技开发区等问题进行调研，社市委组织社内专家和有关人员组成课题组，进行实地调研并撰写调研报告。

2007年，九三学社长春市委员会承担的长春市人民政府社会发展软课题"长春市三农问题研究和展望"的成果，通过了市政府验收。九三学社长春市委员会领导在进行"长春市综合发展水平比较研究"这一课题时，向中共长春市委、长春市政府领导书面建言，对长春市经济社会发展提出了5项建议。此项书面建言为中共长春市委、长春市政府领导科学决策提供了参考。

2008年，九三学社长春市委员会就农产品安全问题向长春市科技局申请课题，并承担了长春市科技局农村科技服务体系建设计划项目"长春市农产品质量安全溯源系统的研发和应用"，同时围绕中共长春市委、长春市政府的中心任务，积极、主动、自觉地寻找课题，全年共完成自选课题3项。其中，课题成果《对长春市发展总部经济的建议》《科学布局促进我市经济又好又快发展的建议》受到长春市常务副市长姜治莹的重视，部分内容被纳入长春市2008—2012年产业推进计划；与吉林农业大学联合完成了《吉林省老工业基地建设中农业院校大学生就业情况研究》，提交到中共长春市委统战部。

2009年，九三学社长春市委员会承担的"长春市农产品质量安全溯源系统的研发和应用"项目，通过了长春市科技局专家评审，专家认为，项目符合长春市食品安全的需要，有研发价值，并被列入2009年农村科技服务体系建设计划项目。同时，九三学社长春市委员会还承担了"长春市民生问题研究"软课题，此外还完成了4项调研课题。

2010年，九三学社长春市委员会承担长春市农村科技服务体系建设计划项目和"长春市民生科技研究"软课题。

2015年，九三学社长春市委员会完成中共吉林省委调研课题"关于中医药发展中急需解决的关键问题的思考"，课题成果主笔人为九三学社长春中医药大学委员会副主委贡济宇。

2017年，九三学社长春市委员会向社省委申报了"关于开展校园周边餐食管理的调研"及"关于吉林省优质深循环地下水的调研"。同时，九三学社长春市委员会采取走出长春，异地调研的方式，与九三学社天津市委员会结对调研，通过对天津历史街区的考察调研，结合长春市的具体情况，形成了题为

《关于加强我市原沙俄附属地等历史文化街区的保护利用，促进城市建设与旅游开发的建议》的调研报告。

2018年11月，九三学社长春市委员会分别与九三学社深圳市委员会、九三学社珠海市委员会就"关于营造长春商业文化，促进长春经济转型"等联合开展调研。

2019年，九三学社长春市委员会参政议政骨干社员结合自身专长完成了《加强传统村落文化遗产保护利用，促进乡村振兴发展》等14份调研报告。同年3月，九三学社吉林省委员会下发了《关于就"促进科技型民营企业高质量发展"开展调研的通知》，参政议政专委会主任翁连海提交了题为《创设清廉亲切与深度融合的政企联动机制，搭建跨区域科技民营企业协同创新平台》的建议，得到了社中央、社省委的重视。由九三学社中央主席武维华率队，带领由国家发改委、科技部、工信部、财政部、中国人民银行、国家税务总局、国家知识产权局、中国证监会等有关部门组成的调研组，来到长春浪潮云计算有限公司开展实地调研。社市委委员、浪潮集团有限公司吉林区总经理田元生向调研组详细介绍了公司各方面的情况，反映了科技型民营企业发展面临的主要困难，科技型民营企业的特殊性政策诉求及发展建议。同年，社市委提交的《关于聚焦新一代信息技术，助推长春数字产业发展的建议》获得长春市副市长王海英的批示。

2020年，九三学社长春市委员会的议政调研广泛而深入，先后完成社中央、社省委的调研课题4项，课题成果分别为《关于提升企业创新能力，做强技术创新体系的建议》《传承东北抗联拓荒人文精神，强化沿疆近海区位优势定位，发挥白山黑水资源优势，打造国内外城市群协同发展新高地》《关于大力推行社区居家养老的建议》《关于发展五位一体新型生态有机农业产业模式的建议》。社市委结合中共长春市委、长春市政府的中心工作开展调研，献计献策。为了抵御疫情对吉林省、长春市经济社会发展的影响，社市委副主委田元生提交了《关于建设共享经济产业园推动现代服务业提档升级，促进吉林省财税收入快速增长的建议》，得到中共吉林省委、吉林省政府主要领导的签批。九三学社吉林财经大学委员会社员张洁妍提交的《新冠疫情全球蔓延下推进吉林省外向型经济发展的建议》，被吉林省人民政府决策咨询采用，并得到中共吉林省委、吉林省政府主要领导的签批。在中共长春市委专题议政会上，九三学社长春市委员会提交的《关于聚焦汽车和创新两大板块，形成项目建设闭环，助推我市经济快速发展的建议》，得到王凯书记的重视；《关于"加快布局数字经济，推进长春产业数字化转型发展"的建议》获得长春市副市长王海英的批示。在中共长春市委统战部开展的"双服务双提升"活动中，社市委上报了《关于深化我市农村金融改革助力乡村振兴发展的建议》等5篇调研报告；社市委提交的《中韩（长春）国际示范区发展路径——营商环境相关法律问题探讨》，在长春市社会主义学院举办的"中韩文化交流"理论座谈会上进行了交流。

在2021年中共长春市委专题议政会上，九三学社长春市委员会就长春市农业现代化发展、大数据产业发展提出意见和建议，社市委先后向中共长春市委、长春市政府提交建议12篇。其中，《关于利用区块链技术推动吉林"链上自贸"试点建设扩大国际合作促进吉林双循环的建议》被列为吉林省副省长督办提案；《关于利用校外培训机构监管契机，落实政府指导价管理和依法增加财税收入的建议》《关于推进智能网联汽车发展的建议》获得吉林省副省长吴靖平的签批。

2022年，九三学社长春市委员会共完成《突出品牌特色，助力"新兴消费城"建设的建议》等调研报告7篇；结合长春市疫情防控工作提交建议8篇；结合长春市"六城联动"发展战略，特别是"新兴消费城"建设，向中共长春市委统战部提交建议4篇。

2023年，九三学社长春市委员会共完成《关于支持民主党派大兴调查研究发挥参政议政职能的建议》等调研报告8篇，完成社中央调研课题成果《关于在新时代持续强化内部监督机制，保证长春市九三学社社员先进性的研究》等报告6篇。依托九三学社科技主界别，围绕领域科技创新和科技成果转化等重点领域，针对社中央确定的"以科技创新引领制造业重点产业链优化升级"2023年党派重点考察调研课题，由社市委牵头组成专门课题组，围绕长春市汽车制造业开展调研工作，形成《关于推动新能源智能汽车现代产业链高质量发展的建议》，该成果入选第十八届"九三论坛"。依托长春市及周边红色资源，围绕文旅产业建设，打造以长春为核心的"长春—四平—通化"夏季红色考察路线和"长春—吉林—通化"冬季红色体验路线，提升红色资源聚合度，加快全域旅游发展进程，形成的调研成果《关于依托东北抗联历史，打造"长春—四平—通化"东北抗联红色旅游长廊的建议》已入选中共长春市委统战部议政直通车。社市委副主委田元生提交的《关于打造长春亿级纳税数字经济主体的建议》获吉林省政协副主席吴靖平的签批。

## 六、完善制度，充实队伍，不断提升参政议政水平

2004年，为不断发现人才，保证参政议政骨干队伍的生机和活力，九三学社长春市委员会号召各基层和议政骨干广泛参与参政议政活动。常委会成员带领机关同志深入基层组织中了解、收集有关的建议和想法，在8月末和11月初，两次召开有百人参加的参政议政骨干座谈会，请九三学社吉林省委员会主委李慧珍同志作科学发展观及发挥青年创新意识推动民主党派工作的报告，动员有参政议政能力的社员积极参与议政活动。2010年，九三学社长春市委员会注意对新社员的参政议政能力的培养，为提高他们的参政议政意识、拓展他们参政议政工作的思路和视野，规定每位新入社的社员都要提交一份针对长春经济发展的高质量的调研报告或社情民意。同时加强与外地九三学社市级地方组织交流参政议政工作经验。2019年，结合中共长春市委统战部印发的《长春市各民主党派调研经费使用办法》，九三学社长春市委员会制定了《参政议政调研工作奖励办法》，将基层组织调研开展情况和社情民意报送情况作为年终评选先进的重要标准，建立考核量化制度，对被采用的议政调研成果及社情民意予以适当奖励。为加强参政议政信息工作，九三学社长春市委员会组建了70人的参政议政信息员队伍。信息员通过参加社省委、社市委举办的参政议政信息员培训班，进一步提高了统战理论素养，提升了参政议政的能力和水平。2020年，九三学社长春市委员会结合基层组织换届，在每个基层组织领导班子中设立了参政议政委员，负责基层组织参政议政工作的开展和社情民意的收集报送，对被采用的议政调研成果及社情民意予以适当奖励，鼓励社员提升精品意识，撰写高质量的调研报告。通过制度建设、培训和激励办法，九三学社长

春市委员会的信息报送数量多、质量高，多条建议得到长春市人民政府领导的签批，许多社情民意得到有关部门的采纳。

新时期以来，在九三学社长春市委员会参政议政和民主监督工作中，社员李振泉、迟宝荣、王江滨、李惟、韦澍一、李振华、马驷良、陈济生、张红星、王进、冷向阳、李铭、宓超群、周开金、杨志范、李玉良、常兆生、王继少、闫吉昌、宫秀华、姜凡、杨照远、孙晓春、李滦宁、赵玉谦、刘介夫、杨青山、丁四宝、李诚固、李秀敏、吕康银、李士梅、颜力楷、沈颂东、付兴奎、续颜、苏俊芝、张月、张成春、靳学辉、张兴洲、田元生、刘冰冰、张洁妍、张家治、安璀颖、贡济宇、翁连海、王明时、姜怀志、高玉秋、白娥、代桂霞、董伟东、李小霞、李玮、王兴佳、袁笠恒、刘晓娟、班云峰、李思洋、李威、幺宝金、曹元、任佳仪、朱鹏程、王在、刘永吉、顾红艳、李恩久、田慧、赵彤、赵梓超作为参政议政的骨干，为社市委参政议政、民主监督和社情民意信息工作作出了贡献。

## 第五节　对口联系工作

从1991年开始，长春市科技局和长春市民族事务委员会与九三学社长春市委员会结为对口联系单位，之后，九三学社长春市委员会的领导班子成员与对口联系单位之间经常走访，召开座谈会，交流情况，研究工作。2002年，九三学社长春市第十一届委员会成立伊始，主委马驷良、驻会副主委陈济生、副主委李振华就走访了长春市科技局和长春市民族事务委员会，双方介绍了各自的工作特点，一致认为在中共长春市委的领导下，各民主党派与政府部门开展对口协商、互相监督、参政议政，对于改善政府工作，提高政府工作的透明度，加快长春市经济发展具有重要意义。双方决定要加强对口协商联系，指定专人负责，经常互通情况。2002年，九三学社长春市经济科技委员会组织委员和长春市科技局技术市场办的有关同志座谈，就长春市科技企业发展和技术市场目前存在的问题进行了研讨，九三学社社员对长春市的科技企业和科技市场的发展提出了建议，得到了长春市科技局同志的重视和采纳。2003年12月，九三学社长春市委员会与长春市民族事务委员会联合召开对接会，九三学社长春市委员会领导和长春市民委领导参加会议。会上，长春市民委通报了民委年内工作情况；长春市九三学社科教处处长王进汇报了近几年的对接情况及取得的工作成绩。双方约定定期召开对接会，在科技咨询、社会服务等方面共同合作，为和谐社会建设作出应有的贡献。

## 第六节　民主监督及特邀员工作

九三学社长春市委员会按照中共长春市委统战部的要求，先后推荐了20名社员为省、市级特邀员（具体名单见表1），直接参与政府的民主监督工作。这项工作被九三学社长春市委员会视为履行参政党职能的一条重要渠道，积极推荐优秀社员担任相关职务。工作中，他们坚持原则，乐于奉献，依法实施行风政风走访评议，认真履行民主监督职责，提出很多合理化意见和建议，受到社会各界的肯定。

表1　1996—2023年长春市九三学社社员担任特邀员名单

| 姓名 | 性别 | 类别 | 任期/年 |
| --- | --- | --- | --- |
| 迟宝荣 | 女 | 教育部特邀监察员 | 2000—2014 |
| | | 吉林省检察院特邀监察员 | 1988—2010 |
| | | 吉林省质量监督系统特邀监督员 | 1996—2012 |
| 付兴奎 | 男 | 吉林省纪委特邀监察员 | 2003—2008 |
| 苏秀文 | 女 | 吉林省女子监狱特约行风监督员 | 2006—2014 |
| 张晓丽 | 女 | 吉林省卫生厅医德医风监督员 | 2005—2014 |
| 王在 | 男 | 吉林省卫生厅特邀监督员 | 2005—2007 |
| | | 长春市警务监督员 | 2002—2008 |
| 李铭 | 男 | 长春市警务监督员 | 2003—2006 |
| 栾岚 | 女 | 吉林省社会保障监督员 | 2010—2011 |
| 魏益华 | 女 | 吉林省社会保障监督员 | 2003—2008 |
| 汪丽艳 | 女 | 吉林省社会保障监督员 | 2009—2012 |

续表

| 姓名 | 性别 | 类别 | 任期/年 |
|---|---|---|---|
| 赵玉谦 | 男 | 长春市中级人民法院特邀陪审员 | 1999—2007 |
| 冷向阳 | 男 | 长春市烟草专卖局行风监督员 | 2005—2010 |
| 刘曙野 | 男 | 长春市中级人民法院特邀陪审员 | 2002—2007 |
| 张立 | 女 | 长春市中级人民法院特邀陪审员 | 2002—2007 |
| 王进 | 男 | 长春市检察院特约监察员 | 2014—2019 |
| 王进 | 男 | 长春市医疗卫生监督员 | 2007—2014 |
| 王进 | 男 | 长春市就业局监督员 | 2012—2016 |
| 侯冠森 | 男 | 长春市警务监督员 | 2002—2012 |
| 侯冠森 | 男 | 长春市人民政府行政执法监督员 | 2003—2015 |
| 顾红艳 | 女 | 长春市警务监督员 | 2008—2010 |
| 赵学良 | 男 | 长春市就业局监督员 | 2012—2016 |
| 赵学良 | 男 | 长春市纪检委员会监督员 | 2010—2013 |
| 赵学良 | 男 | 长春市软环境监督员 | 2010—2012 |
| 沈洪刚 | 男 | 长春市整治和建设经济发展软环境监督员 | 2012—2014 |
| 田元生 | 男 | 长春市整治和建设经济发展软环境监督员 | 2012—2014 |
| 田元生 | 男 | 吉林省软环境监督员 | 2018—2025 |
| 庄军 | 男 | 长春市公安局警风警纪监督员 | 2023—2026 |

## 第七节　信息工作

信息工作是发挥参政党职能和作用的一种有效形式，是充分发挥九三学社组织功能和广大社员作用的一条重要途径。九三学社长春市委员会在信息工作中注意发挥参政议政骨干社员的作用，组建参政议政信息员队伍，向他们不定期发放九三学社中央、九三学社吉林省委员会和中共长春市委统战部信息收集目录，举办信息员培训班，九三学社长春市委员会机关干部与信息员保持经常性的联系和沟通，随时收集有价值的信息。

九三学社长春市委员会在信息工作中充分发挥网络在参政议政工作中的作用，创建成员QQ群，开通微信公众号、网站信箱等，特别是在新冠肺炎疫情期间，长春市九三学社社员利用网络平台，提交多项建议并被及时采纳。其中，冷向阳提交的《关于中医药防控治疗新冠肺炎方案的建议》和《关于新冠肺炎治愈后应进行集中康复治疗的建议》被吉林省人大转交吉林省人民政府；翁连海提交的《关于做好城区内各类学校错峰分餐工作的建议》、社市委调研处提交的《关于服务支持中小企业发展的建议》被中共长春市委办公厅决策参考采用；姜怀志提交的《关于新型冠状病毒肺炎防控期间肉羊养殖场生物安全管理建议》、幺宝金提交的《关于加强中医药在疫病等危险疾病治疗过程中的基础与临床研究的建议》被中共长春市委办公厅《长春信息》采纳；曹元提交的《关于疫情当前保障供给侧政策先行的建议》、安瓓颖提交的《关于加强我市农村交通安全管理的建议》被长春市政协采用并专报全国政协、中共长春市委办公厅。据不完全统计，2000年以来，九三学社长春市委员会上报社员信息共计1500余条。九三学社长春市委员会多次被中共长春市委统战部评为统战信息工作先进单位。

第五章 为社会主义现代化建设服务

# 第一节 咨询服务

1983年初，九三学社中央下发的《九三学社1983年工作计划要点》中要求："发扬我社拥有一批科学技术专家的优势，组织科技工作者参加讲学、人才培训、开展为工农业生产服务的科技咨询。"九三学社长春分社为了贯彻社中央的指示，使科技咨询工作经常化、制度化，于1983年设立科教处，负责科技咨询服务的日常工作。

1983年6月4日，为了贯彻落实"吉林省各民主党派、工商联对少数民族地区四化建设服务挂钩会议"精神，九三学社长春分社召开分社委员、支社负责人和部分社员会议，着重研究了分社承担的27个支边项目。这27个项目中，医药卫生12项，农牧业8项，资源开发3项，化工、纺织、食品共4项。

1984年5月22日，九三学社长春市委员会科教处召开会议，总结前一年工作，提出科教处工作的重点是发挥九三学社的优势，积极开展支边、支农、咨询服务等项活动。

1984年6月14—17日，吉林省第二次各民主党派、工商联智力支边、咨询服务经验交流和挂钩会议在长春召开。会议确定全省支边任务共93项，九三学社长春市委员会承担9项。

1984年6月25日，九三学社长春市委员会召开会议，传达了吉林省第二次支边、挂钩会议精神，着重介绍了九三学社长春市委员会承担的9项支边、支农咨询服务项目。在1984年7月7日召开的九三学社长春市医务界社员及各支社负责人会议上，将9项任务逐项落实到各基层组织和社员个人。

为更好地开展科技服务活动，九三学社长春市委员会于1984年8月10日成立了"九三学社长春市委员会科技咨询服务中心"，组成领导班子，制定了工作条例，从而使科技咨询工作更趋于正常化。

1985年6月10日，九三学社长春市委员会科技咨询服务中心在吉林财贸学院召开首次会议。会上听取了九三学社长春市委员会主任委员兼科技咨询服务中心管理委员会主任陈秉聪所作的题为《发挥我社智力集团的作用，为经济建设贡献智力和才能》的工作报告。报告中根据九三学社七届二中全会（扩大）的指示精神，提出当年咨询服务工作的基本任务和几项要求。会上，由秘书长朱汝涣宣布了科技咨询服务中心的《服务细则》和调整后的服务中心领导成员及各专业组人员名单。

九三学社长春市委员会科技咨询服务部领导机构：
主任委员：陈秉聪
副主任委员：王允孚、杨钟秀、许金钊、张国华
委员（全部专业组组长）：
科学技术组：吴正淮、王世让
文化教育组：李振泉、朱汝涣
医药卫生组：王维兴、孙希和
农林牧副组：韩有库、郝德富

1988年5月17日，召开九三学社长春市委员会科技咨询服务部董事会成立大会。王世让任董事长，阎则新、范垂凡、杨光宇、李向高任董事。社市委主委陈秉聪，副主委王允孚、王维兴参加会议。陈秉聪代表社市委讲话，讲话中强调，民主党派搞科技咨询活动和参政议政是相辅相成、互相促进的，二者并不矛盾。科技咨询是利国、利民、利市、利社的大好事。他希望科技咨询服务部在董事会的领导下，通过合作，讲信誉、重质量，做到经济效益和社会效益并举，使长春市九三学社的科技咨询服务工作有突破性的进展。

1988年6月11日，九三学社长春市委员会科技咨询服务部董事会召开扩大会议。董事会成员和18个支社、6个小组的负责人共39人出席会议。会上，由王世让董事长传达了中共中央统战部、社中央下发的有关民主党派参加科技咨询活动的3个文件，阎则新副主委宣布了《九三学社长春市委员会科技咨询服务部章程》。之后，与会人员展开讨论并研究如何进一步把科技咨询工作搞上去，提高九三学社的知名度和扩大社会影响。

## 一、科技咨询

在中共长春市委的领导和关怀下，九三学社长春分社于1980年8月15—16日在长春宾馆召开了社员为四化服务经验交流会，中共长春市委书记处书记李一平亲自到会并作了重要指示。中共长春市委统战部部长杨超、副部长王明月出席了会议。

李一平书记在会上着重讲了大好形势，鼓励大家坚定信心，在四化建设中多出成果、多出人才、多出经验。他强调："要把会上交流的经验，广为传播，形成影响效应。"

在为期2天的会议上，有7名社员介绍了他们为四化服务的贡献和经验。长春应化所研究员季鸣时和副研究员张庆余，在火箭推进剂的研究上，取得了显著的成果，填补了我国的空白，达到国际水平，多次得到国家奖励。长春给排水设计院总工程师吴正淮在科研工作中刻苦钻研，为国家节约了大量资金，并根据自己多年的经验，写出了10万字的《渗渠取水》一书。东北师范大学副教授刘德生在教育战线上呕心沥血培育人才，带领学生到全国各地跋山涉水开展野外考察，进行实地教学，并主编了45万字的《世界自然地理》一书。东北师范大学副教授李振泉，对吉林省的农业区划、布局问题作了艰苦的探索，为此跑遍了东北大地，开展调查研究，写出了4篇很有价值的论文，提出了许多有益的建议，受到有关方面的重视。长春市中医院儿科副主任医师朱志龙，以祖传三代的宝贵经验为儿童治病，治愈率很高，誉满春城。他当时虽然年近八旬，但仍然坚持工作在医疗第一线，并积极总结经验，著书立说，以有生之年为保护儿童健康多作贡献。长春市妇产医院妇科主任李万镒，数十年献身于妇幼保健事业。经长期刻苦钻研，反复试验，终于在1979年成功试制成FD-2型分娩电疗镇痛仪，镇痛效果良好，形成批量生产，并在全国推广，部分产品远销非洲。分社副主委关实之教授、杨钟秀副教授、王海滨教授、卢士谦主任医师参加了会议并分别主持会议和讲话。

1980年10月25日，九三学社长春分社为城市建设召开了献计献策会。长春市人民政府的有关委、局负责同志应邀出席会议。会议由九三学社长春分社副主委关实之教授主持。社员洪超明、袁秀顺、吴正淮、吴立民、孙鸿钧、郭石山等在会上先后就长春市的环境保护、水源污染、"三废"和粪便处理、公共卫生、城市规划、道德教育、精神文明建设等议题作了建设性的发言。

1982年初，九三学社长春分社接受长春市轮胎翻修厂一项咨询技术项目，对进口的无内胎特大胶轮进行冷粘。为此，必须试制成一种特殊的黏合剂。轮胎是内蒙古霍林河煤田从美国进口的，直径2.1米，每只轮胎价值近万元人民币。在霍林河矿区内因扎破而不能使用的轮胎有200多只。粘补这种轮胎的关键问题是试制黏合剂。九三学社长春分社将这项任务交给了长春应化所副研究员张庆余。他带领助手反复试验，终于试制成了"冷粘黏合剂"。在轮胎翻修厂粘试成功，又经煤田运输试验，证明粘补质量完全合格，使大批废轮胎"起死回生"，发挥了作用，翻修厂也因此扭亏转盈。

1982年2月9日，九三学社长春应化所支社举行庆功会，为季鸣时、胡振亚研制的丁腈羧固化剂的固化新工艺获国家发明奖，胡振亚研制的稀土顺丁及其充油橡胶取得中国科学院院级鉴定的科研成果，表示祝贺。

从1983年4月开始，九三学社吉林农业大学支社李耀瑄为该校图书馆工作人员举办英语学习班，每周授课两次，学期一年，不要报酬，受到了欢迎。

1983年5月，九三学社长春市城建局支社王世让、王昭绂等本着为四化建设"拾遗补阙"的原则，接受长春市朝阳区市政维修队的道路设计委托，承担了对该区的桂林、重庆、孟家、红旗4个街道办事处管辖的清华路、牡丹街、隆礼路等24条道路的路面维修设计任务。他们利用业余时间，经过2个多月的努力，按计划完成了24条道路的路面维修设计任务。总设计面积为52402.1平方米，工程总造价为155万元。经有关方面检验，设计质量完全符合标准，受到了委托单位的好评。这个项目不但受到领导和各界群众的称赞，还被列为长春市"建国35周年成就展"的九三学社参展项目之一。

在上述路面维修设计任务完成之后，应长春市朝阳区市政工程维修二队的请求，九三学社长春市委员会与城建局支社经过研究，又承担了长春市建安街、多福街、多福三胡同3条道路的筑路工程的咨询服务，双方于1984年5月3日签订咨询协议合同。

根据长春市"民主党派、工商联支援边疆少数民族地区四化建设挂钩会"的要求，九三学社长春分社承担了7项任务，其中去九台、双阳两县对少数民族养殖业的科技咨询工作，由九三学社吉林农业大学支社负责。该支社在调查了解的基础上，于1983年11月10—20日和1983年12月6—9日分两批派出5名社员先后到九台县胡家乡蜂蜜村、六台乡团结村和双阳县刘家乡大营子村进行咨询。他们从县到乡到村，一直深入养殖专业户、重点户，察看畜舍、棚舍、病畜，询问疫情和饲养管理情况。在咨询中侧重于加强饲养管理，改善卫生条件，掌握家畜、家禽的发病规律，采取有效的预防措施，对症治疗，深入浅出地讲解，使养殖户掌握常见病的防病方法。

1983年9月11日，长春市卫生防疫站医生、社员陈品卿和傅心诚到内蒙古昭乌达盟元宝山电厂做环境调查的咨询服务。

1983年9月20日，长春纺织厂工程师、社员葛琼华到延边自治州协助解决亚麻布的染色问题。

1983年9月21日，长春制药厂工程师、社员迟莹到延边自治州帮助解决用矿泉水做高档饮料的问题，对矿泉水进行了现场调查和化验分析。

1983年9月23日，长春市机械研究所工程师、社员佟国英，分社科教处负责人李景惠与德惠县镇办企业挂钩，承担了木工角尺冷轧机的设计制造任务，使生产效率提高了3倍。

九三学社吉林省农业科学院支社与德惠县挂钩协作，开展科技服务工作。1983年12月19日，以支社负责人为组长组成8人调查小组，前往德惠县进行考察。经过双方协商，在技术培训方面达成协议。讲课教师由九三学社吉林省农科院支社组织人力承担。技术培训内容有：品种定向问题，特别是玉米品种定向问题；水稻和玉米高产栽培技术；科学使用化肥技术；新农药的使用技术。除培训技术力量外，还在该县建立玉米、水稻试验示范点，经常派人蹲点跑面，进行技术指导，当县政府的技术参谋。

1983年秋至1984年春，九三学社长春分社接受东北电力设计院的委托，由分社科教处组织长春市防疫站的陈品卿、傅心诚等5名社员，对赤峰元宝山电厂、辽宁清河电厂、吉林长山屯电厂和内蒙古海拉尔电厂，按春冬两季，对水质、土壤、农作物进行化验和全面检测，对电厂处理水养鱼的环境作调查。为防止电厂的环境污染，保持生态平衡作出了贡献。

1985年2月，长春市召开各界人士为四化服务表彰大会，九三学社长春市委员会的30名社员获奖。1985年10月，九三学社长春市城建局支社被推荐为九三学社长春市委员会的先进集体，由支社主任委员王世让作为集体代表参加全国各民主党派、工商联为四化服务先进集体和先进个人代表表彰大会。

1986年1月，九三学社吉林农业大学支社，由于科技咨询服务工作成绩突出，被九三学社长春市委员会推选为先进集体，受到表彰，并由支社副主任委员王松心作为集体代表参加吉林省各界人士为四化服务经验交流大会。

九三学社吉林农业大学支社戴惠敏副教授，受农牧渔业部委托和西藏自治区当雄县的邀请，于1985年7月25日—8月9日，对当雄县进行了前期畜产品加工可行性论证与考察，并给建厂工作以咨询。考察后发现该县的畜牧业发展潜力很大，有比较丰富的畜牧资源；有有利的地理条件；有充足的地热资源（羊八井地热区在当雄县境内，地热水温高达150℃，发电排出的尾水温度为80℃—90℃）。利用这些有利条件，在大力发展畜牧业的基础上，有计划地逐步地发展畜产品加工是必要的和可行的。为了尽快改革单一的畜牧业生产方式，加速畜牧业的发展和转化，提高畜牧生产的产值，戴惠敏在考察后建议按三期工程分别建立皮革厂、羊毛加工厂和肉联厂。

九三学社长春地质学院支社田斌副教授和他的助手，从1984年起经过2年的辛勤钻研，研制成一种净化高氟水效果显著的药物"氯化联铝"。经专家鉴定，这种药物在国内、国际均属首创。洮南、乾安、通榆、长岭等县的氟中毒（氟骨症）患者服药后，各部位疼痛减轻或全部消除，接近正常状态。田斌副教授不仅没从此项科研成果中取得任何报酬，还自己负担了市内交通费用，他说："我干的是公益事业，唯一的目的是想给广大氟骨症患者解除病痛，不想要钱！"

1985年12月20日，九三学社长春市郊区支社派出郜长孝、李玉珍、史祥祯、段文博、郝凤岭、李文成、朱正明、柏栋枢8名社员去永春乡为部分专业户进行良种选育、果树管理等项科技咨询。他们踏雪走访了专业户，做到了"送知识上门"，其中的医务工作者还为该乡敬老院20多位老人检查身体、诊疗疾病。

九三学社吉林工业大学支社常健生教授和4位合作者，共同研制成"物质水分快速测试仪"，这是一种实用的智能化仪器，可用于测量多种物质的水分。

该仪器性能指标达到了国际先进水平，于1986年9月15—25日在机械工业部仪器仪表情报信息中心举办的展览会上展出，并获得好评，之后又于1986年10月12—21日，在全国第二届发明展览会上，获得银质奖。国家领导人倪志福、郝建秀等同志参加了展览，郝建秀同志还详细地询问了发明情况，并向常健生教授表示祝贺。

1986年春，九三学社吉林工学院支社杨志范教授，在用长白山的火山灰做原料研制成硅塑瓦之后，又应通榆县机砖厂的邀请，接受了用细沙代替泥土制砖瓦的研究任务。杨志范和他妻子王淑芝副教授经过一年多的艰苦努力，完成了这项任务，造出了以细沙为主要原料的塑性石英瓦新产品。该发明在1988年10月于北京召开的国际发明展览会上，获得了铜牌。此项成果为通榆县机砖厂解决了用泥土制瓦、取土困难的老大难问题，既能将白城地区的细沙变废为宝，又能保护良田沃野。

1988年2月24日，九三学社长春市委员会召开"科技立市"讨论会。汽车厂、电子、农业、城建等部门的18名社员参加了会议。会上就"科技立市"的有关方针、政策，结合本系统的实际，提出意见和建议。例如，进一步落实科技人员的政策；开辟技术市场、信息市场；以生产摄像机、录像机为龙头，把长春市电子工业和光学机械工业的优势充分发挥出来；支援郊区乡镇企业，大力发展农用薄膜、化肥生产；等等。中共长春市委统战部副部长杜明文应邀到会并讲话。

猪囊虫病是一种人畜共患的寄生虫病，是一种全球性的危害人体健康的疾病。我国有19个省（自治区、直辖市）有猪囊虫病发生，造成了严重的经济损失。1981—1984年，九三学社吉林农业大学支社韩宇副教授和她的助手先后在榆树、柳河、农安等县48个乡镇、200多个村，对3万多头猪进行普查。1981—1988年，她在国内居领先地位的治疗猪囊虫病的方法已在9个省（自治区）70多个县（旗、市）推广应用。共治疗瘟猪10万多头，治愈率达97%—98%，挽回经济损失4000多万元。

1988年11月20日，九三学社长春市委科技咨询服务部承担了长春第一汽车制造厂车轮厂含油污水处理工程的工艺流程改造的任务，于12月底完成。

1989年3月16日，九三学社长春市委科技咨询服务部与长春市木材公司签订合同，为木材公司提供了新结构胶合板的新规格、新工艺、新标准的技术服务及口头咨询服务。6月，为辽宁省绥中县电厂生活区的规划及模型制作提供了咨询服务。7月，为中国人民银行长春分行安装了对讲扩音系统；为吉林省税务学校完成了图书馆楼的基础改造，其中包括将地下室改造成书库。10月，为长春市平阳储蓄所报警器线路系统的改造提供了技术服务。10月10日，社市委组织部分医务界社员为吉林省交通厅职工进行甲型和乙型肝炎检查，并对乙型肝炎患者进行了治疗。

1989年初，九三学社长春市委科技咨询服务部承接了位于吉林省集安市的云峰电厂工程的维修任务，即对大坝混凝土裂缝进行技术研究及大坝溢流面补强裂缝处理研究；为委托方决策提供咨询服务。服务部组织10多位水利专家赴现场进行调研，提出了水工混凝土运行过程中产生裂缝的处理措施及裂缝防止措施；同时承担了溢流面混凝土补强裂缝的化学灌浆现场试验的咨询任务。1990年11月，专家们为委托方提供了计算说明书及分析报告。这项任务于1991年上半年完成，帮助委托方解决了难题。

黑龙江省绥芬河制药厂是一个仅有72名职工的小厂，产品以片剂为主，生产很不景气。1990年11月，绥芬河制药厂领导在绥芬河市委统战部部长的带领下来到长春市，请长春市九三学社专家为该厂进行评估，并开发特色拳头产品。九三学社长春市委员会组织4名制药专家参加了此项技术咨询活动。专家们根据该厂提供的情况，提出了非常有价值的建议。绥芬河制药厂的同志对专家们的建议进行了认真研究，受到很大启发，并按照建议制定了今后的发展规划。绥芬河制药厂聘请这4位专家为该厂技术顾问。

1991年10月24日，长春市科学技术委员会发布《长春市科学技术委员会关于表彰奖励长春市首届"技术市场金桥奖"先进单位、先进工作者的决定》。九三学社长春市委员会由于近几年来科技咨询、科技服务、科技支农工作做得深入扎实，社会效益明显，因此被评为先进单位，科技咨询服务部负责人王进、李恩久被评为先进工作者，同时获得奖励。

1993年，国家建设部科技司委托长春市九三学社在全国范围内开展双钢筋技术培训工作。九三学社长春市委员会在3年内共举办了2期全国双钢筋技术培训班，同时还为46个单位提供了技术咨询服务。据不完全统计，仅吉林省应用双钢筋技术的建筑面积就达 400 多万平方米，节省钢材万余吨。1994 年，长春市九三学社发起成立了"长春市双钢筋技术开发促进会"。促进会发挥了信息、技术的优势，统筹协调全省、全市双钢筋行业，定期召集各生产厂家协商会，就双钢筋的生产、质量、技术、销售等方面进行协商，初步起到了行业协会的作用。1995 年，九三学社长春市委员会受国家建设部科技司的委托，在北京成功举办了"建设部双钢筋生产与应用研讨会"，长春市九三学社的双钢筋技术推广工作受到了建设部科技司的高度评价。研讨会结束后，有的报刊评论说："完全没想到一个远在长春的民主党派竟能抱如此热情，全身心投入到国家推广的新技术开发推广工作上，结合自身优势，为国家和社会办了实事。"2009 年 11 月 22 日，"全国双钢筋技术开发推广协作网"代表大会在九三学社长春市委员会机关召开，此次会议对近年来国内双钢筋技术的发展和双钢筋技术的使用状况进行了分析和总结，对双钢筋技术研究的新成果、新标准进行了阐述，对双钢筋技术的进一步推广和使用起到了较大的推动作用。

吉林农业大学动物科学技术学院教授、博士生导师、动物遗传育种与繁殖学科学术带头人姜怀志，从 1996 年起在吉林省四平市、松原市、白城市和辽宁省辽阳市、盖州市、岫岩县等地进行科技兴农，先后在双辽市茂林镇、前郭县套浩太乡、德惠市天台镇、白城市洮儿河等地建立了 3 个科技示范区和 2 个农业科技星火专家大院，指导农牧民建立了 12 个肉羊标准化养殖小区，指导改良肉羊达 400 余万只，累计为农民增加收入达亿元，为推进吉林省的肉羊良种化进程作出了贡献。从 1998 年起，走出吉林省，与辽宁省畜牧科学研究院合作，开展绒山羊新品种选育和品种改良工作，培育出世界上唯一的具有常年长绒特性的绒山羊新品种，指导辽宁省东部 9 个县市的绒山羊遗传改良工作，改良绒山羊累计达 300 万只，使绒山羊的个体产绒量平均提高 100 克以上，每只羊增加收入 50 多元。

2001 年，在九台市其塔木镇人民政府成人文化技术学校，九三学社吉林农业大学委员会邀请的水稻专家马景勇教授和玉米专家吴春胜教授结合当地土壤、水源、气候等自然条件，给 14 个村的 300 多名农民讲授水稻和玉米高产种植技术。九台市电视台对这次讲座进行录像，利用电视广播站向当地农民播放，对全镇农民进行科普教育。

2002年，九三学社长春市委员会组织农业、蔬菜方面的专家在长春市双阳区鹿乡镇开展农业科技下乡活动，为当地农民讲解农业、蔬菜种植技术，现场答疑，并发放科学种田、蔬菜种植、家禽养殖、林果栽培、农业经济等方面的书籍100余册。同年，九三学社长春市委员会组织科技界部分社员听取了长春市技术市场情况的介绍，并实地考察了长春市科技城。在座谈中，社员就长春市科技企业发展和技术市场目前存在的问题进行了研讨。就长春市科技企业和技术市场的发展提出了6条建议。这些意见受到长春市科技局有关部门的高度重视。8月，九三学社吉林省委员会下达了开展对长春市家政服务业情况的调研任务，九三学社长春市委员会组织有关专家走访了长春市人民政府有关部门、医院、妇联等单位。撰写了《长春市家政服务业情况的调查报告》。报告就长春市家政服务业现状、存在的问题和今后发展的方向进行了分析，同时还对社市委开展长春市家政服务人员培训的可能性进行探讨，报告受到九三学社吉林省委员会领导的好评。

2004年，九三学社吉林大学委员会应九台市政协和九台市上河湾镇人民政府的邀请，派出专家组到当地对矿产、特色农产品进行实地考察，就如何发挥资源优势、发展规模产业以及合理有效开发矿产资源，提出了切实可行的意见和建议。5月，九三学社吉林农业大学委员会组织农业专家赴敦化市进行科技兴农调研，并对黑木耳种植专业户进行现场指导。

2006年，九三学社长春市委员会配合九三学社吉林省委员会开展社会服务工作，送科技到社区，送医药到乡村，送技术到田间，为构建和谐社会贡献力量。

2007年10月20日，按照《九三学社中央关于开展第十九届中国"国际科学与和平周"活动通知》精神要求，九三学社吉林省委员会、九三学社长春市委员会在长春市南湖公园举行大型健康医疗义诊活动，受到了长春市民的欢迎和好评。

2008年6月24日，经过半年多的筹备，九三学社长春市委员会科技服务平台正式开通，这是一个面向中小企业和农村开展科技服务的网站，由科技信息、供求信息、视频专家、科技新闻等栏目构成。九三学社长春市委员会科技服务平台，为社会服务工作提供了广阔的发展空间。

2008年，为进一步加强社会主义新农村文化建设，九三学社长春市委员会提出了向农村书屋捐书的倡议，各基层组织积极响应号召，用实际行动表达了对提高农民文化素质的关心和关注。在本次捐书活动中，九三学社长春市南关区委员会、九三学社长春市宽城区委员会、九三学社长春税务学院支社、九三学社吉林大学委员会、九三学社长春市儿童医院支社、九三学社长春大学支社、九三学社长春市朝阳区委员会、九三学社长春黄金设计院支社、九三学社长春市卫生联合支社、九三学社一汽集团委员会共捐书1392本。

2010年，九三学社长春市委员会协助九三学社哈尔滨市委员会开展《哈尔滨市加大企业技术研究开发经费投入对策研究》软课题科研任务调研，对长春市2008年规模以上工业科技经费筹集额，按大中小规模、资金来源、新产品销售收入等分类进行了数据收集，并按照国有、私营、外资、其他分类（包括企业总数、科技活动企业数、科技人员数、仪器设备总额等指标）进行了统计。此项工作一方面充实了长春市调研工作第一手材料，另一方面增进了与其他城市九三学社市委会的协作与友谊。

2012年8月19日，九三学社长春市委员会与九三学社长春市宽城区委员会在社市委主委张红星、驻会副主委王进的带领下，组织专家及相关人员一行40余人前往长春市的水源地——石头口门水库国家二级保护区湿地进行了实地考察，对湿地及周边环境的发展状况进行了调研。据了解，总投资1.6亿元、面积220平方千米的石头口门水库二级保护区湿地项目建设已经列入国家"十二五"规划中。石头口门水库担负着80%的长春市民的饮用水量，而近年来，受水库农业经济发展的影响，近水城镇居民生活垃圾污染、工矿企业排污污染、耕地面源污染问题比较突出。尤其是传统农业的施肥和用药带来的耕地面源污染十分严重，如不加以控制，将影响城市供水安全，对整个松花江流域水质构成威胁，位于石头口门水库上游的二级保护区的污染亟须治理。专家们根据当地的实际情况，对湿地环境的保护、资源的合理开发和利用，提出了许多的建议和意见，对湿地未来的发展和宏远的前景进行了鼓舞人心的展望。长春市科技局、吉林农业大学有关专家提议：该湿地可以发展有机农业，种植非转基因水稻，减少化肥、农药的施撒以保护水源，引进稀有鱼类、鸟类，建设成湿地公园。

2013年，九三学社长春市宽城区委员会主委刘晓娟再次邀请社会各界专家学者一行30余人到吉林省水源地生态农业开发有限公司——长春市石头口门水库湿地进行调研，为石头口门湿地建设献计献策，净化水资源，保证长春市人民喝上纯净的自来水。同年，九三学社长春市委员会号召基层组织开展捐书活动，帮助长春市南关区桃园社区图书馆增加藏书，以提高长春市民主党派同心服务基地的文化品质。九三学社吉林大学委员会、九三学社吉林农业大学委员会、九三学社长春市宽城区委员会、九三学社长春市南关区委员会、九三学社长春市中心医院支社、九三学社吉林财经大学支社、九三学社长春大学支社共计捐赠科普类图书450本、《科普大篷车》光盘134张。

2014年，九三学社长春市委员会文化教育委员会与《城市》杂志社携手开展青年竞争力课堂活动，邀请著名情感节目主持人、实战心理专家、职业规划师北辰老师为与会人员讲授如何提升职场情商。在活动现场，北辰老师通过现场互动游戏、个案分析及现场提问等环节充分调动与会人员的热情，这次活动让与会人员受益匪浅。FM106.4的主持人对活动进行了现场报道。同年，九三学社吉林农业大学委员会社员下乡支农、兴农达到50余人次，时间近100天，为农民提供咨询服务或培训达到4000人次以上，为长春市新农村建设贡献了力量。

2015年，九三学社长春市委员会组织社员中的农业专家通过多种形式解决农民生产生活中的实际问题，维护农民的利益，保护农民的正当权利。专家们先后参与吉林农业大学、中共吉林省委宣传部、吉林省农委、吉林省质监局、吉林省科技厅、吉林省科协、吉林省园艺特产站、吉林省阳光工程办公室、吉林电视台等单位组织的"新型职业农民培训"活动，下乡讲课40多场次，听课人数近5000人。深入通化市、白山市、梅河口市、桦甸市、蛟河市、敦化市、珲春市、靖宇县、柳河县开展咨询服务，解决技术难题。多次前往通化市东昌区上龙头村解决香菇菌棒发菌缓慢、个别菌种退化等技术难题，为两个企业增收100多万元。

2017年，九三学社长春市委员会举办为期1周的全省农村基本公共卫生服务项目业务骨干培训班，参加培训人数达2000余人次。

2018年，九三学社长春市委员会联合九三学社辽源市委员会召开农业科技座谈会；组织九三学社吉林大学委员会、九三学社吉林农业大学委员会和九三学社长春市双阳区委员会社员前往双阳区婆婆丁茶生产基地，开展科技帮扶活动，就生产技术相关问题提供科技咨询服务。九三学社长春市委员会发挥社员中法律专家的智力优势开展社会法律援助活动，先后到长春财经学院和长春大学为在校大学生开展网络诈骗防范、刑事风险防范、毒品案件浅析等法律服务和援助活动，到长春市南关区交警大队、长春市东广街道办事处开展法律援助活动。

2019年，九三学社长春市委员会发挥民主党派的优势，助力科技企业升级。社市委与吉林省科协沟通，同时联系吉林省博士联合会、中共长春市委统战部，为社员企业吉林省合天吉科技有限公司申报院士工作站搭建了沟通桥梁，协同吉林省科协完成对企业的考察。通过实地考察，吉林省科协同意吉林省合天吉科技有限公司建立院士工作站，以解决提高光伏发电逆变器效率及东北高寒地区储能的难题，充分发挥其在光伏发电和储能领域的影响力。

2020年，九三学社长春市委员会拓展社会服务形式，助力长春市经济发展。社市委结合"万人助万企"活动，发挥民主党派的优势助力营造优良营商环境。专职副主委李铭三次带队走访了吉林省德邦汽车电子有限公司等6家助力企业，李铭副主委一行与企业面对面交流，就企业经营中的困境以及未来发展方向进行了深入探讨。各家企业提出亟须解决的问题与困难12项，社市委均在第一时间反馈给"万人助万企"总调度室并积极协助其进行解决。

为促进长春市尽早融入国内大循环，实现国内国际双循环相互促进的发展格局，九三学社长春市委员会积极协调社员企业参与援藏工作，协助社员企业易事特集团吉林分公司与西藏自治区日喀则市人民政府达成合作的总投资3.6亿元的环保垃圾发电厂项目及新基建充电桩项目已经通过政府审批。新冠肺炎疫情期间，社市委建立了九三学社长春市委员会企业复工复产群，将36名担任企业法人及24名担任企业高级管理人员的社员纳入其中，为社员所属企业复工复产提供帮助。社市委指派专人与社员所在企业浪潮集团吉林分公司进行对接，确保其"三早"项目——浪潮北方总部长春生产基地顺利完工。2020年4月14日，中共长春市委书记王凯与浪潮集团董事长孙丕恕通过网络共同见证了浪潮长春生产基地第一台PC终端下线，目前，生产基地已经为内蒙古、河北、吉林等省（自治区）提供长春制造的产品。

九三学社吉林农业大学委员会专家以吉林省农村服务平台为依托，开展科技助农工作。通过"12316新农村热线""12582农信通"综合信息服务平台，随时为农民提供电话咨询服务；通过吉林电视台乡村频道的《乡村四季》栏目直播为农民现场答疑；在吉林省农业科技博览会上为农民提供咨询服务；每年在农闲时坚持下乡给农户讲课，现场解答具体问题。2020年9月初，吉林省接连遭受台风侵袭，吉林省多个县市玉米倒伏严重，为此，九三学社吉林大学委员会组织社员利用无人机协助安华农业保险公司为延边州珲春市三家子乡进行玉米受灾情况查勘，大大提高了灾害评估的效率，确保受灾农民尽快得到补偿款。九三学社长春市儿童医院支社多次组织"送技术下乡"活动，给乡镇卫生院的医生培训授课；主委吴秀丽多次到广播电台，宣传儿童医学科普知识，现场为患儿家长答疑解惑。九三学社长春中医药大学委员会与北药集团共同对通榆县兴隆山镇进行精准帮扶，组织中草药种植专家深入长发村开展实地踏查和中草药种植项目调研工作，通过与镇村相关领导的集中座谈和实地踏查，帮助其确定了适宜在当地开展的中草药种植项目。

九三学社长春市委员会发挥自身优势，为农民解决农产品滞销问题。2020年，在得知农安县巴吉垒镇大量蔬菜滞销的消息后，社市委组织相关社员，克服人力、物流、仓储、品类配置等多方面的困难，一次性为巴吉垒镇解决茄子等多个品类共计5000多斤蔬菜的滞销问题。同时，社市委直属第二委员会社员曹元利用其自身优势，与欧亚集团欧亚连锁机构及当地农户进行对接，在长春市区和四平市伊通满族自治县等地实现农产品"当日采摘，当日销售"，既保障了贫困户的收益，又保障了消费者第一时间吃到本地的优质蔬菜。2020年7月，社市委带领社员赴农安县烧锅镇参加助农大集，进行消费扶贫。

2021年，九三学社长春市委员会大力举办科普讲座，提升公众科学素质。社市委举办了《民法典解说》主题讲座，邀请民商法领域的专业律师为社员进行民法典的科普教育，80余名社员听取了讲座。九三学社吉林大学委员会等基层组织结合自身工作就医疗、法律、金融等内容开展科普宣教。九三学社长春中医药大学委员会承办了"九三学社中央院士专家科普行"活动，邀请到全国人大常委会委员、宪法及法律工作委员会副主任、中国工程院院士、九三学社中央副主席丛斌作了题为《中西医结合需研究的科学问题》的讲座。九三学社长春市绿园区委员会开展了"慧书香悦绿园"公益图书捐赠活动，为长春市绿园区新竹社区捐赠书柜及书籍300余册。

2022年3月30日至4月11日，吉林省农业农村厅、吉林省科学技术厅、吉林省科学技术协会、吉林农业大学携手开展了吉林省"战疫备春耕、科技促振兴"农业直播活动。在两期直播活动中，九三学社吉林农业大学委员会社员刘晓龙、乔宏宇作为吉林省科技助力乡村振兴专家服务团专家、吉林省科技特派员助力乡村振兴技术团成员积极参与、深入调研、认真备课，紧密结合吉林省备春耕生产政策与实际，通过"云上智农""吉农云""科普中国"等网络直播平台，为全省农业企业、农业社会化合作组织、农民线上直播授课，分别讲授了"春季设施果菜生产问题与措施""春季食用菌生产注意事项及问题解析"专题课程，为2022年吉林省备春耕生产作出了贡献。

## 二、义务医疗服务

九三学社长春分社医务界社员较多，其中有不少医术精湛的著名专家，他们发挥自身优势，面向社会，为社会主义四化建设服务，提供了广泛的医疗服务。医疗服务所采取的主要形式是利用节假日走上街头，进行义诊或医疗咨询，并不定期地下乡支农、救灾，送医上门，为农民提供义务医疗服务。

1983年9—10月，九三学社长春分社组织医疗卫生界专家孙六爻、邹元植、于自强、王俊芳、李贵、杨文蔚、靳惠兰等赴前郭尔罗斯蒙古族自治县为全县医务工作者和部分离退休人员作了"心血管疾病""防老保健""顽固性皮肤病""高血压症诊断""产科感染休克""小儿肺炎""顽固性心衰"等疾病防治的医疗咨询，热心地传授医疗技术。

1983年10月12日，九三学社长春分社副主任委员、长春市医院院长卢士谦教授到延边朝鲜族自治州提供肝、肾病的咨询服务，并针对这一问题作了学术上的交流。

1984年7月7日，九三学社长春市委员会召开医务界各支社负责人及有关人员会议。与会人员根据"吉林省智力支边会议"精神和九三学社长春市委员会承担的项目，结合所在单位的实际情况，积极主动承担了任务。

1984年7月11日，九三学社长春市委员会组织医务界离退休社员加入智力支边工作团，负责将社市委承担的省内9项支边任务中的榆树县沿河朝鲜族乡和九台县胡家回族乡的两个卫生院的医务咨询任务全面承担起来。团长为九三学社长春市医院支社委员、主任医师周文举。

表2　1984年九三学社长春市委员会智力支边统计表

| 项目 | 承担人 | 地点 |
| --- | --- | --- |
| 临床医疗液体疗法 | 孙六爻、姚国相、夏作义、张国华、肖后琨 | 通辽市 |
| 小儿消化不良 | 姚国相、杨文蔚 | 前郭县 |
| 中毒性肠麻痹的处理 | 刘满英 | 前郭县 |
| 爆发性肝炎的治疗 | 张跃文 | 前郭县 |
| 关于细胞代谢的学说与实际 | 白求恩医科大学支社 | 前郭县 |
| 眼科手术技术 | 王维兴等 | 梨树县叶赫乡 |
| 医疗技术讲座 | 李德辉、靳惠兰、王怀圻、周文举、张玉盈、马云楼 | 榆树县沿河乡 |
| 猪羊病防治 | 李培元等 | 九台县胡家乡 |
| 牧畜病防治 | 吉林农业大学支社 | 白城市镇赉县莫莫格乡 |

1985年9月5日，九三学社长春市委员会社员中的11名副教授、副主任医师以上的医学专家组成抗洪救灾医疗服务团，在社市委副主委王维兴和副秘书长于荣筠的率领下赴九台县重灾区饮马河乡，为当地群众防病治病。仅在2天时间内，就诊治了686名不同程度病情的病人。除常见病和多发病外，还发现并及时治疗了少数的疑难病和传染病。对就医有困难的重患"送医上门"，为其排难解忧。于荣筠副主任医师还利用休息时间为该乡卫生院妇产科医护人员讲授医疗保健知识。他们的这种全心全意为灾区人民服务、为患者消除病痛的精神和高尚的医德，赢得了广大群众和干部的称赞。

1985年12月1日，九三学社长春市宽城区支社主任委员、牙科专家、八旬高龄的马青芳主任医师率领一个由10人组成的医疗小组，携带沉重的治牙器械，利用星期天休息时间，奔赴距长春50多千米的中国农科院左家特产研究所，为工作、生活在偏僻山区的科研人员及其家属进行义务门诊。一天时间内共接待治牙患者85人、镶牙患者36人。不仅消除了患者的病痛，同时也支持了特产所的科研工作。

表3　1985年九三学社长春市委员会抗洪救灾医疗服务团名单

| 姓名 | 性别 | 年龄 | 科别 | 工作单位 | 职称 | 社内职务 | 团内职务 |
|------|------|------|------|----------|------|----------|----------|
| 王维兴 | 男 | 60 | 眼 | 白求恩医大二院 | 副教授 | 社市委副主委 | 团长 |
| 于荣筠 | 女 | 61 | 妇 | 长春市医院 | 副主任医师 | 社市委副秘书长 | 副团长 |
| 周文举 | 男 | 71 | 五官 | 长春市医院 | 主任医师 | 支社负责人 | 成员 |
| 孙希和 | 男 | 64 | 内 | 长春市医学情报所 | 主任医师 | 小组负责人 | 成员 |
| 王泽义 | 男 | 57 | 内 | 长春市卫生学校 | 副教授 |  | 成员 |
| 孙正士 | 男 | 64 | 外 | 长春市医院 | 主任医师 |  | 成员 |
| 胡永盛 | 男 | 59 | 妇产 | 长春中医学院 | 教授 |  | 成员 |
| 杨文蔚 | 男 | 69 | 儿 | 长春市南关区医院 | 副主任医师 | 支社负责人 | 成员 |
| 姚国相 | 男 | 61 | 儿 | 长春市儿童医院 | 副主任医师 | 小组负责人 | 成员 |
| 啜焕章 | 男 | 58 | 内 | 长春中医学院 | 副主任医师 |  | 成员 |
| 刘国萌 | 男 | 63 | 传染病 | 长铁医疗传染科 | 副主任医师 | 小组负责人 | 成员 |
| 李凤岐 | 男 | 51 |  | 社市委宣传处 | 副部长 |  | 成员 |
| 王治航 | 男 | 38 |  | 社市委科教处 | 干部 |  | 成员 |

九三学社长春市二道河子区支社主任委员余丹应二道河子区计划生育办公室和区妇联的邀请，于1985年内向该区基层医务人员和计划生育工作人员作了2次科技报告。第一次题为《优生优育和遗传性疾病》，第二次题为《生男生女究竟决定于丈夫还是妻子》，很受听众欢迎。

长春市郊区奋进乡五星村，地处农安县与长春市的交界，人口有6000多人，交通不便，当地居民看病十分困难。九三学社长春市宽城区支社了解到这一情况后，建议和奋进乡五星村合办卫生所。1986年7月18日，支社负责人马青芳、陈学斌、沈碧珊等与奋进乡五星村的负责人、卫生所负责人达成协议，决定先由支社社员自带医疗器械，开设了外科、内科门诊，奋进乡人民政府也从各方面给予大力支持。

1986年5月29日，九三学社长春市委员会副主任委员王维兴副教授和副秘书长于荣筠副主任医师到九台县胡家回族乡卫生所研究、落实定点挂钩，建立了一个长期医疗咨询服务点。胡家回族乡是吉林省较偏僻、较落后的少数民族地区之一。乡卫生院条件差，缺医少药。社市委希望能利用九三学社在医疗方面的优势，改变其落后面貌。王维兴、于荣筠两人详细地了解了卫生院的状况和困难，提出了切合实际的改进计划，并首先落实制药厂与设备维修等问题。1986年7月11日，长春市制药厂九三学社社员迟莹工程师和长春市医院药剂师夏作义及社市委机关同志专程赴胡家回族乡解决卫生院建立制药厂的技术问题。

1988年3月7日，九三学社长春市委员会妇女委员会和长春市妇联，在妇联会议室联合举办"为全市妇女进行义务医疗咨询"活动。邀请长春市医院于荣筠、孙六爻主任医师和李洁珍主治医师，长春市妇产医院金庭菊副主任医师和白求恩医科大学二院高方、张凤荣副教授等社员参加义诊。前来参加咨询就诊的各界妇女共300多人次，有的还是从很远的八里堡、宋家洼子赶来的。专家们精湛的医术、高尚的医德使患者们非常满意。

1988年3月19日—4月10日，九三学社长春中医学院支社胡永盛教授受九三学社组织的委托，带着一名助手，到内蒙古哲里木盟科尔沁左翼后旗开展医疗咨询活动，深受当地各族人民的欢迎。尤其是胡永盛教授能用蒙古语向蒙古族患者询问病情，更受患者信任。在20天的医疗服务中，共诊治患者千余人次。患者来自三省一区（辽宁、吉林、黑龙江、内蒙古），距离最远者是从1000千米外的锡林郭勒盟赶来的。在年龄上，有耄耋之年的老人，有出生40天的婴儿，应诊范围遍及老幼妇孺。更值得一提的是，还解决了一些疑难重症。旗党委、政协、人大等部门的领导，对这次医疗咨询活动多次称赞。

1990年9月5日，九三学社长春市郊区支社组织社员去郊区农林乡开展义务医疗服务活动。参加这次服务活动的大多是具有副主任医师职称的医务专家。他们为农林乡 32 名中小学教师、19 名患有各种疾病的孤寡老人进行了较全面的体检，讲授卫生保健知识，并无偿地为老人提供药品。他们还为农林乡幼儿园 15 名儿童进行了健康状况检查，向幼儿园领导和教师宣传了儿童常见病防治和食品选购等知识。

1990 年 9 月 20 日，由九三学社长春市南关区支社主委杨文蔚牵头，组织内科、外科、儿科、眼科、皮肤科和针灸科社员，还特邀南关区医院妇产科主任孙淑珍、医生王学勤，组成义务医疗服务小分队，在九三学社长春市委员会副主委阎则新、中共长春市南关区委统战部部长王耀勤、南关区卫生局局长滕许可的带领下，到九台市饮马河镇进行医疗义诊。他们前往敬老院看望了老人，并为 44 名老人进行了健康检查。在镇卫生院进行门诊咨询，接待患者 319 人次，其中包括杨文蔚、尚东岩两位医生挽救的一名中毒性休克患儿。

1991 年夏秋之交，双阳县遭受水灾，九三学社长春市委员会特组织一支医疗队伍奔赴双阳镇，为灾区人民防病治病。这支队伍由社市委副主委、白求恩医科大学眼科教授王维兴、社市委副主委阎则新和社市委副秘书长、长春市医院妇产科主任医师于荣筠 3 人带领，队员有耳鼻喉科副教授董震、内科副主任医师迟宝荣、皮肤科副主任医师郭永禄、儿科主任医师姚国相。他们大多年事已高，有的刚值完夜班，疲劳尚未消除，但到达双阳镇之后，便冒着酷暑，投入到紧张的工作中。他们全天共接待患者 170 人，并为灾区人民赠送价值 1000 余元的药品。双阳镇领导和许多患者对医疗队的无私奉献精神深为感动，说："这样的医疗队正是我们所需要的。"

1988—1991 年每年的"六一"儿童节期间，九三学社长春市委员会都组织了一批医务专家在长春市儿童公园设立儿童卫生保健义务咨询服务站，为全市儿童提供义务咨询服务。参加活动的专家前后共 11 人，29 人次。

表4  1988—1991年参加儿童卫生保健义务咨询服务站专家名单

| 姓名 | 单位 | 职称 | 次数 |
| --- | --- | --- | --- |
| 王维兴 | 白求恩医科大学 | 教授 | 2 |
| 于荣筠 | 长春市中心医院 | 主任医师 | 4 |
| 李洁珍 | 长春市中心医院 | 副主任医师 | 4 |
| 邱祯禧 | 长春市中心医院 | 副主任医师 | 3 |
| 李新成 | 长春市儿童医院 | 主任医师 | 3 |
| 李慧娟 | 长春市儿童医院 | 副主任医师 | 2 |
| 栗造 | 长春市儿童医院 | 副主任医师 | 4 |
| 孙绍英 | 长春市儿童医院 | 主任医师 | 1 |
| 矫英范 | 长春市儿童医院 | 副主任医师 | 2 |
| 刘秉恩 | 长春市儿童医院 | 副主任医师 | 1 |
| 杨文蔚 | 长春市南关区医院 | 主任医师 | 3 |

4次活动共接受诊疗和咨询2010人次。这几次活动都受到广大儿童家长和社会的好评。

1990年5月16日，九三学社长春市郊区支社组织全体社员去郊区大南乡开展义务咨询活动。他们为敬老院老人进行健康检查，免费为老人提供百余元的药品；为幼儿园提供保健咨询服务；到农贸市场散发500余张关于防治常见病和多发病的传单。在农贸市场设立农业咨询服务站，解答了农民提出的关于防治农作物病虫害、防治家畜家禽疾病以及养鱼池的维修、打井的选址等多方面的问题。此外，还对大南乡正在进行的远红外线项目进行了技术指导。全天共接待咨询人数达150人次。

1991年5月，为发展农村卫生事业，九三学社长春市郊区支社与郊区政协共同去郊区大屯镇为乡村二级医务人员讲学。这次活动由郊区卫生局副局长、九三学社长春市郊区支社咨询委员刘宏泉和区政协委员王树义两人带队，九三学社社员陶忠跃、郝凤岭参加了这次活动。陶忠跃讲了传染病的流行趋势、防治措施和管理办法等内容。郝凤岭讲了呼吸系统疾病的防治，重点讲了肺心病合并多脏器衰竭的诊断与治疗。参加听课的有50余人。刘宏泉讲解了乡卫生院和村卫生所工作中应注意的几点事项。

1997年以来,九三学社一汽集团职工医院眼科主任王秋利数次参加国家百万白内障复明工程,筛查病人近万人,负责义务进行白内障复明手术500余眼次。多次参加一汽集团党委统战部和吉林省、长春市九三学社组织的大型义诊活动,多次参加社区组织的健康教育活动,义务举办健康知识讲座。

1998年1月18日,九三学社长春中医学院委员会在常兆生主委、云正华教授的带领下,到双阳区中医院开展了主题为"九三中医义诊送温暖"的活动。内科、外科、妇科著名老中医赵振昌、易先荣、云正华、赵玉春、胡玉玲等13人参加了义诊。此次义诊共诊治患者220余人次。

1998年9月,九三学社一汽集团委员会职工医院支社的社员为生产一线职工进行义诊,由内科、外科、妇科、眼科、口腔科、耳鼻喉科、电诊科等部门的主任医师、副主任医师组成的专家医疗小分队,在一汽职工医院党委副书记黄义和支社主委全邦兴的带领下,来到边远的专用车厂为210名一线职工进行体检并提供健康咨询服务。

1998年8月24日,九三学社长春市二院支社全体社员到兴隆山陶瓷厂为困难职工义务诊病。一天共义诊216人次。

1999年3月,九三学社长春市妇产医院支社夏昭、刘滨、阎光明参加了由医院组织的在长春市锦水路为下岗职工医疗义诊活动。一天内共接待患者100余人次。

1999年7月,九三学社长春中医学院委员会组织医疗队到德惠市进行义诊。在指定地点,杨世忠、赵建军、赵玉春、侯茗为患者进行了耐心细致的诊治。

1999年9月,在一汽集团党委统战部部长孙秀娟及九三学社一汽基层委员会组织委员朱益麟的带领下,一汽职工医院部分九三学社医疗专家共11人到长春齿轮厂义诊。全天共为246名职工进行义诊。

2002年6月,九三学社长春市妇产医院支社在九三学社长春市委员会驻会副主委陈济生的联系和协调下,组织部分副高职以上的社员在阎光明主委的带领下,到双阳区医院,就妇产科领域内的新进展、新技术以及存在的问题开展研讨。会上,长春市妇产医院的于景萍主任作了题为《腹腔镜在妇产科临床中的应用》的演讲。

2002年8月，在九三学社长春市朝阳区支社主委、朝阳区爱卫会主任蔡鹏飞的组织带领下，九三学社长春市朝阳区支社医务人员一行6人，携带医疗设备，来到朝阳区永春镇敬老院为50余名老人进行身体检查和诊疗疾病，并为老人们捐赠价值2000余元的药品。

2002年11月，按照九三学社吉林省委员会的统一安排，九三学社长春市委员会举行了第十四届中国"国际科学与和平周"医疗义诊活动。在活动中，医疗队专家们首先来到双阳区鹿乡镇市场，为200多名农民看病并免费赠送价值1000余元的药品。随后，医疗队深入村内看望"五保户"，为他们检查身体，赠送药品。

2007年4月26日，在长春市儿童医院党委的领导和长春市儿童医院团委的协助下，长春市儿童医院的九三学社社员和农工党成员，组织各个科室的专家，在儿童医院一楼门诊大厅进行了义诊活动。许多家长带着孩子前来就各种各样的问题向九三学社专家进行咨询，义诊的专家们耐心、细致地为他们解难答疑，认真地为孩子做检查，家长们感到十分满意。参加此次义诊活动的九三学社社员有高淑清、朱黛、杨林。

2007年10月20日，按照九三学社中央《关于开展第十九届中国"国际科学与和平周"活动通知》精神要求，九三学社吉林省委员会、九三学社长春市委员会联合在长春市南湖公园举行大型健康医疗义诊活动。此次义诊吸引了众多的游园市民，他们就所关心的健康问题向专家进行咨询问诊，专家们一一给予细致的讲解和诊查，这期间共接待百余人。九三学社社员以自身的科技优势服务社会，以实际行动宣传了第十九届中国"国际科学与和平周"的主题"科学发展，共建和谐"。参加此次义诊的九三学社社员有中日联谊医院赵学良，长春市中心医院魏铁军、刘俊新、娄冬梅，长春市妇产医院韩昌、郑敏，长春市徐国新中医骨伤骨病研究所徐国新。

2011年7月30日，为庆祝中国共产党成立90周年，九三学社长春市朝阳区医院支社在九台市民族医院举行同心义诊活动。在支社主委许辉的带领下，由内分泌、外科、麻醉科等科室的九三学社医疗专家组成的专家组到九台市民族医院坐诊，为九台市莽卡满族乡的各族农民义务看病、会诊。当天为100余位农民做了体检，诊断出各种疾病患者 30 余人，并为患者制订了治疗方案。为改善九台市民族医院的诊治条件，九三学社长春市朝阳区医院支社还捐赠了移动式消毒灯等医疗设备。他们的爱心奉献受到了当地各族群众的称赞。

2011 年 9 月 29 日，九三学社长春市中心医院支社医疗专家一行 7 人到长春市双阳区鹿乡镇杏树村，开展了为期半天的义诊活动。长春市九三学社医疗专家为当地群众讲解预防保健知识并诊察了许多疑难杂症，共为 100 多名群众免费义诊，免费派发价值 3000 余元的中成药、西药，并发放医疗知识宣传材料。这次活动以实际行动彰显了第二十三届"国际科学与和平周"的精神。

2012 年 11 月 24 日，九三学社长春市委员会举行第二十四届中国"国际科学与和平周"活动，九三学社长春市朝阳区医院支社的医护人员，在社市委驻会副主委王进的带领下来到朝阳区富锋镇双山村为村民送医送药并进行义诊，同时赠送价值万余元的医疗器械和药品。11 月 27 日，九三学社长春市朝阳区医院支社的医护人员来到双阳区奢岭镇九三村开展义诊活动，为当地农民送去温暖。

2013 年 9 月 4 日，九三学社长春市委员会组织长春市中心医院、长春市妇产医院、吉林大学第四医院、长春中医学院等多家医院的九三学社专家前往长春公交集团开展医疗义诊活动，为他们送去关怀和温暖。4 日上午，长春市九三学社组织部分诊科的医疗专家一行 10 余人携带检查设备，前往公交集团 13 路车队，为该车队的数十名司机师傅及职工进行了检查并提供了健康咨询服务。

2014 年，九三学社长春市委员会先后组织社内专家举办了 12 次医疗义诊活动或卫生健康知识讲座，为长春市社区居民进行义诊咨询和卫生健康知识普及。为响应"国际科学与和平周"活动，社市委组织医疗专家一行 10 余人，前往榆树市开展医疗义诊活动，为榆树市人民送去了健康和温暖。九三学社长春市南关区委员会组织医疗专家对南关区民康社区的 10 位糖尿病和风湿患者进行了义诊，捐赠了价值 1.5 万元的药品和 5500 元现金。

2015 年，九三学社吉林大学委员会在长春市文化广场举行"欢乐大健康　幸福长春人"大型义诊活动。来自中日联谊医院、吉大一院、吉大口腔医院、吉大药学院等医疗机构的九三学社专家学者，免费为市民检查身体，解答心脑血管、口腔、心理、睡眠等方面的健康问题，针对手足口病、甲状腺疾病、口腔疾病、儿童身材矮小等方面的疾病制作了10余块展板，讲解这些疾病的预防和治疗方法，介绍最新研究成果，向市民发放宣传材料2500份，倡导市民早预防、早发现、早治疗，提高市民的预防疾病意识。同年，九三学社长春市委员会医疗专家开展"走基层、进社区、入村屯，服务百姓健康"活动。先后到长春市东盛社区、贵阳社区、南关区兴盛小学、长春光华学院、文化广场、南湖公园、德惠毛家村、洪家村等地开展数次健康咨询和医疗义诊活动，受益群众达千余人；并多次在吉林省电视台、长春市电视台、长春市人民广播电台、《吉林日报》、《长春日报》、《城市晚报》、《新文化报》、《长春晚报》、《东亚经贸报》等主流新闻媒体进行健康知识普及、咨询和举办讲座，收到良好的社会反响。

2016年，九三学社长春中医药大学委员会在吉林省和龙市中医医院建立帮扶基地，为当地群众送医送药；九三学社长春市朝阳区医院支社与朝阳区富锋街道双山社区结成"同心·城乡结对共建"基地，为当地农民捐赠价值1万余元的药物，并派出骨科、外科专家为当地农民义诊。

2017年，九三学社长春市委员会携同吉林中医肝胆医院走进社区、走进乡村、面向社会，多次开展肝微检技术肝病普查工作，先后为2000余名环卫工人和公交集团职工进行了肝微检免费义诊。九三学社长春市朝阳区委员会、九三学社长春市宽城区委员会、九三学社长春市绿园区委员会、九三学社长春市双阳区委员会、九三学社长春市南关区委员会、九三学社长春市二道区委员会、九三学社长春市妇产医院支社、九三学社长春市中医院支社、九三学社长春市卫生联合支社发挥成员优势，开展送医送药、医疗义诊活动，脚踏实地解决群众的生活难题。九三学社吉林大学委员会举办的"六月病房"活动，绘出孩子们的快乐；开展的骨健康讲座，为广大社员提供义诊体检服务。九三学社长春市儿童医院委员会开展"目浴阳光，预防近视"宣教义诊活动。九三学社长春市中心医院支社医学专家团联合长春经济广播《私家医生》，为市民提供专业健康指导。上述活动受到广大市民的欢迎和好评。

2017年1月，由九三学社中央青年工作委员会主办，九三学社中央青年工作委员会秘书处、九三学社长春市直属新区委员会承办的"中·俄·蒙古·美·巴基斯坦五国专家来阿义诊活动"在内蒙古自治区兴安盟阿尔山市人民医院举行。现任全国政协副主席、九三学社中央常务副主席邵鸿出席启动仪式并视察义诊现场，中国代表团团长由现任九三学社吉林省委员会主委、九三学社长春市委员会主委、长春中医药大学校长、骨科一级教授冷向阳担任。九三学社中央首届青年工作委员会秘书长、九三学社吉林省委青工委主委、九三学社长春市直属新区委员会主委、阿尔山市人民政府副市长石浩男介绍活动举办初衷。五国专家以惠民行动服务当地群众、助推阿尔山市健康产业发展，共计接诊当地患者300余位。

2017年7月，"中国九三医学名家义诊"活动在内蒙古自治区人民医院阿尔山分院和海神圣泉疗养院同时举行。该活动由九三学社中央青年工作委员会、阿尔山市人民政府联合主办，九三学社中央青年工作委员会秘书处、九三学社长春市直属新区委员会、阿尔山市人民政府联合承办。冷向阳、宣立学、孙立忠、石浩男出席启动仪式。

2018年，九三学社长春市委员会组织九三学社长春市中心医院委员会联合九三学社长春市绿园区委员会先后两次在龙泉社区开展"携手同心健康，共享美好生活"科普讲座和义诊活动。

2019年，九三学社长春市委员会组织基层组织开展医疗义诊活动。九三学社长春市中心医院委员会走进南关区桃源街道桃源社区，为社区居民进行了体检和义诊，又联合九三学社长春市绿园区委员会在铁西街道龙泉社区开展"波澜壮阔70年，同心助医进社区"健康义诊活动。九三学社长春市双阳区委员会开展"不忘合作初心，继续携手前进"主题教育实践暨"美好双阳同心健康行动"义诊活动。九三学社长春市中医院支社到东北师大附小举办以"共同呵护好孩子的眼健康，让他们拥有一个光明的未来"为主题的讲座。九三学社长春市卫生联合支社走进童晟集团南湖校区，进行婴幼儿高发传染性疾病的防范知识普及。

2020年，九三学社长春市双阳区委员会在双阳区长岭卫生院开展"美好双阳·同心健康行动"，义诊专家为190多名患者免费检查身体状况，耐心细致地为其分析病因、讲解卫生保健知识等卫生常识。为响应长春市卫健委开展健康扶贫工作排查见底、整改清零、巩固提升"三联动"的工作要求，九三学社长春市妇产医院支社深入农安县杨树林乡等4个乡镇开展健康扶贫工作，了解驻村干部及工作人员对健康扶贫政策的知晓情况，查对健康状况一览表及救治救助台账，关注医务人员的资质及村卫生室配备情况，询问各级工作人员在扶贫工作中遇到的问题及困难，共走访2个乡镇卫生院及6间村卫生室，并入户走访了60户贫困家庭进行督导和指导。在"深度包保"行动期间，分5个轮次派出20人次走访了4个乡镇卫生院及46间村卫生室，并入户走访了98户贫困家庭，涉及173名贫困人口，详细了解了贫困人口对健康扶贫政策的知晓情况、家庭医生签约情况、救治情况及他们的卫生健康诉求。

2021年5月14日，九三学社长春市卫生健康委员会联合支社在长春市南湖假日酒店举办了以"新冠疫苗接种知识"为主题的宣讲会。

2021年，九三学社长春市中医院支社走进长春公交集团开展义诊活动，为就诊人员详细讲解健康保健知识和急性突发病治疗抢救常识。九三学社长春市中医院支社社员赵鹏受吉林旅游广播《金牌医生》栏目邀请，为广大听众讲解如何自查以及预防青少年脊柱侧弯。

2022年，为"促进大健康产业发展，推动我市医疗体制改革"，九三学社长春市委员会开展为期3年的"杏林进社区"系列活动。通过推进基层中医院发展以达到推动中医药"三产联动"，从而实现带动中药材精深加工，促进中医药成果落地转化，推动长春市经济发展的目标。社市委组织九三学社长春中医药大学委员会、九三学社长春市中心医院委员会、九三学社长春市中医院支社专家等开展健康服务活动，从多层次出发，以多种形式助力乡村振兴战略落地达效，惠及群众达近万人。

2023年，九三学社长春市委员会打造"杏林进社区"社会服务品牌项目，促进长春市大健康产业发展。为了进一步调动九三学社界别政协委员的积极性，将"杏林进社区"活动与九三学社界别政协委员"走进社区医疗义诊"活动融合开展，双向发力，让"传播杏林文化，打造健康生活"这一理念更加深入人心。这一年，社市委各基层组织共开展医疗义诊、健康讲座等活动共计20余次，惠及群众近5000人。

## 表5　2001—2023年参加医疗义诊服务专家名单

| 姓名 | 单位 | 职称 |
| --- | --- | --- |
| 阎光明 | 长春市妇产医院 | 主任医师 |
| 佟晓红 | 长春市妇产医院 | 主任医师 |
| 于景萍 | 长春市妇产医院 | 主任医师 |
| 姚彬 | 长春市妇产医院 | 主任医师 |
| 孙雪 | 长春市妇产医院 | 主任医师 |
| 韩昌 | 长春市妇产医院 | 主任医师 |
| 闻静 | 长春市妇产医院 | 主任医师 |
| 徐亚香 | 长春市妇产医院 | 主任医师 |
| 郑敏 | 长春市妇产医院 | 主任医师 |
| 肖春英 | 长春市妇产医院 | 主任医师 |
| 袁卓 | 长春市妇产医院 | 主任医师 |
| 马甲朋 | 长春市妇产医院 | 主任医师 |
| 鲍红宇 | 长春市妇产医院 | 主任医师 |
| 胡磊 | 长春市妇产医院 | 主治医师 |
| 徐晓雷 | 长春市妇产医院 | 主治医师 |
| 李柳 | 长春市妇产医院 | 副主任医师 |
| 李秀梅 | 长春市妇产医院 | 副主任医师 |
| 张剑 | 长春市妇产医院 | 副主任医师 |
| 徐国新 | 徐国新中医骨伤骨病研究所 | 主治医师 |
| 李志鹏 | 长春市普济医院 | 主任医师 |
| 王杨 | 吉林大学第三临床医院 | 教授 |
| 陈玉珍 | 吉林大学第三临床医院 | 主任医师 |
| 赵学良 | 吉林大学中日联谊医院 | 教授、主任医师 |
| 张小飞 | 吉林大学中日联谊医院 | 副主任医师 |
| 高硕徽 | 吉林大学中日联谊医院 | 教授、主任医师 |
| 李洋 | 吉林大学第一医院 | 主任医师 |
| 黄洋 | 吉林大学口腔医院 | 教授、主任医师 |

续表

| 姓名 | 单位 | 职称 |
| --- | --- | --- |
| 姜秋 | 吉林大学口腔医院 | 教授、主任医师 |
| 李秋实 | 吉林大学口腔医院 | 副主任医师 |
| 段梦娜 | 吉林大学口腔医院 | 主治医师 |
| 刘宝新 | 吉林大学校医院 | 主治医师 |
| 胡晓华 | 吉林大学心理健康教育中心 | 国家二级心理咨询师、主管护师 |
| 王秋利 | 吉林省一汽总医院 | 主任医师 |
| 吕雁 | 吉林省一汽总医院 | 副主任医师 |
| 胡丽君 | 吉林省一汽总医院 | 主任医师 |
| 温希萍 | 吉林省一汽总医院 | 主任医师 |
| 魏铁军 | 长春市中心医院 | 主任医师 |
| 赵艳 | 长春市中心医院 | 主任医师 |
| 马俐儒 | 长春市中心医院 | 主任医师 |
| 裴智梅 | 长春市中心医院 | 主任医师 |
| 闫晓东 | 长春市中心医院 | 主任医师 |
| 刘俊新 | 长春市中心医院 | 主任医师 |
| 娄冬梅 | 长春市中心医院 | 主任医师 |
| 刘晶莹 | 长春市中心医院 | 主任医师 |
| 杨波 | 长春市中心医院 | 主任医师 |
| 贾立君 | 长春市中心医院 | 主任医师 |
| 张伟 | 长春市中心医院 | 副主治医师 |
| 张晓琳 | 长春市中心医院 | 主治医师 |
| 刘福筠 | 长春市食品药品检验中心 | 主任药师 |
| 赵宇辉 | 长春职工医科大学临床医院 | 副主任医师 |
| 侯冠森 | 长春博爱医院 | 主任医师 |
| 苏秀文 | 长春市中医院 | 主任医师 |
| 陈宇光 | 长春市中医院 | 副主任医师 |
| 庄军 | 长春市中医院 | 副主任医师 |
| 王丽娜 | 长春市中医院 | 主治医师 |

续表

| 姓名 | 单位 | 职称 |
| --- | --- | --- |
| 高淑清 | 长春市儿童医院 | 主任医师 |
| 朱黛 | 长春市儿童医院 | 主任医师 |
| 邢丽辉 | 长春市儿童医院 | 副主任医师 |
| 杨林 | 长春市儿童医院 | 主任医师 |
| 耿辉 | 长春市儿童医院 | 主任医师 |
| 吴秀丽 | 长春市儿童医院 | 主任医师 |
| 王丽雪 | 长春市儿童医院 | 主任医师 |
| 赵芳兴 | 长春市儿童医院 | 主任医师 |
| 吕志坤 | 长春市儿童医院 | 主任医师 |
| 王旭 | 长春市儿童医院 | 主任医师 |
| 金铎 | 长春市儿童医院 | 主任医师 |
| 王玥 | 长春市儿童医院 | 主治医师 |
| 李卉 | 长春市儿童医院 | 主治医师 |
| 刘恋 | 长春市儿童医院 | 主治医师 |
| 田文凤 | 长春市儿童医院 | 副主任医师 |
| 程惠丽 | 长春市儿童医院 | 副主任医师 |
| 赵建军 | 长春中医药大学附属医院 | 主任医师 |
| 冷向阳 | 长春中医药大学 | 教授（一级）、主任医师 |
| 袁晓凤 | 长春中医药大学附属医院 | 教授、主任医师 |
| 李春光 | 长春中医药大学附属医院 | 教授、主任医师 |
| 杨玉洁 | 长春中医药大学附属医院 | 主任医师 |
| 赵玉春 | 长春中医药大学附属医院 | 主任医师 |
| 周春凤 | 长春中医药大学附属医院 | 高级实验师 |
| 许丽星 | 长春中医药大学 | 教授 |
| 刘明军 | 长春中医药大学 | 教授 |
| 周世民 | 长春中医药大学 | 教授 |
| 王宛彭 | 长春中医药大学 | 教授 |
| 刘飞 | 长春中医药大学 | 教授 |

续表

| 姓名 | 单位 | 职称 |
| --- | --- | --- |
| 赵力维 | 长春中医药大学 | 教授 |
| 于丽亚 | 长春中医药大学 | 教授 |
| 李霞 | 长春中医药大学 | 教授 |
| 贡济宇 | 长春中医药大学 | 教授（二级） |
| 王威 | 长春中医药大学附属医院 | 主治医师 |
| 南红梅 | 长春中医药大学附属医院 | 主任医师 |
| 吴秋成 | 长春中医药大学附属医院 | 主任医师 |
| 陈曦 | 长春中医药大学附属医院 | 主任医师 |
| 包扬 | 长春中医药大学附属医院 | 副主任医师 |
| 矫俊东 | 长春中医药大学附属医院 | 副主任医师 |
| 王旭凯 | 长春中医药大学附属医院 | 副主任医师 |
| 王云成 | 长春中医药大学附属第三临床医院 | 副主任医师 |
| 王影 | 长春中医药大学附属第三临床医院 | 主治医师 |
| 李玉华 | 长春市朝阳区人民医院 | 麻醉师 |
| 王萍 | 长春市朝阳区人民医院 | 副主任医师 |
| 洛一夫 | 长春市朝阳区人民医院 | 副主任医师 |
| 王洋 | 长春市朝阳区人民医院 | 体检科主任 |
| 刘晓娟 | 长春市民族医院 | 主任医师 |
| 李晓光 | 长春市人民医院 | 主任医师 |
| 张鸣雁 | 长春市宽城区医院 | 主任医师 |
| 王东菊 | 长春市宽城区疾病防控中心 | 主任医师 |
| 姜伟霞 | 长春罗氏公司 | 主管护师 |
| 高强 | 长春罗氏公司 | 高级经济师 |
| 于忠萍 | 长春医大药厂 | 高级经济师 |
| 陈红 | 中国钢研科技集团吉林工程技术有限公司 | 高级工程师 |
| 冯秋香 | 长春市二道区人民医院 | 主任医师 |
| 鲁文辉 | 长春市二道区人民医院 | 主任医师 |
| 李红日 | 长春市二道区人民医院 | 副主任医师 |

续表

| 姓名 | 单位 | 职称 |
| --- | --- | --- |
| 杨利民 | 长春市烧伤专科医院 | 主任医师 |
| 迟丽平 | 长春市烧伤专科医院 | 主管护师 |
| 康庆春 | 长春市烧伤专科医院 | 副主任医师 |
| 姚琴 | 长春市烧伤专科医院 | 主任医师 |
| 罗健熠 | 长春市二道区吉林街道社区卫生服务中心 | 公卫医师中级 |
| 刘宏泉 | 长春市绿园区政协 | 主任医师 |
| 周虹 | 长春市绿园区人民医院 | 主任医师 |
| 绍伟 | 长春市绿园区人民医院 | 主任医师 |
| 杨轶 | 长春市绿园区人民医院 | 主任医师 |
| 崔红梅 | 长春市绿园区人民医院 | 主任医师 |
| 李华林 | 长春市绿园区卫生监督所 | 主任医师 |
| 王越 | 长春市绿园区卫生监督所 | 主任医师 |
| 李莉 | 长春市绿园区卫生监督所 | 主任医师 |
| 孙春荣 | 长春市绿园区卫生监督所 | 主任医师 |
| 周瑞雪 | 长春市绿园区中医院 | 副主任医师 |
| 马卉 | 长春市绿园区中医院 | 主任医师 |
| 于杰 | 长春市绿园区中医院 | 主任医师 |
| 于兴业 | 长春市双阳区医院 | 主任医师 |
| 袁洪雨 | 长春市双阳区医院 | 主任医师 |
| 杨子文 | 长春市双阳区医院 | 主任医师 |
| 杨景峰 | 长春市双阳区医院 | 主任医师 |
| 闫福君 | 长春市双阳区医院 | 主任医师 |
| 杨丽华 | 长春市双阳区医院 | 主治医师 |
| 张君 | 长春市双阳区虹桥医院 | 主任医师 |
| 李笑楠 | 吉林省结核病医院 | 主任医师 |
| 马春光 | 吉林省结核病医院 | 副主任医师 |
| 王甫国 | 长春市传染病医院 | 副主任医师 |
| 杨姝 | 吉林省肝胆病医院 | 副主任护师 |

续表

| 姓名 | 单位 | 职称 |
| --- | --- | --- |
| 赵忠良 | 长春市南关区医院 | 主任医师 |
| 史冬丽 | 长春市南关区人民医院 | 主任医师 |
| 张彦东 | 榆树市妇幼保健院 | 主任医师 |
| 任光平 | 榆树市妇幼保健院 | 副主任医师 |
| 王海东 | 榆树市妇幼保健院 | 副主任医师 |
| 张丛峰 | 榆树市妇幼保健院 | 副主任医师 |
| 王丽巍 | 榆树市妇幼保健院 | 副主任医师 |
| 肖明海 | 榆树市中医院 | 副主任医师 |
| 孙宝新 | 榆树市中医院 | 主任医师 |
| 李春利 | 榆树市中医院 | 主任医师 |
| 宋黎明 | 榆树市中医院 | 主任医师 |
| 李庆阳 | 榆树市中医院 | 副主任医师 |
| 赵久春 | 榆树市中医院 | 主任医师 |
| 王传芳 | 榆树市中医院 | 主任医师 |
| 于晶 | 榆树市中医院 | 副主任医师 |
| 张信 | 榆树市人民医院 | 主任医师 |
| 娄长生 | 榆树市人民医院 | 主任医师 |
| 赵淑媛 | 榆树市人民医院 | 主任医师 |
| 安继梅 | 榆树市人民医院 | 副主任医师 |
| 汪漫玲 | 榆树市人民医院 | 主任医师 |
| 张普一 | 榆树市人民医院 | 主任医师 |
| 刘立君 | 榆树市人民医院 | 主任医师 |
| 单晓春 | 长春单氏肝胆病医院 | 主任医师 |
| 尹桂琴 | 长春单氏肝胆病医院 | 副主任医师 |
| 冯骥骁 | 长春单氏肝胆病医院 | 副主任医师 |
| 王厚英 | 长春单氏肝胆病医院 | 主治医师 |
| 周莹 | 长春单氏肝胆病医院 | 主治医师 |

## 第二节　办学办班

为培养专业技术人才，提高在职人员的业务水平，民主党派开展办学办班活动。这是为四化建设服务的一条重要途径，也是深受社会欢迎的一件好事。

### 一、吉林省环保科技大学

九三学社长春分社配合吉林省环保局、长春市环保局、东北师范大学环保所参照国内外同类大学的专业设置、培养目标和教学计划，于1980年9月创办了"吉林省环保科技大学"。由九三学社长春分社副主任委员肖蔚副教授担任校长。招收40名自费走读生，学校不包分配，毕业时可择优向用人单位推荐。环境科学是20世纪70年代后期发展起来的一门新兴学科，培养环保科技专业人才是当务之急。这所学校是考虑到当时全国还没有综合性培养环保科学人才的大学而创办的。授课教师由在长春市高等学校的教龄长、业务水平高、教学经验丰富的教师兼职担任。学习期限为：预科半年，本科4年。开设23门课程，讲授3000学时。实验、实习各教学环节均按计划正常进行。毕业的学生工作在省内环境保护科技战线上，其中多数人成为业务骨干。这所大学只办了1期，至1985年春因故停办。

### 二、各类培训班及专题讲座

九三学社长春分社响应党中央关于"欢迎社会上一切力量，采用各种形式办学"的号召，针对企业缺少财务人员的情况，于1983年5月15日在长春举办了"集体所有制工业会计培训班"。招收学员50名，利用业余时间学习4个月。主讲教师由吉林财贸学院王允孚、朱汝涣副教授和吉林省财政厅沈又新会计师3人担任。教材采用王允孚、沈又新合编的《集体所有制工业会计学》。

1983年6月25日，九三学社长春分社应前郭尔罗斯蒙古族自治县科学技术协会、前郭尔罗斯蒙古族自治县畜牧兽医学会的邀请，确定在前郭灌区农场管理局招待所举办"绵羊病防治技术学习班"。由九三学社吉林农业大学支社选派2名有经验的教师担任主讲教师。开班时间为1983年7月10—26日。采用的教材是由畜牧兽医师李景云编写的《绵羊病防治技术讲义》。参加学习者有60多人。

1983年7月19—25日，九三学社长春分社应延边朝鲜族自治州的邀请，派出九三学社吉林农业大学支社的畜牧兽医方面的专家关天颖、张秀芬赴延吉市为延边自治州举办的"养鸡技术学习班"讲课。讲授育雏、品种选育、禽病防治、饲养管理、饲料配方及禽舍设施等方面的知识。参加听课的学员有250多人。这个学习班深受学员的欢迎和延边自治州有关领导的好评。

根据省内各地的实际需要和迫切要求，九三学社长春分社于1983年7月下旬至8月间，举办轮回授课形式的中医学习班。由九三学社长春中医学院支社选派阎洪臣、夏洪生等专家赴延边等各地区进行巡回讲学。为期半个月，先后讲学10次。

1983年8月1—15日，中国药学会理事、中国药学会药剂学会主任委员、九三学社社员、南京药学院教授刘国杰等应邀来到吉林省，先后在长春、吉林、通化、长白等市县进行讲学和医药方面的学术交流及咨询。

1983年8月，九三学社吉林农业大学支社应长春市乳品联合企业公司的邀请，举办了"乳品卫生和处理"学习班。参加学习者有90多人。学习时间为1周。由社员戴惠敏副教授担任主讲教师。

1983年10月，为适应四化建设培养人才和国际交往的需要，九三学社长春分社和吉林省世界语学会（筹备会）联合举办"世界语业余初级班"，招收学员250名。同时又举办第一期"世界语中级班"，招收学员50名。

1984年7月27日—8月2日，九三学社长春市委员会应通辽市卫生局的邀请，由长春市医院主任医师孙六爻、主管药师夏作义、主治医师杜玉环、长春市儿童医院副主任医师姚国相、主管护师肖后琨等6人组成智力支边小组，赴内蒙古自治区哲里木盟通辽市进行讲学。参加听课的有通辽市各医院的医生、护士和药剂人员近300人次。此次讲学的总题目是《人体的液体疗法》。孙六爻主讲《水、电及酸碱平衡失调的诊断与治疗》和《内科输液的几个问题》；杜玉环主讲《外科的输液疗法》；姚国相主讲《儿科输液中应注意的几个问题》；夏作义主讲《液的质量控制》和《药物的相互作用与联合》；肖后琨主讲《护理在输液疗法中的重要性》。共讲授30学时。参加听课的学员反映，这次讲学既实用又及时，是一次难得的提高全市医务工作者医疗水平的机会。

1984年12月25日至1985年1月3日，九三学社长春市委员会应内蒙古自治区的邀请，在通辽市举办"内蒙古自治区审计干部培训班"。参加培训班学习的有96名审计专业干部。承担此次授课任务的是秦俊峰、郑水跃和杨道3名社员。

1985年11月5日—12月15日，九三学社长春市委员会在长春举办了"珠算培训班"，由吉林财贸学院支社王琨主持讲授，培训了54名学员。

1985年11月18日，九三学社长春市委员会开办了"财会自学辅导班"。学习时间为30天，培训学员170名。由九三学社吉林财贸学院支社等单位选派教师任教。辅导班分商业会计、统计原理、工业统计、工业企业财务、基建会计5个专业。

2007年，为迎接在长春市举办的冬运会和2008年在北京市举办的奥运会，九三学社长春市离退休委员会成员李彭提供教室、李尚仁教授做主讲教师，在长春捷进外语学校举办免费英语学习班，面向社内外有志学习英语的人士。学习从英文字母开始，教材采用《赖世雄讲英语》，每周1课时。学习班共开办3年，培训学员40余人。在2007年长春冬运会招聘志愿者活动中，培训班学员有10余人被选为志愿者，李尚仁是本次冬运会年龄最大的志愿者。

2015年7月30—31日，"九三学社首届全国青年论坛"在长春举办，九三学社中央主席韩启德、常务副主席邵鸿出席开幕会并讲话。中共吉林省委常委、组织部部长齐玉出席开幕会并致辞，九三学社吉林省委主委支建华、中共吉林省委统战部副部长刘青春出席开幕会，论坛秘书长石浩男主持开幕会。

2017年7—8月，由九三学社中央青年工作委员会秘书处、九三学社长春市直属新区委员会联合承办2项活动，一是"联合国开发计划署可持续发展女性领导力培训"在内蒙古自治区兴安盟阿尔山市举行,培训历时4天,分为十大板块,来自内蒙古自治区的106名副处级以上女性领导干部参加培训,国务院妇女儿童工作委员会常务副主任王卫国、内蒙古自治区党委统战部部长(时任自治区妇联主席)胡达古拉出席会议并讲话,石浩男主持开班仪式;二是"北京肿瘤专家研讨会"在内蒙古自治区兴安盟阿尔山市召开。

# 第三节　科技支农

1990年初，国家科学技术委员会、中国民主建国会中央、中国致公党中央、九三学社中央、中华全国工商业联合会决定联合推动"星火计划"和"科技扶贫"工作。2月13日，九三学社中央向全国各省、市地方组织下发文件，要求各地方组织"发挥我社科技优势"，制订"科技扶贫"方案并付诸实施。

根据九三学社中央的要求，九三学社长春市委员会作出决定：一是选好"科技扶贫"点，由社市委组织力量，制订计划，进行跟踪式的科技服务；二是广泛动员，号召有条件的基层组织，自行开展活动，时间、地点均自定。

## 一、在伊通满族自治县的科技支农工作

1990年3月，九三学社长春市委员会与九三学社吉林农业大学委员会赴伊通满族自治县进行调查。通过调查发现，该县工业基础薄弱，县办工业大都处于停产或半停产状态；农牧业方面缺乏科技力量，种植业和养殖业发展缓慢，每年都需要县财政补贴。经过认真研究并与伊通县人民政府协商，九三学社长春市委员会决定把科技支农的重点放在伊通县（综合基点设在新兴乡）。3月27日，九三学社长春市委员会与伊通县人民政府联合召开"科技支农"会议，双方负责人共同签订了《科技支农协议书》。协议书中确定了"从实际出发，长短结合，点面统筹，量力而行，从易入手，速见成效，逐步深入"的工作原则，明确了双方为使科技支农工作顺利进行所承担的责任和义务，同时确定了科技支农的一些重点项目。

从1990年3月开始到1992年底，九三学社长春市委员会按科技支农协议书要求，为振兴伊通县工农业生产共办了以下10件实事。

1. 为伊通县淀粉厂污水处理工程提供设计方案。伊通县淀粉厂地处伊通河上游，每年向伊通河排放废水 25 万吨，这些废水顺流进入新立城水库，造成水质严重污染。县人民政府曾请三家设计院进行污水处理工程设计，但因工程造价高达 100 万元而不得不放弃。九三学社长春市委员会组织九三学社东北电力设计院支社承担此项任务，他们经过勘察、取样、查阅资料、听取厂方意见之后，设计出总体方案和分期治理方案，造价为 50 万元。经过有关专家论证，两方案均被评为最佳方案，因而受到伊通县人民政府的高度评价。

2. 为筹建伊通县电厂提供咨询。九三学社东北电力设计院支社社员在完成伊通县淀粉厂污水处理工程设计之后，经过调查研究，向伊通县人民政府提出了建立电厂的具体建议，说明电厂建立后可解决几百人的就业问题、带动整个伊通县的经济发展，并在几年之内就能收回建厂的全部投资。伊通县人民政府对此建议十分重视，并积极进行了准备。

3. 在新兴乡推广养分平衡施肥新技术。伊通县地处半山区，玉米种植面积很大，以往很少考虑科学施肥，对于土壤的养分和施用各种肥料的比例了解很少，肥料没少用，但粮食增产幅度却不大。1991 年春季，九三学社长春市委员会派九三学社吉林农业大学委员会专家为新兴乡提供了可靠的土壤养分数据，并在施用化肥比例上提供了科学配方，使新兴乡 2300 垧玉米地，仅化肥投入一项每年就可节省 27 万元。

4. 为新兴乡进行了农机具改造。以吉林农业大学九三学社社员栾玉振副教授为首的几位专家多次到新兴乡，为该乡设计改造了 1 台底肥和口肥施肥器，很好地解决了种肥隔离问题、施肥量问题和施肥深度问题。他们还在新兴乡推广了马氏镇压器，解决了春旱压地保墒问题，以确保苗齐苗壮。

5. 向新兴乡传授烤烟栽培技术。在新兴乡对 2 户共 30 亩烤烟试验田推行烟草栽培新技术。如用铁灭克防虫、实行配方施肥、施用 TS（植病灵），仅此 3 项措施，就使每亩增收 119.86 元，亩产烟叶 150 千克。

6. 为伊通县园艺特产局引进 6 个草莓品种 1 万株，并给予技术指导。从 1992 年起在全县推广种植草莓。

7. 建立种子试验小区，为伊通县培育适应本地的良种。1991 年，吉林农业大学专家们在新兴乡指导小区品种试验，结果认定本育 9 玉米品种适于在新兴乡大面积推广。1992年，新兴乡引种本育9玉米品种产量约5万千克，种植面积1200垧。

8. 为伊通县养牛业的发展献计出力。1991年8月，九三学社社员、吉林农业大学包俊珊和张玉两位副教授利用假期休息时间到伊通县进行5天咨询服务。他们走访了7个乡镇、20多个村屯，调查了解伊通黄牛的现状，为伊通"兴牛工程"的实施，从黄牛改良、疫病防治到解决青贮饲料和建设标准化牛舍等方面提出了很多有价值的建议。

9. 推广"赤眼蜂防治玉米螟"技术。在全县统筹规划下，为新兴乡提供了"赤眼蜂防治玉米螟"技术，防治效果均达55%以上，最好的为65%。仅此一项技术就能使新兴乡减少玉米损失100万千克。

10. 帮助新兴乡建立轮式拖拉机示范试验站。经吉林农业大学农工系联系，由长春拖拉机厂以特惠和优惠价格提供2台"长春-1140"拖拉机和1台"长春-50D"拖拉机，总价值为10.3万元。1991年秋，翻地的实践证明，这3台拖拉机比履带拖拉机的作业质量高，农闲时还能兼营运输。

1993年，九三学社长春市委员会与伊通满族自治县圆满实现了双方签订的《科教兴农协议书》，3年中，在九三学社长春市委员会的领导下，九三学社吉林农业大学委员会为伊通满族自治县经济发展作出了突出贡献。据专家测算，这些活动直接获得经济效益700多万元。1993年5月27日，九三学社中央常务副主席徐采栋专程前往伊通满族自治县检查九三学社长春市委员会的支农情况，给予了高度评价。1994年，在吉林省委、省政府召开的民族团结进步表彰大会上，九三学社长春市委员会被评为吉林省民族团结进步先进集体。1994年，在中共长春市委、长春市政府召开的民族团结进步表彰大会上，九三学社长春市委员会被评为长春市民族团结进步先进集体。

## 二、在九台市莽卡满族乡的定点科技兴农工作

1997年7月10日，九三学社长春市委员会与九台市莽卡满族乡人民政府签订了《科技兴农协议书》。双方商定，在今后一段时期内，九三学社长春市

委员会成立科教兴农、科技扶贫领导小组，全面负责九三学社长春市委员会在莽卡满族乡的科教兴农工作；积极参与莽卡满族乡经济发展规划的制定和实施，并提供咨询服务；组织专家举办各种形式的农业技术培训班和农业技术示范活动，帮助农民解决生产中的实际难题。从1997年7月开始到1999年12月，九三学社长春市委员会按《科技兴农协议书》要求，为九台市莽卡满族乡的发展做了以下工作。

1.举办养殖种植培训班。1997年7月，九三学社吉林农业大学委员会主委栾玉振教授组织聘请刘景盛、王家民等几位农业技术专家，深入舍岭、邱家等几个村屯，实地举办养鹅技术和果树栽培技术培训班。1998年4月，果树专家王家民再次来到邱家村，冒着6级以上的西北风来到山上果园中，现场示范果树修剪技术，使农民在很短的时间里掌握了果树栽培技术。1999年4月，王家民教授为莽卡满族乡3个山区贫困村的50余名果农讲授果树栽培、护理和防鼠知识，并亲自到果园为农民做了剪枝示范。

2.开展捐资捐书助学活动。1997年7月，九三学社长春市委员会向莽卡满族乡10名品学兼优的贫困生转交了由800余名社员捐赠的3000元助学金及一批书籍和学习用品。1998年，长春市九三学社机关向莽卡满族乡人民政府及莽卡满族中学捐赠了1000余册图书。

3.为当地各项事业发展献计献策。九三学社长春市委员会发挥科技优势，派出民俗、医疗防疫、农业专家开展实地调研，向莽卡满族乡人民政府提交了关于莽卡满族乡发展"民俗文化旅游""科学养殖""荒山改造"等方面的可行性论证报告。为表达莽卡满族乡民的谢意，乡人民政府特向九三学社长春市委员会赠送了一面绣有"科技扶贫增强发展活力，智力支边造福各族人民"的锦旗。

4.开展送医送药专家义诊活动。1998年4月9日，长春市九三学社成员、结核病专家那玉兰来到莽卡满族乡卫生院认真了解当地结核病发病情况，根据疫情提出防治的具体措施和建议，并传授了结核病防治技术。

1999年11月15日，中共长春市委统战部在九三学社长春市委员会支农点——九台市莽卡满族乡召开了"长春市各民主党派智力下乡现场会"，九三学社长春市委员会驻会副主委韦澍一在会上介绍了九三学社长春市委员会3年来科技支农的经验。中共长春市委统战部部长刘淑坤号召全市各民主党派向长春市九三学社学习，以智力优势直接为经济建设服务。

## 三、在九台市其塔木镇的定点科教兴农工作

2001年，九三学社长春市委员会与九台市其塔木镇人民政府签订了为期3年的《科教兴农协议》。按照协议签订的责任和目标，九三学社长春市委员会定期举办农业技术培训班及开展农业技术示范活动，以提高当地农民科学种田的意识和水平。同时，调动长春市九三学社高校基层组织的力量，帮助其塔木镇刘家满族村小学不断改善教学条件，提高教学质量，帮助特困生完成学业。在签字仪式上，九三学社长春市委员会向刘家满族村小学7名满族特困生发放助学金，传递长春市1000多名九三学社社员的爱心。九三学社东北师范大学委员会给刘家满族村小学送去了86套长条桌椅。九三学社长春市委员会又分两次把筹集到的140套学生桌椅、10个书柜、30把办公座椅赠送给刘家满族村小学和刘家村村委会，改善了该村的办学、办公条件。同时又为刘家满族村小学联系争取到7万元，用于修建该校校舍。九三学社长春中心医院支社在扶贫点医院义诊达百余人次，同时又捐赠了一些医疗器械。九三学社长春市委员会先后向九台市刘家满族村派出农业、畜牧业、林业、民俗、教学及医疗卫生等方面专家50多人次，为促进其塔木镇的发展做各方面的协调工作几十次。2002年，九三学社长春市委员会在九台市其塔木镇开展20000只鹅饲养基地项目，并为基地项目的立项、落实、技术人员的配备等提供服务；为其塔木镇刘家满族村提供水稻种子技术服务，根据长春市九三学社农业专家的意见，该村购买优质水稻良种2000斤，农业专家进行了跟踪服务。

2001年6月14日，中共长春市委、长春市政府召开长春市第三次民族团结进步表彰大会，九三学社长春市委员会被评为长春市民族团结进步先进集体。作为唯一被表彰的市级民主党派，驻会副主委韦澍一在会上介绍了九三学社长春市委员会在科技支农、支边方面的经验。

## 四、在长春市双阳区九三村的定点科技支农和双阳区扶贫攻坚民主监督工作

2003年，九三学社长春市委员会科技扶贫工作以调研为基础，针对性强，更符合农民的需要。九三学社长春市委员会在长春市双阳区奢岭街道办事处九三村开展调研，落实科技支农点及制订科技支农计划。经过调研，决定以九三村为新的扶贫点，在林业、中草药、畜牧、农业经济等方面给予扶持。并以九三学社长春市双阳区委员会为支农的基础力量，负责各项协调工作。主要开展了以下活动。

1. 九三学社长春市委员会组织有关专家在双阳区奢岭街道办事处九三村开展调研。根据九三村的实际情况，提出了要注重发展养殖业和招商引资的建议。2007年，社市委和九三学社长春市双阳区支社就如何开展社会主义新农村建设，两次深入该村，同村党支部、村委会班子成员一起深入研究建设方案，确立主导产业，探索发展途径。至2007年12月，奢岭街道办事处九三村的养殖业和招商引资工作已形成了一定的规模。九三学社长春市委员会牵线搭桥，成功引进投资300多万元的市宏博生态园林公司"生态苗木园区"项目，并先后建立了建材厂、型煤厂、养猪场。

2. 开展医疗卫生服务活动。九三学社长春市委员会每年在春、秋两季派医疗、卫生专家到九三村送医、送药，共为600多人次看病，捐赠常用药品。2009年5月27日，长春市九三学社医疗专家再次来到九三村开展送药下乡活动。专家们耐心细致地对每一位前来咨询的村民进行解答，并根据病情需要，免费向他们发放价值1000多元的药品，当天就接诊百余人，活动受到村民们的热烈欢迎。2011年4月，九三学社长春市委员会组织农业、医疗专家一行10余人，前往九三村开展农业技术咨询、医疗义诊服务活动。活动中，专家们就种植、养殖等技术问题为农民提供了咨询服务，就农村多发病、常见病的预防和治疗方面进行了讲解说明，为百余名村民做了免费体检和义诊，并做了医疗和保健指导，同时，根据村民的实际需要免费发放了治疗风湿、骨痛、发炎、心脑血管等疾病的价值5000余元的药品。在九三学社长春市委员会的支持和帮助下，九三村的生产、生活和环境有了很大的改善，村民的知识水平和

健康意识也有了很大的提高。

3. 支援九三村的经济发展。2004年，九三学社长春市委员会就九三村连接备战公路项目进行专题调研，经实地调研，认为这个项目实施将对九三村今后的经济发展产生很大影响。九三学社长春市委员会积极支持九三村向吉林省交通厅、长春市交通局提出立项，在九三学社吉林省委员会领导的大力支持下，该项目引进资金20多万元，于2008年竣工完成。2009年，由九三学社长春市委员会牵头规划的涝区治理建造工程，为当地引资60多万元，建造了多座桥梁，其中一座长度达30余米。

4. 开展种植、养殖技术培训活动。九三学社长春市委员会多次在九三村举办种植、养殖技术培训班，200多人次参加了培训。开发了养鱼、养牛、养鸡等多种项目，受到当地群众的欢迎。在2003年春耕播种之时，九三学社长春市委员会领导和机关同志给九三村5个特困户送去优质的化肥和种子，解决了特困户的燃眉之急，受到资助的5个特困户非常感动，此举也受到当地党委、政府的高度评价，《人民政协报》也对此给予报道。2009年，为贯彻落实中共长春市委统战部《长春市统一战线服务社会主义新农村建设实施意见》的通知精神，响应九三学社中央开展"科普进学堂"活动的号召，九三学社长春市委员会组织开展了以"科普进学堂"为主题，以农业技术讲座、卫生健康咨询为内容的"送科技下乡，服务社会主义新农村建设"活动。5月7日，九三学社长春市委员会组织10余位专家前往九三村开展了"送科技下乡"活动。医疗专家和农业专家分别就当前春夏季疾病预防诊治、甲型H1N1流感的预防，农业种植业、花木栽培、果树种植及病虫害防治、养殖业等专业知识举办了讲座。并对农民关心和感兴趣的问题进行了详细的解答。

2010年9月，九三学社长春市委员会组织有关部门及部分相关企业家代表考察团前往九三村进行考察调研。总结了九三学社长春市委员会与九三村共建扶贫工作的经验，考察了共建扶贫工作取得的成效，提出了今后的发展思路和需求。企业家人士根据对当地的农业、副业发展状况，地理及环境条件的调研和考察，就今后发展的区域性和发展的规模等提出了若干合理的建议和意见，双方达成了一定的共识。

2012年，根据九三村的实际发展需求和政府对新农村建设相关的扶持政策，九三学社长春市委员会通过多方面的协调和沟通，为九三村争取到吉林省农委新农村建设扶持项目拨款20万元，用于九三村太阳能路灯建造工程，该工程现已完成，九三村的村容村貌进一步改观，村民的生活环境进一步改善。2013年，在九三学社长春市委员会的努力和支持下，九三村又成功地申请到吉林省农委"美丽乡村"建设扶持项目。目前，九三村已被吉林省人民政府确定为省级社会主义新农村建设示范村。

2015年，九三学社长春市委员会在长春市双阳区明珠生态园万家福老年公寓建立定点帮扶基地，为老年公寓的文化、医疗等方面提供帮扶，包括每年春秋两次义诊和健康检查，加强养老公寓图书室建设，等等。

2019年，在国家脱贫攻坚战关键时期，九三学社长春市委员会认真履行职责，加大推进脱贫攻坚民主监督力度。社市委先后两次组织九三学社专家工作组前往双阳区进行考察调研。在与中共长春市双阳区委统战部和九三学社长春市双阳区委员会的座谈中，就双阳区脱贫攻坚工作进行了深入的探讨和研究；对双阳区没有脱贫的贫困村太平镇齐瓦房村进行了考察，深入贫困户家中进行访问和交流，并与驻村干部及村支书座谈。6月21日，中共长春市委书记王凯走访市级各民主党派，并召开全市民主党派脱贫攻坚民主监督专题协商会。会上，社市委主委张红星作了题为《对贫困地区加强产业扶贫的建议——关于对双阳区开展脱贫攻坚民主监督工作的调研报告》的发言，发言材料被长春市政协《议政》杂志收录。2020年，在中共长春市双阳区委统战部、双阳区扶贫办和九三学社长春市双阳区委员会的大力支持下，社市委再次来到双阳区已脱贫的两个村——隆兴村和黄金村进行考察调研。分别走访了隆兴村村委会和黄金村村委会，与村委会工作人员以及中共长春市双阳区委统战部和双阳区扶贫办的有关工作人员进行了座谈。通过与驻村干部以及当地村干部进行分组谈话，了解了当地驻村干部工作的具体情况，整理形成了题为《决胜脱贫攻坚，进一步发挥驻村干部作用巩固脱贫成效——双阳区脱贫攻坚民主监督工作调研报告》的调研成果。

## 五、在祖国老少边穷地区开展科技支农工作

2017年7月，在受全国青联选派，作为中组部、团中央第十六批、第十七批博士服务团成员支援祖国北疆挂职内蒙古自治区兴安盟阿尔山市人民政府副市长期间，石浩男带领九三学社吉林省青年社员、九三学社长春新区委员会社员为当地建言献策，开展系列脱贫攻坚、科技支农工作，并代表当地政府参加了国家级电子商务进农村综合示范县竞争性评审答辩，其间，社员们与当地同志多次牺牲节假日休息时间深入农村进行调研，联合完成了15万字的项目申报材料，最终获批由国家商务部、财政部、扶贫办联合拨付的项目扶持资金2000万元。她还作为全国青联委员代表参加了"中国青年科协到农安开展'科技之光'青年专家服务团主题实践活动"。

表6　2001—2023年参加农业科技咨询服务专家名单

| 姓名 | 单位 | 职称 |
| --- | --- | --- |
| 田义新 | 吉林农业大学中药材学院 | 教授 |
| 姜怀志 | 吉林农业大学动科技术学院 | 教授 |
| 付兴奎 | 吉林农业大学高等教育研究所 | 教授 |
| 杨世海 | 吉林农业大学中药材学院 | 教授 |
| 高洁 | 吉林农业大学农学院 | 教授 |
| 乔宏宇 | 吉林农业大学园艺学院 | 副教授 |
| 刘晓龙 | 吉林农业大学农学院 | 副教授 |
| 赵岩 | 吉林农业大学中药材学院 | 教授 |
| 宫鹤 | 吉林农业大学信息学院 | 副教授 |
| 姜晶书 | 吉林农业大学人文学院 | 副教授 |
| 付永平 | 吉林农业大学植物保护学院 | 教授 |
| 王英平 | 吉林农业大学中药材学院 | 教授 |
| 艾军 | 吉林农业大学园艺学院 | 教授 |

## 第四节 抗击"非典"

2003年,"非典"疫情蔓延全国,长春市九三学社全体社员与党同舟共济,积极建言献策,医卫界社员勇战"非典"最前沿。自4月17日吉林省发现2例输入性疑似非典型肺炎病例开始,长春市即打响了抗击"非典"疫情的战斗。在这场没有硝烟的战斗中,长春市九三学社广大社员在九三学社长春市委员会的领导下,积极贯彻执行中共长春市委、长春市政府对抗击"非典"所作出的各项决定和措施,特别是工作在医药卫生界的广大社员,他们以民主党派成员高度的责任感和医务工作者神圣的使命感,以科学的态度、坦诚的心态面对"非典",与党同舟共济,团结一心,临危不惧,沉着应对,充分发挥自身的专业特长,为制定预防和治疗措施,有效遏制疫情积极献计出力;听从所在单位党政领导的统一调遣,勇敢地投入到防治"非典"第一线的战斗中,付出心血和汗水,冒着生命危险为全省人民的安康默默地奉献着自己的智慧和力量。

长春市九三学社共有20名社员参加抗击"非典"一线的工作,他们是长春市中心医院王瑛、张仁舜、魏铁军,长春市疾病预防控制中心郗书元、王自昆、张文超,吉林大学医院刘媛媛,长春市朝阳区疾病预防控制中心广洋、刘艺伟、赵红、王继红,长春市朝阳区副区长蔡鹏飞,长春市朝阳区医院姜秀珍,长春市绿园区防疫站王文悦、王越、李华林,长春市绿园区卫生局副局长曲则文,长春市二道区医院白丽,一汽社会事业管理部防疫监控室李慧玉,长春市经济开发区防疫站吴学军。在抗击"非典"的战斗中,上述同志尽管岗位不同,任务不同,但他们的责任相同,面临的危险相同。面对艰巨的任务和危险的环境,他们主动请战冲在前面,在关键时刻把个人的生死置之度外,冒着被感染的危险,亲临一线进行会诊,果断调动一切力量控制疫情,在防治和转运病人过程中,面对有的患者和家属的不理解,甚至恐吓威胁,毫不退缩。舍小家,顾大家,不分昼夜,哪里有疫情,担负流调、消杀任务的九三学社社员就出现在哪里，浓浓的消毒液侵蚀着他们的眼睛、嗓子，超负荷的体力透支、笨重的防护服和消毒工具使他们常常处于快要虚脱的状态，但他们全然不顾，一个信念在支撑着他们，那就是"我们的行动就是希望，迎头赶上是我们的职责"。在这生与死的考验中，长春市九三学社社员的出色表现受到了所在单位党委和广大群众的交口称赞和由衷的敬佩。九三学社长春市委员会的领导也极为关心和支持他们，亲临前线慰问一线社员，并及时送去慰问金，带去社组织的关怀和温暖，给予他们精神上的鼓励和支持。当"非典"疫情在长春市显现之时，九三学社长春市委员会的各基层组织及社员中的人大代表和政协委员就非常关注事态的发展，注意调查、研究和分析"非典"对长春市各项工作的影响，及时提出建议并采取措施，并积极主动捐款捐物，做到"国泰民安，匹夫有责"。

九三学社社员、长春市人大代表、通达集团总裁沈娟同志于4月30日向长春市抗击"非典"捐赠中心送去了价值20万元的抗病毒急需的盐酸氯镁沙星口服液，用实际行动支援了全市抗击"非典"的战斗。

长春市九三学社其他基层组织和广大社员也都以各种方式积极参加到抗击"非典"的战斗中，在做好自身防护的同时，发挥民主党派组织的社会影响力，积极做好社会稳定工作。6月4日端午节这天，九三学社东北师范大学委员会向学校辛勤工作在防治"非典"各个岗位上的广大师生表达了节日问候，并捐款人民币3200元。

九三学社社员、全国政协委员、吉林大学医学院医学部教授迟宝荣先后三次向吉林省政协提交提案，对吉林省抗击"非典"工作提出建议。这3份提案分别是《对目前抗"非典"工作的建议》《对目前抗"非典"工作的建议之二》《SARS的警示作用》，其中《对目前抗"非典"工作的建议》引起吉林省委领导的高度重视。中共吉林省委书记王云坤同志、中共吉林省委秘书长李申学同志分别对此提案作出批示，请有关领导和部门对此建议加以考虑。九三学社长春工业大学支社主委、吉林省人大常委会委员杨志范教授在吉林省出现第一例死亡病例后立即给省委领导打电话提出建议，即集中优势兵力打歼灭战，提高治愈率，降低医院成为污染源的风险，集中收治病人进行救治。此建议得到省委领导的高度重视，并予以采纳。九三学社社员、吉林省"非典"防治专家组组长杨世忠教授、朝阳区副区长蔡鹏飞等同志在吉林省抗"非典"斗争中都发挥了很大的作用。

在抗击"非典"的战斗中，长春市九三学社社员郗书元、姜秀珍、李慧玉、曲则文4位同志被吉林省人民政府评为先进个人；26位社员受到中共长春市委统战部的表彰。

## 第五节　抗震救灾，支援我国西藏、新疆，援助科威特

2008年5月12日，四川省汶川县发生里氏8.0级强烈地震，给当地人民群众的生命财产造成严重损失。得知灾情发生后，九三学社长春市委员会积极响应九三学社中央《关于发挥九三学社优势迅速投入抗震救灾工作的紧急通知》精神，立即在九三学社长春市委员会网站发布紧急通知，要求全市广大九三学社社员：一、认真学习贯彻中共中央、国务院的部署，把抗震救灾工作作为当前我社的首要任务。二、发挥优势，全力投身于抗震救灾工作。三、发挥理顺情绪、凝聚人心的作用，协助党和政府做好维护社会稳定工作。社市委号召：各基层组织要大力弘扬一方有难、八方支援的中华传统美德，万众一心、和衷共济的中华民族精神，采取捐款、捐物等多种方式向灾区伸援手、献爱心、送温暖，努力形成共克时艰的强大合力。九三学社长春市委员会还公布了捐款联系电话。

长春市九三学社广大社员积极响应号召，行动起来，踊跃参加所在单位及社区的捐款活动，尽自己的力量向受灾地区伸出援助之手，奉献爱心。特别让人感动的是九三学社长春市宽城区委员会退休医生、84岁高龄的安郁达老先生在身患癌症的情况下仍然心系灾区人民，在电话中他用极其微弱的声音表达了他对灾区人民的慰问关怀之情，并向灾区捐款100元。

截至5月28日，长春市九三学社社员和社市委机关干部共为灾区捐款187770元。其中，长春博爱医院院长侯冠森个人捐款2万元；长春静珠妇产科医院院长张晔个人捐款1万元；长春普济医院院长李志鹏组织员工捐款21350元。

5月20日，以九三学社长春市委员会副主委、长春房地局副局长陈济生为组长的长春房屋鉴定专家组驰援四川灾区，这是继特警、消防、医疗救援队

后，长春市第4支赴地震灾区的救援队。当天，专家组就直飞责任地点——绵阳江油市。在当地救灾指挥部的安排下，专家组14人在陈济生组长的领导下，经过5个昼夜的严谨工作，对505栋30余万平方米的教学楼、实验室、图书馆、阶梯教室、师生宿舍、食堂、围墙、厕所、办公房及部分教工住宅等进行了检测评价。提供了700余份检定报告、近万张震害照片，向江油市教育局移交资料时，数个U盘容量都不够，最后用了10G的移动硬盘才成功交接。专家组圆满、胜利地完成了任务，满载荣誉而归！

2008年5月12日的汶川大地震给四川省造成了巨大的经济损失和人员伤亡，中共中央、国务院确定吉林省对口支援黑水县后，中共吉林省委、吉林省政府高度重视，立即成立了由省长韩长赋任组长的吉林省对口支援工作领导小组，研究形成了《吉林省对口支援四川省黑水县恢复援建工作指导意见》，展开了对黑水县的援建工作。2010年5月，受吉林省卫生厅和长春市卫生局的委派，九三学社社员陈宇光、韩昌义无反顾地参加了吉林省援建黑水的工作。黑水县位于四川省阿坝州，在群山环绕之间，自然条件恶劣，经济基础薄弱。由于受各方面条件限制，黑水县人民医院的硬件条件差，医院所能够提供的医疗不能很好地满足当地人民的就医需求。他们同援建的其他同志一道共21人进驻黑水县，接手对黑水的卫生援建工作。陈宇光同志代表长春市中医院、韩昌同志代表长春市妇产医院来到黑水县人民医院援建，分别负责中医科和妇产科的帮扶，开展对医疗卫生人员的培训，为医院发展壮大做好人才储备工作。他们还在乡、村开展巡回医疗和卫生防疫工作指导，帮助他们尽快恢复灾区医疗服务体系，健全县、乡、村医疗卫生服务网络，保障灾区人民的基本医疗和公共卫生服务。

2010年4月，青海玉树发生地震，长春市九三学社社员发扬社会主义大家庭团结互助精神，向灾区人民伸出援手，积极捐款共计人民币159000元。7月，吉林省遭遇百年不遇的洪涝灾害，长春市九三学社各级组织积极组织广大社员为灾区人民捐款捐物达50余万元，并组织医疗专家前往灾区为受灾村民诊治常见病、灾后传染性疾病，并对灾后卫生防疫方面的知识进行宣讲，同时对受灾村民进行心理辅导和治疗，为灾区人民奉献爱心。

2009年5月，在长春市卫生局党委的部署下，九三学社长春市妇产医院支社社员朱越英参加了为期半年的援藏工作。这次援藏工作的地点是吉隆县卫生服务中心。吉隆，是日喀则地区的边境县，海拔4200米，距日喀则市约500千米，途中需要翻越海拔超过5000米的山峰3座以上。交通不便，生活条件艰苦，住院病人多数是急危重患者。朱越英作为援藏医疗队吉隆组组长带领3名队员克服严重的高原反应，积极投身于医院的各项工作中，帮助县医院完善各项医疗规章制度，提高了医生的诊治水平，更制定了用药规范。在为期半年的援藏医疗工作中，朱越英竭尽全力工作，做到随叫随到，除了看病，她还经常给大夫们讲课；共开展各种手术20余例（含外科），在藏期间没有医疗事故、差错和医疗纠纷发生。医疗队的工作受到当地藏族同胞的好评，藏民们献上了洁白的哈达表示无限的感激之情。

2009年，九三学社东北师范大学委员会在宫秀华主委的带领下，组织社员响应吉林省妇联的号召，积极开展社会服务工作，以九三学社东北师范大学委员会的名义，参加省妇联举办的以"心系灾区、关爱孤儿"为主题的行动，集体认领了一名藏族儿童，每年定期捐款600元，对其生活和学习进行资助。东北师范大学委员会社员们的爱心，通过这项活动传递到了藏区，使受助儿童切实感受到了来自祖国、来自党、来自九三学社的关爱。

2019年6月，九三学社长春市中医药大学委员会社员陈曦、王旭凯前往新疆阿勒泰地区哈萨克医院进行了为期3个月的援疆工作。援疆工作条件艰苦，陈曦作为援疆医疗队队长，带领队员克服水土不服症状（恶心、腹胀、腹泻、过敏性鼻炎），迅速投入到工作中。陈曦通过对临床科室进行调研，全面真实地了解医院的实际情况，理清思路，确立以"医疗技术援助"为核心的思想理念，将自己多年临床工作的有效经验，理论结合实际，通过门诊住院部带班、技术指导、教学查房、病例讨论、集中授课、科研课题申报等形式，面对面、手把手、全方位帮助科室医务人员提升业务水平，并协助制定科室各项工作规程和工作制度，进一步规范了医院的各项工作流程。援疆期间，无论白天还是夜晚，无论节假日还是工作日，只要病人需要，陈曦都会做到随时出诊。除了日常门诊坐诊及会诊等工作，陈曦还定期到阿勒泰地区下属县市进行义诊。王旭凯根据新疆阿勒泰地区哈萨克医院骨伤科的实际情况，每周对科室医生进行1—2次专业授课，内容涵盖骨伤系统常见病和多发病的常规诊治以及前沿进展，尤其是中医药在骨伤科的临床应用，从整体上有效提升了医务人员的诊疗理念和处理骨伤科常见病、多发病的诊疗能力，对受援医院骨伤学科建设提出了一系列合理化的建议，并协助制订了未来的建设目标和实施方案。在临床工作中，王旭凯随叫随到，除了出诊，还参与各种手术100余例，还随医疗队深入地方、兵团各医院，开展医疗帮扶活动，跟随援疆医疗队赴基层医院开展专题学术讲座和义诊。陈曦、王旭凯作为援疆专家，扎扎实实开展工作，将吉林省中医院的先进技术、优质医疗服务带到哈萨克医院，不仅提升了该院的医疗服务水平，还解决了基层群众就医难的问题，受到了当地哈萨克族同胞的欢迎和好评。援疆期间，陈曦、王旭凯被地区卫健委授予"先进工作者"荣誉称号。

2022年11月，由国家卫健委及外交部部署，吉林省卫生健康委员会委派，九三学社长春中医药大学委员会社员王明希参加为期1年的医疗援外工作，受援国家为位于波斯湾沿岸的科威特，在SABHA Medical Rebabilitation Hospital参与医疗工作。科威特为海湾国家，石油储量丰富，有重要港湾及交通枢纽，因此成为战略要地，毗邻伊拉克、沙特阿拉伯，20世纪90年代此处曾爆发著名的海湾战争，因此地区冲突较为激烈。该地属于沙漠气候，夏季平均气温43℃，最高气温73℃，因此自然环境极为艰苦。王明希在科威特从事中医诊疗工作，其工作主要涵盖针灸、按摩、刮痧、正骨、拔罐等诸多传统治疗手段，受到了受援国家人民的一致好评。诊所日均患者量达100余名，产生了广泛的社会影响，科威特当地主流媒体，如《科威特时报》、科威特《消息报》以及科威特电视媒体均报道过医疗队的工作。医疗队在从事医疗工作的同时，积极参与中国传统文化宣传工作，配合大使馆参与文化交流，认真践行新时代"白衣外交官"的使命担当，牢记习近平总书记对医疗援外人员"不畏艰苦、甘于奉献、救死扶伤、大爱无疆"的殷切嘱托。

2023年12月18日，甘肃省临夏州积石山县发生6.2级地震，九三学社长春市委员会响应九三学社吉林省委员会的号召，组织社员开展捐款支援灾区建设，长春市九三学社社员共捐款33950元。

## 第六节　扶贫济困　捐资助学

进入新时代，长春市九三学社社员继续发扬九三学社的优良传统，积极为社会贡献力量。特别是脱贫攻坚战以来，九三学社长春市委员会及广大社员更是自觉加入其中，发挥民主党派的作用，助力国家脱贫攻坚战取得阶段性胜利。九三学社长春市委员会基层组织积极响应社市委的号召，把帮扶困难群众作为社会服务的重要内容坚持不懈。

九三学社长春市绿园区委员会主委安璀颖带领社员开展同心助学、同心助弱、同心振兴等同心圆系列活动：对合心镇建档立卡精准扶贫的7户残疾人家庭进行春节走访慰问；为普阳街道几名品学兼优的贫困残疾人子女捐赠助学金1.2万元；为自闭症儿童捐赠了7—17周岁青年室内外体育康复器材、玩具、复读机、大枣等，共计6万余元；为裴家村协调了价值5万元的室外健身路径；为新竹社区1名精神二级贫困残疾人家庭修补墙体裂缝、刮大白，购买生活用品，共计2000元；为合心镇建档立卡的贫困家庭买了过冬木柈和洗衣机，共计5000余元；为青年街道新竹社区2名贫困残疾人捐赠帮扶资金5000元；联合爱心集团在青年街道新竹社区为130名贫困户及贫困残疾人进行精准帮扶，送去米、面、油等物资，共计3万余元；携手合心镇永跃村举行"温馨工程、脱贫攻坚、狮爱灯光、点亮乡村"捐赠活动，为其捐赠了价值20万元的35盏太阳能路灯；新冠肺炎疫情暴发以来，为区疫情指挥部、区红十字会、街道、社区捐款捐物共计200余万元，为打赢疫情防控阻击战发挥了积极作用。2023年，九三学社长春市绿园区委员会继续开展同心圆系列活动。同心助学：为第七十八中学60名家庭困难、品学兼优的学生捐赠4万元助学金；为锦程学校初一学生李同学每年帮扶助学金5000元；为合心镇考入西安科技大学的费同学帮扶1000元；为西新镇5名品学兼优的贫困家庭子女助学帮扶2500元。同心助困：为新竹社区协调10台轮椅，协调社会资源为全区1700户贫困家庭发放带有语音提示和盲文键的电磁炉、语音闪光热水壶、刀具密码箱、浴凳等生活用品，共计30万元；为星光特教自闭症儿童捐赠油画棒、涂鸦本、数字描红本、彩泥等文化用品3000件，共计1.5万元；为西新镇、城西镇、自立街道、青年路街道97户低保家庭捐赠大米、豆油、牛奶、纸抽、洗发水等生活大礼包，共计3万元。同心健康：在迎宾街道欧亚超市门前、香江社区、普阳街道升阳社区、正阳街道丰和社区开展免费义诊活动，300余人受益。同心助力：引进资金为西新镇裴家村进行坡道改造，以便弱势群体通行；在青年路街道开展"寻美绿园　耀动长春"摄影培训。

九三学社长春市宽城区委员会在刘晓娟主委的组织和带领下，自2012年起，连续10年举办"关注幼儿教育献爱心系列活动"，将长春市第四十八中学泽葵幼儿园作为重点帮扶对象，先后捐赠价值近40万元的桌椅、大型滑梯、幼儿教育智力玩具、教学电视、幼儿床垫、空调和课外读物等，让孩子们拥有美好的童年。2014年，组织部分社员对宽城区长白社区内的贫困户及鳏寡孤独老人进行慰问。

在扶贫助学活动中，九三学社长春市二道区委员会董伟东、张键两任主委多次组织社员对省级贫困村二道区英俊镇胡家村的包保贫困户进行科技支持和生活援助，累计捐赠物资2万多元。同时，为配合好团省委对二道区服刑和刑满释放人员未成年子女的关注，感化服刑人员，促其积极改造，董伟东主委带领社员连续5年为因家长入狱而缺乏生活来源的家庭及其子女提供学习和生活用品，并捐赠了近6000元的慰问金。

九三学社长春市南关区委员会主委侯冠森以身作则，带头捐款捐物，并组织医疗专家对南关区民康社区的10名糖尿病和风湿病患者进行义诊及捐物赠药，捐赠了价值1.5万元的药品和5500元现金。走进伊通县大孤山镇何家村，为何家村的贫困群众送去了米、面、油等生活必需品。换届后，庄军主委依托社员的医疗优势，多次亲自带队参与社市委或社内其他基层组织开展的医疗下乡、下社区义诊活动，得到群众的广泛好评。

九三学社长春市双阳区委员会开展了"美好双阳、同心健康行动成果回头看活动"，2020年10月20日，李威主委组织社员看望了山河街道立新村、八面村2户因病致贫的建档立卡贫困户，上门义诊的同时为他们送去了米、面、油、成人纸尿裤等生活物资和急需物品；2021年12月2日，李威主委带领社员到山河街道开展"不忘合作初心，继续携手前进"同心健康扶贫活动，委员会购买了米、面、油以及棉大衣、棉被褥等生活物资，带着慰问物资来到五家村建档立卡贫困户家中，把关爱和温暖传递给扶贫对象。

九三学社长春市九台区支社主委单莹莹组织吉林省结核病医院社员到九台区九台街道办事处福星社区开展结核病防治宣传和义诊活动。为波泥河街道清水村捐赠100本科技和医疗方面的书籍，同时慰问了清水村的贫困户，为贫困老人捐赠衣服和生活用品。

九三学社长春市直属榆树市委员会参加了榆树市妇联举办的"快乐六一，相伴成长"代理家长主题活动，九三学社长春市直属榆树市委员会主委张普一为6名贫困儿童带去了慰问金，领管了这6名儿童，每年为受助的6名贫困儿童每人送去500元助学金。

九三学社长春市直属法律综合委员会在宗凤杰主委的带领下多次到鸿城街道社区、东站十委社区开展春节慰问送福送温暖活动，为社区贫困居民送去米、面、油、小家电等生活必需品。新冠肺炎疫情期间向吉林省孤儿学校捐赠了药品。

九三学社中国第一汽车集团有限公司委员会在王秋利、张哲、李玮几任主委的不懈坚持下，从2011年起，持续不断开展"助学三中"活动，并于2019年在汽开区三中设立"九三学社一汽委员会阳光爱心助学基金"，对汽开三中部分品学兼优、家庭生活困难的学生提供物质和资金支持，帮助其顺利完成学业。截至2023年，累计捐款10多万元，共有41位学生在资助下以优异的成绩完成学业，产生较好的社会影响。

九三学社长春中医药大学委员会发挥社员的智力优势，加大对边疆少数民族地区的帮扶力度，在冷向阳、吴巍主委的领导下，定期组织专家教授到吉林省和龙市中医医院开展帮扶工作，受到当地医院职工和患者的好评；与长春市朝阳区红旗街道办事处开展健康服务共建活动，社员开创"互联网＋家庭医生"服务项目，帮助社区居民在网上签约家庭医生，真正为贫困群众解决看病难、看病贵的实际问题；开展精准扶贫工作，先后多次组织社员赴扶贫帮扶点通榆县兴隆山镇长发村开展健康扶贫活动；在吉林市永吉县发生特大洪水灾害时，冷向阳主委带队第一时间赶赴现场，捐款捐物，赈灾义诊，为受灾群众的健康提供医疗保障。

九三学社吉林财经大学委员会在代桂霞主委的带领下，组织社员从2020年开始，在长春市第七十八中学开展"同心助学"活动，每年为多名品学兼优、需要帮助的学生每人捐赠300元。这项爱心活动已经持续4年，得到学校、受助学生和家长的衷心感谢。九三学社社员希望受到帮助的学生们克服家庭和生活中的困难，树立远大的人生理想，刻苦学习，以知识改变命运，用奉献回报社会。

九三学社长春市儿童医院支社在吴秀丽主委的带领下，发挥职业优势，响应九三学社长春市委员会的号召，坚持走基层、进社区、入村屯，以帮扶困难群众为己任，开展医疗义诊、健康咨询等活动。多次到儿童福利院慰问小朋友，送去慰问品，同时看望曾在医院被救治过的小患者，让孩子们感受社会的温暖与关爱，让孩子们的笑容更加阳光灿烂。

2012年，九三学社长春市企业家委员会成立以来一直把回馈社会作为己任。社市委常委欧阳晓兵在梨树县一中设立易事特奖学金，2011—2021年，每年用2万元资助20名特困优秀小学生，帮助他们完成了学业。社直属委员会马朝东为绿园区春晖小学、宽城区铁北二路小学40名品学兼优、家境贫困的小学生资助学习用品和助学金，持续到他们小学毕业。普济医院李志鹏院长花费80余万元为朝阳区所属中小学4500余名教师进行免费体检并建立了健康档案。长春市徐国新骨伤骨病研究所徐国新大夫在2006年至2023年间，为残疾人、特困户、全国省市劳模及见义勇为英雄、吉林省举重队等共计140余人减免医疗费用共25万余元，2007年为四平市伊通满族自治县龙卷风受灾地区捐款，为70多名群众义诊；2022年春，疫情期间，徐国新又为天乐社区捐献3000元物资，向长春市红十字会捐款2.1万元，向长春中医药大学捐款1万元，共计3.4万元。他们的行动充分体现了当代九三学社社员高度的社会责任感和奉献精神，为长春市的经济建设与和谐发展作出了应有的贡献。

2017年，九三学社吉林省委常委、九三学社长春市直属新区委员会主委石浩男在参加"中组部、团中央博士服务团"挂职基层期间，在老少边穷地区内蒙古自治区兴安盟阿尔山市策划了系列脱贫攻坚、科技支农工作。其中包括"3D打印圆梦兴安盟肢体残疾儿童与青少年义肢捐赠""陆朝阳教授量子物理科普讲座""为阿尔山市九所学校捐建价值270万元智慧教育云平台捐赠仪式""中国九三医学名家健康讲堂""中国九三医学名家健康义诊""联合国开发计划署可持续发展女性领导力培训""中国肿瘤专家研讨会&义诊"等。

此外,经九三学社中央青年工作委员会秘书处、九三学社长春市直属新区委员会全力协调,阿尔山市获赠185箱"贝因美"荷兰原装进口奶粉,价值30万元;因当地没有专门的产科,没有适合孕妇生产的救护车,为了使贫困地区妇女得到更多安全保障和健康生活的尊严,阿尔山市获赠带有定位系统的"母亲健康快车";当地两癌(宫颈癌、乳腺癌)妇女们获赠共20万元的"两癌母亲"救助金;当地儿童获赠价值20万元的李宁品牌运动鞋服。2018年1月,九三学社中央青年工作委员会秘书处与当地政府联合制作宣传片《九三学社与阿尔山》,以"九三学社因'她'与阿尔山结缘"为主题,于2018年1月22日在九三学社中央网站、阿尔山市人民政府网站同时播出。

## 第七节　法律界社员助力长春发展

为更好地发挥参政党的职能、加强法制宣传、助力地方经济发展，九三学社长春市委员会于2015年成立九三学社长春市直属法律综合委员会，旨在贯彻十八届四中全会精神，发挥专业特长助力长春市经济社会发展。从专业角度提供参政议政工作素材，撰写提案与社情民意，为社内社员和社会群众提供法律咨询、法律援助、法律培训等服务。九三学社长春市委员会与长春市中级人民法院、中国民主同盟长春市委员会及中共长春市委统战部党委联合举办"创新民主监督方式，助力法治长春建设"法律咨询讲座，帮助企业有效预防和控制经营过程中的法律风险；与吉林竭诚评估事务所联合主办评估业务讲座，为近200名大学生进行就业培训与指导；多次带领专业法律界社员深入社区开展法律咨询援助活动。九三学社长春市二道区委员会响应全国范围内扫黑除恶大宣传工作，号召法律界社员与骨干社员，与二道区英俊镇联合开展扫黑除恶宣传及法律服务进乡村活动，真正把法律服务送到乡村，发放宣传品1000余份，解答法律问题16个，受益群众400余人。

为纪念"五一口号"发布70周年，自2018年5月4日开始，九三学社中央青年工作委员会秘书处、九三学社吉林省委青年工作委员会、九三学社长春市直属新区委员会联合在吉林省内高校开展"法律援助进校园活动"，组织多名九三学社优秀青年律师围绕与师生日常生活密切相关的案例进行专业、系统的讲解，旨在在校园中掀起学习法律的热潮，使得更多的在校大学生意识到知法学法的重要性，号召青年学生认真学习法律，用法律武器保护自身的合法权益，同时做法制宣传的志愿者，在日常的生活中能够向身边的人讲法、说法，为法律的普及作贡献。

2021年6月24日，九三学社长春市委员会在长春市民主党派大楼一楼多功能厅召开题为《〈民法典〉与日常生活》的法律讲座。吉林谆泽律师事务所主任、民商法方面的专家王刚律师讲解了社员们比较关心的婚姻、遗产继承等方面的法律问题,并现场解答了社员们提出的问题。60名社员参加了讲座。

## 第八节　招商引资

招商引资一直是中共长春市委、长春市政府的重点工作，九三学社吉林省委员会、中共长春市委统战部每年年初都进行部署和动员。九三学社长春市委员会对招商引资工作非常重视，把招商引资作为发挥社员科技和联系广泛的优势，促进长春市经济发展的重要途径之一，并注意将其与参政议政工作紧密结合，与机关各项活动紧密结合，拓展了招商引资工作的空间和领域，取得了显著成果。据不完全统计，2001—2007年，九三学社长春市委员会共引进资金项目40多项，其中一个项目引进资金近1亿元，包括外资3000万美元，传播信息60余条。2008年，九三学社长春市委员会加大了招商引资的工作力度，共引进3个项目：一是鄂温克发电厂超临界空气机组新建工程勘测设计项目，金额为6265万元；二是辽宁红沿河核电厂一期工程项目，金额为4150万元；三是作为2008年招商引资工作的重点，由九三学社长春市委员会和中共长春市委统战部共同联系引进第七届"农博会"的签约项目，温州德顺食品有限公司在高新开发区投资1.5亿元。2009年，为深入贯彻中共长春市委十一届五中全会精神，以"第七届中国国际农产品交易会暨第八届中国长春国际农业·食品博览会"工作为契机，社市委发挥自身人才荟萃、联系广泛的优势，发动广大社员积极开展招商引资工作。由长春市九三学社社员参与的招商引资项目资金合计人民币5.3亿元，其中广东海航集团在净月旅游开发区投资的东北海航置业有限公司生态广场项目达5亿元。2010年，为贯彻中央长春市委、长春市政府"第九届中国长春国际农业·食品博览会"招商引资工作精神，落实中共长春市委统战部招商引资工作任务指标，长春市九三学社社员参与联系的招商引资工作金额达9.2亿元，其中美国大生能源有限公司计划在高新开发区投资的30万吨秸秆柴油项目达8.9亿元。九三学社长春市委员会的招商引资工作，为长春市经济、社会的发展和老工业基地的振兴作出了积极贡献。

# 第九节 建立九三学社长春市委员会"一五三"社员服务体系

九三学社长春市委员会作为九三学社市级组织，一直致力于发挥自身特色，立足长春市实际情况，积极参与社会服务工作。《中华人民共和国国民经济和社会发展第十四个五年规划和2035年远景目标纲要》作出"坚持创新在我国现代化建设全局中的核心地位，把科技自立自强作为国家发展的战略支撑"重要部署，将科技自立自强的重要性提到了历史的新高度，并赋予了民主党派"最大限度凝聚社会共识，为国家建设奉献力量"的关键任务。社市委紧跟时代步伐，坚持以"同心"助"同向"促"同力"，不断拓展社会服务领域，创新工作方式，努力在社会服务工作中提质增效，从而为促进长春市经济社会高质量发展助力。

2022年开始，为进一步促进社员为国家、省、市聚焦科技创新发挥力量，持续发掘有利于国家科技自立自强的科研成果并转化为产业化项目，社市委依托九三学社科技人才荟萃、智力密集的界别优势，着力打造"一五三"社员服务体系，即在"十四五"期间，完成一个中心、五个平台、三个基地的建设和运营，从"政产学研用金介"全过程为社员科技成果转化做好全方位服务。

"一个中心"即依托吉林大学委员会等工科院校基层组织成立一个科技成果吸储转化中心。"五个平台"即围绕中心的运营，打造金融平台、数字平台、转化平台、政务平台、法律平台。金融平台是以银行、证券、保险、基金等行业社员为主，为广大社员及社员企业提供投融资服务的平台；数字平台是以华为吉林省分公司等数字服务企业社员为主，推动企业数字化云平台建设，提供企业数字化转型等服务的平台；转化平台是以企业家委员会为主体，为社员及社员企业解决科技成果转化中如知识产权申报、布局、运营等方面服务的平台；政务平台是以政府机关各部门社员为主导的，提供政策咨询及政企对接服务的平台；法律平台是以法律界社员为主体，为社员和社员企业提供法律服务的平台。"三个基地"就是为确保科技成果的成功转化落地，以长春市高新、经开、净月三大开发区委员会为依托的科技成果承载基地。

社市委起草《九三学社长春市委员会"一五三"社员服务体系建设实施方案》，并在全市社员中开展科技成果转化需求调研，一方面征集社员手中成熟的、尚未转化落地的科技成果，另一方面征集社员在企业转型升级及实际工作中亟待解决的科技困难，通过双向筛选，进一步促成科技成果转化落地。

截至2023年底，"一五三"社员服务体系的整体构建已经初步形成。首批转化项目中，新型可视插管技术已经在社员企业中完成转化，项目注册资金2000万元，已落位长春新区，投产后年产值可达1000万元；干细胞国家一类新药项目已经完成在多种适应证中的临床前药效学及机制研究，为干细胞药物研发、肿瘤治疗及纳米材料的医学应用提供了科学理论研究基础，并获得关于类风湿关节炎、阿尔兹海默症的临床研究批件。

未来，社市委将以打造九三学社科技成果吸储转化中心、科技服务五类平台、科技成果核心承载基地重点任务为抓手，探索集科技成果吸储、科技自主创新、科技成果转化为一体的科创服务体系。全力构建集终身学习、事业发展、生活服务功能于一体的社员服务体系，打造民主党派服务社会经济发展新模式。

# 第十节　抗击新型冠状病毒肺炎疫情

2019年，武汉市暴发新型冠状病毒肺炎疫情，九三学社长春市委员会立即组织基层组织认真学习领会习近平总书记对疫情防控工作的重要指示精神，坚决贯彻落实中共中央、国务院的重大决策和部署，把疫情防控工作作为当时全社最重要、最紧迫的政治任务，迅速行动，全面部署。广大社员积极投身于疫情防控工作，建言献策，捐款捐物，科研攻关，特别是医药卫生界社员不惧艰险、冲锋在前。在此次疫情期间，长春市九三学社共有130名社员参加到防疫战斗中，其中9名社员踊跃投身战疫一线——武汉，121名社员投入到疫情防控工作中，基层组织广大社员响应社市委的号召，通过九三学社王选关怀基金会、长春市红十字会等途径共捐款176809元，九三学社长春市二道区委员会社员沈娟联合长春迪瑞制药有限公司捐赠了价值138万元的药品，各基层组织累计捐赠物资27万元；奋战在武汉抗疫一线的冷向阳主委向吉林省人大及时提交了《关于中医药防控治疗新冠肺炎方案的建议》，推进了中医药全过程、全方位介入疫情防控。在严峻危险的疫情面前，长春市九三学社广大社员毫不退缩和畏惧，用实际行动诠释了爱国、民主、科学精神，为全面打赢新冠肺炎疫情防控人民战争、总体战、阻击战作出了重要贡献。

2020年4月14日，九三学社长春市委员会为弘扬在艰难时刻挺身而出、担当作为的浩然正气，传承不忘初心、同舟共济、共克时艰的爱国、民主、科学精神，决定对在新冠肺炎疫情防控工作中涌现出的先进集体和先进个人进行表彰。

## 新冠肺炎疫情防控工作先进集体

（共7个，排名不分先后）

九三学社吉林大学委员会

九三学社长春中医药大学委员会

九三学社长春市中心医院委员会

九三学社长春市儿童医院支社

九三学社长春市中医院支社

九三学社长春市卫生联合支社

九三学社长春市宽城区委员会

## 新冠肺炎疫情防控"抗疫先锋"

（共9人，排名不分先后）

九三学社长春中医药大学委员会（2人）

冷向阳、吴秋成

九三学社吉林大学委员会（3人）

李洋、马丕勇、韩方雷

九三学社长春市中心医院委员会（2人）

刘艳华、王颜

九三学社长春市中医院支社（1人）

王丽娜

九三学社长春市宽城区委员会（1人）

李晓光

## 新冠肺炎疫情防控工作先进个人

（共121人，排名不分先后）

九三学社吉林大学委员会（6人）

孟繁峥、谭诚、郑雪冰、易磊、张书瑞、方华

九三学社东北师范大学委员会（1人）

褚丽东

九三学社长春中医药大学委员会（4人）

包扬、陈曦、蒋锴、南红梅

九三学社一汽集团委员会（4人）

刘聪、王云成、吕雁、唐文娟

九三学社长春市中心医院委员会（7人）

梁红、闫晓冬、李唐、张晓琳、裴智梅、李欣华、贺永斌

九三学社长春市朝阳区委员会（6人）

李小霞、李巍巍、赵红、曲艺平、张金亮、王洋

九三学社长春市南关区委员会（12人）

李忻泽、陈宇光、苏秀文、李雅书、刘杰、殷国光、袁伟杰、郭秀艳、王革、刘怀志、赵忠良、于瀚

九三学社长春市二道区委员会（2人）

吴学军、罗健熠

九三学社长春市宽城区委员会（4人）

刘宝珍、唐丰、张鸣雁、许峰

九三学社长春市绿园区委员会（6人）

马卉、于杰、安璀颖、崔红梅、李莉、邵伟

九三学社长春市双阳区委员会（5人）

杨子文、于兴业、李威、闫福军、袁洪雨

九三学社长春市直属榆树市委员会（12人）

张普一、汪曼玲、张信、刘立君、赵淑媛、安继梅、赵亚清、王立微、任光平、张丛峰、张彦东、刘永顺

九三学社长春市第二医院支社（1人）

赵卫东

九三学社长春市卫生联合支社（18人）

李晨光、吴波、隋天卓、刘玉兰、赵玉洁、刘晓杰、乔红、孙慧、胡煜、李迎丽、裘学辉、李猛、王琦、翟前前、赵虹、杜欣、王金艳、任凯

九三学社长春市儿童医院支社（30人）

吴秀丽、赵芳兴、金铎、邢丽辉、朴春姬、高淑清、朱黛、杜柏秋、景占

英、吕志坤、王玥、荆华、郑秀玲、王长青、王丽雪、程惠丽、杨文彬、宋佳杰、鲍美英、王唯、柳明哲、杨林、马英伟、张莉、包晓锐、李彩凤、吴依阳、高博、胡毓芬、鞠玉蕊

九三学社长春市九台区支社（3人）

李笑楠、李畅、马春光

2020年5月6日，九三学社吉林省委青年工作委员会联合九三学社长春市直属新区委员会在中共中央党校举办"克服疫情影响，确保如期打赢脱贫攻坚战"专题讲座。因疫情原因，讲座以网络在线授课方式进行。讲座在中共中央党校经济学教研部举行，邀请到中共中央党校经济学教研部副主任、教授、博士生导师曹立作讲座。讲座回顾了改革开放特别是党的十八大以来我国脱贫攻坚工作的进展和取得的决定性成就；回答了如何克服疫情影响，精准扶贫、决战脱贫的可行路径；阐释了当前脱贫攻坚面临的主要任务、打赢脱贫攻坚战的对策举措以及对中国和世界所具有的重大意义；展示了完成脱贫攻坚目标后我们所面临的新挑战和美好前景。该讲座在广大社员中引发强烈反响。社员们纷纷表示，讲座兼具理论性、科学性、前瞻性、指导性，极大地拓宽了青年社员的视野和工作思路。九三学社吉林省委常委、九三学社吉林省委青年工作委员会主委、九三学社长春市直属新区委员会主委石浩男主持讲座。

2022年3—5月，吉林省长春市暴发严重的新冠肺炎疫情，在全市进入封城管控状态的情况下，九三学社长春市委员会按照中共吉林省委、中共长春市委的指示精神，认真配合防疫工作安排部署，组织带领全体机关干部及全市社员做好疫情防控各项工作，共同守好筑牢疫情防线。社市委发出了《九三学社长春市委员会疫情防控倡议书》，要求全市社员深刻认识做好疫情防控工作的重要性和紧迫性。根据中共长春市委统战部的要求，社市委协调组建统战系统疫情防控专家组，并积极为统战系统志愿者从九三学社沈阳市委员会、九三学社长春市绿园区委员会筹措800套医用防护服、600双鞋套、6000只医用口罩、2000副医用手套、200个医用防护面罩等防护用品。

九三学社长春市委员会领导、基层组织广大社员和机关干部直接参加抗疫战斗。主任委员冷向阳身先士卒，率领长春中医药大学附属医院医疗队奔赴

疫情严重的九台区，接管九台区中医院开展新冠肺炎患者的救治工作。3月14日，又回援长春，与吉林大学中日联谊医院共同接管长春市定点医院之一的通源医院。专职副主委李铭加入援长医疗队服务保障专班，组建信息联络组，制定信息联络组工作流程图和突发事件流程图，确保了工作有效开展。信息联络组有人员23名，其中8名是九三学社长春市委员会机关干部，负责9省市及解放军56支队伍、3870人的信息、沟通、协调工作。累计工作50天，有效沟通6500次；协调大宗物资484批、522项、141.7万件，确保援长医疗队在长期间工作顺利高效开展。235名社员参与新冠肺炎患者的救治，25名进入方舱医院。全市各基层组织共有168名社员主动报名成为疫情防控工作志愿者。社市委先后有8名机关干部下沉社区一线，4名同志维持机关运转，通过社市委微信公众号刊登社员及各基层组织积极参与疫情防控工作文章53篇。

防疫期间，社员积极捐助，建言献策，奉献爱心。社市委副主委田元生发起"家乡，我用一个月工资回报你"的捐款倡议，与企业员工共同筹集善款近18万元。九三学社长春市绿园区委员会、九三学社长春市宽城区委员会等基层组织通过捐款捐物的形式为抗击疫情贡献力量，截至4月末，通过各种渠道捐款捐物近160万元。同时，广大社员围绕疫情防控的重点、难点问题和受疫情影响较大的社会民生热点问题建言献策，共提交提案、社情民意17篇。特别是奋战在抗疫一线的冷向阳主委作为医疗队队长，在紧张繁重的医疗救治中始终没有忘记民主党派成员担负的责任和使命，在防疫期间先后向有关部门递交了《关于新型冠状病毒肺炎患者治愈后集中康复治疗的建议》，得到及时采纳；同时协助吉林省中医药管理局推出了《公众自行预防新型冠状病毒肺炎的建议》《预防新型冠状病毒肺炎中药代茶饮的建议》；积极协调防疫方"除湿防疫散"获得医疗机构制剂备案，促使代茶饮在防治疫情的关键时期起到了显著的预防作用。

九三学社长春市各基层组织和广大社员在新冠肺炎疫情防控阻击战斗中，上下同心、全力以赴，不忘初心，以坚强、无畏、担当的精神展现了九三学社作为新时代中国特色社会主义参政党的风采。为进一步发扬抗疫精神，传播正能量，激励全市广大社员矢志不渝跟党走、携手奋进新时代，高标履职、担当作为，经九三学社长春市委员会研究决定，对2022年度抗击新冠肺炎疫情工作先进集体和抗疫先锋进行表彰。

## 2022年度抗击新冠肺炎疫情工作"先进集体"

（共37个基层组织，其中22个委员会、15个支社）

九三学社吉林大学委员会

九三学社东北师范大学委员会

九三学社吉林农业大学委员会

九三学社长春中医药大学委员会

九三学社吉林财经大学委员会

九三学社长春理工大学委员会

九三学社长春市中心医院委员会

九三学社中国第一汽车集团有限公司委员会

九三学社长春市直属第二委员会

九三学社长春市直属第三委员会

九三学社长春市直属第四委员会

九三学社长春市直属第五委员会

九三学社长春市南关区委员会

九三学社长春市朝阳区委员会

九三学社长春市二道区委员会

九三学社长春市绿园区委员会

九三学社长春市宽城区委员会

九三学社长春市双阳区委员会

九三学社长春市净月高新技术产业开发区委员会

九三学社长春新区委员会

九三学社长春经济技术开发区委员会

九三学社长春市直属榆树市委员会

九三学社长春大学支社

九三学社吉林建筑大学支社

九三学社吉林工商学院支社

九三学社吉林动画学院支社

九三学社长春工程学院支社

九三学社长春师范大学支社
九三学社长春市妇产医院支社
九三学社长春市儿童医院支社
九三学社长春市卫生健康委员会联合支社
九三学社长春市第二医院支社
九三学社长春市中医院支社
九三学社吉林中医药肝胆医院支社
九三学社长春市九台区支社
九三学社东北电力设计院支社
九三学社吉林省农业机械研究院支社

## 2022年度抗疫工作"抗疫先锋"

（共计87人）

（排名顺序不分先后）

九三学社吉林大学委员会（14人）

郑雪冰、王剑锋、关英慧、韩方雷、贾赞慧、李沫、李容杭、易磊、于姗姗、张春鹏、张书瑞、钟英杰、马丕勇、徐松柏

九三学社长春中医药大学委员会（7人）

陈曦、蒋锴、南红梅、王威、王影、王明希、吴秋成

九三学社长春市中心医院委员会（4人）

娄冬梅、吕赫、张伟、张晓琳

九三学社中国第一汽车集团有限公司委员会（1人）

吕雁

九三学社长春市直属第二委员会（1人）

王春艳

九三学社长春市直属第三委员会（1人）

田元生

九三学社长春市直属第四委员会（3人）

韩冰、韩景源、王海生

九三学社长春市直属第五委员会（1人）

王瀚征

九三学社长春市朝阳区委员会（6人）

李小霞、金国峰、王甫国、王耀彬、于忠平、李思洋

九三学社长春市二道区委员会（3人）

杨立民、张键、刘丽莉

九三学社长春市绿园区委员会（3人）

安瑾颖、于杰、周瑞雪

九三学社长春市宽城区委员会（20人）

刘晓娟、刘宝珍、唐丰、张鸣雁、许峰、李晓光、黄克禹、徐林鑫、董速、孙喜波、周海燕、刘迪宇、张艳秋、刘彤、王明波、王一然、任长超、孙

明光、单翼龙、赵双权

  九三学社长春市双阳区委员会（4人）

  李威、李大成、袁洪雨、张君

  九三学社长春经济技术开发区委员会（1人）

  贾馨鑫

  九三学社长春市直属榆树市委员会（2人）

  王传芳、张普一

  九三学社长春市中医院支社（4人）

  李佳明、王美晶、张喜峰、赵鹏

  九三学社长春市妇产医院支社（1人）

  于泽占

  九三学社长春市卫生健康委员会联合支社（3人）

  李猛、翟前前、王琦

  九三学社长春市第二医院支社（2人）

  李莉、李英杰

  九三学社长春市九台区支社（6人）

  单莹莹、马春光、李笑楠、李畅、崔烨、沈洪刚

第六章

大事记

## 1952 年

1952 年春，九三学社在长春建立了直属小组。小组成员共 3 人，分别是吴学周、刘恩兰、杨振声，组长为吴学周。

9 月 11—20 日，吴学周以九三学社总社直接邀请代表身份、刘恩兰以总社直属长春小组代表身份出席九三学社第二次全国工作会议。

10 月 21 日，九三学社中央给长春直属小组来函，决定成立九三学社长春分社筹备委员会（下称"筹委会"）。

11 月 27 日，筹委会召开座谈会，研究制订筹备工作计划，确定办公地点，向九三学社中央提议增补业治铮为筹委会委员。之后，九三学社中央给长春分社筹委会发来函电，同意增补业治铮为筹委会委员。

## 1953 年

2 月 8 日，九三学社长春分社筹委会召开座谈会，宣告九三学社长春分社筹委会正式成立。

3 月 9 日，长春市各界举行追悼斯大林大会，吴学周代表长春分社筹委会及全体社员在大会上致悼词。

## 1954 年

6 月 20 日，九三学社长春分社召开第一次社员大会。

12 月 10 日，分社召开委员会议。吴学周主委传达社中央关于组织社员学习过渡时期总路线的指示。

1955 年

7月17日，分社召开委员（扩大）会议，讨论通过了分社成立一年多来的工作总结，制订下半年工作计划，并听取了各小组组长关于社员参加"粉碎胡风反革命集团斗争"表现的情况汇报。

1956 年

2月9—16日，九三学社第一次全国代表大会在北京召开。吴学周、陈光明、吴立民、业治铮4人参加了此次会议。

9月23日，九三学社长春分社召开第二次社员大会。

1957 年

6—11月，为协助各级党委开展反右派斗争，分社和各支社、小组共召开大小会议40余次。

6月8日，分社整风工作委员会成立。

6月30日，分社在吉林省政协礼堂召开整风动员大会，吴学周主委作了动员报告。

7月1日，九三学社吉林省工作委员会成立。

12月，分社社内一般整风开始。

1958 年

3月5日，分社委员会与整风委员会共同制定《社会主义竞赛大跃进纲要》。

3月16日，分社整风委员会召开扩大会议，吴学周主委在会上作了"向党交心"的发言。

3月23日，吉林省和长春市各民主党派在长春市体育馆举行"社会主义改造"促进大会。

4月11日，分社整风委员会召开扩大会议，讨论通过了《对全体社员深入开展向党交心的决定》。

4月20日，分社召开"向党交心"大会。

10月26日，分社召开第三次社员大会。

11月7日，分社总结社员向党交心及《红专规划》制定情况。

### 1959年

6月6日，分社召开委员（扩大）会议，要求各基层组织用50天（6月10日—7月30日）时间加强组织活动，深入开展工作，总结先进经验，迎接社中央召开的全国工作经验交流会。

### 1960年

3月20日，九三学社东北地区分社秘书长汇报会在长春召开。肖蔚秘书长参加了会议。

4月29日，分社发表《声援南朝鲜人民反对美李集团正义斗争的声明》。

5月8日，分社委员会召开扩大会议，研究上海分社向全国九三学社11个分社提出的"大鼓干劲，大战五、六两月，迎接四个党派召开的中央会议"的竞赛倡议。分社决定响应这一倡议。

10月28日—1961年1月，为贯彻九三学社五届三中全会精神，调动社员的政治积极性，更好地为社会主义服务，分社以委员会（扩大）会议的形式，召开了历时3个月的"神仙会"。

### 1961年

7月8日，分社召开第四次社员大会。

7月30日，分社召开工作会议，着重讨论了民主党派的性质和作用，同时总结了"神仙会"以来社员的思想问题。

### 1962年

2月17日，分社召开常委会议，传达在沈阳召开的东北三省六市九三学社社务工作会议精神。

### 1963年
7月31日—8月2日，分社召开第五次社员大会。

9月16—28日，九三学社东北地区工作会议在长春召开。长春分社主要领导和部分委员参加了会议。

### 1964年
1月28日—2月7日，分社召开五届十次委员（扩大）会议。会议提出要进一步开展"三个主义"（爱国主义、国际主义、社会主义）教育；学习了"双十条"（《中共中央关于目前农村工作中若干问题的决定（草案）》和《中共中央关于农村社会主义教育运动中一些具体政策的规定》）；传达了九三学社东北三省工作会议精神。

### 1965年
2月18—21日，分社召开五届二十一次委员（扩大）会议，传达周恩来总理在第三届全国人民代表大会上所作的《政府工作报告》。

10月29日，分社召开委员（扩大）会议，学习座谈《人民战争胜利万岁》等文章。

### 1966年
1月8日，分社召开学习毛主席著作座谈会。会议要求社员学习毛主席著作，"要带着问题学，活学活用"。

6月1—2日，分社召开五届三十二次委员会议，讨论各级组织及社员如何参加"文化大革命"的问题。

8月11日，分社召开部分社员座谈会，学习《中国共产党中央委员会关于无产阶级文化大革命的决定》（又称"十六条"）。

10月，分社机关被长春市政协和市委统战部造反派组织查封，分社各级组织从此停止活动。

### 1978 年

2月25日，根据中发〔1977〕41号文件精神，分社建立了以吴学周为主委的临时领导小组，开始恢复组织活动。

12月，分社领导小组推举18名社员为政协长春市第五届委员会人选。

12月30日，分社召开迎新年茶话会，学习中共十一届三中全会公报，对会议提出的"把党的工作重点转移到社会主义现代化建设"的战略决策表示衷心拥护。

### 1979 年

3月31日，分社领导做出关于撤销错划"右派"社员社内处分的决定。

9月12日，分社领导小组召开会议，研究决定创办不定期机关刊物《长春社讯》。

### 1980 年

1月6—9日，分社召开第六次社员大会。

8月15—16日，分社在长春宾馆召开社员为四化服务经验交流会。

9月，分社与吉林省、长春市环保局及东北师范大学环保所共同创办了"吉林省环保科技大学"。

10月25日，分社召开为城市建设献计献策会。

11月18日，分社在长春市人大会议厅召开六届四次委员会议，愤怒声讨林彪、江青反革命集团的滔天罪行。

### 1981 年

3月15—18日，分社在长春市人大常委会议室召开全体社员大会，会议内容有：传达社中央召开的社员为四化服务经验交流会精神；学习中共中央〔1981〕1号、2号、7号、9号文件；学习胡耀邦、乌兰夫、刘澜涛、平杰三、姚依林等中央领导同志的讲话。

8月11日，分社召开六届十次委员（扩大）会议，副秘书长朱廷相传达了社中央宣传工作座谈会精神，下午举行社员学习中共十一届六中全会文件汇报会。

10月6日，分社召开座谈会，学习叶剑英委员长向新华社记者发表的关于台湾回归祖国、实现和平统一的讲话。

### 1982年

1月6日，分社召开基层工作经验交流会。

3月12—13日，分社在长春宾馆召开全体社员大会，表彰奖励45名在四化建设和社务工作中做出显著成绩的社员。

4月7日，分社召开六届十六次委员（扩大）会议，学习中共中央〔1982〕12号文件及胡耀邦同志在全国统战工作会议上的讲话。

9月中旬，肖蔚、卢士谦等10名分社领导向长春市儿童少年福利基金会每人捐款100元。

11月26日，分社召开座谈会，邀请长春市各区党委统战部部长、工业处处长就进一步开展科技咨询服务问题进行座谈。

12月8日，分社举行蒋筑英事迹报告会，长春光机研究所支社社员韩秀英介绍了蒋筑英的事迹。

12月11日，全国人大代表、政协第五届全国委员会委员、政协吉林省第二届委员会常委、九三学社社员、吉林大学教授、吉林大学化学系生物化学教研室主任陶慰孙逝世。家属遵照其遗嘱，将其多年积攒的1万元钱捐赠给学校，作为"陶慰孙奖学基金"。

### 1983年

4月9日，分社召开"明确方向，提高认识，积极开展科技咨询服务研讨会"。

6月27日，分社副主委、吉林大学化学系教授关实之向学校捐赠人民币1.4万元，以充实"陶慰孙奖学基金"（陶慰孙是关实之的夫人）。

8月，13个基层组织响应分社号召，向长春市儿童少年福利基金会捐献人民币1095元。

9月2—8日，九三学社全国工作会议在哈尔滨召开，分社副主委兼秘书长肖蔚参加了会议。

9月8—9日，中共长春市委统战部、长春市政协、长春市民委联合召开"民主党派、工商联支援边疆少数民族地区四化建设挂钩会"，分社副主委兼秘书长肖蔚与科教处处长李景惠参加了会议。

10月31日，中国共产党党员、第六届全国人大代表、中国科学院物理化学部委员、九三学社长春分社主任委员、吉林省科学技术学会主席、长春应用化学研究所名誉所长、著名物理化学家吴学周病逝。吴学周同志追悼会于11月4日上午在吉林省宾馆举行。

11月4日，已故吴学周的3个子女——吴雅南、吴景阳、吴宜男遵照吴学周生前教诲，将其3万元存款捐献给长春应用化学研究所。应化所领导考虑到其家属生活实际情况，决定只留1万元，其余退回。

**1984年**

2月27—29日，九三学社吉林省筹备委员会在长春市南湖宾馆举行会议，从此，九三学社吉林省和长春市两级地方组织正式分开。

3月15—17日，分社第七次社员大会在长春市新华宾馆召开。

3月19日，根据九三学社中央指示，"九三学社长春分社"正式更名为"九三学社长春市委员会"。

6月14—17日，"吉林省第二次各民主党派、工商联智力支边，咨询服务经验交流会和挂钩会"在长春召开。社市委在会上承担9项挂钩任务。

7月17日，九三学社第七届中央委员会顾问、政协吉林省第六届委员会常委、吉林大学历史系教授于省吾逝世。

7月27日—8月2日，社市委派出由6人组成的医务界智力支边小组赴内蒙古自治区哲里木盟进行讲学。

8月10日，"九三学社长春市委员会科技咨询服务中心"正式成立。

8月13—18日，社市委在吉林省公主岭市吉林省农业科学院宾馆举办干部培训班。

## 1985年

1月16日，社市委召开七届七次委员会议，研究通过了《九三学社长春市委员会科技咨询服务中心章程（试行草案）及〈长春社讯〉改版计划》；决定将《长春社讯》改刊为《创新》。

4月8日，社市委成立妇女委员会。

8月15—17日，社市委在九台县土门岭镇召开首次统战理论讨论会。

9月5—7日，社市委派出抗洪救灾医疗服务团赴九台县饮马河乡为群众防病治病。

10月2—6日，全国各民主党派、工商联为四化服务先进集体和先进个人代表表彰大会在北京举行。九三学社长春市城建环保局系统支社主委王世让参加大会，并在会上作了经验介绍，其所在支社被评为先进集体。

## 1986年

6月2—3日，社市委在吉林农业大学召开首届思想政治工作会议。

6月21—25日，九三学社东北三省社务工作会议在黑龙江省牡丹江市召开。社市委王允孚、王维兴、于荣筠、周开金、王松心、李凤岐参加会议。

7月16日，社市委召开七届十七次委员（扩大）会议，批准了妇女委员会关于增补新委员的建议，决定成立对外联络工作委员会。

11月7—8日，社市委在机关会议室召开第二次统战理论讨论会。

## 1987年

1月14日，社市委邀请高教界部分社员座谈反对资产阶级自由化问题。

4月19日，政协吉林省第四届委员会委员、九三学社长春分社创建时期老社员、吉林大学中文系教授赵西陆逝世。

6月22—27日，九三学社东北三省社务工作经验交流会在吉林市召开，李振泉、王维兴、于荣筠、吴建新、王松心参加会议。

9月7—9日，社市委在公主岭市吉林省农科院礼堂举办基层组织骨干培训班。

12月12—13日，九三学社长春市第八次社员代表大会在长春市清华宾馆召开。

### 1988年

2月24日，社市委邀请汽车、电子、农业等系统有关社员召开"科技立市"座谈会。

5月17日，社市委召开科技咨询服务部董事会成立大会。

10月19日，社市委在机关会议室召开第三次统战理论讨论会。

### 1989年

2月1日，社市委在白求恩医科大学二院召开全体社员大会，李振泉副主委在会上传达了九三学社第五次全国代表大会精神。1988年度在社务工作中取得突出成绩的12个基层单位和51名社务活动积极分子在会上受到了表彰。

4月28日，社市委召集10所高校支社负责人学习4月26日《人民日报》社论精神。

5月29—30日，社市委举办新社员培训班。

7月1日，社市委召开八届三次全委（扩大）会议，学习中共十三届四中全会精神。

8月22—26日，九三学社东北三省社务工作研讨会在辽宁省兴城市举行。社市委副主委王维兴率1名机关干部和3名基层组织负责人参加会议。

### 1990年

3月1日，社市委召开八届十三次全委会议，讨论通过了《九三学社长春市委关于学习贯彻〈中共中央关于坚持和完善中国共产党领导的多党合作和政治协商制度的意见〉的规划》。

5月8—9日、5月29—30日、7月17—18日，社市委先后举办3期学习《中共中央关于坚持和完善中国共产党领导的多党合作和政治协商制度的意见》学习班，来自19个基层组织共145名社员参加了培训。

12月13日，社市委召开第四次统战理论讨论会。会议共收到论文16篇，会上交流14篇。

## 1991年

1月8日，社市委召开参政议政工作会议。社市委主要领导和社员中各级人大代表、政协委员以及各基层组织负责人共57人参加会议。

4月18日，社市委召开组宣工作会议。

8月22日，社市委组织部分医药卫生界社员去双阳县，为遭受水灾地区人民防病治病。

11月16日，社市委领导与长春市科技委员会领导共同召开"对口协商座谈会"。

## 1992年

3月12—14日，九三学社长春市第九次代表大会在长春市南湖宾馆召开。

7月25日，社市委召开九届三次全委（扩大）会议。会议中心议题是传达学习中共长春市委七届十次常委（扩大）会议精神。会议通过了《九三学社长春市委员会关于学习贯彻〈中共长春市委长春市人民政府关于深化改革　扩大开放　促进经济更快更好地上新台阶的决定〉的决议》。

9月3日，社市委组织全体社员观看电影并举办书画、摄影展览活动。

12月5日，在吉林工业大学首届学生科技节上设立了以四个人姓的第一个字母命名的HYYC科技奖学金。九三学社吉林工业大学支社副主委何树治教授是该奖学金组成人员的第一人。

## 1993年

1月8日，社市委在机关会议室召开了各专门委员会工作会议。主委李振泉、副主委王维兴、驻会副主委吴智泉、副秘书长刘永吉、各专门委员会正副主任共10人参加了会议。会议主要内容：1.李振泉主委传达了九三学社第六次全国代表大会精神。2.座谈讨论如何提高专门委员会的工作质量等问题。

1月13日，社市委在机关会议室召开全委（扩大）会议，主委李振泉、驻会副主委吴智泉、副主委王维兴及基层组织负责人共24人参加会议。会议内容：1.李振泉传达九三学社第六次全国代表大会精神；2.吴智泉做1992年工作总结；3.通报1992年行政经费情况；4.讨论1993年社市委工作要点；5.讨论关于专门委员会工作；6.1992年度先进支社、先进个人评选情况；7.会议确定增设九三学社长春市委员会离退休委员会。

1月14日，社市委在机关会议室召开基层组织工作经验交流会，来自各基层组织的主要负责人共22人参加会议。主委李振泉，驻会副主委吴智泉，副主委王维兴，副秘书长刘永吉、王在，组织处处长马丽珍，宣传处孙新春出席了会议。会上，李振泉、吴智泉作了指导性发言，各基层支社有13位负责人发言。

1月18日，社市委在机关会议室召开迎新春座谈会，邀请各基层中共党委统战部负责人，13名基层组织负责人参加会议。社市委主委李振泉、驻会副主委吴智泉及机关全体同志参加了会议。与会人员座谈交流，促进了各项工作的开展。

2月4日，社市委祖国统一与海外联谊委员会召开会议。出席会议的有社市委驻会副主委吴智泉、祖统委主任秦维谦，特邀成员宓超群，社市委宣传处处长李凤岐列席会议。会议内容共两项：1.初步确定委员会全年活动计划；2.对省市有关部门的海外联谊工作提出建议。

2月20日，社市委妇女工作委员会在机关会议室召开会议。妇女工作委员会副主任李秀兰、张美荣，委员王琨等共6位参加了会议。会议内容共两项：1.讨论如何过一个有意义的"三八节"；2.初步研究确定了妇女工作委员会的全年活动计划。

2月26日，社市委举办新社员培训班，30名新社员参加了培训。社市委领导及机关全体同志出席会议。会议主要内容：1.王维兴副主委解读社章；2.吴智泉驻会副主委传达九三学社第六次全国代表大会精神；3.李振泉主委讲述社史。

3月6日，社市委妇女工作委员会在机关会议室召开女社员茶话会，纪念"三八"国际妇女节83周年。71位女社员参加了活动，驻会副主委吴智泉到会并讲话。

3月23日，社市委在白求恩医科大学二院召开1992年度总结表彰大会，表彰在"创先争优活动"中涌现出来的先进集体和优秀社员，会议分别为10个先进集体、5个参政议政先进集体颁发奖状，并为73名优秀社员颁发了荣誉证书和纪念品。

3月31日，社市委在机关会议室召开社内人大代表和政协委员座谈会，就长春市经济建设、农业问题和教育问题进行讨论，并对社市委今后的工作提出意见和建议。主委李振泉、驻会副主委吴智泉、副秘书长刘永吉及12位代表参加会议。

6月29日，社市委社科文教委员会在机关会议室召开会议，就参政议政10个议题进行讨论，社科文教委员会副主任韦澍一等7位委员参加了会议。驻会副主委吴智泉到会并作了讲话。

7月6日，社市委经济科技委员会在机关会议室召开参政议政工作会议。驻会副主委吴智泉、经济科技委员会主任贾易荣等6位委员参加会议。

7月18日，社市委妇女工作委员会在机关会议室组织女社员开展活动，妇女工作委员会主任、副主任及委员共30余人参加了活动，会上传达了长春市第十一届妇女代表大会的精神，讲授了"美容"、健美课程，并向与会社员介绍了妇女工作委员会下一步的活动安排。

8月3日，社市委妇女工作委员会在8月初连续3个下午在重庆路29号医疗专家咨询门诊部为女社员做了妇科体检，由妇女工作委员会主任、长春市医院专家于荣筠负责义诊。共有27位女社员做了身体检查。

8月28日，社市委在长春宾馆召开大会，庆祝九三学社成立48周年。中共长春市委副书记邢志，社省委、中共长春市委统战部、长春市各民主党派等单位负责人应邀出席大会。社市委主委李振泉作了讲话，中共长春市委副书记邢志在会上致辞。

9月1日，社市委离退休委员会在长春市南湖公园举行游园活动，庆祝老年节。社市委主委李振泉、驻会副主委吴智泉及机关全体工作人员参加了活动。

12月6日，社市委在机关会议室召开社内政协委员座谈会，就如何进一步开展参政议政工作进行讨论。与会的17位社员作了发言，他们就教育、人才开发、经济建设、股份制等问题开展讨论。主委李振泉、驻会副主委吴智泉出席会议。

12月24日，社市委召开九届九次全委（扩大）会议。会议主要内容：

1.李振泉主委传达1993年中共中央统战工作会议精神；2.吴智泉驻会副主委汇报1993年社市委行政经费和全年活动经费的收支情况；3.讨论1993年度工作总结和1994年的工作要点。

**1994年**

1月5日，社市委祖国统一与海外联谊委员会在机关会议室召开会议，研究讨论1994年工作计划。

2月1日，社市委妇女工作委员会在机关会议室召开会议，会议由妇女工作委员会主任于荣筠主持。会议总结了1993年度的妇女工作，研究确定1994年工作安排。

3月4日，社市委妇女工作委员会在机关会议室开展活动，庆祝"三八"国际妇女节84周年。会议由妇女工作委员会副主任张美荣主持，会上总结了1993年妇女工作委员会的工作，于荣筠主任就1994年工作安排向与会者征求意见。

3月10—14日，受国家建设部委托，社市委科技咨询服务部在长春金盾宾馆承办首期双钢筋技术培训班，来自黑龙江、吉林、辽宁、四川的22名学员参加了学习。

3月16日，社市委在机关会议室召开宣传工作会议，26个基层组织负责人参加了会议，驻会副主委吴智泉出席会议，机关同志参加会议。宣传处处长李凤岐主持会议。会议内容：1.布置学习《邓小平文选》第三卷及《九三学社章程》百题竞赛复习资料，定于8月上旬举行一次闭卷考试。2.研究宣传报道工作，确定第一、二季度《创新》刊载内容。

4月4—7日，为贯彻九三学社中央《关于认真学习贯彻〈邓小平文选〉第三卷的通知》精神，社市委同长春市社会主义学院联合举办了学习班，来自22个基层组织的负责人和社员骨干共30人参加了会议。社市委主委李振泉、驻会副主委吴智泉及机关部分同志出席会议。

4月26日，社市委在机关会议室召开各专门委员会主任、副主任会议。主委李振泉、驻会副主委吴智泉、副主委王维兴出席会议。会议根据各专门委员会的实际情况和工作安排，经九三学社长春市委员会第十次常委会研究决定对

5个委员会的主任、副主任进行了部分调整和增补，并确定社市委6名机关工作人员作为专门委员会日常工作人员，协助各委员会处理各项任务。

4月27日，根据社中央宣传部《关于开展思想调研工作和总结宣传工作经验的通知》的精神，为配合社省委做好此项工作，社市委召开文教界社员座谈会，讨论在文教体制改革过程中的想法和建议。

5月10日，社市委经济科技委员会在机关会议室召开工作会议，驻会副主委吴智泉出席了会议。会议讨论拟定了本年度参政议政题目。

5月12日，社市委召开医药卫生界社员座谈会，讨论对医疗卫生体制改革及医风建设的意见和建议。

5月14日，社市委离退休委员会在机关会议室召开委员会议，研究委员会一年的工作计划和工作安排，进一步明确委员分工并制定委员会例会制度。

5月21日，社市委社科文教委员会在机关会议室召开委员座谈会，研究制订工作计划和活动安排。

6月8日，社市委离退休委员会为丰富社员离退休生活、提高社员的健康水平，在机关会议室召开营养与健康长寿咨询报告会，共30多位社员参加。

6月14日，社市委召开科教工作会议，发起成立"长春双钢技术开发促进会"，驻会副主委吴智泉在会上作了讲话。

6月16日，社市委在机关会议室召开九届七次全委（扩大）会议，主委李振泉、驻会副主委吴智泉、副主委王维兴出席会议，32名社市委委员及基层组织负责人参加会议。会上，驻会副主委吴智泉总结了1994年上半年工作，主委李振泉传达了全国统战会议精神，讨论参政议政议题。

6月20日，在长春市第二次民族团结进步表彰大会上，社市委被评为民族团结进步先进集体。

7月21日，社市委离退休委员会组织社员在吉林省政协礼堂召开报告会，九三学社社员、东北师范大学副教授韦澍一在会上作了关于代差问题的专题报告。

8月27日，社市委举办"学习《邓小平文选》（第三卷）、《九三学社章程》百题竞赛活动"，10个基层组织的社员参加了比赛。

9月2日，社市委在吉林大学礼堂鸣放宫举行庆祝九三学社成立49周年纪念大会。社市委主委李振泉，驻会副主委吴智泉，副主委王维兴、闫则新及150多名社员参加了会议。大会由驻会副主委吴智泉主持。主委李振泉代表社市委作了讲话。大会放映了由中共中央统战部和中央电视台联合录制的7集专题片《肝胆千秋——中国特色的政党制度》的前3集。参会社员全面了解了中国民主党派的概况和重要人物。

9月10日，社市委社科文教委员会为庆祝教师节，组织部分高校教师社员参观东北师范大学。

9月15日，社市委在机关会议室举办新社员培训班。

9月19日，社市委离退休委员会、祖国统一和海外联谊委员会在长春动植物公园联合举行金秋游园会。社员及机关同志近100人参加活动。

10月19日，社市委宣传处和社科文教委员会联合召开会议，学习、座谈讨论《爱国主义教育实施纲要》。17个基层组织负责人参加会议。

11月24日，为迎接长春市第四次妇女代表大会，社市委妇女工作委员会召开女社员会议，学习《九十年代中国儿童发展规划纲要》并研究今后工作规划。

### 1995年

1月5—7日，由社市委发起并承办的"建设部双钢筋生产与应用研讨会"在北京举行，北京、上海、天津、河北、吉林、甘肃、四川、浙江8个省市的37名代表出席了会议。会议收到论文15篇。

1月19日，社市委在吉林省社会主义学院二楼会议室召开九届八次全委（扩大）会议，社市委机关及基层组织负责人共45人出席会议。会议内容：1.审议通过了1994年社市委工作总结；2.研究1995年社市委工作安排。

3月3日，社市委组织女社员参加吉林省、长春市妇联联合组织的"庆'三八'迎四大"运动会，荣获组织奖。

3月6日，社市委妇女工作委员会在东北师范大学举行纪念"三八"国际妇女节85周年联欢会。社市委主委李振泉、驻会副主委吴智泉应邀出席并讲话。

3月23日，社市委在机关会议室召开基层组织工作会议。38名基层组织负责人参加会议。主委李振泉出席会议。会议内容：1.学习社中央《关于加强自身建设的意见》，就如何开展好社市委的组织、宣传工作提出意见和建议；2.对如何搞好九三学社成立50周年庆祝活动提出意见和建议；3.探讨如何活跃基层组织生活，增强社的凝聚力。

4月12日，九三学社吉林省委名誉主委、九三学社中央参议委员会常委、长春市中心医院名誉院长、全国政协原委员、吉林省政协副主席、九三学社吉林省委员会主委卢士谦同志因病逝世，享年82岁。

5月29日，社市委主委李振泉率领经济科技委员会、社科文教委员会部分社员及社市委机关工作人员22人参观考察了长春经济技术开发区，并与开发区的有关领导举行座谈。

5月30日，社市委经济科技委员会、九三学社农业大学委员会联合举办农业报告会，主委李振泉、副主委阎则新出席会议。

6月27日，社市委离退休委员会在机关会议室召开老龄问题座谈会，围绕10个参考题进行座谈讨论。

8月9日，社市委召开九届九次全委（扩大）会议。社市委委员及基层组织负责人共29人出席会议。会议由驻会副主委吴智泉主持。会议内容：1.汇报社市委1995年上半年工作概况；2.讨论1995年下半年工作计划。

9月1日，九三学社吉林省委员会、九三学社长春市委员会在长春邮电学院礼堂联合召开庆祝建社50周年和抗日战争胜利50周年纪念大会。中共吉林省委副书记张岳琦，吉林省人大常委会副主任阿古拉，吉林省政协副主席方建宇，长春市人大常委会副主任陆景林，中共长春市委统战部部长魏连生，社省委主委、吉林省政协副主席陈秉聪，社市委主委、长春市政协副主席李振泉及各民主党派、工商联负责人和各界代表应邀出席大会。

9月4日，社市委祖国统一与海外联谊委员会在机关会议室召开中秋茶话会，副秘书长王在出席会议。

9月27日，社市委在机关会议室召开新社员培训班。社市委主委李振泉、组织处处长马丽珍及机关部分同志出席会议。中共长春市委统战部党派处处长王志东作了专题讲座报告。

10月31日—11月1日，九三学社长春市委员会、长春市社会主义学院联合举办青年社员培训班。培训班采取讲座与讨论相结合的方式,20多名新社员参加培训。

11月22日,社市委在机关会议室召开第六次统战理论研讨会。基层组织负责人及论文作者35人参加了会议。社市委主委李振泉、副秘书长王在出席会议。会上,11名论文作者宣读了论文。

11月27日,社市委召开九届十八次常委会,会议内容:1.讨论研究1995年社市委年终总结;2.拟召开一次邀请各基层的中共党委统战部部长参加的座谈会;3.在1996年第一季度内表彰一批先进基层组织;4.讨论通过了26名新社员;5.关于机关干部年终考评工作。

### 1996年

1月23日,社市委妇女工作委员会召开工作会议,总结1995年工作情况,制订1996年工作计划。

1月30日,社市委在机关会议室召开九届十次全委扩大会议,社市委委员及各基层组织负责人27人参加会议。

3月7日、3月19日、3月21日,社市委离退休委员会、祖国统一与海外联谊委员会、社科文教委员会、经济科技委员会分别召开工作会议,总结1995年工作情况,制订1996年工作计划。

3月28日,社市委离退休委员会与社直支社、黄金设计院支社在机关会议室联合召开学习八届全国人大四次会议和全国政协八届四次会议精神学习座谈会,到会社员共60余人。

4月9日,社市委医药卫生委员会在机关会议室召开工作会议,总结1995年工作情况,制订1996年工作计划。

7月14—16日,社市委机关全体干部参加全省九三学社机关工作人员会议。

7月22—26日,社市委机关副处级以上干部参加中共长春市委统战部举办的干部培训班。

8月13日,社市委妇女工作委员会在机关会议室首次举办巾帼成就展,共80余人参加活动。应征参展的有10个基层组织共32人,她们都是省市科技界、教育界、医务界知名专家和学者。

9月20日，社市委在长春市动植物园组织全体社员游园活动，500余名社员参加活动。

10月16日—12月31日，社市委机关干部分批参加中共长春市委统战部和长春市社会主义学院联合举办的公务应用文写作辅导班。

11月20日，社市委由上海路30—49号搬迁至锦水路21号（临时办公地点）。

12月16—18日，社市委在长春市天都宾馆召开九三学社长春市第十次代表大会。

### 1997年

2月15日，社市委在机关会议室召开科技兴农工作会议。

2月20日，社市委机关全体同志学习中共中央、全国人大常委会、国务院、全国政协和中央军委《告全党全军全国各族人民书》，缅怀邓小平同志的丰功伟绩和革命精神。

2月25日，社市委机关全体同志集中收看中共中央、全国人大常委会、国务院、全国政协、中央军委在北京人民大会堂隆重举行的邓小平同志追悼大会实况。

3月5日，社省委、社市委在吉林省干部活动中心联合举行庆"三八"联谊会。省市九三学社200余名女社员参加活动。

3月26日，社市委在机关会议室召开十届二次全委（扩大）会议。会议主要议题：研究讨论社市委1997年工作思路和工作重点安排。

4月10日，社市委召开基层组织工作会议。25个基层组织的主任委员、组织委员、宣传委员共计44人参加会议。

5月15—16日，社市委与长春市社会主义学院联合举办骨干社员培训班。

6月15日，社市委在长春市科技大学舞厅举行大型文艺联欢会，庆祝香港回归，200余名社员参加活动。

6月19—20日，社市委在双阳财苑宾馆举办新社员学习班。

7月10日，社市委与莽卡满族乡政府签订《科技兴农协议书》。签字仪式上，驻会副主委韦澍一代表社市委向九台市莽卡满族乡10名品学兼优的贫困学生捐助了由800余名社员捐赠的3000元助学金及一批书籍和学习用品。

8月20日，社市委9名机关干部到哈尔滨参加为期3天的社务工作经验交流会。参加这次交流会的有长春、吉林、齐齐哈尔、大庆、哈尔滨5个城市的社市委机关工作人员共30人。

8月29日，社市委举行庆祝九三学社成立52周年活动。35个基层组织的300多名社员参加活动。

9月12日，社市委机关全体同志集中收看中共十五大开幕式，聆听江泽民总书记所作报告，并座谈学习中共十五大精神。

9月18日，社市委召开主委工作会议，座谈学习中共十五大精神。

10月6日，社市委离退休委员会召开参政议政专题座谈会。

11月20日，社市委召开第三次常委会议，传达九三学社第七次全国代表大会精神。

11月25日，社市委在东北师范大学学术活动中心会议室召开第七次统战理论研讨会。基层组织40余名社员参加会议。

### 1998年

2月20日，社市委机关由临时办公地点迁入自由大路86号长春市民主党派大楼新楼三楼办公。

3月5日，社市委召开九届三次全委（扩大）会议。

3月13日，社市委召开全社表彰大会，分别授予12个基层组织、72名社员1997年度先进基层组织、优秀社员称号。

3月24日，社市委召开科教兴农工作会议。驻会副主委韦澍一与长春市民委主任王德才同志共同商定支农、兴农计划。

3月26日，社市委召开基层组织、宣传工作会议。共50余人参加会议。

4月9—10日，社市委组织民俗研究、医疗防疫、果树栽培等领域专家赴九台市莽卡满族乡开展科教兴农工作。社市委机关还向乡政府及莽卡满族中学捐赠图书1000册，并回访了去年资助的几名贫困学生。

5月28日，社市委社科文教委员会在长春科技大学召开"高校教育改革系列研讨会"（第一站）。会后与会人员进行了研讨，长春电视台作了报道。

6月18日，社市委在东北师范大学召开基层工作经验交流会，23个基层组织的30多名负责人出席会议，9个基层组织进行了经验交流。

6月23日，长春市第七次民主党派专题议政会在中共长春市委会议室召开。会上，社市委提出的《关于引导下岗职工到农村择业的建议》受到长春市领导及专家的好评。

7月4日，社市委经济科技委员会在吉林农业大学召开"长春市可持续农业发展战略研讨会"。吉林农业大学副校长孙立诚教授作了专题报告。

8月6—7日，社市委与长春市社会主义学院联合举办基层骨干和新社员培训班，共49名社员参加培训。

8月28日，社市委召开九三学社成立53周年庆祝大会。会上请名誉主委李振泉宣讲社史，社市委常委张兴洲汇报了岗位成果，200多位社员参加会议。

9月14日，社市委社科文教委员会在东北师范大学召开"高校教育改革系列研讨会"（第二站）。会上，东北师范大学校长王荣顺作了中心发言，11所高校的校领导、统战部部长及基层组织负责人出席会议。

9月28日，社市委举办"迎国庆、庆中秋联欢会"，长春市九三学社艺术团成员表演了精彩节目。

10月30日，社市委召开常委（扩大）会议。为落实中共十五届三中全会精神，会议决定在今后一个时期内，把参政议政重点放在农业高科技发展上。会议邀请吉林农业大学6位专家和教授就农村工作和农村经济问题进行了研讨。

11月5日，社市委召开社内人大代表、政协委员座谈会。会上请长春市政协提案委员会原主任吕道忠就如何撰写提案作了专题讲座。

11月6日，社市委组织农业专家和机关部分同志前往农安县进行实地调研，与县政协、农业局、林业局、水利局及科协的有关领导和专家进行了广泛的研讨，确定社市委在农业、农村工作方面进行参政议政的角度及议政的内容。

1999 年

2月，社市委机关秘书长王在、组织处处长马丽珍代表社市委看望80岁以上老社员（共19名）。

2月9日，中共长春市委领导战月昌、李华强、刘化文等走访社市委老领导李惟、李振泉。

2月26日，社市委召开十届三次全委（扩大）会议，49名社市委委员及基层组织负责人参加会议。会议内容：1.秘书长王在作工作总结及工作计划报告；2.李惟主委作了讲话。

3月19日，社市委召开宣传工作会议。会上布置了1999年宣传工作要点，研讨了宣传工作问题。

5月10日，社市委召开部分支社社员座谈会，谴责北约导弹袭击中国驻南使馆。

6月4日，中共长春市委统战部召开"长春市民主党派基层组织工作经验交流会"，九三学社一汽委员会主委黄河、九三学社东北师范大学支社主委闫吉昌作了大会发言。

6月25日，社市委社科文教委员会召开"高校改革系列研讨会"，社市委常委杨世忠主持会议。会议邀请有九三学社基层组织的大专院校党委书记、校长、统战部部长出席会议。会上，长春中医学院院长、东北师范大学党委书记、吉林大学党委副书记作了发言。

7月26日。社市委召开"中央关于法轮功处理意见"座谈会。共有13位基层组织负责人参加会议。

8月5日，社市委举办骨干社员培训班。共30人参加培训。主要培训内容：民主党派的政治交接和自身建设。

8月10日，中共长春市委统战部在长春电业培训中心举办民主党派、工商联市级组织负责人培训班。社市委主委李惟、驻会副主委韦澍一、副主委张为远、秘书长王在参加会议。

9月3日，社市委举行庆祝九三学社成立54周年座谈会。

9月16日，社省委召开农业专题研讨会。社市委参会的有李振华、李振泉、付兴奎、栾玉振、王在。

9月20日，中共长春市委召开第八次民主党派专题议政会，社市委在会上提交了《加强社区服务工作的建议》。

12月9日，社市委召开表彰先进集体及优秀社员大会，社员200人出席，会后进行了文艺表演。

**2000年**

1月4日，社市委召开常委会议，李惟、贾易荣、韦澍一、李振华、黄河、王在、杨世忠参加会议。会议内容：1.总结1999年全年工作；2.研究社市委2000年工作计划；3.研究参政议政选题；4.传达九三学社中央参政议政会议精神。

1月13—17日，长春市政协召开九届三次会议。姜雪鹰、沈颂东、付兴奎、郭福洲分别在大会上作了发言。

2月25日，社市委召开十届四次全委（扩大）会议。会议内容：1.秘书长王在作工作总结和工作计划安排的报告；2.通过社市委决议；3.调整社市委人员6人。

3月24日，社市委召开宣传工作会议。各基层组织宣传委员参会。会议内容：1.工作总结；2.表彰优秀宣传委员；3.布置全年工作；4.研讨如何做好宣传工作。

4月24日，社市委召开组织工作会议。各基层组织主委及组织委员参会。会议内容：1.总结上半年工作；2.安排下半年工作；3.学习社中央关于组织方面的若干规定。

5月14日，九三学社辽源市委员会、吉林市委员会、四平市委员会、通化市委员会的机关同志到社市委机关开展学习交流活动。

8月6日，社市委举办新社员培训班，共有24名新社员参加。培训内容：1.社中央副主席金开诚作辅导报告；2.长春市社会主义学院杨健老师授课；3.社市委秘书长王在作培训总结。

8月27日，社市委召开常委会议，李惟、韦澍一、李振华、张为远、王在等参加会议。会议内容：1.研究增补后备干部；2.研究九三学社成立55周年大会筹备情况；3.研究专题议政会议。

8月31日，中共长春市委召开第九次民主党派专题议政会，会议主题为关于农业及农村工作。付兴奎代表社市委在会上作了发言。

9月3日，社市委召开庆祝九三学社成立55周年大会。社省委、中共长春市委统战部领导及社员共300人参会。九三艺术团在会上做了演出。

10月26日，社市委召开常委会议，李惟、韦澍一、李振华、黄河、贾易荣、王在、杨世忠、姜雪鹰参会。会议内容：1.秘书长王在介绍全年工作情况；2.研究明年参政议政课题；3.研究捐款支援西部事宜。

12月30日，长春市政协在九届四次会议闭幕式上对九届三次会议以来的14件优秀提案进行表彰。社市委提交的《关于放开搞活我市中小企业的建议》和《关于加快发展长春市品牌农业的建议案》被评为优秀提案。

## 2001年

2月2日，社市委机关干部举行座谈会，深入揭批"法轮功"。

3月19日，社市委在机关会议室召开第十届五次全委（扩大）会议，社市委委员及基层组织负责人36人参加会议。会议审议通过了社市委2000年工作总结和2001年工作计划，民主推荐了新一届领导班子成员。

5月16日，在中共长春市委统战部召开的"长春市民主党派智力支农工作经验交流会"上，九三学社长春市委员会被授予"智力支农先进集体"称号。

5月26—27日，九三学社南关区委员会邀请社市委机关、南关区政协、南关区党委统战部的领导，与长春博爱中医院共同赴吉林丰满举办"赞统战大业，叙诤友情谊"联谊活动。

6月22日、24日、29—30日，九三学社朝阳区委员会在"七一"前举行系列活动，社市委领导应邀出席活动。

7月14日，社市委召开庆祝中国共产党成立80周年联欢会。

7月27日，社市委召开基层工作会议。社市委领导李惟、韦澍一、黄河、李振泉及基层组织负责人33人出席会议。

## 2002年

1月5—7日，社市委召开第十一次代表大会。会议通过了主委李惟代表第十届委员会所做的工作报告，选举产生了九三学社长春市第十一届委员会。

2月28日，社市委主委马驷良、驻会副主委陈济生、副主委李振华走访了长春市科技局和长春市民族事务委员会。

3月5日，社市委妇女工作委员会召开会议，庆祝"三八"国际妇女节。

4月26日，社市委召开大会，表彰近2年先进集体和优秀个人。

5月23—24日，社市委与长春市社会主义学院联合举办骨干社员培训班。22个基层组织的39位社员参加了培训。

7月25—27日，社中央在云南省昆明市召开九三学社科技服务、支边扶贫总结表彰大会，社市委被社中央评为科技服务、支边扶贫工作先进集体。

8月6日，中共长春市委组织部、中共长春市委统战部联合在长春宾馆举办了新时期统一战线理论学习专题报告会，社市委机关干部及各基层组织负责人共80人参加会议。

9月16日，九三学社吉林农业大学委员会和九三学社长春大学支社举行校际间的联谊活动。

10月13日，社市委社科文教委员会与九三学社东北师范大学支社联合举行高等教育新理念研讨会，邀请东北师范大学党委书记盛连喜同志作了专题报告。

### 2003年

1月6日，社市委收到中共北京市委统战部邮寄的6本主题歌曲获奖作品集《风雨同心》，其中收录了由社市委推荐的荣获优秀奖的作品《九三社员之歌》。

1月15日，社市委举行统战部长联谊会，邀请中共长春市委统战部部长范新早及长春市九三学社基层组织所属的党委统战部部长出席会议。社市委主委马驷良、驻会副主委陈济生、副主委张兴洲出席会议。马驷良代表社市委致辞。

1月19日，社市委直属委员会召开迎新春联谊会，社市委驻会副主委陈济生及机关同志应邀出席会议。会上，陈济生作了讲话；组织处处长马丽珍宣读社市委关于社直领导班子成员调整的请示批复；社市委青年委员会宣布正式成立。

1月25日，九三学社长春市南关区委员会召开辞旧迎新联谊会。社市委驻会副主委陈济生应邀出席会议。

2003年春节前夕，社市委主委马驷良、驻会副主委陈济生在机关同志的陪同下，分别走访慰问了社市委的老领导、机关离退休的老同志及80岁以上的老社员共30余人。

2月21日，社省委、社市委领导到长春市双阳区奢岭街道办事处九三村开展科技扶贫、智力支农调研，确定九三村为省、市科技支农点和落实2003年科技支农计划。

2月26日，中共长春市委统战部召开全市统战部长会议，传达全国、全省统战部长会议精神，布置2003年工作任务，表彰2002年度统战系统先进单位和先进个人。会上宣读了统战部表彰决定：九三学社长春市委被评为2002年统战系统招商引资先进集体、2002年度统战信息工作先进单位。

3月5日，社市委召开常委（扩大）会议。主要议题：1.审批28名新社员；2.关于长春市科委几个软课题的研究和选题等问题；3.研究参政议政、科技支农问题。

3月7日，社市委妇女工作委员会举行中老年健康知识讲座，东北师范大学生命科学学院副院长孙晖作了主题讲座。60余名女社员及离退休老社员参加会议。

3月10日，社市委邀请九三学社长春大学主委靳学辉、2位吉林大学计算机系的学生及长春信息港的1名同志到机关研究建立社市委网页问题。

3月11日，社市委召开机关工作会议，传达中共长春市委统战部及统战系统机关党委下发的关于建设学习型机关及2003年理论学习的安排。

3月14日，社市委离退休委员会和祖国统一与海外联谊委员会结合全国人大、政协会议，举行深入学习党的十六大精神体会座谈会。20余名社员出席会议。

3月25日，长春市政协举行十届二次常委会议。社市委驻会副主委陈济生出席会议。

4月8日，社市委驻会副主委陈济生率领机关干部驱车80多千米，到新的科技扶贫点——长春市双阳区奢岭街道办事处九三村，为5家特困农民送去优质种子和化肥。

5月17日，社市委给战斗在抗击"非典"一线的30名社员寄去慰问金。

5月26日，社市委领导马驷良、陈济生到长春市中心医院、长春市疾病防治中心看望抗击"非典"一线社员。

6月25日，社省委召开学习党的十六大精神报告会，社市委基层组织30余人参加会议。

6月25日，中共长春市委统战部召开全体机关工作人员会议，部长范新早作形势报告，副部长李英传达中共长春市委十届三次会议精神。社市委机关全体同志参加。

6月29日，为纪念《中华人民共和国科学技术普及法》颁布1周年，社省委、社市委在长春市朝阳区红旗街道办事处开工小区共同举办了主题为"普及科学知识、提倡健康生活"的送医送药、宣讲科普知识进社区活动。

7月2日，社市委机关全体同志到吉林科技会馆参观抗击非典科技成果展。

7月22日，社市委召开基层工作会议。22个基层组织的28位社员参加会议。会上，12个基层组织的负责人围绕加强思想建设及组织建设问题进行了经验交流，并就组织发展和搞好社务活动等方面进行了研讨。驻会副主委陈济生出席会议并作了总结发言。

7月23—24日，中共长春市委统战部和长春市社会主义学院联合举办民主党派市级组织领导班子成员学习班。深入贯彻落实党的十六大精神，加强民主党派思想建设和领导班子建设。

7月25日，长春市政协组织"我为长春率先在全省实现全面小康献一计、出一策"征文活动。社市委提交的《建立以企业和公共服务为主要目标的电子政府的建议》获征文二等奖；社市委被长春市政协评为优秀组织单位。

7月25日，九三创新艺术团参加由中共吉林省统战部主办的"三增强""四热爱"教育主题音乐会。社市委机关干部及基层社员30人参会。吉林教育电视台、《吉林日报》与《协商新报》均对九三创新艺术团的演出给予报道。

7月底，由社市委推荐的东北师范大学姜凡教授的作品《博战SARS》《向

"非典"宣战》被选用在社中央网站"三增强""四热爱"教育活动专栏上。

8月6日，社省委召开思想建设工作会。主委李慧珍传达社中央十一届三次常委会议精神，会上下发了《九三学社中央关于学习实践"三个代表"重要思想，切实加强思想建设的决议》。社市委领导出席会议。

8月下旬，中共长春市委统战部评选统一战线防治"非典"工作先进个人，长春市九三学社有26位社员受到表彰。

9月1日，社市委为纪念九三学社成立58周年，组织社员参观长春地质宫博物馆，各基层组织共有150余人参加活动。

9月2日，社市委召开常委会。会议内容：1.审批35名新社员；2.研究推荐后备干部人选；3.对社市委祖统委、妇委会、离退委的领导班子成员进行调整；4.研究机关干部工作安排等事项。

10月27日，社市委下发《关于认真学习中共中央十六届三中全会精神的通知》。

10月30日，九三学社吉林市委员会召开九三学社吉林市委员会成立20周年庆祝大会。社市委驻会副主委陈济生、办公室主任孙新春、科教处处长王进应邀出席会议。

11月上旬，中共长春市委召开第十二次专题议政会，驻会副主委陈济生代表社市委在会上作了题为《发展中药业，形成我市经济真正支柱》的发言。

12月13日，社市委青年委员会在长白山宾馆举办"振兴东北、振兴长春老工业基地学术研讨会"，5位社员在会上作了发言。社省委主委李慧珍，社市委主委马驷良、驻会副主委陈济生、副主委张兴洲等出席会议。

12月16日，社市委与长春市民族事务委员会召开对接会，社市委领导和长春市民委领导参加会议。会上，长春市民委通报了民委年内工作；社市委办公室主任王进汇报了近几年的对接情况及取得的工作成绩。

12月18日，社市委举行新社员培训班。王松心教授、李凤岐处长主讲社史，长春市社会主义学院杨健老师作统一战线知识专题讲座。驻会副主委陈济生在培训班上作了讲话。

**2004年**

春节前夕，社市委领导和机关同志走访慰问社内80岁以上老社员和老领导。

2月17日，社市委召开十一届四次全委（扩大）会议。驻会副主委陈济生作2003年工作报告。主委马驷良作总结讲话。会上布置了关于庆祝长春市九三学社成立50周年的有关事宜。

3月16日，中共长春市委召开"议政回声会"。社市委主委马驷良、驻会副主委陈济生出席会议并发言。

3月18日，社市委机关全体干部参加中共长春市委统战部举行的全国政协会议精神报告会。会上，长春市政协主席张绪明作了报告，并通报了2004年长春市政协工作计划。

3月20日，驻会副主委陈济生出席全市经济发展软环境建设大会。中共长春市委书记杜学芳作了题为《建环境最优城市，促经济快速发展》的讲话。

3月21日，社内人大代表、政协委员在中共长春市委礼堂听取长春市人大常委会主任李述传达十届全国人大二次会议精神。

3月24日，社市委机关干部参加全市统战工作会议。会上，九三学社长春市委员会被评为2003年度全市招商引资先进单位、"三个千人"网络活动"千人牵手活动"先进单位。

3月30日，社市委妇女工作委员会与离退休委员会在机关会议室举办《饮食与健康》知识讲座。主讲人为东北师范大学生命科学学院副院长孙晖。社市委驻会副主委陈济生出席会议。

4月21日，社市委组织长春市中心医院专家到双阳区九三村开展义诊活动，共诊治病人100余人次。

5月17日，社市委驻会副主委陈济生带领社市委、吉林农业大学委员会一行9人到敦化市进行科教兴农调研。

5月28日，社中央组织部同志到社市委进行基层组织工作调研。社市委组织召开了部分基层组织参加的座谈会，汇报基层工作开展的情况、经验及存在的问题。

6月15日，社市委陈济生、李振华、黄河、付兴奎出席社省委召开的常委会议，研究参政议政有关事宜。

6月20日，社市委召开常委会议，研究考核任务落实情况及50周年纪念活动安排。

6月24日，社中央常务副主席陈抗甫为长春九三学社社员作了题为《加强自身建设，努力提高参政议政能力和水平》的专题报告。社市委基层组织负责人、骨干社员及机关干部150人出席报告会。

6月25日，中共长春市委统战部、中共长春市委组织部对社市委领导班子进行届中考核，同15名基层组织负责人及机关5名同志进行谈话。

6月26日，社中央常务副主席陈抗甫到机关看望全体同志，中共长春市委副书记刘元俊、统战部部长范新早出席招待会。

6月30日，社市委机关召开工作例会，研究总结前段工作，布置50周年社庆事宜。

7月2—3日，社省委召开组织工作会议，社市委机关组织处同志参加会议。

7月8日，长春市政协召开会议，布置全国政协成立55周年庆祝事宜。社市委驻会副主委陈济生出席会议。

7月16日，中共长春市委统战部与长春市社会主义学院联合举办经济形势报告会，基层组织15名负责人及机关全体同志出席报告会。

7月23日，中共长春市委统战部组织国际形势报告会，范新早部长作了讲话。机关全体干部参加会议。

8月7日，社省委召开九三学社吉林省组织成立50周年纪念大会。社市委150名社员参加会议。会议听取了社中央主席韩启德的重要讲话。韩主席与基层30余名社员代表进行了座谈。

8月13—15日，社市委在集安市召开参政议政和统战理论骨干培训班，20余名社员参加会议。

8月25日，中共长春市委统战部为庆祝中华人民共和国成立55周年，举办《团结之声》文艺演出大会。社员吕秀英代表九三学社参加演出。

8月30日，社市委召开大会，纪念邓小平同志诞辰100周年，庆祝九三学社建立59周年及长春市地方组织成立50周年。主委马驷良在会上作了讲话。

会上，社市委对 2002—2003 年度在社务工作中做出成绩的 15 个先进集体、40 名优秀社务干部和 100 名优秀社员进行表彰。

9 月 3 日，社省委举办"学习科学发展观，搞好参政议政工作"专题报告会，各基层组织主委和宣传委员参加会议。

10 月 25 日，社市委到九三村开展支农活动，举办种植、养殖培训班。

11 月 3 日，社市委下发《关于学习贯彻中共十六届四中全会精神的决定》的通知。

11 月 3 日，社市委机关干部和社直支社社员参观伪皇宫。

11 月 3—4 日，社市委领导集中学习中共十四届四中全会精神。

## 2005 年

1 月 6—9 日，长春市政协召开十届三次全体会议。社内 26 名政协委员出席会议。

1 月 13—16 日，长春市人大召开十二届三次全体会议。社市委 6 位长春市人大代表出席会议。

1 月 14 日，社市委机关召开年终总结工作会议，各处室总结 2004 年的工作情况，并进行了优秀干部的评选。

1 月 19 日，九三学社吉林市委员会机关组织处同志到社市委机关进行组织工作交流。

1 月 21 日，社市委驻会副主委陈济生到九三学社长春市儿童医院支社参加组织活动。

1 月 25 日，社市委收到社中央表彰社市委服务工作的荣誉证书，九三学社长春市委员会荣获"国际科学与和平周"中国组织委员会、九三学社中央委员会共同授予的"第十六届国际科学与和平周特别贡献奖"。

1 月 28 日，社市委领导和机关干部走访慰问老社员。

2 月 1 日，中共长春市委统战部召开保持共产党员先进性教育活动动员大会，社市委机关全体同志参加会议。

2 月 2 日，社市委召开软课题研讨会。

2 月 18 日，社市委机关全体同志参加中共长春市委统战部组织的全市十佳优秀公仆之一——长春市宽城区统战部部长张柏华同志的先进事迹报告会。

2月21日,社省委、社市委机关对口处室召开经验交流会。

2月25日,社市委机关召开工作会议。

3月2日,社市委机关召开集体学习会议,学习《中共中央关于加强党的执政能力的决定》。

3月4日,社市委部分女社员及机关女同志参加社省委庆"三八"国际妇女节活动。

3月11日,社市委召开常委(扩大)会议。会议内容:1.审批新社员;2.讨论参政议政文稿;3.审议通过《九三学社长春市委关于加强思想建设工作的意见》。

3月19日,长春市党外中青年干部培训班结业,社市委8名社员参加培训。

3月23日,中共长春市委统战部召开先进性教育学习体会交流及转段动员大会,社市委机关全体同志参加会议。

4月13日,社市委领导马驷良、陈济生、王在参加中共长春市委统战部理论中心组学习,学习中共中央〔2005〕5号文件精神。

4月20日,社市委机关召开政治学习会议,学习中共中央〔2005〕5号文件精神。

5月11日,社省委领导及机关各处室负责人到社市委机关开展调研。

5月23日,社市委在全社开展"党领导的多党合作和政治协商及社史知识竞赛100题活动",纪念九三学社建社60周年。

6月7日,中共长春市委统战部举办全市社区统战干部培训班,社市委机关全体同志参加培训。

6月12—13日,社省委召开全省机关工作会议,社市委机关全体同志参加培训。

6月30日,社市委机关全体同志参加统战系统机关保持共产党员先进性教育活动总结暨党内争先创优表彰大会。

7月13日,社市委在全社开展纪念"抗日民族统一战线与抗战胜利"60周年征文活动。

7月18日，社市委机关召开工作会议，完善机关规章制度。

7月19日，社市委驻会副主委陈济生参加东北三省社务工作会议。

8月9日，社市委下发《九三学社长春市委关于学习贯彻中共长春市委十届七次全会精神》的通知。

8月11日，社市委召开常委会议。

8月25日，社市委组织社员参观由中共吉林省委宣传部、吉林省文化厅主办，吉林省博物院承办的"铁血抗战十四年——纪念中国抗日战争暨世界反法西斯战争胜利60周年"大型展览和"铁证如山——日军随军记者镜头下的侵华罪行"展览。

8月26日，社省委召开纪念建社60周年座谈会，社市委部分后备干部社员参加会议。

9月15日，社市委机关全体同志参加长春市市直机关运动会。

9月17日，社市委祖国统一和海外联谊委员会、离退休委员会联合召开中秋茶话会。

9月28日，社市委召开中华人民共和国成立56周年暨九三学社建社60周年颁奖大会，100余名社员代表参加。

10月12日，社市委机关召开会议，宣布驻会副主委陈济生调任长春市房地局副局长。

10月13日，《九三中央社讯》出刊第四期，社市委有4篇征文入选。

11月1日，社市委驻会副主委陈济生到长春市房地局就职。

11月7日，社市委召开处长工作会议。

11月25日，社市委向社中央上报思想工作调研报告《九三学社市级组织应以基层组织为重点开展思想建设工作》。

12月3日，社市委机关4位同志参加全市公务员培训考试。

12月13日，社市委召开常委工作会议。

12月14日，社市委机关全体同志和部分社员参加统战部召开的参政党能力建设大讨论总结研讨会。

## 2006 年

1月9—12日，长春市政协召开十届三次全体会议。社内政协委员参会并提交提案。

1月10日，社市委荣获社中央授予的"第十七届国际科学和平周特别贡献奖"。

1月17日，社市委机关召开年终工作总结会。

1月23日，社市委领导及机关同志走访慰问老社员。

1月24日，社市委机关全体同志参加中共长春统战系统召开的春节联欢会。

1月25日，社市委召开常委会议，增补张仁舜为副主委、张红星为常委。

2月15日，社市委机关各处室负责人参加长春市统战工作会议。

2月22日，社市委机关召开工作会议，座谈学习谭竹青事迹心得体会。

2月24日，社市委下发学习通知，号召全体社员向谭竹青同志学习。

3月3日，社市委在长春南岭健身馆举办"三八"国际妇女节联欢会。

3月6日，社市委基层组织负责人和骨干社员听取谭竹青同志事迹报告团报告会。

3月10日，社市委下发通知号召全体社员向王选同志学习。

3月20日，中共长春市委统战部新任部长安莉同志到机关看望全体同志。

3月30日，社市委下发《关于学习〈中共中央关于加强人民政协工作的意见〉的通知》。

4月6日，社市委召开老社员座谈会，社省委主委李慧珍、副主委蔡鹏飞和社市委主委马驷良出席会议。

4月12日，社市委向社省委上报《九三学社长春市委开展思想建设调研报告》

4月19日，中共长春市委、长春市政府召开全市优秀中国特色社会主义事业建设者表彰大会，社市委机关全体同志及40名社员与会，社市委有9名社员受到表彰。

4月21日，社市委离退休委员会召开座谈会，座谈学习胡锦涛同志关于社会主义荣辱观的讲话。

5月11日，社省委召开中心理论组学习，座谈"八荣八耻"学习体会。社市委领导出席会议。

5月23日，社市委向基层组织下发《永远的王选》学习资料，进一步号召基层组织向王选同志学习。

6月14日，社市委机关全体同志参加中共长春市委召开的市委政协工作会议。

6月15日，社市委机关全体同志观看《生死牛玉儒》，开展向人民的好公仆学习活动。

6月21日，社市委机关女同志参加中共长春市委统战部举办的妇女健康知识讲座。

6月22日，社市委机关干部王在、王进参加东北三省社务工作会议。

7月3—14日，社市委机关4位同志参加公务员培训。

7月7日，社市委召开常委会议。

7月19日，社市委机关全体同志去双阳区参加与区委统战部的联谊活动。

8月15日，社市委基层组织负责人、后备干部和机关全体干部听取"社会主义荣辱观报告会"。

9月22日，社市委机关同志参加南关区在净月潭举行的委员会活动。

9月29日，社市委祖国统一和海外联谊委员会召开中秋茶话会。

10月30日，社市委离退休委员会召开"九九重阳节"座谈会。

11月17日，社市委上午召开常委会议，下午召开全委（扩大）会议，审议工作报告及领导人名单。

11月25—27日，社市委召开九三学社长春市第十二次代表大会。

## 2007年

1月4日，社市委接到九三学社中央宣传部文件《关于对2006年度思想调研先进单位、优秀研究单位及优秀通讯员进行表彰的通知》。社市委被社中央评为2006年度思想调研先进单位，在15个先进单位中，有10个省级组织、5个市级组织。

1月7日，社市委新老领导班子成员到长春市司法局参观，并召开社市委十二届一次常委会议。

1月10日,社市委机关召开年终总结工作会议,机关全体同志参加会议。

1月15日,社市委驻会副主委王进、秘书长王在、组织处处长马丽珍参加九三学社吉林大学委员会活动,听取委员会全年工作汇报。

1月29日,社市委主委张红星到社市委机关听取各部门工作设想。

2月3日,九三学社长春市朝阳区委员会召开社务工作会议,驻会副主委王进应邀出席会议。

2月4日,社市委主委张红星参加长春市人大、长春市政协、中共长春市委换届人选民主协商会。

2月5日,社市委马驷良、李惟、李振泉、张红星出席长春市政协各界人士联欢会。

2月5—15日,社市委领导慰问社内80岁以上老社员及机关离退休老同志。

2月9日,社市委机关同志参加九三学社长春市南关区委员会联欢会。

2月16日,社市委驻会副主委王进、组织处处长马丽珍参加九三学社长春市宽城区支社活动。

2月27日,社市委驻会副主委王进参加长春市政协主席会。秘书长王在参加长春市政府第九次会议。

3月1日,社市委机关召开处长工作会议,研究2007年工作计划和安排。

3月5日,社市委机关女同志参加统战系统召开的庆"三八"国际妇女节联欢会。中共长春市委统战部部长殷丽侬作了讲话。

3月6日,社市委15名女社员参加社省委庆"三八"座谈会。

3月15日,中共长春市委统战部召开工作会议,社市委驻会副主委王进出席会议。

3月16日,社市委召开机关工作会议,通报中共长春市委统战部党派处工作,研究社市委工作安排。机关各处室负责人参加会议。

3月20日,长春市政协主席祝业精同志到长春市民主党派机关召开现场办公会,社市委驻会副主委王进参加会议。

3月21日,社市委主委张红星参加中共长春市委统战部季谈会,介绍九三学社长春市委员会情况。驻会副主委王进列席长春市政协常委会议。

3月22日，社市委调研室召开参政议政调研会。

3月28日，社市委召开十二届二次常委会议。

3月30日，社市委机关全体同志听取全国两会传达报告。

4月6日，社市委召开组织工作会议。主委张红星出席会议，驻会副主委王进主持会议。会议就基层组织建设和开展社务活动情况进行了座谈。

4月10日，社省委召开社务工作会议，社市委主委张红星、驻会副主委王进及机关各处室负责人参加会议。会议听取了社省委的工作总结，社市委机关各处室作工作汇报。

4月11日，中共长春市委统战部召开全市统战工作协调会，社市委驻会副主委王进参加会议。

4月13日，中共长春市委统战部召开全市统战工作会议，基层组织20余名社员和机关干部参加会议。会上，社市委被评为宣传工作先进单位。

4月17日，社市委收到社中央宣传部文件，社市委被社中央确定为思想建设工作定点调研单位。

4月19日，中共长春市委召开高层次、小范围座谈会，中共长春市委书记王儒林同志与各民主党派领导人进行座谈。社市委主委张红星、驻会副主委王进、社员代表付兴奎出席会议。会上，社市委提出《建立农产品质量安全溯源机制，实行由农田到餐桌的全程监控》的建议。

4月29日，社省委召开庆祝九三创新艺术团成立10周年大会，80余名社员参加会议。

5月10日，社中央主席韩启德到社省委视察工作并召开座谈会，社市委机关全体同志参加座谈会并合影留念。

5月21日，中共长春市委召开全市党员负责干部会议，欢送王儒林同志任吉林省委副书记。社市委主委张红星出席会议。

5月22日，社市委召开各专委会委员联席会议，各专委会主任及机关全体同志参加会议。会议研究各专委会情况和进展，部署今后工作任务。

5月25日，社市委举办统战理论研究骨干培训班。长春市社会主义学院杨健老师作了题为《深入理解中国特色参政党内涵，准确把握我国政党制度特点》的专题讲座。25名社员参加培训。

5月28日，社市委召开机关干部竞争上岗民主测评会。

5月29日，中共长春市委统战部召开全市高校统战工作现场会，社市委驻会副主委王进参加会议。

6月1日，长春市儿童医院召开建院50周年庆祝大会，社市委主委张红星应邀出席会议。

6月11日，长春市审计局到社市委机关对前驻会副主委陈济生进行离任审计。

6月12日，社市委召开十二届三次常委会议。

6月14日，社市委召开统战理论骨干学习培训班，长春市社会主义学院羿宗哲老师作了专题讲座。

7月23日，社市委机关进行上半年工作总结。

8月3日，社市委驻会副主委王进参加九三学社长春市儿童医院支社活动。

8月7日，中共长春市委统战部召开会议，听取各党派上半年工作汇报。社市委驻会副主委王进作工作汇报。

8月17日，长春市政协主席祝业精到长春市民主党派大楼视察工作，听取各党派情况汇报。

8月21日，中共长春市委统战部召开长春市政协换届人员安排座谈会。社市委驻会副主委王进参加会议，提出社市委的人选意见。

9月3日，社市委召开十二届四次常委会议，传达学习中共长春市委统战部部长殷丽依在长春市各民主党派上半年工作座谈会上的讲话，并在常委中进行了社中央思想调研问卷调查。

9月10日，社市委机关干部顾红艳、李恩久、闫石、黄晓音参加长春市人事局举办的公务员培训，为期1周。

9月11日，社市委常委、机关各处室负责人参加在长春市松苑宾馆进行的省级民主党派领导民主测评。

9月20日，社市委驻会副主委王进参加中共长春市委统战部召开的统战宣传调研信息工作会议。

9月24日，社市委在长春国际会展中心大酒店召开国庆58周年、社庆62

周年大型联欢会，300余名社员参加会议。

9月26日，社市委驻会副主委王进参加吴智泉同志葬礼。

9月29日，社省委、社市委领导代表社中央到社员王玉池家中送去王选关怀基金捐助款1.5万元。

10月15日，社市委机关全体同志在家收看党的十七大开幕式电视转播。

10月17日，社市委下发学习党的十七大会议精神通知。

10月20日，社省委、社市委在长春市南湖公园举行"国际科学与和平周"大型健康医疗义诊活动。

10月25日，社市委机关装修完毕，各处室恢复正常办公。

10月26日，中共长春市委统战部召开全市统战信息培训会议，社市委宣传处副处长黄晓音参加会议。

10月29日，中共长春市委统战系统召开学习党的十七大精神报告会，听取欧亚商都董事长曹和平同志报告。社市委机关全体干部参加会议。

10月30日，社市委机关全体同志和部分社员参加吉林省各民主党派、工商联学习党的十七大精神报告会，听取吉林省社会科学院院长邴正的报告。

11月14日，社市委主委张红星、驻会副主委王进参加长春市人民政府召开的市长座谈会。

11月16日，社市委常委及机关全体同志参加社省委工作会议。

11月24日，社市委机关4位同志在长春大学参加全市统一举行的公务员培训考试。

11月29日，中共长春市委组织部到机关考核副局以上领导干部，机关全体同志参加对王进、刘永吉二位同志的考核。

11月30日，社市委机关全体同志及部分社员在中共长春市委礼堂听取中共长春市委十一届二中全会精神传达。

12月7日，中共长春市委统战部召开民主协商会，讨论人大代表、政协委员人选问题。社市委主委张红星出席会议。

12月9日，长春市政协十一届大会开幕，社市委主委张红星出席会议。

12月10日，长春市人大十三届大会开幕，社市委驻会副主委王进出席会议。

12月11日，社市委主委张红星、驻会副主委王进赴北京参加九三学社第九次全国代表大会。

12月18日，社市委主委张红星、驻会副主委王进应邀出席长春市妇产医院成立110周年纪念大会。

12月21日，社市委召开十二届五次常委会议。

**2008年**

1月14日，长春市社会主义学院领导到机关调研，社市委驻会副主委王进和机关各处室负责人与社院领导举行了工作座谈。

1月18日，社省委举行全省九三学社统战知识竞赛，社市委派出两支代表队参赛，获得一个一等奖和一个优秀奖。

1月18日，社市委召开十二届二次全委（扩大）会议。会议内容：1.听取和审议常委会2007年度工作报告；2.听取和审议社市委2008年工作要点；3.讨论《关于九三学社长春市委委员履行职责的暂行规定》；4.传达长春市政协第十一届一次会议精神；5.传达九三学社第九次全国代表大会精神。

1月21日，社市委参政议政特聘专家举行会议，研究如何完善特聘专家制度，进一步做好参政议政工作。驻会副主委王进参加会议。

1月22日，社市委驻会副主委王进参加长春市情报告会。

1月25日，社市委驻会副主委王进、组织处处长马丽珍、办公室副主任顾红艳慰问绿园区贫困户。

1月28日，社市委驻会副主委王进参加长春市十二届人大二次全委会议。

1月29日，长春市统战系统召开表彰暨联欢会。社市委机关干部顾红艳、黄晓音、李恩久获"先进个人"荣誉称号，科教处获评先进集体。

2月2日，社市委直属委员会举行社务活动，主委张红星应邀参加活动。

2月4日，中共长春市委、长春市政府举行各界人士联欢会。社市委常委应邀出席会议。

2月21日，长春市人大常委会主任祝业精宴请长春市各民主党派负责人。社市委主委张红星应邀出席。

2月22日，社市委驻会副主委王进参加市人大常委会议。

3月4日，社市委机关全体女同志参加统战系统举行的庆"三八"活动。

3月5日，中共长春市委统战部召开干部人事会议，社市委驻会副主委王进、组织处处长马丽珍参加会议。

3月5日，社市委在长春万达电影院举行庆"三八"电影招待会，200余名女社员参加活动。

3月12日，社市委社科文教委员会召开会议，研究参政议政课题。驻会副主委王进参加会议。

3月20日，社省委主委支建华、副主委蔡鹏飞及各处处长到社市委机关调研。社市委驻会副主委王进作工作汇报，社省委主委支建华、社市委主委张红星作了讲话。社市委机关全体同志参加会议。

3月28日，社市委机关举行任职述职测评，顾红艳竞选办公室主任，黄晓音竞选宣传处处长。二位同志通过了民主测评。主委张红星出席会议。

3月29日，社市委召开十二届六次常委会议。主委张红星主持会议。会议内容：1.研究2008年社市委参政议政工作；2.研究举办《中科院院士长春论坛》有关事宜；3.向长春市科委申报软课题；4.建立九三学社长春市委科技服务平台；5.机关干部人事任免；6.审批新社员。

4月3日，社市委参政议政委员会主任付兴奎做客长春电视台《政协论坛》，探讨农村政策性金融问题。

4月25日，中共长春市委统战部召开"五一口号"座谈会，社市委驻会副主委王进参加会议并作了发言。

4月26日，为纪念"五一口号"发布60周年，社省委、社市委联合举行大型文艺演出。中共长春市委统战部、长春大学和社省市领导出席演出大会，400余名社员观看演出。

5月14日，社市委机关全体同志为四川汶川大地震捐款。同时，社市委在网站发布通知，号召广大社员积极参加抗震救灾活动。

5月20日，社市委副主委陈济生率领长春市房屋鉴定专家组前往四川地震灾区进行房屋检测任务，社市委驻会副主委王进代表九三学社长春市委到机场送行。

5月28日，社市委召开由常委和社内政协委员参加的工作会议。会议内容：1.学习杜青林同志在民主党派政治交接主题学习教育活动经验交流会上的讲话；2.通报社市委1—5月参政议政工作情况，布置市政协征文活动和"三百活动"；3.通报社市委投入抗震救灾工作情况。截至5月底，广大社员共捐款21万元人民币。

5月31日，社省委举行学习社九大精神、坚定走中国特色社会主义政治发展道路报告会，社市委130名基层骨干社员参加会议。

6月4日，社市委召开关于住房问题的课题调研研讨会，社市委驻会副主委王进，副主委陈济生，秘书长王在，参政议政特聘专家付兴奎、沈颂东出席会议。

6月24日，社市委举行长春九三科技服务平台开通仪式。社省委主委支建华，长春市政协副主席方曙光，中共长春市委统战部部长殷丽侬、副部长王殿奎及长春市各民主党派负责人应邀出席了开通仪式。

7月1—4日，中共吉林省委统战部召开市级领导干部培训班，社市委驻会副主委王进、副主委宋玉祥参加培训。

7月7日，社市委驻会副主委王进参加长春市人大科技文教调研活动。

7月8日，社市委驻会副主委王进参加长春市政协主席会议。

7月8日，哈尔滨市九三学社3位同志到访社市委机关。

7月10日，社市委驻会副主委王进参加社省委常委会议。

7月11日，社市委驻会副主委王进参加长春市政协常委会议。

7月16日，中共长春市委统战部理论中心组召开解放思想专题报告会，吉林省社会主义学院院长邴正作了报告。社市委机关及基层组织部分负责人参加会议。

7月17日，社市委召开十二届七次常委会议。

7月24日，社市委驻会副主委王进到房地局调研。机关全体同志参加中共长春市委统战部召开的统战系统保密工作会议。

7月28日，社市委驻会副主委王进、组织处处长马丽珍参加东北三省工作会议。

8月1日，中共长春市委统战部召开"纪念中共中央'五一口号'发布60周年，民主党派人士为建设美好长春做贡献表彰大会"，对62名先进个人予以表彰。社市委有12名社员获得表彰。

8月14日，中共长春市委统战部召开基层组织座谈会，主要谈及三个方面的问题，一是了解基层党派情况，二是开展工作情况，三是现存主要问题和困难。九三学社长春市南关区委员会、九三学社长春市朝阳区委员会、九三学社吉林大学委员会代表分别在会上作了发言。

8月15日，社市委驻会副主委王进参加长春市农博会新闻发布会。

8月20—22日，社市委驻会副主委王进参加长春市人大常委会议。

8月27日，社中央全国组织工作会议在长春举行，社市委基层组织80名社员参加会议。

9月2日，社市委机关召开会议传达中共长春市委统战部组织建设工作会议精神。

9月11日，社市委在吉林大学商学院召开参政议政工作会议，确定院士论坛由吉林大学商学院协办。

9月26日，社市委驻会副主委王进、组织处处长马丽珍参加社省委基层组织工作会议。

9月26日，机关部分同志参加长春市市直机关运动会。

10月8日，社市委主委张红星应邀出席民革长春市委员会成立50周年纪念大会。

10月9日，长春市科技局在长春理工大学宾馆举行项目评审会议，社市委承担的食品安全系统研究课题通过评审。

10月10日，中共长春市委统战部召开长春市各民主党派工作汇报会，听取长春市各民主党派全年重点工作完成情况及第四季度重点工作汇报。社市委驻会副主委王进参加会议并作了汇报。

10月24日，社市委驻会副主委王进参加长春市人大常委会议。

10月30日，由社市委主办、吉林大学商学院承办的"振兴东北 振兴长春"院士论坛在长春宾馆举行。

11月3日，社市委驻会副主委王进、组织处处长马丽珍参加九三学社吉林大学委员会换届工作会议。

11月5日，社市委驻会副主委王进、组织处处长马丽珍参加九三学社东北师范大学委员会换届工作会议。

11月12日，社省委举行学习教育活动表彰大会，基层组织负责人60人参加会议。社市委有10名社员受到表彰。

12月3日，社市委张红星、冯守华参加社中央全委会议。

12月9日，中共长春市委组织部考核副局级领导干部，驻会副主委王进述职。

12月15—19日，社市委主委张红星、驻会副主委王进参加长春市政协十一届二次全委会议。

12月21—26日，社市委主委张红星、驻会副主委王进参加长春市十三届人大二次会议。

**2009年**

1月5日，社市委召开机关工作会议，驻会副主委王进布置十二届三次全委会议工作事项。

1月7日，吉林省政协副主席、社省委主委支建华，市政协副主席、社市委主委张红星，社市委驻会副主委王进，社市委副主委张兴洲、王丽颖等领导和机关同志携带九三学社王选关怀基金资助款，来到受资助社员李滦宁所在工作单位——吉林大学朝阳校区，看望坚持在工作岗位的李滦宁同志并向她转交资助款，代表社组织向她表示亲切的慰问。

1月9日，社市委召开十二届三次全委（扩大）会议。驻会副主委王进主持会议。会议内容：1.秘书长王在传达了政协长春市第十一届委员会第二次会议精神；2.主委张红星代表社市委在会上作了常委会2008年度工作报告和2009年工作要点报告；3.副主委陈济生代表社市委宣读了关于表彰2006—2008年度先进集体、先进个人的决定。

1月13日，社市委主委张红星、驻会副主委王进参加社省委十三次全委会议。

1月14日，社省委和社市委联合到社市委宽城区兰家镇社会福利中心进行慰问。社省委副主委蔡鹏飞率领社省委社会服务处、办公室和社市委创新艺术团的演员们前去慰问。

1月14—21日，社市委驻会副主委王进带领机关干部慰问老社员。

1月17日，社市委主委张红星参加长春市政协招待各民主党派人士会议。

1月18日，社市委驻会副主委王进应邀参加九三学社长春市宽城区委员会全体社员大会。

1月19日，社市委驻会副主委王进，副主委陈济生、张兴洲、宋玉祥、王丽颖，秘书长王在，常委姜雪鹰、李铭，委员何英、佟晓红参加中共长春市委、长春市政府组织的社会各界联欢会。

1月22日，社市委全体机关干部参加中共长春市委统战部举办的统战系统联欢会。

2月1日，社市委驻会副主委王进参加长春市政府第四次全体会议。

2月4日，社市委召开机关工作会议，总结年前工作，安排近期工作。社市委驻会副主委王进带领机关全体干部学习长春市市长崔杰的讲话。

2月5日，社市委驻会副主委王进参加长春市人大常委会议。

2月10日，社省委和社市委召开省市对接工作会议，社市委全体机关干部参加会议。

2月12日，社市委驻会副主委王进参加中共长春市委统战部汇报会，布置年前、年后的工作重点。

2月18日，社市委全体机关干部学习《统一战线如何贯彻落实科学发展观》。

2月24日，社市委秘书长王在参加长春市政协提案工作会议。

2月25日，社市委驻会副主委王进应邀参加九三学社长春市南关区委员会活动。

3月3日，社市委副主委王丽颖参加中共长春市委统战部召开的"三八"国际妇女节座谈会。

3月3日，社市委全体机关干部参加统战部举办的"三八"国际妇女节联欢会，机关女同志演出了精彩的文艺节目。

3月4日，社市委召开机关工作会议，会上进行了理论学习。

3月5日，社市委组织全体机关干部认真听取了温家宝总理在全国人大会议上作的政府工作报告。

3月5日，为庆祝"三八"国际妇女节，社市委妇女委员会组织全体女社员开展健身活动。

3月6日，社市委秘书长王在参加长春市政协调研班子会议。

3月10日，社市委全体机关干部参加中共长春市委统战部召开的2008年长春市统战系统汇报会。会上，长春市副市长李树国、中共长春市委统战部部长殷丽侬作了讲话。

3月11日，社市委驻会副主委王进、参政议政委员会主任付兴奎参加长春市政协文史资料数据库平台建立仪式，此项活动是纪念政协成立60周年活动之一。

3月18—20日，社市委驻会副主委王进参加学习实践科学发展观学习月活动。

3月23日，社市委驻会副主委王进参加长春市人大关于《贯彻义务教育法》的会议。

3月24日，社市委主委张红星、驻会副主委王进、秘书长王在参加社省委常委会议。

3月25日，社市委全体机关干部参加中共长春市委统战部组织的学习实践科学发展观动员大会。会上，中共长春市委统战部部长殷丽侬作了讲话。

3月31日，社市委主委张红星、驻会副主委王进参加长春市政协常委会议。

3月31日，社市委驻会副主委王进参加中共长春市委统战部党派处研讨会议，听取2009年工作计划。

4月2—3日，社市委全体机关人员参加中共长春市委统战部举办的组织宣传培训班。

4月7日，社市委驻会副主委王进参加全市统战系统理论研讨会。

4月10日，社市委召开十二届九次常委会议。会议内容：1.社市委主委张红星主持并传达了《中共长春市委统战部关于支持民主党派领导班子建设的意见》；2.驻会副主委王进传达了社省委《落实中共中央统战部关于在统一战线开展"我为应对国际金融危机影响献一策活动"的通知》的精神；3.社市委参政议政委员会主任付兴奎汇报了2009年确定的调研课题；4.审批新社员。

4月15日，社市委召开机关工作会议，布置中共长春市委统战部举办的"我为长春发展献一策活动"稿件征集工作。

4月29日，社市委驻会副主委王进参加长春市人大安全会议。

5月13日，社市委驻会副主委王进、秘书长王在参加长春市政协举办的座谈会。

5月16日，社市委全体机关干部参加中共长春市委统战部召开的宣传培训会议。

5月19日，社市委驻会副主委王进参加长春市人大会议。

5月26日，社市委科技工作者委员会召开会议。主委张红星总结科技工作者对长春市发展的贡献，希望社市委科技工作者委员会在今后工作中发挥更大的作用。

6月1—2日，社市委机关干部和部分党外人士代表参加由中共长春市委统战部举办的党外人士会议。

6月22日，社市委召开机关工作会议，各处室作机关上半年工作总结。

6月23日，社市委驻会副主委王进向中共长春市委统战部作社市委2009年上半年工作总结。

6月30日，社市委驻会副主委王进参加长春市人大常委会议。

7月1日，社市委部分社员和机关全体工作人员参加社省委召开的当前形势和安全报告会。

7月2日，社市委驻会副主委王进参加长春市政协主席会议。

7月7—8日，社市委主委张红星、驻会副主委王进参加社省委常委会议。

7月17—18日，社市委领导班子成员向中共长春市委统战部届中述职。

7月28日，社市委秘书长王在参加长春市政协情况通报会。

8月11日，社市委驻会副主委王进参加长春市政协主席会议。

8月14日，社市委主委张红星、驻会副主委王进参加长春市政协常委会议。

8月15日，社市委召开第十一届十二次常委会。会议总结"我为长春发展献一策"征文情况及庆祝中华人民共和国成立60周年活动进展情况等。

8月25日，社市委驻会副主委王进参加长春市人大常委会议。

9月1日，社市委驻会副主委王进参加长春市政协提案会议。

9月3日，社市委领导班子和机关全体干部参加社省委庆祝九三学社成立60周年纪念活动。

9月23日，社市委驻会副主委王进参加长春市政协工作会议。

9月24日，社市委为纪念中华人民共和国成立60周年举办联欢会。

9月25日，社市委驻会副主委王进参加长春市人大会议。

9月26日，社市委主委张红星参加社会各界座谈会。

9月29日，社市委主委张红星、驻会副主委王进参加中共长春市委、长春市政府举办的庆祝中华人民共和国成立60周年文艺晚会。

10月10—12日，社市委处级以上干部参加中共长春市委统战部召开的工作会议。

10月14—20日，社市委驻会副主委王进参加中共长春市委统战部学习班。

10月14日，社市委主委张红星参加九三学社税务学院支社届中调研会议。

10月21日，社市委驻会副主委王进参加九三学社长春市儿童医院支社活动。

10月27日，社市委驻会副主委王进参加长春市人大常委会议。

10月28日，社市委调研处李恩久参加长春市政协提案会议。

11月4日，社市委召开机关工作会议，确定向长春市政协大会提交的提案和发言，布置高层论坛事项和十二届十一次常委会准备情况。

11月13日，社市委召开十二届十一次常委会。会议内容：1.研究向长春市政协会议提交提案事项；2.听取高层论坛准备情况；3.研究九三学社长春师范学院建设情况；4.发展新社员。

11月17日，社市委驻会副主委王进参加长春市政协民生与养老服务会议。

11月22日，社市委在机关会议室召开"全国双钢筋技术推广协作网"代表大会，社员赵材建主持会议。

12月22—25日，社市委驻会副主委王进参加长春市政协十一届三次会议。

11月25日，社市委驻会副主委王进参加长春市政协汇报会。

11月27日，社市委召开"聚九三智慧　谋长春发展"高层论坛。

## 2010年

1月4日，长春市政协在长春宾馆宴请各民主党派历任主委。马驷良、李惟出席。

1月5日，中共长春市委统战部宴请长春市各民主党派负责人。社市委驻会副主委王进出席。

1月5—9日，社市委主委张红星、驻会副主委王进参加长春市政协十一届三次会议。

1月8—11日，社市委办公室主任顾红艳、组织处田慧赴哈尔滨参加东北三省工作会议。会议围绕"如何进一步搞好参政议政工作"进行了研讨，三省社参政议政工作负责同志分别作了大会发言，介绍在参政议政工作方面的经验和体会。

1月10—15日，社市委驻会副主委王进参加长春市十三届人大三次会议。社市委主委张红星出席开幕式和闭幕式。

1月15日，社省委召开六届四次全委会议，机关全体同志参加会议。会上，社市委被评为2009年度宣传工作先进单位，荣获庆祝"中华人民共和国成立60周年暨多党合作确立60周年"征文活动优秀组织奖。有10名社员分别荣获社省委"社情民意和宣传工作先进个人"荣誉称号。

1月25日，社市委机关召开工作会议。机关同志进行了述职。

1月29日，社市委召开十二届五次全委（扩大）会议。会议内容：1.传达九三学社十二届三次会议精神、九三学社吉林省六届四次会议精神；2.传达政协长春市第十一届委员会第三次会议精神；3.听取和审议常委会2009年度工作报告和社市委2010年工作要点报告；4.通报社吉林省六届四次全体会议对社情民意工作和宣传工作表彰情况、社市委"我为长春发展献一策"、中华人民共和国成立60周年征文等活动的总结，并为在活动中表现突出的社员颁发证书。

1月31日，九三学社吉林大学委员会召开2009年年终总结大会。社市委主委张红星、驻会副主委王进出席会议。

2月3日，中共长春市委统战部在国际会展中心召开全市统战系统联欢会。会上总结了2009年全年工作，并对统战系统先进个人和先进处室进行了表彰。社市委机关干部顾红艳、黄晓音、闫石被评为先进个人，调研室被评为先进处室。

2月3日，社市委驻会副主委王进应邀参加中共长春市宽城区委召开的社会各界人士代表活动。

2月4日，中共长春市委、长春市政府召开社会各界人士招待会。社市委李惟、马驷良、张红星、王进、宋玉祥、张兴洲、王丽颖出席会议。

2月9日，社市委驻会副主委王进参加九三学社朝阳区委员会开展的基层活动。

2月10日，社市委驻会副主委王进参加社直委员会开展的基层活动。

2月10日，社市委主委张红星、驻会副主委王进参加长春市政协举办的新春招待会。

2月20日，长春市政府召开第七次全体会议。市长崔杰总结2009年全年工作，部署2010年全年工作。社市委办公室主任顾红艳参加会议。

2月22日，社市委驻会副主委王进参加长春市十三届人大十八次会议。

3月4日，中共长春市委统战部举办"三八"国际妇女节联欢会。社市委机关全体女同志参加，驻会副主委王进出席会议。

3月5日，社市委为庆祝"三八"国际妇女节100周年，举办了女性健康专题讲座。社内50余名女社员参加。

3月15日，社市委机关召开工作会议，学习社会主义核心价值体系。

3月16日，社市委召开常委会议。

3月19日，吉林省政协副主席、九三学社吉林省委员会主委支建华，九三学社吉林省委员会副主委蔡鹏飞、秘书长金国庆，社市委驻会副主委王进、副主委张兴洲前往吉林大学调研。

3月24日，中共长春市委统战部召开全市统战部长会议暨对台工作会议，机关副处级以上干部参加会议。

3月25日，社市委150名社员和机关全体同志参加中共吉林省委统战部举办的"树立和践行社会主义核心价值体系"报告会。

3月30日，社市委驻会副主委王进参加长春市政协征求意见会，就中共长春市委《关于加强政协工作的意见》提出建议。

4月8日，中共长春市委统战部副部长赵安武在长春市民主党派大楼二楼会议室听取社市委驻会副主委王进关于九三学社长春市委的工作汇报。

4月14日，社市委驻会副主委王进参加九三学社长春师范学院支社成立大会。

4月16日，社市委召开十二届十三次常委会议，主要议题为：集中学习社会主义核心价值体系相关内容，研究部署在社内开展此次活动的步骤和安排。

4月20日，中共长春市委统战部召开统战系统理论中心组学习（扩大）会议，机关全体同志参加会议并听取副部长赵安武就"建设学习型党组织，创建和谐型机关"所作的专题报告。

4月26日，社市委机关全体同志参加长春市政协成立60周年纪念大会。

4月28日，长春市人大召开会议，社市委驻会副主委王进出席会议。

5月7日，社市委机关全体同志及50名社员参加吉林省统一战线学习践行社会主义价值体系报告会。

5月11日，社省委在社市委机关会议室召开2010年参政议政工作长春市现场会。驻会副主委王进代表社市委介绍了近年来社市委在参政议政方面取得的成绩和经验。

5月13日，长春市政府召开2010年全市政府系统信息暨业务培训工作会议。机关宣传处负责人参加会议。

5月17日，社市委驻会副主委王进作为评委参加长春市公务员面试。

5月19日，社市委机关召开工作会议。

5月20日，社市委驻会副主委王进参加社省委在锦州召开的工作会议。

5月26日，社市委驻会副主委王进参加长春市人大常委会议。

5月28日，社市委驻会副主委王进参加长春市人大调研座谈会。

6月9日，社市委驻会副主委王进参加长春海外联谊会常务理事三届二次理事会。

6月22日，社市委驻会副主委王进参加长春市人大视察工作。

6月24日，社市委机关干部赵彤、于帼荣参加社省委宣传工作会议。

6月28—29日，社市委驻会副主委王进参加长春市人大常委会议。

7月10日，社市委驻会副主委王进、办公室主任顾红艳、组织处田慧参加社直净月潭活动。

7月14日，社市委驻会副主委王进参加长春市政府2010年度第八次会议。

7月15日，社市委驻会副主委王进参加长春市政协理论中心组织的学习活动。

7月23日，社市委召开十二届十四次常委会议，机关全体同志参加会议。

7月27日，社市委机关全体同志参加社省委举办的全省组织工作研讨会。

8月1日，社市委驻会副主委王进参加社中央参政议政工作会议。

8月10日，九三学社一汽集团委员会召开换届大会，社市委主委张红星、驻会副主委王进出席会议。

8月11日，长春市政协召开"十二五"规划建议情况汇报会。社市委办公室主任顾红艳参加会议。

8月11日，吉林省政府召开灾后恢复重建工作视频会议（长春分会场），社市委科教处处长闫石参会。

8月24日，社市委机关全体同志参加防火知识培训。

8月25日，社市委驻会副主委王进参加长春市人大常委会议，会期3天。

9月1日，社市委驻会副主委王进，机关干部赵彤、于帼荣参加长春市政协会议。

9月8日，社市委驻会副主委王进接待东北师范大学党委统战部负责人。

9月16日，社市委驻会副主委王进、秘书长顾红艳参加在华天大酒店举行的"长吉图"论坛。

9月17日，社市委主委张红星、驻会副主委王进参加长春市政协常委会议。

9月21日，社市委机关全体同志参加长春市统战系统联欢会。

9月28日，社市委驻会副主委王进参加长春文庙纪念孔子诞辰2561周年活动。

10月9—12日，社市委驻会副主委王进参加在厦门召开的九三学社全国副省级城市基层组织建设和机关建设研讨会。

10月12—16日，社市委驻会副主委王进参加社中央举办的理论研讨会。

10月16—26日，社市委驻会副主委王进参加中共长春市委统战部调研会。

11月1—3日，社市委举办新社员培训班。

11月24日，长春市政协召开提案工作会议，社市委机关干部赵彤参会。

12月2日，九三学社长春市委员会高层论坛在东北师范大学举行，社市委机关全体同志参会。

12月15日，社市委驻会副主委王进、秘书长顾红艳参加九三学社税务学院支社联欢会。

12月15日，九三学社长春分社科技咨询服务分中心正式成立。

## 2011年

1月12日，社市委全委会议在长春北苑宾馆学术交流中心召开。

3月1日，社市委驻会副主委王进参加长春市统战部长会议。

3月7日，社市委妇女工作委员会庆祝"三八"国际妇女节，组织女社员观看电影。

3月15日，社市委驻会副主委王进、组织处副调研员张红梅参加九三学社长春市儿童医院支社换届大会。

3月25日，社市委驻会副主委王进参加长春市政协召开的主席工作会议。

3月28日，社市委驻会副主委王进、宣传处处长黄晓音参加中共长春市委统战部召开的统战宣传工作会议。

3月29日，社市委驻会副主委王进参加长春市政协常委会议。

3月29日，社市委机关召开工作会议。

3月30日，九三学社双阳区支社负责人到机关商谈换届工作。

4月2日，社市委召开十二届十七次常委会议。

4月9日，社市委到九三村开展医疗义诊活动。

4月11日，社市委全体机关同志参加统战系统机关干部理论学习讲座，听取吉林省社会主义学院林萍教授作《新世纪新阶段的统一战线》报告。

4月15日，社市委驻会副主委王进、办公室主任顾红艳参加在湖北武汉召开的九三学社全国副省级城市第五次工作联席会议并作经验交流。

4月16日，社市委机关6名同志参加社省委召开的全省机关干部培训班。

4月20日，社市委机关全体同志参加中共长春市委统战部召开的"同心"品牌、"同心"实践动员会。

4月22日，社市委驻会副主委王进参加长春市人大常委会议。

4月23日，社市委驻会副主委王进参加中央社会主义学院培训班。

5月5日，社市委机关召开工作会议。

5月6日，社市委驻会副主委王进参加长春市政协常委会议。

5月20日，社市委驻会副主委王进、办公室主任顾红艳与吉林工商学院商谈成立基层组织事宜。

5月21日，社市委机关同志参加九三学社长春市南关区委员会活动。

5月23日，社市委驻会副主委王进到长春市宽城区商谈换届工作。

5月27日，社市委全体机关同志参加长春市市直机关运动会。

6月1日，中共长春市委统战部召开会议，社市委驻会副主委王进汇报参政议政工作。

6月3日，社市委驻会副主委王进参加长春市民建成立55周年庆祝大会。

6月9日，社省委召开理论研讨会，社市委宣传处处长黄晓音参加会议。

6月10日，社市委驻会副主委王进参加东北师范大学举办的建党90周年文艺演出大会。

6月15日，社市委驻会副主委王进参加长春市民革举办的建党90周年文艺演出大会。

6月17日，社市委6名社员参加社省委纪念建党90周年"同心行"知识竞赛。

6月21日，社市委机关全体同志参加长春市统战系统大会，听取中共长春市委党校杨健教授所作的专题讲座。

6月22日，社市委主委张红星参加中共长春市委统战部召开的建党90周年座谈会。

6月24日，社市委召开建党90周年红歌会。

6月24日，社市委驻会副主委王进参加中共长春市委统战部举办的建党90周年图片展开幕式。

6月24日，社市委主委张红星参加中共长春市委统战部召开的座谈会。

6月28日，社市委主委张红星、驻会副主委王进参加社省委举办的建党90周年座谈会。

7月1日，社中央召开全国社史首次工作会议，社市委机关干部于帼荣参加会议。

7月4日，社市委驻会副主委王进参加长春市政协在北戴河组织的培训班。

7月8日，社市委机关全体同志观看电影《建党伟业》。

7月19日，社市委主委张红星参加长春市政协常委会议。

7月22日，社市委驻会副主委王进参加长春市人大常委会议。

7月25日，社市委驻会副主委王进听取九三学社双阳区支社工作汇报。

7月27日，社市委驻会副主委王进、办公室主任顾红艳参加长春市政协理论研究会成立大会。

7月28日，社市委驻会副主委王进参加长春市农博会组委会第二次会议。

8月2日，社市委主委张红星、驻会副主委王进参加中共长春市委统战部召开的换届工作会议。

8月15日，九三学社宽城区委员会召开届中调整工作会议，社市委办公室主任顾红艳兼任九三学社长春市宽城区委员会主委。

8月16日，社市委机关召开工作会议，布置换届工作。

8月19日，社市委主委张红星参加长春市政协视察工作。

8月22—31日，社市委驻会副主委王进赴西藏考察。

9月15日，社市委两支代表队参加社省委举办的乒乓球比赛。

9月19日，社市委召开主副委办公会，机关各处室汇报换届大会筹备情况。

9月20—24日，社市委6名机关干部参加社省委举办的中青年干部研修班。

11月4日，社市委在长春市民主党派大楼二楼会议室举办新委员培训班。

11月29日，九三学社长春市委员会被评为"各民主党派工商联无党派人士为全面建设小康社会作贡献先进集体"。驻会副主委王进代表社市委出席在北京人民大会堂举行的表彰大会。

12月13—15日，社市委在长春市中日友好会馆召开九三学社长春市第十三次代表大会。

12月21—23日，社市委驻会副主委王进参加长春市政协会议。

12月26—30日，社市委驻会副主委王进参加长春市人大会议。

**2012 年**

1月20日，社市委机关同志参加长春市统战系统联欢会。

2月21日，社市委机关处级以上同志参加全市统战部长会议。

2月24日，社市委驻会副主委王进参加长春市人大常委会议。

3月2日，社市委机关全体女同志参加长春市统战系统健康讲座。

3月7日，社市委妇女工作委员会开展"三八节"徒步活动。

3月9日，社省委到社市委检查工作。社市委驻会副主委王进接待南宁九三学社考察团。

3月20日，社市委全体机关同志参加中共长春市委统战部理论中心组学习。

3月22日，社市委驻会副主委王进、秘书长顾红艳参加社省委常委会议。

3月23日，社市委秘书长顾红艳参加长春市政协常委会议。

3月26日，社市委秘书长顾红艳参加国务院第五次廉政工作电视电话会议。

3月30日，社市委在机关会议室召开十三届二次常委会议。

4月11日，社市委驻会副主委王进、组织处处长张红梅参加九三学社宽城区委员会召开的换届大会。

4月25—28日，社市委驻会副主委王进参加在成都召开的九三学社全国副省级城市工作联席会议，会议主题为"参政议政工作经验分享、区域经济发展中副省级城市的领先发展作用研讨"。

5月10日，社市委驻会副主委王进参加长春市人大参政议政工作会议。

5月16日，社市委宣传处同志参加中共长春市委统战部举办的宣传干部培训班。

5月17日，社市委驻会副主委王进参加社省委参政议政工作会议。

5月26日，社市委驻会副主委王进接待九三学社哈尔滨市委员会来访同志。

5月27日，社市委在吉林省自然村举办高层论坛，机关同志全体参加。

6月6日，社市委机关全体同志参加长春市市直机关职工健康表演赛活动。

6月20日，社市委机关全体同志参加中共长春市委统战部召开的机关建设工作会议。

7月4日，社市委机关全体同志参加在长春市民主党派大楼一楼多功能厅举办的全市统战系统学习教育活动。

7月5日，社市委妇女工作委员会举办健康讲座。

7月6日，社市委驻会副主委王进参加长春市政协视察工作，秘书长顾红艳参加长春市政府第三次科技创新会议。

7月13日，九三学社全国机关建设会议在青岛召开，社市委驻会副主委王进参加会议。

7月24日，社市委驻会副主委王进参加九三学社吉林农业大学委员会和九三学社长春工业大学支社联合召开的基层组织建设工作座谈会。

7月25日，社市委企业家委员会与青年委员会在长春华美达酒店举行联谊活动。

7月29日，社市委驻会副主委王进参加九三学社长春市宽城区委员会在净月山庄种植园开展的民主生活会。

8月1日，社市委驻会副主委王进参加长春农博会组委会工作会议。

8月3日，社市委在长春宾馆接待九三学社武汉市委员会来访同志。

8月10日，社市委驻会副主委王进、秘书长顾红艳参加长春市政协常委会议。

9月3日，社市委召开十三届四次常委会议及九三学社成立67周年座谈会。

9月17日，社市委驻会副主委王进参加长春市人大视察活动。

9月18日，社市委到长春市交通局调研。

9月27日，社市委驻会副主委王进及社内政协委员参加长春市政协举办的"庆国庆中秋茶话会"。

10月25日，社市委秘书长顾红艳参加长春市政协会议。

11月8日，社市委全体机关干部收看党的十八大开幕式。

11月15日，社市委主委张红星参加在中共长春市委机关召开的各民主党派座谈会。

11月30日，社市委主委张红星、驻会副主委王进参加九三学社第十次全国代表大会。

12月19日，社市委驻会副主委王进及社内人大代表参加长春市人大会议。

## 2013年

1月11日，社市委召开第十三届五次常委会议。会议由主委张红星主持。驻会副主委王进，副主委王丽颖、李铭、王秋利、张文祥出席会议。会议内容：1.学习中共十八大精神；2.主委张红星作第十三届委员会常务委员会2012年度工作报告；3.通过《九三学社长春市委关于表彰2012年度先进基层组织、先进个人的决定》；4.审批32名新社员。

1月11日，社市委召开十三届二次全委会议。驻会副主委王进主持会议，主委张红星及副主委王丽颖、李铭、王秋利、张文祥出席会议。会议内容：1.学习中共十八大精神，传达九三学社第十次全国代表大会精神和长春市政协十二届一次会议精神；2.主委张红星作第十三届委员会常务委员会2012年度工作报告；3.表彰2012年度先进基层组织和先进个人。

1月14日，长春市政协提案委员会召开全体会议，社市委《关于推进我市公交优先的建议》被确定为重点提案之一。

1月17日，长春市政协主席崔杰到社市委机关指导工作。

1月22日，社市委青年委员会和企业家委员会在长春中信城净月山会馆举办"成功在路上"主题庆祝晚会。

2月4日，社省委秘书长金国庆在社市委机关将九三学社王选关怀基金资助款转交给社员马丽珍，代表社组织向她表示亲切的慰问。

3月7日，社市委举办主题为"春日暖流，怒人花香"的庆"三八"国际妇女节活动。社省委驻会副主委蔡鹏飞，中共长春市委统战部副部长张守刚，社市委驻会副主委王进、副主委王丽颖、秘书长顾红艳及150位女社员参加活动。

3月27日，社市委在机关会议室召开参政议政工作座谈会。驻会副主委王进、副主委陈济生、参政议政委员会委员、社内长春市人大代表、社内长春市政协委员和部分基层组织负责人出席会议。

4月1日，政协长春市第十二届委员会在长春市新华宾馆召开聘请文史专员会议。九三学社社员王明时教授作为受聘文史专员代表在会上发言。

4月10日，社市委在机关会议室召开十三届六次常委会议。会议由主委张红星主持。会上学习了中共十八大精神，并就2013年几项重要工作进行了说明。

5月7日，社中央十三届三次常委会议在长春召开。

5月23日，社市委驻会副主委王进参加长春市各民主党派"同心"服务基地活动。

6月25日，长春市政协召开十二届三次常委会议，社员杨青山在会上作了题为《长春市旅游产品设计与营销策略》的发言，社员李诚固作了题为《长春市旅游业的发展思路、目标与保障措施》的发言。发言得到与会市级领导重视。

6月29日，社市委在关东文化园召开十三届七次常委会议。

6月29日，九三学社长春市宽城区委员会成立首家"九三社员之家"。

7月10日，社市委召开九三学社长春书画摄影社成立大会。

8月4日，社市委举办民营经济发展高层论坛。

8月26—27日，九三学社全国副省级城市第七次工作联席会议在济南召开，本次联席会议以"资源共享，整合力量，努力提高参政议政能力和水平"为主题。社市委驻会副主委王进、秘书长顾红艳参加会议。

9月3日，社市委召开纪念九三学社成立68周年暨长春市地方组织成立59周年座谈会。

10月23日，社省委召开新时期参政党理论研讨会。

10月30日，社市委在机关会议室召开十三届八次常委会议。会议内容：1.学习"党的群众路线教育实践活动"有关内容；2.总结2013年参政议政工作情况；3.审批新社员32名。

11月20日，社市委驻会副主委王进、组织处处长张红梅参加九三学社东北师范大学委员会举行的换届大会。

11月28日，社市委在机关会议室召开参政议政工作座谈会。

12月28日，社市委驻会副主委王进参加九三学社长春市宽城区委员会举办的辞旧迎新联欢会。

## 2014 年

1月9日，社内长春市政协委员班云峰到社市委机关就尽快解决石头口门水库水源地污染问题同驻会副主委王进、参政议政专家组组长付兴奎等进行深入研讨。

1月11日，社市委文化教育委员会与《城市》杂志社携手开展青年竞争力课堂活动，邀请著名情感节目主持人、实战心理专家、职业规划师北辰老师讲授如何提升职场情商。

4月18日，社省委、社市委驻会领导和机关同志到吉林省水源地生态农业开发有限公司进行湿地调研，了解长春市用水安全问题。

5月16日，九三学社长春书画摄影社召开会议，决定更名为"九三学社长春书画院"。社市委驻会副主委王进、秘书长顾红艳出席会议。

8月25日，社市委召开关于制作基层组织画册的协调会。

9月3日，社市委召开十三届十一次常委会议和纪念九三学社成立69周年暨长春市九三学社成立60周年纪念大会。

9月5日，社市委召开参政议政工作会议，研究中小企业发展状况及相关政策有关课题。

9月12日，社市委机关同志参观在吉林艺术学院造型校区美术馆举办的金中浩书画展。

9月22日，社市委召开十三届十二次常委会议。

9月25日，社市委召开十三届四次全委会议。

9月28日，社市委驻会副主委王进一行走访慰问老同志孙春蔚。

10月8日，社市委召开机关工作会议。

10月10日，社市委在吉林东北亚文化创意科技园召开智慧教育研讨会。驻会副主委王进、秘书长顾红艳参加会议。

10月19—22日，九三学社全国副省级城市第八次工作联席会议在南京召开，本次联席会议的主题是深入开展"坚持和发展中国特色社会主义"学习实践活动经验学习交流。社市委驻会副主委王进、秘书长顾红艳和办公室主任许辉参加会议。

10月23—25日，社省委就"关于开展民族历史文化保护与新型城镇化建设"课题开展调研，社市委参政议政工作专职负责人及2名特邀信息员参加调研工作。

10月24日，社省委在伊通满族自治县召开全省参政议政工作会议。社市委机关干部赵彤、宋安宁及特邀信息员付兴奎、李小霞参加会议。

10月29日，社市委在长春市民主党派大楼举行东北师范大学向长春市"九三社员之家"捐赠钢琴仪式。东北师范大学党委统战部部长邢宇、九三学社东北师范大学委员会主委高玉秋、社市委驻会副主委王进、中共长春市委统战部党派处处长庹丽琴出席捐赠仪式。

10月31日，长春市十四届人大常委会十三次会议举行联组会议，就长春市政府关于保障性住房建设和管理情况进行询问。长春市人大常委会委员、社市委驻会副主委王进参加询问会。

11月，九三学社长春市直属新区委员会主委石浩男上报的《关于成立"九三学社中央青年工作委员会"的工作建议报告》先后提交到九三学社吉林省委、九三学社中央委员会，经社中央主席办公会批准，该建议被采纳。

11月4日，社市委机关干部参加九三学社吉林省宣传工作会议，社省委副主委金国庆到会并讲话。会上对"我的九三情缘"主题征文评比结果进行表彰。在征文评比中，长春市九三学社社员高玉秋、王松心荣获一等奖，孟美青荣获二等奖，曹剑菲、王晖荣获三等奖。

11月12日，社市委驻会副主委王进带领社内医疗专家一行10余人，前往榆树市开展医疗义诊活动。专家组成员来自吉林大学第四医院、吉林大学中日联谊医院和长春市中心医院3所医院的眼科、儿科、中医科、心血管内科、消化内科、骨科和呼吸内科。社市委首次把"国际科学与和平周活动"引进榆树市。

11月26日，社市委在机关会议室召开参政议政工作会议。社市委驻会副主委王进、副主委李铭、秘书长顾红艳、参政议政委员会主任杨青山，社内政协委员、参政议政骨干共15人参加会议。

12月5日，长春市人大常委会第十五次会议表决通过补选九三学社长春市委常委、九三学社吉林大学委员会副主委、吉林大学商学院教授、博士生导师沈颂东同志为长春市第十四届人民代表大会代表。同时，沈颂东同志被长春市人大常委会推荐为长春市十四届人大第三次会议主席团成员。

12月17日,社市委驻会副主委王进在机关会议室就参政议政工作接受长春电视台采访。

12月26日,中共长春市委、长春市政府召开专题议政会,长春市政协副主席、九三学社长春市委员会主委张红星参加会议,并就发展农业产业集群提升农产品区域品牌竞争力提出建议。副市长白绪贵出席会议。中共长春市委统战部副部长张守刚、长春市各民主党派驻会副主委、长春市工商联副主席参加会议。

12月31日,社市委直属委员会与共青团吉林省委在长春工业大学南湖校区学生文化活动中心大礼堂共同举办《中国梦·科学梦——科普儿童舞台剧吉林省高校公益演出系列大型活动》大型公益排演现场活动。

## 2015年

1月9日,社市委驻会副主委王进到九台卡伦经济开发区的九台大学生创业园,对社市委经济科技委员会高校科研孵化基地的筹备工作进行视察。

1月22日,社市委秘书长顾红艳、宣传处处长黄晓音参加中共长春市委统战部召开的宣传工作会议。

1月28日,社市委召开十三届十三次常委会议。主委张红星主持会议。会议内容:1.审议通过《社市委十三届委员会2014年工作报告和2015年工作计划》及《关于增补社市委十三届委员、常委的议案》;2.传达社省委《九三学社吉林省委关于基层组织换届工作的意见》,通过了关于召开十三届五次全委(扩大)会议的决定;3.审批52名新社员。

1月28日,社市委在长春中日友谊会馆召开十三届五次全委(扩大)会议。九三学社吉林省委副主委蔡鹏飞、组织处处长茅红蕾,中共长春市委统战部党派处处长庹丽琴应邀出席会议。长春市政协副主席、社市委主委张红星,驻会副主委王进,副主委陈济生、王丽颖、李铭、王秋利,秘书长顾红艳参加会议。

2月4日,中共长春市委统战部部长刘德生前往长春市人大常委会原副主任、九三学社长春市委原主委马驷良家中,代表中共长春市委送上慰问和新春祝福。

2月6日，社市委组织处处长张红梅参加九三学社长春市双阳区委员会召开的2014—2015年度工作会议。

3月4日，社市委组织女社员到长春市雕塑公园参观，庆祝即将到来的"三八"国际妇女节。

3月10日，社市委驻会副主委王进主持召开机关工作会议，研究落实全市统战部长会议各项任务。会上传达了《全国和全省统战部长会议精神传达提纲》《刘德生部长在全市统战部长会议上的讲话》及《2015年全市统战工作要点》。

3月17日，长春市政协经济科技委员会一行4人到社市委机关就《为编制"十三五"规划建言献策有奖征文活动的通知》进行调研。长春市政协经科委主任赵明、副主任吕冬蕾，社市委驻会副主委王进、秘书长顾红艳等10余人参加会议。

3月23日，社市委驻会副主委王进主持召开机关全体干部工作会议，布置下一阶段各项工作任务。

3月26日，社市委在机关会议室召开参政议政工作会议。社市委驻会副主委王进、副主委李铭、秘书长顾红艳、参政议政委员会主任杨青山，社内政协委员、参政议政骨干，机关处级干部共20余人参加会议。

4月1日，社市委直属委员会12名支社负责人在"九三社员之家"召开会议。

4月11日，社市委直属委员会机关支社为纪念九三学社成立70周年，组织45名社员到长春市净月潭国家森林公园开展徒步行郊游活动。社市委驻会副主委王进参加活动。

4月11日，社市委驻会副主委王进参加社市委直属委员会教育支社携手吉林动画学院举办的"领略民办高校蓬勃发展，感受动画艺术无穷魅力"主题参观活动。

4月15日，社市委在机关会议室召开十三届十四次常委会议。主委张红星，驻会副主委王进，副主委王丽颖、李铭、王秋利，秘书长顾红艳出席会议，机关各处室负责人列席会议。

6月5日，由社市委主办、九三学社吉林大学委员会承办的"欢乐大健康 幸福长春人"大型义诊活动在长春市文化广场举行。长春市政协副主席、社市委主委张红星，驻会副主委王进，秘书长顾红艳及社市委机关全体同志参加活动。

6月12日，社市委在机关会议室举办"书法鉴赏及书法收藏"专题讲座。

7月9日，社市委在机关会议室召开十三届十五次常委会议。主委张红星，驻会副主委王进，副主委王丽颖、李铭、王秋利，秘书长顾红艳出席会议，机关各处室负责人列席会议。王进主持会议。会议内容：1.学习《新形势下统一战线事业的科学指导和行动指南》理论文章，深入学习贯彻中央统战工作会议精神和《中国共产党统一战线工作条例（试行）》；2.秘书长顾红艳报告社市委上半年的工作总结及下半年工作计划；3.审批79名新社员。

7月30—31日，"九三学社首届全国青年论坛"在长春市南湖宾馆举行。全国政协副主席、社中央主席韩启德，全国政协副主席（时任全国政协副秘书长）、社中央常务副主席邵鸿，中共吉林省委常委、组织部部长齐玉出席会议并讲话，社中央组织部部长杨玲，中共吉林省委统战部副部长刘青春，吉林省政协副主席、社吉林省委主委支建华出席会议，九三学社长春市直属新区委员会主委石浩男被任命为论坛秘书长并主持开幕式。论坛发表了《九三青年宣言》，向九三学社全体青年社员发出"荣光照耀历史，我们当继往开来""责任就在今日，我们当不辱使命""行动创造未来，我们当知行合一"的宣言。

8月31日，社市委召开座谈会，纪念中国人民抗日战争胜利70周年暨九三学社创建70周年。吉林省政府参事、社省委副主委蔡鹏飞出席会议并讲话。长春市政协副主席、社市委主委张红星，驻会副主委王进，副主委陈济生、李铭、王秋利，秘书长顾红艳出席座谈会。社市委委员、各基层组织负责人及宣传委员共120人参加会议。

8月31日，社市委在长春国盛大酒店举行《长春九三印迹——长春基层组织风采录》发行仪式。长春市政协副主席崔国光，吉林省政府参事、社省委副主委蔡鹏飞，长春市政协副主席、社市委主委张红星，中共长春市委统战部党派处处长庹丽琴，社市委驻会副主委王进，社市委副主委陈济生、李铭、王秋利，社市委秘书长顾红艳出席活动。

10月11—12日，九三学社全国副省级城市第九次工作联席会议在大连召开，本次会议的主题是"提高市级地方组织在协商民主中的能力建设"。社市委驻会副主委王进参加会议。

10月23日，社市委驻会副主委王进、组织处处长张红梅参加九三学社长春市绿园区支社在绿园区政府召开的第十次社员代表大会。会议选举产生新一届基层委员会。

10月29日，由社市委与中国民主同盟长春市委员会联合举办的企业家论坛讲座在长春市民主党派大楼一楼多功能厅举行。社市委常委、九三学社吉林大学委员会副主委、吉林大学商学院博士生导师沈颂东教授作了专题讲座。

10月30日，社市委驻会副主委王进参加长春市人大常委会议。

10月31日，社市委在长春市清华宾馆召开十三届十六次常委会议。主委张红星，驻会副主委王进，副主委陈济生、王丽颖、李铭、王秋利，秘书长顾红艳出席会议，机关各处室负责人列席会议。张红星主持会议。会议内容：1.学习《中国共产党统一战线工作条例》，深入学习贯彻九三学社创建70周年大会有关文件精神；2.研究并通过了2015年下半年社市委参政议政工作计划，决定成立基层组织建设指导小组等事宜；3.审批32名新社员。

11月7日，社市委驻会副主委王进、组织处处长张红梅参加九三学社长春市绿园区支社开展的以参政议政为主题的培训活动。本次培训由支社主委安璀颖主持，邀请了吉林农业大学高等教育研究所所长付兴奎教授授课。

11月23日，社市委组织部分骨干社员赴重庆西南大学开展为期6天的骨干社员培训活动。

12月9日，九三学社长春大学支社换届大会在学校综合楼会议室举行。社市委驻会副主委王进、组织处处长张红梅，学校党委副书记靳国庆及统战部相关同志出席会议。会议选举产生新一届基层委员会。

12月10日，长春市人民政府公布《关于长春市第六批有突出贡献专家人选公示公告》，社员吕康银、宋伟宏入选"长春市第六批有突出贡献专家"。

12月12日，九三学社吉林大学委员会开展骨干社员培训暨专家论坛活动，70多名社员参加活动。社市委驻会副主委王进、组织处处长张红梅，校党委统战部部长全华等参加活动。

12月14日，九三学社长春市直属法律综合委员会成立。

12月17日，九三学社长春市二道区委员会在长春国际会展中心召开第七次全体社员大会。社市委驻会副主委王进、组织处处长张红梅，中共长春市二道区委副书记刘任远，中共长春市委统战部部长程远涛、副部长王学兵，以及二道区其他民主党派负责人参加会议。会议选举产生新一届基层委员会。

12月27日，社市委在长春市清华宾馆召开十三届十七次常委会议。主委张红星主持会议。会议内容：1.传达九三学社吉林省委七届十六次常委会议和七届五次全委会议精神；2.分别审议了《九三学社长春市委常委会2015年度工作报告》《关于召开九三学社长春市委十三届第六次全委（扩大）会议的决定》及《九三学社长春市委关于表彰2015年度先进个人的决定》；3.组织处处长张红梅作关于基层组织换届情况的汇报；4.审批152名新社员。

12月27日，社市委在长春市清华宾馆召开十三届六次全委（扩大）会议。出席会议的领导有社省委副主委蔡鹏飞，长春市政协副主席、社市委主委张红星，社市委驻会副主委王进，社市委副主委陈济生、王丽颖、李铭、王秋利，社市委秘书长顾红艳。社市委委员、基层组织负责人和机关各处室负责人列席会议。王进主持会议。会议内容：1.学习中共十八届五中全会精神；2.审议通过张红星主委所作的《九三学社长春市第十三届常务委员会2015年工作报告》；3.副主委陈济生宣读了《九三学社长春市委关于表彰2015年度先进个人的决定》，并由与会领导为获奖集体和个人颁奖。

## 2016年

1月12日，社市委召开参政议政专题工作会议。

1月13日，九三学社吉林建筑大学支社召开换届大会。社市委驻会副主委王进、组织处处长张红梅、吉林建筑大学党委统战部部长陈煜平出席会议。民革吉林建筑大学支部主委张国明、民盟吉林建筑大学委员会副主委赫双龄、民进吉林建筑大学支部主委段文峰等民主党派代表到会祝贺。会议选举产生新一届基层委员会。

1月21日，九三学社长春市朝阳区委员会在名人酒店举行第四次社员代表大会。吉林省政府参事、社省委专职副主委蔡鹏飞，长春市人大常委会委员、社市委驻会副主委王进,中共朝阳区委常委、统战部部长黄德军,朝阳区人大常委会副主任韩希光,朝阳区政协副主席孙义,中共朝阳区委统战部副部长潘大成、杨凤霞,社市委秘书长顾红艳、组织处处长张红梅、办公室主任许辉,朝阳区各民主党派负责人,九三学社朝阳区委员会社员共60余人参加大会。会议选举产生了新一届基层委员会。

1月27日,社市委组织省内6位知名书法家为社员举办"腊梅墨宝香,迎春送吉祥"送春联活动。

1月28日,社市委举行长春市九三学社法律咨询服务中心揭牌仪式。中共长春市统战部副部长张守刚、长春市中级人民法院副院长金运珍出席仪式并致辞。

1月28日,社市委与长春市中级人民法院、中国民主同盟长春市委员会及中共长春市委统战部联合举办的"创新民主监督方式,助力法治长春建设"法律讲座在长春市民主党派大楼一楼多功能厅开讲。

1月29日,中共长春市委统战部部长刘德生、副部长张守刚、党派处处长庹丽琴在社市委驻会副主委王进的陪同下,前往社市委老领导李惟家中,代表中共长春市委送上慰问和新春祝福。

2月25—29日,长春市政协召开十二届四次全委会议。大会对十二届三次会议以来的优秀提案和优秀委员进行表彰,其中社市委提交的集体提案《关于构建我市全民创业体系,促进我市经济结构转型升级的建议》被评为优秀提案。

3月4日,社市委妇女工作委员会在长春市民主党派大楼一楼多功能厅举办唱红歌迎"三八"活动。社市委领导及社员近百人参加活动。

3月7日,社市委秘书长顾红艳参加法律综合委员会举办的"喜迎三八节·魅力九三摄影活动"。

3月22日,社市委驻会副主委王进、秘书长顾红艳、办公室主任许辉等一行7人到农安县高家店镇,参加由中共吉林省委宣传部、吉林省文化厅、吉林省环保厅联合主办,吉林省曲艺团、吉林省歌舞团联合承办,社市委协办的"我们的中国梦,文化进万家,向污染宣战,吉林省文化惠农直通车活动"。

4月14—17日,九三学社全国副省级城市第十次工作联席会议在深圳召开，本次会议的主题是"加强党派自身建设，全面提高党派整体素质"。社市委驻会副主委王进、秘书长顾红艳、办公室主任许辉参加会议。

4月21日，社市委驻会副主委王进陪同中共长春市委统战部副部长张守刚到宽城区人民检察院，参加九三学社长春市宽城区委员会举办的警示教育参观学习。

4月22日，社市委驻会副主委王进、秘书长顾红艳等机关干部到吉林大学地质博物馆参加九三学社吉林大学委员会举行的第47个"世界地球日"纪念活动。

5月4—11日，社市委组织骨干社员到井冈山学习。

5月19日，社市委驻会副主委王进主持召开机关工作会议。

6月2日，社市委接受长春市发展和改革委员会、长春市民政局提案面复。社市委驻会副主委王进、秘书长顾红艳及部分机关同志出席会议。

6月9日，九三学社长春书画院成立"社员之家"，并举行首次书画知识讲座及交流活动。

6月20日，社市委驻会副主委王进主持召开机关工作会议，研究换届有关事宜。

6月23日，社市委驻会副主委王进、宣传处处长黄晓音参加社省委举办的全省思想建设工作会议。

6月23—24日，社市委全体机关干部参加社省委举办的全省公文写作培训班。

7月15日，社市委组织常委在机关会议室学习习近平总书记"七一"重要讲话。主委张红星，驻会副主委王进，副主委陈济生、王丽颖、李铭、王秋利，秘书长顾红艳，常委何英、张家治、高玉秋、杨青山、刘晓娟参加学习。

7月15日，社市委在机关会议室召开十三届十九次常委会议。主委张红星主持会议。会议内容：1.驻会副主委王进传达《九三学社吉林省委关于做好市级组织换届工作的意见》，审议通过了《九三学社长春市委换届工作方案》及《九三学社长春市第十四次代表大会代表名额和产生办法》；2.秘书长顾红艳传达了《长春市政协为建设幸福长春建言献策专题议政会筹备工作方案》；3.成立九三学社长春市委换届小组，主委张红星任组长。

7月16日，社市委驻会副主委王进参加社市委直属第三基层委员会"九三社员之家"挂牌活动。

8月4日，社市委驻会副主委王进参加社市委直属法律综合委员会在长春市人民检察院组织开展的"走进检察机关　加强民主监督"活动。

8月18日，社市委主委张红星、驻会副主委王进、秘书长顾红艳参加长春市政府召开的通报上半年经济情况工作会议。

9月8日，社市委驻会副主委王进、秘书长顾红艳等一行6人参加九三学社东北师范大学委员会举办的"党外专家大讲堂"系列讲座，九三学社社员、东北师范大学音乐学院二级教授尹爱青作了专题讲座。

9月14日，九三学社长春书画院主办的学术论坛在长春理工大学文学院举行。

10月29日，社市委驻会副主委王进参加社省委主委会议、常委会议。社市委全体机关同志参加社省委召开的机关思想建设工作会议。

11月15—17日，九三学社长春市第十四次代表大会在长春市南湖宾馆召开，135名代表出席会议。

## 2017年

1月4日，社市委驻会副主委王进参加中共长春市委召开的党外人士通报会。

1月6日，由九三学社吉林省委青年工作委员会、九三学社长春市直属新区委员会联合承办的"中·俄·蒙古·美·巴基斯坦五国专家来阿义诊"活动在老少边穷地区内蒙古自治区兴安盟阿尔山市举行。社中央常务副主席邵鸿出席义诊启动仪式并全程参加活动，社省委副主委、社市委副主委冷向阳参加义诊，九三学社吉林省委青工委主委、九三学社长春市直属新区委员会主委石浩男代表主办方介绍活动初衷。

1月7日，由九三学社吉林省委青年工作委员会、九三学社长春市直属新区委员会联合承办的"绿色·健康·发展国际论坛"在内蒙古自治区兴安盟阿尔山市举行，社中央常务副主席邵鸿，九三学社内蒙古自治区委员会主委刘新乐，社省委副主委、社市委副主委冷向阳出席会议并致辞，石浩男主持会议。

1月13—20日，社市委组织学习两会精神，机关全体同志参会。

2月9日，社市委召开"社员之家"工作会议。

2月22日，社市委主委张红星、驻会副主委王进、秘书长顾红艳及全体机关同志迎接长春市政协主席到机关走访慰问。

3月1日，社市委法律综合委员会到东风社区开展"巾帼妇女法律维权在行动活动"。

3月7日，社市委妇女工作委员会为庆祝"三八"国际妇女节，组织女社员到长春市规划展览馆参观。

3月14日，社省委、社市委召开机关工作联席会议，社市委机关全体同志参加会议。

3月17日，社市委驻会副主委王进到吉林中医肝胆医院开展调研。

4月7—8日，社市委召开十四届二次常委会议。主委张红星主持会议。会议内容：1.学习贯彻十二届全国人大五次会议和全国政协十二届五次会议精神及全市统战部长会议精神；2.传达中共长春市委统战部"携手绘制同心圆·合力共筑长春梦活动"方案；3.研究确定社市委领导班子分工，并对各专委会进行调整，制定专委会通则，任命各专委会主任；4.总结社市委2017年第一季度的工作并制订第二季度工作计划。

4月23日，社市委法律综合委员会举行长春大学法律服务站启动仪式。

5月8—13日，社市委组织骨干社员和机关同志前往延安学习。

6月20日，由九三学社吉林省委青年工作委员会、九三学社长春市直属新区委员会联合承办的"量子物理科普讲座"在内蒙古自治区兴安盟阿尔山市举办，九三学社安徽省委员会副主委陆朝阳出席并为全市中小学生作科普讲座，石浩男代表主办方致辞。

6月25日，社市委机关全体同志参加中共长春市委统战部召开的工作会议。

7月5日，社市委驻会副主委王进到中共长春市委党校参加培训。

7月5日，由九三学社中央青年工作委员会秘书处、九三学社长春市直属新区委员会联合承办的"世界温泉大会"在内蒙古自治区兴安盟阿尔山市举行。

7月7日，九三学社吉林省委青年工作委员会联合九三学社长春市直属新区委员会在老少边穷地区内蒙古自治区兴安盟阿尔山市举办"中国九三医学名家健康讲堂"。社省委副主委孙立忠出席，石浩男代表主办方致辞。

7月8日，九三学社吉林省委青年工作委员会联合九三学社长春市直属新区委员会在老少边穷地区内蒙古自治区兴安盟阿尔山市举办"中国九三医学名家义诊"活动。社省委副主委、社市委副主委冷向阳参加义诊活动，社省委副主委孙立忠出席义诊启动仪式，石浩男代表主办方致辞。

7月10日，社市委总结"同心圆"工程上半年工作情况。

7月11—14日，由九三学社中央青年工作委员会联合联合国开发计划署驻华代表处共同主办，九三学社吉林省委青年工作委员会联合九三学社长春市直属新区委员会共同承办的"联合国开发计划署可持续发展女性领导力培训"在内蒙古自治区兴安盟阿尔山市举行，内蒙古自治区妇女联合会主席、党组书记（现任内蒙古自治区党委常委、统战部部长）胡达古拉出席开幕式并致辞，内蒙古自治区共106名副处级以上女性领导干部参加培训。

7月12日，社市委驻会副主委王进参加中共长春市委统战部季谈会。

7月13日，社市委驻会副主委王进、组织处处长张红梅参加九三学社吉林中医肝胆医院支社成立大会。

7月20日，九三学社吉林省委青年工作委员会联合九三学社长春市直属新区委员会在老少边穷地区内蒙古自治区兴安盟阿尔山市举办"2017全国'爱握手'公益活动——3D打印圆梦兴安盟肢体残缺儿童与青少年义肢捐赠活动"。社省委副主委金国庆出席活动，石浩男代表主办方致辞。

7月31日，社市委全体机关同志及部分社员参加学习黄大年事迹报告会。

9月6日，社市委驻会副主委王进一行参观龙翔集团。

9月19—20日，社市委机关同志参加社省委举办的乒乓球比赛。

9月24日，"九三学社中央草原保护建设工作座谈会"在内蒙古自治区兴安盟阿尔山市举办，该会议由九三学社吉林省委青年工作委员会、九三学社长春市直属新区委员会联合承办，社中央副主席赖明出席会议并讲话。

9月29日，社市委机关同志参加长春市市直机关运动会。

10月16—18日，社市委在长春市南湖宾馆承办九三学社全国副省级城市第十一次工作联席会议,会议主题是"新形势下如何加强民主党派民主监督职能"。

10月24日,社市委机关全体同志收看中共十九大闭幕式。

11月1日,社市委召开十四届三次常委(扩大)会议。

11月5日,九三学社长春书画院召开会议学习党的十九大精神。

12月7日,长春市九三学社社员冷向阳、高玉秋、高峰、石浩男参加九三学社第十一次全国代表大会。

**2018年**

1月10日,长春市政协副主席、社市委主委张红星等社内30名政协委员参加政协长春市第十三届委员会第二次全体会议。

1月11日,长春市第十五届人民代表大会第二次会议在长春市吉林省宾馆开幕。社市委4名人大代表王进、刘晓娟、许凌宇、单莹莹出席会议。

3月7日,社市委为欢庆"三八节"举办参观北车调研活动。社市委驻会副主委王进、秘书长顾红艳、妇女工作委员会主委李威、基层组织负责人及社员中的积极分子共150多人参加活动。

3月13日,社市委驻会副主委王进、组织处处长张红梅出席九三学社长春市中医院支社成立大会。

4月9日,社市委在长春市民主党派大楼第一会议室召开十四届二次全委会议。主委张红星,驻会副主委王进,副主委李铭、高玉秋、续颜,秘书长顾红艳出席会议。

4月23日,九三学社长春市朝阳区委员会开展参政议政培训调研活动。社市委驻会副主委王进,中共朝阳区委统战部副部长潘大成,社省委办公室主任金鑫、宣传处处长赵银萍,社市委秘书长顾红艳、办公室主任许辉,朝阳区政协副主席张文彬,朝阳区政协提案委员会主任李勇等领导及九三学社朝阳区委员会社员共40余人参加了本次活动。

6月23日,社市委在龙泉社区和东方社区开展夏季中医养生健康知识讲座和专家义诊活动,共80余人参加活动。

7月28日,九三学社长春市绿园区委员会协调长春市妇产医院副院长郑敏和长春市中心医院心脑血管专家娄冬梅分别在新竹社区和龙泉社区开展"携手同心健康,共享美好生活"科普讲座和义诊活动。社市委机关同志参加活动。

8月6日,九三学社长春市宽城区委员会主委刘晓娟组织社员到长岭县利发盛镇尹家村开展乡村生态保护调研。该项目是九三学社中央2018年重点调研项目。

8月14日,社市委召开十四届八次常委会议。会议内容:1.学习中共长春市委十三届四次会议精神;2.听取社市委上半年工作报告和下半年工作安排;3.研究社市委纪念改革开放40周年系列活动。

8月14日,社市委召开工作会议,布置改革开放40周年系列活动。

9月3日,社市委召开纪念九三学社建社73周年座谈会。社市委主委张红星、驻会副主委王进出席会议。主委张红星作了讲话,并对参政议政和组织发展工作提出新的要求。

9月29日,九三学社长春市中心医院召开成立大会。社市委主委张红星、驻会副主委王进,长春市中心医院党委副书记周毅刚出席会议。

10月10—12日,九三学社全国副省级城市第十二次工作联席会议在宁波召开,会议围绕"青年工作与组织建设"主题进行研讨交流。全国政协副主席、社中央常务副主席邵鸿,浙江省和宁波市的相关领导出席会议。社市委主委张红星、驻会副主委王进、秘书长顾红艳参加会议。

11月初,社市委主委张红星、驻会副主委王进带领参政议政骨干社员到深圳市、珠海市开展调研。

11月22日,社市委组织骨干社员对在长春市二道区落户的易启科技(吉林省)有限公司开展考察调研。社市委驻会副主委王进、中共长春市二道区委统战部副部长吴艳发参加活动。

11月23日,由社市委主委张红星带队的一行9人组成的社市委督查组到双阳区,对该区扶贫攻坚工作开展民主监督。

11月23日,九三学社长春大学支社、九三学社长春市直属法律综合委员会共同举办长春大学2018年"12·4"国家宪法日专题讲座——《校园刑事风险防范》。社市委驻会副主委王进应邀参加活动。

12月21日,社市委召开主委会议,对领导班子分工进行调整,决定任命李铭同志为九三学社长春市第十四届委员会专职副主委。

12月22—31日，社市委专职副主委李铭、秘书长顾红艳、组织处处长张红梅和基层组织负责人分别看望慰问老社员、社内资深专家学者和机关老领导、离退休人员共72人。

**2019年**

1月21日，社市委在长春市吉林省宾馆召开十四届十次常委会议和十四届三次全委会议。

2月20日，社市委专职副主委李铭听取社市委直属第四委员会工作汇报。

2月21日，社市委专职副主委李铭、秘书长顾红艳到九三学社长春市绿园区委员会开展基层调研工作，九三学社绿园区委员会主委安璀颖作述职报告。

2月26日，九三学社长春市二道区委员会主委董伟东到社市委机关述职，社市委专职副主委李铭、秘书长顾红艳、机关各处室负责人参加会议。

2月26日，九三学社长春市直属第一委员会主委高新宇到机关述职，社市委专职副主委李铭及机关全体同志参加会议。

2月26日，社市委专职副主委李铭带领机关同志到中共长春市宽城区委统战部进行走访，对基层组织进行调研并听取九三学社长春市宽城区委员会主委刘晓娟述职。

2月28日，九三学社中国第一汽车集团有限公司委员会主委张哲到社市委机关述职，社市委专职副主委李铭及机关全体同志参加会议。

3月1日，九三学社长春市南关区委员会主委侯冠森到社市委机关述职，社市委专职副主委李铭、秘书长顾红艳、机关各处室负责人参加会议。

3月5日，社市委、民盟长春市委员会在长春市民主党派大楼一楼多功能厅举办庆祝"三八"国际妇女节活动。社市委副主委、吉林大学地质博物馆馆长续颜教授作"天地万物之精华——宝石"专题讲座。

3月6日，社市委专职副主委李铭带领机关各处室负责人到九三学社长春市卫生联合支社调研。

3月7日，社市委机关全体女同志参加中共长春市统战部庆"三八"国际妇女节联欢活动。

3月8日，社市委30余名女社员参加社省委组织的庆"三八"国际妇女节参观东北民俗博物馆活动。

3月12日，中共长春市委统战部召开全市统战部长会议，社市委专职副主委李铭、秘书长顾红艳及机关处级领导干部黄晓音、张红梅、闫石、许辉参加会议。会议传达了全国、全省统战部长会议精神，总结2018年全市统战工作情况，布置2019年工作内容。

3月14日，社市委专职副主委李铭带领秘书长顾红艳、宣传处处长黄晓音、组织处处长张红梅到吉林农业大学党委统战部进行走访，并听取九三学社农业大学委员会主委田义新的述职报告。

3月15日，社市委专职副主委李铭到吉林省农业机械研究所党委进行走访，对基层组织进行调研并听取农机所支社主委李明森的述职报告。

3月19日上午，社市委专职副主委李铭、秘书长顾红艳参加社省委全委会议。

3月25日，中共长春市委统战部在市委301室召开理论学习中心组（扩大）学习会，中共长春市委党校王健教授作《加强党的政治建设　推进全面从严治党向纵深发展——学习中共中央关于加强党的政治建设的意见》辅导报告。社市委机关全体同志参加会议。

3月26日，社市委专职副主委李铭、秘书长顾红艳到中共长春市二道区委进行走访，对基层组织进行调研并听取九三学社长春市二道区委员会主委董伟东汇报工作。

3月27日，社市委专职副主委李铭、秘书长顾红艳参加长春市政协常委会议。

3月28日，社市委专职副主委李铭带队，率秘书长顾红艳、宣传处处长黄晓音、组织处处长张红梅到长春市儿童医院党委进行走访，对基层组织进行调研并听取九三学社长春市儿童医院支社主委吴秀丽的述职报告，与九三学社长春市儿童医院支社领导班子成员座谈。

4月1—7日，社市委专职副主委李铭参加中共长春市委统战部在中央社会主义学院组织的"长春市2019年民主党派领导班子及骨干成员、无党派代表人士进修班"学习。

4月11日，社市委召开2019年度参政议政工作会议。社市委专职副主委李铭、秘书长顾红艳、参政议政委员会主任翁连海、参政议政委员会成员共19人参加会议。

4月17日，社市委专职副主委李铭带队到九三学社长春市双阳区委员会走访调研，听取双阳区委员会主委李威的述职报告。

4月17日，中共长春市委统战部召开2019年长春市各民主党派信息工作会议。宣传处处长黄晓音参加会议。

4月30日，九三学社吉林省委青年工作委员会联合九三学社长春市直属新区委员会，在中共中央党校举办"同心同行七十年·坚定不移跟党走——纪念五四运动100周年主题教育活动"，石浩男主持会议。

5月14日，根据中共长春市委、长春市政府《关于开展"万名机关干部下基层助力万户企业发展三年服务行动"实施方案》的通知要求，社市委成立助企工作队，专职副主委李铭带队，率秘书长顾红艳、调研处副处长田慧、机关干部于帼荣一行4人，到吉林省德邦汽车电子有限公司调研，深入了解企业难题，认真记录，分类梳理。

5月20—25日，根据社中央的指示精神，结合"不忘合作初心，继续携手前进"主题教育实践活动，为进一步提高骨干社员的参政议政能力和水平，加强自身建设，做好后备干部的选拔和培养，社市委组织45名骨干社员到长三角地区进行学习培训。

5月25日，中共长春市委、长春市政府召开2019年全市"万人助万企"培训会议，社市委机关干部于帼荣参加会议。

5月28日，社市委召开学习贯彻第五批全国干部学习培训教材动员大会，全体机关干部参加。

5月29日，社市委专职副主委李铭带队，科教处处长闫石参加，到长春市双阳区太平镇唯一的贫困村——和平湖街道尚家村调研。

5月30日，社市委宣传处处长黄晓音、组织处处长张红梅参加九三学社长春市宽城区委员会在泽葵幼儿园举行的捐赠活动。

6月6日，社市委专职副主委李铭参加2019年长春市领导干部专题研修班。

6月12日，社市委机关全体干部参加中共长春市委统战部理论学习中心组（扩大）学习会，由河北省社会主义学院教学部主任王树臣讲解《统一战线与意识形态》。

6月14日，社市委召开十四届十一次常委会议。

6月27日，九三学社全国副省级城市第十三次工作联席会议在西安召开。会议围绕"民主党派基层组织建设"主题进行了研讨交流。社市委主委张红星、专职副主委李铭、秘书长顾红艳、组织处处长张红梅、宣传处处长黄晓音、科教处处长闫石和办公室主任许辉参加会议。

9月12日，社市委机关干部参加中共长春市委统战部组织的"庆祝中华人民共和国成立70周年暨人民政协光辉历程主题展览"。

9月18日，社市委机关干部观看"不忘合作初心，继续携手前进"大型原创话剧《郑德荣》专场演出。

9月21日，社市委机关干部参加在国家检察官学院（吉林分院）报告厅举办的"不忘合作初心，继续携手前进"主题教育活动专题报告会。

10月11日，社市委机关干部参加社省委开展的"不忘合作初心，继续携手前进"主题教育活动。

10月15日，社市委机关干部参加"不忘合作初心，继续携手前进"主题教育"中国近现代政党制度发展之路"主题报告。

10月18日，社市委机关全体干部及各基层组织社员参加"不忘合作初心，继续携手前进"主题教育第三期专题政治辅导网上学习课。

10月25—28日，社市委在珲春市社会主义学院举办九三学社长春市委员会2019年度新社员、信息员培训班。

10月31日，社市委召开十四届十二次常委会议。会议内容：1.学习《习近平总书记在庆祝中华人民共和国成立七十周年大会上的讲话》《武维华主席在九三学社中央庆祝中华人民共和国成立70周年暨纪念多党合作和政治协商制度确立70周年座谈会上的讲话》《九三学社中央关于加强廉洁从政从业教育的通知》；2.通报九三学社长春市委员会深入开展"不忘合作初心，继续携手前进"主题教育中期总结；3.通报九三学社长春市委员会近期亮点工作；4.集体谈话；5.审批新社员。

11月8日，社市委机关干部在中共长春市委党校参加由中共中央统战部原副秘书长张献生所作的关于"不忘合作初心，继续携手前进"的主题教育报告。

11月15日，社市委机关全体干部及各基层组织社员参加社中央组织的"不忘合作初心，继续携手前进"主题教育活动第四期网上学习课。

11月15日，社市委机关干部听取中国社会科学院政治研究所所长、博士生导师张树华教授所作的《世界大变局与中国新时代》报告。

11月18日，社市委机关干部听取中共吉林省委党校副校长、教授闫越所作的《中国共产党十九届四中全会精神解读》专题报告。

11月28日，社市委机关干部参加由民建吉林省委员会在长春市南湖宾馆举办的"不忘合作初心，继续携手前进"主题教育宣讲报告会。

**2020年**

1月15日，九三学社长春市卫生联合支社在长春市中日友好会馆召开工作表彰大会。社市委专职副主委李铭、秘书长顾红艳、组织处处长张红梅、办公室主任许辉参加会议。

1月29日，社市委转发《九三学社中央关于积极动员全社力量共同打赢防控新型冠状病毒肺炎疫情阻击战的通知》。

1月31日，社员任长超、李莎代表九三学社长春市宽城区委员会来到宽城区医院开展捐赠活动，宽城区医院院长张鸣雁代表医院接收了捐赠物资，她表示这些物资解决了医院的燃眉之急，感谢九三学社长春市宽城区委员会对医院的支持。

2月2日，九三学社长春市宽城区委员会社员、长春市人民医院呼吸内科主任李晓光带领4名医护人员作为第二批援鄂医疗队成员奔赴湖北武汉开展医疗救助工作。

2月4日，九三学社长春市绿园区委员会主委安璀颖一行来到长春市绿园区林园街道，将筹集到的40箱矿泉水、20箱桶装方便面、4000斤消毒液、150个分装桶、42个喷壶转交给林园街道。林园街道党工委书记王宏志代表林园街道接收了捐献物资。

2月7日，九三学社吉林大学委员会社员、吉大一院胸外科副主任李洋和吉林大学中日联谊医院重症医学科副主任医师马丕勇，随驰援医疗队前往武汉。

春节期间，九三学社长春市直属第二委员会社员曹元作为欧亚集团连锁超商的果蔬供应商积极响应社市委的号召，累计为欧亚连锁超市的6家社区店供应各类水果、蔬菜等900余吨，累计服务市民40万人次。

2月8日，九三学社长春市朝阳区委员会主委李小霞带队到朝阳区湖西街道、红旗街道以及南湖街道，将九三学社长春市朝阳区委员会社员捐赠的80桶（每桶10斤）酒精和500副医用手套转交到上述单位。

2月8日，九三学社长春市双阳区委员会主委李威带领部分骨干社员将社员捐款购买的60个保温杯、108袋汤圆、24箱饼干、12箱牛奶、12箱火腿肠等物资，送到奋战在经开区（双营乡）各个疫情防控检查站的工作人员手中。

2月10日，九三学社长春市中医院支社社员、长春市中医院平阳部呼吸科负责人王丽娜驰援武汉。

2月11日，长春中医药大学在附属医院召开援助湖北抗击新冠肺炎疫情医疗队出征仪式，医疗队全体队员进行"出征"宣誓。长春中医药大学党委书记张兴海，党委副书记、校长宋柏林，社市委副主委、九三学社长春中医药大学委员会主委、长春中医药大学副校长冷向阳出席出征仪式。社员吴秋成驰援武汉。

2月12日，九三学社长春市南关区委员会向南关区机关党工委捐赠热贴600贴，桶装面、矿泉水等速食360余件。

2月15日，社省委副主委、社市委副主委、九三学社长春中医药大学委员会主委、长春中医药大学副校长冷向阳驰援武汉，带领医疗队准备接管雷神山医院有关病区，并担任吉林省支援武汉前线指挥部副总指挥。

2月21日，九三学社长春市中心医院社员、神经内科副主任医师刘艳华，肾内科主治医师王颜驰援武汉。

2月24日，社市委专职副主委李铭通过网络视频向韩方雷同志传达了同意吸收他正式成为九三学社社员的消息。

2月24日，社市委成立九三学社长春市赴武汉临时支社，由吉林省支援武汉前线指挥部副总指挥、社市委副主委、九三学社长春中医药大学委员会主委、长春中医药大学副校长冷向阳任临时支社主委。

2月26日，九三学社长春市二道区委员会主委董伟东、组织委员姜娜、社员张馨月将购置的1000只一次性口罩送到二道区荣光街道办事处，荣光街道主任夏沛馥、党工委副书记刘岗接受了捐赠。

2月29日，吉林省驰援武汉中医医疗队领队、社市委副主委、长春中医药大学副校长冷向阳通过视频连线向吉林省委书记、吉林省疫情防控工作领导小组组长巴音朝鲁汇报了武汉前线的疫情防控工作。

3月5日，吉林省常务副省长吴靖平在长春市市长刘忻的陪同下来到浪潮北方总部生产基地调研指导企业疫情防控及复工复产工作，社市委工程技术委员会主任、浪潮集团吉林分公司总经理田元生陪同调研并向省市领导介绍企业生产建设情况。

3月7日，社市委在微信公众号上发布《致全市奋战在疫情防治一线女社员的慰问信》。

3月8日，社市委妇女工作委员会向全市女社员发出《"三八"国际妇女节倡议书》。

3月13日，中共长春市委常委、统战部部长刘德生，中共长春市绿园区委书记张洪彬，中共长春市委统战部副部长许红一行在社市委专职副主委李铭的陪同下来到第四批国家中医医疗队（吉林省第二批中医援鄂医疗队）领队、社市委副主委、九三学社长春中医药大学委员会主委、长春中医药大学副校长冷向阳的家中，向其家属表达了由衷的感谢和亲切的慰问。

3月24日，九三学社长春市朝阳区委员会主委李小霞、副主委刘建辉一行走访慰问工作在疫情防控一线的朝阳区医院的社员及朝阳区南湖街道二二八社区、红旗街道天宝社区工作者。

3月28日，武汉市政协副主委、九三学社武汉市委员会主委梁鸣，专职副主委付文芳、秘书长陈胜利一行来到社市委援汉社员驻地慰问援汉九三学社社员。社市委副主委、吉林省支援武汉前线指挥部副总指挥冷向阳，九三学社吉大一院支社主委、吉大一院胸外科副主任李洋代表长春市九三学社援汉社员接受了九三学社武汉书画院准备的书法作品和《致援汉九三学社社员的慰问信》。

4月1日,长春市绿园区召开抗"疫"爱心企业授牌仪式暨企业家代表座谈会,九三学社长春市绿园区委员会作为两个"抗疫爱心组织"之一与其他爱心企业一同接受表彰。

4月3日,社市委专职副主委李铭、宣传处四级调研员赵彤参加全市统战系统宣传信息工作会议。会议由中共长春市委统战部常务副部长薛文革主持,会上对各县(区)委统战部、市直统战系统各部门全年的统战宣传、信息工作进行了任务部署和交流研讨。

4月29日,社市委在长春市民主党派大楼二楼会议室召开十四届十四次常委会议。会议内容:1.审议并通过了《九三学社长春市第十四届委员会2019年工作报告(草案)》《九三学社长春市委员会关于表彰新冠肺炎疫情防控工作先进集体和个人的决定》《九三学社长春市委员会关于表彰2019年度先进基层组织、优秀社员及优秀社务干部的决定》《关于召开九三学社长春市委十四届四次全体(扩大)会议的决定》《九三学社长春市委十四届四次全体(扩大)会议议程》;2.审批新社员。会议由张红星主委主持,李铭、高玉秋、冷向阳、顾红艳、田义新、刘冰冰、刘晓娟、张哲、高新宇参加会议。

4月29日,社市委在长春市民主党派大楼一楼多功能厅召开十四届四次全体(扩大)会议。会议由社市委专职副主委李铭主持,中共长春市委统战部副部长许红、社省委组织处处长金鑫参加会议。

5月2日,九三学社长春市宽城区委员会在"社员之家"会议室召开九三学社长春市宽城区委员会视频工作会议。会议由主委刘晓娟主持,中共宽城区委统战部部长杜海出席会议。

5月4日,九三学社吉林省委青年工作委员会联合九三学社长春市直属新区委员会,在中共中央党校举办"克服疫情影响,确保如期打赢脱贫攻坚战"专题线上讲座,中共中央党校经济学部教授曹立作讲座。社省委常委、九三学社吉林省委青年工作委员会主委、九三学社长春市直属新区委员会主委石浩男主持讲座。

6月11日,九三学社长春市绿园区委员会在主委安璀颖的带领下来到长春市第七十八中学,开展"同心助学活动",为10名品学兼优需要帮助的学生每人送去500元助学金，并为每名学生送去一封励志信。

7月7日，社省委专职副主委孙立忠、社市委专职副主委李铭等一行前往长春理工大学，就九三学社长春理工大学支社换届工作准备情况及换届前社员们的思想动态开展调研。长春理工大学党委书记杨玉新、副书记刘瑛、统战部部长李丽及九三学社长春理工大学支社主委赵永成等同志出席座谈会。调研期间，孙立忠、李铭一行还参观了光电工程学院有关实验室。

7月15日，社市委在长春市民主党派大楼二楼会议室召开十四届十五次常委会议。会议内容：1.学习传达十三届全国人大三次会议精神、全国政协十三届三次会议精神；2.审议并通过了《九三学社长春市委员会2020年上半年工作总结及下半年工作计划》《九三学社长春市委员会关于基层组织换届工作的意见》《九三学社长春市委员会监督委员会工作条例》《九三学社长春市委员会监督委员会组成人员建议名单》及机关人事事项。会议由张红星主委主持，李铭、高玉秋、田元生、顾红艳、田义新、刘晓娟、张哲、袁笠恒、高新宇参加会议。

7月28日，九三学社2020年全国新闻宣传骨干网络培训班在北京开班，社市委组织机关干部及宣传骨干社员共39人参加了培训。

8月18日，社市委发布《九三学社长春市委员会关于制止"餐饮浪费行为"倡议书》。

9月3日，九三学社长春市朝阳区委员会组织开展九三学社创建75周年庆祝活动。社市委专职副主委李铭、社省委组织处处长金鑫、中共长春市朝阳区委统战部副部长于金福、红旗街道天宝社区书记于佳立出席活动。活动由九三学社长春市朝阳区委员会主委李小霞主持。

9月17日，九三学社长春市中医院支社召开换届大会。社市委专职副主委李铭、秘书长顾红艳、组织处处长黄晓音，长春市中医院党委副书记周艳、纪检委书记杨宏彦、党委办公室主任王雪姣参加会议。大会选举产生了新一届基层委员会。

9月29—30日，九三学社全国副省级城市第十四次工作联席会议在广州召开。会议围绕"加强中国特色社会主义参政党地方组织建设"进行研讨交流。社市委组织处处长黄晓音、宣传（调研）处四级调研员赵彤参加会议。

9月30日，九三学社长春工程学院支社成立大会暨第一次社员大会在长春工程学院第二会议室举行。长春工程学院党委副书记温义生、统战部部长王伯达、组织部部长韩威，社市委专职副主委李铭、组织处处长黄晓音，民盟长春工程学院主委侯丽华参加会议。

10月，九三学社长春市直属新区委员会主委石浩男作为社中央首届青年工作委员会秘书长联合九三学社吉林省委青年工作委员会向社中央、社省委呈送了"首届社中央青工委秘书处、九三学社吉林省委青年工作委员会、九三学社长春新区委员会纪念九三学社创建75周年工作报告"，先后获得吉林省政协副主席、社省委主委支建华，全国政协副主席、社中央常务副主席邵鸿的肯定和批示。

10月20—23日，社市委联合长春市社会主义学院组织58名骨干社员赴中共延边州委党校举办2020年度骨干社员培训班。社市委专职副主委李铭、秘书长顾红艳，社省委组织处处长金鑫出席开班仪式。

11月17日，九三学社吉林省第八届委员会委员、九三学社长春市第十四届委员会副主任委员、九三学社吉林大学委员会主任委员、政协长春市第十三届委员会委员、吉林大学地质博物馆馆长续颜教授因病在长春去世，享年57岁。

11月18日，九三学社长春大学支社第八次社员代表大会在长春大学综合楼B区705会议室召开。长春大学党委统战部部长李宏图、正处级统战员翟英、副部长李险锋，社市委专职副主委李铭、秘书长顾红艳、组织处处长黄晓音出席会议。大会选举产生了新一届基层委员会。

11月18日，九三学社长春工业大学委员会第六次社员代表大会在长春工业大学南湖校区办公楼二楼会议室召开。长春工业大学党委副书记孟雷、副校长王颖、党委统战部部长唐立山，社市委专职副主委李铭、秘书长顾红艳、组织处处长黄晓音出席会议。大会选举产生了新一届基层委员会。

11月24日，九三学社长春职业技术学院支社在长春职业技术学院行政楼第二会议室召开了第二次社员代表大会。长春职业技术学院党委副书记邹德明、组织部李若欣，社市委专职副主委李铭、秘书长顾红艳、组织处处长黄晓音、调研处副处长田慧出席了会议，民进长春职业技术学院支部主委周金凤、民盟长春职业技术学院支部主委李吉海代表学院其他民主党派到会祝贺。大会选举产生了新一届基层委员会。

11月27日，九三学社长春市中心医院委员会在长春市中心医院2号楼11楼会议室召开第九次社员代表大会。长春市中心医院党委副书记周毅刚、党委办公室主任王影，社市委专职副主委李铭、秘书长顾红艳、组织处处长黄晓音出席会议。农工党长春市中心医院支部主委蔺勇代表医院其他民主党派到会祝贺。大会选举产生了新一届基层委员会。

11月30日，九三学社吉林农业大学委员会第十次社员代表大会在吉林农业大学行政楼五楼会议室召开。吉林农业大学党委副书记徐文生，社市委专职副主委李铭、秘书长顾红艳、组织处处长黄晓音出席会议。大会选举产生了新一届基层委员会。

12月1日，九三学社长春市儿童医院支社在长春市儿童医院会议室召开第九次社员代表大会。长春市儿童医院党委书记袁颖，社市委专职副主委李铭、秘书长顾红艳、组织处处长黄晓音出席会议。大会选举产生了新一届基层委员会。

12月3日，九三学社长春汽车工业高等专科学校支社在长春汽车工业高等专科学校行政楼415会议室召开第二次社员大会。长春汽车工业高等专科学校副校长明晓辉、党委宣传统战部部长田野，社市委专职副主委李铭、秘书长顾红艳、组织处处长黄晓音出席会议。大会选举产生了新一届基层委员会。

12月4日，九三学社长春市九台区支社在九台区党派中心召开第二次社员大会。中共九台区委统战部副部长魏玉东，社市委专职副主委李铭、秘书长顾红艳、组织处处长黄晓音出席会议。大会选举产生了新一届基层委员会。

12月9日，九三学社吉林财经大学委员会在吉林财经大学综合楼第二会议室召开第十次社员代表大会。吉林财经大学党委统战部部长张晶，社市委专职副主委李铭、秘书长顾红艳、组织处处长黄晓音，民盟吉林财经大学委员会主委王艳华、民建吉林财经大学支部主委仇晓光出席会议。大会选举产生了新一届基层委员会。

12月10日，九三学社吉林动画学院支社在产业大厦二楼大会议室召开第二次社员大会。吉林动画学院党委副书记、副校长张砚为，党群工作部副部长、统战部部长徐秉刚，党委办公室主任刘宝雨，社市委专职副主委李铭、秘书长顾红艳、组织处处长黄晓音，民盟省直工委支部主委、吉林动画学院电视与新媒体学院院长助理周媛出席会议。大会选举产生了新一届基层委员会。

12月11日，九三学社吉林建筑大学支社在吉林建筑大学行政楼A401会议室召开第三次社员大会。会前，吉林建筑大学党委副书记李杨与社市委专职副主委李铭一行就九三学社吉林建筑大学支社近年来的工作和发展情况等进行了亲切会谈。吉林建筑大学党委统战部部长潘洪斌，社市委专职副主委李铭、组织处处长黄晓音出席会议。吉林建筑大学民进、民革、民盟等民主党派主委到会祝贺。大会选举产生了新一届基层委员会。

12月16日，九三学社长春理工大学支社第六次社员大会暨九三学社长春理工大学委员会成立大会在长春理工大学召开。长春理工大学党委副书记刘瑛，社市委专职副主委李铭、秘书长顾红艳、组织处处长黄晓音出席会议。大会选举产生了新一届基层委员会。

12月17日，九三学社长春市双阳区委员会第六次社员大会在双阳区委党校常委会议室召开。中共双阳区委常委、统战部部长王醒时，中共双阳区委统战部副部长刘玉昆，社市委专职副主委李铭、秘书长顾红艳、组织处处长黄晓音、调研处兼组织处副处长田慧，民革双阳区支部主委冯加力，民盟双阳区委员会副主委李浩源，民建双阳区基层委员会主委王国凤，民进双阳区委员会主委刘亚珍，农工党双阳区支部委员会副主委刘智慧出席会议。大会选举产生了新一届基层委员会。

12月18日，社市委在长春市民主党派大楼二楼会议室召开十四届十六次常委会议。会议由社市委专职副主委李铭主持。会议内容：1.学习《中国共产党第十九届中央委员会第五次全体会议公报》；2.李铭副主委通报了社市委2020年工作情况及2021年工作计划，各位常委就社市委全年开展工作情况及2021年工作计划的各项内容进行了深入探讨；3.发展新社员31人。

12月23日，九三学社吉林工程技术师范学院支社在吉林工程技术师范学院办公楼427会议室召开第七次社员大会。吉林工程技术师范学院党委副书记陈景翙、组织部部长南立飞，社市委专职副主委李铭、秘书长顾红艳、组织处处长黄晓音出席会议。大会选举产生了新一届基层委员会。

12月25日，在长春市政协十三届二十三次主席会议上，社市委荣获"为长春编制'十四五'规划建言献策活动"优秀组织单位奖，9名社员荣获优秀建议奖。

12月27日，九三学社中国第一汽车集团有限公司委员会在一汽行政会议中心召开第八次社员代表大会。中国第一汽车集团有限公司党群工作部党建工作室主任李明，社市委专职副主委李铭、秘书长顾红艳、组织处处长黄晓音、组织处兼调研处副处长田慧出席会议。大会选举产生了新一届基层委员会。

## 2021年

1月29日，社市委组织120名社员参加社中央组织的"九三学社中央骨干线上培训"。

2月25日，社市委在长春市民主党派大楼二楼会议室举办元宵节灯谜会活动。

3月18日，社市委在长春市民主党派大楼二楼会议室召开十四届十七次常委会议。

3月19日，九三学社吉林省农业机械研究院支社召开第四次社员大会。社市委专职副主委李铭、秘书长顾红艳、组织处处长黄晓音，吉林省农业机械研究院副院长赵国明、党委办公室副主任陈杰出席会议。大会选举产生了新一届基层委员会。

3月23日，九三学社长春市委员会直属榆树市委员会第二次全体社员大会在榆树市政府办公楼三楼政协常委会议室召开。社市委专职副主委李铭、秘书长顾红艳、组织处处长黄晓音，中共榆树市委统战部常务副部长张文彬、副部长周冲涛出席会议。大会选举产生了新一届基层委员会。

3月30日，九三学社长春市净月高新区委员会在长春市民主党派大楼二楼会议室召开第二次社员代表大会。社市委专职副主委李铭、秘书长顾红艳、组织处处长黄晓音、组织处兼调研处副处长田慧，净月高新区党群工作部副部长赵营营出席会议。大会选举产生了新一届基层委员会。

4月1日，九三学社长春市卫生健康委员会联合支社召开第八次社员代表大会。社市委专职副主委李铭、秘书长顾红艳、组织处处长黄晓音、组织处兼调研处副处长田慧，长春市卫生健康委员会副主任陈亚斌、机关党委专职副书记徐淑芹，长春市疾病预防控制中心党委书记张兴国出席会议。大会选举产生了新一届基层委员会。

4月9日，九三学社长春市第二医院支社第五次社员代表大会在长春市第二医院六楼会议室召开。社市委专职副主委李铭、秘书长顾红艳、组织处处长黄晓音、组织处兼调研处副处长田慧，长春市第二医院党委委员、党委办公室主任李晓明出席会议。大会选举产生了新一届基层委员会。

4月10日，社市委专职副主委李铭应邀参加九三学社长春市绿园区委员会联合一汽集团委员会开展的东北亚先进制造产业园实地调研活动。

4月13日，社市委组织机关同志进行《中华人民共和国公务员法》学习教育活动，并进行了《中华人民共和国公务员法》的专项测试。

4月15日，九三学社吉林中医肝胆医院支社召开第二次社员代表大会，社市委专职副主委李铭、秘书长顾红艳、组织处处长黄晓音出席会议。大会选举产生了新一届基层委员会。

4月15日，九三学社吉林工商学院支社召开第三次社员代表大会。社市委专职副主委李铭、秘书长顾红艳、组织处处长黄晓音、组织处兼调研处副处长田慧，吉林工商学院党委统战部部长崔振才出席了会议。大会选举产生了新一届基层委员会。

4月24日，九三学社吉林大学委员会在吉林大学中心校区鼎新图书馆4楼会议室召开第十次社员代表大会。社市委专职副主委李铭、秘书长顾红艳、组织处处长黄晓音、组织处兼调研处副处长田慧，吉林大学党委统战部部长丁世海，民进长春市委员会主委、吉林大学委员会主委禹平，民盟吉林大学委员会主委欧阳继红，民革吉林大学委员会主委陈立和民建吉林大学委员会主委任喜荣出席会议。大会选举产生了新一届基层委员会。

5月14日，社市委专职副主委李铭参加九三学社长春市卫生健康委员会联合支社在长春市南湖假日酒店举办的以"新冠疫苗接种知识"为主题的宣讲会。

6月9日，九三学社长春市委员会十四届五次全委（扩大）会议在长春市中日友好会馆召开，中共长春市委统战部副部长许红、党派处处长蒋鹏飞莅临指导。社市委主委张红星，专职副主委李铭，副主委高玉秋、冷向阳，秘书长顾红艳出席会议。会议由社市委副主委冷向阳主持。

6月9日，社市委在长春市中日友好会馆召开十四届十八次常委会议，会议由社市委主委张红星主持。专职副主委李铭，副主委高玉秋、冷向阳，秘书长顾红艳，常委田义新、刘晓娟、张哲、袁立恒参加会议。

6月16—17日，九三学社全国副省级城市第十五次工作联席会议在青岛召开，围绕"以组织建设为重点，加强党派自身建设，全面提升履职能力与水平"主题座谈交流。社市委专职副主委李铭、秘书长顾红艳、宣传处处长黄晓音、组织处处长田慧和办公室主任张红梅参加会议。

6月23日，九三学社东北电力设计院有限公司支社第九次社员代表大会在东北电力设计院有限公司东电大厦2202室召开。社市委专职副主委李铭、秘书长顾红艳、一级调研员黄晓音、组织处处长田慧，东北电力设计院有限公司总经理兼党委副书记傅光、党群工作部主任李兵薇出席会议。大会选举产生了新一届基层委员会。

6月24日，社市委在长春市民主党派大楼一楼多功能厅举行题为《〈民法典〉与日常生活》的法律讲座。社员60人参加会议。

6月24日，九三学社长春市妇产医院支社第七次社员代表大会在长春市妇产医院十楼会议室召开。社市委专职副主委李铭、秘书长顾红艳、一级调研员黄晓音、组织处处长田慧，中共长春市妇产医院党委书记及院长张晓杰、党委副书记关玉晶、党委办公室主任郭伟出席会议。大会选举产生了新一届基层委员会。

6月28日，社市委主委张红星、专职副主委李铭参加在长春市群众艺术馆举行的长春市各民主党派庆祝中国共产党成立100周年书画展。九三学社长春书画院23幅作品参展。

6月29日，社市委在长春市中日友好会馆举办庆祝中国共产党成立100周年暨第二届"不忘合作初心，继续携手前进"主题知识竞赛。社市委主委张红星，社省委专职副主委孙立忠，中共长春市委统战部副部长许红，社市委专职副主委李铭及各城区统战部领导参加活动。

7月30日，九三学社长春新区委员会成立大会在长春市科技金融中心三楼会议厅召开。社市委专职副主委李铭、秘书长顾红艳、组织处处长田慧，长春新区党群工作办公室主任尹向军及九三学社长春新区委员会社员代表参加会议。

7月31日，九三学社长春市绿园区委员会召开第十一次社员大会。社市委专职副主委李铭、秘书长顾红艳，中共绿园区委统战部副部长蒋鑫金等领导出席会议。大会选举产生了新一届基层委员会。

9月9日，九三学社东北师范大学委员会召开第十六次社员代表大会。社市委专职副主委李铭、秘书长顾红艳，中共东北师范大学党委副书记王延、统战部部长艾春明及学校其他民主党派和统战团体代表参加会议。大会选举产生了新一届基层委员会。

9月14日，由九三学社长春中医药大学委员会承办的"九三学社中央院士专家科普行"走进长春中医药大学进行学术交流活动，特邀中国工程院院士、第十三届全国人大常委会委员、宪法和法律委员会副主任委员、九三学社第十四届中央委员会副主席丛斌教授作了题为《中西医结合需研究的科学问题》的专题讲座。

10月27日，社市委在长春市中日友好会馆召开十四届二十一次常委会议。会议由主委张红星主持。专职副主委李铭，副主委冷向阳、刘冰冰、田元生，秘书长顾红艳，常委田义新、张哲、袁笠恒参加会议。

10月27日，社市委十四届六次全委（扩大）会议在长春市中日友好会馆召开。会议由主委张红星主持，专职副主委李铭，副主委冷向阳、刘冰冰、田元生，秘书长顾红艳出席会议。

11月3—5日，九三学社长春市第十五次代表大会在长春市南湖宾馆召开。

11月16日，社市委主委冷向阳到社市委机关召开机关全体会议。专职副主委李铭、秘书长顾红艳及全体机关同志参加会议。

11月18日，九三学社四平市委员会参政议政调研组一行19人在主委王进馥的带领下到社市委机关开展调研座谈活动。

11月23日，社市委召开十五届一次常委会议。会议由专职副主委李铭主持。副主委刘冰冰、田元生、葛鹏飞、孙宏、白娥，秘书长顾红艳，常委袁笠恒、闫钰锋、李玮、欧阳晓兵、孟繁峥、裘学辉参加会议。

11月24日，社市委专职副主委李铭参加社省委2021年度全省宣传工作总结会议。

12月1日，社省委在社市委机关召开调研会。专职副主委李铭、秘书长顾红艳，各处室负责人及工作人员参加会议。

12月6日，社市委机关全体干部学习中共十九届六中全会精神。

12月8日，九三学社长春工程学院支社第四次社员大会在学校第二会议室召开。社市委专职副主委李铭、组织处处长田慧，中共长春工程学院党委副书记杨永生、统战部部长王伯达、统战部副部长林时文及九三学社长春工程学院支社全体社员参加了会议。大会选举产生了新一届基层委员会。

12月15日，社市委机关全体同志、基层组织负责人和社员骨干参加社省委召开的学习中共十九届六中全会精神专题报告会。

**2022年**

1月10日，社市委专职副主委李铭慰问机关离退休老同志。

1月14日，社市委专职副主委李铭、宣传处副处长赵彤参加中共长春市委统战部党史学习教育总结会议。

1月27日，九三学社长春书画院在长春市经开区城市管理局举办"迎春送福——为环卫工人送春联"活动。

3月10日—5月7日，社市委专职副主委李铭，机关干部赵梓超、陈佳琦加入援长医疗队服务保障专班。李铭负责组建援长医疗队服务保障专班信息联络组并亲赴方舱医院现场进行沟通协调。社市委机关干部闫石、许辉、张红梅、赵彤、韩雪娇也加入信息联络组任联络员。信息联络组共23人，负责9省市及解放军的56支队伍，3870人的信息、沟通、协调工作，累计有效沟通6500次，协调大宗物资484批次、522项、141.7万件。社市委机关干部闫石、许辉、张红梅、田慧、赵彤、韩雪娇、孙诺、赵梓超先后下沉社区一线参与志愿服务。

3月12日，社市委通过微信公众号向全市社员发起《九三学社长春市委员会疫情防控倡议书》。

3月14日，社市委副主委、吉林省华欣数字科技股份有限公司总经理田元生与企业员工共同筹集善款178359.97元，通过长春市红十字会在线捐款项目为长春市新冠肺炎疫情防控工作捐款。

3月16日，九三学社长春市绿园区委员会主委安璀颖代表九三学社长春市绿园区委员会将200件防护服、4000只医用口罩、2000副医用手套、300个防护面罩送到长春市民主党派大楼，转交给中共市委统战部机关党委专职副书记赵琪，用以解决统战系统志愿者防护用品短缺问题。

3月18日，九三学社沈阳市委员会将600套医用防护服、600双鞋套、2000只医用口罩送到社市委机关，援助社市委抗疫工作。

6月24日，社市委召开十五届二次常委会议。主委冷向阳主持会议，专职副主委李铭，副主委刘冰冰、田元生、葛鹏飞、孙宏参加会议。

6月24日，社市委召开十五届二次全体（扩大）会议。主委冷向阳主持会议。中共长春市委统战部副部长蒋鹏飞应邀出席会议；社市委专职副主委李铭，副主委刘冰冰、田元生、葛鹏飞、孙宏参加会议。会议内容：1.学习《中国新型政党制度》白皮书及吉林省第十二次党代会报告要点；2.听取并审议通过了主委冷向阳代表九三学社长春市第十五届常务委员会所作的2021年工作报告，审议通过了九三学社长春市委员会内部监督委员会2021年工作报告；3.各位副主委在会上作述职报告，与会同志对领导班子及成员进行了民主测评。

6月24日，社市委召开2021年度领导班子民主生活会。会议由主委冷向阳主持。社省委专职副主委孙立忠、中共长春市委统战部副部长蒋鹏飞应邀出席会议；社市委专职副主委李铭，副主委刘冰冰、田元生、葛鹏飞、孙宏、白娥参加会议。

6月24日，社市委召开第十五届委员会内部监督委员会2022年度工作会议。社市委专职副主委、内部监督委员会主任李铭主持。社市委秘书长、内部监督委员会副主任顾红艳、李长翠，内部监督委员会委员温岩、朱鹏程、张馨月参加会议。

7月27日，社市委科教处处长许辉带领由社员组成的医疗专家团队到四平市双辽市东平镇前太平村开展"我为群众办实事"义诊活动。专家组成员为长春中医药大学附属医院脑病科副主任南红梅、长春市中心医院骨科教研室副主任张伟、长春市中医院肺病科副主任王丽娜。

8月19—22日，社市委组织骨干社员到吉林杨靖宇干部学院进行培训。

8月29日，社市委在长春市民主党派大楼二楼会议室组织机关干部集体学习中央统战工作会议精神及《中国共产党政治协商工作条例》。

9月20日，社省委专职副主委孙立忠、社市委专职副主委李铭、中共长春市朝阳区委统战部副部长刘晓明及九三学社长春市朝阳区委员会主委李小霞到朝阳区富锋街道清华园社区，带着慰问品看望辖区老人并祝其重阳节快乐。

9月26—29日，社市委机关全体工作人员在长春市新民宾馆参加社省委举办的全省机关建设工作会议暨2022年度全省机关人员培训班。

9月29日，社市委专职副主委李铭带队到长春市南关区全安街道天利南社区东天小区开展卫生健康宣讲、义诊和送药活动。九三学社长春市中医院支社主委庄军、社员赵鹏主任为100余名社区工作人员和居民进行义诊。

9月30日，九三学社吉林艺术学院支社第二次社员代表大会在吉林艺术学院院部会议室召开。吉林艺术学院党委书记张东航，社市委专职副主委李铭、组织处处长田慧，吉林艺术学院党委统战部部长迟秀兰，民盟吉林艺术学院委员会主委钱彤出席会议。会议由九三学社吉林艺术学院支社组织委员高璐主持。会议选举产生了新一届基层委员会。

10月9日，社市委在长春市民主党派大楼二楼会议室召开十五届七次主委会议。社市委主委冷向阳，专职副主委李铭，副主委刘冰冰、田元生、葛鹏飞、孙宏，秘书长顾红艳参加会议。会议由冷向阳主持。会议内容：1.学习《人民日报社论：坚定不移推进中华民族伟大复兴历史进程——热烈庆祝中华人民共和国成立七十三周年》；2.审议通过了《九三学社长春市委员会关于表彰2022年度抗击新冠肺炎疫情工作先进集体和抗疫先锋、先进个人的决定》；3.审批新社员53人。

10月16日，社市委组织各基层组织及全体机关干部收看中共二十大开幕盛况。

10月24日，社市委组织各基层组织及全体机关干部收看关于介绍解读党的二十大报告的新闻发布会。

11月4日，社市委组织27名社员参加社省委组织的学习中共二十大精神的专题报告会。

11月9日，社市委主委冷向阳到机关听取各处室工作汇报。

11月10日，长春市政协到长春市民主党派机关向长春市各民主党派征集大会发言题目，社市委专职副主委李铭、宣传（调研）处副处长赵彤、组织处赵梓超参加会议。

11月10日，社市委同长春市其他民主党派、长春市社会主义学院等单位联合举办培训班，以线上形式学习中共二十大精神，社市委委员、基层组织领导班子成员、部分新社员及机关干部共70人参加学习。

11月14日，社市委召开机关工作会议，研究各处室成立专委会有关事宜，布置各处室年底需要完成的工作任务。

11月16日，社市委专职副主委李铭、办公室主任张红梅参加在湖北武汉召开的九三学社全国副省级城市工作联席会议。

11月21日，社市委5名机关同志参加吉林省各民主党派"矢志不渝跟党走、携手奋进新时代"政治交接主题教育专题报告会。会上，中央社会主义学院统战理论教研部主任王小鸿教授作了题为《牢记多党合作历史 矢志不渝跟党走》的专题讲座。

12月6日，社市委在长春市民主党派大楼二楼会议室举行"学习宣传贯彻中共二十大精神"知识竞赛，机关全体干部参赛。

12月19—21日，社市委主委冷向阳，副主委刘冰冰、白娥等到北京参加九三学社第十二次全国代表大会。宣传（调研）处副处长赵彤随行。

12月22日，社市委通过微信小程序举办"九三学社长春市委员会第三届知识竞赛活动"，社员共计1686人参加活动。

## 2023年

3月3日，社市委组织社员及机关干部参加社省委为庆祝"三八"国际妇女节组织的讲座活动，主讲人为九三学社长春市委员会副主委白娥。

3月6日，社省委主委、社市委主委冷向阳在全国政协十四届一次会议小组讨论会上发言，发言内容被《人民政协报》刊载。

3月16日，社市委组织社员及机关干部参加社中央"学习2023年全国两会精神暨社中央第一期政治辅导"网络课堂。

3月23日，社市委科教处处长许辉带领吉林农业大学食用菌专家刘晓龙教授随同社省委专家组赴和龙市八家子镇南沟村桑黄种植基地进行技术指导。

3月30日，九三学社长春市第十五届委员会内部监督委员会召开第三次会议。九三学社长春市委员会专职副主委、内部监督委员会主任李铭主持会议。

3月30日，社市委召开十五届三次全体（扩大）会议。中共长春市委统战部副部长蒋鹏飞、党派处处长董强莅临指导，社省委、社市委主委冷向阳主持会议。会上，社市委领导班子成员分别进行述职，全体委员对领导班子进行了民主测评。

3月30日，社市委分别召开了十五届九次主委会议、十五届三次常委会议。

3月30日，社市委召开2022年度领导班子民主生活会，社省委专职副主委孙立忠、组织处处长金鑫，中共长春市委统战部副部长蒋鹏飞、党派处处长董强莅临指导。

4月25日，为纪念中共中央发布"五一口号"75周年，社省委、社市委举办纪念中共中央发布"五一口号"75周年专题报告会及红色观影活动。社省委专职副主委孙立忠，社市委专职副主委李铭、秘书长顾红艳出席活动。长春社员及机关干部共40人参加活动。

5月10日，社市委开展"杏林进社区"和九三学社界别政协委员"走进社区医疗义诊活动"。医疗队伍由社省委主委、社市委主委冷向阳带领，中共长春市委统战部副部长蒋鹏飞出席活动，社市委专职副主委李铭、秘书长顾红艳参加活动。

5月13日，社市委举办纪念"五一口号"发布75周年书画雅集。

5月18日，社市委组织社员和机关干部参加学习社中央第二期政治辅导"网络课堂"。

5月30日，由社中央主办，社省委、东北师范大学承办，社市委、九三学社东北师范大学委员会协办的"九三学社中央院士专家科普行"走进东北师范大学，社市委副主委、九三学社东北师范大学委员会主委、东北师范大学地理科学学院院长白娥主持活动。

6月12日，社市委召开十五届十次主委会议。社省委主委、社市委主委冷向阳，专职副主委李铭，副主委田元生、葛鹏飞、孙宏，秘书长顾红艳出席会议。会议由冷向阳主持。

6月12日，社市委在长春市民主党派大楼召开"凝心铸魂强根基、团结奋进新征程"主题教育动员会，部署推动主题教育工作。社省委主委、社市委主委、长春中医药大学校长冷向阳出席会议并作动员讲话。社市委专职副主委李铭，副主委田元生、葛鹏飞、孙宏，秘书长顾红艳参加会议。中共长春市委统战部党派处处长董强应邀参加会议。会议由李铭主持。

6月12日，社市委在长春市民主党派大楼召开"凝心铸魂强根基、团结奋进新征程"主题教育专题讲座暨理论学习中心组（扩大）学习会议。社市委专职副主委李铭，副主委田元生、葛鹏飞、孙宏，秘书长顾红艳参加会议。中共长春市委统战部党派处处长董强应邀参加会议。会议由顾红艳主持。

7月21日，李铭同志在九三学社吉林省第九届委员会第三次全体会议上全票当选为九三学社吉林省第九届委员会副主委。

9月1—2日，社市委专职副主委李铭赴哈尔滨参加九三学社全国副省级城市第十七次工作联席会议。

9月12—15日，社省委举办全省"社员之家"建设现场交流会活动。社省委专职副主委孙立忠、社市委专职副主委李铭出席活动，社省委组织处、各社市委从事"社员之家"建设人员参加此次活动，社市委宣传（调研）处副处长赵彤代表社市委参加此次活动。

10月9日，社市委组织社员和机关干部收看学习社中央第三期政治辅导网络课。

10月11日，社市委专职副主委李铭参加社省委在重庆社会主义学院举办的2023年新闻宣传培训班。

10月18日，为重温九三学社同中国共产党同心同向、团结奋斗的历史，加强思想政治引领，深入开展"凝心铸魂强根基、团结奋进新征程"主题教育，由社省委、吉林艺术学院主办，社市委，吉林艺术学院党委统战部、教务处、科研产业处、戏曲学院、马克思主义学院，九三学社吉林艺术学院支社承办的"凝心铸魂强根基、团结奋进新征程"主题教育红色经典剧目展演暨吉林艺术学院戏曲课程思政教学成果汇报演出在吉林艺术学院现代剧场精彩上演。该演出在社会上引发热烈反响，被学习强国等多家中央、省、市级媒体报道。

10月26日，社市委在长春市南湖宾馆召开十五届十一次主委会议。社省委主委、社市委主委冷向阳，社市委专职副主委李铭，社市委副主委田元生、孙宏、白娥出席会议。会议由冷向阳主持。

10月26日，社市委在长春市南湖宾馆召开十五届五次常委会议，社省委主委、社市委主委冷向阳，社市委专职副主委李铭，社市委副主委田元生、葛鹏飞、孙宏、白娥出席会议。会议由冷向阳主持。

11月23—26日，社市委组织骨干社员参加社省委在珲春举办的2023年度参政议政业务专题培训班。

11月28日，社市委组织社员和机关干部收看学习社中央第四期政治辅导网络课堂。

12月14日，社市委办公室主任张红梅参加中共长春市委统战部第五次工作联席会。

12月16日，社省委主委、社市委主委冷向阳，社省委专职副主委、社市委专职副主委李铭赴北京参加九三学社第十五届中央委员会第二次全体会议，社市委机关干部观看视频直播。

12月18日，社省委专职副主委、社市委专职副主委李铭参加中共长春市委统战部组织的专题议政会。

12月30日，社市委召开十五届十四次主委会议。

12月30日，社市委召开十五届七次常委会议，免去顾红艳同志社市第十五届委员会秘书长职务。

12月30日，社市委召开十五届四次全体会议，与会委员以举手表决的方式一致通过：李铭同志辞去九三学社长春市第十五届委员会委员、常委、专职副主委、内部监督委员会主任职务，顾红艳同志辞去九三学社长春市第十五届委员会委员、常委、内部监督委员会副主任职务；金鑫同志全票当选为九三学社长春市第十五届委员会委员、副主委。

12月30日，社市委召开十五届十五次主委会议，研究决定由金鑫同志担任九三学社长春市第十五届委员会专职副主委、内部监督委员会主任职务。

第七章

人物传略

# 吴学周

吴学周（1902—1983），男，出生于江西省萍乡县，汉族，九三学社社员，博士学位。物理化学家。1955年当选为中国科学院学部委员（院士）。曾任中央研究院化学研究所研究员、所长。中华人民共和国成立后，先后任中国科学院物理化学研究所所长、中国科学院长春应用化学研究所所长及名誉所长、中国科学院环境化学研究所所长、中国科学院环境科学委员会副主任、全国自然科学联合委员会委员、吉林省科协主席。第二、三、五、六届全国人大代表，政协第二、三届全国委员会委员，九三学社第三届中央委员会委员，第四、五、六届中央常务委员会委员。第五、六届吉林省人大常委会副主任，政协吉林省第二、三、四届委员会副主席，九三学社吉林省筹备委员会委员。政协长春市第一届委员会副主席，九三学社长春分社第一至六届委员会主任委员。

吴学周于1902年9月20日出生于江西省萍乡县一个书香家庭，祖父是清朝举人，父亲以私塾教书为业，崇尚新学，思想开明，勤奋好学，1909年专门到萍乡师范学校改学新学。吴学周自幼受到良好的家庭教育，特别是他父亲对他的启蒙影响很大。1916年，吴学周考入萍乡县立中学，接受较系统的自然科学教育，他对数理化有浓厚的兴趣。1920年，吴学周考取南京高等师范学校（后改为东南大学，即现在的南京大学），学习化学。1924年，吴学周以优异的成绩毕业于东南大学化学系，经张子高教授推荐留在化学系任助教。1927年，经吴有训教授介绍，吴学周曾在江西省立南昌中学高中部任教半年，然后回东南大学继续任化学系助教。又经吴有训教授推荐，参加江西省教育厅公费留学生考试，以全省总分第一名的成绩获得公费留美学习的资格。

1928年，吴学周前往美国加州理工学院攻读博士学位，专业为物理化学。这所大学的校长是1923年荣获诺贝尔物理学奖的R. A. 密立根（Millikan）教授，很多有造诣的科学家云集该校，开展前沿课题的研究工作。吴学周学习刻苦、善于实验，用不到三年的时间提前完成了学业，1931年夏被授予博士学位。同年，在《美国化学会志》（Journal of the American Chemical Society）上发表了两篇论文《HCl溶液中四价铱还原成三价铱的还原电位》（Reduction Potential of Quadrivalent to Trivalent Iridium in Hydrochloric Acid Solution）和《铱的电位测定》（Potentiometric Determination of Iridium）。

20世纪30年代初期，量子力学蓬勃发展，并推动着相关学科的发展，原子光谱曾经为量子力学的发展奠定了实验基础。学术思想活跃的青年吴学周锐敏地感到，分子光谱研究将是未来重要的前沿领域。因此，他在写博士论文的同时，自学了量子力学，并调整研究方向，逐步把目标转到分子光谱领域，与该校的R. M. 贝杰（Badger）教授合作，开展多原子分子的吸收光谱研究。他先后在《美国化学会志》和《物理评论》（Physical Review）上发表了《气态卤化氰的吸收光谱、结构和解离能》《近紫外区氰的吸收光谱》和《从光谱数据计算几种简单多原子气态分子的熵》（The Entropies of Some Simple Polyatomic Gases Calculated from Spectral Data，1932）等一系列研究论文。他找到了ClCN、BrCN和ICN连续吸收光谱的长波极限，从它们的光谱类似推断出三种分子具有相似的几何结构，由热化学和光谱数据确定了常态卤化氰由常态卤素原子和常态CN基构成，第一激发态则由常态卤素原子和处于激发态$2\pi$的CN基构成。他把光谱数据与分子结构及热力学参数关联起来，开拓了分子光谱的研究和应用领域。利用该校良好的条件，吴学周动手设计实验装置，测定了乙炔、乙烯、乙氰、丙烷、氨、碘甲烷和乙醛等14种气体的远红外光谱，其论文《气态的远红外光谱》（Far Infrared Spectra of Gases，1932）后来发表在《物理评论》上，他的这些工作受到了国际学术界的关注。

分子光谱研究，在量子力学的发源地欧洲备受重视。为了吸取先进经验，交流学术思想，1932年秋，吴学周以访问学者的身份应邀来到德国，在达姆斯塔特高等工业学校进行合作研究与讲学。在这里，他结识了因分子光谱研究而荣获诺贝尔化学奖的 G. 赫兹堡教授。

1933年夏，应中央研究院化学研究所所长王琎的邀请，吴学周回国担任化学所的专任研究员。王琎期望吴学周能在该所把走在世界科学前沿的分子光谱研究继续下去，以带动理论化学研究的开展。尽管困难重重，他还是与柳大纲、朱振钧等一起完成了"丁二炔的紫外吸收带""氰酸和某些异氰酸酯的吸收光谱和解离能""乙氰分子的基频"和"乙氰分子在近紫外区的新吸收带系"等10多项研究工作，所写论文先后在美国著名的《物理评论》、《化学物理杂志》(*The Journal of Chemical Physics*) 和德国的《物理化学杂志》(*Zeitschrift für Physikalische Chemie*) 上发表。双氰是对称的简单四原子线型分子，其对称性质与几何形状和当时研究得相当成熟的同核双原分子非常相似。吴学周认为，以这种分子为模型化合物，考察原子数目增加给光谱带来的变化规律以及怎样从这些变化了的复杂光谱中提取有用的分子信息，对复杂分子的光谱研究具有理论与实践上的指导意义。他经历了几个春秋，实验上精益求精，紫外吸收池从50厘米最后增长到3000厘米。摄谱装置的分辨率也一再提高，先在182—230nm 区确定现称为【$\tilde{A} \leftarrow \tilde{X}$】的带系，后又在240—302nm 区发现一个新的弱吸收带系。在整个203—302nm 的光谱区内，鉴认了900多条吸收带，实验的精细令行家无不惊叹。吴学周等根据红外与拉曼光谱的数据，第一个确定了双氰分子的基频振动频率，他从电子光谱中发现，C—N 键伸缩振动频率在电子激发态时变小，而 C—C 键伸缩振动频率在激发态时增大，从而推出电子激发态中的双氰具有【N……C……C……N】型结构。他率先阐明了电子吸收光谱在研究分子激发态时的意义，尤其是对激发态分子结构的推断，为后来利用共振拉曼光谱研究激发态位能面提供了思想基础。关于双氰分子的振动基频归属，在这个时期是有争论的，为此，他与柳大纲、朱振钧在1935年的《中国化学会志》上发表有关 XCN 和 XCCX 线型分子的力常数计算公式时，修正了一个基频。对 A. 奥耶肯（Eucken）和 A. 贝尔夫拉姆（Berfram）由比热给出的力常数值与归属，吴学周曾在德国的《物理化学杂志》上发文评述，由变形振动及其相互作用力常数的计算，指出他们的归属是错误的。

双氰分子紫外光谱的研究成功，增强了吴学周对光谱研究的信心，他计划以 $C_2H_2$ 为对象，通过温度对光谱变化来确认哪些跃迁来自振动基态，哪些来自振动激发态，用这两组谱带的频率差与红外和拉曼光谱的结果进行比较；利用同位素取代，由 $C_2D_2$ 的光谱来鉴认（0，0）带和归属电子基态与激发态的振动频率；利用分辨率高的光栅摄谱仪来分析某些谱带的转动机构，以了解电子跃迁的本质和振动选择定则。因当时处于抗日战争时期，他只完成了第一步设想。他与柳大纲等人，在乙炔低于 243nm 的短波紫外区内，分辨出可归属为【$\tilde{A}\leftarrow\tilde{X}$】系的 1000 多条谱带和谱线以及许多转动线。三个带系的强度与温度无关，他认为：这些跃迁起始于电子基态中的振动基态；这些谱带间的频差 580cm$^{-1}$ 实际上是电子激发态的振动 $\nu_4$（Eu）；七个主要带系的频率差 1050cm$^{-1}$，可归结为这个激发态中的 $\nu_5$ 振动的泛频 $2\nu_5$。利用光谱的温度效应来鉴别谱带系的起因，对电子光谱的研究具有普遍意义。

在上述工作的基础上，吴学周从两个方面开拓他对紫外光谱带系的研究：一是考察不对称线型和非线型分子，二是考察原子数更多、更复杂的对称线型分子。前者如 HNCO、$CH_3NCO$、$C_2H_5NCO$、$C_6H_5NCO$、$CH_3SCN$、$C_2H_5SCN$、$CH_3NCS$、$C_2H_5NCS$、$CH_2$：$CH_2NCS$ 和 $C_6H_5NCS$，后者如丁二炔等。

吴学周是我国最早把光谱数据应用于分子常数和热力学函数计算的光谱学者。氰酸、氰酸酯、异氰酸酯和卤化氰分子的解离能的确定，HCN、ClCN、BrCN、ICN、$C_2N_2$ 和 $C_2H_2$ 等分子在 298K 的熵值计算，对光谱研究均具有指导意义。他在开展光谱基础研究的同时，还注意到这门学科在物理化学研究中的应用。他在硫氰酸酯和异硫氰酸酯的吸收光谱考察中，基于每个分子具有两个连续吸收区而求出两种解离能，并认为解离成烷基或芳基，硫氰酸基或异硫氰酸基，是初始光化学过程。在装备了红外光谱仪以后，他又开展了红外与紫外在化学反应中的应用。他所做的工作不仅对国际化学界有贡献，也开创了我国多原子分子光谱研究的新局面。

七七事变后，日军大举侵华，中央研究院化学所决定迁往云南昆明。1938年夏，吴学周随所搬迁，辗转万里，千辛万苦保存好图书和仪器。鉴于在迁所过程中表现出的组织管理才能和献身科学的精神，中央研究院蔡元培院长委任他为代理所长，主持筹建科学实验馆。在短短的六个月内，他主持建成了临时实验馆。一年以后，永久性实验馆又告落成。这一时期，吴学周为建馆呕心沥血，勘察设计、四处联系、多方奔走，大部分精力消耗在事务性工作中，这种精神备受同行友好的赞誉。由于经费、试剂和仪器等原因，气体吸收光谱研究无法进行，吴学周改为从事溶液和液体光谱研究，同时开展反应动力学研究，着重研究矿产资源的开发利用。抗日战争胜利后，中央研究院化学所迁回上海，吴学周担任该所代所长，兼上海交通大学和上海医学院教授，讲授物理化学，直到上海解放。

中华人民共和国成立一个月后，中国科学院成立，吴学周被任命为中国科学院物理化学研究所所长。此前，于1949年7月，他参加了中华全国第一次自然科学工作者代表大会筹备委员东北参观团，东北地区的资源和工业建设给他留下了深刻印象。1950年，中国科学院郭沫若院长电邀吴学周来京，请他与严济慈、武衡等一起去东北组建科学院东北分院，并对吴学周说："毛主席提出要建设好东北，你们迁一部分人去那里怎样？"他毫不犹豫地回答："可以。"上海物理化学研究所的30多名科技人员在吴学周的带领下来到长春，于1954年与长春综合研究所合并，成立了中国科学院长春应用化学研究所，他被任命为所长。办好研究所和发展化学学科，人才是关键，吴学周领导组织了学习班，其中举办了54个单位参加的"光谱分析学习会"，为全国培养了一大批科技骨干。1958年，吴学周创办了长春化学学院和附设的化学学校与技工学校，由唐敖庆、钱保功、孙家钟、吴钦义等著名教授为光谱班讲课，先后为科研单位和高等院校培养了100多名磁共振、分子光谱、原子光谱和X衍射结构研究人员。1978年，吴学周以分子光谱专家的身份冷静分析了我国在这个领域的状况，注意到进口光谱仪器很多，但分子光谱研究的论文却寥若晨星，有学术创见的论文则更少，存在忽视理论和基础研究的倾向。于是在他的倡导、筹备和主持下，受中国化学会的委托，他于1980年在长春举办了分子光谱基础理论学习讨论班，江元生、胡皆汉、王宗明、辛厚文等专家参加了讲学和讨论，年近80岁高龄的吴学周，对激光产生的理论与实践背景、激光拉曼光谱的进展等问题，作了非常精辟而生动的讲演。

吴学周认为，办好研究所要抓三件大事：一是选择好研究课题；二是要有一支训练有素、具有较高科学水平的研究队伍；三是具备良好的实验设施。而确立研究方向是关键。他借鉴国内外的经验，根据国家建设的需要和科研发展的趋势，对该所的研究方向不断进行调整和更新。先后建立了超纯物质及稀土元素分析、辐射化学和激光化学等十余个新的研究室，使中国科学院长春应用化学研究所逐渐形成包括无机化学、分析化学、物化与结构、有机高分子四大中心的综合研究机构，并先后组织力量在合成橡胶、塑料、粘胶剂、稀土材料、电分析化学、有机结构、痕量分析、催化和激光分离同位素等多方面攻关，取得了很大的成绩。吴学周在建所和研究方面的业绩和成就，正如他在1983年10月31日逝世后，他在德国的朋友、诺贝尔化学奖得主G.赫兹堡教授从加拿大打来的唁电中所写，"他在应用化学方面的后期工作，包括长春（应化）所的建立，将成为他事业的丰碑"。

吴学周自1939年开始，曾10次被选为中国化学会理事或常务理事，并担任过该会物理化学委员会主任委员。吴学周1948年当选为中央研究院院士，1957年被任命为国务院科学规划委员会化工专业组副组长，1978年由国家科委聘为化学组成员，1979年兼任中国科学院环境化学研究所所长，1980年任中国科学院环境科学委员会副主任，同年又当选为吉林省科协主席，担任过《中国大百科全书·环境科学卷》主编，《分析化学》《应用化学》和《应化集刊》等出版物的主编。他为发展祖国科学、繁荣学术做了许多组织领导工作。

吴学周是九三学社长春地方组织创始人之一。为了团结全国大中城市的高、中级知识分子，不断加强其思想建设，使他们更好地为社会主义建设事业服务，1952年3月12日，九三学社第二届中央常务委员会第四十次会议决议，拟在1952年设立无锡、西安、天津、武汉、兰州、长春、沈阳七个分社。

1952年9月27日，九三学社第三届中央常务委员会第一次会议推举吴学周、杨振声、刘恩兰筹建长春分社。10月21日，社中央致函吴学周："经过院系调整，本社有不少社员调到长春工作，使本社组织今后在长春方面具备了发展的条件。同时，为使现有社员过好组织生活并加强思想改造起见，已决定在长春设立分社筹备委员会，并指定吴学周、杨振声、刘恩兰三同志负责筹备，以吴学周同志兼召集人，除分函中央统战部转长春市委统战部予以指导协助外，兹将长春社员名单开列于后，即请分别联系，在市委统战部的指导协助下积极进行筹备工作为荷。"

吴学周同志一到长春，创建中科院长春应化所和长春九三学社组织两副重担同时落在了他肩上，那分量是可想而知的。然而，吴学周同志深知这是党的信任，也是他的光荣，决心不辜负党组织和九三学社中央的期望。为此，他开展了紧张而有秩序的工作，一方面为科研事业的开展、应化所的组建而忙碌，另一方面为筹建长春市九三学社组织的工作而奔走。他做的第一件事就是和一同调来长春的朱晋锠同志前往中共长春市委统战部报到并办理了组织关系。同时，向中共长春市委统战部杨部长汇报了社中央决定在长春发展组织、筹建分社的有关情况，希望得到中共长春市委及统战部的指导和帮助。杨部长对此很赞赏，热情表示今后将全力支持。

之后，他分别与在长春的九三学社社员取得联系。当时随吴学周由上海调来长春的九三学社社员只有朱晋锠一名同志，其余社员均为1952年全国高等院校院系调整之后调来长春的。他们相互之间没有联系，没有过组织生活。吴学周同志从社中央、中共长春市委统战部等方面尽可能了解到已来长春的九三学社社员，并及时与他们分别取得联系。在此基础上成立了九三学社小组，恢复了九三学社生活。社员们精神饱满，每一两周就开一次生活会，生活会多半是在吴学周的办公室或家里召开。

经过一段时间的紧张工作，九三学社长春分社筹委会于1953年2月8日正式成立，吴学周同志担任主任委员，委员有杨振声、刘恩兰、业治铮。筹委会成立后，为筹建九三学社长春分社做了大量的工作，首先拟订了工作计划和学习计划，接着组织社员进行经常性的小组活动，初步在周围群众中建立印象，并开始发展九三学社社员。这些工作都得到了社中央的高度赞扬。

自筹备开始，吴学周等人的工作一直受到中共长春市委统战部的鼓励和支持。1953年年底，吴学周等同志认为在长春建立九三学社分社的条件已成熟，于是，决定于1954年上半年适当时候成立九三学社长春分社，这一决定得到了九三学社中央的支持。1954年初，吴学周和九三学社的同志投入到了紧张的成立长春分社的准备工作之中。6月20日，九三学社长春分社正式宣告成立，同时，举行了第一届社员大会，会议全票通过吴学周同志为九三学社长春分社主委。就这样，吴学周同志在圆满完成创建长春应化所的同时，也圆满完成了九三学社长春分社的创建任务。

吴学周同志经历了新旧两个社会，他深刻认识到没有共产党就没有新中国，只有社会主义才能救中国。因此，他总想把自己的全部才智奉献给祖国。为了实现这一崇高理想，他不惜一切地为党的事业工作，成为中国共产党的亲密战友和得力助手。

早在青年时代，吴学周就表现出强烈的爱国精神。他刻苦攻读，为的是实现科学救国之志。五四运动期间，他积极参加抵制日货的爱国活动。1927年，他在中学教书时，支持学生参加进步活动。留学国外时，他时刻关注祖国的命运，后来，谢绝国外高薪聘请和挽留，毅然回到祖国。中华人民共和国成立前夕，他不顾个人安危，断然拒绝国民党的利诱和胁迫，决意留在大陆，为中华人民共和国建设服务。他的行动无一不表现出爱国志士的高风亮节。也正是为了靠近党组织，更好地接受党的领导，他于中华人民共和国成立初期就加入了九三学社组织。

在筹建九三学社长春分社的工作中，吴学周始终遵循九三学社中央的指示精神，接受地方党委的领导。在社务活动中，吴学周强调九三学社组织要做好党的助手，关心科技界知识分子的进步，团结和促进广大知识分子积极为党做更多的工作，同时注意引导社员多参加社会活动，密切配合党的各项中心工作。

这期间，他率先垂范，带领和组织社员学习《中华人民共和国全国人民代表大会和地方各级人民代表大会选举法》。通过学习，他明确了选举法的公布和执行对我国国家建设的重要意义，从而重视选举权利，积极参加普选运动，进一步提高了自己对人民革命事业的责任感。此外，他还组织社员积极参与社会活动，如学习、贯彻《中华人民共和国婚姻法》运动，爱国卫生运动，抗美援朝问题讨论会，访苏观感报告会，悼念斯大林逝世，等等。

在社会主义思想改造时期，吴学周同志组织和带领九三学社的同志，顺应当时的形势，响应党的号召，认真学习党的路线、方针、政策，自觉改造思想，进一步体会共产党的伟大和正确，从而更加坚定了走社会主义道路的信念。

党的八大以后，吴学周和他领导的九三学社社员不仅在政治上和党保持完全一致的立场，还努力发挥自己的特点和优势，为祖国的科学技术现代化事业作出积极贡献。他们制定了"向科学进军"的规划，在社内掀起了向科学进军的热潮。同时，他们配合社中央和地方党委统战部进行社会考察和调查研究工作，并及时把考察和调研工作中发现的问题向有关方面反映，发挥了民主党派应有的作用，收到了好的社会效果。

"文化大革命"中，吴学周同志被诬陷为"特务头子"，在这段混淆黑白的日子里，吴学周心里也产生过苦闷、彷徨和困惑。尽管如此，他始终坚信真理不会泯灭，事情总有一天会弄明白的。在最艰难的日子里，他只要有机会就坚持学习，表现得很乐观，一颗只要能生存就要为党的事业、为民族的振兴而奉献的赤子之心从未动摇。

中国共产党十一届三中全会的召开，开创了我国社会主义现代化建设的新时期，也开创了我国爱国统一战线工作的新局面。在这春意盎然的日子里，吴学周像感受到第二次解放一样欢欣和激动。他饱含对党的真挚情感，对祖国深沉的爱，毫无怨言、义无反顾地全身心投入到了党的科技事业和统一战线工作中。这时，他的身体极度虚弱，左眼失明，右眼仅剩0.03的视力，经常泪流不止。他顽强地与病痛和恶劣的环境抗争，夜以继日地查阅了数以百计的重要文献，写下了数十万字的笔记、心得和工作设想。工作在他生命中具有最重要的意义，所以，只要有一点可能，他就不会放弃工作，放弃事业。他把自己的生命和党的事业紧紧地联系在一起。

吴学周同志虽然没有印象中统帅人物的高大魁梧的身材，但他那平常的身躯里却蕴藏着火一样的热血和激情。他以坚定的信念、刚毅的意志和乐观向上的精神，带领着九三学社这支队伍一步步发展和走向成熟，他以他的领导才能，更以令人折服的人格力量，带出了一支强有力的科研队伍，也带出了一支具有很高社会声望的九三学社队伍。

吴学周同志工作作风朴实无华，办事厉行节约，从不铺张浪费。筹建九三学社长春分社时，省里财政困难，吴学周一再叮嘱机关的同志，勤俭办事业，不要铺张浪费，不要和别的单位比排场，应该比工作效率、工作成绩。长春分社成立，只买了一些必要的办公用品和两张写字台、两张椅子。其余如沙发、报架等物品均是从财政局仓库里找来的。三个沙发，三种颜色，三种样式，就这样凑合着用了很长时间。社内开会、吃饭很简单，每人一份面包就是午饭了。组织社员活动，为了节省开支，吴学周主张不到娱乐场所，自己组织联欢会，并带头出节目。他说，这样少花钱，多办事，还可以相互交流，不是更有情趣，更有效果吗？他的行动为九三学社树立了勤俭节约的好风气。

吴学周同志几乎在任何情况、任何场合下都给人以神采奕奕、精力充沛的感觉。每次会议，他都率先发言。他声音洪亮，语言诙谐幽默，层次清晰，富有哲理，具有很强的鼓动力和感染力。因此，只要他在场，气氛就会很活跃。

尽管吴学周同志在所内的工作很多、很忙，但没有影响他身先士卒地带领九三学社的同志参与政治运动，履行民主党派成员的责任和义务。

在我国社会主义思想改造时期，吴学周同志响应九三学社组织的号召，组织和带领九三学社社员配合当时的形势，积极投身于学习过渡时期总路线、共同纲领和中华人民共和国宪法等重大政治活动，使九三学社社员在革命和工作实践中不断克服小资产阶级和资产阶级的思想意识，逐步接受工人阶级的思想意识，成为社会主义革命和建设的积极力量。他带头做好本职工作，带动周围群众，团结教育广大知识分子，服从党和政府的领导，自觉改造思想，尽自己的一切力量为人民服务。

当我国进入全面建设社会主义的历史阶段以后，吴学周同志又组织和带领九三学社的同志学习和贯彻党中央的精神，努力调动知识分子的积极性，投入到建设国家、向科学进军的热潮中。

从九三学社长春分社组建起，到史无前例的"文化大革命"，九三学社广大社员经历了风风雨雨、坎坎坷坷，但这支队伍始终具有很强的向心力。

"文化大革命"，给广大九三学社社员带来巨大的身心创伤。"文化大革命"前，全省九三学社社员共117名，"文化大革命"后，由于种种情况，只剩96名。"江青反革命集团"造成的恶劣影响，像阴影一样笼罩在社员的心里，使他们余悸犹存。社组织刚恢复工作时，多数社员持犹豫观望态度，少数社员甚至产生抵触情绪。吴学周作为长春分社临时领导小组的组长，在中共长春市委统战部的支持和帮助下，为贯彻党中央的有关方针、政策，做了大量的艰苦细致的工作。他不顾年迈体弱，让女儿陪着，搀扶着，亲自走访社员家，不厌其烦地讲解党的统战政策，肃清极"左"路线的影响。有些社员不了解情况，认为吴学周自己没有深受其害，无法理解他们的心情，因而冷淡、怠慢他。吴学周不但不怪他们，而且更加关心他们，帮助他们，对他们坦诚相待。"精诚所至，金石为开"，当这些同志知道吴学周在"文化大革命"期间所遭受的迫害比自己重，创伤比自己还深时，深深地为他的精神所感动，重新回到了九三学社的队伍中。

1980年1月6—9日，九三学社长春分社召开的第六届社员大会，为开创九三学社长春分社工作的新局面奠定了基础。广大九三学社社员心情舒畅，以从未有过的政治热情投入到社会政治生活和四化建设的洪流之中。从此，"奋发图强，献身四化"成为九三学社社员的历史责任和奋斗目标。统一战线的新形势给九三学社带来了勃勃生机。在这样的大好形势下，许多优秀的知识分子加入了九三学社的队伍。九三学社长春分社不断发展和壮大，至1983年，长春九三学社社员人数已发展到408名。目睹这令人欣慰的一切，吴学周为之兴奋不已。他为九三学社队伍的成长高兴。高兴之余，他和九三学社的同志们又为九三学社吉林省委员会的建立兴致勃勃地筹划着。

正当吴学周同志"老骥伏枥，壮心不已"，要为祖国的科技事业振兴和祖国统一战线事业的发展作出更大贡献之际，病魔夺去了他的生命。临终前，他还念念不忘九三学社的工作，谆谆告诫前来探望的同志，要依靠党的领导，多与统战部协商，发挥党的助手、参谋作用。要关心九三学社的同志们，慎重选拔年轻的领导干部……

吴学周的一生就是为中华民族的兴盛、为中国科学技术的发展兢兢业业工作的一生、奋斗的一生。他在逝世前不久实现夙愿，加入了中国共产党。几乎一生都是非党知识分子的吴学周，用生命谱写的是一曲毫不逊色的共产主义战士之歌。

（社宣）

# 刘恩兰

刘恩兰（1905—1986），女，出生于山东省安丘县，汉族，九三学社社员，博士学位。地理学家，海洋学家。历任南京金陵女子大学教授、东北师范大学地理系教授、哈尔滨军事工程学院海道测量教研室主任、中国人民解放军海洋航海保证部顾问、国家海洋局顾问和自然资源部第一海洋研究所教授。中国地理学会、中国气象学会的创办人之一。黑龙江省科协会员。政协第三、四、五届全国委员会委员。曾任黑龙江省政协委员。长春九三学社创始人之一，九三学社长春分社第一届委员会委员。

九三学社长春分社社史的开篇，提到了1952年成立九三学社直属的长春三人小组吴学周、刘恩兰和杨振声。已故的吴学周同志，长期担任长春分社主委，已为广大社员所熟知；在长春分社成立后不久就调离长春的刘恩兰同志，则鲜为人知。为了发扬九三学社的传统精神，最近笔者专访了刘恩兰最后的工作单位——国家海洋局。看了她亲笔写的小传，她的档案、鉴定和介绍她的文章，听了曾在她身边工作过的同志的印象介绍，再结合笔者过去同她一起工作的回忆，深感刘恩兰是我国妇女界的一代奇才，她的事迹值得怀念、宣扬和推广。

## 一、非凡经历，巾帼奇才

刘恩兰，1905年3月27日出生在山东省安丘县的小山沟——石山子村。虽然父母都是教师，但刘恩兰在家乡没有上过小学和中学。聪敏过人的刘恩兰，依靠父亲的教诲，学习了数学、天文、诗词、英语等知识。14岁那年，父亲送她到南京。她考入汇文中学，成为高中二年级的插班生，用一年半时间学完高中三年的课程。毕业之后，她考取了北京协和女子大学。当时该校规定，新生必须先读两年预科，方能升入本科，刘恩兰觉得时间太长，又转考入南京金陵女子大学。1925年，刘恩兰在金陵女大毕业，以优异的成绩留校任教，当时年仅20岁。后又受聘兼任金陵女大附中的教导主任。

按金陵女大的规定，执教6年，即可申请去美国留学。由于刘恩兰成绩优异，校方允许她提前一年即于1929年到美国克拉克大学留学，学习自然地理专业。自此，巍巍的高山、滔滔的江河、茫茫的原野、浩瀚的海洋、变幻的气象，便成了她终生研究探索的对象。一个来自旧中国贫穷落后山村的女青年，跨入了世界地理科学的殿堂。

刘恩兰在异国他乡，苦读三年，1931年取得了硕士学位，成为中国地理学界第一位自然地理学女硕士。从克拉克大学毕业之后，她又到芝加哥大学就读半年。归国之前，导师问她需要什么礼物，她毫不迟疑地回答要一张旅行欧洲的支票。她没有从太平洋直接返国，而是由美国波士顿起程，到达加拿大的魁北克，然后横渡大西洋，穿过直布罗陀海峡到地中海，在法国登陆。然后又经比利时、卢森堡、德国到荷兰，渡英吉利海峡到英国和爱尔兰，渡北海到挪威、瑞典，再渡波罗的海到波兰，最后横穿苏联全境，经满洲里回国。这是一次漫长的地理考察，历时三个月，途经12国。她跋山涉水，不畏艰险，表现出一位地理学家为科学献身的精神，成为中国第一位连续考察北美、大西洋、西欧和欧亚大陆的女地理学家。

回国时，刘恩兰年仅27岁，竺可桢约她到中央气象台工作，金陵女子大学不放。她回金陵女子大学后创建了地理系，任教授，讲授地理、地质、农业气象等课程，经常带领学生进行野外考察，表现出很强的实践精神。1934年，她同竺可桢先生一起，参加创办中国地理学会和中国气象学会，接着又参加了蔡元培先生组织的中国科学社。

1937年抗日战争全面爆发后，刘恩兰为接送学生，先到上海，后又转至武汉。1938年后又随金陵女子大学从武汉撤到四川成都。就在这时，校方决定再次派她到美国深造，但她觉得英国的教育比美国严格，学位水平和声誉更高，毅然到英国牛津大学研究生院攻读博士学位。对此，校方减少了资助。她只好边打工边学习，仅用一年半的时间，就完成了《中国农业气象》博士论文，顺利通过了有一批皇家学院院士参加的答辩会，成为第一位取得英国牛津大学博士学位的女自然地理学者。毕业后，导师、同学、朋友劝她留在英国工作，可是，她日夜思念着抗战中期处于水深火热中的祖国，谢绝了招用的聘书和好心的规劝，冒着被德国潜艇袭击的危险，于1941年回到硝烟弥漫的祖国，在成都华西大学（金陵女大）一边任教，一边参加救亡工作。

日本投降后，刘恩兰又随金陵女大回迁到南京。

1946年，刘恩兰应美中文化协会邀请赴美讲学。途中，她先到美国南部考察了少数民族的风土人情，了解到美国种族歧视的真实情况。到纽约不久，适逢国际妇女大会在纽约召开，她代表李德全（因故未能前往）出席了大会，为争取国际妇女的平等和自由权利努力奔走。一次，她应纽约广播电台邀请发表演说，不幸于途中发生车祸，头部、眼部受重伤，经美国一家医院治疗，于1948年愈后才得以回国。

中华人民共和国成立后，随着金陵大学的调整合并，刘恩兰离开久居的南京，走上新的工作岗位，进入新的研究领域，参加了大量的调查与研究，从地理学家又成为一名海洋学家。中华人民共和国成立初期，她参加了农业部举办的淮河流域治理调查和永定河、桑干河水土保持调查。1951年，她被调到长春市东北师大地理系，讲授一门新课——中国经济地理和自然地理，结合实习做了大量野外考察。1954年，她调任哈尔滨军事工程学院海道测量教研室主任，从此，她的研究领域从陆地转向海洋。她经常带领学生出海，测量海道和调查海洋水文、气象等。1961年，她又被调到中国人民解放军海军航海保证部工作，随军从塘沽出发，沿祖国的海岸从北到南，考察沿海的设施，向有关部门提出过几万字的批评与建议。1978年，73岁的刘恩兰，被任命为国家海洋局顾问和自然资源部第一海洋研究所的教授。年高多病的刘恩兰，一直到1986

年去世前的 8 年间，时刻都在关心我国海洋科学技术和整个海洋事业的发展，通过在报刊上发表文章，多次对我国海军工作提出建议。1982 年，77 岁的刘恩兰发表题为《国家应当加强对海洋的管理》的建议，深刻分析了我国海洋管理工作的主要内容和存在的问题。她提出，加强国家一级海洋管理职能机构的建设，充分发挥其在协调规划、政策研究、海洋环境调查、科学研究和服务等方面的职能作用；尽快建立健全体现国家意志和政府管理作用的各种海洋法规；尽快制定出我国海洋开发利用的基本设想和长远规划。另外，她还针对建立海洋工作咨询制度，统一海洋政策研究，海洋环境污染与治理保护，海岸带的开发、利用与管理，珠江三角洲的开发与利用，长江流域水资源的开发与利用，发表过许多文章。刘恩兰晚年时曾说："我的老家在齐鲁海滨，我自幼就喜爱大海，后半辈子更是和大海结下了不解之缘。等我有一天去见马克思的时候，请把我的骨灰撒在大海里，我永远是海的女儿。"刘恩兰不愧为海的女儿，不愧为中国第一位女海洋学家。

## 二、性格倔强，追求执着

刘恩兰出生在歧视妇女的半封建半殖民地社会。在她呱呱落地的时候，她的祖父不允许把她放到炕上，说什么"女儿家不能上炕"。两岁时，她生了一场大病，祖父不让管，在她奄奄一息的时刻，疼爱女儿的父亲，趁祖父不在，买了七只老母鸡给她补养，救活了她的命……当她逐渐知道了这一切的时候，她幼小的心灵里就埋下仇恨封建社会、根除歧视妇女恶习的种子。刘恩兰的父亲刘光照是一位基督教徒，也是一位博学的旧知识分子，曾任潍县天文台台长，特别喜爱聪敏和好学的刘恩兰。她母亲也是教师，刘恩兰可谓出身书香门第。幼年的刘恩兰常和男孩子一起，上树摘桃，下河摸鱼，在田地里奔跑，和男孩子打架从不示弱。有一次，她爬树掏鸟蛋，祖父发现后一把把她拽下来，抓住她的头发往树上磕。她的头磕肿了，但她咬牙不哭，转身又爬上去，又挨了一顿打。有一次吃西瓜，祖父给男孩吃瓤，给孙女吃瓜尾巴，她一气之下把瓜摔到地上，发誓再也不吃西瓜。那时候，女孩一大就要裹脚。刘恩兰总是把裹脚布扯下并扔掉，家里人骂她"找不到婆家"，她根本不管那一套。逆境遭遇，培养了她的奋斗精神，倔强个性，为她后来在事业上攻关打下了基础。

刘恩兰自幼就养成了聪敏好学的品质和执着追求、从不气馁的性格。14岁的农村女孩，进入南京的贵族学校，当时很让阔少小姐们瞧不起，后来她竟以优异的学习成绩压倒"群芳"，出国留洋，取得学位，使得那些同窗都不得不刮目相看。

1952年，在思想改造运动中，刘恩兰对"崇美、恐美"思想的检查总是不能接受，因而在当时的组织鉴定中，也就总有"不够深刻"的字样。事实上，刘恩兰从来不迷信洋人，也从不盲目崇拜洋人，只相信科学真理。她说："我没有二次去美深造，而是执意到英国攻博士学位，就是不崇美；在牛津进行博士论文答辩时，一些皇家老院士提出许多刁难性问题，我应答如流，非常自信，也没有崇英。"她在科学专业活动中，没有丝毫崇洋媚外的痕迹，在科学问题上"得理不让人"。抗战时期，刘恩兰在成都华西大学讲授地质学时，曾因观念和立场的不同与英国教授惠康顿发生争执。惠康顿认为，中国没有冰川，理由是英文教科书中没有写；刘恩兰根据中国地质学家考察的资料，提出中国存在第四纪冰川。二人发生争执，官司打到代理校政的外国人蔡路德那里，蔡路德决定按惠康顿的意见办。刘恩兰不服，背上行李，离开成都到祁连山北麓兰州至玉门线亲自考察，发现了形成冰川的依据，证明了自己的观点是对的。她在航海部门服务期间，为出海实习考察，曾与海军的苏联专家发生争执。他们不让刘恩兰登军舰，她据理力争，告到国防部，最后被批准登舰。她对真理的追求，体现了"天不怕、地不怕"的精神。

从青年到老年，刘恩兰在全部科学活动中，一贯坚持发扬地理野外实地考察的科学作风，总是把实地考察放到极为重要的地位，或者说首要地位。她常说："地理学家必须有野外考察的能力，只关门读书是不行的。"她说到做到，以实际行动为后辈做出了榜样。1931年，刘恩兰自美归来的环球之行，充分展示了一位年轻女地理学家的追求、胆识和冒险精神。在挪威考察冰川时，她曾遇到山石崩滑，与一块运石擦身而过，险些丧命。在华西大学任教时的战火硝烟年代，交通、治安条件极其困难，她利用一切机会，经历重重困难，先后考察了金沙江、岷江、洪县、汶川、河西走廊等地，写了一大批调查研究文章。中华人民共和国成立初期，她在参加治淮工程和永定河、桑干河水土保持调查工作中，溯源而上，以步行为主，踏察在荒山沟谷之中，完成了大量考察报告。

1951年9月，她刚被调到东北师大地理系，就立即带领学生到长春市郊区农村进行综合地理考察。后来，她每年夏季都会进行长期野外考察，边走边看边讲。她甚至还立下坐火车的"章法"：不许学生打扑克或闲谈打闹，时刻注意观察地理现象的变化、地理界线的过渡，记录地理特征等。这对培养学生的野外观察能力和理论联系实际能力发挥了重大作用。她所有的学生，对这一点都记忆犹新。20世纪50年代中期，年过半百的刘恩兰，转入海洋研究时仍然经常出海，走遍了祖国的外海和南北海岸带的广大海域，在船上观察并记载了海洋气象、海洋水文、海底地貌以及海洋资源的大量数据资料，写出一批研究报告和文章，堪称我国第一位女海洋学家。

刘恩兰那样执着于艰苦的野外考察，并不是因为她有健壮的体魄。1946年她在纽约遭遇车祸，造成严重的脑震荡，一只眼睛半失明，伤病后遗症一直缠着她。特别是严重的胃溃疡病，也长期折磨着她。1951年，她带学生去农村考察，吃派饭，几乎都是高粱米。她犯了胃病不能吃，只用饼干、开水充饥，坚持到底。1961年，她乘海军快艇到黄海某海区考察，又犯胃病。小艇的颠簸、振荡，使她恶心、呕吐，疼痛难忍。她忽然觉得要吐，但怕弄脏舱室，急步登上甲板，一口鲜血吐进大海。《海洋的女儿》一书如实记录了1961年刘恩兰出海考察时身体出现状况后的感人事迹："同志们忙奔出来扶她，然而，她昂首望着前方，疾风掠着她那苍然白发，仿佛什么事也没有发生似的。突然，刘恩兰发现快艇来个急转弯，全速返航了。她明白了突然返航的原因，立即三脚两步回到舱内找到艇长，严厉地问：'为什么返航？'，艇长有些不自然地回答：'刘教授，您别急，这次出海风浪太大，刚才上级命令……'刘恩兰仍是十分着急地比画着说：'同志，你难道不懂吗，风浪越大，越能获得珍贵的资料，对部队建设更有参考价值，快发电请示上级，一定要按原定计划到预定海区进行测试！'艇长听了老教授斩钉截铁的话语，内心十分感动。他像执行命令一样，立即与上级取得联系，又驾艇奔向大海的深处。"刘恩兰在艰苦的野外考察工作中，从来不叫苦，能克服一切艰苦的环境，从来不因为工作环境恶劣而改变工作计划。刘恩兰最不愿听别人说她老了或有病,她从来不服老。74岁那年,她还出访澳大利亚,在悉尼港健步登上270米高的电视塔。79岁那年,笔者去看望她,当时她连起立、走路都已有些吃力,临别时,让她不要起来,可是她还是不服,硬是从后按住椅子把手,猛地站起来,表现出矫健的神态,说:"你看我不是站起来了吗!"

为了追求事业,刘恩兰完全牺牲了个人的爱情与婚恋生活。她的履历表"婚否"一栏,始终是空白。她从来没有过恋人。在这个问题上,她也是犟得很。她从金陵女大毕业时,年方二十,风华正茂,才学出众,不少男青年向她传情求爱,都未能打动她的心。在美国读书时,也曾有美国学生追求她,被她婉言拒绝了。她的学生有的大胆地问她:"您为什么不结婚?"她回答:"都结婚谁来搞学问?"她不曾有过英雄志短,也没有过儿女情长。她把全部精力、感情都贡献给了地理事业和海洋事业,她的81个春秋就是这样走过的。

## 三、追求进步,关心政治

刘恩兰出身于封建社会的基督教徒家庭,自幼深受教会的影响。刘恩兰的父亲自幼天资聪慧、勤奋好学,因家境贫寒,从小被英国传教士收留上学,从教会学校广文大学毕业。美国传教士拟培养他为传教士,但他致力于学习自然科学,毕业后当了潍县天文台台长,后又兴办教育。刘恩兰的母亲也是教师。这对刘恩兰幼年时期的启蒙教育和对科学的热爱起了重要作用。后来,她到南京读高中和大学,都是教会学校;就连她出国,也与教会的协助有关。可是,刘恩兰并不是虔诚的宗教信徒,她并不相信神学。特别是成年以后,根据她的亲身经历,她对教会"平等""博爱"的思想产生了疑惑。她曾同传教士进行过争辩,质问道:"你们宣传基督教爱人,为什么帝国主义要侵略和奴役他人呢?在美国为什么白人不爱黑人呢?"她也曾说:"我还信上帝,但这个上帝不再是耶稣,而是人民,是真理。"在家庭的影响下,虽然刘恩兰曾当过基督教徒,但是她相信的是科学,不是宗教,她是无神论者。

在科学领域,刘恩兰称得上是全能全才的地理学家,积极参加各种学术活动和组织。她是中国地理学会、中国气象学会的创办人之一，为建立和发展我国现代地理学和气象学，作出了重要贡献。她也是中国地质学会、中国海洋学会的成员，还参加过美国地理学会。她的研究领域相当广阔，从大气、地表到地下，从陆地到海域。为了科学的进步，她不惜一切，敢拼敢闯，勇于争光。同时，她还是一位关心社会、忧国忧民的社会活动家。她所进行的野外考察，有相当大的部分是在边远、落后、偏僻的少数民族地区进行的，川西北藏区、美国南部黑人区、北欧的冰川、中国黄土高原和祁连山区……都留下了她的足迹。刘恩兰还写出了关于社会问题的研究报告和建议。抗日战争时期，她随金陵女大搬迁，积极参加抗日救亡活动。1938年武汉失守前夕，她参与组织救护队，上前线抢救受伤的抗日将士。1941年，她取得英国牛津大学博士学位后，立即回到正处于抗日战争最艰苦时期的中国。贵阳大轰炸以后，刘恩兰参加了红十字会组织的难童抢救活动，表现了爱国知识分子的革命人道主义精神。中华人民共和国成立后，刘恩兰曾三次获周总理的接见，受邀参加中国科学院的组建工作，她的开拓精神和认真态度，受到周总理的赞赏。一个黄色油布包着的野外行李包和一个折叠的洗脸盆，经常被她带在身边，只要哪里需要她，她就立即往哪里去。晚年时，她意识到自己力不从心，又把自己对海洋事业的未来，寄托在孩子们身上。1979年，她已74岁高龄，还应邀参加中国海洋学会组织的全国中学生航海夏令营，带领孩子们饱览祖国的美丽海疆，兴致勃勃地给孩子们讲解海洋科学知识，讲述我国海洋科学发展史，鼓励青少年学生热爱海洋科学事业。

刘恩兰一贯坚持接受共产党的领导，忠心耿耿，不断追求。1950年，刘恩兰参加了与党风雨同舟的民主党派之一——九三学社。1951年调到长春东北师大工作后，立即与同在长春的应用化学研究所所长吴学周、吉林人民大学教授杨振声，共同组成由九三学社中央直接领导的三人小组，九三学社第二次全国工作会议期间，她还曾任组长，为发展组织和筹建九三学社长春分社，多次在宿舍中开会，为创建长春分社作出了贡献。她曾任长春分社筹委会委员和第一届委员会委员。1954年，她调入国防系统工作。由于国防系统没有民主党派组织，她停止了九三学社的活动。由于她在科学事业上的恢宏业绩和思想觉悟的提高，1960年，她光荣地加入了中国共产党，自此成为一名光荣的无产阶级战士。

　　刘恩兰在繁重的科学工作之余，积极认真地参与社会政治活动，是一位社会活动家。20世纪50年代后期，她曾在哈尔滨任黑龙江省政协委员和黑龙江省科协会员。1959—1983年，她曾任全国政协委员，积极参政议政，认真提出多项提案，为我国社会主义民主政治建设作出了贡献。在最后一次参加政协大会散会时，她摔倒在人民大会堂西门的台阶上。自此以后，她的体能体力明显下降，但她不服老，经常要求到外边去，尽力为国为民做点有益的事。

　　1986年7月15日早晨，为照顾她晚年生活，同她住在一起的侄女刘毓顺同志，照例先去看81岁的大姑姑。老人仍闭目安详地躺在床上，但已口喊不应，手脚冰凉了！"无疾"而终，飘然而去；孑然一身，淡漠忘我；生为奇才，精神永存！今天恰是刘恩兰逝世八周年祭日，写此短文，以兹怀念，并激励后人。

（李振泉写于1994年7月15日）

# 业治铮

业治铮（1918—2003），男，出生于江苏省南京市，汉族，九三学社社员，博士学位。沉积学家、海洋地质学家、地质学家。1980年当选为中国科学院学部委员（院士）。业治铮历任中国科学院地质研究所副研究员，长春地质学院教授以及地质系、物探系、海洋地质系主任、教务长等职。受聘为国家科委海洋组成员兼海洋地质组组长、地质部海洋地质研究所副所长，地矿部南京地矿所所长、名誉所长、研究员，兼青岛海洋地质研究所所长，上海同济大学海洋地质系、南京大学地球科学系和大地海洋科学系教授，并任中国地质学会常务理事，岩石矿物学会常务理事，中国海洋地质学会理事长、名誉理事长，中国海洋湖沼学会常务理事，《海洋地质与第四纪地质》主编，《沉积学报》副主编，三届UNESCO与IUGS的地质对比计划（IGCP）执行成员（1985—1988），国际沉积学协会（IAS）国家通讯员（1983—1985）。第一至五届长春市人大代表，曾出任长春市人民委员会委员。九三学社长春分社第一届委员会副主任委员。

1944年，应中央大学地质系主任张更之聘，业治铮到该系任助教。1946年，业治铮获美国路易斯安那州立大学资助赴美深造，师从拉塞尔研究现代沉积、地下测井及石油地质，并参加了该校河口海洋研究所组织的近岸海洋地质调查。1947年2月，业治铮转赴密苏里大学哥伦比亚分校，师从凯勒学习沉积岩石学，翌年获硕士学位，并成为美国矿物学会会员，继续攻读博士学位。1950年3月，业治铮怀着拳拳爱国之心毅然舍弃了优裕的生活和工作条件，几经周折回到祖国，参加新中国的社会主义建设事业。

业治铮是我国古海洋学研究和理论沉积学的倡导者，海洋地质科学事业的奠基人，同时是我国地质学教育事业的开拓者。他对中国边缘海若干重大沉积学问题、冲绳海槽晚更新世沉积物的沉积机制进行研究，首次总结了生物源、火山源和浊流作用的基本特点。在对西沙群岛生物礁沉积作用研究中，他纠正了长期以来对西沙群岛灰岩海相成因的认识，首次提出晚更新世风成砂屑灰岩及古土壤层沉积序列和相模式，填补了我国滨岸风砂沉积研究的空白。

业治铮在沉积岩石学和沉积矿床学研究方面颇具造诣。20世纪50年代，他在找煤、找金等地质矿产调查工作中作出重要贡献。1950年夏，根据国家基本建设的需要，他与喻德渊先生等组成地质调查队在鸡西、双鸭等地从事煤田和沙金地质调查，不久又奉命调查兰州阿干镇煤田。这些煤田在第一个五年计划期间先后投产，对我国工业基本建设发挥了重要作用。业治铮与戴广秀发表的《松江省桦南县鸵腰子区含金砂砾之机械分析和矿物分析》一文，是用沉积学方法研究冰碛矿床的一个范例。

业治铮系统研究了华北区的铝土矿，在矿产预测和找矿标志方面发表了具有指导意义的见解。他认为，侵蚀间断以及基底为灰岩是形成铝土矿的优良条件，海侵时间愈晚，大陆风化时间愈长，乃对形成优质铝土矿更有利。由此，他提出找矿标志，即石炭纪海侵地区古陆的边缘皆有铝土矿沉积，华北地台海侵较晚的浅海地台更是探求优质铝土矿的远景地区。

1962年，业治铮与吴锡生共同发表了《中国东北地区的找磷方向与方法》一文，全面提出了自然电场法、对称四极法、联合剖面法（磁法）之综合运用，对找磷方法有很大的指导意义。

作为我国海洋地质科学事业的奠基人和领导者，20世纪60年代初，当国家开始酝酿海洋地质调查工作时，业治铮查阅大量文献，写成评述性论文《某些海洋地质现代概念及其有关的地质学基本问题》，详述了诸如现代海洋沉积与混浊流作用、海底地形、大洋盆地的结构和沉积厚度、大洋的成因、大陆的形成与地槽的发育等重大问题，为我国海洋地质科学的起步做了理论奠基和舆论准备工作。

1964年，地质部决定在南京成立海洋地质研究所，任务是开展以油气为主的浅海矿产资源、海岸带的地质地貌、陆架沉积和近海地质调查，并逐步创造条件，开展远洋调查，发展我国的海洋地质科学。当时，中国的海域地质研究几近空白，任务十分艰巨。时任所长的业治铮明确指出，三项任务要统筹兼顾，以石油为主，兼顾学科发展。在工作布置上，要由陆及海，由浅入深，循序渐进，既要有远大抱负，又不能急于求成。南京海洋地质研究所的成立，推动了我国海洋地质事业的发展。它为国家积累了第一批海上地震调查资料和大量海岸带调查资料，也为国家培养了一支过硬的海洋地质研究队伍。

1978年，国家决定在青岛重建海洋地质研究所。翌年，业治铮兼任该所所长及第四纪地质中心筹备委员会副主任。他重新挑起了发展我国海洋地质事业的重担，积极参与我国海洋地质事业中长期规划的制定，同时努力参加科研实践，取得了丰硕成果。

1983年，业治铮与张明书共同发表的《冲绳海槽晚更新世——全新世沉积物的初步研究》一文，根据富含生物的半深海钙质软泥、火山碎屑沉积、凝灰质软泥、浊流沉积物等的共同特征，论证了这一深海槽的沉积格局与地质构造的关系，推断出该区晚更新世的沉积数率为5.5厘米/千年，全新世的沉积数率为3.5厘米/千年。

之后，业治铮的研究领域转向南海新生时代的生物礁沉积。在他的领导下，海洋地质研究所在西沙群岛的琛航、永兴、石岛钻井3口，获取岩芯1800余米。年逾花甲的业治铮三度登岛考察，在我国首次发现了石岛晚更新世的风成碳酸盐沉积物和古土壤层。他们在三度空间内追踪沉积构造的分布，引入三级沉积界面的概念，建立了风成沉积物的相模式。作为老一辈海洋地质学家，业治铮对后来我国东海油气田的突破和太平洋多金属锰结核调查的成功起到了铺路奠基的作用。

业治铮在工作中不仅自己带头发表文章，还指导课题组的同志，先后出版了《中国西沙礁相地质》《西沙群岛沉积地质学研究》等专著。为了把西沙现代生物礁沉积的研究成果应用于古相沉积物并进一步为油气勘探服务，业治铮主持了国家自然科学基金项目"生物礁碳酸盐岩比较沉积学研究"，后又主持中国南海第四纪古海洋学事件及其环境后果的研究，一直致力于发展古海洋学这一新兴学科。业治铮随时注意总结以往，预测未来。他于1988年发表的《中国海洋地质调查研究进展概况》一文，即为高瞻远瞩之论著。

业治铮是我国地质学教育事业的开拓者。1951年，全国地质工作计划指导委员会根据国家建设的需要，决定创办东北地质专科学校，由喻德渊、业治铮等负责筹建。业治铮举家北上，投身建校工作。1951年11月，该校成立，李四光兼校长，喻德渊任副校长，业治铮任教务处处长。1952年，东北地质学院成立，业治铮任教务长，后兼任岩石教研室主任。在担任教学行政职务的多年中，业治铮主张博采众长，为我所用，使该校在短短几年中形成了具有特色的教学体系。在筹建海洋地质学专业时，国内外均无成熟经验可供借鉴，业治铮博览群书，言传身教，严格要求，培养出我国第一批具有较高专业素养的海洋地质人才，其中许多人成为我国这方面的技术骨干和学科带头人。

业治铮为祖国地质教育事业和海洋地质事业作出了重要贡献。他顾全大局、襟怀坦荡、治学严谨、待人谦和，得到同行的普遍尊敬。2004年，为纪念业治铮而建造的"业治铮"号地质科学考察船交付使用，这是我国第一艘以科学家名字命名的科学考察船。

九三学社长春分社筹委会于1953年2月8日正式成立，吴学周同志担任主任委员，委员有杨振声、刘恩兰、业治铮。筹委会成立后，业治铮在吴学周的领导下为筹建九三学社长春分社做了大量的工作，得到九三学社中央的高度赞扬。1954年6月20日，九三学社长春分社召开第一次社员大会，宣告长春分社正式成立，大会最后由新选出的分社委员业治铮致闭幕词。分社委员会于同日下午召开第一次全委会议，会议推选业治铮为九三学社长春分社第一届委员会副主任委员。在此后的社务工作中，业治铮积极履行领导职责。作为第一至五届长春市人大代表，他积极发挥民主党派成员的作用，并曾出任长春市人民委员会委员。

（社宣）

# 陈秉聪

陈秉聪（1921—2008），男，出生于山东省黄县，汉族，九三学社社员，硕士学位，吉林工业大学（现吉林大学）博士生导师。农业机械设计制造专家。1995年当选为中国工程院院士。历任吉林工业大学教授、博士生导师、副校长，青岛大学教授，同时兼任吉林大学农机研究院名誉院长。1990年获批享受国务院政府特殊津贴（首批）。第六、七届全国人大代表，九三学社第七、八、九届中央委员会委员。政协吉林省第七届委员会副主席，九三学社吉林省第三届委员会主任委员。政协长春市第五届委员会副主席，九三学社长春市第七、八届委员会主任委员。

陈秉聪出身书香门第。父亲陈志藻是留日博士，曾任青岛市卫生局局长。陈秉聪1937年于青岛礼贤中学高一肄业。七七事变爆发后，日寇全面入侵，青岛即将沦陷，其父母决定经洛阳赴西安。他考入迁至西安的北京师大附中，后又随附中集体徒步迁至陕西南部的城固县。1939年，他附中毕业后考入西南联合大学。由于经济困难，他转到西北工业学院机械系，于1943年夏毕业，获学士学位。当时，正值抗日战争的关键时刻，日军飞机狂轰滥炸，不少同胞惨死在敌机炸弹下，"航空救国"的口号深深地打动了陈秉聪。他决心继续在航空技术方面深造，来挽救苦难的祖国。他放弃了许多就业（如汽车、机车、造船工业领域等）良机，毅然投考航空委员会的成都空军机校高级班。当时，该校的设备、师资都是全国一流的，他如饥似渴地学习飞机发动机的操纵、维修及设计课程。一年后，他以优异的成绩毕业，担任中美混合团空军第一大队机械长，终日与飞机打交道。

1945年7月，陈秉聪获得航空委员会提供的赴美留学资格，到美国陈留特空军机械学院研究生班学习飞机空中修理技术、喷气式发动机维护保养理论及设计。为了能多学一点东西，他在研究生班学习时，又到离学院不远的伊利诺伊州立大学研究生院进修。1948年，他获得航空飞行工程师证书及硕士学位，怀着报效祖国、发展祖国航空事业的满腔热情，于当年12月回到祖国，在上海空军供应司令部承担国外飞机引进工作。为了躲避国民党强迫技术人员去台湾，他请假去澳门叔父家躲避，于青岛解放前返回青岛。

1949年6月，青岛解放后，他受华东工矿部邀请，到济南筹建山东工学院。1950年，山东工学院成立，他担任自动车系副主任。因师资缺少，他先后讲授物理、热力学、机械原理、内燃机、柴油机、汽车理论与设计等多门课程。

1955年，国家决定把高等学校的汽车专业与汽车厂合并在一起，以解决理论脱离实际的问题。为配合第一汽车制造厂，国家在长春建立了长春汽车拖拉机学院。陈秉聪随山东工学院自动车系迁到长春。他与苏联莫斯科动力学院的专家巴尔斯基一起组建和创立了我国第一个拖拉机专业。陈秉聪任汽车拖拉机学院汽车系副主任兼拖拉机教研室主任。他一面学，一面教，制订了一整套适合我国国情的教学计划、教学大纲，主编了全套拖拉机专业高等学校全国通用教材。他编写的《拖拉机理论》是拖拉机专业首本教材，一直被全国采用。他培养了大批拖拉机专业人才，为我国发展汽车和拖拉机工业奠定了人才基础。

陈秉聪在工作中不断进行探索，把教学和研究结合起来。1956年，他从我国粮食生产实际出发，开展水田土壤与行走机械相互关系的研究。这项研究需要在水田中进行试验，难度很大。他想，为什么不能像飞机那样用模型在风洞里进行试验呢？这不仅可省经费，也可省人力。为把这种先进的试验方法运用到水田拖拉机的试验中去，他费尽了脑筋，想尽了办法，发表论文，阐述了在拖拉机及农业机械中使用模型试验的必要性及优点，论述分析了相似原理和因次分析在农业机械中的应用。他在我国第一次提出农业机械应用模型试验，并在教学中第一次开设了相似理论与模型试验课程，建立了土壤—模型实验室，在研究中提出土壤—模型试验可转换性，比国外早两年解决了土壤中模型试验的畸变问题。

经过苦心研究，陈秉聪于1961年（比国外早两年）在"相似理论"中提出"畸变模型理论"是"相似理论"的观点，这是他在力学领域的一个新发现，解决了在畸变条件下地面机械模型试验的理论和方法问题，已被广泛采用。1972年，他提出的"半步行概念和理论"，为步行车辆设计奠定了理论基础。1974年，他研制的"半步行水田轮"，将动物步行原理应用于水田轮行走机械设计中，有效解决了轮式拖拉机难以下水田作业的问题，已广泛应用在我国宁夏农村，此项成果于1987年获吉林省科学大会奖。

1984年，他研制的"可转换半步行轮"被泰国引进。同年，他发明的"机械式步行轮"在水田作业，比普通水田轮牵引效率提高23%，1987年获加拿大蒙特利尔国际发明博览会金奖。1990年，他研制的一种新步行机取得专利。

1986年，他在国际上开辟了"地面机械仿生技术"跨学科的新研究方向，他主持的国家自然科学基金重点项目"脱土机理的仿生研究"，由国家自然科学基金委员会直接主持鉴定，被确认为"国际领先水平，具有重大学术价值和广阔应用前景"。该成果获国家教委科技进步奖（甲类）二等奖。他主持研制的仿生功能材料和技术用在地面机械制动摩擦片上，其性能达到国际先进水平；用在矿山机械上，使零部件寿命提高1倍；用在铲装机械上，使附土（或煤）率达到95%以上；用在犁铧上可降低阻力10%—15%；用在推土铲上平均降阻13%。部分新产品在他主持建立的"吉林省地面机械仿生技术与仿生功能材料中试基地"内投入中试，建有两个中试工厂，产品达10余种。

在"软地面行走机械"新技术领域，他负责重要课题16项。其中，国家教委博士基金4项，国家自然科学基金4项（一项"863"，两项重点），完成资助强度60万元的国家自然科学基金重点项目松软地面仿生机械理论与关键技术的研究。

1987年，他主持建立了我国农业机械设计制造第一个国家级重点学科和博士后流动站。他是吉林工业大学该学科的首批博士生导师及第一学术带头人，培养了27名博士（其中1名外国留学生）、16名硕士、2名博士后。他指导的许多硕士、博士生后来担任了博士生导师，有的成为"长江学者"特聘教授；他指导的博士后，出站即被破格评为教授。他还培养了一支科研能力强、年龄结构合理、跨多个学科的高水平的学科队伍。农业机械设计制造专业在国内外处于领先地位，1987年被国家教委认定为本学科内的唯一国家级重点学科，并于1989年被批准成立博士后流动站。1990年10月1日，他获批享受国务院政府特殊津贴（首批），1993年获机械工业部重大贡献奖。

1982年，他创建了中国地面机器系统学会，并任首届理事长，同年受联合国工业发展组织委托，对美、英和日本等国的土壤机器系统的研究进行考察。他曾于1986年、1990年、1992年三次参加主持大型国际学术会议。1992年，他在长春召开了国际地面—车辆系统学会第三届亚太地区学术会议。日、美、英、加、俄等国的学术界先后邀请他去讲学或联合科研。1996年10月，他在北京主持召开了第十二届地面—车辆系统国际会议，使地面—机器系统力学在国际上占有一席之地。

陈秉聪历任吉林工业大学（原长春汽车拖拉机学院，现吉林大学）副教授、教授、博士生导师（首批）、系主任、副校长。1998年起任青岛大学教授，吉林大学农机研究院名誉院长。1986—1998年任亚洲农业工程学会副主席。他是1978年全国科学大会代表，1980年3月全国科协代表大会（第二次）代表，1985年4月全国科协代表大会（第三次）代表，1983—1991年第一、二届国务院学位委员会工科评议组成员。1980年以来，陈秉聪在国内外著名刊物上发表论文250余篇，出版专著3部。

陈秉聪长期担任九三学社长春市委员会主任委员、九三学社吉林省委员会主任委员。在承担繁重的教学科研工作的同时，他始终不忘肩负的责任和使命，带领广大社员自觉接受中国共产党的领导，认真履行参政党职能，在任内，使九三学社吉林省委员会、九三学社长春市委员会的各项工作都得到进一步的巩固和发展，积极发挥广大社员的智慧和力量，社会服务工作成绩突出，为吉林省、长春市的政治建设、经济社会发展作出了重要贡献。

（社宣）

# 冯守华

冯守华，男，1956年3月出生于吉林省磐石县，汉族，九三学社社员，博士学位。现任教育部纳微构筑化学国际合作联合实验室主任、吉林大学学位委员会副主席、吉林大学化学—医学交叉创新国际研究中心主任，博士生导师。中国科学院院士。曾任无机水热合成教育部开放实验室副主任、无机水热合成教育部重点实验室主任、无机合成与制备化学国家重点实验室主任、吉林大学化学学院院长、国际溶剂热与水热协会主席。1978年毕业于吉林大学，分别于1983年和1986年在该校获硕士和博士学位，1989—1992年在美国新泽西州立大学化学系从事博士后研究。1994—1995年，在英国阿伯丁大学做访问学者。获得首届"国家杰出青年科学基金"（1994年）、香港求是基金会"杰出青年学者奖"（1996年）、国家"留学回国人员成就奖"、科技部国家重点实验室建设"个人金牛奖"、宝钢教育基金会"优秀教师特等奖"、吉林省五一劳动奖章、长春市五一劳动奖章等奖项和首批教育部"长江学者奖励计划"特聘教授（1998年）、国家自然科学基金委"创新研究群体"学术带头人（2001年）、吉林省劳动模范等荣誉称号。政协第十二、十三届全国委员会委员，九三学社第十二、十三届中央委员会委员。

冯守华出生在吉林省磐石县一个普通干部家庭。在他上小学四年级的时候，"文化大革命"开始了。和许多同龄人一样，高中刚毕业，他便随着上山下乡的知青队伍住进了农村集体户。乡下的生活条件是艰苦的，三年的生产劳动使他饱尝了下乡的苦辣酸甜。但这些并没有消磨他的意志，相反，正是这段充满艰辛和汗水的岁月培养了他吃苦耐劳、脚踏实地的性格，磨砺了他艰苦创业、勇于实践的品质。也正是因为这段生活经历，他对脚下的这片养育他的黑土地产生了深深的眷恋之情，并决心为之耕耘奋斗，改变它贫穷落后的面貌。

1975年秋，冯守华被推荐上了吉林大学。1978年本科毕业后，他开始攻读研究生，师从无机化学家徐如人院士。这期间，他在国际上首次成功开发出全新的3个系列20余种微孔晶体化合物，突破了传统微孔晶体的四面体化学概念，实现了骨架原子组成多元化以及微孔骨架基本结构单元多样化。他将这些新的微孔晶体化合物以中国的英文字头C命名，在国际上为国家赢得了荣誉。这些研究成果使他荣获1986年中国科学院青年奖励研究基金、1987年中国化学会青年化学奖以及1991年有突出贡献的中国博士学位获得者称号。

1989—1992年，冯守华在美国新泽西州立（Rutgers）大学从事博士后研究。在美期间，他成功开发出特种混合四—六配位结构微孔快离子导体与化学传感材料。开发的复合传感材料具有理想的化学传感性能，在高温下对水蒸气和氧气的敏感性能符合理论能斯特方程。他的研究成果获得两项美国发明专利，在美国《材料化学》杂志上连续发表5篇论文。

1992年春，冯守华举家回国，到吉林大学化学系从事教学科研工作。工作中，他求真务实，励精图治，为吉林大学化学学科的发展作出了突出贡献。1992年晋升为教授，1993年被评为博士生导师，是首届"国家杰出青年科学基金"获得者，首批教育部"长江学者奖励计划"特聘教授，教育部优秀跨世纪人才，国家自然科学基金委"创新研究群体"学术带头人。

冯守华认为，中国目前最需要建设一批国家级科学研究基地。他协助徐如人院士等建教育部重点实验室。经过艰苦的初创期，无机水热合成国家教育部重点实验室于1993年10月正式成立，冯守华任实验室副主任。2001年5月30日，科技部正式批准该实验室为国家重点实验室，冯守华任首届国家重点实验室主任。

冯守华在实验室管理建设上，提出"埋头苦干，不图虚名；奉献科学，端正学风；相互配合，形成团队；不断积累，锐意创新"的32字方针。他突出以人为本的理念，团结和带动一批年轻有为的专家学者共同创业。在他的带领下，实验室形成了和谐民主的工作环境、严谨务实的科学作风、宽严相济的研究氛围，不断巩固研究基础和学术地位，扩大对外影响，促进了许多重要科研成果的产生。他注重建设凝聚、吸引、培养优秀中青年人才的环境，广泛吸引高水平人才加盟。他建成了吉林大学第一支国家级创新研究团队。该实验室2005年获得科技部颁发的国家重点实验室"集体金牛奖"，冯守华获得"个人金牛奖"。

冯守华长期从事无机合成与材料化学领域的研究工作，取得了一系列创新和系统的研究成果。他主持完成包括国家攀登计划项目、国家自然科学基金委重点项目、国家"863"以及"211"、"985"工程建设项目在内的十几项重要科研课题。

在科研实践中，冯守华带领研究小组于1996年开始启动原创性课题。他研究的重点是有关减排与资源综合利用、三重价态现象等。含三重混合价态金属锰的钙钛矿单晶材料是该研究组自主开发的，研究成果在2005年获得两项中国发明专利授权。这项研究对发展我国在信息处理和光电转换等方面的自主核心材料至关重要。近年来，他致力于推动化学——医学交叉学科的发展，在癌症早期分子诊断等方面做了大量工作，并主持了国家自然科学基金委医学重大项目。

经过共同努力，冯守华及其科研小组取得了多项研究成果。《新型微孔晶体的研究》《醇体系新型无机物的合成与反应规律研究》分别获1992年度、1994年度教育部科技进步奖一等奖，《新型微孔晶体的合成与新合成路线的开发》获1999年度国家自然科学奖三等奖，《新型无机功能材料的水热合成化学》获2002年教育部自然科学奖一等奖。

2001年，吉林大学院系整合，冯守华担任吉林大学化学学院首任院长。他正确把握学院发展方向，先后提出并开展了首届长春化学周、化学学院"2006管理年"、"2007文明年"以及"2008创新年"的活动，扩大了学院在国内和国际上的影响。在冯守华担任院长的8年间，化学学院各项事业取得了长足发展。在教学方面，学院在历次国家级教学评估中均被评为优秀，理科人才培养基地连续3次被评为国家级优秀人才培养基地，涌现出多名国家级和省级教学名师。在科研方面，研究成果显著，科研经费不断创新高，在科研项目、经费和科研论文方面成为吉林大学的排头兵。特别突出的是化学学院的研究成果在2005年、2006年和2008年3次获国家自然科学奖二等奖。超分子结构与材料教育部重点实验室晋升为国家重点实验室，新增了应用有机化学、表面与界面化学两个省级重点实验室。化学学科在原有两个国家重点学科的基础上，又新增一个国家重点学科。2007年，在全国学科评估中，吉林大学化学学科被评为一级学科国家重点学科。目前，吉林大学化学学院整体布局合理，已成为基础设施齐备，学科基础扎实，师资力量雄厚，勇于创新，能够承担国家重大科研任务和培养高级人才的基地和中心。

作为一名教师，冯守华十分注重对学生的培养。他在从事科研工作的同时，一直坚持为本科生和研究生上课。1992年，他回国后的第3天就走上讲台为研究生讲授科技前沿课程，急于将国外的一些先进的学习方法和教育理念传授给学生们。面对英语在科技语言上的客观要求，他首先尝试用英语授课并收到良好效果。

在教学和人才培养方面，他获得2000年度宝钢教育奖优秀教师特等奖、2001年国家级教学成果奖二等奖和2020年教育部拔尖计划突出贡献奖。他师德高尚，治学严谨，在注重育智的同时，更注重育德，因此在广大学生中树立了良好形象，带动一批年轻有为的教师积极投身到教学工作中来，极大地促进了学院教学工作的开展。

（社宣）

# 李振泉

李振泉（1925—2008），男，出生于天津市蓟县，汉族，九三学社社员，本科学历。东北师范大学城市与环境科学学院教授，经济地理学家，享受国家特殊贡献专家待遇。曾任中国经济地理教研室副主任、东北经济区研究室副主任，中国地理学会经济地理、人文地理、地理科普三个专业委员会的委员，吉林省地理学会和长春市地理学会的副理事长、理事长，《经济地理》杂志副主编，等等。曾任长春市土地局、规划局顾问，长春市民政局、环保局咨询专家。九三学社吉林省第三届委员会副主委。政协长春市第八届委员会副主席，九三学社长春市第九届委员会主任委员。

## 精心敬业　成果丰硕

李振泉先生一生致力于经济地理学和综合地理学研究，特别是在农业地理、人文地理学理论、国土规划等方面卓有建树。早在20世纪60年代，他关于人地关系和综合地理学的思想引起了国内地理学界的广泛关注。20世纪80年代初，他主持了我国第一个国土整治规划项目——"松花湖区国土整治"。他先后主编出版了《中国经济地理》《东北经济区经济地理总论》等教材和专著。他高度重视理论与实践相结合，以敏锐的观察力和卓越的学术思想，从地理学的视角为三峡工程、南水北调、三北防护林建设等国家重大工程提出了许多建设性意见。

李振泉先生作为国内知名的地理学家，在教学方面，他为本科生和研究生开设了中国地理和地貌、中国经济地理、东部区域地理、人文地理原理、国土整治与开发等课程，精心敬业，教书育人。特别是在中国经济地理的学科体系、学科内容、教学方法、教材编写、教学与野外实习等方面，坚持辩证唯物主义和历史唯物主义的学术观点，坚持理论与实际相结合，不断创新，积累了丰富的经验，成为学科带头人。他一直参与全国高师用《中国经济地理》教材的编写工作，先后担任副主编和主编，这本教材是我国高校地理专业采用最多的教材。他也一直担任中国经济地理教学研究会的副会长，并参与推动我国经济地理学发展和交流的全国唯一的重要刊物《经济地理》杂志的创建工作并担任副主编。在人文地理原理教学中，他对其核心的基础理论——人地关系论，作了较深入的精辟论述，指出人地关系论在地理学理论体系中的地位和内涵，纠正了在相当长时间内对人地关系论的错误批判，并将其写进了中国大百科全书《地理学》卷的词条。

根据我国不同时期社会经济发展的需求，李振泉先生参加过大量不同地域的调研和开发规划工作，包括小区域小流域的综合整治规划、稳产高产田规划、专区级地域的林业规划、县级地域的农业资源调查与农业区划、省级农业布局与农业区划以及流域性国土资源调查与国土规划等。他一贯坚持地理学专业与建设实践相结合的原则，所主持的研究项目对社会与经济发展起到了重要的指导作用。如其所主持的国土局的试点项目"松花湖区国土规划"的成果，对国土规划的内容、理论与方法等方面，都提出了许多有益的见解，得到各方面的好评与重视，并获得奖励。其所完成的"第二松江中上游流域国土规划"，对吉林省长白山区国土资源综合利用与开发治理，起到了直接指导作用。为此，他曾先后被聘为吉林省农业厅、省计委和长春市土地局、规划局顾问。他还主持了国家自然科学基金"东北地区生产力布局与经济区划"研究项目，其成果获得了国家科技进步奖。他出版了《东北地区经济地理》专著，并获批享受国家特殊贡献专家待遇。

李振泉先生为中国地理学的发展作出了卓越的贡献，直到离休多年后，仍担任长春市城市科学研究会名誉会长、市规划局和市雕塑委顾问。

## 肝胆相照　风雨同舟

李振泉先生于1956年加入九三学社，是东北师范大学最早入社的先辈之一。50多年来，他始终与中国共产党风雨同舟，肝胆相照，一直被誉为有强烈社会责任感、有较深政治理论素养、一贯敢于直言的耆宿贤士。

李振泉先生关心政治、关心国家大事，积极参加社务活动，努力学习党史、社史和统一战线理论，认真贯彻党的各项方针政策。1983年任九三学社长春市委员会秘书长后又任副主委，1992年任主委，并兼任九三学社吉林省委员会副主委。在完成学校繁重的教学与科研任务之余，他把全部精力投入到九三学社社务工作之中，竭心尽力，带领社员认真学习党中央的文件，积极慎重发展组织，创办社内刊物《创新》，组织社员中的政协委员、人大代表履行职责、参政议政，积极开展科教医卫等方面的社会服务活动，受到了党委的重视和社会的好评。1997年换届后一直任九三学社长春市委员会名誉主委。

1983—1997年，李振泉先生任长春市政协常委和副秘书长，1993—1997年任长春市政协副主席，兼文教委员会主任。在市政协工作中，他始终牢记自己是九三学社的代表，尽心敬业，圆满完成各项职责。特别是在贯彻党的"长期共存、互相监督、肝胆相照、荣辱与共"的十六字方针中，坚决拥护中国共产党的领导，既要认真学习与贯彻党的各项方针政策，又要做党的诤友，实事求是，知无不言，敢于监督，参政议政。

他根据自己参政议政的体会，曾写过文章《说了不白说》，先后刊登在吉林省《协商新报》和中央《人民政协报》上。他主张政协应该有自己的思维，政治协商就是要讲真话、讲不同意见，这才是共产党的诤友，否则政协就没有存在的必要了。他在写提案和准备大会发言时，常结合自己的地理学专业知识，针对吉林省和长春市的经济和城市发展计划与规划，提出许多极有价值的意见，这些都被后来的实践证明是正确的，减少或纠正了一些决策失误和损失。如对长春市政府搬迁到伊通河边的决议，他敢于坚持真理，从城市规划原理和长春城市合理布局角度坚定提出不同意见，力主市政府的合适区位。在当时市政府没有接受其意见的情况下，他将自己的观点写成长篇议案，详尽阐述了市政府应建在城市中轴线上的理论，并列举世界各大城市和我国各省会城市政府位置的实例，作出充分论证。这个意见在省"内参"上发表，引起省市领导的重视，他们改变了原来的决定，将市政府迁至南部新城，避免了一次失误。长春市人民大街的更名，也是采纳了他的提案的结果。100多年来，人民大街曾5次易名——长春大街、中央通、大同大街、斯大林大街、人民大街。"人民大街"是1996年根据他的提案，由"斯大林大街"更名而成的。李振泉先生在对长春市行政区划的扩大与调整、侵占城市园林用地、森林城建设、土地利用与有偿使用、小城镇建设与布局、长春市总体规划的修订等方面，也都提出过许多有理有据的建议，大部分被有关部门采纳，并受到市政协表彰。在市计委主持下，他主编了巨著《长春市国土资源》，并作为长春城市研究的重要专家，生前一直担任长春市城市科学研究会名誉会长。

李振泉先生多年的参政经历，使得他由原来单纯的地理学者，磨砺成为与共产党有深厚情谊的、有政绩可查的"谋臣"贤士，而受到人们的尊敬。官无所求，业有所创，这正是李振泉先生作为党外代表人士的心理境界和人生态度。

## 笔耕不辍　笑对人生

李振泉先生离休后，除一如既往地参与项目研究、参政议政、专业顾问等社会工作外，还以勤奋积极的心态，笑对人生，笔耕不辍。

李振泉先生的晚年充实而超凡，他兴趣广泛、胸怀坦荡、广交朋友。他在长春和深圳两地参加老年大学书画班学习，是长春北国书画社常务理事、长春市老年书画研究会副会长、东北师大老年书画研究会会长和深圳蛇口四海情老年大学顾问，他的书画作品多次在老年书画展中获奖。他追求诗书画篆一体，爱好刻石画竹，撰有《白水杂趣集》，其中的一首打油诗《笔墨情缘》表明了他的心志：年逾古稀入花枝，翰墨有缘情更痴，凡俗抛尽留拙笔，无限夕阳好成诗。2004年5月，他在深圳举办了80华诞个人书画展，并出版了书画、诗文集《爱晚集》上下册，树立了老有所为的榜样。2006年，在东北师大建校60周年之际，他主持编辑了学校老年大学美术作品集《桑榆情》，倾注了大量心血。2007年初，他参与筹办第6届亚洲冬季运动会"长春冰雪画展"，并挥毫抒情，其乐融融。2009年，在李振泉先生辞世周年之际，从几百幅书画刻作品中挑选而成的《翰墨留香——李振泉书画集》出版，载有他"情满夕阳"的文稿及同事、挚友、学生、家人等纪念诗文的《翰墨情缘》也一同问世，实现了先生的夙愿，也给予后人激励。

李振泉先生勤奋敬业，博爱谦恭，心胸豁达，淡泊名利，博学多才，情趣高雅，殊为楷模。

（李天膺）

# 李 惟

李惟，男，1939年9月出生于辽宁省锦州市，汉族，九三学社社员，博士学位。吉林大学生命科学学院教授，博士生导师。肽类药物科学家、生物化学家。享受国务院政府特殊津贴专家。九三学社第十届中央委员会委员。九三学社吉林省第四届委员会副主任委员。政协长春市第九届委员会副主席，九三学社长春市第十届委员会主任委员。

李惟出生在锦州市一个普通的铁路工人家庭，中华人民共和国成立前家庭生活十分困难，经常居无定所。1948年锦州市解放，当时他正在上小学二年级，中华人民共和国成立后迁入锦州市铁路局家属院，从此生活安定，并得以继续读书。

李惟从幼年就一直对新社会和共产党保有深厚的感情。由于小学成绩优秀，他被免试保送入锦州市铁路中学读书。1957年，他考入东北人民大学（今吉林大学）化学系，专业为高分子化学。5年的学习为他打下了坚实的化学基础。由于大学期间对生命科学领域产生兴趣，在1962年国家首次举办研究生考试时，李惟顺利地跨学科考取了吉林大学生物化学研究生（硕士），他的指导老师是陶慰孙教授。陶慰孙教授是我国生物化学领域的老前辈，是国内生物化学领域具有重要影响的科学家，她不仅是李惟在该领域的启蒙者和带路人，也为李惟正直做人、老实做研究产生了深远影响。另外，陶慰孙教授也是九三学社长春市委员会建立初期的老社员，李惟从读研究生开始，就接触到九三学社的内部刊物，对九三学社有了初步认识。

1965年，李惟研究生毕业后，留在吉林大学任教，1969年随吉林大学大部分教师一起下乡，在吉林省舒兰县朝阳公社边参加农业生产劳动，边参加农村的各项政治运动。1972年1月，由于全国大学重新招生，李惟被召回吉林大学重新从事本科生的教学工作，担任生物化学的两门主干课"蛋白质化学"和"酶化学"的主讲。

在全国实施改革开放政策后，李惟通过教育部外国语考试，在陶老师的推荐下，于1981年在日本京都大学药学部做访问学者，在矢岛治明教授实验室工作和学习。矢岛治明教授是国际上知名的科学家，是日本学术院学术士（相当于中国的院士），他的研究室是世界上几个知名的"肽合成"实验室之一，在世界上首次合成了天然大蛋白酶——核糖核酸酶，获日本最高学术奖。李惟在该实验室的研究课题是"生物活性肽合成新方法"。1983年，李惟通过论文答辩获得日本京都大学药学博士学位。这段经历奠定了他从事生物活性肽合成和其新药研究的基础，同时也开阔了他的国际视野和丰富了他的人脉资源。1983年8月回国后，李惟重新在吉林大学执教。1985—2009年，先后任吉林大学副教授、教授，组建生物化学博士点，担任博士生指导教师、吉林大学分子生物学系（现为生命科学院）系主任。

李惟曾先后在日本京都大学、澳大利亚昆士兰大学化学与生命学院、日本神户学院大学，分别做为期两年的访问教授。李惟曾任吉林大学学位委员会委员、《吉林大学自然科学学报》副主任委员、两届国家自然科学基金评审专家、国家自然科学奖励委员会专家、国家药品评审中心评审专家。

李惟非常重视教学工作，他的理念是：做好教学工作是首要任务，教学与科学研究之间的关系是相互促进的。只有不间断地承担和进行科学研究，才能在学术上取得进步；只有不断开阔科学知识的视野，积累和沉淀科学知识底蕴，才能深入浅出地传授知识。同样，认真备课的过程，也是不断使知识系统化、全面化的过程。

李惟不仅给生物化学本科生授课，也针对硕士研究生和博士研究生开设了几门专业性强的课程。他共培养了80余名硕士生和30余名博士毕业生，出版了生物化学本科生和硕士研究生用的教材。（1）《蛋白质分子基础》（国家高等教育出版社1982年第一版），该书被国内各理科生物化学和分子生物学专业，本科生和硕士研究生采用为参考书。该书经12次印刷，于1992年重新修改和补充后，又由高教出版社出版了第二版。（2）《蛋白质结构基础》（吉林大学出版社1995年）。（3）《21世纪化学丛书·生物化学》（化学工业出版社2005年）。（4）《简明生物化学与分子生物学》（制药工程专业系列教材，高等教育出版社2006年）。（5）《生物超分子体系》（化学工业出版社2002年12月）博士研究生参考教材。（6）《生物体化学信息传递物质》（吉林大学出版社1989年），这是一本译著，原著作者为日本的矢岛治明教授。这是一本生物活性肽合成和其药物开发研究的重要专著。

李惟涉及两个科学研究领域。一是蛋白酶的固定化技术及其在工程中的应用，主要集中在固定化淀粉转化酶在食品工程方面的应用，以及固定化多种酶体在清洁水源方面的应用。二是生物活性多肽和肽类新药开发研究，该项研究涉及两项技术平台的建立和应用。其一，基因工程多肽库筛选肽类药物结构序列，以固相肽合成技术合成肽，并研究其生物活性及成药性。其二，以天然生物体内各种活性肽的结构为基础进行结构改造，固相肽合成后，研究其生物活性及成药性。上述多年研究结果包括发表在国内外科学刊物上的论文80余篇、新分子结构发明专利20余项。具有代表性的是"次血红素六肽"的研究，该肽简写为DhHP-6，是一个具有酶活性的短肽（模拟酶），具有抗心肌缺血再灌注损伤的保护作用，其机理是清除氧化游离基，使细胞抗氧化，起到延长心肌细胞和线虫寿命的生物效果。10余名博士生写了10余篇博士论文，20余名硕士生进行了近20年研究，具有重要价值的专利也集中在这一项目上。1999年12月，该项研究获国家教育部科学技术二等奖一项——蛋白质折叠研究，该项研究成果发表在美国科学院院报（*PNAS*）杂志上。2000年，该项研究又获得国家建设部科学技术进步二等奖一项——生物固锰固铁机理研究，解明了固铁固锰酶在处理地下水污染中的作用。该项研究成果已由给水排水部门应用于含锰铁地下水的处理工程。

李惟是一位具有国际视野的学者，他与国内外同行有着密切的联系和学术交流，除多次出席国际和国内的学术交流会外，自1985年以来，在国家基金委员会和国家教育部的支持和赞助下，先后在国内举办了六届国际学术会议"蛋白质和肽类前沿研讨会"，国内外学者近百人出席会议并发表论文，其中包括来自欧洲、美国、加拿大、日本、澳大利亚及以色列的学者30余人。李惟任大会执行主席。

2005—2019年，李惟先后在长春百克生物科技股份有限责任公司、长春百益制药有限责任公司任首席科学家，先后参与百克药业和百益药业的新药开发研究。其中，最具代表性的项目是"醋酸艾塞那肽"新药的开发。醋酸艾塞那肽是治疗糖尿病的新药，属于大长肽，合成技术要求高，产业化更困难。经过十余年，该药取得了国家药审中心的原料药和制剂的生产批号。

李惟自1985年加入九三学社后，历任九三学社第十届中央委员会委员、长春市政协副主席、九三学社长春市第十届委员会主任委员等。李惟在担任九三学社长春市委员会主任委员期间，非常重视领导班子建设，在任内领导班子成员团结合作，定期举办班子成员会议，集体讨论当前的任务和各基层组织反映上来的情况和问题，并给以解决方案。李惟十分重视机关建设，把调动每一位机关干部的积极性和主动性作为机关建设的出发点和落脚点，在他的领导下，机关更加具有凝聚力和向心力，工作效率和工作质量显著提高，得到了中共长春市统战部高度称赞与好评。李惟重视社情民意和提案工作，以身作则，在互联网上直接与长春市群众对话，回答群众关心的问题。社市委在每年的政协大会上的发言质量较高，体现了积极调查研究，反映了长春市建设中群众的要求，特别是科学界和教育界以及医药界的要求，对长春市的发展建设作出了贡献。

（社宣）

# 马驷良

马驷良(1944—2017),男,出生于吉林省四平市,汉族,九三学社社员,学士学位。曾任吉林大学数学学院教授,博士生导师。两次被美国数学会收入《世界数学家名录》。九三学社第十一届中央委员会委员。政协吉林省第六届委员会委员,第七、八届委员会常委;九三学社吉林省第五届委员会副主任委员。第九届长春市人大常委会副主任,政协长春市第七届委员会委员,九三学社长春市第十一届委员会主任委员。

1962年,18岁的马驷良考上吉林大学数学系。大学毕业后正赶上"文化大革命"中知识分子接受工农兵再教育,马驷良先是到位于北大荒五大连池的部队农场锻炼,后来去工厂当工人,之后又调入政府机关工作。在大学学习时,马驷良是一名品学兼优、爱好广泛的好学生。他曾荣获数学竞赛冠军,并被评为校优秀学生,给老师留下深刻的印象。在部队农场锻炼时,北大荒原始的自然风光深深地感染着他,那色彩斑斓的清漪湖水,那变幻莫测的朵朵白云,那一望无际的静谧原野,那连绵起伏的绿色森林,使他沉醉在祖国北疆秀美的湖光山色中。虽然他学的是数学专业,但他的文字功底却很深厚,他酷爱唐诗、宋词等古典文学。在农场时,他仿照古诗写了许多诗词,赞美祖国,歌颂劳动。文学陶冶了他的情操,培养了他豁达的胸怀,更促进了他对社会和人生的思考。"文化大革命"期间,他和广大党员、干部、人民群众一样,为党的命运、国家的前途而忧虑。在各种不同的岗位上,他踏踏实实地工作。"江青反革命集团"被粉碎后,他被吉林大学指名调入学校工作。

动乱结束,百业待兴。马驷良和全国人民一样,兴奋之余,决心把被"江青反革命集团"耽误的时间"夺"回来。回校后,他倍加珍惜时间,潜心计算数学教学和研究。计算数学是研究如何利用计算机解决实际问题的计算方法的一门科学。1956年,北京大学和吉林大学开始招收第一批计算数学专业学生。吉林大学在这门学科领域里一直保持领先地位,是全国首批博士点。计算数学专业是国务院首批重点学科。调入吉林大学的20余年间,马驷良主讲过10多门本科生、研究生的基础课和专业课。多年的数学教学工作使他养成了治学严谨、讲究授课艺术的作风。每一次上课前,他都针对不同教学对象和内容,对教材的重点、难点和例题作合理的安排。在课堂教学中还特别注重启发式教学,让学生自己提出问题和分析问题,对一个公式和定理的理解在关键的地方给予点拨,让学生们自己来解答,然后再帮助学生总结解题的思路和方法,从而提高学生解决问题的能力。由于教学质量突出,教学成果显著,他多次获得省、部级优秀教学成果奖。1989年,他所在的计算数学及应用软件专业,荣获国家级优秀教学成果特等奖,这是中华人民共和国成立以来教学研究成果的最高荣誉。

在教学的同时,马驷良一直致力于计算数学的科技开发和应用。1978—1988年,他主要从事应用理论的研究,其中关于"偏微分方程数法解法""差分法稳定性理论"的研究达到了国际先进水平,受到国内外同行专家的关注和好评。1988年以后,马驷良的研究逐步介入计算机图形学和应用软件的研究和开发,重点在图形图像处理和模式识别领域开展研究工作,特别是有关生物特征识别方面的研究,包括动态手写签名识别、人像识别、虹膜识别、显微图像细胞识别、指静脉特征的提取与识别等,其中关于"随机网络仿真系统""字符识别"的研究达到了国际先进水平,在国内处于领先地位。1982年以来,马驷良先后发表研究论文50余篇,出版著作和教材13本,主持开发软件并取得软件著作权15项,培养博士生25名,硕士研究生130余名。获省、部级以上奖励多项,其中获国家教委科技进步奖2项(二等奖、三等奖各1项),获部级优秀教材奖1项(二等奖)。

马驷良虽然在教学和科研上取得了令人瞩目的成绩,却永不满足,始终保持谦虚的态度为人处世。在学生眼中,他是一位学识丰富、平易近人的好导师;

在同事、领导眼中，他是一位率直真诚、头脑聪慧的学科带头人。1985年，他作为吉林大学党外知识分子代表加入九三学社。在担任九三学社长春市第十一届委员会主委期间，马驷良以邓小平理论和"三个代表"重要思想为指导，树立科学发展观，以发展为参政议政的第一要务，以构建社会主义和谐社会为主题，在九三学社吉林省委员会和中共长春市委的领导下，在中共长春市委统战部的支持指导下，带领全市九三学社社员围绕中共长春市委、长春市政府的中心工作，切实履行参政党职能，努力加强自身建设，各项工作取得了新的成绩，为促进长春市经济社会的发展作出了积极的贡献。他在任期间，九三学社长春市委员会的参政议政、自身建设和社会服务工作多次受到九三学社中央的表彰：2002年荣获九三学社中央科技服务、支边扶贫工作先进集体；2004年被社中央评为参政议政工作先进集体和科技服务工作先进集体；2005年被社中央授予"科学与和平周特别贡献奖"；2006年被社中央授予"科学与和平周特别贡献奖"和社会服务工作先进集体；2006年9月，在北京人民大会堂召开的各民主党派、工商联、无党派人士为全面建设小康社会作贡献表彰大会上，九三学社长春市委员会作为九三学社15个先进地方组织之一被大会授予先进集体荣誉称号。作为参政党的一员，他尽职尽责地做好政治协商、参政议政和民主监督工作。1988年11月，他担任政协长春市第七届委员会委员，1991年1月担任政协吉林省第六届委员会委员，1993年1月当选为吉林省政协常委。在任政协委员期间，认真履行委员职责，积极参加政协组织的各项会议，认真撰写提案，为省、市经济发展建言献策。他提出的《推广应用"随机网络仿真系统"的建议》提案获优秀提案奖；1999年与省政协常委高天恩等对吉林省几家软件企业进行调研，向省政协提交了《关于发展我省软件产业化的建议》，省政协将此提案作为建议案提交省政府。2003年，当"非典"疫情严重威胁到长春市人民的生命安全时，马驷良带领全市社员在党的领导下，积极投身抗击"非典"第一线，还在抗击"非典"的关键时期到一线看望、慰问社员，表达对他们的敬佩、支持和鼓励。在抗击"非典"的战斗中，有4名社员被吉林省人民政府评为先进个人，26名社员受到中共长春市委统战部的表彰。

（董险峰　赵彤）

# 张红星

张红星，男，1963年8月出生，黑龙江省双城市人。汉族，九三学社社员，博士学位。现为吉林大学唐敖庆特聘教授，博士生导师。获评吉林省高级专家，吉林省拔尖创新人才，首批吉林省"长白山学者"。九三学社第十二、十三届中央委员会委员。第十届吉林省人大代表，政协吉林省第十一、十二届委员会委员，九三学社吉林省第六、七、八届委员会副主任委员。政协长春市第十一、十二、十三届委员会副主席，九三学社长春市第十二、十三、十四届委员会主任委员。

张红星多年来一直从事理论化学领域科学研究，在分子轨道图形理论、激发态量子化学、相对论量子化学、光电材料的分子设计、生物体系的理论模拟等方面的基础理论研究工作中取得了突出的成绩。作为理论化学专业学术带头人，他在吉林大学物理化学重点学科建设和发展以及吉林省的理论化学发展和提升方面作出了重要贡献。

2007年和2014年，张红星被吉林大学授予师德先进个人。现任中国化学会理论化学专业委员会委员。曾任吉林省化学会常务理事、物理化学专业委员会主任、《高等学校化学学报》《分子科学学报》编委等职。"从分子到材料的化学微观过程的理论探索"研究成果于2007年获得吉林省科学技术进步奖一等奖。"光电功能材料的分子设计研究"研究成果获得2008年高等学校科学研究优秀成果奖自然科学奖一等奖。张红星出版了专著《走近发光材料》（吉林大学出版社）。

在分子轨道图形理论研究中，他发展了图形片段计数理论，将共轭分子体系的 π-电子总能量按分子图形片段进行分割，提出了新的共振能的计算方法，以及点能量、边能量、环能量等新概念，使共轭分子体系的稳定性和反应活性通过直观的分子片段计数就能够确定。他成功地将图形片段计数理论应用于以 $C_{60}$ 为代表的高碳原子簇稳定性的研究，在国内率先进行高碳原子簇的研究，其研究成果被 Science 等国际权威杂志引用。

激发态和相对论效应理论研究一直是国际理论化学研究的难点，张红星是国际上较早研究这方面工作的学者。他将多组态自洽场、多参考态单双跃迁的组态相互作用和考虑旋—轨耦合的相对论组态相互作用（RCI）等高精度的计算方法引入激发态研究中，取得一系列在国际上有重要影响的研究成果，被国际上评价为优秀的和全面的（excellent and comprehensive）科学研究。

张红星首次应用组态相互作用方法，直接计算金属配合物的激发态，从态—态跃迁定量描述过渡金属配合物激发态的行为和发光性质，使该领域的理论研究从定性估测发展为较精确的定量水平。他提出了从基态到激发态，金属间的弱相互作用转变为强相互作用，并形成激发态的溶剂配合物等思想，从而揭示了金属间的弱相互作用，配体与金属的成键特征，溶剂效应等在过渡金属配合物发光过程中所起的重要作用，对新型发光材料设计具有重要指导意义。

针对染料敏化太阳能电池材料模拟过程中的结构难题，他提出了二氧化钛等半导体基质的簇模型和晶体简化模型，并成功应用于电池中染料分子与基质的复杂体系电荷转移过程的描述，为材料的设计和应用提供了理论基础。

在瞬变物种的激发态和光化学反应动力学方面，他采用多组态相互作用方法结合相对论校正方法、旋—轨耦合效应计算，应用于大气瞬变物种的激发态位能面、铝烃类光化反应产物的激发态性质及 John-Teller 效应问题的研究中。他深入研究了其产生机制、光化学动力学过程及其演化规律，揭示了瞬变物种所参与的光化学反应链的关键控制规律。在发展基础理论的基础上，为瞬变物种的实验提供新的理论线索和依据。

能源短缺、环境污染是我国经济可持续发展面临的重大问题。实现光能和电能之间的高效相互转换和利用光能来驱动或者催化有实用价值的化学反应是解决上述问题的重要途径。寻找并开发能够形成高能量、高反应活性及高转化效率激发态的化合物体系是前沿化学科学的重要目标之一。针对该类问题，张红星团队进行了时间相关计算方法的完善，通过综合考虑电子和核的相对运动和作用，发展了扩展的休克尔算法，并在此基础上加入长程相互作用校正项并且考虑电子和空穴两种载流子传输的情况，建立了含时的紧束缚形式的哈密顿算符，完成了针对界面电荷转移进行分析研究的量子动力学计算理论方法的创新。为逐步描述光电转换效率和激发态失活过程，张红星引入分子自旋轨道耦合项计算并完成了激发态辐射失活速率的描述。该方案目前可精确处理200—500个原子体系的激发态性质，是目前国际上其他研究方案不可媲美的，并成为研究团队的特色。

张红星十分注重教学和人才培养工作。他治学严谨，通过言传身教，为国家培养优秀人才。他主讲"高等量子化学""群论及其在理论化学中的应用""统计力学"等硕士和博士研究生学位课程，每年都会更新教学内容，将课堂讲授与学生的科研工作相联系，取得了良好的教学效果，受到学生的普遍欢迎。他以自身对工作的勤奋和认真态度、对科学的执着精神、踏实和端正的学风教育熏陶学生，促使学生全面发展。

张红星一直致力于研究团队的建设，多年来从团队核心成员培养和团队结构方面着手，逐步打造了一支年龄结构合理、研究方向互补的富有朝气的精干研究团队。团队内部学术骨干、博士后、研究生几个批次布局合理。目前共有教授2位，副教授5位，讲师及博士后在站人员3位。团队成员均具有国外研究经历，其中还有一位从国外引进的学术骨干。团队先后承担国家973项目、支撑计划项目、自然科学基金及省部级项目等近20项。课题组共发表SCI论文400余篇，被国内外学者引用10000余次。2007年，张红星获吉林省科技进步奖一等奖（第一获奖人）。2008年，张红星获得年度高等学校科学研究优秀成果奖自然科学奖一等奖（第五获奖人）。在相关研究工作中，张红星积累了丰富的经验。

在张红星同志担任九三学社长春市委员会主任委员期间，社市委被评为

"各民主党派工商联无党派人士为全面建设小康社会作贡献先进集体",被九三学社中央评为抗击新冠肺炎疫情先进集体、全国宣传思想工作先进单位、全国社会服务工作先进集体。他组织开展参政党理论研究,共征集理论研究文章36篇,其中1篇获九三学社全国思想调研成果一等奖。在主题教育实践活动中,他不断创新形式,开展"不忘合作初心,继续携手前进——为好老师画肖像"主题实践活动,全国政协副主席、社中央常务副主席邵鸿参加此次活动并给予高度评价。张红星提交长春市政协集体提案43件,报送九三学社吉林省委员会调研报告100余篇,提交中共长春市委、长春市政府建议54篇。其中15篇集体提案被市政协评为优秀提案,3篇调研报告得到省级主要领导的签批,5篇建议得到市级主要领导的签批。他提出的"创设清廉亲切与深度融合的政企联动机制,搭建东北区域科技民营企业协同创新平台"的建议,得到了社中央、社省委的重视,社中央主席武维华亲自率队来到社员企业长春浪潮云计算有限公司开展实地调研。在九三学社中央开展的机关正规化建设交叉检查中,九三学社长春分社获总成绩第二名,被评为机关规范建设先进单位。2020年初,长春市突发新冠肺炎疫情,他号召并组织全市社员积极投身疫情防控阻击战,全市共有130名社员战斗在疫情防控工作的第一线,广大社员通过王选基金会平台捐款近18万元,各基层组织累计捐赠的物资价值165万元。

在担任社市委主委期间,张红星同志团结和带领九三学社长春市委员会和政协长春市委员会有关专门委员会的同志,学习新思想、凝聚新共识,他以思想建设为引领、以组织建设为保证,投身于参政议政、民主监督、政治协商等重要工作。通过广泛的调查研究和实地考察,他以高层协商、提案议案和重点提案督办等方式,为中共长春市委和长春市政府的工作提出意见和建议,助推长春市经济社会和谐稳定和高质量发展。

(赵彤)

# 冷向阳

冷向阳，男，1966年5月出生，吉林省大安市人，汉族，九三学社社员，一级教授，医学博士，博士生导师，中医药传承与创新"百千万"人才工程岐黄学者，全国五一劳动奖章获得者，享受国务院政府特殊津贴专家。现任全国政协委员，九三学社中央常务委员，吉林省政协常务委员，长春市政协常务委员，九三学社吉林省委员会主任委员，九三学社长春市委员会主任委员，长春中医药大学校长，吉林省科协副主席，兼任国家中西医结合专业类教指委副主任、中华中医药学会骨伤分会副主任委员等社会职务。曾获全国百名杰出青年中医、吉林省高级专家、吉林省第六批拔尖创新人才第一层次人选、吉林省首批"长白山技能名师"、吉林省第九批有突出贡献的中青年专业技术人才、长春市劳动模范、吉林省劳动模范、吉林省最美科技工作者等荣誉称号。

## 少年怀壮志　悬壶济世人

冷向阳出生于中医世家，自幼受家庭熏陶，立志投身医疗卫生事业。1985年，他考入长春中医学院，步入神往已久的医学殿堂。大学四年，他刻苦学习，成绩始终名列前茅。1990年，他大学毕业后，因品学兼优而留在长春中医学院附属医院工作。为继续深造，他又攻读了中医骨伤专业硕士研究生，师从吉林省名医张文泰教授、国医大师刘柏龄教授。2004年，他又考入了吉林大学外科学脊柱外科专业攻读博士研究生，师从名医杨有庚教授。正是凭借这种孜孜不倦、刻苦钻研的精神，他不但顺利拿到西医学博士学位，还获得了中西医双重执业医师资格。作为一名一线医生，他从经治医师、主治医师，到副主任医师、主任医师，踏踏实实走好每一步。30余年的行医经历使他的工作经验日渐丰富，医技水平迅速提高。他得到广大患者信赖，曾被评为长春市名医、第二届全国百名杰出青年中医。

## 潜心研医术　技法创新奇

骨病科有这样一群患者，由于严重的畸形造成脏器受压迫，器官功能受到影响，生活质量很差，并且随着病情的加重，最终可能面临心肺功能衰竭以及自发性瘫痪的结局，这就是重度脊柱侧弯患者。针对重度脊柱侧弯患者的矫治手术不仅费用高昂，而且手术复杂、时间长、风险高，给患者带来巨大的经济和心理负担。为此，冷向阳教授潜心钻研，在台湾脊柱外科专家张国华教授的点拨下，融合中医阴阳理论及天池伤科流派旋扳手法，创新性提出"灌顶法"治疗主胸弯代偿性腰弯型脊柱侧凸、开合式截骨治疗脊柱后凸畸形、太极椎弓根钉置入法、旋扳手法三维矫形技术等一系列方法，极大地减少了手术创伤和手术的融合节段，简化了治疗操作，大大缩短了手术时间，为很多患者解除了病痛。此项研究还获得了吉林省科学技术进步奖一等奖。他还带领研究团队研发多个制剂、新药，其中治疗腰椎间盘突出症的"腰痛消胶囊"成为医疗机构制剂，治疗骨质疏松症的中药新药"复方鹿茸健骨胶囊"获得国家专利、新药证书及多项科技成果。

作为学科带头人，他率先垂范，先后承担重大新药创制专项、重点研发计划项目、国家自然科学基金区域创新发展联合基金重点支持项目等科研项目20余项，获省部级以上科技进步奖18项，发表论文100余篇。

## 丹心育桃李　授业甘为梯

冷向阳教授在长春中医药大学执教30余年，一直活跃在教学第一线，虽然医疗、行政工作繁忙，但他仍坚持授课，承担研究生、本科生教学与临床带教工作。他与骨伤科教学团队致力于培养具有实践操作技能和富有创新精神的应用型实用中医骨伤学科人才，在教学过程中融入先进教学方法，结合骨科临床课教学的特点，形成独树一帜的"理论与实践、课内与课外、中医与西医"相结合的"三结合"教学风格。教学中，他坚持理论联系实际，尝试了病案教学法、多媒体教学法、跨学科专题讲座教学法等多种学生喜闻乐见的教学方式，深受学生好评。他注重教学相长，曾担任人民卫生出版社全国高等中医药教育（本科）中医骨伤科学专业"十四五"规划教材评审委员会主任委员，主编了《中医骨伤科学临床研究》《中医骨伤科学》等国家级规划教材8部，其中国家卫计委"十三五"规划教材、全国高等中医药教育教材《中医骨伤科学临床研究》获全国优秀教材二等奖。

## 铁肩担道义　逆行勇冲锋

新冠肺炎疫情期间，冷向阳同志四次逆行出征，展现了"悬壶济世、治病救人"的职业追求和投身医疗卫生事业的毕生理想，展现了一名九三学社社员的责任与担当。2020年2月，他作为国家第四批中医医疗队（吉林省队）队长、吉林省支援武汉前线指挥部副总指挥，带领吉林省医疗队驰援武汉雷神山医院，整建制接管C8病区。面对武汉地区患者年龄大、病情重、综合病症多等复杂情况，他带领医疗队坚持打中西医"组合拳"，在同质化治疗的基础上，一人一方，精准救治，并在康复阶段突出中医特色疗法，把"吉林经验"留在雷神山。历经45天连续战疫，医疗队获得了疗区患者全部清零、确诊患者零死亡、医护人员零感染、安全生产零事故、进驻人员零投诉、治愈人员零复发"五个零"的优异战绩，圆满完成援鄂任务。

2020年5月，吉林省舒兰市暴发本土疫情，刚刚从武汉抗疫一线返回的冷向阳，作为吉林省疫情防控工作专家组组长，又奔赴吉林舒兰。面对舒兰市城区小、人员密集、几乎家家户户都有密接和次密接的严峻形势，他创新性提出"早期干预、分类防控、中医药全程覆盖"的"舒兰模式"，全面铺开中医药预防性治疗的"中药漫灌"，累计为9万人次进行干预用药，仅用17天就控制了疫情，为全面复工复产赢得了宝贵时间。

2021年1月，作为国务院联防联控吉林工作组成员、吉林省中医药驻通化医疗队总指挥，冷向阳第三次奔赴通化疫区，总结出应对疫情的"通化3+3"中西医联合诊疗模式，并在全省推广。抗疫归来后，冷向阳多次应邀作战疫报告，如在新时代e支部讲党课，在吉林省人大代表第六期专题培训班作报告。2022年3月，吉林省疫情再度严峻，冷向阳同志第四次奔赴疫情"暴风眼"，作为国家专家组成员，参与指导吉林省疫情防控。牵头制定新冠肺炎中医药预防干预治疗方案，带领长春中医药大学三所附属医院的精锐队伍承担红黄绿码医院及6个方舱的救治工作，完成核酸采样190.1万人次，收治13202名新冠病毒感染者，治愈11675人，发放中药1014万服，覆盖275万人。

疫情防控期间，他带领团队开展科研攻关工作。先后协助吉林省中医药管理局推出了《公众自行预防新型冠状病毒肺炎的建议》《预防新型冠状病毒肺炎中药代茶饮的建议》。通过辨证分析新冠肺炎的疫病症候，结合疫情发展情况，研发出中药协定处方、中药防疫代茶饮、中药定制香囊配饰等预防性方药。在他的推动下，"除湿防疫散""宣肺化湿颗粒"获得吉林省医疗机构制剂备案，预防性应用于39万人次，在防控疫情的关键时期起到显著作用。冷向阳先后获得九三学社抗击新冠肺炎疫情湖北抗疫一线优秀社员、中国好医生、"吉林好人·战疫先锋"、吉林省最美科技工作者、吉林省舒兰市新型冠状病毒肺炎疫情防控工作杰出贡献奖、吉林省通化市荣誉市民等荣誉。他的先进事迹被中共中央党校出版社出版的《弘扬科学家精神——走近100位科技工作者》收录。

## 担当创实绩　尽职守初心

在担任长春中医药大学附属医院院长期间，冷向阳带领医院职工勇于创新，深入推进改革。医院年收入首次突破10亿元，先后荣获第十三届全国职工职业道德建设标兵单位、全国五一劳动奖状、全国援外医疗工作先进集体等奖项和荣誉称号，并在全国援外医疗工作表彰大会上受到习近平总书记会见。冷向阳带领长春中医药大学附属医院为抗击新冠肺炎疫情贡献了中医力量，赢得了极大的社会赞誉，医院获得"全国抗击新冠肺炎疫情先进集体""全国先进基层党组织"等荣誉，也是全国中医药系统唯一获得两项集体荣誉的大学附属医院。医院获第六届全国专业技术先进集体，获批国家中医药传承创新中心、国家中医疫病防治基地建设项目，并成为东北地区唯一的国家区域医疗中心输出中医医院。

到大学主管科技工作后，冷向阳把科技提升、人才培养作为主抓工作。"十三五"期间，学校共获得6项国家重点研发计划，数量在全国中医院校中名列前茅，科技经费连续多年突破亿元，大大提升了科研水平。冷向阳指导学校创新创业工作步入全国前列，获全国创新创业典型经验高校和吉林省"大众创业万众创新示范基地"，在第七届中国国际"互联网+"大学生创新创业大赛中获金奖2项，成绩位列吉林省和中医药行业院校第一名。

## 建衷心之言　献务实之策

作为一名有着20年社龄的社员，冷向阳时刻怀有饱满的政治热情和强烈的责任感，立足专业特长，积极参政议政，提交全国政协提案4份，其中《关于进一步加强中小学生心理健康教育》的提案切中国家未来发展中需要在教育领域着重解决的问题，在两会期间就被《人民政协报》全文转载并引起有关部门的高度重视；吉林省两会期间，共提交提案10份；疫情防控期间向吉林省人大提交抗疫紧急建议4份，推动了相关政策、计划的出台与科学实施。作为九三学社吉林省委、九三学社长春市委主委，冷向阳带领广大社员参与疫情防控，发布《九三学社长春市委员会疫情防控倡议书》；作为吉林省科协副主席，配合吉林省科协、吉林省教育厅、长春市疫情防控学校专班联合举办"学校新冠肺炎疫情应急处理"培训讲座，诠释"新担当"。冷向阳积极参与社会服务，两次赴新疆开展"一带一路"助推新疆医疗发展情况调研和义诊，深入通榆县开展精准扶贫，组织、参与各种义诊、帮扶活动和中草药种植调研项目，普及中医药知识，践行使命担当。冷向阳获评长春市劳动模范、吉林省劳动模范，两次被九三学社中央评为社会服务工作先进个人。

冷向阳同志始终以永不懈怠的精神状态和一往无前的奋斗姿态，肩负起祖国和人民赋予的使命，展示了新时代民主党派人士的风采风貌。

（王泽玉）

# 陆坤元

陆坤元（1914—2008），男，汉族，出生于江苏省无锡市，九三学社社员，中国第一汽车集团有限公司（原长春第一汽车制造厂）研究员级高级工程师。1936年毕业于国立交通大学上海机械工程学院汽车专业，1936—1945年在重庆商办公共汽车公司、南京资源委员会、西南公路运输总管理处、交通部公路总局汽车配件总库分别任工程师、工务主任、副工程师、正工程师。1945—1947年赴英国实习，1949—1957年在军管汽车器材总处、中国进出口公司上海公司、交通电工器材公司上海采购供应站、华东工业部汽车配件工作组、一机部销售局上海销售分局、一机部汽车局上海设计室、一机部汽车拖拉机研究所任工程师。1958年在汽车研究所任工程师、室副主任、高级工程师、研究员级高级工程师。长春市环保学会理事、长春市标准化学会副理事长。政协长春市第六届委员会委员，1983年任九三学社长春第一汽车制造厂支社第一届委员会主任委员。

1936年6月，22岁的陆坤元从国立交通大学毕业，就职于南京政府办的资源委员会。1945年2月，他获得去英国留学的机会。1947年，他结束了国外留学生涯回国。1949年1月，重庆军管汽车器材总处迁往上海，同年5月上海解放。

1950年10月，抗美援朝开始。交通部成立废旧汽车整修委员会，急需大量汽车配件。1951年1月，陆坤元被任命为交通部供应处上海办事处订制科副科长，担负汽车配件订制的重任。

1953年3月，华东工业部成立汽车配件工作组，办理军委配件任务，陆坤元被调去负责配件测绘设计工作，并被任命为设计二组组长。1954年6月，技术室撤销，人员分别调往长春和北京，他被调往北京汽车局实验室。北京汽车局实验室是我国最早的汽车研究机构。陆坤元到北京后被分配到汽车试验科工作，从事发动机试验。1956年汽车局实验室改名为汽车拖拉机研究所，陆坤元任汽车科发动机组长。1957年末，汽拖所分成两个研究所。汽车所迁往长春，靠近一汽，使科研能更好地与生产相结合，他随同迁往长春。

早在1955年，北京附件厂试制的解放牌K80化油器就是委托实验室的陆坤元调试后才鉴定投产的，这是他为一汽第一次出力。他到长春后不久，一汽试制红旗轿车，所用化油器结构复杂。他再次被邀请到一汽加入攻关小组。经大量试验和改进，化油器才定型投产。试验工作共进行了4个月，他再次为一汽立功。之后，他设计了我国第一台实用的化油器试验台，1961年制成安装，为研究调试化油器提供了条件。试验台采用孔板箱下流量计，结构简单，至今仍不失为一种精确的空气流量测量手段。

1958年起，他承担了和石油部合作的汽车燃用液化石油气和压缩天然气的试验研究，他和俞庆严共同设计的供给设备，在一汽试制的变型车上被采用。

解放牌汽车投产后，在青藏、康藏公路上被大量使用。可是在高原行驶时，动力不足，行驶无力，这一问题仍待解决。中印边境发生冲突后，这个问题更为突出。1964年，汽研所成立高原研究组，陆坤元被任命为组长，研究改善解放牌汽车高原行驶的问题。

这时，一汽设计处已试制了几种顶置气门式发动机样机，最大功率能达130马力（原来为95马力）。解放越野车已投产，发动机功率为110马力。他设想，如果在解放牌汽车上装用这两种发动机，动力性不足问题可能得到解决。

1965年，国家科委下达任务，要求汽车研究所、交通科学研究院、总后军车研究所三单位联合进行高原试车。汽研所负责试车前的各项准备工作。陆坤元被任命为试车队副队长兼技术总负责人，积极进行准备。他除了给试验车辆装用加大马力的发动机外，还采取了多种改善高原行车的技术措施，如直接五挡变速箱、风窗除霜器和稠化机油等。

1965年8月，高原联合试车队从西宁出发，一路顺利到达拉萨。试车结果证明，他采用的技术措施都十分有效。特别受欢迎的是大马力解放车，因为行车时换挡次数可减少60%，减轻了驾驶员的劳动。当沿途大站邀请当地运输职工前来参观时，当地运输界宣传了一汽的试制品，还希望一汽的大马力解放车能早日研制成功并正式投产。

试车队还随带两台流动测功车，到沿线各地实测发动机的功率及性能，取得了宝贵的试验数据。1965年12月，他们圆满地完成试验任务。

1980年6月，他开始负责标准化研究室工作。标准化研究室是全国汽车标准归口单位，负责组织制定汽车标准。他到任后遵照标准总局原则，首先，将前任张羡曾工程师布置的ISO国际标准中译本，做最后的审校，安排印刷出版；其次，广泛收集工业先进国家，如美、德、日、英、法、苏等国和组织的汽车标准，组织翻译出版或参考；最后，参照国外汽车标准将我国长期和年度的标准起草计划，报总局审批执行。他特别抓紧急需的汽车发动机试验方法标准的修订，亲自参加起草会和审定会，也抓紧有关汽车排放标准的制定。他亲自承担柴油机排放标准的起草工作，该标准获一机部三等奖。

1980—1981年，他曾三次被派出国，参加国际标准会议和联合国环保署召开的汽车排放政策协调会。这些都是学术性讨论会，需要精通外语的专家前往。他克服遇到的困难，在会场即席发言，介绍情况，对议题表态，圆满完成任务。1981年出国时，他已67岁。

1984年春，他主持了质管部召开的492Q、680Q、6120部优发动机检测评定会议。他据理陈词、排除干扰，使各个评定办法顺利通过。

1984年秋，他参加汽车局质量部召开的产品质量分等会议。按上级规定，产品质量应分成合格品、一等品、部优质品及国优质品四个等级，其中前两个等级质量指标按产品的技术条件执行。对优质品规定必须达到或接近国外同类产品的性能水平。拟定优质品发动机的性能质量指标和等级是一个相当复杂的技术问题，他对发动机的动力性指标，先提出一个功率指标计算公式，再根据调查统计，推荐优质品发动机功率指标计算时所用的系数。这个办法使与会专家折服，并被质量部采纳。

对汽车发动机燃油经济性的评优，陆坤元特别强调，用考核部分负荷时的油耗率代替过去只注重全负荷油耗率。他提出了用模拟道路工况油耗试验值代表部分负荷油耗率。针对以上两种创造性的方法，他分别撰写了论文，分别在《汽车技术》杂志及吉林省内燃机学会1986年年会上发表。

1985年，汽车质量监督检验测试中心成立，发动机评优工作由该中心办理，质量部和检测中心让陆坤元起草一份通用的汽车发动机评优办法。他进行了大量的调查研究，召开了起草工作会议和审查会议，经过民主讨论，进行补充修改。他在该办法中还添加了几个革新意见，最后于1986年9月完成报批稿的编写，为发动机评优工作作出了贡献。

在参加发动机评优工作之前，汽车局要他组织编写汽车发动机试验方法标准宣传贯彻用的教材。该教材写成后于1986年出版。1982年，他应吉林工大张洪欣教授的邀请，参加《汽车技术词典》的撰写。他担任发动机部分的主编，认真选择词条，对词条的解释秉持先进性和科学性的原则。此书于1986年定稿，于1990年由人民交通出版社出版。

1986年，他受汽车局质量部的委托，负责组织人员翻译欧共体的汽车法规，并任主审。该法规共88万字。1987年，他独自校阅汽研所翻译科同志译的《福特汽车发动机试验规范》（25万字）。1988年，他受热处理厂和散热器厂委托，承担引进设备说明书的翻译工作。1987年，厂离退处授予他模范退休职工称号。1989年，他被机电部授予研究员级高级工程师称号。

1983年，九三学社长春市委决定在长春第一汽车制造厂建立基层组织，各方一致推举陆坤元担任支社主任委员。上任后，陆坤元不负众望，在社市委和一汽党委统战部的领导下，注重社员思想建设，定期开展政治理论学习，高质量发展新社员，组织丰富多样的基层活动，建设具有很强凝聚力和向心力的领导班子，各项社务工作得到社市委的肯定。在1985年度表彰中，九三学社长春第一汽车制造厂支社被社市委评为先进集体，陆坤元被评为社务活动积极分子。

（社宣）

# 迟宝荣

迟宝荣，女，1943年7月出生于吉林省吉林市，汉族，九三学社社员，吉林大学第一医院主任医师，内科教授，博士生导师。全国医学教育发展中心特聘专家，获教育部临床医学专业认证突出贡献奖，中国医师协会医学教育委员会首席专家，国务院政府特殊津贴专家，吉林省教学名师，吉林省高级专家，长春市资深名医。政协第九、十、十一届全国委员会委员。

"1961年，我走进白求恩医科大学基础楼开始了我的医学之路，至今临床医疗一线已经62年。半个多世纪中我做了两件事：看书看病、写书教书；取得的任何荣誉、任何成绩，其背后都是付出的努力、坚持的信念，是前辈的榜样，是学校的支持，更是白求恩精神的培养。"80岁的迟宝荣教授这样总结自己，简单、朴实的话语背后满载的是对医学事业的执着追求，是对白求恩精神的坚守传承。

## 修自身砺品行　做医学教育引路人

1961年，迟宝荣从原白医大基础楼开始了自己的医学之路。当年那些老白求恩卫生学校、白求恩医科大学的老师很多都走过长征路，其中就有白求恩大夫的护士长。这些老师的一言一行潜移默化地影响着迟宝荣，她觉得自己骨子里印着白求恩精神的烙印。

1981年，迟宝荣担任内科学教学秘书。紧张的专业工作之余，她总是抓住一切机会学习。1985年，迟宝荣开始在长春市工人文化宫自费学习外语。每天下午五时一下班，她就赶快骑上自行车，拼命地往文化宫赶。晚上八时下课，她再骑着自行车返回学校，连吃饭的时间都没有。就这样坚持了整整一年，从盛夏的暴雨到寒冬的风雪，她日复一日地穿梭在新民大街上。迟宝荣告诉记者，自己能坚持下来，很大程度上是受到白医大老教授们的精神感染。"晚上八点多下课，回到学校已经九点了，四楼内科教研室郭新主任办公室的灯光总是亮着，这么大牌的医学专家还在看书备课，我有什么理由不努力！"回忆起这段医学时光，迟宝荣眼里总是闪着泪花。

机会从来不会亏待有准备的人。迟宝荣坚持一边工作，一边学外语，这让她在紧随其后教育部组织的公派留学资格考试中，以优异的成绩拿到第一名，也为她出国深造、继续在医学专业道路上攀登前行奠定了基础。之后，她凭借自己不懈的努力，跨校评审成为吉林省第一名内科学博士生导师。后来，她又倾尽全力推动建立内科学博士点及博士后工作站建设，为白求恩医科大学内科学建设、研究生培养作出卓越贡献，也为吉林省培养了一大批医学高端人才。

回顾自己的经历和见证半个多世纪的中国医学教育改革发展历程，迟宝荣坚定地说："身教胜于言教。"她从白医大老教授们身上看到的、学到的，也潜移默化地影响了一大批年轻的教师和学生，这正是白求恩精神的代代传承。

在吉林大学推行名师班主任计划时，迟宝荣担任七年制医学生的班主任。到现在她都十分清楚地记得，当时班级中共有44人，来自22个地区；每个学期她都要给学生们至少开两次班会，开学大家从外地回来开一次班会，放假临走前再开一次；她还细心地叮嘱女孩子们回家一定要结伴行走，带好水和面包，不要吃陌生人给的东西，路上一定要小心。"请学生们吃火锅是经典的场面，大家围着坐成半圆，都在我视线里，都得跟我汇报每个月做了什么课题、有什么困难、缺不缺钱……"一字一句像是母亲在嘱托自己的孩子，"妈妈老师"就是同学们送给她的最美称号。

在迟宝荣培养的102名研究生当中，现在已有10名院长，15名博导，48

位科主任，他们同迟老师一起努力奋战在医疗一线，捍卫着成千上万人的健康。说起他们的成长经历和取得的成绩，迟老师笑容灿烂，因为她是学生人生路上的引路人。

## 卫学术捍学风　大医精诚写师德

半个多世纪的医生职业生涯中，迟宝荣养成了严谨的学术坚守精神。从1981年开始，迟宝荣从内科学教学秘书做到教学主任，从学院到学部，主持内科教学长达25年。她还承担着本科生、研究生的教学授课任务，可用外语授课，是吉林大学首批精品课程教学主任，先后10多次荣获国家教委、吉林省、吉林大学教学成果奖。迟宝荣担任教育部临床医学精品资源共享课程教材《内科学》2017年版的主编。2021年，该教材荣获教育部首届全国优秀教材建设二等奖。迟宝荣一直担任《高校医学教学研究》杂志主编，这是教育部主管主办的唯一的医学教学类杂志。

迟宝荣一直注重对青年教师的培养。她号召医学部各学院的青年教师们组成"白求恩优教团队"，32名教师利用晚上休息的时间，连续10年免费为医学生上"临床思维与决策"课程，10年来共有近3000名学生选课，受到了医学生的广泛好评，荣获吉林大学实践教学团队奖。

在主持内科学教学工作的25年里，迟宝荣坚持规范教学制度，捍卫学术的严谨性与公平性。每年年初，她就将一年的课表排好，由教学秘书发给每位老师，老师必须本人签字接收，绝对不允许私下窜课，违者会受到相应的处罚。从教学秘书到教学主任，她听过内科每一位老师的课。若听到哪位老师课讲得特别好，她就组织所有的教师来观摩学习。"我会请一些资深的教员来听他们讲课，谁讲得好、谁讲得不好，一目了然。"她甚至对老师的仪容仪表也提出要求，上课可以不穿白大褂，但一定得穿正装。迟宝荣认为，"教学是一种荣誉，上课也是一种责任，一定要认真、严谨地对待"。

坚持学术原则，有时候会面临一些挑战，有诱惑也有威胁，但迟宝荣依然坚定地维护着学术的尊严。她说："我在学术上要求这样严谨，不是为我自己，也不是和谁过不去，我是怕有些医生和老师用不好的行为带坏了我们的学生。"

由于迟宝荣的严谨，更由于她多年参政议政的经历，以及对公正信念的坚守，她曾担任教育部特约监察员，对高校教学质量、人才培养、学风建设等提出建议，得到了相关部门的重视。

2009年以来，迟宝荣担任教育部医学教育指导委员会委员、临床医学专业认证专家、本科教育审核评估专家，先后对70余所全国医学院校的五年制、七年制、八年制医学教育质量进行评估。2010年开始多次担任全国高等医学院校大学生临床技能竞赛总裁判长，2021年荣获中国大学生医学技术技能大赛重要贡献奖。

## 医者仁心大爱　至诚报国家

一件事坚持几天很容易，若要坚持几十年则很难。迟宝荣毕业以后一直在临床工作，从来没有离开过一线，60年如一日坚持每周三出门诊。出门诊时，她尤其照顾来看病的农民。"农民来看病特别辛苦，他们不会网上挂号，早上两三点就赶绿皮火车，到了长春也舍不得打车，饿着肚子坐公交赶到医院都得十点多钟，遇到这种情况我都会坚持加号给他们看病。"2019年，她被中央文明办、国家卫健委评为"中国好医生"，她的相关视频材料被中共中央宣传部"学习强国"学习平台选用。

医者仁心，胸怀天下。迟宝荣连续担任了三届共15年全国政协委员，做了10年政府参事，围绕着高校教学质量、人才培养、医疗体制改革等众多领域提出了100多个提案。为政府建言献策的这些年，迟宝荣走过云贵川等一些最为贫穷的地方，亲眼看到穷困地区看病难的问题，所以写出来的都是"接地气"的提案。她的提案曾被评为"全国政协优秀提案"，得到了中央领导同志的批示和肯定，中央电视台、中央人民广播电视台、新华社、《人民政协报》、《教育报》、《健康报》、《青年报》、《光明日报》、《法制报》、《中国妇女报》等新闻媒体发布了超过100篇有关她的报道。

迟宝荣不仅把社会责任写在政协提案中，更落实在日常生活中。她曾经资助过一个孤儿，那时候他刚上高三，长得非常瘦小，迟宝荣就每月寄钱给他，还在考试前给他买了一块手表。后来，他立志学医，考取了吉林大学白求恩医学部。报到前，迟宝荣又细心地给他邮去路费，报到时直接从车站接送他到寝室安顿下来。大学5年里，迟宝荣每个月都提前准备生活费和生活必需品，天冷了送棉衣、棉鞋，做了好吃的也想着给他送去。毕业后，他回到北京工作，每年两会期间迟宝荣去北京开会，他都会抱着一大束鲜花来到驻地看望她，"十年母子，情深不变"就是当年《中国青年报》通讯报道的标题。

在担任政协委员期间，迟宝荣曾赴四川开展工作调研，为一位骨瘦如柴的老人做过诊疗。因为贫穷，老人做完手术就回家休养，在义诊时，迟宝荣看到老人那一贫如洗的屋子，内心十分难过，当即把自己身上所有的钱物都掏了出来。躺在床上的老人努力地举起手来要给她作揖以表达感激。离开时，老人的儿媳送了很远，坚持要把家里仅有的两个橘子送给她。这件事深深地打动了她，也引起了迟宝荣长久的深思。

从医执教60余载，迟宝荣一直坚持将对医学教育的坚守和对白求恩精神的传承做到极致。2004年，迟宝荣被评为全国优秀教师，2014年被评为全国模范教师，成为临床医学专业唯一的获奖者，2015年获得中华医学教育终身成就奖、优秀研究生导师、教书育人标兵、白求恩十大名师、长春市有突出贡献专家……迟宝荣得到的荣誉很多很多，但最令她高兴的还是医学教育终身成就奖，这是医学教育领域的最高荣誉。迟宝荣是全国第十个获得这一成就的人，也是唯一的女性获得者。

大爱引路人，大美白求恩。"我是白求恩大夫的传人，他高尚的人格，精湛的医术，他用自己的鲜血抢救伤病员，他用自己的生命支援中国革命，这不仅是救死扶伤的医疗，更是正义坚定的信念。传承白求恩精神是我的责任，我会永远沿着白求恩精神的道路前行，不忘自己走上医学之路的初心。"迟宝荣这样坚定地说道。

（季洪涛）

# 刘冰冰

刘冰冰，女，1967年10月出生于吉林省长春市，汉族，九三学社社员，博士学位。现任吉林大学超硬材料国家重点实验室主任，博士生导师，教授。1995年毕业于吉林大学凝聚态物理专业，师从邹广田院士。毕业后留校工作，从事碳材料合成及其高压结构研究，其间赴瑞典余默奥大学物理系高压物理研究小组做博士后研究2年，回国后任吉林大学超硬材料国家重点实验室教授、博士生导师。曾荣获"长江学者"特聘教授、国家杰出青年基金、中国青年女科学家奖、科技部"创新人才推进计划"中青年科技创新领军人才等多项荣誉称号及奖项。政协吉林省第十三届委员会委员，九三学社吉林省第八、九届委员会副主委。政协长春市第十四届委员会常委，九三学社长春市第十四、十五届委员会副主委，九三学社吉林大学委员会主委。

在学术方面，刘冰冰带领团队，在国内率先开展了纳米材料高压原位研究，围绕新型碳纳米材料、半导体纳米材料等蕴含超硬、发光、超导性质的典型纳米体系，在超高压下结构相变和物理性质的变化规律等方面开展了深入系统的研究工作，取得了重要进展。2019年以来，她进一步发展了高压原位实验技术，在更宽广的压力温度空间，开展了高压下新型碳纳米材料、金属氧化物纳米材料等典型功能材料的结构相变及发光等性质的研究，发现了压致非晶团簇构筑的新型长程有序晶体结构、纳米限域压致聚合、压致暴露晶面诱导相变等一批纳米尺寸效应带来的高压新相和新性质；利用大腔体压机，合成了具有高压聚合结构的新型碳材料。特别值得一提的是，2021年，刘冰冰教授带领的课题组采用自主发展的大腔体压机超高压关键技术，利用$C_{60}$碳笼压致塌缩形成的"非晶碳团簇"这一新的构筑基元，探索了其在20—37GPa压力范围内的温压反应相图，首次成功实现了毫米级近全sp3非晶碳块体材料的合成。该突破性成果发表在国际顶级学术期刊 Nature 上，并且被 Nature 审稿人高度评价为"世界上很少有研究小组的大腔体压机技术能够达到这么高的温压条件""非晶材料领域的重大进展""为超硬材料家族添加了独特的一员""提供了新颖的物理特性表征，在凝聚态物理和化学领域都是原创且极其有趣的"。正所谓"十年磨一剑，砺得梅花香"，该研究成果是其课题组在富勒烯高压研究领域长期积累的基础上的再次突破。

刘冰冰近年来主持了国家重点研发计划项目、国家自然科学基金委重点项目、国家科技部973计划课题、瑞典基金会国际合作等项目；在 Nature、Science、PRL、Adv Mater 等SCI刊物上发表学术论文近400篇，SCI他引9000余次。2014年，刘冰冰获国家自然科学奖二等奖1项（第三完成人），4次获吉林省自然科学奖一等奖（2018年第一完成人、2009年第一完成人、2012年第三完成人、2007年第四完成人）。2021年获得谢希德物理奖。2022年获得中国材料研究学会科学技术奖一等奖1项（第一完成人）。刘冰冰参与撰写论著1部，授权发明专利40余项，其在前沿基础研究领域的实力和水平稳步提升。

刘冰冰与实验室领导班子大力推进实验室发展和建设，始终保持吉林大学超硬材料国家重点实验室高压科学与超硬材料特色研究方向，经过多年的建设与发展，使实验室特色更加鲜明。他们不断巩固和提升实验室作为科学研究、人才培养、学术交流国际一流基地的地位。2018年，实验室以良好成绩通过国家重点实验室评估。此外，刘冰冰还带领实验室团队主办了第9届中国金刚石相关材料及应用学术研讨会、吉林大学（珠海）超硬材料制品技术培训会议、第3届CALYPSO研讨会、第20届中国高压科学学术会议、第12届中国金刚石相关材料及应用学术会议、第21届全国光散射学术会议。实验室原创性突出成果不断涌现，国际影响力逐年提升，多位老师和博士生参加国内外学术会议，并受邀作报告。实验室获得国家自然科学奖二等奖1项，极大地提高和扩大了实验室在学界的影响力。

　　此外，作为党外干部，刘冰冰同志积极参与各类社会活动。2017年，刘冰冰积极促成了长春市归国女性人才协会的成立，在担任协会会长期间，组织开展了"走进她空间"、扶贫献爱心等多项活动。刘冰冰担任长春市女科技工作者协会会长期间，对长春市人才凝聚起到了推动作用。刘冰冰作为九三学社吉林省委员会副主委、九三学社长春市委员会副主委、九三学社吉林大学委员会主委，在组织各项活动的过程中，充分利用现代通信软件，积极调动社员的参与积极性，增强了社组织的凝聚力。因表现突出，刘冰冰同志荣获吉林省劳动模范、吉林最美科技工作者、"师德标兵"、"巾帼建功"先进个人等荣誉称号。

（李海燕）

# 尹爱青

尹爱青，女，汉族，1958年8月出生于福建省南平市，九三学社社员，博士学位。东北师范大学音乐学院二级教授、中国音乐教育领域第一位女博士生导师。获得日本学术振兴会奖和美国新英格兰音乐学院富布莱特奖金高级研究学者、亚联董奖学金美国明尼苏达大学高级研究学者、日本长崎大学高级研究学者称号。第十二届吉林省人大常委会委员，政协吉林省第九、十届委员会委员。

1999—2012年，尹爱青任东北师范大学音乐学院院长，并作为教育部艺术教育委员会常务委员、全国高校美育教学指导委员会副主任委员、教育部基础教育课程教材专家工作委员会委员、教育部《高中音乐课程标准》《义务教育音乐课程标准》修订组成员、全国教师教育课程资源专家委员会委员，先后获得"宝钢优秀教学奖""曾宪梓教育基金会优秀教师""吉林省高等学校教学名师""明德教师奖"，以及东北师范大学首届"郑德荣式好老师"等荣誉称号。她不仅为东北师范大学音乐学院的专业发展、学科建设、人才培养等作出了突出贡献，更是教书育人，治学严谨，身体力行，成为学生们的引路人与人生导师。

尹爱青从教39年来，培养了33届本科生。她担任硕士生导师27年，博士生导师20年。她培养了硕士98人，博士28人。目前在读博士研究生6人。她以"Over Teaching——超越教学"理念指导学生，搭建师生互动、教学一体的教学平台。她始终认为，大学里的师生关系是一种亦师亦友的导学关系，师生互为主体，互相支持，持续发展。师生之间应该是互动、互信、互助的关系。老师既是学术导师，更是人生导师。

尹爱青从教期间共获得教学和科研奖励110项，并获批享受国务院政府特殊津贴。她连续3次获得由中华人民共和国教育部主办的全国大学生艺术展演活动高校艺术教育科研论文奖，获得教育部第八届高等学校科学研究优秀成果奖。她分别在2017年、2020年获得"中国哲学社会科学（艺术学学科）最有影响力学者"荣誉称号。她入选吉林省第二批和第三批拔尖创新人才、第九批有突出贡献的中青年专业技术人才称号，获吉林省第五、六、七及九届教育科学优秀成果奖，获得吉林省高等教育学会第七、九、十、十二届优秀高教科研成果奖，自2001年至2018年共获得4次吉林省高等教育教学成果奖。

尹爱青在多年的教学与科研中取得了丰硕成果，发表学术论文111篇，其中CSSCI级57篇；出版专著、译著、教材26部；主持国家级、教育部级、省级和校级项目共计42项，其中国家级、教育部级项目22项，致力于音乐学（教师教育）研究。她作为首席专家主持了全国教育科学"十三五"规划国家重大项目"教育现代化背景下的学生美育评价研究"，国家社科基金艺术学项目"东北、西北地区锡伯族音乐、舞蹈文化的变迁与跨境传播研究"，国家基础教育监测中心项目"音乐教育质量监测"，教育部、财政部项目"艺术人才培养模式创新实验区"，教育部人文社科项目"音乐学习对人全面发展影响"，教育部美育专项项目"高雅艺术进校园"，教育部美育专项项目"美育浸润行动计划"，国家级一流本科课程、吉林省高等学校"金课"建设A类项目"音乐课堂教学课例评析与研究"，国家级精品资源共享课项目"小学音乐教学设计"，吉林省一流本科课程、高校"金课"建设计划项目"艺术体验与表现"，等等。她担任吉林省高校人文社科重点研究基地"学校美育质量监测研究"负责人、东北师范大学学校艺术教育研究中心负责人。

在繁忙的教学科研和行政工作之外，尹爱青还兼任许多社会职务。她是教育部艺术教育委员会常务委员，全国高校美育教学指导委员会副主任委员，教育部基础教育课程教材专家工作委员会委员，教育部《普通高中音乐课程标准》《义务教育音乐课程标准》修订组成员，全国教师教育课程资源专家委员会委员，中国艺术教育促进会理事等。尹爱青通过大量的理论与实践研究，为基础教育、艺术教育、教师教育的发展，美育政策、美育评价的改革提供了翔实具体的理论依据和实践参考，同时关注艺术教育功能领域的研究，探索学生美育评价、艺术教育与社会文化、中国优秀传统文化传承的密切关系，为公众艺术事业和本土艺术教育推进作出了贡献。

尹爱青作为政协吉林省第九、十届委员会委员，第十二届吉林省人民代表大会常委会委员，提交提案和建议10次，如"缉毒进校园"吉林省青少年缉毒教育、"文化养老"提升吉林省老年人生活品质、吉林省合唱团发展路径、"阳光体育"增强学生体能培养等，为推进吉林省艺术与文化发展建言献策。

作为一名九三学社社员，尹爱青始终没有忘记自己的责任和使命，积极参加九三学社组织的各项活动，在担任九三学社长春市委文教委副主任期间，充分发挥自己的专业特长，以讲座的方式多次走进吉林省各高校、各机关单位，与高校非艺术专业师生、公职人员共同探讨"艺术与人生"，欣赏和感悟艺术的魅力，获得一致好评。

尹爱青一直贯彻"学术为本，权威引领；开放包容，致力服务；创新活动，强化品牌；扩大交流，积极合作"的工作方针，按照"扎根中国大地，体现中国特色，遵循美育特点，发挥以美育人优势"的基本理念与工作思路，为音乐教育事业作出贡献，促进中国音乐教育的创新、均衡和优质发展。

（佟贺）

附录

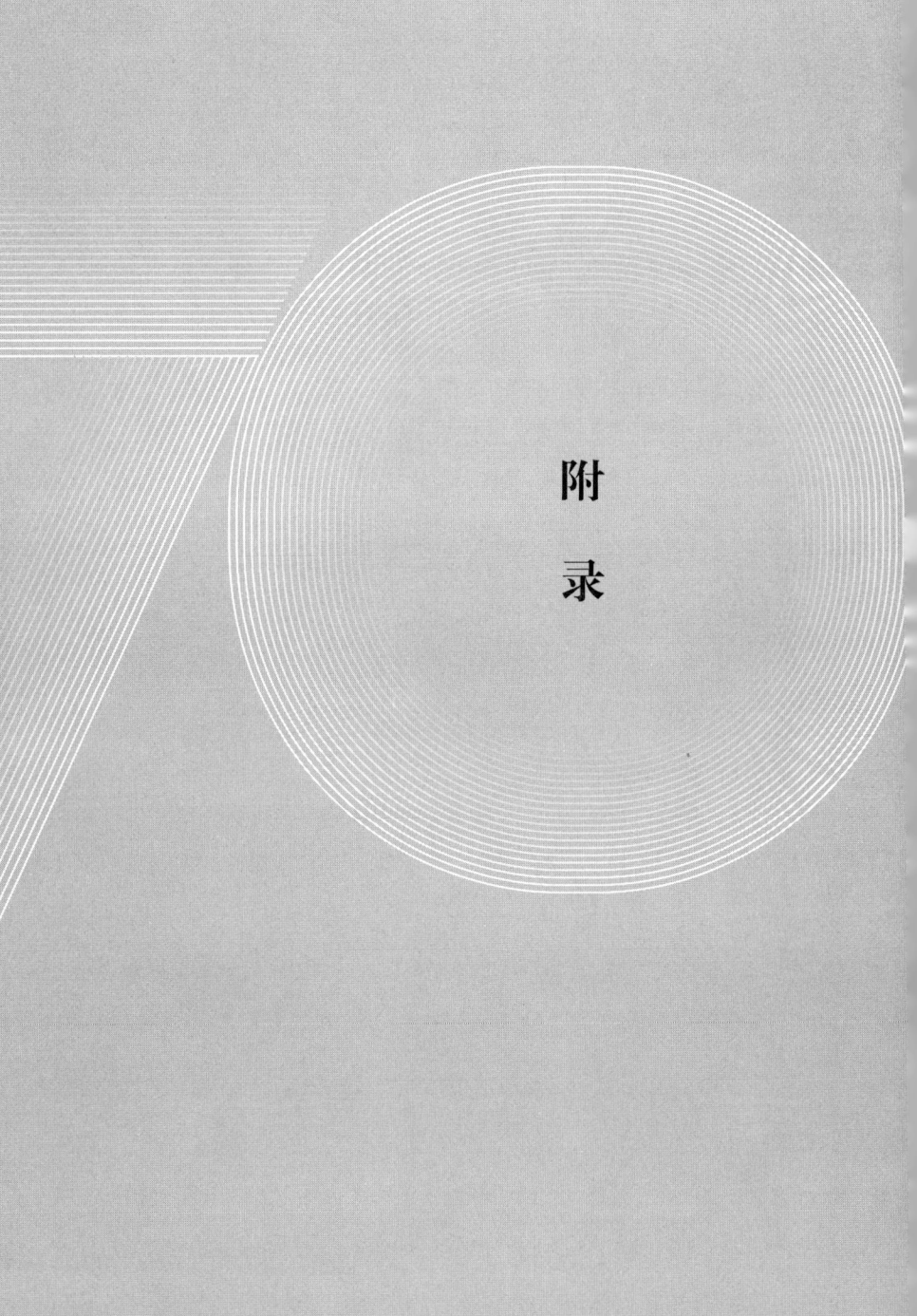

# 一、1953—2023年九三学社长春市委员会历届领导机构设置表

| 历届时间 | 领导机构设置 ||||| 
|---|---|---|---|---|---|
| | 主任委员 | 副主任委员 | 秘书长 | 副秘书长 | 委员 |
| 筹委会 1953—1954年 | 吴学周 | | | | 杨振声、刘恩兰、业治铮 |
| 第一届 1954—1956年 | 吴学周 | 业治铮 | | | 杨振声、刘恩兰、陈光明、赵际昌 |
| 第二届 1956—1958年 | 吴学周 | 陈光明 赵际昌 | 肖蔚 | | 王喜天、业治铮、刘禹昌、孙景斌、关实之、吴立民、陈琪、李光辉、张寿常、黄叔培 |
| 第三届 1958—1961年 | 吴学周 | 陈光明 李宗海 | 肖蔚 | | 王喜天、王海滨、业治铮、刘禹昌、孙景斌、吴立民、陈琪、卢士谦、赵际昌、杨钟秀、黄叔培 |
| 第四届 1961—1963年 | 吴学周 | 陈光明 业治铮 杨钟秀 | 肖蔚 | | 王喜天、王海滨、卢士谦、刘禹昌、刘德生、朱汝涣、李云谙、孙景斌、孙纯一、吴立民、陈琪、赵际昌 |
| 第五届 1963—1980年 | 吴学周 | 陈光明 业治铮 杨钟秀 | 肖蔚 | | 王喜天、王海滨、卢士谦、朱汝涣、关实之、刘禹昌、刘德生、孙纯一、吴立民、李云谙、赵际昌、陈琪 |

447

续表

| 历届时间 | 领导机构设置 ||||||
|---|---|---|---|---|---|
| | 主任委员 | 副主任委员 | 秘书长 | 副秘书长 | 委员 |
| 第六届 1980—1984年 | 吴学周 | 卢士谦 杨钟秀 关实之 肖蔚 王海滨 | 肖蔚 | 朱廷相 | 李云谙、朱汝涣、朱志龙、刘德生、吴立民、吴正淮、陈琪、陈秉聪、季鸣时、张烨、张国华、张继有、郭石山、赵东甫、赵际昌、赵焕章 |
| 第七届 1984—1987年 | 陈秉聪 | 王允孚 杨钟秀 王海滨 | 李振泉 | 朱汝涣 | 张国华、王世让、王维兴、孙六爻、刘德生、迟莹、余丹、吴正淮、吴锡生、周开金、金庭菊、宓超群、郭石山、秦维谦、韩有库 |
| 第八届 1987—1992年 | 陈秉聪△ | 王允孚△ 李振泉△ 王维兴△ 阎则新△ | | 于荣筠△ | 马驷良、王世让△、孙六爻、刘介夫△、李玉珍、李向高、束仁贵、吴正淮、吴锡生、杨志范、闵建周、迟莹、张美荣、周开金△、范垂凡、金庭菊、宓超群、高士贤、秦维谦、韩有库、欧阳玺、贾易荣o、王源o、宋庆复o、赵东甫o、李凤岐o |
| 第九届 1992—1996年 | 李振泉△ | 王允孚△ 王维兴△ 阎则新△ 吴智泉△（驻会） 欧阳玺△ | | 刘永吉 王在 | 马驷良、王世让△、王源、刘介夫△、刘汝义、孙六爻、宋庆复、闵建周、李凤岐、李玉珍、李向高、杨志范、束仁贵、吴锡生、陈宝生、迟莹、金庭菊、张美荣、赵东甫、范垂凡、栾玉振、高士贤、秦维谦、贾易荣 |
| 第十届 1996—2002年 | 李惟△ | 贾易荣△ 韦澍一△（驻会） 李振华△ 张为远△ 黄河△ | 王在△ | | 于宝安、王源、王静芬、马驷良、卢金火、刘汝义、刘宏泉、李玉珍、李玉良、宋庆复、杨世忠△、陈宝生、金庭菊、张仁舜、张兴洲△、张美荣、赵振波、姜雪鹰△、栾玉振△、高淑清、闫吉昌、董震、蔡鹏飞、戴文跃 |

续表

| 历届时间 | 领导机构设置 ||||| 
|---|---|---|---|---|---|
| ^ | 主任委员 | 副主任委员 | 秘书长 | 副秘书长 | 委员 |
| 第十一届 2002—2006年 | 马驷良△ | 陈济生△（驻会）李振华△ 张为远△ 黄河△ 张兴洲△ 张仁舜△* | 王在△ | | 于明、马丽珍、王源△、田吉昌、付兴奎、闫吉昌△、阎光明、刘宏泉、孙洪凯、何英、张仁舜△、张玉伟、杨世忠、杨德权、沈颂东、赵玉谦、赵永成、赵振波、郜书元、姜雪鹰△、高淑清、康慧、程培英、蔡鹏飞 |
| 第十二届 2006—2011年 | 张红星△ | 王进△（驻会）陈济生△ 张兴洲△ 宋玉祥△ 王丽颖△ | 王在△ | | 于明、马丽珍、王杨、王源△、付兴奎、刘志宏、刘宏泉、刘曙野、何英、李铭△、佟晓红、张家治、陈镠△、陈黎明、杨世忠△、沈颂东、赵玉谦、赵永成、赵振波、郜书元、姜雪鹰△、高淑清、康慧、程培英△ |
| 第十三届 2011—2016年 | 张红星△ | 王进△（驻会）陈济生△ 王丽颖△ 李铭△ 王秋利△ 张文祥△ | 顾红艳 | | 王杨、王颖、田义新△、由平均、包大海、曲则文、乔迁、朱黛、刘志宏、刘晓娟、刘曙野△、许伟志、孙桂娟、贡济宇、李志鹏、吴迪△、何英、佟时、佟晓红△、沈颂东△、张家治△、赵玉谦、赵学良、赵晓晖、翁连海、高玉秋△、续颜、裴智梅、欧阳晓兵 |
| 第十四届 2016—2021年 | 张红星△ | 王进△（驻会）李铭△ 高玉秋△ 冷向阳△ 续颜△ 高峰△ 刘冰冰*△ 田元生*△ | 顾红艳△ | | 王庆丰、田义新△、田元生、刘冰冰△、刘晓娟△、安璀颖、孙桂娟、李威、李小霞、吴迪△、张卓、张哲△、张烨、张红梅、张晓颖、张普一、陈华、欧阳晓兵、郑敏、单莹莹、宗凤杰、赵琪、赵学良、侯冠森、袁笠恒△、翁连海、高新宇△、董伟东、裴智梅、颜力楷 |

449

续表

| 历届时间 | 领导机构设置 ||||||
|---|---|---|---|---|---|
| | 主任委员 | 副主任委员 | 秘书长 | 副秘书长 | 委员 |
| 第十五届 2021年至今 | 冷向阳△ | 李铭△（专职）金鑫△*（专职）刘冰冰△ 田元生△ 葛鹏飞△ 孙宏△ 白娥△ | 顾红艳△ | | 吕康银、庄军、闫钰锋△、安璀颖、孙建春、孙彩堂、李玮△、李威、李小霞、李长翠、李春久、吴巍、张卓、张键、张晓颖、张普一、欧阳晓兵△、郑澈、单莹莹、宗凤杰、孟繁峥△、姜怀志△、娄冬梅、袁卓、袁笠恒△、贾馨鑫、高硕徽、葛莘、裘学辉△、颜力楷 |

注：

1. 带△号者为九三学社长春市委常委。
2. 带 o 号者为增补九三学社长春市委委员。贾易荣、王源、宋庆复为1988年10月15日增补；赵东甫为1990年1月17日增补；李凤岐为1991年3月28日增补。
3. 带 * 号者为增补九三学社长春市委副主委。张仁舜为2006年1月25日增补；刘冰冰、田元生为2020年4月29日增补；金鑫为2023年12月30日增补。
4. 在2023年12月30日召开的九三学社长春市委十五届四次全委会上，李铭因工作调动（当选九三学社吉林省委专职副主委）辞去九三学社长春市第十五届委员会委员、常委、副主委，顾红艳因退休辞去九三学社长春市第十五届委员会委员、常委、秘书长。

# 二、1953—2023年九三学社长春市委员会工作机构设置表

| 历届时间 | 工作机构设置 | | | |
|---|---|---|---|---|
| 筹委会<br>1953—1954年 | 无专门工作机构，各项工作由筹委会成员分别兼管 | | | |
| 第一届<br>1954—1956年 | 无专门工作机构，各项工作由分社委员兼管 | | | |
| 第二届<br>1956—1958年 | 秘书处 | 组织委员会 | 宣传委员会 | 文教委员会 |
| | 秘书长：<br>肖蔚（专）<br>主任：<br>张玮（专） | 主任：<br>业治铮<br>委员：<br>孙景斌<br>李光辉 | 主任：<br>关实之<br>委员：<br>刘禹昌<br>肖蔚 | 主任：<br>吴立民<br>委员：<br>王喜天<br>张寿常<br>陈琪<br>黄叔培 |
| 第三届<br>1958—1961年 | 秘书处 | 组织委员会 | 宣传委员会 | 文教委员会 |
| | 秘书长：<br>肖蔚（专）<br>主任：<br>张玮（专） | 主任：<br>业治铮<br>委员：<br>孙景斌<br>李光辉 | 主任：<br>关实之<br>委员：<br>刘禹昌<br>肖蔚 | 主任：<br>吴立民<br>委员：<br>王喜天<br>张寿常 |
| 第四届<br>1961—1963年 | 秘书处 | 组织部 | 宣传部 | |
| | 秘书长：<br>肖蔚（专）<br>主任：<br>史贝蒂（专） | 部长：<br>李云谙<br>副部长：<br>朱汝涣 | 部长：<br>吴立民<br>副部长：<br>刘德生 | |
| 第五届<br>1963—1978年 | 秘书处 | 组织部 | 宣传部 | |
| | 秘书长：<br>肖蔚（专）<br>主任：<br>史贝蒂（专） | 部长：<br>李云谙<br>副部长：<br>朱汝涣 | 部长：<br>吴立民<br>副部长：<br>刘德生 | |

续表

| 历届时间 | 工作机构设置 ||||
|---|---|---|---|---|
| 第五届<br>1978—1980年 | 临时领导小组<br><br>组长：<br>吴学周<br>组员：<br>卢士谦<br>肖蔚<br>刘德生<br>孙敏惠（专） | 秘书处<br><br>秘书长：<br>肖蔚（专）<br>副秘书长：<br>孙敏惠（专）<br>负责人：<br>谷长春（专）<br>副主任：<br>李彦山（专） | 宣传处<br><br>副主任：<br>李少伯（专） ||
| 第六届<br>1980—1984年 | 秘书处<br><br>秘书长：<br>肖蔚（专）<br>副秘书长：<br>朱廷相（专）<br>处长：<br>孙春蔚（专）<br>副处长：<br>李少伯（专） | 组织部<br><br>部长：<br>张国华<br>副部长：<br>朱汝涣<br>李武成（专） | 宣传部<br><br>部长：<br>吴立民<br>副部长：<br>刘德生<br>李彦山（专） ||
| 第七届<br>1984—1987年 | 秘书处<br><br>秘书长：<br>李振泉<br>副秘书长：<br>朱汝涣<br>于荣筠<br>处长：<br>吴建新（专）<br>朱汝涣<br>副处长：<br>马丽珍（专） | 组织部<br><br>部长：<br>张国华<br>副部长：<br>王维兴<br>赫宝祺（专） | 宣传部<br><br>部长：<br>刘德生<br>副部长：<br>周开金<br>李凤岐（专） | 科教部<br><br>部长：<br>吴正淮<br>副部长：<br>孙六爻<br>王世让<br>处长：<br>李景惠（专）<br>干事：<br>王治航（专） |
| 第八届<br>1987—1992年 | 办公室<br><br>副秘书长：<br>于荣筠<br>吴建新（专）<br>副主任：<br>王在（专） | 组织部<br><br>部长：<br>刘介夫<br>副部长：<br>闵建周<br>李玉珍<br>副处长：<br>马丽珍（专） | 宣传部<br><br>部长：<br>周开金<br>副部长：<br>束仁贵<br>马驷良<br>处长：<br>李凤岐（专） | 科教部<br><br>部长：<br>吴正淮<br>副部长：<br>王世让<br>孙六爻<br>副处长：<br>孙新春（专） |

续表

| 历届时间 | 工作机构设置 ||||| 
|---|---|---|---|---|---|
| 第九届<br>1992—1996年 | 办公室 | 组织处 | 宣传处 | 科教处 ||
| | 副调研员：<br>李恩久<br>主任科员：<br>顾红艳<br>副主任科员：<br>张春柳<br>打字员：<br>肖剑 | 处长：<br>马丽珍<br>副主任科员：<br>闫石 | 副调研员：<br>孙新春<br>副主任科员：<br>王寅<br>副主任科员：<br>黄晓音 | 副处长：<br>王进 ||
| 第十届<br>1996—2002年 | 办公室 | 组织处 | 宣传处 | 科教处 ||
| | 主任：<br>孙新春<br>副调研员：<br>李恩久<br>副主任科员：<br>张春柳<br>司机：<br>杨栩 | 处长：<br>马丽珍<br>副调研员：<br>顾红艳 | 处长：<br>刘永吉<br>主任科员：<br>黄晓音 | 处长：<br>王进<br>主任科员：<br>闫石 ||
| 第十一届<br>2002—2006年 | 办公室 | 组织处 | 宣传处 | 科教处 | 调研室 |
| | 主任：<br>王进<br>主任科员：<br>闫石<br>司机：<br>杨栩 | 处长：<br>马丽珍<br>副调研员：<br>顾红艳 | 副处长：<br>黄晓音 | 处长：<br>孙新春 | 副局员：<br>刘永吉<br>调研员：<br>李恩久 |
| 第十二届<br>2006—2011年 | 办公室 | 组织处 | 宣传处 | 科教处 | 调研室 |
| | 主任：<br>顾红艳<br>科员：<br>赵彤<br>网络管理员：<br>陈佳琦<br>司机：<br>杨栩 | 副调研员：<br>张红梅<br>科员：<br>田慧 | 处长：<br>黄晓音<br>科员：<br>于帼荣<br>科员：<br>张媛媛 | 处长：<br>闫石 | 调研员：<br>李恩久<br>科员：<br>孙光琛 |

续表

| 历届时间 | 工作机构设置 | | | | |
|---|---|---|---|---|---|
| | 办公室 | 组织处 | 宣传处 | 科教处 | 调研室 |
| 第十三届 2011—2016年 | 副调研员：许辉<br>副主任科员：赵彤<br>科员：宋安宁<br>网络管理员：陈佳琦 | 处长：张红梅<br>副主任科员：田慧 | 处长：黄晓音<br>科员：于帼荣 | 处长：闫石 | 调研员：李恩久 |
| | 办公室 | 组织处 | 宣传（调研）处 | 科教处 | |
| 第十四届 2016—2021年 | 主任：张红梅<br>二级主任科员：孙诺<br>网络管理员：陈佳琦 | 一级调研员：黄晓音<br>处长：田慧<br>三级主任科员：韩雪娇<br>四级主任科员：赵梓超 | 处长：闫石<br>三级调研员：赵彤<br>三级主任科员：孙亚楠 | 处长：许辉<br>一级主任科员：于帼荣 | |
| | 办公室 | 组织处 | 宣传（调研）处 | 科教处 | |
| 第十五届 2021年至今 | 主任：张红梅<br>一级主任科员：孙诺<br>一级科员：刘沛然<br>网络管理员：陈佳琦 | 处长：田慧<br>二级主任科员：韩雪娇 | 处长：赵彤<br>二级主任科员：孙亚楠<br>三级主任科员：赵梓超 | 处长：许辉<br>一级主任科员：于帼荣 | |

# 三、长春市九三学社社员在九三学社中央任职名单

| 九三学社中央委员会<br>历届时间 | 任职人姓名 | 职务 |
| --- | --- | --- |
| 第三届<br>1952年9月—1956年2月 | 吴学周 | 委员 |
| 第四届<br>1956年2月—1958年12月 | 吴学周 | 常务委员 |
| 第五届<br>1958年12月—1979年10月 | 吴学周 | 常务委员 |
| 第六届<br>1979年10月—1983年12月 | 吴学周 | 常务委员 |
| 第七届<br>1983年12月—1988年12月 | 卢士谦<br>肖蔚<br>陈秉聪<br>关实之<br>于省吾 | 委员<br>委员<br>委员<br>顾问<br>顾问 |
| 第八届<br>1988年12月—1992年12月 | 陈秉聪 | 委员 |
| 第九届<br>1992年12月—1997年10月 | 陈秉聪 | 委员 |
| 第十届<br>1997年10月—2002年12月 | 李惟 | 委员 |
| 第十一届<br>2002年12月—2007年12月 | 马骊良 | 委员 |
| 第十二届<br>2007年12月—2012年12月 | 张红星<br>冯守华 | 委员<br>委员 |
| 第十三届<br>2012年12月—2017年12月 | 张红星<br>冯守华 | 委员<br>委员 |
| 第十五届<br>2021年11月至今 | 冷向阳 | 常务委员 |

# 四、长春市九三学社社员担任历届九三学社吉林省委委员名单

| 届别 | 省委委员 |
| --- | --- |
| 吉林省筹备委员会<br>1984—1985 年 | 陈秉聪（副主委）、赵恩武（秘书长）、吴立民、赵东甫 |
| 第一届<br>1985—1988 年 | 陈秉聪（副主委）、赵恩武（秘书长）、王允孚（常委）、吴立民（常委）、吴智泉、赵东甫、韩宇（女） |
| 第二届<br>1988—1992 年 | 陈秉聪（副主委）、夏洪生（副主委）、王允孚（常委）、赵恩武（常委）、马驷良、刘介夫、束仁贵、吴智泉、范垂范、阎则新、韩宇（女） |
| 第三届<br>1992—1997 年 | 李振泉（副主委）、王允孚（常委）、阎则新（常委）、夏洪生（常委）、马驷良、束仁贵、吴智泉、欧阳玺、范垂范、赵恩武、韩宇（女）、吴立民（顾问） |
| 第四届<br>1997—2002 年 | 李惟（副主委）、胡平（副主委）、李向高（常委）、马驷良、王在、韦澍一（女）、李振华、束仁贵、张为远、贾易荣、黄河、韩宇（女）、吴立民（顾问） |
| 第五届<br>2002—2007 年 | 胡平（副主委）、马驷良（副主委）、陈济生（常委）、宋玉祥（常委）、董震、丁四保、王在、王丽颖（女）、王颖（女）、付兴奎、张为远、张兴洲、黄河、吴立民（顾问） |
| 第六届<br>2007—2012 年 | 张红星（副主委）、王江滨（女，副主委）、王进（常委）、宋玉祥（常委）、张兴洲（常委）、陈济生（常委）、王颖（女）、王丽颖（女）、孔令起、付兴奎、李铭、刘曙野、陈缪（女）、郗书元 |
| 第七届<br>2012—2017 年 | 张红星（副主委）、王江滨（女，副主委）、王进（常委）、王秋利（女，常委）、张文祥（常委）、高玉秋（女，常委）、石浩男（女）、王丽颖（女）、王颖（女）、田义新、冯守华、李铭、刘晓娟（女）、刘曙野、吴迪、陈济生、冷向阳、贡济宇（女）、沈颂东、姜怀志、赵学良、顾红艳（女） |

续表

| 届别 | 省委委员 |
|---|---|
| 第八届<br>2017—2022年 | 张红星（副主委）、冷向阳（副主委）、石浩男（女，常委）、高玉秋（女，常委）、李铭、刘冰冰（女，副主委）、田元生、刘晓娟（女）、姜怀志、赵学良、赵永成、顾红艳（女） |
| 第九届<br>2022年至今 | 冷向阳（主任委员）、赵辉（副主委）、刘冰冰（女，副主委）、田元生（常委）、白娥（女，常委）、李铭（常委）、李瑞娜（女，常委）、姜怀志（常委）、李玮、闫钰锋、安璀颖（女）、李小霞（女）、陶进、葛鹏飞、欧阳晓兵、吴巍（女）、吕康银（女） |

# 五、长春市九三学社历年社员总数一览表

| 时间 | 社员总数 | 备注 |
| --- | --- | --- |
| 1953年12月 | 15 | 九三学社长春分社筹备委员会成立日为1953年2月8日 |
| 1954年6月20日 | 22 | 九三学社长春分社正式成立日为1954年6月20日 |
| 1955年12月 | 26 | |
| 1956年12月 | 96 | |
| 1957年12月 | 130 | 33名新社员均系5月份前发展的 |
| 1958年12月 | 134 | |
| 1959年10月 | 117 | 开除了16名被划分为右派分子的社员 |
| 1960年12月 | 116 | |
| 1961年12月 | 118 | |
| 1962年6月15日 | 118 | |
| 1963年12月 | 118 | |
| 1966年10月 | 117 | |
| 1978年2月25日 | 89 | 九三学社长春分社恢复组织活动日为1978年2月25日 |
| 1979年4月 | 96 | |
| 1980年12月 | 106 | |
| 1981年12月 | 141 | |
| 1982年12月 | 302 | |
| 1983年12月 | 408 | |
| 1984年12月 | 322 | 吉林省、长春市九三学社分设日为1984年2月27日 |

续表

| 时间 | 社员总数 | 备注 |
| --- | --- | --- |
| 1985年12月 | 356 | |
| 1986年12月 | 421 | |
| 1987年12月 | 466 | |
| 1988年12月 | 580 | |
| 1989年12月 | 661 | |
| 1990年12月 | 657 | |
| 1991年12月 | 660 | |
| 1992年12月 | 680 | |
| 1993年12月 | 718 | |
| 1994年12月 | 783 | |
| 1995年12月 | 825 | |
| 1996年12月 | 863 | |
| 1997年12月 | 890 | |
| 1998年12月 | 942 | |
| 1999年12月 | 984 | |
| 2000年12月 | 1027 | |
| 2001年12月 | 1068 | |
| 2002年12月 | 1126 | |
| 2003年12月 | 1181 | |
| 2004年12月 | 1236 | |
| 2005年12月 | 1294 | |
| 2006年12月 | 1343 | |
| 2007年12月 | 1395 | |
| 2008年12月 | 1482 | |
| 2009年12月 | 1554 | |
| 2010年12月 | 1676 | |
| 2011年12月 | 1756 | |

续表

| 时间 | 社员总数 | 备注 |
| --- | --- | --- |
| 2012年12月 | 1846 | |
| 2013年12月 | 1956 | |
| 2014年12月 | 2077 | |
| 2015年12月 | 2230 | |
| 2016年12月 | 2268 | |
| 2017年12月 | 2562 | |
| 2018年12月 | 2681 | |
| 2019年12月 | 2763 | |
| 2020年12月 | 2801 | |
| 2021年12月 | 2912 | |
| 2022年12月 | 2997 | |
| 2023年12月 | 3046 | |

# 六、九三学社长春市第十五届委员会委员简介

## 冷向阳
### 主委

1966年5月出生，吉林省大安市人。1990年毕业于长春中医药大学。2004年至2007年就读于吉林大学，获医学博士学位。一级教授，主任医师，博士生导师，中医药传承与创新"百千万"人才工程岐黄学者，享受国务院政府特殊津贴专家，全国五一劳动奖章获得者。2000年加入九三学社。现任长春中医药大学校长，九三学社第十五届中央常务委员会委员，九三学社吉林省第九届委员会主任委员，九三学社长春市第十五届委员会主任委员。政协第十四届全国委员会委员，政协吉林省第十三届委员会常委，政协长春市第十四届委员会常委。

从事中医骨伤医疗、教学、科研工作30余年，在中医骨伤学科理论传承、机制探讨、技术创新等方面取得一系列学术成果。先后承担科技部重大新药创制专项、国家重点研发计划项目、国家自然科学基金区域创新发展联合基金重点支持项目和面上项目等科研项目20余项，获省部级以上科技进步奖18项，发表论文100余篇。编写规划教材15部。国家科技奖励评审专家，科技部重大新药创制专项和国家重点研发计划项目评审专家，国家自然科学基金项目终审专家，国家药品监督管理局药品审评专家，等等。

在担任长春中医药大学校长期间，聚焦人才培养、学科建设，大力推动吉林省中医药高等教育事业发展；聚焦高等院校服务社会的职能，附属医院获批国家区域医疗中心建设单位，取得国家医学中心申建资格；聚焦"医研产学政"融合创新模式，在构建全省中医药健康服务体系、带动区域整体医疗服务水平提升、推动吉林省医药健康产业高质量发展方面作出突出贡献。新冠肺

炎疫情暴发后，作为国家中医医疗队队长，带领吉林省医疗队驰援武汉，在武汉雷神山医院取得"患者零死亡、医护零感染、安全零事故、人员零投诉和治愈零复发"的优异战绩。在吉林省抗疫过程中，创造了"舒兰模式"，使长春中医药大学成为"无疫校园"。所带领团队荣获全国抗击新冠肺炎疫情先进集体、全国先进基层党组织，个人荣获九三学社抗击新冠肺炎疫情湖北抗疫一线优秀社员、"吉林好人·战疫先锋"、吉林省最美科技工作者、吉林省舒兰市新型冠状病毒肺炎疫情防控工作杰出贡献奖等荣誉，先进事迹被中共中央党校出版社出版的《弘扬科学家精神——走近100位科技工作者》收录。

## 李 铭
### 副主委

1969年4月出生，吉林省长春市人。毕业于东北师范大学商学院企业管理专业，硕士研究生。1994年加入九三学社。曾任九三学社长春市第十五届委员会专职副主委，现任九三学社吉林省委员会专职副主委。第十六届长春市人大常委会委员。政协吉林省第十三届委员会委员，政协长春市第十、十一、十二届委员会委员。

2001年起任长春市技术市场服务中心主任。2012—2015年任长春市科技创新服务中心主任。2015年任长春市科学技术局专利管理处处长。2016年长春市科技局被人力资源和社会保障部、国家知识产权局分别评为专利系统先进集体和人才工作先进集体，吉林省科技厅奖励30万元。曾获国家科技部授予的"全国技术市场先进个人"荣誉称号，被九三学社中央委员会授予优秀社员荣誉称号（共获国家级奖励11项，省部级8项，市级17项）。

2018—2023年任九三学社长春市委员会专职副主委，其间认真履职尽责，协助主委，带领全市广大社员在自身建设、参政议政、社会服务等各方面做出了新的成绩，先后多次受到社中央、社省委、中共长春市委统战部的表彰。在自身建设方面重视开展政治理论学习，将社员政治素质提升放在首位，不断提升社员的政治判断力、政治领悟力、政治执行力。积极建言资政，制定了《参政议政调研工作奖励办法》，组建信息化队伍，强化学习培训，全社履职水平显著提升。近年来，向长春市政协提交集体提案共21件，报送社省委调研报告52篇，提交中共长春市委、长春市政府意见和建议54篇。其中6件提案被长春市政协评为优秀提案，3篇建议得到省委、省政府主要领导的签批，2篇建议被吉林省人大采纳转交省政府；2篇建议被中共长春市委办公厅决策参考采用；2篇建议被中共长春市委办公厅《长春信息》采纳；2篇建议被长春市政协采用专报全国政协、中共长春市委办公厅。5年内各基层组织共提交社情民意425篇。在社会服务中，搭建"一五三"社员服务体系，从"政产学研金介用"全过程为社员科技成果转化服务。疫情防控期间，加入市援长医疗队服务保障专班，组建信息联络组，负责9省市及解放军56支队伍的信息、沟通、协调工作，确保援长医疗队在长期间的工作得以顺利高效开展。

九三学社长春市委员会多次被九三学社中央、九三学社吉林省委和中共长春市委统战部评为机关建设、参政议政、宣传思想工作、抗击新冠肺炎疫情先进集体。

## 金 鑫
### 副主委

1974年3月出生，吉林省辽源市人。毕业于吉林大学国民经济管理专业，硕士研究生学历。2006年3月加入九三学社。现任九三学社长春市委员会专职副主委。

2019年12月至2021年1月任九三学社吉林省委员会办公室主任，为社省委的各种会议和培训提供会务保障工作，从事文书、档案管理和精准扶贫工作，并担任社省委机关工会主席职务。2021年1月起任九三学社吉林省委员会组织处处长，负责社省委组织、培训、社员管理、人事和绩效等相关工作。在工作中始终保持正确的政治方向和政治立场，保持头脑清醒，明辨是非，坚决支持和贯彻党中央的各项重大决策和方针，自觉地将自己的思想和行为与党中央保持高度一致。积极参加业务知识的培训，同时组织社省委委员在江西干部学院开展培训、在古田干部学院开展培训等，受到了中共吉林省委统战部和社员的好评。2019年社省委连续接待了2位副国级领导来吉林调研及督导检查。与中共吉林省委接待办、警卫办、保健办和吉林省人大、吉林省政协等单位沟通协调，共同完成这项工作，受到了社中央的好评。

组织举办社内机关正规化建设培训班，提升省、市级组织机关办文、办事和办会能力，以制度为抓手，以培训为手段，促进机关建立起权责明晰、行为规范、作风务实、效率提升的机制，为建设高素质民主党派地方组织提供坚实保障。结合工作实际情况，探索创立了绩效考核平台，连续3年邀请吉林省绩效办人员开展绩效培训，受到吉林省绩效办表扬。2021年，先后指导九三学社吉林省7个市级地方组织完成换届工作，并高质量完成九三学社吉林省委员会换届工作。2022年疫情期间，全力做好疫情防控期间的统计数据，协调落实援助物资和联络员工作。

2016年开始，按照中共吉林省委扶贫工作的统一要求，与吉林省体育局开展对延边朝鲜族自治州安图县长平村的扶贫工作。对包保村积极采取开发式、"造血式"扶贫方式，多点位发展产业项目，提高村集体和贫困户收入，完善基础设施建设，提高公共服务和人居环境建设水平，扶贫工作进展顺利，成效显著，全村建档立卡贫困户41户91人已全部脱贫退出。九三学社吉林省委员会在2022年度乡村振兴包保帮扶工作成效考评中获得满分，被评为"优秀"等次。

## 刘冰冰
### 副主委

1967年10月出生，吉林省长春市人。毕业于吉林大学凝聚态物理专业，博士研究生学历。博士生导师、教授。2015年7月加入九三学社。现任吉林大学超硬材料国家重点实验室主任，九三学社吉林大学委员会主委。政协吉林省第十三届委员会委员，政协长春市第十四届委员会常委。

长期从事高压领域的基础研究，在超高压下碳及相关材料的新结构与新性质研究方面取得了重要成果。教育部"长江学者"特聘教授（2009年），国家杰出青年基金获得者（2010年），入选国家高层次人才特殊支持计划（2014年）。曾获中国青年女科学家奖（2011年）、瑞典于默奥大学荣誉博士（2011年）。近年来主持了国家重点研发专项项目、国家自然科学基金委重点项目等10余项国家级科研项目。在 Nature、Science、PRL、Adv. Mater. 等SCI刊物上发表论文400余篇。获国家自然科学奖二等奖1项（第三完成人，2014年），获得吉林省科学技术奖一等奖2项（2018年第一完成人、2012年第三完成人），获得吉林省科学技术进步奖一等奖2项（2009年第一完成人、2007年第四完成人）。

作为九三学社吉林大学委员会主委引领社员学习相关的理论知识，加强思想政治建设，共参与组织主题教育活动30余次，带领社员提交征文、社情民意和建议等40多份。一直积极发挥政协委员作用，多次代表九三学社在长春市政协会议上发言，累计提交建议和提案数十份，连续2年获得优秀提案奖，因表现突出，刘冰冰同志荣获吉林省劳动模范、吉林最美科技工作者、"师德标兵"、"巾帼建功"先进个人等荣誉称号。

## 田元生
### 副主委

1973年12月出生，吉林省德惠市人。毕业于北京石油化工学院电气自动化专业，大学学历，2008年加入九三学社。曾任九三学社长春市第十四届委员会副主委。现任吉林省华欣数字科技股份有限公司董事兼总经理、吉林大学计算机科学与技术学院兼职教授。政协吉林省第十二、十三届委员会委员。

建成吉林省国资云，为全省近千家国资国企提供数字化转型服务，实现300多个功能、6000多项监管数据指标的实时动态采集、上报，在全国范围内率先实现"横向到边，纵向到底"的全级次覆盖要求；建成欣万商平台，按照"平时服务、战时保障、平急结合"的模式，助力城市打造提升惠民便民服务、打造一刻钟便民商圈、推动统一大市场建设、服务实体经济、打通商品供应链和储备应急保障能力六个维度相结合的数字产业化平台；建成吉林省智慧就业平台，为吉林省67所高校83万学生近千家企业提供服务，学生累计参加各类活动超过270万人次，举办各种招聘会近8000场，为学生留省就业、吉林省青年人才引进和地方经济发展起到了助力作用；主导开发建设的"全生命周期投资管理决策系统"和"三重一大决策运行在线监管系统"与476家央企、省属国企、民企的792项参赛作品同台竞技，双双喜获最高奖项——卓越应用奖，被国务院国资委评选为业务创新强、智能化水平高、推广价值大的优秀业务应用和数据模型。

本届共提交吉林省政协提案10份。其中，2020年《关于建设共享经济产业园推动现代服务业提档升级，促进吉林省财税收入快速增长的建议》得到吉林省政府主要领导的签批；2021年《关于利用区块链技术推动吉林"链上自贸"试点建设，扩大国际合作，促进吉林双循环的建议》得到吉林省副省长李伟的签批；2022年《关于利用校外培训机构监管契机，落实政府指导价管理和依法增加财税收入的建议》得到吉林省常务副省长吴靖平的签批。

荣获九三学社中央委员会、九三学社吉林省委员会"优秀社员"和"吉林省经济技术创新标兵"荣誉称号，荣获吉林省五一劳动奖章。

## 葛鹏飞
### 副主委

1972年8月出生，黑龙江省牡丹江市人。1997年毕业于白求恩医科大学临床医学专业（六年制）；2007年毕业于吉林大学神经外科专业，获得医学博士学位；2003—2006年在美国迈阿密大学米勒医学院进行科研训练；2008—2010年在首都医科大学附属宣武医院进行博士后临床训练。2016年加入九三学社。曾任九三学社吉林大学第一医院支社副主委、九三学社吉林大学委员会副主委。现任吉林大学第一医院神经肿瘤外科副主任、主任医师，教授、博士生导师。政协吉林省第十二届委员会委员。

入选教育部"新世纪优秀人才"、吉林省"长白山学者"特聘教授、吉林大学唐敖庆学者领军教授。获得教育部全国百篇优秀博士论文提名奖、吉林省青年科技奖及吉林省科技进步奖二等奖。获得吉林省优秀海外归国人才奖及由中国医师协会和王忠诚院士基金会颁发的王忠诚中国优秀神经外科青年医师奖，被评为吉林省卫生系统有突出贡献的中青年专家。兼任中华医学会激光医学分会光动力诊治与肿瘤学组副组长、中国抗癌协会脑胶质瘤委员会常委、欧美同学会医师协会神经肿瘤委员会常委、中国抗癌协会神经肿瘤委员会委员、中国医师协会脑胶质瘤基础研究与转化委员会委员、中华医学会《国际肿瘤学杂志》编委。主持国家自然科学基金项目7项、发表SCI收录论文70余篇、授权国家发明专利5项。在脑胶质瘤、垂体瘤、脑膜瘤、听神经鞘瘤、脊髓肿瘤的显微外科手术以及精准治疗方面积累了丰富的经验。

## 孙 宏
### 副主委

1968年1月出生，黑龙江省哈尔滨市人。毕业于长春理工大学工商管理专业，硕士研究生学历。2010年加入九三学社。现任长春市人大常委会办公厅副主任。

从事科技管理工作20余年、行政管理工作12年。在长春市科协工作期间，主抓科协系统科研院所、大专院校、科技型企业等机构的成果转化和科技工作者维权工作，连续5年实现成果转化率全国同行业领先。认真贯彻"科教兴国"战略，为推动"科技立市"作出突出贡献，先后获中国科协金桥奖集体二等奖1次，吉林省科协金桥奖3次，长春市直机关优秀干部嘉奖6次。在长春市人大常委会从事行政管理工作，在办会、办事、办文等工作中认真落实"五化工作法"，以"严新细实"的工作作风有力推进各项工作。自觉当好参谋助手，积极参政议政，建言献策，发挥党外干部应有的作用，树立了九三学社社员的良好形象。在完善人民信访工作制度、规范信访案件办理工作流程、发挥人大代表之家作用、为群众解决实际难题、服务离退休老干部、加强行政后勤服务保障、强化机关内控管理制度建设等方面，做了大量卓有成效的工作。

## 白　娥
### 副主委

1978年5月出生，辽宁省鞍山市人。毕业于美国得州A&M大学，博士学历。2011年加入九三学社。现任东北师范大学地理科学学院院长，九三学社东北师范大学委员会主委。2013年3月至2018年3月任沈阳市沈河区人大代表。第十四届吉林省人大常委会委员，第十四届吉林省人大环境与资源保护委员会委员。

主要从事生物地球化学与全球变化研究，在 Science Advances、Nature Communications 等期刊发表SCI论文100余篇，承担国家自然科学基金委杰青、优青、科技部青年973等国家和省部级科研项目10余项，累计经费超2000万元。担任 Ecology Letters、Global Change Biology 等SCI期刊编委，以及《植物生态学报》《应用生态学报》《中国地理科学英文版》编委。曾先后获得中国地理学会青年科技奖、中国生态学会青年科技奖。曾入选中国科学院"百人计划"，指导学生获得中国科学院百篇优秀博士学位论文奖、连续2年获得中国科学院优秀导师奖。获得吉林省"长白山学者"特聘教授、吉林省领军人才等10余项荣誉称号。


## 顾红艳
### 秘书长

1963年6月出生，江苏省淮安市人。大学学历。2010年加入九三学社。任九三学社长春市委员会秘书长。政协长春市第十二、十三、十四届委员会常委。

2011—2023年担任九三学社长春市委员会秘书长，分管社市委的参政议政工作。多年来，始终将参政议政作为履行参政党职能的首要任务，组织社内政协委员和参政议政骨干成员围绕经济建设发展中的重大问题，围绕人民群众普遍关心和迫切需要解决的热点难点问题，开展调查研究，积极建言献策。不断探索参政议政新思路，采取向社中央申报、与社省委联合等形式进行调研及参政议政。围绕中共长春市委、长春市政府重点工作，特别是按照"十三五""十四五"规划提出的目标，确定重点题目，深入调查研究，为中共长春市委、市政协专题议政会建言献策。组织社员通过多种形式，开拓参政议政途径，每年定期组织召开参政议政工作会议，研究部署社市委参政议政工作，组织多次参政议政工作培训，通过培训和座谈发掘有参政议政能力的社员，以充实社市委参政议政工作队伍。

组织全社开展了"为长春编制'十四五'规划建言献策"征文活动，征集19篇征文转交长春市政协，九三学社长春市委员会荣获"为长春编制'十四五'规划建言献策活动"优秀组织单位奖。多年来，在长春市政协全体会议上，组织提交集体提案20余件，个人提案10余件。在长春市政协第十二届四次会议上代表社市委作了大会发言。

## 闫钰锋（1978—2023）
### 常委

吉林省辽源市人。毕业于长春理工大学，获工学博士学位。2014年加入九三学社。曾任长春理工大学光电工程学院副院长、教授，九三学社长春理工大学委员会主委。政协长春市第十四届委员会委员。

主要从事仪器总体设计及仿真、系统集成工程相关的教学和科研工作，主持省部级教研项目12项，出版教材1部、专著1部，发表高水平论文30余篇，获吉林省教学成果奖1项，兵器科技进步三等奖1项，获九三学社长春市委员会"社务工作优秀社员"荣誉称号。

入社以来，积极参加社省委、社市委以及各级统战部门组织的培训、调研、参政议政等各项活动。近年来，通过学校统战部门组织的活动，向学校提出专业建设、师资队伍建设的建议4项，均被采纳。2019年6月，参加吉林省社会主义学院举办的党外领导干部培训班，思想意识、理论水平、参政议政能力得到了提高。

# 李 玮
## 常委

1971年4月出生，山东省青岛市即墨区人。毕业于吉林大学工商管理专业，硕士研究生学位。2003年加入九三学社。现任一汽集团公司质量保证部外协质量部外协件质量技术高级主任、高级工程师，九三学社一汽集团委员会主任委员。第十八届长春市绿园区人大代表，政协长春市第十四届委员会委员。

从事一汽红旗品牌整车用外协件供应商质量管理工作，负责组织推动外协件产品质量受控以及不断提升供应商质量保证能力，以支撑红旗整车产品质量合格和提高用户满意度。主要包括：组织建立优化红旗外协件质量管理体系和流程标准；开展红旗整车产品底盘类外协件在生产准备、批量生产和售后各阶段的质量管理；推动供应商质量责任落实和质量意识与能力提升；积极参与数智化建设工作，搭建并运行红旗外协件质量管理数智化系统。

任长春市绿园区第十八届人民代表大会代表期间，积极参加"双走进一发挥"和"人大代表助企联盟"等主题实践活动，通过走访、座谈、调研等方式倾听走访单位声音并建言献策。人大建议方面，撰写了《关于绿园区进一步支撑一汽发展的建议》《关于长春国际汽车城建设发展建议》《关于在绿园区规划建设立体停车场的建议》。另外，在2021年长春市统一战线建言"十四五"调研活动中承接《关于新能源人才培养及引进的探索》《关于长春国际汽车城打造"净零排放"先行区的建议》2个课题。

自2022年2月担任长春市政协委员以来，积极参与各项活动，提交提案《巩固长春国际汽车城龙头支撑，做优做强先进制造业》《关于长春市进一步加快新能源配套设施建设的建议》，为长春市高质量发展做好履职尽责工作。受邀在长春市政协十四届二次会议联组会议上发言，就完善新能源汽车配套设施建设提出建议，并参与长春市政协经济委2023年"协同推进新能源汽车产业发展"专题议政活动，在长春市政协十四届十次常委会议上与相关课题组成员一起建言资政。

## 欧阳晓兵
常委

1975年12月出生，安徽省安庆市人。毕业于北京大学市场营销专业，硕士研究生学历。2010年加入九三学社。现任易事特集团股份有限公司吉林公司总裁、东北区总经理。政协长春市第十三、十四届委员会委员。

易事特集团（股票代码：300376）创立于1989年，是产业数字化&智慧能源综合解决方案提供商。公司围绕国家"新基建"，面向全球用户提供5G供电系统、5G边缘计算、数据中心（量子通信、云计算、大数据）；充换电系统（如充电桩、换电柜）、光储充一体化系统、微网系统、轨道交通智能供电系统、特种电源等全方位解决方案。易事特集团吉林公司在吉林省深耕多年，近2年来主要围绕光伏电站建设、风电场（站）投资、并购等开展工作。目前已开始阜外部分风电项目的施工。在吉林省内，部分风电项目正在积极参与和推动中。

2013年成功承办长春市九三学社主办的"九三高层论坛"。2015年，吉林省成立长春市江苏商会，在长春市江苏商会担任会长一职。2017年，长春市异地商会联合会成立，为在长春的异地商会和异地投资者搭建了新的服务平台，有效发挥融通、协调、引领作用，促进在长春的各商会之间、各企业之间、各阶层之间的交流合作，实现相互促进、融合发展。2019年，在公司成立"社员之家"，为丰富社员活动载体，拓宽社员履职渠道，激发社员履职热情，推进社员参政议政工作创新发展，提质增效，每年定期组织社员举办论坛等。2021年，作为长春市政协委员，在长春市政协十三届五次会议上提交了题为《关于加大力度支持长春市新能源汽车充电桩/站发展的建议》的提案。

## 孟繁峥
常委

1972年3月出生，吉林省长春市人。1997年毕业于白求恩医科大学，获硕士学位，2003年获医学博士学位。2013年加入九三学社。现任吉林大学第一医院小儿呼吸科主任、主任医师、教授、博士生导师、儿童呼吸介入治疗中心负责人。

国家卫生健康委员会儿科呼吸内镜诊疗技术专家组专家，中国妇幼保健协会儿科呼吸介入学组主任委员，亚洲儿童呼吸介入协会执行理事，中国医师协会内镜医师分会儿童呼吸内镜专业委员会副主任委员，中国医师协会儿科医师分会儿童内镜专业委员会副主任委员，中国残疾人康复协会肺康复专业委员会儿童康复学组副主任委员，第一届中华儿童呼吸病介入学学会理事会理事等。

2007年，率先在吉林省应用儿童支气管镜技术，被称为"吉林省儿童支气管镜第一人"，擅长应用软式支气管镜、硬质支气管镜、胸腔镜对疑难、复杂、重症儿童呼吸系统疾病进行有力诊治。截至2021年12月，已完成20000余例次诊治。并不断开展顶尖的介入技术、突破年龄和体重的局限，对各年龄段儿童的复杂疑难、危重症呼吸道疾病做到高水平诊治，整体水平居于全国前三名。

近5年承担及主要参与国家自然科学基金、省市级科研课题15项；纵向经费金额200余万元；发表国家核心期刊及SCI论文30余篇，荣获国家级奖项3项。主编国家卫生和计划生育委员会视听教材《小儿支气管镜操作规范》，参编国家卫生和计划生育委员会教材《儿科呼吸内镜诊疗技术规范》等多部专业教材。

## 姜怀志
### 常委

1968年6月出生，吉林省公主岭市人。毕业于吉林大学（原解放军军需大学）基础兽医学专业，博士研究生学历。2003年加入九三学社。现任吉林农业大学动物科学技术学院教授（专业技术三级岗位），农业农村部畜禽遗传资源（羊）评价利用重点实验室副主任，九三学社吉林农业大学委员会主委。政协长春市第十二、十三、十四届委员会委员。

自1994年以来，一直从事绵山羊种质资源创新与利用的研究工作，先后担任辽宁省过宁绒山羊育种中心首席专家、吉林省肉羊产业技术体系首席专家，作为技术首席专家培育出辽宁绒山羊常年长绒型新品系、乾华肉用美利奴羊。主持完成国家自然科学基金项目、国家"十一五"科技支撑计划项目、吉林省科技发展计划项目10余项，出版"十三五"国家重点图书规划项目专著1部，其他著作2部，培养博士研究生10名，硕士研究生62名，在国家核心期刊发表学术论文120余篇，其中被SCI收录论文18篇。先后获得中华农业科技奖三等奖1项，辽宁省科技进步奖一等奖1项，吉林省科技进步奖二等奖2项、三等奖2项，吉林省自然科学学术成果奖一等奖1项，获得2019年度吉林省人才开发资金项目资助。

累计撰写提案13份，其中2份被评为优秀提案，代表九三学社长春市委员会在长春市政协会议发言1次，参加《长春市无特定动物疫病区建设条例》等3项地方法规的立法协商会议，参与完成中共长春市委统战部调研课题。

## 袁笠恒
### 常委

1981年12月出生，满族，吉林省长春市人。毕业于中国地质大学土地管理专业，硕士研究生学历。2010年加入九三学社。现任九台农商银行抵债资产管理中心副经理，九三学社长春市直属第五委员会主委。政协长春市第十二、十三届委员会委员。

2017年入职九台农商银行，在行政管理中心分管工程项目申报、房屋安全管理、抵债资产管理、办公用品及耗材采购工作。2023年任抵债资产管理中心副经理主持工作。在日常工作中重视制度建设与流程管理，团结同事，所在部门多次被评为优秀先进集体。积极参加长春市政协、中共长春市委组织部及社市委组织的"为建设幸福长春建言"等专题调研工作，撰写《关于谋划轨道交通与常规公交联动机制的建议》《依托民族乡村资源优势，推动发展特色旅游产业》等多篇提案，均被长春市政协采纳。2018年被长春市政协评为优秀政协委员。2021年代表九三学社长春市委员会在长春市政协会议作大会发言。

## 裘学辉
### 常委

1966年5月出生，吉林省长春市人。1990年毕业于白求恩医科大学临床医学专业，硕士研究生学历。1998年加入九三学社。现任长春市卫生健康委员会保健处处长、主任医师，九三学社长春市卫生健康委员会联合支社主委。政协长春市第十三、十四届委员会委员。

刻苦学习、善于钻研。裘学辉作为医学专家，从没放弃对专业知识的更新；作为行政管理者，不断向书本学习、向领导学习、向身边的同志们学习，不断提升管理水平。创造性地建立保健专家管理等多项制度，为进一步规范保健管理工作进行了有益的探索。新冠肺炎疫情暴发后，深入研究疫情的发生、发展、变化情况，为保健对象提供防疫指导、防疫物资；为外籍人员在长春就医提供绿色通道；带领支社社员战斗在疫情防控一线，为长春市的疫情防控工作作出了应有的贡献。

工作踏实、讲究细节，注意虚心听取服务对象和基层单位的意见。想方设法解决问题，既顾全大局又讲究原则。高效高质完成领导交办的各项工作任务。细化保健对象管理内容，建立保健对象健康档案，针对不同人群建立健康指导。疫情发生后，制订在长春外籍人士新冠肺炎疫情防控工作方案，成立领导小组，明确工作职责，设立指定医院及就诊流程，落实到人。分别为德国、日本、菲律宾等外国人士提供优质医疗服务，受到普遍好评。

裘学辉作为长春市政协委员，平均每年提交1个政协提案，积极参加长春市政协及九三学社组织的各项活动，为长春市的发展建言献策。

2019年被九三学社长春市委员会评为优秀社员；2020年荣获长春市五一劳动奖章；2020年被九三学社长春市委员会评为新冠肺炎疫情防控先进个人。2023年荣获吉林省五一劳动奖章。

# 安璀颖
## 委员

1974年8月出生，吉林省长春市人，毕业于吉林省委党校法律专业，大学学历。2014年加入九三学社。现任九三学社绿园区委员会主委。政协长春市绿园区第八、九届委员会委员。

在绿园区残联本职工作中，紧密围绕残联服务宗旨，牢固树立正确的政绩观，扶残助残，很好地完成了残疾人信访维权、危房改造、扶贫解困等工作。作为一名九三学社社员，通过对中国共产党的"二十大"精神和统一战线的理论学习，明确自己作为一名民主党派成员的努力方向，不断提高自身的参政议政能力，培养自己的政治素养和责任意识，提高思想敏锐度。先后被评为吉林省残联"残疾人的贴心人"、长春市绿园区妇联"最美基层女公仆"，连续3年被评为长春市绿园区优秀公务员并记三等功1次，被九三学社长春市委员会评为先进社务工作者，被九三学社中央评为抗疫先进个人。

在参政议政方面，提出的《关于残疾人免费乘坐公交车的建议》《关于残疾人、老年人免费乘坐地铁、轻轨、郊线车的建议》均被长春市政府采纳并实施；提出的《关于办理残疾证免费评定的建议》实施；提出的《关于完善残疾人公益岗聘用管理的建议》得到长春市副市长吕锋的签批并推进实施，被吉林省政协采用；提出的《关于加快统一全国"健康码"尽快健全机制的建议》被吉林省政协采用；提出的《关于出台政策推动轨道交通产业集群发展的建议》《关于加快绿园区企业数字化转型的建议》均被长春市绿园区政协评为重点提案；2020年10月4日松原特大交通事故后，经过考察调研及时撰写并提交的题为《关于加强绿园区农村交通安全管理的建议》的社情民意，被长春市政协采用；《关于重新规划绿园经济开发区中研路交通标线的建议》的社情民意已被批示并移交相关部门推进实施。

## 单莹莹
### 委员

1981年4月出生，吉林省长春市人。毕业于吉林大学交通运输工程专业，硕士研究生学历。2011年加入九三学社。现任长春市九台区人大常委会人事代表、工委主任，九三学社长春市九台区支社主委。政协长春市九台区第十四、十五届委员会常委，第十九届长春市九台区人大常委会委员，第十五届长春市人大代表。

2010年11月至2014年3月，在九台市科技局任副局长，2013年九台市获全国知识产权试点城市，同年九台市被国家科技部评为全国科技进步考核先进县（市、区）。2015年12月至2019年8月，在九台区科协任科协主席。2016年，九台区被中国科协评为全国科普示范县（市、区）。2018年长春市农技协现场会在九台区上河湾镇召开。2019年8月至2021年9月，在九台区波泥河街道办事处任主任。波泥河街道被吉林省委省政府授予2019—2021年吉林省文明村镇；2020年获长春市人民政府授予的长春市特色农产品优势区称号，被长春市委宣传部评为长春市爱国主义教育基地，并荣获"十大最美村庄"称号；2021年获长春市人民政府农村人居环境整治集体嘉奖，并获评吉林省十佳美丽乡村。

在任长春市九台区政协常委和长春市人大代表期间，每年向政协和人大提交提案和议案。2015年向长春市九台区政协提交的《关于提高城市机械清雪率的提案》被长春市政府采纳，九台区的城市清雪速度大大提高。2020年向长春市九台区政协提交《关于进一步发挥食品监督站作用保障市场食品安全的建议》的提案，被评为九台区政协2020年度优秀提案。多次被评为长春市九台区优秀政协委员。

多年来，个人受到各级单位的表彰。2011年获"长春市'巾帼建功'标兵"、"九台市'双学双比'先进协调工作者"和"九台市统战工作先进个人"荣誉称号；2012—2014年，连续3年被评为九台市优秀公务员；2015—2017年连续被评为长春市九台区优秀公务员。2013年获"吉林省农村妇女'双学双比'工作先进个人"荣誉称号；2013年被国家科技部授予"全国县（市）科技进步考核先进个人"称号；2015年获九三学社吉林省委社务工作先进个人等多项荣誉。2021年被评为九三学社长春市委优秀社员。2022年被评为长春市九台区优秀公务员；2022年获"长春市九台区'巾帼建功'先进个人"荣誉称号；2022年被评为九三学社吉林省抗击新冠肺炎疫情优秀社员；2022年被评为九三学社吉林省第八届委员会先进个人；2022年被评为九三学社长春市2022年度抗击新冠肺炎疫情抗疫先锋；2023年1月被长春市委组织部授予"个人嘉奖"1次。

## 高硕徽
### 委员

1979年8月出生，吉林省长春市人。毕业于吉林大学临床医学专业，博士研究生学历。2014年加入九三学社。现任吉林大学中日联谊医院胃肠外科副主任，教授、主任医师，九三学社吉林大学委员会副主委。政协长春市第十三届委员会委员。

从事一线临床工作18年，胃肠外科专业，擅长开腹胃癌D2根治术，同时开展腹腔镜胃癌D2根治术，热衷于胃癌多学科诊疗（MDT）。担任中国临床肿瘤学会青委会委员、中国医药教育协会腹部肿瘤专业委员会委员、吉林省健康管理委员会普外科委员会委员。先后两次获得国家留学基金委青年骨干教师项目资助，以访问学者身份（为期2年）先后赴美国纽约大学、路易斯维尔大学临床及实验室进行访问留学的研究，对胃癌的免疫治疗和分子靶向治疗进行了深入的研究，主持研究课题7项，可支配经费137万元，其中国家级项目2项；以第一作者或通信作者身份发表SCI论文10余篇；主编撰写专著2部。获得吉林省科技进步二等奖。工作兢兢业业、任劳任怨，分管的各项工作都取得了较好的业绩。积极奔赴贫困地区，参与农村送医义诊、医疗扶贫、宣传健康知识等活动，关心弱势群体。为长春市公共卫生医疗服务建言献策，跟随政协长春市第十三届委员会医疗小组深入基层单位走访调查。

## 孙建春
### 委员

1969年8月出生，山东省烟台市人。毕业于长春税务学院，大学学历，管理学学士学位，正高级会计师，长春师范大学经济管理学院首批硕士生导师，吉林省财政厅预算绩效评审专家。2006年6月加入九三学社。现任长春师范大学计划财务处计划与内控管理科科长，九三学社长春师范大学支社主委。

孙建春财务综合业务水平高，属于复合型财务管理人才，在财务预算、决算、资金管理中发挥着重要的作用。参与各类财务制度的制定，能够对学校财务数据进行有效分析，为领导决策提供有力的保障；参与学校内控手册编制，为学校内控体系的建立作出了重要的贡献。孙建春作为课题负责人，承担过省级课题4项，参与国家级课题及省级课题各2项，在中文核心期刊及省级刊物发表文章10余篇。孙建春身为支社主委严格要求自己，坚定政治立场，带领支社成员以积极作为、有效履职的强烈责任感和使命感，圆满地完成了目标任务及各项工作，开创了支社发展的新局面。2015年，九三学社长春师范大学支社被九三学社吉林省委员会评为先进集体，2022年被九三学社吉林省委员会评为先进基层组织，被九三学社长春市委员会评为抗击新冠肺炎疫情工作先进集体。

## 葛 莘
### 委员

1968年4月出生，吉林省长春市人。毕业于中央党校函授学院法律专业，大学学历，助理会计师职称。2008年加入九三学社。现任长春净月高新技术产业开发区政府采购中心主任，九三学社长春市净月高新技术产业开发区委员会主委。政协长春市南关区第十届委员会委员。

曾任长春净月高新技术产业开发区应急管理局局长，在工作中积极推进应急管理机制建设，明确各级领导和部门的职责，推动基层应急管理体系建设，完善区、镇、村、企安全生产目标责任网络体系；持续强化安全检查，推动做好各项风险排查；积极开展自然灾害风险普查工作，着力加强防灾减灾工作；积极努力优化政务环境、法治环境、营商环境；结合本区实际，努力打造应急宣传阵地。任采购中心主任后，坚持依法理财、实事求是的工作作风，按照"规范采购行为，提高资金效益，维护国家利益，促进廉政建设"的目标要求，坚持"以人为本，规范运作，文明服务，公正透明"的工作理念，进一步规范政府采购执行行为，提高政府采购运行效率，完善政府采购监督机制，提升政府采购管理水平。

在参政议政工作中，积极响应社市委部署的工作，组织社员编写《建议出台鼓励高校毕业人才来吉就业创业税收优惠政策——个人所得税减免等相关优惠政策》《加快我国玉米秸秆资源的综合利用》2篇调研文章，1篇社情民意报告，即《加快吉林省公共场所安装AED（自动体外除颤仪）设备及急救知识普及》。

## 贾馨鑫
### 委员

1980年6月出生，吉林省长春市人。毕业于东北师范大学行政管理专业，硕士研究生学历。2010年加入九三学社。现任长春经济技术开发区城市管理局副局长，九三学社长春经济技术开发区委员会主委。

2004年在哈尔滨市建筑设计院工作；2006年在长春经济技术开发区规划局工作；2010年5月任长春经济技术开发区规划局综合管理科科长；2011年5月任长春经济技术开发区规划局规划审批科科长；2016年6月任长春经济技术开发区规划局规划监察大队大队长；2019年10月任长春经济技术开发区城市管理局副局长。

在规划监察领域，积极配合旧城改造，对建成区存量违法建筑组织拆除，并以集中整治违法建筑行动为契机，持续加大动态巡查力度，逐步建立切实可行的违法建筑长效管理机制，严控违法建筑增长。在城市管理领域，立足于经济技术开发区的情况，直面工作难点，全力推进城市管理各项任务，不回避矛盾，不上交责任，从容应对，深入细致地研究问题、分析问题、解决问题。坚持以民生为切入点，积极解决群众关切的热点难点问题，圆满完成了"拆围透绿""便民市场提升改造""毁绿种菜""门前三包""铁路沿线环境整治"等重点工作任务，将便民市场提升改造的典型经验在全市推广。

2021年获"'同心百年树百人'庆祝建党100周年优秀统战代表人物"荣誉称号，被评为单位考核优秀个人。

## 李春久
### 委员

1987年9月出生，吉林省舒兰市人。毕业于长春理工大学通信工程专业，大学学历。2016年加入九三学社。现任长春捷诚科技金融服务中心有限公司中心副主任，九三学社长春新区委员会主委。

擅长科技金融领域，持证基金管理人，专利应用工程师，知识产权管理体系内审员，知识产权注册运营师资质。作为项目组负责人，先后负责国家、省、市多个重点项目，其中包括2014年参与建设运营长春市科技金融服务中心，2016年申报国家火炬项目，即"长春市知识产权公共服务平台"，2017年申报吉林省科技厅科技金融示范基地，2018年申报中央引导地方金融平台项目。

2019年获"吉林省科技厅中青年科技创业领军人才""高新区创新创业先进个人"等荣誉称号。

## 李 威
### 委员

1972年10月出生，吉林省长春市人。毕业于吉林省委党校经济管理专业。2012年加入九三学社。现任长春市双阳区政协农业农村委主任、九三学社长春市双阳区委员会主委。政协长春市双阳区第四届委员会委员，第五、六届委员会常委。

本职工作中围绕产业融合、科技创新、集体经济发展、农旅融合、乡村振兴等重点领域和热点问题，确定调研课题4项，多次深入基层开展调查、赴山东、贵州、广东、山西等先进地区学习考察，撰写《关于培育农业龙头企业，推动一二三产业深度融合的调研报告》《双阳区充分发挥科技创新作用大力推进农业高质高效发展的调研报告》《关于推进农业现代化的调研报告》等调研报告6篇，其中《关于推进村党组织领办合作社的调研报告》《关于深化农旅融合发展的建议》《关于发展民宿经济、助推乡村振兴的调研报告》得到了长春市双阳区委、区政府主要领导的充分肯定，双阳区委将其作为实施意见以红头文件下发到基层。

牵头组织自然资源、教育、住建等9家单位，成立关注森林组委会，落实工作职责，构建了各负其责、联动协作的工作格局。组织双阳区自然资源局、农业农村委小组政协委员先后深入烧锅林场、太平镇视察林业事业发展情况，提出意见、建议21条，为全区林业事业发展提供了有益参考。

充分发挥参政议政作用，组织小组委员先后开展送农业技术知识下乡、视察农村环境整治等活动。灵活运用微信工作群、乡级政协委员联络站、村级联络分站等平台载体，收集社情民意、群众关心关注的热点难点问题，坚持与委员保持经常性紧密联系，强化政策宣讲、业务培训、能力培养，有效调动了小组委员参政议政的积极性、主动性和实际效果。严格按照政协委员管理办法，全面开展委员考评和《2020年议政集锦》《2021年议政集锦》《2022年议政集锦》的编辑出版工作。

带领九三学社长春市双阳区委员会围绕中心、服务大局，积极创新履职方式，在参政议政、社会服务等方面持续发力，连续6年与共建单位开展为基层群众送健康活动，九三学社长春市双阳区委员会被九三学社中央评为社会服务先进集体，被九三学社吉林省委员会、九三学社长春市委员会评为先进基层组织；社员中的人大代表、政协委员通过调研，提出多篇议案、提案，被党委、政府采纳，并转化成工作意见下发，在双阳区政协全体会议上被确立为大会口头发言和书面交流文件，连续多年被编入双阳区政协《议政集锦》中。

## 李小霞
### 委员

1980年4月出生，吉林省磐石市人。毕业于东北师范大学汉语言文学专业，大学学历。2008年加入九三学社。现任长春朝阳经济开发区规划和自然资源服务局副局长，九三学社吉林省第九届委员，九三学社朝阳区委员会主委。政协长春市朝阳区第八届委员会委员，第九、十届委员会常委。

立足岗位，踏实工作。在本职工作中，坚持以习近平新时代中国特色社会主义思想为指导，认真贯彻落实习近平总书记关于生态文明建设和自然资源工作的重要指示、重要批示精神，将学习党的二十大精神与钻研业务工作相结合，全力以赴完成耕地保护、土地和规划要素保障工作，积极服务辖区企业和群众，主动融入朝阳经济开发区建设发展大局。

认真履职，参政议政。始终把参政议政作为中心工作，放在首位。建立了"五个一"工作模式，即一支骨干队伍、一项激励机制、一个社区民主监督平台、一次培训交流、一次专题调研等，助推基层委员会履职工作迈上新台阶。2020年，印制了《九三学社朝阳区委参政议政成果集》，展示社员参政议政成果。近年来，组织社员撰写政协提案、社情民意信息150余份。

先后荣获九三学社全国参政议政先进个人、九三学社先进个人、九三学社先进组工干部、全国优秀社员、全省参政议政工作优秀奖、全省社务工作先进个人、长春市社务工作先进个人、朝阳区优秀政协委员等荣誉称号。

## 李长翠
### 委员

1978年9月，吉林省长春市人。毕业于大连海洋大学养殖专业，大学学历，双学士学位。2005年加入九三学社。现任长春市市场监督管理局知识产权保护处处长，九三学社长春市直属第四委员会主委。政协长春市第十四届委员会委员。

自参加工作以来，先后在长春市科技局政策法规与体制改革处、计划财务处、计划处、专利管理处和长春市监督管理局知识产权保护处工作，目前主要负责知识产权保护工作。获得长春市政府嘉奖1次、三等功1次；获得国家级荣誉"第二次全国R&D资源清查工作先进个人"；被国家知识产权局、公安部评为2021年度全国知识产权系统和公安机关知识产权保护工作成绩突出个人；两度获评市级"三八红旗手"；被评为九三学社吉林省第八届委员会先进个人；被评为九三学社吉林省抗击新冠肺炎疫情优秀社员；连续2年被评为九三学社长春市委员会优秀社员；连续2年被评为优秀公务员。

九三学社长春市直属第四基层委员会在社市委的领导下，各项工作取得较好成效。一直以来把思想建设放在各项建设的首要位置，与全体社员坚持学习政治理论，做到政治上合格，努力提高自身修养；积极配合社市委开展相关工作，积极推动参政议政工作，进一步加强九三学社长春市直属第四基层委员会的参政议政能力，组织开展知识产权保护调研、公益普法活动等，明确各支社的责任，履职担当。九三学社长春市直属第四基层委员会在抓发展社员数量的同时，十分注重发展社员的质量，努力把社会优秀人才吸纳到九三学社中来，确保新发展的社员坚定拥护中国共产党的领导。

## 娄冬梅
**委员**

1975年4月出生，吉林省榆树市人。毕业于吉林大学临床医学系，博士研究生学历。2017年加入九三学社。现任长春市中心医院科教科科长、主任医师、硕士生导师，九三学社长春市中心医院委员会主委。政协长春市第十四届委员会委员。

立足本职工作，持续技术深耕，始终积极响应国家号召，踏实工作，努力为人民群众的健康事业贡献自己的力量。在过去的时间里，深入基层，走进农村和社区，开展健康宣传和义诊活动，让更多的人了解健康知识，提高自我保健意识。近年来，组织及参加义诊活动20余次，开展健康讲座、健康咨询活动40余次，深入社区及村镇进行专业培训及辅导100余次。关注基层医疗队伍建设，为了提高基层医疗水平，积极向基层医疗工作者传授先进的医疗理念和技术，帮助他们提高诊疗水平，推动医疗资源的合理配置，为基层群众提供更加便捷、优质的医疗服务。近5年参与培养全科医师345人，基层骨干医师147人，本科233人，承担学时超1500课时。

参政议政，履职尽责，全力以赴，建言献策。始终将参与政治决策视为首要任务，置于心中。担任主委后组织社员通过专题政治辅导"网络平台"和九三学社中央参政议政、社会服务工作平台学习及参政议政，组织社员撰写政协提案、社情民意信息50余份，参加政治协商会议及调研活动10余次。

先后多次被评为九三学社吉林省、长春市委员会先进个人、优秀社员及优秀社务工作者、抗击新冠肺炎疫情抗疫先锋、长春市卫生健康系统"优秀医师"，获长春市人事局嘉奖及记功；获得中国人民解放军医学技术委员会嘉奖；获吉林省科学技术进步奖4项、吉林省职工优秀技术创新成果奖1项，获吉林省卫健委"优秀住培管理者"嘉奖2项等荣誉。

## 吕康银
### 委员

1969年5月出生，江苏省沛县人。毕业于东北师范大学人文地理学专业，博士研究生学历。2004年加入九三学社。现任东北师范大学经济与管理学院院长、教授、博士生导师。政协长春市第十四届委员会委员。

长期从事经济管理学科教学与科研工作。在教学上，被评为宝钢优秀教师，获得吉林省教学成果一等奖、东北师范大学优秀教师奖、东北师范大学"三育人"先进个人等奖励；在科研上，主持国家社科基金项目、国家自然科学基金项目、教育部人文社科基金项目及其他省部级项目20余项；完成研究报告4部，出版专著3部，发表SSCI和CSSCI文章60余篇，专著和论文获得吉林省社科优秀成果奖、长春市社科优秀成果奖、吉林省社会科学基金项目优秀成果奖等多项省部级奖励。

获得吉林省有突出贡献的中青年专业技术人才、吉林省教育厅新世纪人文社科优秀人才、吉林省拔尖创新人才、长春市有突出贡献专家等多项荣誉称号。兼任吉林省管理学学会副理事长、吉林省商业经济学会常务理事、吉林省电子商务学会副理事长、吉林省创新管理研究会副会长、吉林省金融学会副会长等学术兼职，并担任长春市欧美同学会暨归国留学人员联谊会理事、东北师范大学归国留学人员联谊会副会长等职位。

吕康银作为吉林省政研室智库专家及长春市人力资源和社会保障局政策咨询专家，服务地方经济发展，承接省市级多项就业问题的政策咨询服务，咨询报告获得省级领导批示。

## 孙彩堂
### 委员

1975年1月出生，山东省即墨市人。2009年毕业于吉林大学计算机应用技术专业，博士研究生学历。2002年加入九三学社。现为吉林大学仪器科学与电气工程学院副教授、电气工程及其自动化专业硕士研究生导师。

在本职岗位上兢兢业业，认真完成教学工作，多次参与学院的工程教育认证等学科建设工作。承担省部级项目1项、国家重点研发项目子课题1项，主持产学合作协同育人教学改革项目1项，以主要参加人身份参加省部级项目多项。先后发表论文40余篇，获得发明专利多项，参编教材3部，以参加人身份获得省部级奖励2项。研究方向主要包括数据处理与可视化、人工智能技术应用、电磁法数据处理等。

积极参与社务工作，参与组织了"欢乐大健康 幸福长春人"大型义诊、地球日主题科普系列活动、"迎七一、忆先烈、走抗联路"主题教育活动、走进支社系列主题讲座、"凝心铸魂强根基、团结奋进新征程"主题教育参观走访等多项活动，参与组织策划了多次专题宣传展览。组织社员参加社市委的各类培训、知识竞赛、主题征文等活动，认真做好社员与社市委及吉林大学统战部沟通的桥梁，得到了领导们的认可，多次被评为省、市优秀社员和优秀社务工作者。

## 吴 巍
### 委员

1974年2月出生，吉林省通化市人。毕业于中国科学院长春应用化学研究所物理化学专业，博士研究生学历。2016年加入九三学社。现任长春中医药大学吉林省人参科学研究院副院长、研究员、博士研究生导师，九三学社长春中医药大学委员会主委。

主要从事中药活性成分分析和作用机制研究、基于色谱—质谱技术的复杂体系的物质基础及分析方法研究和代谢组学研究、中药活性成分的代谢和保健食品开发研究等工作。建立高灵敏的基于LC-MS技术人参活性成分分析的技术平台，利用高通量、整体性的代谢组学方法进行人参代谢组学研究。

国家一流课程建设中药分析学团队成员，国家教育部和吉林省中药分析课程思政优秀教学团队成员。获得吉林省科学技术奖一等奖2项，吉林省自然科学学术成果奖一等奖1项。承担省部级科技项目6项，发表SCI论文50余篇。吉林省高校"十三五"重点实验室主任。吉林省科技厅"人参化学物质组研究与开发利用创新团队"负责人，吉林省教育厅"吉林省高校创新团队"负责人。中国药协会人参属药用植物研究发展专业委员，国家技术标准创新基地（人参产业）专家和理事。积极参加九三学社各项参政议政活动，建言献策，充分履行参政议政职能。

## 颜力楷
### 委员

1971年2月出生，吉林省通榆县人。毕业于东北师范大学无机化学专业，博士研究生学历。2010年加入九三学社。现任东北师范大学化学学院功能材料化学研究所所长、教授、博士生导师。政协长春市第十三、十四届委员会委员。

主要从事功能材料化学和应用量子化学研究。先后在英国剑桥大学、西班牙罗维拉·维尔吉利大学、日本九州大学和美国华盛顿大学从事研究工作。教育部新世纪优秀人才，吉林省高层次人才。主持多项国家自然科学基金项目、吉林省科技厅重点项目和吉林省教育厅项目，获批专利3项，出版专著《量子化学在多酸化学中的应用》。近5年在 *J. Am. Chem. Soc.*、*Angew. Chem. Int. Ed.*、*Appl. Catal. B-Environ.*、*J. Catal.*、*J. Mater. Chem. A*、*J. Phys. Chem.*、*Inorg. Chem.* 等国际期刊发表SCI论文100余篇。2017年获吉林省科学技术奖自然科学奖二等奖。

多年来承担本科生、研究生和外国留学生的教学任务。精心设计教学方案，及时更新和补充前沿知识，开阔学生的视野。以知识的传授为根本，注意与学生的沟通交流。在授课过程中，引入相关的科学研究，激发学生的学习兴趣，帮助学生活学活用，受到学生的一致好评。

多次组织、参与省、市、校各级培训和调研等活动，在长春市政协十三届三次会议期间先后接受长春市电视台和广播电台的采访。以《关于加快各类孵化器转型升级的建议》为题在长春市政协第十三届十四次常委会上作了专题发言。在长春市政协第十三届四次会议期间针对"构建科技创新生态体系"在联组讨论中发言，并先后接受长春市电视台和《长春日报》的采访。

# 袁　卓

## 委员

1975年2月出生，吉林省长春市人。毕业于白求恩医科大学妇产科临床专业，医学学士学位。2012年加入九三学社。现任长春市妇产医院产科一疗区副主任、主任医师，九三学社长春市妇产医院支社主委。

擅长妇产科临床相关知识技能，任长春市危重孕产妇救治技能培训基地讲师和医院急诊急救抢救小组组长，长春市妇产科质控中心专家，2018年参加全国手术视频大赛获得优秀奖，2019年被评为长春市优秀医生，2020年带队获得吉林省急诊急救技能大赛团体第一名。2020年被评为长春市优秀医生。2019年7月被聘为全国卫生产业企业管理协会健康服务适宜技术分会特邀专家，2019年8月被聘为国家妇幼健康研究会出生缺陷防控专业委员会委员，2019年5月被聘为吉林省研究型医院学会母胎医学专业委员会常务委员。2023年11月被聘为长春市医学会理事。组织课题立项曾获市科技进步奖二等奖，撰写论文10余篇。

## 张　键
### 委员

1974年5月出生，吉林省长春市人。毕业于长春师范学院英语教育专业，大学学历。2012年加入九三学社。现任长春市二道区机关事务服务中心副主任，九三学社长春市二道区委员会主委。政协长春市二道区第五届委员会委员、第六届委员会常委。

在本职工作中服从组织安排，恪尽职守，尽心尽力，充分发挥自我的主观能动性和创造性。工作期间参与并主持二道区农业局动检站技术检验检疫系统组建、二道区建设局信息网络设计与建设、二道区建设局网站设计与建设、吉林大路及东盛大街两侧临街牌匾设计改造、二道区政府网格化管理设计与建设、二道区政府政务网络设计与改造、二道区无纸化智能会议室设计与建设、二道区无纸化智能会议室通用办公业务系统搭建、二道区政府网站设计与改版、二道区政府中心机房扩建、二道区政府政务服务改革设计、二道区政府核心网络规划与设计等一系列区域重点项目。

积极参与长春市二道区政协及九三学社组织的各项活动，认真完成社市委组织安排的各项任务。以时代精神为指导，积极撰稿投稿，充分利用九三学社的宣传阵地，对九三学社履行参政议政职能、服务信息社会发展等情况进行了多角度、多层面的报道与提议。参与、撰写了《关于尽快建设二道区大数据中心的建议》《关于加强和完善物业管理的建议》《关于加强文体基础设施建设，确保社区体育设施全覆盖的建议》等多篇政协提案，在九三学社基层委员会建设、参政议政工作等方面取得了较好成绩。

# 张普一
## 委员

1969年3月出生，吉林省榆树市人。毕业于吉林医学院临床医学专业，医学学士学位。2013年加入九三学社。现任榆树市卫健局副局长，榆树市人民医院院长、主任医师，九三学社长春市直属榆树市委员会主委。政协榆树市第十二、十三、十四届委员会常委，政协长春市第十三、十四届委员会委员。

在医疗技术方面进行了深入的研究，在业务工作中注重理论和实践相结合，根据自己的临床经验和掌握的医学理论，先后发表论文17篇。精通基本外科和胃、肠、肝、胆、胰腺、甲状腺等部位疾病的诊断和治疗，尤其对胃肠疑难疾病和肿瘤的诊断及治疗有较深的研究，能及时掌握国内外最新医学进展和动态，并应用于临床工作。国家级项目感染科学的学科带头人，被吉林省中医药管理局评为全省乡医中医骨干培训工作优秀教师。

具有很强的参政议政能力，先后上交提案10篇，受到市领导的高度重视。担任九三学社榆树市委员会主委期间，致力于榆树市九三学社的建设，坚定贯彻统一战线和多党合作的方针、政策，拥护党的领导，认真贯彻执行社省委、社市委的工作部署。团结带领榆树市九三学社广大成员，坚定不移地走中国特色社会主义道路。认真履行职责，注重深入实际开展调查研究，积极建言献策，努力提高参政议政能力，为榆树市九三学社的发展作出了巨大贡献。

荣获吉林省五一劳动奖章、第三届"吉林医德标兵"、"长春市消防工作先进个人"等奖项和荣誉称号；2020年被评为九三学社全国抗疫先进个人；2022年被中共吉林省委宣传部授予"吉林好人·战疫先锋"荣誉称号；2023年被吉林省人民政府授予"吉林省节约用水先进个人"荣誉称号。

## 张晓颖
### 委员

1973年5月出生，吉林省榆树市人。毕业于东北师范大学应用数学专业，博士研究生学历。2005年加入九三学社。现任长春大学理学院院长、教授，九三学社长春大学支社主委。政协长春市第十二届委员会委员、第十三届委员会常委。

长春大学数学学科负责人，一直从事微分方程定性理论及应用、大数据分析的研究工作。近5年来，承担省级以上教研科研课题16项，发表论文10余篇，获吉林省教学成果奖三等奖1项，省级优秀教学成果奖二等奖1项。指导学生参加全国研究生、本科生数学建模竞赛获国家二等奖4项、三等奖3项。全国大学生数学建模竞赛优秀指导教师，吉林省教学名师，省级高校新世纪科学技术优秀人才，省级黄大年式教师团队和省级一流专业负责人，省级高校基础学科拔尖学生培养基地负责人，研究生省级精品示范课程"数值分析"课程负责人。吉林省工业与应用数学学会常务理事，吉林省运筹学会常务理事。

在"十三五"期间撰写了《关于老旧小区加装电梯的建议》等提案5份。《为残疾学生就读普通高等学校减少"门槛"》被评为长春市政协优秀社情民意报告。

## 张　卓
### 委员

1972年5月出生，吉林省长春市人。毕业于吉林大学经济管理学院国际贸易专业，硕士研究生学历。2013年加入九三学社。现在吉林省安杰科技有限公司任总经理职务。现任九三学社长春市直属第二委员会主委。政协长春市朝阳区第九届委员会委员、第十届委员会常委。

任职期间关注民生，认真履职，累计提交多篇提案，2020年撰写的《关于建设新时代城市社区建设、提高社区管理水平的建议》被评为朝阳区政协九届四次会议优秀提案。张卓作为九三学社特邀信息员积极建言献策，累计上报社情民意6份。

在国家专业刊物《数码印刷》杂志发表论文5篇，获得FUJI XEROX IPEX产品设计亚太区一等奖、全球二等奖，2014亚洲数码印品大赛"创新及其他个性化产品类金奖"等奖项，带领团队荣获第三届吉林省新闻出版奖"优秀集体奖"。

吉林省安杰科技有限公司，是国家级高新技术企业，业务涵盖计算机软件开发、档案数据业务、大数据采集及数据存储等服务项目。2021年在长德新区投资建设工业互联网综合研发楼及IT外包技术改造项目，运用大数据服务助力工业企业转型升级，推行IT外包服务，运用自主研发技术改造工业设备，可替代大量人工，大幅降低企业成本，用科技促进企业转型发展。富士公司的亚太区金牌伙伴，和富士公司共同合作研发色彩流程ERP管理软件，促动行业技术升级改造，2022年代表行业参加第五届中国国际进出口博览会，取得良好成效，与多家数据业务公司洽谈并达成合作意向，为合作伙伴提供从数据采集、数据存储和安全、软件定制开发的全流程服务。

多次被社市委评为先进个人、优秀社务工作者。

# 郑 澈
## 委员

1980年2月出生，吉林省松原市人。毕业于吉林大学新闻、电气自动化专业，大学学历。国家二级安全评价师，高级工程师，吉林省应急管理专家。2013年加入九三学社。现在吉林省元麟安全科技有限公司担任总经理。

2009年，带领吉林省元麒公司率先开展非煤矿山安全生产标准化工作，元麒公司的小型露天采石场的安全生产标准化体系创建及考评模式开创了吉林省的先河。2009年至今，为全省各地区完成政府组织的隐患排查近千次。2017—2018年，为吉林化学工业经济示范园区的38户企业进行城镇人口密集区危险化学品企业风险评估工作，首次在同行业中使用无人机代替现场勘查，为国家环保督查和安全检查提供了充分的事实依据。一系列报告已在省市区三级归档,作为重要资料备查。编写吉林省地方行业标准《工贸行业安全生产风险分级管控和隐患排查治理双重预防机制建设通用规范》(DB 22/T2884-2018),为第一编写人。编写吉林省地方行业标准《工贸行业粉尘涉爆企业安全生产风险分级管控和隐患排查治理双重预防机制建设实施规范》(DB22/T3220-2021),为第一编写人。2021年,带领公司成为吉林省卫健委安全生产标准化考评机构,成为第一批为全省医疗卫生系统提供专业安全生产技术咨询的服务机构,也是卫生系统安全生产"五化"的创建编制单位。

2023年,参与编制吉林省地方标准《工贸企业安全生产标准化等级划分与评定》和《医药企业安全生产标准化等级划分与评定》,为编写组人员。

2016年,任九三学社中央青年工作委员会秘书处成员;参加了九三学社第二届中央青工委论坛,策划主持了当届会议。参加主持了九三学社第三届云南论坛,在本次论坛上提出的《关于加强农村生活垃圾综合治理的建议》获得三等奖,路演《低碳生活进校园活动策划》获得二等奖。2019年,被社市委评为优秀社员。2021年、2022年先后被社市委评为优秀先进个人、抗疫先锋等。

## 庄 军
### 委员

1975年7月出生,北京市人。毕业于长春中医学院中医学专业,医学硕士学位。2015年加入九三学社。现任长春市中医院平阳部内分泌、消化科主任,副主任医师,长春中医药大学硕士研究生导师,九三学社长春市南关区委员会主委。政协长春市南关区第九、十届委员会委员,政协长春市宽城区第十届委员会委员,政协长春市第十四届委员会委员。

吉林省第二批中医优秀临床人才,第六批全国名老中医学术经验继承人,吉林省卫生应急专家库中医组专家,中国中医药研究促进会仲景医学研究会副会长,中国中医药研究促进会仲景医学研究会特聘专家,中国中医药信息学会科技创新与成果转化分会常务理事,中国代谢病防治创新联盟常务理事,中国医师协会内分泌代谢病分会委员。吉林省中西医结合学会第一、二届营养代谢病专业委员会副主任委员，吉林省中西医结合学会内分泌专业委员会副主任委员，吉林省中医药学会青年委员会副主任委员，吉林省中医药学会伤寒专业委员会常委，吉林省中医药学会第三、四届糖尿病专业委员会常委。

从事医学临床工作20余年，研究方向为糖尿病及其并发症、甲状腺疾病的中西医治疗，擅长中西医结合治疗糖尿病及其并发症，高尿酸血症和痛风病、甲状腺疾病、风湿系统疾病以及呼吸、消化系统疾病，善于应用经方治疗疑难杂症、肿瘤、癌症等疾病。

近5年来向长春市政协、南关区政协、宽城区政协提交了5份提案，其中《关于进一步完善南关区中医馆服务能力建设的建议》被评为2019年度优秀提案，南关区政协、政府、卫生局对此高度重视，为此专门联合召开了一次议政会。

获吉林省科学技术三等奖1项、吉林省中医药科学技术二等奖1项，吉林省消渴病温阳益气散寒通络重点研究室负责人，《糖尿病新世界》杂志编委。完成省级课题7项，获吉林省科技成果6项，出版专著2部，发表国家级论文10余篇。2022年被授予九三学社吉林省抗击新冠肺炎先进个人荣誉。

## 宗凤杰
### 委员

1966年6月出生，吉林省长春市人。毕业于中共吉林省委党校财经管理专业，硕士研究生学历。2002年加入九三学社。现任吉林竭诚会计师事务所有限责任公司所长、吉林竭诚财务咨询有限公司董事长、吉林竭诚资产评估有限公司所长、吉林心智点子企业管理服务有限公司董事长。第十七、十八、十九届长春市南关区人大代表，第十八届长春市南关区人大常委会委员。政协长春市南关区第七、八届委员会委员。

中国注册会计师、中国注册评估师、中国注册税务师正高级会计师、高级管理会计师、绩效评价师、高级企业合规师、高级内控管理师、创业培训

（SYB）讲师、高级心理健康咨询师。曾被吉林省财政厅聘任为吉林省内部控制制度专家和吉林省会计系列高级职称评审委员会专家（至今），参加省市内部控制制度研讨会，被吉林省会计学会聘任为吉林省会计理论会计务实研究专家，参与多项重点项目，走入大学校园开展讲座，组织企业家培训财税专业知识，充分发挥专家作用。主动承担省财政厅分配到公司的绩效评价工作，参与"2017年社会主义新农村专项资金绩效评价""2018年污染防治和环境整治专项资金绩效评价""吉林省重点流域水污染治理专项资金（2018—2020年）绩效评价"等重点项目。近年来参与多项课题研究，2018年参与"房地产企业财务核算规范化研究"，2019年参与"公允价值计量对非金融上市公司盈余波动影响研究"，2021年参与"新文科背景下吉林省地方财经院校会计专业人才培养模式创新与实践研究"，2022年参与"研发支出、政府补助与企业绩效——基于东三省上市公司的实证研究"。

热心社务工作，多次组织开展爱心公益活动，捐款捐物，扶贫扶弱，并以自身专业优势，组织社员走进社区和农村，开展普法讲座和法律援助活动。特别是在抗击新冠肺炎疫情工作中作出了积极贡献，获得中共长春市南关区委会和长春市南关区人大常委会授予的突出贡献荣誉证书；先后获得吉林省吉商商会、长春市南关区永吉街道办事处、长春市城市管理局、长春市宽城区新型冠状病毒肺炎疫情防控工作领导小组办公室、长春净月高新技术产业开发区彩织街道办事处等组织颁发的抗疫荣誉证书。

2018年被吉林省财政厅评为吉林省先进会计工作者；2020年入选吉林省首届"百名诚信人物"；2022年被吉林省税务师协会评为优秀税务师；2015年被吉林省注册会计师学会评为行业党外先进人士；2017年被社省委评为优秀社员；2016—2020年被社市委评为优秀干部及先进基层委员；2021年被社市委评为先进个人；2019年在安置杨靖宇将军后人落户吉林行动中，获得中共吉林省委党史研究室授予的突出贡献荣誉证书。

# 七、长春市九三学社社员 2000 年以来担任各区人大代表、政协委员名单

（因资料局限，仅列举九三学社长春市委员会掌握的名单）

| 类别 | 姓名 |
| --- | --- |
| 朝阳区人大代表 | 付文秀、孙科 |
| 朝阳区政协委员 | 李彭（女，常委）、许伟志（女，常委）、广洋（女）、许辉（女）、尤勤（女）、许丽星（女）、常建平、蔡鹏飞、赵玉春（女）、刘建辉（女）、李小霞（女，常委）、李志鹏、黄玉江、王大欣、曲艺平（女）、董陆驷、冯剑（女）、周涛、卢程程、李思洋、尹航（女）、张雪（女）、刘春雨（常委） |
| 宽城区人大代表 | 郑文超（常委）、史育松 |
| 宽城区政协委员 | 刘晓娟（女，常委）、叶绿（女，常委）、于海燕（女）、许凌宇（女）、夏国富、王志伟、李占军、孙琦、班云峰、徐磊、张涛、任朝霞（女）、孙武文、刘冬梅（女）、肖秋玲（女）、王冬菊（女）、马秀娟（女）、刘宝珍（女）、衣爱芝（女）、周海英（女）、宋颖（女）、孙向南、刘峰（女）、李晶春、刘世涛、云宏峰（常委）、孙琦、王明波、冯海奎、尹职、梁艳（女）、刘根洋、付国峰、赵双权、庄军 |
| 南关区人大代表 | 王北星（女）、宗凤杰（女） |
| 南关区政协委员 | 孙洪凯（常委）、张晔（女，常委）、肖圣盈（常委）、侯冠森（副秘书长）、姜义（女）、郭玉良、夏国富、张家治、殷维康、康岚萍（女）、黄洋、蔡波、殷国光（女）、栾岚（女）、苏秀文（女）、宗凤杰（女）、彭亮、张丽（女）、林森、宋英宝、王爽、葛莘、温德成、庄军 |
| 二道区人大代表 | 李贵忠、鲁明、郭晖、于树红 |
| 二道区政协委员 | 王杨（女，副主席）、杨德权（常委）、牛淑芬（女）、苏秀文（女）、陈玉珍（女）、姚琴（女）、张竭、董伟东（常委）、张键（常委）、姜娜（女）、刘丽莉（女）、苏丁发、王云川、王志强、闫东卓（女）、孙迪、林森 |
| 绿园区人大代表 | 曹阳（女）、郭帅（女）、赵海波、安舜禹 |

续表

| 类别 | 姓名 |
| --- | --- |
| 绿园区政协委员 | 刘宏泉（副主席）、曲则文（常委）、周虹（女，常委）、王文悦（女）、杨轶、柴景春、马卉（女）、刘齐（常委）、唐艳东（常委）、安瑾颖、郭帅、张天宇、周瑞雪（女） |
| 双阳区人大代表 | 韩淑华（女，常委）、张君（常委）、刘雅利 |
| 双阳区政协委员 | 姜作相（副主席）、佟时（常委）、郭云霞（女，常委）、韩淑华（女，常委）、佟玉吉（常委）、米丽群（女，常委）、于航（女，常委）、周洪艳（女）、杨子文、王冰、杜毅、邓晓艳（女）、王宏成（女）、于兴业、张荣民（女）、李元国、谭洪利、杨景峰、闫福军、李威（女，常委）、蔡欣艳（女）、袁洪雨（女）、姚轶影（女）、王克凤（女）、李大成、刘建春、桑瀚旭、李丽娜（女） |
| 九台区人大代表 | 单莹莹（女，常委） |
| 九台区政协委员 | 高燕（女，常委）、崔烨（女，常委）、李畅（女，常委） |
| 榆树市政协委员 | 张普一（常委）、潘坚（常委）、张红梅（女，常委）、张诚（常委）、孟繁丽（女）、张丛峰、肖明海、孙宝新、王传芳、李艳辉、刘楠（女） |

# 八、2000年以来九三学社长春市委员会及社员在统战系统荣获嘉奖情况

2001年5月，在中共长春市委统战部召开的"长春市民主党派智力支农工作经验交流会"上，九三学社长春市委员会在会上作了题为《发挥智力优势，为少数民族地区经济发展做贡献》的大会发言。会上，九三学社长春市委员会被评为智力支农先进单位；九三学社吉林农业大学委员会、九三学社长春市中心医院支社被评为智力支农先进基层组织；社员于明、王进、张仁舜、栾玉振、崔发明被评为智力支农先进个人。

2002年7月，九三学社中央在云南省昆明市召开九三学社科技服务、支边扶贫总结表彰大会，对全国25个先进集体和45名先进个人进行了表彰。九三学社长春市委员会被评为先进集体；社员王进被评为先进个人。

2003年，九三学社长春市委员会被中共长春市委统战部评为2002年度统战系统招商引资先进集体。

2003年，九三学社长春市委员会被中共长春市委统战部评为2002年度统战信息工作先进单位。

2003年，社员丁四宝、宋玉祥、付兴奎、闫吉昌被九三学社吉林省委员会评为2001—2002年度参政议政工作先进个人。

2004年，九三学社长春市委员会被九三学社中央评为"参政议政工作先进集体""科教服务工作先进集体"。社员李振华被评为参政议政工作先进个人，社员王进被评为社会服务工作先进个人。

2004年，九三学社吉林大学委员会被九三学社中央评为全国先进基层组织。社员孙洪凯被评为基层组织先进个人。

2005年，社员李振华、宋玉祥、付兴奎、闫吉昌、黄河、孙晓春被九三学社吉林省委员会评为2004年度提案工作先进个人。

2005年9月6日，九三学社中央召开建社60周年纪念大会，对先进基层组织、优秀社员进行了表彰，并对入社30年以上、从事专职社务工作20年以上人员颁发荣誉奖牌。九三学社吉林大学委员会、九三学社长春市南关区委员会被评为先进基层组织；社员张红星、李振华、靳学辉、闫吉昌、付兴奎、李滦宁、刘介夫、孙洪凯、赵玉谦、朱益麟、乔书森、范常山被评为优秀社员。九三学社长春市委员会机关干部王在、马丽珍、孙新春、李恩久、顾红艳获得从事专职社务工作20年荣誉奖牌。获得入社30年以上荣誉奖牌的老社员有吴立民、王继少、李振泉、张烨、陈秉聪、赵恩武、秦维谦、孙云章、王允孚、周文举、于筠中、许凤琴。

2006年，九三学社长春市委员会被九三学社中央评为思想调研先进单位。同年，九三学社长春市委员会被九三学社中央确定为思想调研定点单位。

2006年，在中共长春市委、长春市政府召开的全市优秀中国特色社会主义事业建设者表彰大会上，九三学社长春市委员会有9名社员受到表彰，他们是叶绿、付兴奎、冯守华、李铭、张兴洲、尹爱青、孙晖、王丽颖、张文祥。

2006年9月，在北京人民大会堂召开的各民主党派工商联无党派人士为全面建设小康社会作贡献表彰大会上，九三学社长春市委员会以突出的参政议政和社会服务工作，作为九三学社全国15个先进地方组织之一被大会授予"各民主党派工商联无党派人士为全面建设小康社会作贡献先进集体"荣誉称号。

2006年，九三学社长春市委员会荣获九三学社中央第十七届国际科学与和平周特别贡献奖和"社会服务工作先进集体"称号。

2007年，九三学社吉林省第五届委员会对5年来涌现出的先进集体、优秀干部、优秀社员进行表彰。九三学社长春市委员会中有5个基层组织被评为先进集体，5名机关干部被评为优秀干部，66名社员被评为优秀社员。先进集体：九三学社长春市南关区委员会、九三学社东北师范大学委员会、九三学社长春市朝阳区委员会、九三学社吉林大学委员会、九三学社长春直属委员会；优秀干部：孙洪凯、闫吉昌、李志鹏、张兴洲、何英；优秀社员：刘曙野、张立、王北星、郭久柱、宫秀华、佟晓红、王源、贡济宇、马俐儒、赵艳、尹爱青、黄洋、孙晖、郗书元、赵晓辉、于景萍、王丽颖、陈镠、高飞、李铭、迟宝荣、姜雪鹰、张凤君、沈颂东、黄河、王杨、刘志宏、王清、杨世忠、冯守华、姜作相、赵建军、田义新、王玉兰、张家治、徐朝晖、曲兴田、程培英、王颖、侯季理、范常山、刘献革、刘介夫、朱益麟、靳学辉、李滦宁、刘宏泉、高淑清、张仁舜、张占海、刘长志、叶绿、许伟志、魏铁军、孟美青、包大海、付兴奎、赵学良、杨志范、于明、王庆成、赵玉谦、刘永吉、张晓丽、吕秀英、李振华。

2008年，九三学社长春市委员会被九三学社中央评为抗震救灾先进集体，社员陈济生被评为抗震救灾先进个人。

2008年，中共长春市委统战部召开"纪念中共中央'五一口号'发布60周年，民主党派人士为建设美好长春做贡献活动"表彰大会。九三学社长春市委员会有12名社员获得表彰，他们是韩淑华、王颖、智利疆、沈颂东、孙洪凯、李铭、佟晓红、付蓉、陈黎明、李滦宁、付兴奎、金美辰。

2008年，在九三学社吉林省委员会召开的政治交接学习教育活动表彰大会上，社员义田新、孙洪凯、贾青梅、沈颂东、智利疆、靳学辉、李滦宁被评为先进个人，社员陈济生、付兴奎、李铭荣获突出贡献奖。

2009年，九三学社长春市委员会被九三学社吉林省委员会评为宣传工作先进单位，庆祝中华人民共和国成立60周年暨多党合作制度确立60周年征文活动优秀组织奖。社员陈济生、付兴奎、李铭、宋玉祥、沈颂东被评为社情民意先进个人；社员王晖、王松心、赵玉谦，机关干部黄晓音、张媛媛被评为宣传工作先进个人。

2009年，中共长春市委统战部对统战系统机关先进个人和先进处室进行表彰，社员顾红艳、黄晓音、闫石被评为先进个人，调研室被评为先进处室。

2010年，为纪念九三学社建社65周年，继承和发扬社的优良传统，激励社的基层组织和广大社员在建设中国特色社会主义伟大事业中奋发进取、建功立业，九三学社中央对基层组织和优秀社员进行表彰。九三学社吉林大学委员会被评为优秀基层组织；社员张红星、马於光、张兴洲、王丽颖、宋玉祥、佟晓红、赵建军、李铭、沈颂东、刘曙野被评为本职建功立业优秀社员；社员李滦宁、王秋利、宫秀华、付兴奎、赵学良、孟美青、何英被评为优秀社务干部；社员宋玉祥、付兴奎被评为参政议政先进个人。

2011年11月30日，在北京人民大会堂召开的各民主党派工商联无党派人士为全面建设小康社会作贡献表彰大会上，九三学社长春市委员会以优异的社务工作，作为九三学社全国3个先进地方组织之一被大会授予"各民主党派工商联无党派人士为全面建设小康社会作贡献先进集体"荣誉称号。

2011年，九三学社吉林省委员会表彰2010年度优秀社组织和优秀社员。九三学社长春市委员会被评为优秀市级组织。九三学社长春市委员会中有7个基层组织被评为"先进基层组织"，32名社员被评为"优秀社员"。先进基层组织：九三学社一汽集团委员会、九三学社东北师范大学委员会、九三学社吉林农业大学委员会、九三学社长春市南关区委员会、九三学社长春市宽城区委员会、九三学社长春市直属委员会、九三学社长春市妇产医院支社；优秀社员：马俐儒、王文悦、王志铁、王晖、田义新、田元生、田吉昌、孙建春、孙晓天、孙彩堂、李沙、李志刚、朱黛、张占海、张平、张哲、张家治、杨立民、杨志范、沈秀丽、孟美青、贡济宇、杜毅、陈黎明、赵玉谦、赵虹、胡晓华、侯冠森、高新宇、智利疆、韩昌、靳学辉。社员王颖、宋玉祥被评为参政议政工作先进个人；社员付兴奎、闫吉昌、汪丽艳、张晓丽被评为先进特邀监督员；社员王晖、黄晓音、智利疆被评为宣传工作先进个人。

2012年，九三学社长春市委员会社员沈颂东、刘晓娟、张家治、李小霞被九三学社中央评为2011—2012年度全国参政议政先进个人。

2012年，九三学社吉林省第六届委员会对5年来涌现出的先进集体、优秀社员进行表彰。九三学社长春市委员会被评为优秀市级组织。九三学社长春市委员会中有14个基层组织被评为先进基层组织，87名社员被评为优秀社员。先进基层组织：九三学社吉林大学委员会、九三学社东北师范大学委员会、九三学社吉林农业大学委员会、九三学社长春中医药大学委员会、九三学社一汽集团委员会、九三学社长春市直属委员会、九三学社长春市南关区委员会、九三学社长春市朝阳区委员会、九三学社长春市宽城区委员会、九三学社长春市双阳区委员会、九三学社吉林财经大学支社、九三学社长春工业大学支社、九三学社长春市妇产医院支社、九三学社长春市中心医院支社；优秀社员：沈颂东、续颜、刘志宏、吴迪、孙彩堂、赵玉谦、王庆成、沈秀丽、赵学良、李志刚、胡晓华、孙超、张哲、田义新、姜怀志、赵建军、贡济宇、王志铁、田元生、马秀娟、许辉、孙宏、袁笠恒、汪丽艳、孟美青、贾馨鑫、高艳、张占海、高新宇、欧阳晓兵、吕秀英、张平、包大海、刘晓娟、宋伟宏、孙洪凯、张家治、侯冠森、许伟志、刘建辉、佟时、韩淑华、王北星、郑美群、王晖、王颖、曹慕萍、王杨、鲁明、曲则文、裴智梅、马俐儒、赵艳、佟晓红、贾蕊、朱黛、陈东莉、郗书元、孙晓天、由平均、乔迁、孙建春、赵虹、宫秀华、高玉秋、刘思东、智利疆、马驷良、宋玉祥、张兴洲、付兴奎、迟宝荣、姜作相、王源、王时彪、王丽颖、李铭、王秋利、张文祥、马於光、翁连海、李士梅、李志鹏、葛莘、金美辰、黄晓音、张红梅。

2013年，九三学社长春市委员会社员李小霞被九三学社中央评为2012—2013年度参政议政先进个人。

2013年，九三学社吉林省委员会对全省优秀理论研究成果进行表彰，九三学社长春市南关区委员会社员曹剑菲荣获三等奖。

2013年12月，九三学社长春职业技术学院支社社员翁连海被长春市政协评为2013年度优秀委员。

2014年12月，九三学社长春职业技术学院支社社员翁连海被长春市政协评为2014年度优秀委员。

2015年，九三学社长春市委员会被九三学社中央评为2011—2015年全国社会服务先进集体。

2015年，九三学社吉林省委员会对全省社务工作先进集体和先进个人进行表彰。九三学社长春市委员会中有21个基层组织被评为先进集体，104人被评为先进个人。先进集体：九三学社长春市南关区委员会、九三学社长春市双阳区委员会、九三学社长春市朝阳区委员会、九三学社长春市宽城区委员会、九三学社长春市直属委员会、九三学社一汽集团委员会、九三学社吉林大学委员会、九三学社长春中医药大学委员会、九三学社东北师范大学委员会、九三学社吉林农业大学委员会、九三学社吉林财经大学委员会、九三学社长春工业大学委员会、九三学社长春大学支社、九三学社长春师范大学支社、九三学社吉林工商学院支社、九三学社吉林艺术学院支社、九三学社吉林省农业机械研究院支社、九三学社长春市中心医院支社、九三学社长春市儿童医院支社、九三学社长春市妇产医院支社、九三学社长春市九台区支社；先进个人：曲兴田、孙凯、赵学良、葛鹏飞、韩向东、黄洋、刘冰冰、刘志宏、沈颂东、沈秀丽、王清、张兴洲、周逢道、齐望之、颜力楷、刘思东、杨青山、顾宏伟、王秋利、王慧勇、李玮、田义新、姜怀志、高洁、王明时、胡佳、张立、王北星、韩淑华、班云峰、孙琦、云宏峰、刘晓娟、任长超、田元生、孙洪凯、彭亮、侯冠森、张家治、宗凤杰、苏秀文、李小霞、刘建辉、曲艺平、孟广喆、王洋、裴智梅、张伟、林桂花、郑敏、陈东莉、朱黛、张晓颖、孙桂娟、宋丹丹、张烨、李明森、单莹莹、鲁明、赵虹、安璀颖、孙宏、刘鹤、陶娥、赵炟焮、贾馨鑫、葛莘、孟美青、吕欣洋、于洪玫、张海燕、孙颖莉、张卓、刘继承、陈香玲、袁笠恒、高峰、任星雨、田卫家、张普一、马春杰、关茹月、隋明璐、金美辰、侯佳辰、张新泽、刘颖、杨元新、刘春雨、欧阳晓兵、陈济生、高玉秋、赵岳、佟晓红、李铭、彭玉琨、刘莉、李洋、徐震、赵琪、张涛、冷向阳、贡济宇、刘明军。

2015年1月，九三学社东北师范大学委员会社员杨青山、李秀敏，九三学社长春工业大学委员会社员王明时，九三学社长春职业技术学院支社社员翁连海，九三学社长春市南关区委员会社员侯冠森被长春市政协评为2014年度优秀委员。

2015年11月，九三学社长春职业技术学院支社社员翁连海被九三学社中央评为2014—2015年度参政议政先进个人。

2015年，九三学社长春市朝阳区委员会社员李小霞被九三学社中央评为2015年度优秀社员。

2016年12月，九三学社长春市直属委员会社员李铭被长春市政协评为2016年度优秀委员。

2016年，九三学社吉林省委员会对全省优秀理论研究成果和理论研究工作进行表彰，九三学社长春工业大学委员会社员程腊梅荣获三等奖，九三学社农业大学委员会社员王松心荣获成就奖。

2017年，九三学社长春市宽城区委员会被九三学社中央评为"坚持和发展中国特色社会主义"学习实践活动先进集体。

2017年5月，九三学社长春中医药大学委员会社员冷向阳、九三学社长春市直属新区委员会社员石浩男荣获九三学社吉林省委2012—2017年度突出贡献奖。

2017年11月，九三学社东北师范大学委员会被九三学社中央评为2013—2017年全国参政议政工作先进集体；翁连海、李小霞被九三学社中央评为2013—2017年参政议政先进个人。

2017年，九三学社吉林省第七届委员会对五年来涌现出的先进集体、优秀个人进行表彰。九三学社长春市委员会中有17个基层组织被评为先进基层组织，113人被评为先进个人。先进基层组织：九三学社吉林大学委员会、九三学社东北师范大学委员会、九三学社一汽集团委员会、九三学社长春市朝阳区委员会、九三学社长春市宽城区委员会、九三学社长春市南关区委员会、九三学社长春市二道区委员会、九三学社长春市双阳区委员会、九三学社长春市绿园区委员会、九三学社长春中医药大学委员会、九三学社吉林财经大学委员会、九三学社吉林农业大学委员会、九三学社长春工业大学委员会、九三学社长春市直属法律综合委员会、九三学社长春市中心医院支社、九三学社长春市妇产医院支社、九三学社长春市儿童医院支社；先进个人：李玮、陈丽阳、王志铁、张哲、赵学良、王宁、沈秀丽、曲兴田、刘冰冰、周逢道、李洋、王庆丰、黄洋、闫晓冬、栾岚、尹志刚、吕宁、张占海、周晓密、宗凤杰、胡佳、夏国富、刘波、侯冠森、孔繁武、赵虹、孙科、李小霞、程腊梅、王晓刚、佟玉吉、房有君、张键、董伟东、单莹莹、贡济宇、吴秋成、周传颂、褚丽东、代桂霞、李明森、刘建辉、马春杰、孟广喆、孙超、孙桂娟、田义新、孙建春、王春利、王晖、王艳秋、吴秀丽、张晓颖、张烨、赵芳兴、赵琪、赵岩、赵岳、顾红艳、张红梅、黄晓音、许辉、赵彤、田慧、宋丹丹、倪畅、崔金华、曹剑菲、韩向东、吕康银、齐望之、宋伟宏、袁笠恒、赵永成、赵炟焮、翁连海、裴智梅、金美辰、葛莘、田元生、任星宇、高清华、欧阳晓兵、张卓、关茹月、高新宇、刘春雨、贾馨鑫、殷丽辉、张普一、贾伟华、庄军、刘君玲、孟校宇、孟美青、李威、米丽群、才天颖、刘晓娟、李君、石利男、马甲朋、贾蕊、张昕泽、彭亮、林喆、郑敏、郑美群、吕欣洋、裴智梅、姜怀志、王呈琛、张家治。

2017年12月，九三学社吉林财经大学委员会社员代桂霞、九三学社长春市儿童医院支社社员吴秀丽、九三学社长春市双阳区委员会社员刘建春被长春市政协评为2017年度优秀委员。

2018年12月，九三学社长春市双阳区委员会社员刘建春被长春市政协评为2018年度优秀委员。

2019年12月，九三学社长春职业技术学院支社社员翁连海、九三学社东北师范大学委员会社员颜力楷被长春市政协评为2019年度优秀委员。

2020年12月，九三学社长春职业技术学院支社社员翁连海被长春市政协评为2020年度优秀委员。

2020年，九三学社长春市委员会被九三学社中央评为抗击新冠肺炎疫情先进集体；冷向阳、马丕勇、王颜（女）、王丽娜（女）、刘艳华（女）、李洋、李晓光（女）、吴秋成、韩方雷9名社员被九三学社中央评为抗击新冠肺炎疫情湖北抗疫一线优秀社员；安璀颖（女）、李昕（女）、李晨光（女）、吴学军、郑雪冰、赵虹（女）6名社员被评为抗击新冠肺炎疫情先进个人。

2020年，九三学社长春市委员会被九三学社中央评为九三学社全国宣传思想工作先进单位；冷向阳被评为九三学社中央2016—2020年度社会服务先进个人；赵彤被评为九三学社全国宣传思想工作先进个人。

2020年，九三学社东北师范大学委员会、九三学社长春中医药大学委员会被九三学社中央评为九三学社全国优秀基层组织。

2020年，九三学社长春市双阳区委员会被九三学社中央评为九三学社全国社会服务先进集体；冷向阳、闫石被评为九三学社全国社会服务先进个人。

2021年，九三学社长春市委员会被九三学社中央评为2018—2020年参政议政先进集体、九三学社全国组织信息系统数据维护工作先进集体、全国机关建设先进集体，荣获九三学社中央思想建设调研成果一等奖。田慧被评为2018—2020年九三学社全国参政议政先进个人。

2021年，九三学社长春中医药大学委员会荣获九三学社"五史"知识竞赛优秀组织奖；九三学社吉林建筑大学支社社员慕晓飞荣获九三学社"五史"知识竞赛优胜个人二等奖，九三学社吉林省农业机械研究院支社社员郑永鑫荣获九三学社"五史"知识竞赛优胜个人三等奖。

2021年12月，九三学社长春大学支社社员张晓颖被长春市政协评为2021年度优秀委员。

2022年，九三学社长春市委员会被九三学社中央评为九三学社组织工作先进集体、全国宣传思想工作先进单位、社会服务先进集体；韩雪娇、赵梓超被评为九三学社全国组织工作先进个人；闫石被评为九三学社全国宣传思想工作先进个人。

2022年，九三学社吉林农业大学委员会、九三学社长春中医药大学委员会被九三学社中央评为社会服务先进集体。刘冰冰、南红梅被评为九三学社社会服务先进个人。

2022年，九三学社吉林财经大学委员会社员王晖、李晓新荣获2021年九三学社中央思想建设调研成果一等奖。

2022年，九三学社吉林省委员会表彰抗击新冠肺炎疫情先进个人和先进基层组织。九三学社长春市委员会中有35个基层组织被评为先进基层组织，302人被评为先进个人，190名社员被评为优秀社员。先进基层组织：九三学社吉林大学委员会、九三学社长春中医药大学委员会、九三学社长春市中心医院委员会、九三学社吉林农业大学委员会、九三学社长春理工大学委员会、九三学社吉林财经大学委员会、九三学社中国第一汽车集团有限公司委员会、九三学社长春市宽城区委员会、九三学社长春市朝阳区委员会、九三学社长春经济技术开发区委员会、九三学社长春市绿园区委员会、九三学社长春市南关区委员会、九三学社长春市二道区委员会、九三学社长春市双阳区委员会、九三学社长春市净月高新技术产业开发区委员会、九三学社长春新区委员会、九三学社长春市直属榆树市委员会、九三学社长春市直属第二委员会、九三学社长春市直属第三委员会、九三学社长春市直属第四委员会、九三学社长春市直属第五委员会、九三学社长春市卫生健康委员会联合支社、九三学社长春市儿童医院支社、九三学社长春市中医院支社、九三学社长春市二院支社、九三学社东北电力设计院支社、九三学社长春市妇产医院支社、九三学社长春大学支社、九三学社吉林动画学院支社、九三学社吉林建筑大学支社、九三学社长春市九台区支社、九三学社吉林工商学院支社、九三学社长春工程学院支社、九三学社吉林省农业机械研究院支社、九三学社长春师范大学支社；先进个人：张普一、汪曼玲、张信、刘立君、赵淑媛、安继梅、赵亚清、王丽巍、任光平、张丛峰、张彦东、刘永顺、赵久春、肖明海、孙宝新、李艳辉、娄长生、孟祥军、李春利、宋黎明、于海、于晶、王传芳、王海东、李庆阳、赵兴野、毛靖宇、吴雨宣、张栩鸣、柳树宁、曲天任、殷远策、吴思、张宏、胡哲、胡松婉、周保玉、高清华、朱新庆、赵大龙、王佳、孟校宇、刘宝珍、唐丰、张鸣雁、许峰、李晓光、黄克禹、徐林鑫、董速、孙喜波、周海燕、刘迪宇、张艳秋、刘彤、吴秀丽、赵芳兴、金铎、邢丽辉、朴春姬、高淑清、朱黛、杜柏秋、景占英、吕志坤、王玥、荆华、郑秀玲、王长青、王丽雪、程惠丽、杨文彬、宋桂杰、鲍美英、王唯、杨林、马英伟、张莉、包晓锐、李彩凤、吴依阳、高博、胡毓芬、鞠玉蕊、张景彤、蒋爽、徐秀平、刘聪、王云成、吕雁、唐文娟、王秋利、马卉、于杰、崔红梅、李莉、邵伟、周瑞雪、杨姝、杨黎黎、李红日、姚芹、迟丽平、孙世萍、王辉、杨立民、吴学军、罗健熠、张玉岩、鲁文辉、徐嵩森、冷向阳、包扬、陈曦、南红梅、王威、王明希、吴秋成、王影、米继强、蒋锴、赵卫东、张进、王维、刘宁宁、吕靖、王清林、胡松、吴航、周蓬勃、李英杰、李莉、王莉、裴智梅、吕宁、孙裕民、吕岩、杨波、闫晓冬、梁红、刘艳华、贺永斌、娄冬梅、郝永胜、李昕华、张伟、李晶、王颜、孙英楠、李唐、陆林、汪旭、郑鹏飞、王鑫森、张晓琳、刘卫卫、吕赫、王巧媛、朱龙涛、王丽娜、苗永刚、王美晶、罗春艳、赵鹏、庄军、李佳明、陈文科、尚世龙、梁冬、张金亮、王甫国、王洋、王萍、李巍巍、赵红、曲艺平、任民、夏洪岩、徐新、孙海樱、李昕萌、李晨光、吴波、隋天卓、刘玉兰、赵玉洁、刘晓杰、乔红、孙慧、胡煜、李迎丽、裘学辉、李猛、王琦、翟前前、赵虹、杜欣、王金艳、任凯、巩春玲、徐大同、尤寒松、李笑楠、李畅、马春光、崔烨、郑敏、马甲朋、卓娅、肖春英、徐亚香、闻静、孙雪、韩昌、林桂花、马小林、白宇、陈岩、张剑、冯金宇、袁卓、李辉、于泽占、张海军、胡磊、于雪飞、贾蕊、宁爽、鲍宏宇、杨靖、王金艳、丁楠楠、李秀梅、李玉莲、李柳、褚丽东、杨子文、于兴业、闫福君、袁洪雨、张君、李大成、杨丽华、殷国光、刘怀志、王革、袁伟杰、赵忠良、于潮、沙立家、姜一红、沈虹、侯冠森、李忻泽、陈宇光、苏秀文、李雅书、刘杰、郭委艳、孟繁峥、谭诚、郑雪冰、易磊、张书瑞、方华、张春鹏、马丕勇、韩方雷、李德丽、徐松柏、于姗姗、白杨、李沫、刘宝新、石砲岩、王春华、王剑锋、李洋、刘丽、高忠文、刘晓军、张潮鹤、贾赞慧、周长玉、李容杭、孙淑芬、王冰然、刘羽飞、张德智、赵学良、张小飞、崔巍巍、郑爽、高硕徽、乔月、张博、王川、杨德峰、关英慧、郭秋实、王永亮、高欢；优秀社员：戈兴炜、闫钰锋、庞亚青、孙建平、司振兴、徐彦玲、王春艳、白雪松、孙孝丹、杨奕博、季凯、郭敏、刘效勤、朱丽丽、刘晓娟、王明波、王一然、任长超、孙明光、单翼龙、赵双权、安璀颖、张天宇、刘齐、郭帅、李国东、王菁菁、孙桂娟、马春静、李泽鸿、卢宝慧、葛莘、隋明璐、张宇飞、张睿、王思铭、葛藤泽、沙岩、侯坤、孟祥贺、温德成、李道、金美辰、李琪、李艳秋、吴楠、王耀伟、陈香玲、常健、杨莹、夏丽丽、李佳宁、徐云、支茵、刘杨、公明、裴雪、周怡冰、许文巍、裴德文、张雪巍、孙秉南、张丹辉、高见、钟浩、陈焘、刘源、姚英春、赵子傑、胡大敏、李明森、陈晨、孙超、常鹏、代桂霞、姜建华、王晖、张月、郭峰、杨洪影、张洁妍、朱永刚、张明、张晓颖、史勇、崔薛腾、贾馨鑫、张莉、宋飞、赵永志、李巍、刘卓、王瀛、吴泽宇、董伟东、王志强、张键、付岩、鲁明、姜娜、郭爽、潘迪、刘丽莉、刘佳禄、代宝、刘岩、常淳、杨洪梅、李小霞、于忠平、李思洋、刘建辉、傅瑜、陈柳羲、刘宪成、房嘉禧、王耀彬、赵庆伟、刘尚红、李彭、孙科、刘春雨、孟广喆、房云、袁敬敏、孙丹月、杜静涵、陈松、温鑫、杨晴、谷晓林、单莹莹、沈洪刚、姜一鹏、强杨、关茹月、吕欣洋、侯佳辰、倪畅、益迎哲、张海燕、李长翠、刘波、郭铸满、韩冰、孙延冬、张冰、谭强、张波、王爽、王拓、李辛、朱鹏程、任佳仪、韩景源、刘继承、卢新、张兴、邹广玉、李庆喜、沈文舒、张素莉、李威、刘建春、桑瀚旭、江悦、王志良、杨华、闫俊仁、葛帅、夏光宇、顾洪梅、孙淑琴、杜磊、孙彩堂、胡志清、李铭、顾红艳、闫石、许辉、张红梅、田慧、赵彤、陈佳琦、孙诺、赵梓超、孙亚楠、韩雪娇、黄晓音、于帼荣。

2022年，九三学社吉林省第八届委员会对5年来涌现出的先进集体、先进个人进行表彰。九三学社长春市委员会被评为社务工作先进集体。九三学社长春市委员会中有25个基层组织被评为先进基层组织，156人被评为先进个人。先进基层组织：九三学社吉林大学委员会、九三学社东北师范大学委员会、九三学社吉林农业大学委员会、九三学社长春中医药大学委员会、九三学社吉林财经大学委员会、九三学社长春理工大学委员会、九三学社长春大学支社、九三学社长春师范大学支社、九三学社长春市中心医院委员会、九三学社长春市儿童医院支社、九三学社长春市卫生健康委员会联合支社、九三学社长春市中医院支社、九三学社中国第一汽车集团有限公司委员会、九三学社长春市直属第四委员会、九三学社长春市南关区委员会、九三学社长春市朝阳区委员会、九三学社长春市宽城区委员会、九三学社长春市二道区委员会、九三学社长春市绿园区委员会、九三学社长春市双阳区委员会、九三学社长春市净月高新技术产业开发区委员会、九三学社长春市直属榆树市委员会、九三学社长春市九台区委员会、九三学社长春市直属第三委员会、九三学社长春经济技术开发区委员会；先进个人：周长玉、刘冰冰、王庆丰、沈秀丽、李洋、孟繁峥、李容杭、李沫、张小飞、马丕勇、韩方雷、郑雪冰、孙凯、胡志清、张伟、孙彩堂、张昇、徐松柏、刘宝新、张书瑞、姬蕾、颜力楷、高玉秋、白娥、付永平、宫鹤、官丽莉、郭立泉、卢宝慧、南红梅、吴秋成、贡济宇、刘鹏、赵宇飞、张洁妍、李晓新、王明时、温岩、林喆、闫钰锋、董洪志、赵猛、张晓颖、史勇、温博、刘君玲、孙建春、陈晨、孙桂娟、赵诗若、王春利、张素莉、翁连海、张伟、娄冬梅、张晓琳、郑敏、白宇、于泽占、赵芳兴、吴秀丽、金铎、邢丽辉、吴波、李晨光、裘学辉、王清林、周蓬勃、赵鹏、单晓春、李玮、王志铁、顾宏伟、王慧勇、陈丽阳、袁立国、李禹志、王兴佳、王名慧、杨奕博、朱丽丽、郭敏、欧阳晓兵、代宝、田元生、刘佳禄、夏冬华、刘波、李长翠、关茹月、李辛、李延志、王燕、袁笠恒、姜一鹏、孟辉、秦绪忠、刘学、侯冠森、蔡波、闫俊仁、李忻泽、夏光宇、夏国富、孙莹、林森、李小霞、李思洋、房云、任民、王洋、谷晓林、刘珩、庄金玉、刘晓娟、许峰、梁艳、冯海奎、王明波、尹职、许兰东、姜娜、刘丽莉、杨立民、王志强、刘齐、张天宇、周瑞雪、李威、张君、李大成、隋明璐、葛莘、许文巍、高清华、周保玉、胡松婉、陶进、贾馨鑫、宋丹丹、张普一、赵久春、崔烨、任鹏、颜廷微、李明森、代桂霞、王晖、王琦、翟前前、安璀颖、裴德文、单莹莹、王宁、孙宏、朱鹏程。

2023年，九三学社长春市委员会被九三学社中央评为2021—2022年度参政议政先进集体；九三学社长春市委员会机关调研处赵梓超被社中央评为2021—2022年度参政议政先进个人。

# 九、2000年以来社员岗位工作受嘉奖情况

长春市九三学社社员绝大多数分布在大专院校、科研院所和医疗卫生等单位，担任着繁重的教学、科研和医疗任务，他们把个人的发展与国家振兴、长春振兴结合起来，在工作中勤奋钻研，勇挑重担，取得了突出业绩。据不完全统计：

●**国家级**

2000年，社员宋华的科研成果《水性丙烯酸汽车底盘漆的开发及应用》（第一完成人）荣获中国汽车工业科学技术进步奖三等奖。

2001年，社员姜凡应邀设计的"中国长春2007年亚洲冬季运动会"申办标识受到国务院、国家体育总局的认定与采用。

2001年，社员冯守华的教学成果《无机化学学科高层次人才培养》荣获教育部颁发的国家级教学成果奖二等奖。

2001年，社员冯守华荣获宝钢教育奖2000年度优秀教师特等奖。

2002年，社员姜凡于2001年应邀设计的"中国长春2007年亚洲冬季运动会"申办标识被中国包装技术协会设计委员会授予"中国包装设计行业先进工作者"荣誉称号。

2003年，社员冯守华的科研成果《新型无机功能材料的水热合成化学》荣获2002年教育部自然科学奖一等奖；同年，荣获"留学回国人员成就奖"。

2003年，社员王志良荣获国家体育总局授予的"世界冠军启蒙教授"荣誉称号。

2004年，社员冯守华荣获科技部授予的"国家重点实验室计划先进个人"荣誉称号。

2005年，社员冯守华荣获科技部授予的国家重点实验室建设"个人金

牛奖"。

2005年，社员李铭荣获科技部授予的"全国技术市场先进个人"荣誉称号。

2008年，社员张红星的科研成果《光电功能材料的分子设计研究》荣获教育部颁发的高等学校科学研究优秀成果奖自然科学奖一等奖。

2008年，社员冷向阳被中华中医药学会评为"第二届全国百名杰出青年中医"。

2008年，社员翁连海的论文《固态发酵法白酒生产数据库的建立与数字化控制》荣获中国酿酒工业协会颁发的2007年度"洋河杯"第五届全国白酒行业科技与发展"优秀论文二等奖"。

2009年，社员刘冰冰入选教育部"长江学者"特聘教授。

2010年，社员刘冰冰荣获国家杰出青年基金。

2010年，社员刘庆福在第二届中国大学生创意创业大赛暨知识产权教育活动总决赛中荣获中国高等教育学会颁发的创意创业名师奖。

2010年，社员龚淑玲的科研成果《一汽集团CKD轻型车及备件出口包装工艺改善》（前四人）荣获中国物流与采购联合会、中国物流学会颁发的中国物流管理优秀案例奖。

2011年，社员葛鹏飞荣获中国医师协会神经外科分会及王忠诚院士基金会颁发的王忠诚中国神经外科优秀青年医师年度奖。

2011年，社员刘冰冰荣获中华全国妇女联合会、中国科学技术协会、中国联合国教科文组织全国委员会颁发的"中国青年女科学家奖"。

2011年，社员龚淑玲的科研成果《提高汽车零部件配送中心利用率与作业效率的措施研究》（前三人）荣获中国物流学会课题优秀成果一等奖。

2011年，社员龚淑玲的科研成果《不间断服务下的续库搬迁模式的开发与应用》（主持）荣获中国物流与采购联合会、中国物流学会颁发的中国物流管理优秀案例奖。

2011年，社员宋华的科研成果《汽车涂料中有害物质限量》（第五完成人）荣获中国石油和化学工业联合会颁发的科学技术进步奖二等奖。

2012年，社员葛鹏飞入选教育部新世纪优秀人才计划。

2012年，社员龚淑玲的科研成果《物流超市在一汽-大众二厂国产化物流中心的应用》（前六人）荣获中国物流与采购联合会颁发的科学技术进步奖二等奖。

2012年，社员龚淑玲的科研成果《一汽-大众奥迪CKD中心仓储优化方案》（前四人）荣获中国物流与采购联合会、中国物流学会颁发的物流行业企业管理现代化创新成果奖三等奖。

2012年，社员宋华的科研成果《电泳涂装对汽车内腔结构防腐性能影响的试验研究》（第一完成人）荣获中国汽车工业科学技术进步奖三等奖。

2012年，社员宋华的科研成果《汽车关键零部件先进材料及工艺的技术开发和应用》（第二完成人）荣获中国机械工业联合会、中国机械工程学会颁发的中国机械工业科学技术进步奖技术发明奖。

2012年，社员颜廷微的科研成果《越南锦普2×300MW循环流化床电站工程》（参与设计）荣获中国电力规划设计协会颁发的国家级优秀设计奖一等奖。

2013年，社员艾民荣获教育部办公厅、中国残疾人联合会办公厅颁发的全国特教园丁奖。

2013年，社员刘冰冰入选科技部"创新人才推进计划"中青年科技创新领军人才。

2013年，社员单莹莹荣获科技部授予的"全国县（市）科技进步考核先进个人"荣誉称号。

2013年，社员龚淑玲荣获中国物流与采购联合会物流装备专业委员会授予的"仓储技术与管理专家"荣誉称号。

2013年，社员龚淑玲的科研成果《CKD中心仓储优化项目》（前五人）荣获中国物流与采购联合会颁发的科技进步二等奖。

2013年，社员龚淑玲的科研成果《大众二厂国产化零部件物流中心项目》（参与）荣获中国物流与采购联合会、中国物流学会颁发的物流行业企业管理现代化创新成果三等奖。

2014年，社员刘冰冰入选中共中央组织部、中华人民共和国人力资源和社会保障部"国家高层次人才特殊支持计划"；同年，其科研成果《超高压下简单分子凝聚体系的新奇结构相变和压力效应》荣获中华人民共和国国务院颁发的国家自然科学奖二等奖。

2014年，社员白娥入选中共中央组织部"国家高层次人才特殊支持计划"。

2014年，社员金艳的课件《计算机基础》荣获教育部高等学校计算机科学与技术教学指导委员会授予的第九届全国高等学校计算机课件评比三等奖。

2014年，社员翁连海的科研成果《"职前—职后全程订单式"人才培养模式改革与实践》荣获教育部颁发的国家级教学成果奖二等奖。

2014年，社员张蕾蕾的单机版课件《型录设计》荣获教育部教育信息管理中心颁发的第十四届全国多媒体课件大赛二等奖。

2015年，社员尹爱青获批享受中华人民共和国国务院政府特殊津贴。

2015年，社员迟宝荣荣获中华医学会医学教育分会授予的"中华医学教育终身成就奖"。

2015年，社员吕康银荣获宝钢教育基金会授予的"宝钢优秀教师"荣誉称号。

2015年，社员宋华的科研成果《商用车金属管类总成涂装技术研究》（第八完成人）荣获中国汽车工业科学技术进步奖二等奖。

2015年，社员孔繁武荣获中国能源建设股份有限公司授予的"2014年度安全生产先进个人"荣誉称号。

2016年，社员宋华的科研成果《"高品质、低成本、低能耗"绿色汽车涂装技术的研究及应用》（第一完成人）荣获中国机械工业科学技术奖三等奖。

2016年，社员宋华的科研成果《车辆特种防护技术的自主创新与应用》（第六完成人）荣获中国汽车工业科学技术进步奖二等奖。

2017年，社员付永平的科研成果《菌物多样性保护创新体系的构建及其在藏区的应用》荣获教育部颁发的科学技术进步奖一等奖。

2017年，社员高洁的科研成果《人参安全优质生产农药减施综合技术体系的构建与应用》（第一完成人）荣获农业部颁发的"神农中华农业科技奖"二等奖。

2017年，社员官丽莉指导的科研成果《金属硫蛋白2基因在红花中表达的初步探究》荣获高等学校生物科学类专业教学指导委员会、高等学校国家级实验教学示范中心联席会颁发的第二届全国大学生生命科学创新创业大赛指导教师一等奖。

2017年，社员李瑞娜原创作品《清风颂》荣获教育部第五届全国高校廉政文化作品征集暨廉洁教育系列活动优秀作品奖。

2017年，社员李瑞娜获批国家艺术基金项目"京剧杨派表演人才培养"（第一完成人）。

2017年，社员彭向明入选教育部高等教育司首批"全国万名优秀创新创业导师"人才库。

2017年，社员张俊姝入选教育部高等教育司首批"全国万名优秀创新创业导师"人才库。

2017年，社员尹爱青被评为中国哲学社会科学（艺术学学科）最有影响力学者。

2018年，社员官丽莉荣获高等学校生物科学类专业教学指导委员会、高等学校国家级实验教学示范中心联席会颁发的第三届全国大学生生命科学创新创业大赛指导教师一等奖（指导的科研成果为《红花油体冻干粉的制备及稳定性分析》）。

2018年，社员姜怀志的科研成果《乾华肉用美利奴羊》（第二培育人）荣获农业农村部颁发的畜禽新品种证书。

2018年，社员李伟民的科研成果《柴达木盆地与周缘地质构造演化重大进展与油气勘查应用》荣获国土资源部颁发的国土资源科学技术奖二等奖。

2018年，社员李瑞娜获批中国非物质文化遗产传承人群研修研习培训计划项目"黄龙戏非遗传承人群培训班"（第一人）。

2018年，社员刘畅导演、董健概念设计的原创动画短片《父亲》荣获第十届中国国际影视动漫版权保护和贸易博览会"动感金羊"最佳新媒体动画短片奖。该作品同时荣获国家广播电视总局颁发的第二届社会主义核心价值观三类作品奖和青年创意微视频大赛最佳创意奖。

2018年，社员蔡世超的科研成果《电力调度通信楼工艺机房节能技术研究》荣获中国电力规划设计协会、吉林省电机工程学会颁发的2017年吉林省电力工业科学进步奖二等奖；同年，荣获2017年电力工程科学技术进步奖三等奖。

2018年，社员付永平荣获中国发明协会授予的第十届"发明创业奖·人物奖"。

2018年，社员孔繁武的科研成果《电力调度通信楼工艺机房节能技术研究》荣获中国电力规划设计协会颁发的2017年科技进步奖三等奖。

2018年，社员陶进的科研成果《纤维素燃料乙醇成套工艺技术及关键配套设备开发》荣获中国粮油学会科学技术奖一等奖。

2018年，社员闫垒垒的作品《大舞台之三理想空间》入选中国美术家协会举办的"版画中国——版画艺术在民间"全国巡展。

2018年，社员赵海波的科研成果《时速250公里城际动车组技术研究与应用》荣获中国铁道学会颁发的铁道科技奖二等奖。

2019年，社员迟宝荣荣获中央文明办、国家卫生健康委员会授予的"中国好医生"荣誉称号。

2019年，社员林刚在教育部高等学校大学外语教学指导委员会、教育部英语专业教学指导委员会、北京外国语大学外语与教育研究中心、北京外国语大学外语测评中心、外语教学与研究出版社联合举办的外研社"教学之星"全国讲课大赛中，荣获复赛特等奖。

2019年，社员马卉荣获国家中医药管理局授予的"全国中药特色技术传承人才"荣誉称号。

2019年，社员裴德文创作研发了中国博物馆系统首款拥有自主知识产权的"满宫德文体"字库，并获得国家版权局版权证书。

2019年，社员白娥荣获中国地理学会青年科技奖。

2019年，社员蔡世超的科研成果《吉林松原地区电网调度控制系统建设工程》荣获中国电力规划设计协会颁发的2018年行业优秀工程设计三等奖。

2019年，社员李瑞娜导演的原创吉剧作品《山魂》被列为地方播出频道二等系列节目，获得中国广播电影电视社会组织联合会认定。

2019年，社员孟繁峥的科研成果《改良型硬质支气管镜》荣获中国医学装备协会主办的第四届全国临床创新与发明大赛一等奖；同年，其科研成果《可视硬质支气管镜》荣获中国医学创新联盟主办的中国医学创新大赛三等奖。

2019年，社员彭向明荣获"全国竞技机器人邀请赛2017—2018年度人物"荣誉称号。

2019年，社员陶进的科研成果《玉米淀粉及其衍生物绿色高效制造关键技术与产业化》荣获中国轻工业联合会颁发的轻工业联合会科学技术进步奖一等奖。

2019年，社员许兰东荣获第七届世界军人运动会"优秀技术官员"荣誉称号。

2019年，社员闫垒垒的版画《夏夜冬晨》入选中国美术家协会举办的第二十三届全国版画展；《呼兰河传》入选中国第二届插图艺术展。

2019年，社员闫垒垒的作品《呼兰河传插图之二》《呼兰河传插图之六》入选中国美术家协会举办的"插图中的媒介"全国版画插图艺术展；同年，作品《最后的渔猎部落之渔把头日记》入选第四届全国高校插图展，作品《冰雪渔谣》入选第五届全国高校插图展。

2019年，社员颜廷微的科研成果《国投哈密电厂一期（2×660MW）工程》（第七完成人）荣获中国电力规划设计协会颁发的2018年度电力行业优秀工程设计二等奖。

2020年，社员冯守华荣获教育部拔尖计划突出贡献奖。

2020年，社员孙海悦荣获教育部高等学校大学生生物课程教学指导委员会等单位颁发的第五届全国大学生生命科学创新创业大赛指导教师二等奖（指导的科研成果为《红豆越橘果实转录组测序文库的建立及其生物信息学分析研究》）。

2020年，社员李瑞娜获批中国非物质文化遗产传承人群研修研习培训计划项目"东北二人转非遗传承人群培训班"（项目负责人）。

2020年，社员孟繁峥的科研成果《儿科可视硬质支气管镜》荣获中国医学装备协会主办的第五届全国临床创新与发明大赛一等奖。

2020年，社员董健的漫画作品《科技的代价——纯氧时代》入选中国美术家协会、桐乡市人民政府举办的"子恺杯"第十三届中国漫画大展；同年，作品《无懈可击》入选中国美术家协会举办的漫画类抗疫作品展。

2020年，社员董健的作品《无懈可击》入选中国美术家协会举办的漫画类抗疫作品展。

2020年，社员刘畅导演、董健概念设计的动画短片《英雄》荣获第十六届中国国际动漫节金猴奖潜力奖。

2020年，社员阮洪玲荣获"航天科工杯"第七届"创青春"中国青年创新创业大赛全国赛农业农村组 — 初创组优秀奖。

2020年，社员吴轶博的招贴设计作品《中国戏剧节》入选中国美术家协会举办的中国戏剧节首届全国平面设计大展。

2020年，社员许兰东在中华全国体育总会举办的"全民健身 活力中国"2020年"寻找魅力中华"全国旅游城市定向系列赛中荣获公开男子组第二名。

2020年，社员闫垒垒的版画《冬晨2020》入选中国美术家协会举办的内蒙古"一带一路"版画作品展。

2020年，社员尹爱青被评为中国哲学社会科学（艺术学学科）最有影响力学者。

2020年，社员赵海波的科研成果《大西高速试验》荣获中国铁道学会颁发的科技成果奖特等奖。

2021年，社员陶进的科研成果《玉米淀粉及其深加工产品的高效生物制造关键技术与产业化》荣获中华人民共和国国务院颁发的国家科学技术进步奖二等奖。

2021年，社员冷向阳荣获全国总工会授予的"全国五一劳动奖章"；同年，入选"中国好医生、中国好护士"年度人物。

2021年，社员刘畅导演、董健概念设计的动画短片《英雄》荣获国家广播电视总局颁发的"理想照耀中国——第四届社会主义核心价值观动画短片扶持创作活动"二类优秀作品奖。

2021年，社员陶进的科研成果《提高玉米浸泡效果的复合菌剂及其应用》荣获国家知识产权局、世界知识产权组织授予的中国专利奖金奖。

2021年，社员王克凤的科研成果《长白山优质特色观赏植物栽培繁育及应用推广》荣获国家林业和草原局颁发的"梁希林业科学技术奖"科技进步奖二等奖；同年，繁育的"槭叶草"荣获第十届中国花卉博览会组织委员会颁发的展品类（盆花）优秀奖。

2021年，社员吴轶博的招贴设计作品《节约粮食系列》《首届全国平面设计大展》分别荣获文化部颁发的米兰设计周——中国高校设计学科师生优秀作品展国家二、三等奖。

2021年，社员吴轶博的作品《厉行节约系列》入选文化和旅游部举办的文化和旅游部艺术司公益活动特邀作品展。

2021年，社员刘冰冰荣获中国物理学会颁发的谢希德物理奖。

2021年，社员桑瀚旭培育的"落新妇"荣获第十届花卉博览会组织委员会颁发的第十届中国花卉博览会展品类（食用花卉）优秀奖；培育的"猴腿蹄盖蕨"荣获第十届花卉博览会组织委员会颁发的第十届中国花卉博览会展品类（食用花卉）优秀奖。

2021年，社员闫垒垒的版画《守望家园》入选中国美术家协会举办的第二十四届全国版画展。

2021年，社员吴轶博的作品《菩提宋》入选大美江南海报艺术展。

2021年，社员张晓颖荣获中国工业与应用数学学会、全国大学生数学建模竞赛组织委员会授予的"全国大学生数学建模竞赛优秀指导教师"荣誉称号。

2022年，社员郭立泉荣获中宣部授予的"中国好人"荣誉称号。

2022年，社员付永平荣获农业农村部授予的"神农青年人才"荣誉称号。

2022年，社员刘晓龙荣获农业农村部颁发的2019—2021年农业农村部丰收贡献奖。

2022年，社员冷向阳入选国家中医药管理局"岐黄学者"支持项目。

2022年，社员李瑞娜获批中国非遗传承人研修培训计划项目"吉剧研修班"（项目负责人）。

2022年，社员李长翠荣获国家知识产权局、公安部授予的"2021年度全国知识产权系统和公安机关知识产权保护工作成绩突出个人"荣誉称号。

2022年，社员任姣姣荣获航天总体单位授予的"航天发射质量之星"荣誉称号。

2022年，社员刘冰冰的科研成果《富勒烯构筑的高压新碳结构与新性质》荣获中国材料研究学会科学技术奖一等奖。

2022年，社员吴轶博荣获北京冬奥组委会颁发的2022年北京冬残奥会吉祥物积极贡献奖。

2022年，社员许兰东被聘为2022年北京冬奥会和冬残奥会"高山滑雪技术官员"。

2022年，社员闫明的科研成果《开放手术内镜化理念下微创内镜治疗脊柱退行性疾病的研究与推广》荣获中国康复医学会颁发的中国康复医学会科学技术奖二等奖。

2022年，社员张天宇研发的工艺快速编程荣获国家知识产权局专利。

2022年，社员张晓颖的教学成果《基于深度学习的智能电网稳定预测》荣获全国应用统计专业学位研究生教育指导委员会颁发的第五届全国应用统计专业学位研究生教育教学成果奖二等奖。

2022年，社员张秀岩的科研成果《大唐东营2×1000MW新建工程》（第十三完成人）荣获中国电力规划设计协会颁发的2021年度电力行业优秀工程设计一等奖。

2023年，社员李伟民的教学成果《"黄大年精神"引领的融合共享地学野外实践育人体系创新与实践》荣获教育部颁发的国家级教学成果奖二等奖。

2023年，社员任姣姣荣获全国妇联授予的"全国三八红旗集体"（成员）荣誉称号。

2023年，社员张秀岩的科研成果《大唐东营2×1000MW新建工程》（第十三完成人）荣获中国勘察设计协会颁发的2021年度电力工业工程设计一等奖。

2023年，社员赵海波的科研成果《高速铁路车网耦合系统稳定机理与匹配优化技术》荣获中国电工技术学会颁发的科学技术奖二等奖。

● 省级

2000年，社员曾金宏设计的通钢小型全连轧改造工程荣获吉林省建设厅颁发的省级优秀勘察设计一等奖。

2001年，社员李文革荣获吉林省人事厅、吉林省教育厅授予的"全省优秀教师"荣誉称号。

2002年，社员曾金宏设计的通钢型钢连轧工程荣获吉林省建设厅颁发的省级优秀勘察设计一等奖。

2002年，社员孔繁武的科研成果《500kV辽长吉哈佳输变电工程投产东北电网安全稳定研究》（第一完成人）荣获国家电力公司东北公司颁发的2001年科技进步奖。

2004年，社员潘雅芹参加设计的通钢3号竖炉工程荣获吉林省建设厅颁发的省级优秀勘察设计一等奖。

2005年，社员迟宝荣荣获中共吉林省委、吉林省政府授予的"吉林省高级专家"荣誉称号。

2005年，社员胡平荣获中共吉林省委、吉林省政府授予的"吉林省高级专家"荣誉称号。

2005年，社员马於光荣获中共吉林省委、吉林省政府授予的"吉林省高级专家"荣誉称号。

2005年，社员王瑛荣获中共吉林省委、吉林省政府授予的"吉林省高级专家"荣誉称号。

2005年，社员王玉兰荣获中共吉林省委、吉林省政府授予的"吉林省高级专家"荣誉称号。

2005年，社员王江滨荣获中共吉林省委、吉林省政府授予的"吉林省高级专家"荣誉称号。

2005年，社员杨世忠荣获中共吉林省委、吉林省政府授予的"吉林省高级专家"荣誉称号。

2005年，社员赵建军荣获中共吉林省委、吉林省政府授予的"吉林省高级专家"荣誉称号。

2005年，社员潘雅芹的科研成果《通钢6号高炉工程可行性研究报告》荣获吉林省发展和改革委员会颁发的吉林省优秀工程咨询成果二等奖。

2006年，社员丁宁的科研成果《外圆纵向智能磨削系统的研究》荣获吉林省科学技术奖励委员会颁发的吉林省科学技术进步奖三等奖。

2006年，社员尹爱青荣获吉林省人民政府授予的"吉林省第九批有突出贡献的中青年专业技术人才"荣誉称号。

2006年，社员潘雅芹参加设计的通钢6#高炉工程荣获吉林省建设厅颁发的吉林省级优秀设计二等奖。

2006年，社员翁连海荣获吉林省科学技术协会授予的"2004—2005年优秀学会干部"荣誉称号。

2007年，社员丁宁入选"吉林省第二批拔尖创新人才第三层次人选"。

2007年，社员冷向阳入选"吉林省第九批有突出贡献的中青年专业技术人才"。

2007年，社员刘冰冰入选"吉林省第二批拔尖创新人才第三层次人选"；同年，科研成果《新一代超高压技术与超高压相变的研究》荣获吉林省科学技术奖励委员会颁发的吉林省科学技术进步奖一等奖。

2007年，社员娄冬梅的科研成果《胆肠舒胶囊的研制与开发——以苦辛通降法从胆论治慢性泄泻的中药新》荣获吉林省科学技术奖励委员会颁发的吉林省科学技术进步奖三等奖。

2007年，社员张红星的科研成果《从分子到材料的化学微观过程的理论探索》荣获吉林省科学技术奖励委员会颁发的吉林省科学技术进步奖一等奖。

2007年，社员丁宁荣获吉林省总工会授予的"吉林省职工创新能手"荣誉称号。

2007年，社员翁连海荣获吉林省人社厅、吉林省教育厅授予的"全省优秀教师"荣誉称号。

2009年，社员刘冰冰的科研成果《新型碳材料的可控制备及其在超高压下的结构相变和物性研究》荣获吉林省科学技术奖励委员会颁发的吉林省科学技术进步奖一等奖。

2009年，社员张蕾蕾设计作品《红墙印迹》荣获吉林省教育厅颁发的首届吉林省高校视觉艺术大赛三等奖。

2010年，社员刘冰冰入选"吉林省第十一批有突出贡献的中青年专业技术人才"。

2010年，社员吕康银入选"吉林省第十一批有突出贡献的中青年专业技术人才"。

2010年，社员丁宁的科研成果《稀土永磁起重技术发明及应用》荣获吉林省科学技术奖励委员会颁发的吉林省技术发明奖三等奖。

2010年，社员陶进的科研成果《手性药物的酶法合成与生物合理设计》荣获吉林省科学技术奖励委员会颁发的吉林省科学技术进步奖二等奖。

2010年，社员肖萍萍的科研成果《供电网自动调压节能控制系统的研究和开发》荣获吉林省科学技术奖励委员会颁发的吉林省科学技术进步奖三等奖。

2010年，社员赵岩的科研成果《林下参化学成分的分离与生物活性研究》（第六完成人）荣获吉林省科学技术奖励委员会颁发的吉林省科学技术进步奖三等奖。

2010年，社员翁连海的教学配套课件《食品微生物基础与应用》荣获吉林省教育厅颁发的吉林省教育技术成果二等奖。

2010年，社员张蕾蕾的多媒体课件《动画概论》荣获吉林省教育厅颁发的吉林省高等学校教育技术成果评比二等奖。

2010年，社员肖萍萍的论文《民办高校科技创新团队建设研究》荣获吉林省社会科学界联合会颁发的吉林省社会科学学术年会优秀论文二等奖。

2011年，社员冷向阳荣获中共吉林省委、吉林省政府授予的"吉林省高级专家"荣誉称号。

2011年，社员尹爱青荣获中共吉林省委、吉林省政府授予的"吉林省高级专家"荣誉称号。

2011年，社员葛鹏飞荣获吉林省卫生厅授予的"吉林省卫生系统有突出贡献的中青年专家"荣誉称号。

2011年，社员吕康银荣获吉林省教育厅授予的首届"吉林省教育厅新世纪人文社科优秀人才"荣誉称号。

2011年，社员张蕾蕾的论文《视觉艺术语境下的动画教学课件制作》荣获吉林省美学学会颁发的吉林省美学学会2011年年会一等奖。

2012年，社员葛鹏飞的科研成果《蛋白酶体抑制剂对胶质瘤细胞增殖抑制及诱导凋亡作用》荣获吉林省科学技术奖励委员会颁发的吉林省科技进步奖二等奖。

2012年，社员昌友权的科研成果《大豆蚕蛹多肽保健功能开发研究》（第二完成人）荣获吉林省科学技术奖励委员会颁发的吉林省自然科学奖二等奖。

2012年，社员丁宁入选"吉林省第十二批有突出贡献的中青年专业技术人才"。

2012年，社员郭庆彪的科研成果《深基坑地下连续墙逆作施工技术应用》荣获吉林省科学技术奖励委员会颁发的吉林省科学技术进步奖三等奖。

2012年，社员葛鹏飞入选"吉林省第三批拔尖创新人才第三层次人选"。

2012年，社员吕康银入选"吉林省第三批拔尖创新人才第三层次人选"。

2012年，社员尹爱青入选"吉林省第三批拔尖创新人才第二层次人选"。

2012年，社员丁宁荣获吉林省教育厅授予的"吉林省高校新世纪科学技术优秀人才"荣誉称号。

2012年，社员肖萍萍荣获吉林省人力资源和社会保障厅授予的"吉林省领军人才"荣誉称号。

2012年，社员杨建毅的科研成果《设计素描教学软件》荣获吉林省教育厅颁发的吉林省高等学校教育技术成果三等奖。

2012年，社员张蕾蕾的网络课程"影视动画镜头设计"荣获吉林省教育厅颁发的吉林省高等学校教育技术成果评比一等奖。

2012年，社员张蕾蕾设计的作品《明镜》荣获吉林省教育厅颁发的吉林省高校廉政文化作品大赛一等奖。

2013年，社员葛鹏飞入选吉林省"长白山学者"特聘教授计划。

2013年，社员丁宁的科研成果《新型节能专利产品——高磁能大吨位系列稀土起重永磁铁研究与开发》荣获吉林省科学技术奖励委员会颁发的吉林省科学技术进步奖二等奖。

2013年，社员王世伟的科研成果《耐久型聚乙烯醇缩丁醛树脂及其玻璃夹层中间膜》（第一完成人）荣获吉林省科学技术奖励委员会颁发的吉林省科学技术进步奖三等奖。

2013年，社员赵岩的科研成果《莽吉柿果皮化学成分及其生物活性研究》（第一完成人）荣获吉林省自然科学学术成果奖评审委员会颁发的吉林省自然科学学术成果奖三等奖。

2013年，社员赵岩的科研成果《植物新资源抗氧化、抑菌活性筛选及研究开发》（第二完成人）荣获吉林省自然科学学术成果奖评审委员会颁发的吉林省自然科学学术成果奖优秀奖。

2013年，社员昌友权的科研成果《动植物多肽提取与保健功能开发研究》（第二完成人）荣获吉林省教育厅颁发的吉林省高校科学研究优秀成果奖一等奖。

2013年，社员田元生荣获吉林省总工会授予的吉林省五一劳动奖章；同年，荣获吉林省总工会授予的"吉林省经济技术创新标兵"荣誉称号。

2013年，社员肖萍萍的科研成果《基于控制理论的科研质量监控系统研究》荣获吉林省教育科学研究领导小组颁发的吉林省第八届教育科学优秀成果奖一等奖。

2013年，社员杨建毅的科研成果《实践教学体系构建的探讨与实践》荣获吉林省教育厅科学研究领导小组颁发的吉林省第八届教育科学优秀成果奖三等奖。

2013年，社员赵岩的科研成果《老参地土壤生物改良剂》（第五完成人）荣获吉林省科学技术厅、吉林省科学技术协会颁发的吉林省发明创造大赛二等奖。

2013年，社员张普一荣获吉林省总工会授予的吉林省五一劳动奖章。

2013年，社员张晓颖荣获吉林省教育厅授予的"吉林省高校新世纪科学技术优秀人才"荣誉称号。

2014年，社员葛鹏飞荣获中共吉林省委组织部、吉林省人力资源和社会保障厅、吉林省财政厅等单位颁发的"吉林省青年科技奖"；同年，其科研成果《缺血再灌注性脑损伤过程中蛋白聚集的分子机制及缺血后处理的脑保护作用研究》荣获吉林省科学技术奖励委员会颁发的吉林省科学技术奖自然科学奖二等奖。

2014年，社员付永平的科研成果《大豆分子育种技术研究与种质资源创新和新品种选育》荣获吉林省科学技术奖励委员会颁发的吉林省科学技术进步奖一等奖。

2014年，社员姜怀志的科研成果《东北农牧交错带优质肉羊产业化生产模式的研究》（第二完成人）荣获吉林省科学技术奖励委员会颁发的吉林省科学技术进步奖三等奖。

2014年，社员冷向阳荣获吉林省人民政府授予的"长白山技能名师"荣誉称号。

2014年，社员吕康银的教学成果《"五段一体式"实践教学体系的构建——商学院实践教学改革研究》荣获吉林省人民政府颁发的吉林省教学成果奖一等奖。

2014年，社员孙海悦的科研成果《寒地果树优异资源收集保护及创新利用》荣获吉林省科学技术奖励委员会颁发的吉林省科学技术进步奖一等奖。

2014年，社员张晓颖的教学成果《依托学科优势构建信息与计算科学专业创新人才培养体系的研究与实践》荣获吉林省人民政府颁发的吉林省教学成果奖三等奖。

2014年，社员裴智梅荣获吉林省人力资源和社会保障厅、吉林省卫生和计划生育委员会、吉林省中医药管理局授予的"吉林省名中医"荣誉称号。

2014年，社员肖萍萍荣获吉林省教育厅授予的"吉林省高等学校本科教学名师"荣誉称号。

2014年，社员张红星荣获吉林省教育厅授予的"长白山学者"荣誉称号。

2014年，社员张立的论文《国际化背景下中国会计准则建设》荣获吉林省人民政府颁发的吉林省第十届社会科学优秀成果奖论文类一等奖。

2014年，社员张蕾蕾的多媒体课件《型录设计》荣获吉林省教育厅颁发的吉林省高等学校教育技术成果二等奖。

2014年，社员金艳荣获吉林省高等学校毕业生就业指导中心授予的"2013—2014年度吉林省全国计算机应用技术证书考试先进工作者"荣誉称号。

2014年，社员葛鹏飞荣获吉林省科学技术协会颁发的吉林省优秀海外归国人才奖。

2015年，社员丁宁荣获中共吉林省委、吉林省政府授予的"吉林省高级专家"荣誉称号。

2015年，社员刘冰冰荣获中共吉林省委、吉林省政府授予的"吉林省高级专家"荣誉称号。

2015年，社员官丽莉的科研成果《牛主要呼吸系统疾病防控关键技术研究与应用》荣获吉林省科学技术奖励委员会颁发的吉林省科学技术进步奖一等奖。

2015年，社员姜怀志的科研成果《细绒高产型绒山羊新品种选育与种质特性利用》（第二完成人）荣获吉林省科学技术奖励委员会颁发的吉林省科学技术进步奖三等奖。

2015年，社员李佳明（第一完成人）、庄军（第八完成人）的科研成果《蝉胡止咳口服液治疗感冒后咳嗽（风邪恋肺证）的临床研究》荣获吉林省科学技术奖励委员会颁发的吉林省科学技术奖三等奖。

2015年，社员孙海悦的科研成果《越橘果实转录测序文库的建立及生物信息学分析》荣获吉林省自然科学学术成果评审委员会颁发的吉林省自然科学学术成果奖二等奖。

2015年，社员赵岩的科研成果《梅花鹿高效养殖加工关键技术的研究与应用》（第四完成人）荣获吉林省科学技术奖励委员会颁发的吉林省科学技术进步奖二等奖。

2015年，社员官丽莉荣获吉林省教育厅颁发的第四届吉林省大学生生命科学创新创业大赛指导教师一等奖（指导的科研成果为《红花花瓣总RNA提取方法的比较研究》）。

2015年，社员许兰东的论文《长春市民办高校学生课外体育锻炼的调查分析》荣获吉林省教育科学研究领导小组颁发的吉林省第九届教育科学优秀成果奖论文类三等奖。

2015年，社员杨建毅的教学成果《多媒体技术在高职计算机教学中的问题及对策分析》荣获吉林省教育科学研究领导小组颁发的吉林省第九届教育科学优秀成果奖三等奖。

2016年，社员房嘉禧荣获吉林省人民政府授予的"长白山技能名师"荣誉称号。

2016年，社员管荣强（第二完成人）、刘君玲（第三完成人）的科研成果《基于森林防火无人机预警系统的火情探测》荣获吉林省科学技术奖励委员会颁发的吉林省科学技术进步奖三等奖。

2016年，社员姜怀志的科研成果《肉羊工厂化养殖关键技术集成与应用》（第二完成人）荣获吉林省科学技术奖励委员会颁发的吉林省科学技术进步奖二等奖。

2016年，社员刘君玲荣获吉林省人民政府授予的"长白山技能名师"荣誉称号。

2016年，社员赵岩的科研成果《一种参原药品、食品、保健品原料加工方法》（第一完成人）荣获吉林省人民政府颁发的吉林省第二届专利奖金奖。

2016年，社员肖萍萍的科研成果《基于"控制理论"的科研质量保障与监控体系研究》荣获吉林省教育厅颁发的吉林省"十二五"教育科研优秀项目。

2016年，社员赵亚男的博士学位论文《随机传染病模型阈值问题研究》被吉林省教育厅评为吉林省优秀博士学位论文。

2016年，社员南洋的论文《高职顶岗实习"六元一心"情感干预模式的研究》荣获吉林省高等教育学会颁发的第十四届高等教育科研成果奖论文类三等奖。

2016年，社员赵久春被吉林省中医药学会聘为吉林省中医药文化科普巡讲专家。

2016年，社员张蕾蕾的论文《"慕课"冲击与大学教育模式改革》荣获吉林省高教学会颁发的吉林省高教学会第十四届成果评比一等奖。

2017年，社员丁宁入选"吉林省第六批拔尖创新人才第二层次人选"。

2017年，社员管荣强（第二完成人）、刘君玲（第三完成人）的科研成果《基于自适应步态算法的废墟搜救机器人系统》荣获吉林省科学技术奖励委员会颁发的吉林省科学技术进步奖三等奖。

2017年，社员冷向阳入选"吉林省第六批拔尖创新人才第一层次人选"。

2017年，社员冷向阳主持领导的科研成果《脊柱畸形矫正方法及手术指征选择创新研究》荣获吉林省科学技术奖励委员会颁发的吉林省科学技术进步奖一等奖。

2017年，社员姜怀志的科研成果"Comparative transcriptome profiling of longissimus muscle tissues from Qianhua Mutton Merino and Small Tail Han sheep"（《乾华肉用美利奴羊与小尾寒羊背最长肌转录组比较研究》，通信作者）荣获吉林省自然科学学术成果评审委员会颁发的吉林省自然科学学术成果奖一等奖。

2017年，社员陶进的科研成果《玉米果葡糖浆绿色精益生产新技术研究与产业化》荣获吉林省科学技术奖励委员会颁发的吉林省科学技术奖一等奖。

2017年，社员王世伟入选"吉林省第六批拔尖创新人才第三层次人选"。

2017年，社员赵亚男入选"吉林省第六批拔尖创新人才第三层次人选"。

2017年，社员颜力楷的科研成果《具有给—受体特征的多酸分子设计与合成》荣获吉林省科学技术奖励委员会颁发的吉林省科学技术奖自然科学奖二等奖。

2017年，社员娄冬梅荣获吉林省卫生健康委员会授予的"吉林省优秀住培管理者"荣誉称号。

2017年，社员张蕾蕾的论文《全日制专业学位研究生实践能力培养路径的研究》荣获吉林省教育科学研究领导小组颁发的吉林省第十届教育科学优秀成果奖二等奖。

2017年，社员郭庆彪参加的吉林省图书馆新馆工程设计荣获吉林省勘察设计协会颁发的省级优秀建筑设计一等奖。

2018年，社员艾军的科研成果《五味子新品种选育及产业化关键技术集成与应用》（第一完成人）荣获吉林省科学技术奖励委员会颁发的吉林省科学技术进步奖二等奖。

2018年，社员高洁（第一完成人）、卢宝慧（第四完成人）的科研成果《玉米叶斑病流行规律及有害生物绿色防控关键技术的创新与应用》荣获吉林省科学技术奖励委员会颁发的吉林省科学技术进步奖一等奖。

2018年，社员管荣强的科研成果《适合狭小空间的搜救机器人研制与应用》（第一完成人）荣获吉林省科学技术奖励委员会颁发的吉林省科学技术进步奖三等奖。

2018年，社员姜怀志的科研成果《肉羊高效生产技术体系建立与应用》（第一完成人）荣获吉林省科学技术奖励委员会颁发的吉林省科学技术进步奖二等奖。

2018年，社员刘冰冰的科研成果《富勒烯及相关碳材料的高压新结构和新型超硬相研究》荣获吉林省科学技术奖励委员会颁发的吉林省科学技术进步奖一等奖、自然科学奖一等奖。

2018年，社员李伟民的科研成果《东北陆块聚合过程与油气勘探新层系研究》荣获吉林省科学技术奖励委员会颁发的吉林省自然科学奖一等奖。

2018年，社员刘庆福的科研成果《玉米摘穗秸秆饲草化打捆联合收割机》荣获吉林省科学技术奖励委员会颁发的吉林省科学技术进步奖二等奖。

2018年，社员娄冬梅的科研成果《冠脉FFR在急诊PGI术中的应用及冠脉微循环功能障碍的全面干预》荣获吉林省科学技术奖励委员会颁发的吉林省科学技术进步奖三等奖；同年，科研成果《大剂量他汀联合血小板糖蛋白IIb/1IIa受体拮抗剂治疗急性心肌梗》荣获吉林省科技厅颁发的2018年吉林省职工优秀技术创新成果评选优秀奖。

2018年，社员吕康银的著作《劳动力市场分割的实证研究》荣获吉林省人民政府颁发的吉林省第十二届社会科学优秀成果奖著作类三等奖。

2018年，社员孙海悦的科研成果《蔓越莓果实转录组测序文库的建立及其生物信息学分析研究》荣获吉林省自然科学学术成果评审委员会颁发的吉林省自然科学学术成果奖三等奖。

2018年，社员宋德的科研成果《基于时空域光学自适应滤波的X射线无损检测装置研究》荣获吉林省科学技术奖励委员会颁发的吉林省科学技术进步奖三等奖。

2018年，社员吴巍的科研成果《人参分析检测新方法与高附加值产品开发》（第三完成人）荣获吉林省科学技术奖励委员会颁发的吉林省科学技术进步奖一等奖。

2018年，社员王旭凯的科研成果《中医外治法治疗腰椎间盘突出症的研究》荣获吉林省科学技术奖励委员会颁发的吉林省科学技术奖三等奖。

2018年，社员杨建毅的科研成果《校企融合协同培养网络安全类技术技能型人才的研究与实践》荣获吉林省人民政府颁发的吉林省教学成果奖一等奖。

2018年，社员张晓颖的教学成果《信息化背景下应用型地方本科院校公共数学课教学创新与实践》荣获吉林省人民政府颁发的吉林省教学成果奖二等奖。

2018年，社员张洁妍的科研成果《在"一带一路"战略下推进中国吉林自由贸易区设立的建议》荣获吉林省人民政府颁发的吉林省第十二届社会科学优秀成果奖咨询成果类三等奖；同年，教学成果《高校双创型人才培养的"四维四化双主体"体系研究与实践》荣获吉林省人民政府颁发的吉林省第八届教学成果奖三等奖。

2018年，社员李瑞娜在南宁市人民政府、广西壮族自治区文化厅共同主办的2018年中国—东盟（南宁）戏剧周中荣获"朱槿花奖·优秀微电影奖"。

2018年，社员官丽莉指导的科研成果《红花非生物胁迫相关CtDHN基因的克隆及功能研究》荣获吉林省大学生生命科学竞赛组委会颁发的吉林省大学生生命科学竞赛一等奖。

2018年，社员孙科在第45届世界技能大赛——吉林省选拔赛中荣获吉林省人力资源和社会保障厅授予的优秀组织个人奖。

2018年，社员肖萍萍的科研成果《吉林省民办高校学科建设现状及路径分析》荣获吉林省教育科学研究领导小组颁发的第十五届优秀高教科研成果奖三等奖。

2018年，社员郭庆彪参加的吉林漫江生态旅游综合开发项目木屋酒店00#～10#楼设计荣获吉林省土木建筑学会颁发的科技进步奖三等奖；同年，荣获吉林省勘察设计协会颁发的"优秀专家"荣誉称号。

2018年，社员翁连海荣获吉林省科学技术协会授予的"2019年学会学术工作先进个人"荣誉称号。

2019年，社员冷向阳荣获中共吉林省委、吉林省政府授予的"吉林省劳动模范"荣誉称号。

2019年，社员刘冰冰荣获中共吉林省委、吉林省政府授予的"吉林省劳动模范"荣誉称号；同年，荣获中共吉林省委宣传部、吉林省科协、吉林省科技厅、中科院长春分院授予的"吉林最美科技工作者"荣誉称号。

2019年，社员白娥入选"吉林省第七批拔尖创新人才第三层次人选"，入选"第十五批享受吉林省政府津贴专家"。

2019年，社员官丽莉的科研成果《生长因子类蛋白植物油体生物反应器研制》荣获吉林省科学技术奖励委员会颁发的吉林省科学技术进步奖一等奖。

2019年，社员李伟民入选"吉林省第七批拔尖创新人才第三层次人选"。

2019年，社员孙海悦的科研成果《蓝莓新品种选育及产业化生产关键技术研究》荣获吉林省科学技术奖励委员会颁发的吉林省科学技术进步奖一等奖。

2019年，社员吴轶博入选"吉林省第七批拔尖创新人才第三层次人选"。

2019年，社员吴轶博创作的《速度吉林》荣获吉林省人民政府授予的"建国70周年国庆吉林彩车积极贡献奖"。

2019年，社员柯劲松的论文《战后日本的历史观——七十年间教科书中的侵华战争记述之变迁》荣获吉林省教育科学研究领导小组颁发的吉林省第十一届教育科学优秀成果奖论文类三等奖。

2019年，社员林刚在吉林省教育厅、吉林省总工会联合举办的首届吉林省本科高校智慧课堂教学创新大赛中荣获一等奖。

2019年，社员李春久荣获吉林省科技厅授予的"吉林省科技创新创业导师"荣誉称号。

2019年，社员阮洪玲的科研成果《种鹅场小鹅瘟净化技术规程》被吉林省科技厅登记为吉林省科技成果。

2019年，社员许兰东的论文《解读中国足球改革发展总体方案》荣获吉林省教育科学研究领导小组颁发的吉林省第十一届教育科学优秀成果奖论文类三等奖。

2019年，社员赵宇飞的论文《教师认可与学生课堂参与的关系研究——基于课堂情绪的中介作用》荣获吉林省教育科学研究领导小组颁发的吉林省第十一届教育科学优秀成果奖论文类三等奖。

2019年，社员彭向明在由黑龙江省教育厅主办的全国竞技机器人邀请赛中荣获"2017—2018年度人物"荣誉称号。

2020年，社员王世伟的科研成果《高性能聚乙烯醇缩丁醛树脂研制及应用》（第一完成人）荣获吉林省科学技术奖励委员会颁发的吉林省科学技术进步奖一等奖。

2020年，社员张伟的科研成果《电化学储能电极材料表界面的结构设计与调控》荣获吉林省科学技术奖励委员会颁发的吉林省自然科学奖一等奖。

2020年，社员冷向阳荣获中共吉林省委宣传部、吉林省科协、吉林省科技厅、吉林省国防科技工业办公室授予的"吉林最美科技工作者"荣誉称号；同年，荣获吉林省精神文明建设指导委员会授予的"'吉林好人·战疫先锋'标兵"荣誉称号。

2020年,社员宫勇被吉林省文化和旅游厅认定为"吉林省省级非物质文化遗产代表性项目——古琴艺术代表性传承人"。

2020年,社员姜晶书的"家政学概论"课程(第三完成人)被吉林省教育厅评为吉林省高校一流本科课程。

2020年,社员娄冬梅荣获吉林省卫生健康委员会授予的"吉林省优秀住培管理者"荣誉称号。

2020年,社员李秀梅在吉林省卫生健康委员会举办的"吉林省高危孕产妇救治演练技能大赛"中荣获团体一等奖及个人技能操作二等奖。

2020年,社员刘艳华荣获吉林省精神文明建设指导委员会授予的"'吉林好人·战疫先锋'标兵"荣誉称号。

2020年,社员单晓春被吉林省文化和旅游厅认定为"吉林省省级非物质文化遗产代表性项目——单氏中医诊疗方法代表性传承人"。

2020年,社员王颜荣获吉林省精神文明建设指导委员会授予的"'吉林好人·战疫先锋'标兵"荣誉称号。

2020年,社员吴秋成荣获吉林省精神文明建设指导委员会授予的"'吉林好人·战疫先锋'标兵"荣誉称号;同年,荣获中共湖北省委、省政府授予的"最美逆行者"荣誉称号。

2020年,社员王洋荣获吉林省总工会授予的吉林省五一劳动奖章。

2020年,社员阮洪玲的科研成果《种鹅场小鹅瘟净化技术集成与示范》被吉林省科技厅登记为吉林省科技成果。

2020年,社员袁卓在吉林省卫生健康委员会举办的"吉林省高危孕产妇救治演练技能大赛"中带领团队荣获团体一等奖及个人技能操作二等奖。

2020年,社员杨建毅荣获共青团吉林省委颁发的第十六届"振兴杯"全国青年职业技能大赛金奖。

2020年,社员张晓颖荣获吉林省教育厅授予的"吉林省第九届教学名师"荣誉称号。

2020年,社员官丽莉荣获吉林省大学生生命科学竞赛组委会颁发的第三届吉林省大学生生命科学竞赛指导教师二等奖(指导的科研成果为《犬FGF9原核表达、纯化及生物学活性研究》)。

2020年，社员翟前前荣获吉林省疾病预防控制中心2019年度嘉奖。

2020年，社员南洋的科研成果《现代学徒制专业通信课程"互联网＋教学"研究》荣获吉林省高教学会颁发的第16届优秀高教科研成果奖论文类三等奖，科研成果《城市轨道交通信号专业互联网＋课程教学的探索与研究》荣获吉林省高教学会颁发的第16届优秀高教科研成果奖报告类三等奖。

2020年，社员张汝鹏的科研成果《提高轨道客车电气线缆组接质量的方法研究》在吉林省科学技术协会、吉林省科学技术厅举办的中国创新方法大赛（吉林赛区）中荣获二等奖。

2020年，社员许兰东的论文《解读中国足球改革发展总体方案》荣获吉林省高等教育学会颁发的第16届吉林省高等教育科研成果奖论文类三等奖。

2020年，社员肖萍萍的科研成果《民办高校工程类专业协同育人模式改革与实践》荣获吉林省高等教育学会颁发的吉林省高等教育科研成果三等奖。

2020年，社员赵宇飞的论文《教师认可与学生课堂参与的关系研究——基于课堂情绪的中介作用》荣获吉林省高等教育学会颁发的吉林高等教育科研成果奖论文类三等奖。

2021年，社员白娥荣获中共吉林省委、吉林省政府授予的"'长白山学者'特聘教授"荣誉称号。

2021年，社员周柏航的新闻作品《生态吉林总书记一直的牵挂》荣获中共吉林省委、吉林省政府颁发的第三届"宣传吉林好新闻"奖。

2021年，社员高硕徽的科研成果《消化系统肿瘤的精准治疗及纳米诊疗一体化研究》荣获吉林省科学技术奖励委员会颁发的吉林省科学技术进步奖二等奖。

2021年，社员娄冬梅的科研成果《大剂量他汀联合抗血小板药物对AMI行EPCI无复流的全面干预》荣获吉林省科学技术奖励委员会颁发的吉林省科学技术进步奖三等奖。

2021年，社员陶进的科研成果《高品质聚乳酸和聚羟基脂肪酸及其制品生产关键技术》荣获吉林省科学技术奖励委员会颁发的吉林省科学技术奖一等奖。

2021年，社员赵岩的科研成果《人参高效种植加工质量评价关键技术的研究与应用》(第二完成人)荣获吉林省科学技术奖励委员会颁发的吉林省科学技术进步奖二等奖。

2021年，社员赵亚男的科研成果《随机传染病型阀值问题研究》荣获吉林省科学技术奖励委员会颁发的吉林省自然科学奖三等奖。

2021年，社员王世伟荣获吉林省人民政府颁发的第十六届吉林省青年科技奖。

2021年，社员付永平荣获中共吉林省委人才领导小组授予的"长白山青年拔尖人才"荣誉称号。

2021年，社员张普一荣获中共吉林省委宣传部、吉林省卫生健康委员会、吉林省总工会授予的第三届"吉林医德标兵"荣誉称号。

2021年，社员张洁妍荣获中共吉林省委宣传部授予的"吉林省优秀志愿者"荣誉称号。2021年，社员韩波被吉林省人力资源与社会保障厅认定为"吉林省高层次E类人才"。

2021年，社员洪喜荣获吉林省科技厅授予的"吉林省中青年科技创新创业卓越人才团队"荣誉称号。

2021年，社员金艳在吉林省教育厅举办的2021年吉林省职业院校技能大赛中荣获教学能力"高职公共基础课组"三等奖。

2021年，社员李瑞娜导演的庆祝中国共产党成立100周年——吉剧电视特别版《江姐》荣获吉林广播影视奖暨第33届吉林省广播电视文艺"丹顶鹤"奖戏曲节目类一等奖。

2021年，社员李瑞娜导演的吉剧《燕青卖线·盗贴》荣获吉林广播影视奖暨第33届吉林省广播电视文艺"丹顶鹤"奖戏曲节目类三等奖。

2021年，社员刘君玲被吉林省教育厅聘为吉林省高等学校本科计算机类专业教学指导委员会成员；同年，被选聘为吉林省人民政府服务与数字化管理局信息化项目咨询评审专家。

2021年，社员孙科荣获吉林省人力资源与社会保障厅授予的"吉林省技术能手"荣誉称号。

2021年，社员王宇飞、韩波被吉林省人力资源与社会保障厅认定为"吉林省高层次E类人才"。

2021年，社员周传颂荣获吉林省人力资源与社会保障厅授予的"吉林省技术能手"荣誉称号。

2021年，社员赵宇飞指导的硕士生论文被吉林省学位委员会办公室评为2020年吉林省优秀硕士学位论文。

2021年，社员翟前前荣获吉林省疾病预防控制中心2020年度嘉奖。

2021年，社员郭庆彪参加的隆德·橄榄墅一期工程荣获吉林省勘察设计协会颁发的省级优秀住宅与住宅小区设计一等奖。

2021年，社员刘丹荣获第十三届"中国音乐金钟奖"吉林赛区铜奖。

2021年，社员王琦荣获吉林省营养学会授予的"2021年度优秀管理工作者"荣誉称号。

2021年，社员闫垒垒的作品《老兵王凤鸣肖像》荣获吉林省文联颁发的"喜迎建党百年，赞颂百名功勋老兵"文艺作品展一等奖。

2021年，社员张汝鹏的科研成果《提高异型部件尺寸检验质量的方法研究》荣获中国创新方法大赛（吉林赛区）三等奖。

2021年，社员庄军（第一完成人）、罗春艳（第二完成人）、李佳明（第三完成人）、王丽娜（第八完成人）的科研成果《温阳益气活血化瘀法治疗糖尿病肾病IV期（阳虚血瘀型）临床研究》荣获吉林省中医药学会颁发的"吉林省中医药科学技术奖"。

2022年，社员刘冰冰荣获中共吉林省委、吉林省政府授予的吉林省"'巾帼建功'先进个人"荣誉称号。

2022年，社员艾军的科研成果《软枣猕猴桃种质创新及产业化关键技术推广应用》（第二完成人）荣获吉林省科学技术奖励委员会颁发的吉林省科学技术进步奖二等奖。

2022年，社员姜晶书的教学成果《协作共同体推动高职院校家政服务领域教师教学创新团队建设的探索与实践》荣获吉林省人民政府颁发的吉林省职业教育教学成果奖三等奖。

2022年，社员姜晶书的教学成果《"需求导向，多元协同"家政学专业应用型人才培养模式探索与实践》（第三完成人）荣获吉林省人民政府颁发的吉林省高等教育教学成果奖三等奖。

2022年，社员李瑞娜入选"吉林省第十七批享受政府津贴专家"（有突出贡献专家）。

2022年，社员刘杭的科研成果《半干旱区秸秆还田条件下玉米养分综合管理技术研究及应用》（第三完成人）荣获吉林省科学技术奖励委员会颁发的吉林省技术发明奖二等奖。

2022年，社员卢宝慧的科研成果《高品质人参生产技术体系建立及示范》（第三完成人）荣获吉林省科学技术奖励委员会颁发的吉林省科学技术进步奖二等奖。

2022年，社员刘明军的教学成果《以能力型人才为导向，针灸推拿学专业"三维四驱六聚"培养模式创新与实践》荣获吉林省人民政府颁发的吉林省教学成果奖三等奖。

2022年，社员刘君玲（第一完成人）、王宇飞（第七完成人）的科研成果《基于视觉显著性的目标检测关键技术研发与应用》荣获吉林省科学技术奖励委员会颁发的吉林省科学技术进步奖三等奖。

2022年，社员倪小龙的科研成果《大气光传输特性模拟与测试技术》荣获吉林省科学技术奖励委员会颁发的吉林省科学技术奖二等奖；同年，荣获吉林省人力资源和社会保障厅授予的"吉林省优秀青年人才创新创业团队"（负责人）荣誉称号。

2022年，社员闫钰锋的教学成果《仪器类专业进阶式工程能力培养核心课程体系的构建与实践》荣获吉林省人民政府颁发的吉林省2022教学成果奖二等奖。

2022年，社员王世伟入选"吉林省第八批拔尖创新人才第二层次人选"。

2022年，社员赵岩入选"吉林省第八批拔尖创新人才第三层次人选"。

2022年，社员郭立泉荣获中共吉林省委宣传部颁发的"吉林好人标兵"荣誉称号。

2022年，社员张普一荣获中共吉林省委宣传部授予的"'吉林好人·战疫先锋'标兵"荣誉称号。

2022年，社员刘君玲被吉林省人力资源与社会保障厅聘为吉林省职业技能大赛竞赛项目（网络系统管理，网络安全）专家；被吉林省政务服务与数字化管理局聘为信息化项目咨询评审专家；被吉林省教育厅聘为吉林省高等学校本科计算机类专业教学指导委员会成员。

2022年，社员孙瑞钟荣获吉林省总工会授予的吉林省五一劳动奖章。

2022年，社员王克凤、桑瀚旭的科研成果《特色蔬菜（含山野菜类）品种选育、栽培技术研究》被吉林省科学技术厅登记为吉林省科技成果。

2022年，社员刘明军的科研成果《腹部推拿法调节肥胖胰岛素抵抗状态的临床效应及生物学机制研究》荣获吉林省中医药学会颁发的2022年吉林省中医药学会科学技术奖一等奖。

2022年，社员南洋的论文《基于城市轨道交通通信信号系统综合试验台的实训项目开发》荣获吉林省高教学会第17届优秀高等教育科研成果奖论文类三等奖。

2022年，社员张蕾蕾的微课"动画概论"荣获吉林省数字创意教学大赛组委颁发的吉林省数字创意教学大赛优秀奖。

2022年，社员张汝鹏的科研成果《提高轨道客车电气工序装配质量的方法研究》荣获中国创新方法大赛（吉林赛区）三等奖。

2022年，社员赵宇飞的论文《基于计划行为理论的大学生创业意愿影响因素研究：创业教育的调节作用》荣获吉林省高等教育学会颁发的吉林省高等教育科研成果奖论文类三等奖。

2023年，社员吕康银的著作《收入差距代际传递机制及其变动趋势研究》荣获吉林省人民政府颁发的第十四届吉林省社会科学优秀成果奖著作类二等奖。

2023年，社员娄冬梅的科研成果《血管内超声指导下应用药物球囊对ACS患者原位病变全面干预治疗》荣获吉林省科学技术奖励委员会颁发的吉林省科学技术进步奖三等奖。

2023年，社员张洁妍的教学成果《"红色传承、科技引领、四方协同"的新金融人才培养体系探索与实践》荣获吉林省人民政府颁发的吉林省第九届教学成果奖三等奖。

2023年，社员张俊姝的教学成果《新文科背景下英语类专业"一专多能"多元化人才培养模式创新与实践》荣获吉林省人民政府颁发的吉林省第九届教学成果奖三等奖。

2023年，社员张普一荣获吉林省人民政府授予的"吉林省节约用水先进个人"荣誉称号。

2023年，社员孙科荣获中共吉林省委宣传部授予的"吉林优秀志愿者"荣誉称号。

2023年，社员李瑞娜被吉林省人力资源与社会保障厅认定为"吉林省高层次C类人才"。

2023年，社员刘君玲、孙科、张洁妍被吉林省人力资源与社会保障厅认定为"吉林省高层次D类人才"。

2023年，社员娄冬梅被吉林省人力资源与社会保障厅认定为"吉林省高层次E类人才"。

2023年，社员裘学辉荣获吉林省总工会颁发的吉林省五一劳动奖章。

●市级

2000年，社员娄冬梅荣获长春市人事局嘉奖。

2001年，社员娄冬梅荣获长春市人事局嘉奖。

2002年，社员姜文荣获长春市人民政府授予的"长春市劳动模范"荣誉称号。

2003年，社员迟宝荣荣获长春市人民政府授予的"长春资深名医"荣誉称号。

2003年，社员翁连海荣获长春市人民政府授予的"全市职业教育先进个人"荣誉称号。

2005年，社员迟宝荣入选"长春市百名优秀科技工作者"。

2005年，社员王瑛入选"长春市百名优秀科技工作者"。

2005年，社员王颖入选"长春市百名优秀科技工作者"。

2005年，社员王江滨入选"长春市百名优秀科技工作者"。

2005年，社员杨世忠入选"长春市百名优秀科技工作者"。

2005年，社员郗书元入选"长春市十大科技英才"。

2006年，社员付兴奎荣获中共长春市委、长春市政府授予的"长春市优秀中国特色社会主义事业建设者"荣誉称号及参政议政奖。

2006年，社员李铭荣获中共长春市委、长春市政府授予的"长春市优秀中国特色社会主义事业建设者"荣誉称号及科技贡献奖。

2006年，社员孙晖荣获中共长春市委、长春市政府授予的"长春市优秀中国特色社会主义事业建设者"荣誉称号及教育育人奖。

2006年，社员叶绿荣获中共长春市委、长春市政府授予的"长春市优秀中国特色社会主义事业建设者"荣誉称号及参政议政奖。

2006年，社员尹爱青荣获中共长春市委、长春市政府授予的"长春市优秀中国特色社会主义事业建设者"荣誉称号及教育育人奖。

2006年，社员王丽颖荣获中共长春市委、长春市政府授予的"长春市优秀中国特色社会主义事业建设者"荣誉称号及爱乡报国奖。

2006年，社员张兴洲荣获中共长春市委、长春市政府授予的"长春市优秀中国特色社会主义事业建设者"荣誉称号及科技贡献奖。

2007年，社员丁宁荣获长春市总工会授予的"长春市职工创新能手"荣誉称号。

2007年，社员尹爱青荣获长春市总工会授予的长春市五一劳动奖章。

2008年，社员尹爱青入选长春市第六届"巾帼十杰"。

2009年，社员徐秀平入选"2008—2009年度长春市十大感人护士"。

2010年，社员裴智梅荣获长春市卫生局、长春市中医药管理局授予的"长春市名中医"荣誉称号。

2010年，社员孙晓天荣获长春市卫生局、长春市中医药管理局授予的"长春市名中医"荣誉称号。

2010年，社员朱黛荣获长春市卫生局、长春市中医药管理局授予的"长春市名中医"荣誉称号。

2011年，社员佟晓红入选"长春市百名优秀科技工作者"。

2011年，社员赵久春荣获长春市卫生局、长春市中医药管理局授予的"长春市基层名中医"荣誉称号。

2012年，社员佟晓红入选"长春市第五批有突出贡献专家"。

2012年，社员袁卓、胡磊组织立项的科研成果《局部应用VEGF及间充质干细胞培养物提高皮瓣成活率的研究》荣获长春市科技进步奖二等奖。

2012年，社员苏秀文荣获长春市"三八红旗手标兵"荣誉称号。

2012年，社员张家治荣获长春市总工会授予的长春市五一劳动奖章。

2015年，社员吕康银入选"长春市第六批有突出贡献专家"。

2015年，社员宋伟宏入选"长春市第六批有突出贡献专家"。

2015年，社员房嘉禧荣获长春市总工会授予的长春市五一劳动奖章。

2015年，社员李巍荣获长春市教育局授予的"长春市中小学优秀健康教育教师"荣誉称号。

2015年，社员李巍荣获长春市教育局、长春市环境保护局、长春市关心下一代工作委员会、长春市绿化委员会办公室授予的"在长春市第二十二届'以纸换树'环保实践活动中先进个人"荣誉称号。

2015年，社员张蕾蕾摄影作品荣获《美丽中国·精彩吉林》旅游摄影作品展组委颁发的《美丽中国·精彩吉林》旅游摄影作品展银奖。

2016年，社员房嘉禧荣获共青团长春市委员会授予的"长春市青年岗位能手"荣誉称号。

2016年，社员高劲松荣获长春市卫生和计划生育委员会授予的"长春市'十三五'医学重点专科学科带头人"荣誉称号。

2016年，社员李巍在长春市2016年中考体育现场考试工作中被长春市教育局评为"优秀考务长"。

2016年，社员石利男荣获长春市卫生和计划生育委员会授予的"长春卫生计生好青年"荣誉称号。

2016年，社员南洋的论文《大国工匠》荣获长春市职业与成人教育研究指导中心、长春市教育科学研究所颁发的长春市2016年职业教育论文奖二等奖。

2017年，社员冷向阳荣获中共长春市委、长春市政府授予的"长春市劳动模范"荣誉称号。

2017年，社员刘冰冰荣获中共长春市委、长春市政府授予的"长春市劳动模范"荣誉称号。

2017年，社员宋飞征文作品《传承新时代家风》在中共长春市纪律检查委员会举办的征文活动中荣获长春市"清廉家风故事"主题征文优秀奖。

2017年，社员房嘉禧荣获长春市总工会授予的"长春工匠"荣誉称号。

2017年，社员李文革荣获长春市总工会授予的"长春工匠"荣誉称号。

2017年，社员李玉莲荣获长春市卫生和计划生育委员会、长春市人力资源和社会保障局、长春市总工会授予的"长春市高技能职工"荣誉称号。

2018年，社员吕康银的著作《劳动力市场分割的实证研究》荣获长春市人民政府颁发的长春市第八届社会科学优秀成果奖著作类二等奖。

2018年，社员张洁妍的科研成果《在"一带一路"战略下推进中国吉林自由贸易试验区设立的建议》荣获长春市人民政府颁发的长春市第八届社会科学优秀成果奖咨询成果类二等奖。

2018年，社员鲍宏宇荣获长春市卫生健康委员会授予的"长春市优秀青年医师"荣誉称号。

2018年，社员孙科荣获长春市人力资源和社会保障局授予的"长春市高技能领军人才'技术能手'"荣誉称号。

2018年，社员张普一荣获长春市防火安全委员会授予的"长春市2017年消防工作先进个人"荣誉称号。

2019年，社员迟宝荣入选"新中国70年·长春70人"。

2019年，社员丁宁入选"长春市第七批有突出贡献专家"。

2019年，社员孙科荣获长春市人民政府残疾人工作委员会授予的"长春市扶残助残标兵"个人荣誉称号。

2019年，社员孙科荣获长春市总工会授予的长春市五一劳动奖章。

2019年，社员于雪飞荣获长春市卫生健康委员会授予的"健康科普技能标兵"荣誉称号；同年，荣获长春市人力资源和社会保障局、长春市总工会授予的"长春市高技能职工"荣誉称号。

2019年，社员王洋荣获长春市总工会授予的长春市五一劳动奖章。

2019年，社员南洋荣获长春市职业与成人教育研究指导中心、长春市教育科学研究所颁发的长春市2018年职业教育论文奖二、三等奖。

2020年，社员冷向阳荣获中共舒兰市委、市政府授予的吉林省舒兰市新型冠状病毒肺炎疫情防控工作杰出贡献奖。

2020年，社员李晨光荣获中共长春市委组织部授予的"长春青年榜样"荣誉称号。

2020年，社员赵岩的科研成果《脑心舒口服液中蜜环菌浓缩液有效成分含量测定方法》（第二完成人）荣获延边朝鲜族自治州科学技术奖励委员会颁发的延边朝鲜族自治州科学技术进步奖三等奖。

2020年，社员赵宇飞的论文"The effects of employee behaviours on customer participation in the service encounter: The mediating role of customer emotions"荣获长春市人民政府颁发的长春市第九届社会科学优秀成果奖论文类三等奖。

2020年，社员刘艳华荣获长春市人力资源和社会保障局记功奖励；同年，荣获长春市卫生健康委员会授予的"抗疫先锋"荣誉称号。

2020年，社员李秀梅荣获长春市人力资源和社会保障局、长春市总工会授予的"长春市高技能职工"荣誉称号。

2020年，社员李玉莲荣获长春市人力资源和社会保障局、长春市总工会授予的"长春市高技能职工"荣誉称号。

2020年，社员宁爽荣获长春市人力资源和社会保障局、长春市总工会授予的"长春市高技能职工"荣誉称号。

2020年，社员南洋的教学设计《信号机初识》荣获长春市教育科学研究工作领导小组办公室颁发的长春市2019年度优秀课题成果教学类二等奖。

2020年，社员孙科被长春市人力资源和社人保障局聘为长春市职业能力建设领域专家库成员。

2020年，社员曲冬荣获长春市卫生健康委员会授予的"长春市优秀医师"荣誉称号。

2020年，社员袁卓荣获长春市人力资源和社会保障局、长春市总工会授予的"长春市高技能职工"荣誉称号。同年，荣获长春市卫生健康委员会授予的"长春市优秀医师"荣誉称号。

2020年，社员王颜荣获长春市人力资源和社会保障局记功奖励；同年，荣获长春市卫生健康委员会授予的"抗疫先锋"荣誉称号。

2020年，社员吴秋成荣获长春市卫生健康委员会授予的"抗疫先锋"荣誉称号。

2020年，社员于雪飞在长春市卫生健康委组织的"我是医生，我把抗疫故事讲给你听"演讲活动中荣获特等奖。

2020年，社员郑雪冰荣获长春市卫生健康委员会授予的"长春市优秀医师"荣誉称号。

2020年，社员刘冰冰荣获长春市妇联授予的"春城杰出女性"荣誉称号。

2020年，社员李晓光荣获长春市妇联授予的"春城抗疫优秀女性"荣誉称号。

2020年，社员刘艳华荣获长春市妇联授予的"春城抗疫优秀女性""长春市三八红旗手"荣誉称号。

2020年，社员王丽娜荣获长春市妇联授予的"春城抗疫优秀女性"荣誉称号。

2020年，社员王丽雪荣获长春市妇联授予的"春城抗疫优秀女性"荣誉称号。

2020年，社员王颜荣获长春市妇联授予的"春城抗疫优秀女性""长春市三八红旗手"荣誉称号。

2020年，社员裘学辉荣获长春市总工会授予的长春市五一劳动奖章。

2020年，社员孙科荣获长春市总工会授予的"长春工匠"荣誉称号。

2021年，社员冷向阳荣获中共通化市委、通化市政府授予的"通化市荣誉市民"荣誉称号。

2021年，社员倪小龙荣获长春市人民政府授予的"长春市青年创新创业领军人才"荣誉称号。

2021年，社员李长翠荣获中共长春市委组织部嘉奖。

2021年，社员宋飞荣获中共长春市委保密委员会授予的"长春市保密工作优秀工作者"荣誉称号。

2021年，社员韩伟荣获长春市人力资源和社会保障局记功奖励。

2021年，社员洪喜荣获长春市工信局授予的"长春市高端技术人才"荣誉称号。

2021年，社员娄冬梅荣获长春市卫生健康委员会授予的"长春市卫生健康系统'优秀医师'"荣誉称号；同年，荣获长春市人事局记功奖励。

2021年，社员刘男被长春市教育局评为高中地理学科骨干教师。

2021年，社员于雪飞荣获长春市健康科普技能大赛团体三等奖。

2022年，社员吕康银的著作《收入差距代际传递机制及其变动趋势研究》荣获长春市人民政府颁发的第十届长春市社会科学优秀成果奖著作类二等奖。

2022年，社员翁连海的著作《产教融合的转型与升级》荣获长春市人民政府颁发的第十届长春市社会科学优秀成果奖著作类三等奖。

2022年，社员张伟入选"长春市第八批有突出贡献专家"。

2022年，社员李长翠荣获中共长春市委组织部嘉奖。

2022年，社员赵芳兴荣获长春市卫生健康委员会授予的"长春市'十四五'医学重点专科学科带头人"荣誉称号。

2022年，社员翁连海被长春市政协聘为政协长春市第十四届委员会特聘专家。

2023年，社员李长翠荣获中共长春市委组织部授予的"三等功"奖励。

2023年，社员孙科荣获中共长春市委宣传部授予的"长春市岗位学雷锋标兵"荣誉称号。

2023年，社员刘男被长春市教育局评为高中地理学科带头人。

● 其他

2007年，社员董健获得昂古莱姆国际漫画节最佳中国元素漫画奖提名。

2015年，社员董健的作品《朝暮之间》入选釜山市政府举办的韩国釜山动漫印像展。

2015年，社员张蕾蕾荣获"第六届东北亚国际书画摄影作品展"收藏铜质奖。

2020年，社员刘丹荣获"长春市十佳歌手大赛"美声/民族组十佳歌手奖（第一名）；同年，荣获"首届网易音乐青年歌手大赛"冠军。

2022年，社员吴轶博的作品《Hello！虎啸龙吟》入选日本设计协会举办的日本海报双年展；同年，作品《菩提宋》入选韩国设计协会举办的第十一届亚洲平面设计三年展。

# 十、2020—2022年参加抗击新冠肺炎疫情防控工作社员及机关工作人员名单

（排名顺序不分先后）

| 基层组织 | 姓名 |
| --- | --- |
| 九三学社吉林大学委员会 | 葛鹏飞　孟繁峥　马丕勇　韩方雷　李　洋　郑雪冰<br>王剑锋　关英慧　贾赞慧　李　沫　徐松柏　高硕徽<br>李容杭　易　磊　于姗姗　张春鹏　张书瑞　钟英杰<br>崔巍巍　胡志清　刘宝新　孙彩堂　王冰然　王春华<br>张　博　张潮鹤　周长玉　刘晓军　谭　诚　张德智<br>张小飞　方　华　李德丽　白　杨　石砬岩　杜　磊<br>刘　丽　高忠文　孙淑芬　刘羽飞　孙淑琴　顾洪梅<br>赵学良　郑　爽　乔　月　王　川　杨德峰　高　欢<br>郭秋实　王永亮 |
| 九三学社东北师范大学委员会 | 褚丽东　杨　光　孙玉华 |
| 九三学社吉林农业大学委员会 | 卢宝慧　李泽鸿 |
| 九三学社长春中医药大学委员会 | 冷向阳　陈　曦　蒋　锴　南红梅　王　威　王　影<br>王明希　吴秋成　米继强　常　淳　刘明军　矫俊东<br>刘　岩　吴　巍　杨洪梅　包　扬 |
| 九三学社吉林财经大学委员会 | 郭　峰　姜建华　杨洪影　张　明　张　月　朱永刚<br>代桂霞　王　晖　张洁妍 |
| 九三学社长春工业大学委员会 | 范　猛　胡　佳　温　岩 |
| 九三学社长春理工大学委员会 | 闫钰锋　戈兴炜　庞亚青　孙建平 |
| 九三学社长春市中心医院委员会 | 娄冬梅　吕　赫　张　伟　张晓琳　王　颜　刘艳华<br>裴智梅　吕　宁　孙裕民　吕　岩　杨　波　闫晓冬<br>梁　红　贺永斌　郝永胜　李昕华　李　晶　孙英楠<br>李　唐　陆　林　汪　旭　郑鹏飞　王鑫森　刘卫卫<br>王巧媛　朱龙涛　张心怡 |
| 九三学社中国第一汽车集团有限公司委员会 | 王秋利　吕　雁　刘　聪　唐文娟　王云成 |
| 九三学社长春市直属第二委员会 | 王春艳　郭　敏　王名慧　杨奕博　赵　亮　朱丽丽<br>司振兴　徐彦玲　白雪松　孙孝丹　季　凯　刘效勤 |
| 九三学社长春市直属第三委员会 | 田元生　欧阳晓兵　代　宝　陈景梅　刘佳禄<br>徐嵩淼 |

续表

| 基层组织 | 姓名 |
|---|---|
| 九三学社长春市直属第四委员会 | 韩　冰　韩景源　王海生　李长翠　任佳仪　王　拓<br>李　辛　刘　波　吕欣洋　朱鹏程　刘继承　卢　新<br>强　杨　关茹月　侯佳辰　倪　畅　益迎哲　张海燕<br>郭铸满　孙延冬　张　冰　谭　强　张　波　王　爽<br>张　兴 |
| 九三学社长春市直属第五委员会 | 王瀚征　姜一鹏　刘　颖　王　巍　于　哲　袁　刚 |
| 九三学社长春市南关区委员会 | 庄　军　李佳明　王美晶　张喜峰　赵　鹏　王丽娜<br>尚世龙　苗永刚　罗春艳　陈文科　梁　冬　夏光宇<br>张　晔　刘怀志　于　潮　赵忠良　殷国光　刘怀志<br>王　革　袁伟杰　沙立家　姜一红　沈　虹　侯冠森<br>李忻泽　陈宇光　苏秀文　李雅书　刘　杰　郭委艳<br>江　悦　王志良　杨　华　闫俊仁　葛　帅 |
| 九三学社长春市朝阳区委员会 | 李小霞　金国峰　王甫国　王耀彬　于忠平　李思洋<br>陈　松　谷晓林　李　彭　李巍巍　刘宪成　孙　科<br>王　洋　徐　新　赵庆伟　张金亮　夏洪岩　王　萍<br>赵　红　曲艺平　任　民　孙海樱　李昕萌　刘建辉<br>傅　瑜　陈柳羲　房嘉禧　刘尚红　刘春雨　孟广喆<br>房　云　袁敬敏　孙丹月　杜静涵　温　鑫　杨　晴 |
| 九三学社长春市宽城区委员会 | 刘晓娟　刘宝珍　唐　丰　张鸣雁　许　峰　李晓光<br>黄克禹　徐林鑫　董　速　孙喜波　周海燕　刘迪宇<br>张艳秋　刘　彤　王明波　王一然　任长超　孙明光<br>单翼龙　赵双权 |
| 九三学社长春市二道区委员会 | 杨立民　张　键　刘丽莉　董伟东　吴学军　王志强<br>迟丽平　郭　爽　姜　娜　吴泽宇　李红日　鲁　明<br>鲁文辉　罗健熠　孙世萍　王　莉　王　瀛　姚　芹<br>张玉岩　王　辉　付　岩　潘　迪 |
| 九三学社长春市绿园区委员会 | 安璀颖　于　杰　周瑞雪　崔红梅　郭　帅　李国东<br>刘　齐　马　卉　张天宇　李　莉　邵　伟　杨　姝<br>杨黎黎　王菁菁 |
| 九三学社长春市双阳区委员会 | 李　威　李大成　袁洪雨　张　君　杨子文　于兴业<br>刘建春　桑瀚旭　王龙飞　闫福君　杨丽华 |
| 九三学社长春市净月高新技术产业开发区委员会 | 侯　坤　隋明璐　王思铭　夏丽丽　张　睿　张宇飞<br>葛　莘　葛藤泽　沙　岩　孟祥贺　温德成　李　逍<br>金美辰　李　琪　李艳秋　吴　楠　王耀伟　陈香玲<br>常　健　杨　莹　李佳宁　徐　云　支　茵　刘　杨<br>公　明　裴　雪　周怡冰　许文巍　裴德文　张雪巍<br>孙秉南　张丹辉　高　见　钟　浩　陈　焘　刘　源<br>姚英春　赵子傑 |
| 九三学社长春新区委员会 | 李春久　贾　琳　李　岚　孟　钢　邵　萌　王铁英<br>王心田　张海兵　张占海　赵东宁　赵　雪　周　波<br>毛靖宇　吴雨宣　张栩鸣　柳树宁　曲天任　殷远策<br>吴　思　张　宏　胡　哲　胡松婉　周保玉　高清华<br>朱新庆　赵大龙　王　佳　孟校宇 |

续表

| 基层组织 | 姓名 |
|---|---|
| 九三学社长春经济技术开发区委员会 | 贾馨鑫　刘　卓　李　巍　宋　飞　孙　颖　张　莉<br>赵永志 |
| 九三学社长春市直属榆树市委员会 | 张普一　王传芳　李庆阳　李艳辉　任光平　王丽巍<br>张丛峰　汪曼玲　张　信　刘立君　赵淑媛　安继梅<br>赵亚清　王丽巍　张彦东　刘永顺　赵久春　肖明海<br>孙宝新　娄长生　孟祥军　李春利　宋黎明　于　海<br>于　晶　王海东　赵兴野 |
| 九三学社长春市九台区支社 | 单莹莹　马春光　李笑楠　李　畅　崔　烨　沈洪刚 |
| 九三学社长春大学支社 | 张晓颖　崔薛腾　史　勇 |
| 九三学社长春师范大学支社 | 胡大敏 |
| 九三学社吉林工商学院支社 | 孙桂娟　马春静 |
| 九三学社长春工程学院支社 | 张素莉　邹广玉　李庆喜　沈文舒 |
| 九三学社吉林建筑大学支社 | 孙　超　常　鹏　陈　晨 |
| 九三学社长春市妇产医院支社 | 袁　卓　郑　敏　于泽占　鲍宏宇　李　辉　白　宇<br>李　柳　于雪飞　马甲朋　卓　娅　肖春英　徐亚香<br>闻　静　孙　雪　韩　昌　林桂花　马小林　陈　岩<br>张　剑　冯金宇　张海军　胡　磊　贾　蕊　宁　爽<br>杨　靖　王金艳　丁楠楠　李秀梅　李玉莲　徐小雷<br>石利男 |
| 九三学社长春市儿童医院支社 | 吴秀丽　金　铎　邢丽辉　徐秀平　杨文彬　赵芳兴<br>朴春姬　高淑清　朱　黛　杜柏秋　景占英　吕志坤<br>王　玥　荆　华　郑秀玲　王长青　王丽雪　程惠丽<br>宋桂杰　鲍美英　王　唯　杨　林　马英伟　张　莉<br>包晓锐　李彩凤　吴依阳　高　博　胡毓芬　鞠玉蕊<br>张景彤　蒋　爽 |
| 九三学社长春市卫生健康委员会联合支社 | 裘学辉　赵　虹　吴　波　李　猛　翟前前　王　琦<br>乔　洪　巩春玲　胡　煜　李迎丽　刘晓杰　刘玉兰<br>孙　慧　徐大彤　尤寒松　李晨光　隋天卓　赵玉洁<br>杜　欣　王金艳　任　凯 |
| 九三学社长春市第二医院支社 | 李　莉　李英杰　张　进　刘宁宁　吕　靖　吴　航<br>赵卫东　王　维　王清林　胡　松　周蓬勃　王　莉 |
| 九三学社东北电力设计院支社 | 任　鹏 |
| 九三学社吉林省农业机械研究院支社 | 李明森　史云天 |
| 九三学社长春职业技术学院支社 | 刘黎红　曲　勃 |
| 九三学社长春市委员会机关 | 李　铭　顾红艳　闫　石　黄晓音　许　辉　张红梅<br>田　慧　赵　彤　韩雪娇　孙亚楠　赵梓超　孙　诺<br>于帼荣　陈佳琦 |

# 后 记

凝聚着社市委几代机关同志辛勤劳动和智慧结晶的《长春九三学社70年志》终于付梓出版了。

为迎接长春九三学社成立70周年，九三学社长春市委员会把出版志书作为系列庆祝活动的重中之重，早在2021年就开始调配人员专职从事此项工作，并给予多方面的指导及财力、物力的支持，使得编纂工作顺利开展并如期完成。

编纂志书是一项长期的系统工程，资料的收集、整理、筛选、核对及使用需要机关同志的薪火相传，需要撰稿人有很强的责任心、使命感和吃苦耐劳、忍受寂寞的操守。本志能够按时交付，得益于九三学社长春市委员会的三次修志，一是参与长春市史志办开展的两次修志，二是社市委60年修志。上述工作为70年志书的编纂提供了坚实基础和有力保障。

不能忘记的是在第一轮修志时，时任宣传处处长李凤岐主持此项工作，他经常身居只有几平方米的资料斗室，加班加点，以烟、茶提神，克服没有任何样板可供借鉴的困难，为志书搭建框架，布局谋篇，做了大量开创性的工作；更让人铭记的是在60年修志时，时已退休的组织处老处长马丽珍为志书提供了大量珍贵的历史图片，并不顾自己身患重病坚持来到机关，确认许多照片上的时间、地点、事件和人名，把她掌握的第一手资料留存于史。最不能让人释怀的是，当我兴冲冲拿到60年志样书准备向她报喜时，却传来她刚刚去世的噩耗，这种遗憾无法弥补！令人欣慰的是，社市委机关干部认真负责、踏实肯干、团结协作的作风得到了传承，70年志书编纂过程中，年青一代的机关同志继续贡献着他们的智慧和力量，续写着九三学社长春市委员会更加美好的未来。

感谢吉林大学法学博士、中共中央党校政治学博士后、研究员、九三学社中央宣传部新闻宣传处副处长、九三学社北京市昌平区工委副主任、九三学社吉林省第八届委员会常委石浩男，东北师范大学文学院院长、教授、博士生导师、九三学社吉林省第七届和第八届委员会常委、九三学社长春市第十四届委员会副主委高玉秋对全书进行了审阅，为整部志书的质量起到了保驾护航的作用。

  本书在资料收集整理过程中，得到了吉林省档案馆、长春市档案馆、长春市地方志馆、九三学社吉林省委员会、中共长春市委统战部、长春市人大、长春市政协、长春市社会主义学院、长春市其他民主党派、九三学社长春市委员会各基层组织及广大社员的鼎力支持，在此一并表示感谢！

黄晓音<br>2023 年 12 月